말산업 국가자격시험 교재

재활승마 이론

말산업 국가자격시험 개요

■ 종목 및 시험과목

구분	필기	실기
말조련사	• 마술학 • 마학 • 말 보건 관리 • 말관련 상식 및 법규	• 마술 • 말조련 및 관리실무
장제사	• 장제학(장제이론) • 말의 해부 및 생리 • 말관련 상식 및 법규	• 장제 실무
재활승마 지도사	• 재활승마이론 • 마술학 • 마학 • 말관련 상식 및 법규	• 마술 • 재활승마 실무

■ 합격기준
과목당 100점을 만점으로 하여 각 과목 40점 이상이고 전 과목 평균 60점 이상

■ 응시자격

3급	만 17세 이상 (피성년후견인 등 법에서 정한 결격 사유가 없는 사람)
2급	3급 자격 취득 후 해당 실무경력 3년 이상인 자
1급	2급 자격 취득 후 해당 실무경력 5년 이상인 자

※ 세부사항은 호스피아(www.horsepia.com)을 참고하세요.
※ 상기 내용은 법령 개정에 따라 변경될 수 있습니다.

말산업 국가자격시험 교재

재활승마 이론

집필자 | 정태운, 김태수, 박영재, 박금란, 이인경,
신정순, 윤각현, 고유빈, 백승익, 심다혜

개정2판 발행 | 2025년 01월 15일

저작권자 | 한국마사회
발행인 | 한국마사회
편집·디자인·제작 | 대한미디어
신고번호 | 제2-4035호
전화 | (02)2267-9731 **팩스** | (02)2271-1469
홈페이지 | www.daehanmedia.com
ISBN | 978-89-5654-573-8

※ 본 교재는 농림축산식품부 축산발전기금사업으로 발간되었습니다.
※ 본 교재의 저작권은 한국마사회에 있으며, 저작권법에 의해 보호받는 저작물이므로 무단전재와 복제를 금합니다.
※ 검정교재 구성상 문헌이 인용되는 부분마다 각주를 달지 못하고, 책 말미에 참고문헌으로 일괄 게재하였습니다. 참고문헌 편저자 여러분의 양해를 구합니다.
※ 잘못 만들어진 책은 구입처 및 본사에서 교환해 드립니다.

재활승마 이론

한국마사회

머/리/말

재활승마지도사는 승마 기술을 기본으로 해서 마학과 말조련, 그리고 인체해부학, 운동역학, 생리학, 특수체육, 발육발달, 교육학, 심리학 등 인간의 신체와 정신에 대한 기본 지식은 물론 참여자들의 장애, 정서 그리고 행동에 대해 이해하고 지도할 수 있는 능력이 필요합니다. 더 나아가 즐거운 강습을 이끌어가기 위해서는 레크리에이션 강사 같은 능력을, 원활한 승마장 운영을 위해서는 경영에 대한 능력을, 법률적인 불이익을 면하기 위해서는 행정에 관한 지식도 갖추어야 합니다.

이와 같이 재활승마는 다양한 학문 분야가 복합적으로 필요하지만, 개정판에서는 각 분야에 가장 기본이 되는 내용만을 서술했습니다. 공부하는 입장에서는 늘어난 분량에 부담을 느낄 수도 있고, 한 가지 전문 학문 분야의 시선으로 본다면 빈약한 내용에 실망할 수도 있습니다. 재활승마지도사라고 해서 앞서 열거한 모든 학문 분야에 대해 매우 깊이 있는 지식을 가질 수도 없지만, 반대로 그 분야들에 대해 기본적인 지식이 없어서도 안 됩니다. 자격증의 취득은 해당 분야 업무를 수행하기 위한 최소한의 요건을 갖추는 것으로 더 깊이 있는 내용은 각 분야의 전문 서적을 찾아 필요한 지식을 습득하고 응용할 수 있는 능력을 키워야 합니다.

이번 『재활승마 이론』에서는 장애와 정서/행동 문제에 관한 내용을 맨 뒤편으로 옮기고 세부내용은 2급 이상에서 다루도록 하여 처음 장애 등에 접하게 되는 재활승마지도사의 심적 부담을 덜도록 노력했습니다. 또한 기존에 보급되었던 재활승마실무에 관한 내용을 포함하여 이론적인 내용보다 실무에 도움이 되는 방향으로 변화를 시도했습니다.

비록 분량은 많아졌으나 독자들이 현장 업무에 도움이 되도록 다양한 프로그램도 제시했으며, 아직 우리나라에는 보급되지 않았지만 재활승마시설로서 보유해야 할 감각외승로(Sensory Trail)에 관한 내용도 포함되어 큰 부담 없이 읽을 수 있을 것입니다.

이 책이 나오기까지 한국의 재활승마 발전을 위해 노력하고 멘토 역할을 해주신 미국의 로리 랭커(Lorrie Ranker), 세 권의 책을 무상으로 번역하고 사용하게 해주신 바버라 엥겔(Barbara T. Engel), 그리고 한국을 방문해주신 하이 홉스(High Hopes)의 키티 스탤스버그(Kitty Stalsburg), 체프 센터(Cheff Center)의 킴 베르그렌(Kim Berggren), EAL을 보급해준 새브라 피폴리(Saebra Pipoly) 등 미국을 비롯한 해외의 많은 재활승마지도사분께도 감사드립니다. 또한 우리나라의 재활승마가 발전하여 패럴림픽에 참여하는 수준이 되길 기대하고, 대한민국 장애 청소년들에게 꿈과 희망의 메시지를 전하고자 직접 이 책에 자신의 사진과 글을 보내주신 독일의 앵겔리카 트라베르트(Angelika Trabert)에게도 감사한 마음을 전합니다.

    우리나라 재활승마 현장에서 노력하시는 사단법인 대한재활승마협회, 사단법인 한국재활승마학회, 재활승마지도사협의회, 대한장애인승마협회 등 관련 단체와 조언을 해준 삼성전자승마단, 용운고등학교 선생님들께도 깊은 감사의 말씀을 드립니다.

    많은 분들이 말산업의 발전을 위해 노력하고 계시지만, 말산업이 아닌 다른 산업이나 정책 분야와 접목하여 가장 보람 있는 분야가 재활승마일 것입니다. 이런 점을 충분히 이해하고 물심양면으로 지원해주시는 농림축산식품부와 한국마사회 관계자분들께도 심심한 감사의 말씀을 전해드리며, 조만간 더 나은 관련 서적이 나올 수 있도록 더 많은 지원을 당부드립니다.

    마지막으로 이 책을 읽는 독자분들께도 감사드리면서 더욱 양질의 서적으로 찾아뵐 것을 약속드립니다. 감사합니다.

저자 일동

목차

Ⅰ. 재활승마의 정의 및 현황

1장. 재활승마의 개념 _ 10
1. 재활승마의 개념
2. 재활승마의 의미
3. 재활승마의 분류
4. 재활승마의 효과

2장. 재활승마의 현황 _ 32
1. 재활승마의 역사
2. 국내외 현황

Ⅱ. 재활승마팀

1장. 재활승마팀의 이해 _ 56
1. 재활승마팀
2. 재활승마지도사
3. 자원봉사자
4. 직원

2장. 말 운영 _ 88
1. 재활승마용 말
2. 말 평가와 선정
3. 말 선택
4. 재활승마용 말의 훈련
5. 말의 건강
6. 말에 관한 복지

3장. 재활승마지도사 _ 104
1. 재활승마지도사의 능력
2. 재활승마지도사의 품격
3. 수석지도사에 의한 평가

4장. 보호자 이해 _ 120
1. 학부모에 대한 이해
2. 보호자 교육

Ⅲ. 시설 및 장비

1장. 시설 _ 130
1. 재활승마장 관련 법률
2. 승마장 시설 구분
3. 감각외승로

2장. 마장구 및 교구 _ 154
1. 마장구
2. 교구 및 소품

Ⅳ. 재활승마 강습 준비

1장. 대상자 관리 _ 174
1. 대상자 평가
2. 대상자 선정 및 배정
3. 강습 목표 설정
4. 대상자 관련 문서

2장. 강습계획 _ 182
1. 중·장기 강습계획
2. 단기 강습계획

3장. 강습 프로그램 _ 192
1. 강습 프로그램 설계
2. 대상자의 레벨 분류
3. 재활승마 강습 활동
4. 비기승 프로그램 개발

Ⅴ. 재활승마 강습 시행

1장. 기승과 하마 _ 232
1. 기승 전 확인사항
2. 기승 전 운동
3. 기승 장소 구분
4. 기승
5. 하마
6. 강습 종료(하마) 후

2장. 준비 운동과 마무리 운동 _ 258
1. 준비 및 마무리 운동
2. 기승자의 준비·마무리 운동 동작
3. 마상체조

3장. 본운동(과제수행) _ 270
1. 기승활동 시 고려사항
2. 기승술 교육
3. 마장의 이용

4장. 교감활동 _ 296
1. 기승 시 교감활동
2. 기승 외 교감활동
3. 교감활동의 적용

5장. 교수법과 지도 원리 _ 306
1. 교수법
2. 지도 원리
3. 칭찬하기
4. 강습 연습(강습에 강해지는 방법)

6장. 재활승마와 안전 _ 322
1. 안전과 응급처치
2. 안전한 강습을 위한 단계별 점검사항

Ⅵ. 인체 및 장애의 이해

1장. 인체의 이해 _ 348
1. 해부학적 인체 구조의 이해
2. 운동 및 인체 기능의 이해
3. 성장과 발달

2장. 장애의 이해 _ 400
1. 차이 vs 차별
2. 장애의 개념
3. 장애의 분류
4. 장애인과 같이 생활하기

3장. 신체적 장애 _ 434
1. 외부 신체 기능의 장애
2. 내부 기관의 장애

4장. 정신적 장애 _ 466
1. 발달장애
2. 정신장애

5장. 정서와 행동 문제들 _ 476
1. 정서·행동 문제
2. 주의력결핍 과잉행동장애(ADHD)
3. 우울장애
4. 적대적 반항장애
5. 품행장애
6. 인터넷 게임 사용장애

6장. 기승활동의 주의 및 금기 사항 _ 498

참고문헌 _ 506

말산업 국가자격시험 교재
재활승마 이론

PART I

재활승마의 정의 및 현황

1장. 재활승마의 개념
2장. 재활승마의 현황

재활승마의 정의와 국내외 재활승마의 발달과정 및 현황에 대해 살펴본다.

1장
재활승마의 개념

국내에서 '재활승마'라고 하는 용어는 해외에서 'Riding for the Disabled(장애인을 위한 승마)' 혹은 'Therapeutic Riding(치료적인/치료에 도움이 되는 승마)'라는 용어로 사용되고 있다. 국내에서는 삼성전자승마단이 처음으로 장애인에 대한 사회적 편견과 거부감을 완화하기 위해 '재활승마'라는 용어를 사용하며 프로그램을 도입하게 되었다.

재활승마의 국제단체인 '국제재활승마연맹'은 'Federation of Riding for the Disabled International(이하 FRDI)'에서 2011년 공식단체명을 'Horses in Education and Therapy International(이하 HETI)'로 변경했고, 미국의 재활승마단체인 북미재활승마협회(North American Riding for the Handicapped Association, 이하 NARHA)도 같은 해인 2011년에 단체명을 'Professional Association of Therapeutic Horsemanship International(이하 PATH Intl.)'로 변경하여 그 대상을 '장애인'에 국한하지 않고 포괄적으로 확대해나가는 것을 알 수 있다. 이런 의미에서 '재활승마'라는 용어는 최근 추세에 맞게 이미 발전된 개념이 충분히 적용되어 있다고 할 수 있다.

1 재활승마의 개념

1) 정의

재활승마는 "신체 및 정신장애인은 물론 정서와 행동의 문제로 어려움을 겪는 사람들에게 인지적·신체적·감성적·사회적 안녕을 주기 위해 인간과 말이 함께하는 모든 활동"을 말한다. 여기서 말하는 '모든 활동'에는 기승활동만이 아니라 말을 쓰다듬고, 씻겨주고, 장구를 얹고, 이끄는 것과 같은 비기승 지상활동과 함께 마차, 마상체조 등의 활동도 포함된다.

2) 재활승마 정의에 대한 고찰

(1) 재활승마의 대상

지금까지 재활승마에 대한 정의는 장애인만을 대상자로 국한하여 고려되어왔다. 「말산업육성법」에도 재활승마지도사를 "승마를 통하여 신체적·정신적 장애를 치료하도록 지도하는 업무를 수행하는 사람"이라고 했으며, 개정 전의 재활승마 국가자격시험 교재에서도 "장애를 가진 사람들에게 인지적·신체적·감성적·사회적 안녕을 주기 위해 인간과 말이 함께하는 모든 활동"이라고 정의했다.

과거에는 장애인의 범주가 의학적 측면에서 장애의 개념을 규정했으나 시대가 변화하면서 의학적 개념과 함께 사회적·법률적 개념 등이 도입되고 있다. 이러한 다양한 측면에서 개념 정립은 서로 비슷하기도 하지만 오히려 다르게 사용되기도 하여 일반인들에게 혼동을 주기도 한다.

예를 들면 교육학적인 측면에서는 학습 가능 여부에 따라 '학습장애'라는 말이 사용되고 모두가 공감하는 장애이지만, 법률에서는 장애로 인정되지 않는다. ADHD의 경우도 의학적인 측면에서는 치료의 필요성 여부에 따라 '장애'라는 말이 인정되지만, 역시 국내의 법률적인 측면에서는 인정되지 않는다.

같은 법률적인 측면이라도 국가 간에 인정되는 장애의 범위는 달라지기도 한다. 우리나라는 신체장애와 일부 정신장애만이 법률로 '장애'라고 인정받는 반면, 미국과 유럽 등 선진국은 장애인의 범위가 우리나라보다 더 포괄적이다. 다음과 같은 내용을 포함하여 장애의 범위로 채택하기도 한다.

· 신체나 정신의 기능적인 장애
· 특정한 일을 어느 정도 수행할 수 있는지의 여부에 의한 노동능력 측면에서의 장애
· 위의 개인적인 요인뿐만 아니라 환경적인 요인에 의해 불이익을 받는 조건 같은 사회적인 측면에서의 장애

예를 들면 고도비만의 경우 미국에서는 장애로 분류되어 장애연금을 받고 EU(유럽연합)에서는 유럽재판소가 장애로 분류되도록 권고하기도 했으나 국내에서는 장애로 인정되지 않는다.

> **Tip**
>
> **학습장애(learning Disorder, 學習障碍)**: 지능은 정상이지만 듣기, 말하기, 읽기, 쓰기, 추리 또는 계산 능력에 심각한 문제가 나타나는 장애. 처칠, 톰 크루즈, 성룡 같은 유명인도 학습장애가 있었다고 함
>
> **ADHD(Attention Deficit Hyperactivity Disorder, 주의력결핍 과잉행동장애)**: 주의력결핍 및 과잉행동, 공격적 행동, 과잉행동 등의 의미 있는 특성을 보이는 질환으로 학령기 및 학령 전기 아동에게 매우 흔하게 나타나며, 이로 인해 정상적인 학교생활 및 가정생활에 지장을 받는 질환. 에디슨도 ADHD였다고 함
>
> **WHO(World Health Organization, 세계보건기구)**: 보건 분야의 유엔전문기구

특히 일부 국가에서는 암이나 AIDS 같은 난치병 환자를 장애인으로 구분하기도 하고, 타인 의존자와 의사소통이 어려운 이민자를 장애인으로 인정하기도 한다. 이와 같은 이유로 우리나라에서의 장애인 비율은 약 5% 정도이지만, 미국은 약 20%이고, WHO(2011)의 "World report on disability"에 따르면, 전 세계 인구(2010년 기준)의 15%인 약 1억 명 정도가 장애를 가지고 있는 것으로 추정된다. 또한 평균적으로 OECD 회원국의 근로연령대인구 (20~64세) 7명 중 1명(14.3%)은 일상생활에 어려움을 초래하는 만성질환이나 장애를 갖고 있는 것으로 파악되고 있다. 한편, 2020년 장애인 실태조사 결과, 우리나라도 장애인 수가 2000년 약 145만 명에서 2020년 262만 명으로 크게 증가했는데, 이는 인정되는 장애의 유형이 증가하고 장애인에 대한 인식이 개선되어 등록 장애인이 증가한 것으로 확인되고 있다.

앞서 HETI와 PATH Intl.의 예와 같이 재활승마의 대상이 신체장애에서 시작하여 정신장애가 포함되었고, 최근에는 정서적인 문제를 가진 사람까지 확대되고 있는 것이 세계적인 추세다. 세계적으로 재활승마가 가장 발달했다고 할 수 있는 미국에서는 ADHD, 우울, 약물남용, 학교부적응, 분노조절 문제, 낮은 자존심과 비행청소년을 위한 프로그램은 물론 언어와 문화의 차이로 인한 갈등 완화를 목적으로 시행하기도 하고, 전쟁에 참여한 퇴역군인들을 위한 프로그램 등도 시행되고 있다.

(2) 재활승마 관련 용어

국내에서 재활승마는 재활승마치료, 장애인승마, 승마요법, 승마치료, 치료승마, 말매개치유, 말매개치료, 힐링승마, 승마힐링 등으로도 불린다.

해외에서는 다음과 같은 재활승마 용어가 사용된다. Assisted(매개 또는 지원)와 Facilitated(촉진)은 사용하는 사람에 따라 선호도가 다를 뿐 같은 의미이다.

- Equine Assisted Service(말매개서비스, 넓은 의미의 재활승마)
- Riding for the Disabled(장애인승마)
- Therapeutic Riding(Therapeutic Horse Riding, Therapeutic Horse Back Riding, 좁은 의미의 재활승마)

> **Tip**
>
> **OECD(Organization for Economic Cooperation and Development, 경제협력개발기구)**: 경제발전과 세계무역 촉진을 위해 발족한 국제기구로 우리나라를 비롯한 유럽, 미국, 캐나다, 일본, 호주 등이 가입
>
> **therapeutic**: 1. 치료상의 2. 치료의 3. 치료의 힘이 있는
>
> **therapy**: 1. 치료 2. 요법 3. 상담 4. 처방
>
> **Healing**: (몸과 마음의) 치유[치료]
>
> **Facilitate**: (사정이 일을) 용이하게 하다; 쉽게 하다; (행동·과정 등을) 촉진[조장]하다

- Horse Therapy(말을 이용한 치료)
- Hippotherapy(치료승마)
- Equine Assisted Activity(말매개활동),
- Equine Assisted Learning(말매개학습, EAL)
- Equine Assisted Psychotherapy(말매개심리치료)
- Equine Facilitated Psychotherapy(말촉진심리치료, EFP)
- Equine Assisted Therapy(말매개치료, EAT)
- Equine Facilitated Wellness(말촉진건강요법, EFW)
- Equine Facilitated Counselling(말촉진상담요법, EFC)
- Equine Facilitated Mental Health(말촉진정신건강요법, EFMH)
- Horse Riding for the Healing(힐링승마)

Riding for the Disabled(이하 RD)는 재활승마의 최초 어원으로 활용한 용어로 영국에서 사용했으며, 현재도 영국을 비롯한 호주, 뉴질랜드에서는 협회의 명칭을 Riding for the Disabled Association(이하 RDA)이라고 하고, 각각 RDA-UK, RDA-AU[최근에는 RDAA로 표기하고 주(州)의 협회를 표시할 때 RDA NSW로 표기함], RDA-NZ라는 사용국가 표기를 뒤에 붙여 구분한다.

Riding for the Handicapped는 미국에서 최초로 사용되었는데, 영국에서 미국으로 도입될 당시 'disabled'라는 단어 사용을 피하기 위한 것으로 판단된다.

Therapeutic Riding(이하 TR)은 미국을 필두로 유럽과 아시아를 비롯한 우리나라 등에서 재활승마 활동을 통칭하는 용어로 사용되고 있다. 그러나 최근 'Therapeutic'이라는 용어가 'Therapy(치료)'라는 어원을 활용한 것이라는 혼란이 야기되고 대상자의 범위와 활동을 확대한다는 의미에서 'Equine Assisted Activities(EAA)'가 사용되기도 한다.

hippotherapy는 '치료승마'라고 번역할 수 있는데, 물리치료사, 작업치료사, 언어치료사가 말을 매개로 하여 치료를 목적으로 하는 활동에 국한하여 사용된다. 미국에는 미국치료승마협회(American Hippotherapy Association, Inc. 이하 AHA)가 치료사를 대상으

> **Tip**
>
> **NSW**: 뉴사우스웨일스(New South Wales) 주(州). 호주 남동부에 있는 주로 주도는 시드니다. 동쪽으로는 태평양, 남쪽으로는 빅토리아 주, 서쪽으로는 사우스오스트레일리아 주, 북쪽으로는 퀸즐랜드 주와 접한다. 1788년 영국이 유형수들을 시드니에 상륙시킴으로써 이민의 역사가 시작되었다.
>
> **트렌드(trend)**: 사상이나 행동 또는 어떤 현상에서 나타나는 일정한 방향
>
> **멘탈케어(mental care)**: 정신건강 돌봄

로 hippotherapy에 대해 교육하고 치료승마지도사로 활동하도록 지원하고 있다. Equine Assisted Therapy(말매개치료, EAT)도 같은 의미로 해석할 수 있다.

Equine-Assisted Learning(말매개학습, 이하 EAL)은 말의 보조 활동을 통해 대상자의 생활기술 개발을 촉진하는 체험학습 방법이다.

Equine-Assisted Psychotherapy(말매개심리치료, EAP)는 반드시 말에 기승하는 것을 포함하지 않으며 말 손질, 건초 먹이기와 지상 운동 등을 포함할 수 있다. 정신건강전문가(임상심리치료사 등)들은 대상자의 감정, 행동과 양식을 지켜보고 논의하면서 대상자가 자신과 다른 사람에게 배울 수 있도록 체험 방식으로 한 명 이상의 대상자와 한 마리 이상의 말과 함께 일한다. 목표는 사회적 정서, 인지, 행동적 방식으로 대상자를 돕기 위함이다. EAP는 Equine Facilitated Psychotherapy(말촉진심리치료, EFP), Equine Assisted Therapy(말매개치료, EAT), Equine Facilitated Wellness(말촉진건강요법, EFW) 등을 포함한다.

Equine Assisted Activities and Therapies(EAAT)는 앞서 설명한 모든 것과 마상체조(vaulting) 및 마차운전(driving), 그리고 말의 손질, 말의 관리 및 퍼레이드 등까지 포함하는데 우리가 궁극적으로 추구하는 '말과 함께하는 모든 활동을 포함'하는 넓은 의미의 재활승마라고 할 수 있다.

최근 HETI에서 새롭게 만들고 권장하는 용어로 Equine Assisted Service(말매개서비스, EAS)가 있어서 EAAT를 대신하여 사용되고 있다. EAS와 함께 Service Provider(서비스 제공자, SP)와 Service User(서비스 이용자, SU) 같은 용어도 만들어 관계자들이 자신의 업무 영역을 명확하게 정의하고 이해시킬 목적으로 사용을 권장하고 있다.

한국마사회를 중심으로 사회공익승마로 소방관, 방역종사자 등을 대상으로 EAL이 보급되고 말촉진심리치료도 일부에서는 도입되고 있어 현재 재활승마를 EAS, 기존의 TR은 재활강습승마로 구분하는 것이 타당할 것이다.

힐링승마는 최근 들어 국내에서 재활승마를 대신하거나 더 큰 범위를 포함하는 의미로 사용되고 있다. 2010년 이후 경기부진이 장기화되고 사회도 각박해지면서 '잘 먹고 잘사는 웰빙' 이전에 공감, 위로, 치유에 대한 수요가 급증하게 되어 '웰빙'을 제치고 '힐링'이 주요 사회문화코드로 부상하게 되었다. 이러한 트렌드를 반영하여 TV에도 「힐링캠프」라는 프로그램이 있었으며 명상, 멘탈케어, 요가, 필라테스, 스파 및 건강 관련 식음료와 관광 등 힐링 비즈니

> **Tip**
>
> **trekking**: hiking과 등산의 중간 형태. 정상 등정을 목적하지 않고 험한 산악길이나 산의 주변을 걷는 것
> **hiking**: 잘 닦여진 길을 걷는 야외나들이
> **등산(walking)**: 특정 산을 목표로 걷고 오르는 것

스가 활발하게 이루어지고 있는데 이러한 사회적 현상을 반영한 것으로 생각된다.

힐링(healing, 치유)은 "마음과 정신의 상처를 치유"한다는 의미로 2010년부터 사용이 늘어난 용어다. 힐링과 웰빙은 공통적으로 행복을 추구하는 개념이지만 웰빙(well being)은 "신체적 건강과 삶의 만족도 제고"를 의미한다. 이러한 의미에서 보면 힐링승마는 "승마를 통해 마음과 정신의 상처를 치유"하는 것으로 '승마'는 '웰빙'에 해당한다고 볼 수 있고, '힐링승마'는 '힐링'에 속한다고 생각해볼 수 있다. 미국에서는 말을 타고 자연으로 나가는 horse trekking을 하는데, 말 타는 것 자체를 위해 목표를 정하고 다니면 horse trekking, 목표 없이 자연을 즐기면서 마음을 편안하게 하는 것은 healing이라고 한다.

(3) 재활과 치료 그리고 재활승마

재활(rehabilitation)이라는 용어는 1943년 미국재활회의(미국 샌프란시스코에서 개최)에서 처음 사용되었으며, 재활을 "신체적 장애를 가진 사람에게 그가 가지고 있는 잔존기능을 최대한으로 발휘하게 함으로써 신체적, 정신적, 사회적, 직업적 그리고 경제적 능력을 회복시키는 것"이라고 정의했다. UN은 장애인기회평등표준규칙(1993)에서 "장애인이 최적의 신체적, 감각적, 지적, 정신적 및 사회적 기능 수준에 도달하도록 하며 이들이 자립을 달성할 수 있도록 생활을 변화시킬 수 있는 도구를 제공하는 것에 목적을 두는 과정"이라고 했다. 또한 세계보건기구(WHO)는 "재활은 재활자로 하여금 자력으로 활동할 능력을 주고 가능한 한 사회에서 정상적 위치를 되찾고 이를 통해 적극적이고 생산적인 삶을 영위하는 것으로 신체적·정신적·사회적으로 좋은 조건을 달성하기 위해 필요한 모든 조치의 종합이다"라고 정의하고 있다. 이처럼 재활은 "장애 확인과 동시에 장애인이 갖고 있는 잔존능력을 최대한 발휘할 수 있도록 신체적·교육적·직업적·심리적·사회환경적으로 지원하는 것"이라고 할 수 있다.

치료의 사전적 의미는 "병이나 상처를 다스려서 낫게 함"이라고 정의되며, 영영사전에서는 "건강 문제를 수정하거나 바꾸는 과정"을 의미하고 있다. 치료는 변화를 전제하며, 원상으로의 회복을 의미한다고 할 수 있다.

치료는 "원상으로 회복될 수 있다"는 가능성을 전제로 하는 반면, 재활은 "신체적·정신적·사회적 요인에 의해 장애라고 확정되고 변화되지 않은 상태에서의 잔존능력회복"이라는 전제를 두고 있다. 다시 말해 치료는 변화를 전제하고 있는 반면 재활은 변화라는 측면보다는 현 상태의 유지와 악화를 예방하기 위한 수단과 방법으로서 활용되며, 두 용어 모두 보건의료분야에서 사용되는 단어로 이외의 분야에서 사용하기는 적합하지 않다.

국내에서 사용하는 '재활승마'라는 용어는 영어로 TR이라고 하는데, 이때 Therapeutic은 Therapy와 같은 것이라고 생각하기 쉽지만 의미는 상당히 다르다. 굳이 우리말로 번역하

자면 각각 '대체요법'과 '치료'로 구분할 수 있을 것이다. 재활승마를 보급하기 위해 우리나라를 방문한 미국 전문가는 해외에서도 Therapeutic과 Therapy를 혼동하는 사람들이 있다고 설명하고, '재활(rehabilitation)'이라는 용어도 바른 표현이 아니라고 지적한다. 이는 Therapeutic이라는 말을 우리말로 바꾸어 의미를 정확하게 전달할 수 없기 때문이다. 수년 전 일부에서 '재활(rehabilitation)'이라는 용어가 보건의료분야에서 사용되기 때문에 재활승마(TR)의 대상을 장애인으로 제한하여 '장애인승마(RD)'로 이름을 바꾸어야 한다는 주장도 있었으나 순수한 스포츠로서의 장애인승마와 구분할 수 없고, 대상자를 장애인으로 한정하여 재활승마의 발전에 저해된다는 문제점이 제기된 바 있다.

전문용어는 학문분야나 전문분야에서 사용되고 있는 개념들을 언어나 상징을 통해 표현하는 것으로, 철학을 반영하여 만들어져야 한다. 그러나 그 분야에 일하는 사람들이 서로 정보를 교환하기 위해 합의한 용어를 사용하기도 한다. 영어의 경우 'disabled individual'보다 'individual with a disability'라고 하여 장애보다는 사람이라는 단어를 앞에 위치시켜 인간의 존엄성을 알리고 존경을 나타내는 것 같이 위치를 바꾸거나 단어를 덧붙여 새로운 의미를 나타내는 용어를 만들 수 있다. 반면 우리나라의 말은 단어 자체에서 의미를 찾고 간결성과 단축성을 요구하고 있는 듯하다.

이런 의미에서 더 적합한 용어를 찾기 위한 노력은 계속되어야 하겠지만 범위를 급속히 확대해나가는 '재활승마(EAS)'를 대신하여 대중적으로 쉽게 전파될 수 있는 우리말 용어를 찾기는 쉽지 않다. 또한 2011년 농촌경제 활성화와 국민 삶의 질 향상을 목적으로 「말산업육성법」의 시행과 함께 '재활승마지도사'가 국가자격으로 지정되어 많은 자격자가 배출되고 있다. 따라서 '재활'이라는 용어 사용이 적합하지 않더라도 앞서 적합한 용어를 찾기 전까지 합성어로서 '재활+승마(rehabilitation+riding)'가 아닌 고유명사로서 '재활승마(EAS)'라는 의미를 정확히 인식하여 말산업 육성을 위한 사회적 합의로 생각하고 사용함이 바람직할 것이다.

과거 미국에서도 '치료승마(hippotherapy)' 관련 단체와 '재활승마(TR)' 관련 단체가 용어의 정의, 업무 영역 설정 등으로 서로 반목하고 배타적인 환경이었던 시기가 있었지만, 지금은 서로가 상대방의 전문성을 인정하고 상호 보완적인 관계를 유지하고 있다. 우리나라도 「말산업육성법」의 취지를 올바로 인식하고 재활승마가 시작 단계임을 고려하여 바른 용어사용으로 시장에 혼선을 주지 말아야 한다. 특히 의료보험으로의 편입이나 재활승마치료사 양성 등은 우리나라 재활승마(EAS)와 국민소득이 선진국 수준 정도의 고도화를 이룬 다음에 논의할 문제일 것이다.

> **Tip**
> 대한장애인체육대회 내에 대한장애인승마협회가 소속되어 있고 생활 및 전문 스포츠로서의 승마를 지향한다.

2 재활승마의 의미

재활승마는 신체 및 정신장애인은 물론 정서와 행동의 문제로 어려움을 겪는 사람들을 대상으로 하는 활동이지만, 강습에 참여하는 전문가들은 비장애인들에게 승마를 가르친다는 생각으로 임해야 한다. 왜냐하면 기승자들이 재활승마를 통해 치료를 받는다는 느낌보다는 스스로 즐기고 운동하고 있다는 인식을 갖게끔 해주어야 하기 때문이다.

재활승마는 신체적 측면에서 테니스, 골프, 조깅, 수영과 같이 전신을 건강하게 하는 활동이다. 심혈관계를 활성화하고 모든 근육을 사용하게 하여 근력을 키우는 신체 강화 운동으로 기승자 스스로 체중을 지지하고, 신체 균형을 유지할 수 있는 능력을 향상하게 한다. 그뿐만 아니라 말을 쓰다듬기 위해서나 장구를 얹기 위해 팔을 뻗고, 몸통을 늘이는 등 일상생활에서 필요한 신체 활동을 유도해낼 수 있다. 정신적 측면의 재활승마는 대상자에게 동물과 교감을 나눌 수 있는 기회를 준다. 말에게 말 걸기, 신체 접촉, 애착 반응 등을 통해 생명의 존귀함을 배움으로써 긍정적이고 적극적인 삶을 영위할 수 있게 한다. 또한 새로운 도전으로 자신감을 키울 수 있다. 재활승마는 단체 활동으로서 말과 기승자가 한 팀이 되어 다른 팀과의 선의의 경쟁을 통해 자립심, 협동심, 리더십 등을 키우는 사회화 활동이다. 또한 대상자는 강습에 참여하는 전문가·봉사자와의 대화와 협동, 동료 기승자들에 대한 관심 등을 통해 사회의 구성원으로 활동할 수 있는 사회적 역량을 키울 수 있게 된다.

3 재활승마(EAS, 말매개서비스)의 분류

재활승마 활동은 도입 국가의 특성에 따라 오랜 기간 동안 변화해왔으며, 기승자의 참여 목적이 무엇인지에 따라 크게 몇 가지 범주로 구분해볼 수 있다. 앞서 언급한 것처럼 미국에서는 TR과 치료승마가 명확하게 구분되지만, 우리나라에서는 국내 실정에 맞게 다음과 같이 구분하고자 한다.

Equine Assisted Service(말매개서비스)는 말 또는 말과 관련된 내용으로 이루어지는 모든 활동이다. 국내 재활승마가 궁극적으로 추구하는 범위로 크게는 EAA(Equine Assisted Activity, 말매개활동)와 EAT(Equine Assisted Therapy, 말매개치료), 즉 Recreation(레크리에이션 또는 강습)과 Therapy(치료)로 구분된다.

따라서 재활승마에 참여하는 목적과 활동 내용에 따라 구분하면, 기승자들을 위한 승마 강습을 하는 '레크리에이션 승마(Recreational Riding)', 승마경기 등의 참가를 목적으로 하는 '스포츠 승마(Sports Riding)', 전문 의료진과 치료승마 전문가 등의 지도하에 수행되는 '치료승마(Hippotherapy)' 및 기타 분야로 나눌 수 있다.

1) 레크리에이션 승마

레크리에이션 승마는 '강습승마'라고도 하는데, 기승자가 승마 환경을 이용하여 기승술은 물론 집중력 향상이나 문제해결 방법 등을 배우는 등 기술과 지식을 습득한다. 신체적 상태나 일상 행동을 호전시키고 기승술과 말을 다루는 방법을 배운다. 레크리에이션 승마는 승마 기승술을 익히는 것 외에도 기분전환, 사교적 기술, 스트레스 해소, 자신감 향상 등의 효과가 있다. 참여자의 문제가 다양할 수 있기 때문에 같은 목적을 가진 참여자들, 비슷한 유형의 장애와 기승술을 가진 참여자들로 강습 그룹을 설정하는 것이 효과적인 강습을 위한 요건이다. 레크리에이션 승마에서는 비장애인에게 강습하듯이 진행하면 되지만, 강습에 참가 중인 장애인의 학습능력이나 인지능력을 감안해야 한다. 쉬운 기승술도 여러 단계로 세분화(과제분석)하여 설명하고, 지속적인 설명과 확인 그리고 모델링 등이 필요할 수도 있다. 이러한 이유 때문에 기승자가 가진 문제에 대해 지도사들의 이해가 반드시 필요하다.

(1) TR(Therapeutic Riding)

EAS분야에서 가장 먼저 시작되었으면서 가장 주류를 이루고 있고, 현재 국내에서 운영되고 있는 재활승마 유형이다. Therapeutic(치료적)이라는 용어로 치료(Therapy)와 혼동하는 경우도 있는데, 치료와는 관계가 없다. 1960년대에 TR은 장애인에 국한하지 않았다고 한다. 장애인뿐만 아니라 비장애인도 같이 '말[馬]'을 주제로 함께 승마를 할 수 있었다. 그러나 장애인에 대한 이해와 프로그램 운영이 강조되면서 장애인에 대한 승마분야로 범위가 축소되었다고 한다.

TR의 최종 목적은 '독립승마'로 기승자(참여자)가 혼자서 말을 탈 수 있도록 강습을 운영하는 것이며, 기승술 지도가 필수이다. 미국의 재활승마협회가 명칭을 NARHA(North American Riding for the Handicapped Association)에서 2011년 PATH Intl.(Professional Association of Therapeutic Horsemanship International)로 바꾼 것은 기존의 TR 프로그램에 EAL 프로그램을 추가 보급하고 대상자를 장애인에서 정서 및 행동에 문제를 가지고 있는 사람은 물론 비장애인에까지 확대하는 것이라고 할 수 있다.

(2) EAL

EAL(Equine Assisted Learning, 말매개학습), EFEL(Equine Facilitated Experimental Learning, 말촉진경험학습) 또는 EFL(Equine Facilitated Learning, 말촉진학습)은 학습을 목적으로 하여 말을 사용하는 활동을 나타낸다. EAL이나 EFEL은 대개 그룹에게 제공된다. TR이 기승활동을 통한 기승술 강습이 목적인 반면, EAL은 말 보조 활동을 통해 교육, 직업 및 개인 목표를 위한 Life Skills(생활 기술)의 개발을 촉진하는 체험학습 접근 방법이다.

참여자가 말에게 영향을 미치지 않는 장소에서 수행하는 수동적 참여와 말과 참여자가 직접적인 접촉을 통해 상호작용하는 능동적 참여가 있다. 말은 강습에서 벗어날 수 있는 선택권을 가지고 있지 않지만, 말과 참여자 사이의 상호작용의 의도 또는 목적에 따라 말을 선정해야 한다.

Life Skills에는 유엔아동기금(UNICEF)을 비롯한 유엔과 공동으로 세계보건기구(WHO)가 정의한 대로 다양한 역량이 포함된다. Life Skills 교육은 일상생활의 요구와 도전에 대처하는 데 필요한 심리사회적 기술의 개발을 촉진하는 것을 목표로 한다. WHO에서 제시한 다섯 가지 Life Skills 영역은 다음과 같다.

- 의사결정 및 문제해결
- 창의적 사고와 비판적 사고
- 의사소통 및 대인관계
- 자기인식과 공감
- 감정에 대처하고 스트레스에 대처하기

2) 스포츠 승마

스포츠 승마는 교육, 레저 등을 떠나 승마경기 참가를 목적으로 고난이도의 기승술 연마를

참고자료

- Piaffe(피아페): 제자리에서 약간씩 전진하는 최대 수축 운동
- Passage(파사지): 최대의 수축 속보로 말 앞발목관절(완관절)의 위치가 거의 직각을 이룰 정도로 올라오도록 유도하는 운동
- Pirouette(피루엣): 말의 뒷다리는 제자리걸음이고 앞다리로는 원을 그리며 방향을 바꾸는 운동
- 측방 운동(lateral movement): 측방 운동으로는 '숄더인(shoulder-in; 어깨를 안으로)', '트래버스(travers; 허리를 안으로)', '랜버스(renvers; 허리를 밖으로)' 그리고 '하프패스(half-pass)'가 있는데, 이 경우 말의 몸통은 약간 구부린 상태(bending)에서 움직인다.
- Flying change(답보변환): 구보에서 행해지는 동작으로 말의 구보는 회전 방향에 따라 맨 마지막 착지하는 앞발이 달라지는데, 이러한 좌우 앞발을 바꾸어주는 동작을 말한다.
- Para-: 패럴림픽(Paralympic)이라는 명칭은 1964년 도쿄올림픽 때부터 사용했는데, 이 대회가 처음에는 척수장애인(양하지마비장애인)들의 경기로 시작되었기 때문에 패럴림픽도 원래는 '하반신 마비'를 뜻하는 '패러플리지아(paraplegia)'와 '올림픽(Olympic)'의 합성어로 사용되기 시작했다. 그러나 이후 하반신 마비 이외에도 팔과 몸통의 장애가 있는 지체장애와 시각장애가 있는 선수들도 참여함에 따라 지금은 '옆의' 또는 '나란히'를 뜻하는 그리스어의 전치사에서 유래된 '패러(para-)'와 올림픽이 결합하여 '올림픽과 나란히 열린다'는 것을 의미한다.
- 이런 의미에서 Para Equestrian도 비장애인 경기와 구분하기 위해 'Para-'를 사용한다.

※ paraplegia: 척추 질환이나 상해에 의한 양하지의 마비

요구하며, 기승자들에게 진정한 도전정신을 유도해낼 수 있다. 국제승마연맹(International Equestrian Federation, 이하 FEI)에서는 비장애인 선수 대회와 구분하기 위해 Para-Equestrian(장애인스포츠승마, 이하 PE) Dressage와 PE Driving(장애인승마 마차운전)으로 표기하고 대회를 주관한다. 2006년 이후 FEI가 관리단체인데, 스포츠단체 중에서 세계적으로는 유일하게 비장애인 경기와 장애인 경기를 공동으로 주관하고 있다.

(1) PE Dressage

PE Dressage 분야는 1996년 애틀랜타 패럴림픽에서 정식 종목으로 정해졌으며, 지체장애인이나 시각장애인이 참여할 수 있다. 선수들은 규정된 내용의 Championship Test와 음악을 이용한 Freestyle Test 마장마술 경기를 실시하며 3~4명의 선수가 한 팀을 이루는 Team Test가 있다.

[그림 1-1] Para-Equestrian 마장마술

Ⅰ, Ⅱ, Ⅲ등급 경기 Freestyle의 음악경기는 20m×40m 경기장에서는 4분~4분 30초, Ⅳ, Ⅴ등급 경기는 20m×60m 경기장에서 4분 30초~5분 길이의 음악을 사용한다. 입장하기 전 음악이 30초 이상 흐르면 안 되고, 마지막 경기 종료 후 경례에서 중단되어야 한다. 선수들은 말을 탈 때 평보, 속보 및 구보를 위한 일련의 명령을 사용하여 마술 기술을 보여주며, 심판은 장애인의 움직임은 보지 않고 말의 움직임만 보고 심사한다. 모든 선수는 반드시 안전모를 착용해야 하고 마장마술용 채찍, 고삐연결 막대, 고무줄 또는 기타 부조와 같이 허용한 보조 장치를 사용할 수 있다. 또한 Ⅰ, Ⅱ, Ⅲ등급 선수는 너무 심하지 않은 정도에서 음성부조를 사용할 수 있고, Ⅳ, Ⅴ등급 선수는 음성부조를 사용할 수 없다.

말의 복지(horse welfare)를 위해 Ⅰ, Ⅱ, Ⅲ등급에 한해 말은 시합 당일에는 하루 최대 30분까지 훈련할 수 있으며, 트레이너는 경기 시작 15분 전까지 선수를 대신해서 1회에 한하여 조마삭을 하거나 말에 기승해줄 수 있다. Ⅳ, Ⅴ등급 선수의 말은 시합일에는 경기하는 선수만 훈련할 수 있다.

앵겔리카 트라베르트 박사의 편지

나는 두 다리가 없고 오른손 손가락이 세 개뿐인 지체장애인으로 1967년에 태어났다. 부모님은 어렸고 가족 중에 장애가 있었던 적은 없다. 그들은 가능한 한 나를 '평범'하게 키웠다. 나는 정규 유치원에 다녔고, 그 후 친구들과 학교에 갔다. 상황이 특별히 어려울 때마다 아버지는 간단한 해결책을 찾기 위해 노력했다. 내가 걷는 것이 가능해진 이후, A에서 B로 나를 옮겨줄 모든 종류의 운송수단을 갖게 되었다. 나는 10개월이 지난 다음부터 의족(인공 다리)을 가졌는데 매우 힘들었다. 북미 인디언이 나의 우상이었는데, 그래서인지 말이 참 좋았다. 작은할아버지가 치료승마를 통해 말을 처음 접하도록 해주었다. 승마 방법에 대한 지식의 부족과 적합한 말 그리고 보험 문제로 어려웠다. 그럼에도 불구하고 나는 한 단계 한 단계 나만의 방법을 만들어나갔다. 그중 하나의 큰 단계는 딸이 여덟 살의 나이에 뼈암으로 인해 다리를 잃은 캘리포니아에 있는 한 가족을 만나는 것이었다. 그 가족은 '프린스'라는 꽤 다루기 어려운 아라비아 말을 가지고 있었는데, 내게 의족 없이 말을 타게 했다. 말을 탄 이후 처음으로 내 피부가 짓무르지 않았고, 독일로 돌아와서는 1989년 내게 맞는 특별한 안장을 갖기 전까지 서부식 안장을 계속 사용했다. 그리고 마침내 덴마크 오르후스(Aarhus)에서 열린 제2회 세계선수권대회에 처음으로 마장마술 독일 대표로 선발되었다. 개인전에서는 은메달, 단체전에서 금메달은 내 생애 첫 메달이었고, 주최 국가에서 제공한 말을 타고 계속 독일 대표선수로 출전했다.

1996년 미국 애틀랜타 패럴림픽(장애인올림픽)에 승마가 포함되었다. 사냥이나 캠핑 같은 다른 용도의 말을 마장마술용으로 훈련시켰는데, '엠버'라는 말은 내가 하는 말을 알아듣기 어려워했으나 우리는 마침내 개인전에서 두 번이나 은메달을 받았다. 이후 독일에서 장애인승마가 서서히 발전했다. 나는 선수들에 의해 두 번씩이나 선출되어 IPEC(국제장애인승마위원회)에 선수 대표로 10년 동안이나 일했다.

내 직업은 의사로 마취과 전문의다. 공부할 때 분명히 힘들겠지만, 2000년 시드니 올림픽 이후 자신의 말을 가지고 대회에 출전하도록 되어 있어 평소에 대회에 대비하여 말과 함께 충분히 준비할 수 있도록 다양한 훈련을 해보기를 강력히 추천한다. 나는 운이 좋게도 '가짐(Ghazim)'이라고 불리는 트라케너(Trakehner)종 웜블러드를 가지고 있던 덕분에 덴마크 월드챔피언십에서 3개의 은메달을 받았다. 나는 선수만이 아닌 장애인이나 비장애인 모두에게 승마를 지도하는 승마지도자이기도 하다. 장애인승마가 FEI(국제승마연맹)의 8번째 분야가 되고 HRH Princess Haya가 다른 사람을 임명한 2006년 이후 나는 선수생활을 그만두었다. 그러나 기승 경력 이후 할 수 있는 등급분류사 면허를 받았고 지금도 계속 말을 타고 있다.

2016년 현재 10년째 집에서 장애아동들에게 승마를 지도하고 있는데, 고삐를 쥐고 책임감을 갖고 결정할 수 있는 많은 시간을 갖도록 하고 있다. 말은 그들에게 신체장애가 있는데도 자신감을 얻고 자신의 특성을 개발할 기회를 제공하는 매개체가 된다. 또한 중요한 점은 항상 다른 사람을 올려다보기만 하는 휠체어 타는 사람에게 내려다볼 수 있게 한다는 것이다.

말은 항상 나의 파트너로 국제 경기에 참여하는 것 외에도 시골길을 가는 동안 건강한 네 다리를 기꺼이 빌려준다. 이는 내가 산을 오르거나 내려갈 때, 의족이나 휠체어로는 가기 불가능한 해변에서도 말 타는 것을 가능하게 한다. 상태가 좋고 잘 훈련된 말은 내가 비장애인보다 더 잘 할 수 있도록 스스로 최선을 다한다. 말은 나에게 마술쇼(horseshow)의 일부를 포함하는 모든 삶의 기회를 제공해준다. 충분히 잘하면 나는 승리할 수 있다.

나의 장애는 무엇을 하든 나를 주저하게 하지 않았지만 말은 확실히 무엇을 하든 도움을 주었고, 신체적으로뿐만 아니라 정신적으로도 함께 성장하는 매우 중요한 파트너였다.

내 인생의 좌우명: 장애는 탓하지 않으면 능력이다!

마장뿐만 아니라 어떤 장소라도 트레이너가 말에 올라가 있는 것은 기승으로 간주된다. 평보로 걷는다고 하더라도 말에게 영향을 줄 수 있기 때문에 시간은 엄격하게 지켜져야 하고, 말에 기승하는 동안은 항상 스튜어드가 있어야 한다. 장애인승마에서 선수들에게 동일한 조건을 제공하여 공정한 경기를 진행하기 위해서는 등급분류사와 스튜어드의 역할이 중요하다. 이 외에도 경기를 진행하기 위해서는 caller와 commander가 필요하다. caller는 주요 지점에 서서 지점표시를 구두로 알려주고, commander는 마장 중앙에 서서 선수가 가야 할 지점만 알려주는데, 선수의 코치도 할 수 있다. commander는 스튜어드와 같은 언어를 사용해야 하고, 공식적으로 인쇄된 코스지의 텍스트 버전을 1~2회 읽어줄 수 있으나 채찍은 들고 있을 수 없다.

기승자, 즉 선수의 기능과 장애 정도에 따라 5개의 등급으로 나뉘는데, 등급Ⅰ 선수가 가장 장애가 심하고 등급Ⅴ 선수들이 장애 정도가 가장 낮다. 과거에는 등급Ⅰ부터 Ⅳ까지 4단계로 분류했고, 2004년 아테네 올림픽부터 등급Ⅰ 중에서 뇌에 손상이 있는 경우는 a, 그렇지 않은 경우는 b로 나뉘어 다섯 단계가 되었다. 2019년부터는 FEI 경기 규정에 따라 등급Ⅰ~등급Ⅴ로 나누어 분류했다. 장애인승마 마장마술 경기(Para-Equestrian Dressage tests)에서는 등급에 따라 경기장 크기가 다르고, 필수 동작과 허락되지 않는 동작들이 있다. 등급Ⅰ과 Ⅱ 그리고 Ⅲ은 항상 20m×40m, 등급Ⅳ와 Ⅴ는 20m×40m 또는 20m×60m에서 경기를 한다. 장애인승마 마장마술에서 등급 분류는 다음과 같다.

① Para Dressage Grade Ⅰ
- 주로 사지 및 몸통에 장애가 있는 휠체어 사용자. 불안정한 걸음걸이로 걸을 수 있다. 몸통과 균형 감각이 심각하게 손상되었다.
- 평보로 경기하며, 구보, 피아페와 파사지를 할 수 없다.

> **Tip**
>
> **스튜어드(Stewards, 감시원):** 경기장에서 선수나 말의 보호 차원에서 경기 진행을 도와주는 보조원
>
> caller(a)는 마장 지점 표기 알파벳 앞에 앉아 선수가 지나오는 과정, 이전 caller(k)에 이어서 구두로 지점을 알려준다. 보통 크기 소리로 지점을 말하다가 선수가 지점을 지나가는 순간은 큰 소리로 하고 선수가 지나가면 다시 보통소리로 말한다. 다음 지점과 중간 정도에 다다르면 다음 caller(f)가 받아서 지점을 알려준다. 각각의 caller가 전달하는 음성신호를 이어보면 다음과 같다. '~k,k,k,k,K!,k,k,k,k,a,a,a,A!a,a,a,f,f,f,f,F!,f,f,f,f~'
>
> commander는 선수의 진행방향만 알려줄 뿐 속도의 빠르기 등 경기에 영향을 줄 수 있는 말은 할 수 없다.

② Para Dressage Grade Ⅱ
- 몸통에 심각한 장애가 있고 상체가 거의 정상적으로 기능하는 경우 또는 몸통과 상체, 하체에 전반적으로 중간 정도의 장애가 있는 경우. 등급 II의 대부분 선수들은 보통 일상생활에서 휠체어를 사용한다.
- 평보 및 속보로 경기하며, 구보, 피아페와 파사지를 할 수 없다.

③ Para Dressage Grade Ⅲ
- 몸통의 기능은 경미하거나 보통의 정도로 손상되고 두 다리에 심각한 장애를 가진 경우 또는 상체, 하체, 몸통에 전반적으로 중간 정도의 장애가 있는 경우. 등급 III의 특정선수들은 일상생활에서 휠체어를 사용할 수도 있다.
- 평보 및 속보로 경기하며 피아페와 파사지를 할 수 없다. 측방 운동(lateral work), flying changes, 절반 또는 풀 피루엣(Half or Full Pirouettes)을 포함하지 않는 구보는 가능하다.

④ Para Dressage Grade Ⅳ
- 두 팔의 기능에 심각한 손상을 입었거나 상체 결손인 경우 또는 모든 사지에 보통 정도의 장애가 있는 경우 또는 왜소증. 등급 IV의 선수들은 걸을 수 있으며, 일반적으로 일상생활에 휠체어를 사용하지 않는다. B1 같은 시각장애를 가진 선수들도 등급 IV에 해당한다. 이들(B1)은 시각 정확도가 현저히 떨어지고, 또는 떨어지거나 빛을 인지하지 못한다(전맹 또는 전맹에 가까움, 경기에서 시력 차단용 안대를 사용해야 함).
- 평보, 측면 보통속보 및 구보로 경기하며, 피아페, 파사지, 구보로 답보변환(sequence changes), 절반 또는 풀 피루엣(Half or full canter Pirouettes)을 할 수 없다.

⑤ Para Dressage Grade Ⅴ
- 신체활동이나 근력에 심하지 않은 장애가 있는 경우, 사지 중 하나 또는 두 곳의 결손이 있는 경우, B2 같은 시각장애를 가진 경우(등급 IV의 시각장애 선수보다 높은 시각정확도를 가지고 있고 또는 있거나 시야가 반경 5도 이하)
- 평보, 속보 및 측면 보통구보로 경기하며, 피아페와 파사지, 한 번 또는 두 번 연속 바뀌는 답보변환(one ① time or two ②times sequence changes)과 풀 피루엣(Full Pirouettes)을 할 수 없다.

(2) PE Driving

이와 같은 PE Dressage(마장마술) 경기 외에도 FEI에는 PE Driving(마차)가 있다. 마차경기에서의 등급분류는 다음과 같다.

① PE Driving Grade I
- 사지와 몸통에 보통 또는 심한 장애가 있고 걸을 수 있을 수도/없을 수도 있는 경우, 사지 중 세 곳에 보통 또는 심한 장애가 있는 경우, 몸통과 사지 중 두 곳에 편측으로 심한 장애가 있는 경우, 상체와 몸통에 심한 장애가 있는 경우, 상체에 심한 장애가 있고 하체에 경미한 장애가 있는 경우; 상체에 심한 장애가 있는 경우. 등급 I 에 해당하는 대부분의 선수들은 일상생활에 휠체어를 사용한다.

② PE Driving Grade II
- 모든 사지와 몸통에 경미한 장애가 있는 경우, 다리 한쪽 또는 두 다리 모두에 보통 또는 심한 장애가 있는 경우, 편측의 사지에 장애가 있는 경우, 팔 한쪽 또는 두 팔 모두에 경미하거나 중간 정도의 장애가 있는 경우. 등급 II 에 해당하는 선수들은 등급 I 의 선수보다는 경미한 장애를 가지지만 장애가 없는 일반 driving 선수들보다는 기능면에서 떨어지는 특성을 가진다.

(3) 선수에 해당되지 않는 경우

① 부적격 장애의 예

이와 같은 장애유형이 있어도 다음의 장애군은 해당되지 않는다. 다음은 부적격 장애의 예이다. 하지만 이에 포함되지 않은 경우도 부적격으로 판정될 수 있다.

- 근지구력 손상
- 운동반사기능 손상

> **Tip**
>
> **전환장애(Conversion disorder):** 정신적인 갈등이나 문제가 원인이 되어 감각 기관 혹은 운동 기관에 장애가 생기는 질환
>
> **반복행동(repetitious activity):** 무의미한 말이나 행동을 반복하는 상동증(stereotype), 의미 없는 문장이나 단어를 반복하는 말반복증(verbigeration, 음송증), 상동증처럼 반복되지는 않지만 독특한 버릇이나 표정이 반복되는 기행증(mannerism), 자신의 노력에도 불구하고 뇌기능의 저하로 새로운 동작으로 넘어가지 못하고 반복행동을 하는 고집증(perseveration, 보속증), 반복행동의 가장 심한 증상으로 행동 자체가 멎어 부동자세를 하고 지속적으로 유지하는 강경증(catalepsy)이 있다.
>
> **엘러스-단로스 증후군(Ehlers-Danlos Syndromes, EDS):** 선천성 혈관 내외 결합조직에 이상을 일으키는 질환으로 피부는 지나치게 늘어나고 취약하며, 빈번하게 출혈과 혈종을 동반한다. 관절, 특히 손가락 관절의 가동성이 있으며 습관성 아탈구, 변형을 가져온다.

- 심혈관기능 손상
- 호흡기능 손상
- 신진대사기능 손상
- 정신적 기능 손상(지적장애, 전환장애, 치매, 학습장애 포함)
- 시력 손상(낮은 등급)
- 틱, 기행증, 상동증 및 운동고집증(motor-perseveration, 운동보속증)

② 운동하기에 적합하지 않은 건강상태

등급분류에 기재된 사항이지만, 운동하기에 적합하지 않은 다음의 건강상태로는 대회에 참여할 수 없다.
- 주로 통증을 수반하는 경우
    - 예: 근막통증기능장애증후군, 복합부위통증증후군, 섬유근통증후군
- 주로 피로를 야기하는 경우
    - 예: 만성피로증후군
- 주로 관절운동기능과잉증 또는 관절긴장저하를 야기하는 건강상태의 경우
    - 예: 엘러스-단로스 증후군(Ehlers-Danlos Syndrome)
- 심리적이거나 심신의 기능저하를 보이는 건강상태의 경우
    - 전환장애, 외상후스트레스장애(PTSD)

한편, 대한장애인체육회 소속의 대한장애인승마협회는 장애인승마 분야의 생활체육과 전문체육으로서 국내 대회를 주관하며, 국제 대회는 FEI 소속 단체인 대한승마협회가 주관한다. 또한 국민체육진흥법에 따라 문화체육관광부 장관이 정하는 체육지도자 중 승마 관련 자격은 전문스포츠지도사, 생활스포츠지도사, 유소년스포츠지도사, 노인스포츠지도사, 장애인스포츠지도사가 있고 대한장애인승마협회에서 장애인스포츠지도사 실기시험을 대행하고 있다. 전문/생활/유소년/노인스포츠지도사는 대한승마협회에서 실기시험을 대행한다.

3) 치료승마

치료승마는 말의 움직임을 통해 재활을 돕는 기승활동으로 전문의료진과 재활승마치료사(승마를 치료에 응용할 수 있도록 훈련받은 물리치료사, 작업치료사, 언어치료사, 심리치료사 등)의 지도하에 수행된다. 원어는 'hippotherapy'이고 말을 이용한 치료를 의미하며, 독일에서 최초로 사용하기 시작했다. 'hippo'는 그리스어로 '말[馬]'을 뜻한다. 재활승마를 구분하는 데 있어 스포츠 경기에 출전하기 위한 스포츠 승마는 비교적 구분이 명확하지만, 재활승마에 대해 지식

[표 1-1] 강습승마와 치료승마의 비교

구분	레크리에이션 승마(강습승마)	치료승마
지도자	재활승마지도자 (Therapeutic Riding instructor)	재활승마치료사 (hippotherapist)
최종 목표	독립 기승	치료/재활
예) 한쪽 손이 불편한 경우	반대쪽 손을 주로 사용. 사다리고삐처럼 최적화된 도구 등을 이용하여 승마활동을 원활하게 할 수 있는 방법을 강구하고 지도	승마 활동을 통해 불편한 손을 자극하여 더 잘 사용하도록 지도

* 비고: 국내에서 재활승마지도사는 「말산업육성법」에 정의된 용어이지만, 재활승마치료사는 법률적으로 정의된 용어는 아니다. 따라서 표 안은 미국식 표기방법을 사용하여 각각 재활승마지도자와 재활승마치료사로 표기

이 없는 사람들이 레크리에이션 승마와 치료승마를 구분하기는 쉽지 않다.

[표 1-1]과 같이 구분한다고 해서 반드시 "치료승마를 할 때는 반대쪽 손을 사용할 수 없다"거나 "레크리에이션 승마에서는 반대쪽 손만 사용한다"는 의미는 아니다. 또한 재활승마치료사가 지도한다고 해서 "무조건 치료승마"라고 할 수는 없다. 어떤 관점에서 무엇을 목표로 하고 어느 부분을 더 중점적으로 지도하느냐에 따라 구분할 수 있다.

치료승마(hippotherapy)는 사람이 말을 조종하는 것이 아니라 말의 움직임을 통해 재활을 돕는 것으로, 말의 3차원적 움직임을 통해 기승자에게 정상적인 움직임을 유도해내는 치료다. 말이 걸을 때 전후·좌우·상하의 움직임이 기승자에게 임펄스(impulse)로 전달되며, 이를 치료에 응용한다. 통상 말 리더, 두 명의 사이드워커 그리고 한 명의 재활승마치료사 이렇게 네 명의 인원이 필요하므로 고비용이 발생할 수 있다. 현재 재활승마를 시행하는 여러 기관에서는 주로 자원봉사자들이 말 리더와 사이드워커로 참여하고 있는데, 이들에 대한 교육 또한 재활승마 운영에 필수 요소다.

말 위에 기승자가 올라가 있다고 해서 치료승마가 되는 것은 아니다. 어떤 경우에는 오히려 잘못된 결과를 초래하기도 한다. 말의 움직임이 기승자에게 어떤 원리로 어떤 영향을 미칠 것인가를 고민하여 '어떻게 기승자에게 전달할 것인가?', '이런 움직임을 만들기 위해 말과 사람은 어떤 자세를 취해야 하는가?' 등이 적용되어야 한다.

치료승마에 관련한 용어와 그 의미는 다음과 같다.

(1) 치료승마(Hippotherapy)

물리치료사, 작업치료사, 언어치료사가 말을 매개로 하여 치료를 목적으로 하는 활동에 국한하여 사용된다. 미국에는 미국치료승마협회(American Hippotherapy Association, Inc. 이

하 AHA)가 치료사를 대상으로 hippotherapy에 대해 교육하고 재활승마치료사로 활동하도록 지원하고 있다. Equine Assisted Therapy(말매개치료, EAT)도 같은 의미로 해석할 수 있다. 치료사는 말의 움직임을 지시하고, 기승자의 반응을 분석하여 그에 따라 치료를 조정한다. 이 전략은 일반적으로 기능적 결과의 특정 개선을 달성하기 위한 통합 치료 프로그램의 일부로 사용된다

(2) EAP(Equine Assisted Psychotherapy, 말매개심리치료)

EAP에서 말은 심리치료의 맥락에서 감정적 치유를 촉진하기 위해 인간과 파트너가 된다. EAP는 전문상담가와 말전문가가 공동 노력으로 심리치료 참여자가 제시하는 특정 치료 문제를 해결한다. 참여자는 말과 함께 활동에 참여하고 감정, 행동 및 패턴을 처리(또는 토론)함으로써 자신과 다른 사람들에 대해 학습한다. 문제는 각 개인이나 가족마다 다르지만 분노, 불안, 슬픔 또는 슬픔 같은 감정을 밝히고 관리하는 것을 포함할 수 있다. 자긍심, 단언력, 통제, 신뢰, 의사소통, 경계, 분리, 완벽주의, 의사결정, 리더십, 협력 또는 기타 사회 문제와 관련된 문제는 종종 그러한 논점 중에 있다. 그것의 강도 및 효과 때문에 단기 또는 '짧은' 심리치료법으로 간주될 수 있다. '심리치료'로 인정되기 위해서는 면허가 있는 정신건강전문가가 참여해야 한다.

한편, EAGALA라는 협회에서 시행하는 EAP 프로그램은 지상에서만 수행한다.

(3) EFP(Equine Facilitated Psychotherapy)

EFP는 심리치료에서 말을 이용한 치유의 또 다른 용어이며 PATH Intl.는 말을 포함하는 경험적 심리치료의 한 형태로 말 다루기, 말 손질, 조마삭, 기승, 마차운전 그리고 마상체조 같은 여러 가지 상호 이익이 되는 말 활동이 포함될 수 있다. EFP는 EAT(Equine Assisted Therapy, 말매개치료)의 분류 내에서 치료 접근법으로 고객에게 자기인식을 향상시키고 부적응 행동, 감정 및 태도를 재설계할 수 있는 기회를 제공한다. EFP는 정신건강전문가와 말전문가가 협력하여 프로그램을 운영하는데, 정신건강전문가가 말전문가라면 혼자서도 운영 할 수 있다.

4) 기타

앞서 제시한 재활승마 유형 외에도 말과 함께할 수 있는 마차운전, 마상체조, 교감활동 등이 있다.

말에 직접적으로 기승하여 운동을 시행할 수 없거나 기승 이외에 인지활동자극 등을 필요로 하는 경우에는 마차(Carriage Driving)를 이용한 활동을 할 수 있다. 마차운전은 재활승마 분

[그림 1-2] 마차운전과 마상체조

야에서 인기를 얻고 있는 도전적이고 흥미로운 활동 중 하나이다. 마차운전은 장애인에게 말에 관련된 경험을 풍요롭게 하고, 기승활동을 할 수 없는 사람들에게 기회를 제공한다.

　1975년 영국에서 처음 시도되어 재활승마 선진국에서 활발히 진행되고 있으며, 특히 미국에서는 관련 자격제도를 운영하여 전문성을 높여가고 있다.

　또 다른 분야로 주목받고 있는 것은 마상체조(vaulting)다. 마상체조란 움직이고 있는 말 위에서 하는 체조 운동이다. 말과 함께하는 주요 활동의 하나로, 자폐아동뿐만 아니라 다양한 장애군이 참여하는 프로그램으로 협동심, 신체 운동 등을 위해 많이 활용되고 있다. 비장애인을 위한 마상체조 경기는 FEI 정식종목으로 국제대회도 있는데, 속보나 구보로 구성된다. 그러나 장애인을 위한 마상체조는 처음에는 말이 정지한 상태에서 시작하여 평보, 속보와 구보로 이어진다. 좀 더 높은 난이도의 동작을 시행하기 위해 〈그림 1-3〉과 같이 '마상체조 연습용 원통'에서 연습한 뒤 실제 말 위에서 동작을 수행할 수도 있다.

[그림 1-3] 마상체조 연습과 실제 경기 모습

4 재활승마의 효과

재활승마는 기승을 통해 신체적인 효과를 기대하며 시행되어왔으나 기승뿐만 아니라 말과의 교감 및 말 돌보기 등을 하면서 정신적·사회적 효과도 기대할 수 있다.

일반적인 효과는 [표 1-2]와 같다.

[표1-2] 재활승마의 효과

신체적 효과	정신적 효과	사회적 효과	인지·감각적 효과
· 관절 움직임 향상 · 균형, 자세 조절력 향상 · 근력 강화 · 지구력 강화 · 근육긴장도 감소 · 보행능력 향상 · 심폐기능과 혈액순환 개선	· 동기부여 · 자신감, 자아존중감 향상 · 주의집중력 향상 · 독립성 고취 · 판단력 향상 · 성취감	· 의사소통능력 향상 · 사회적응능력 향상 · 삶의 질 향상	· 인지능력 향상 · 공간지각능력 향상 · 감각조정능력 향상

1) 신체적 효과

사람의 이동 방법은 걷거나 뛰는 것으로 두 가지이지만 말은 4절도 보법인 평보(walk), 2절도 보법인 속보(trot, 좌속보와 경속보), 3절도 보법인 구보(canter) 등 서로 다른 보법을 통해 이동한다.

말의 보행 시 기승자에게 10분에 500~1,000회 정도 전후·좌우·상하의 삼차원적 신체반응이 주어지는데, 이를 통해 기승자는 신체 자세를 바르게 교정할 수 있으며, 허리의 유연성과 신체의 리듬감이 향상된다.

기본 보법별로 보통, 단축, 신장 등 각각 3가지 형태의 보법을 구사할 때 말의 무게중심이 움직이는 속도와 방향에 따라 변화하게 되어 기승자는 계속적으로 자신의 근육을 수축·이완하여 균형을 유지하게 된다. 또한 출발과 정지 및 방향전환, 반전경사세나 경속보 동작을 수행하면서 근력과 균형감각의 향상을 가져온다.

재활승마는 전신 운동으로 뇌성마비나 지체장애 등과 같이 신체적 기능이 약화된 사람들에게 보행기능 회복, 관절 움직임 향상, 균형·자세조절력 향상, 근력·지구력 강화, 근육긴장도 정상화, 보행능력 향상 등 신체적 재활 및 기능을 향상시킨다.

2) 정신적 효과

기승자 자신보다 몸집이 큰 말을 타고 승마를 배우며 말과 함께하고, 말에 대해 배우는 과정 속에 자신감과 성취감을 느낄 수 있다. 오랜 병과 약물요법으로 지친 사람에게는 삶의 활력과 새로운 동기유발을 가져다주는 효과가 있다. 말을 타고 난 후에 먹이를 주고, 말을 손질하는 등 말을 관리하는 교감활동을 통해 말과의 애착관계를 형성하게 되고 책임감을 가지게 된다. 말을 보살피는 행위는 자신이 누군가에게 필요한 소중한 존재임을 자각하게 하여 자아존중감을 향상시킨다.

재활승마를 적용시켜 나타나는 좋은 결과로는 불안심리의 감소, 신뢰성 및 책임의식의 발달, 주의집중력 향상, 독립성 고취, 판단력 향상, 좌절감에 대항할 수 있는 자신감 고취 등이다.

소뇌는 주의집중력이나 균형능력과 관련이 있다. 재활승마 활동은 소뇌를 자극하여 균형유지 능력과 주의집중력 향상을 도모하여 ADHD 아동에게 긍정적인 효과를 가져온다는 연구 결과도 있다.

3) 사회적 효과

지적장애 학생들은 재활승마를 처음 시작하여 말과 접촉이 이루어질 때 이를 새로운 경험으로 받아들여 흥미로워할 수도 있지만, 두려움을 가지거나 심한 경우 공포감으로 시작할 수도 있다. 이것을 극복하는 과정에서 겁이 많고 순종적인 반면 크고 힘센 말을 매개로 하여 기승자나 강습 대상자, 재활승마지도사 및 강습 참여자들은 우호적인 관계를 형성하고, 강습 진행 중에 나누게 되는 많은 대화는 의사소통능력 향상을 가져오게 한다. 또한 서로를 이해하며 공통의 문제를 풀어나가는 과정에서 사회적응능력의 향상, 삶의 질을 향상시킬 수 있다.

4) 인지·감각적 효과

재활승마 강습 중 사용되는 숫자, 색, 도형, 글자 등의 구별을 통해 인지적인 효과를 거둘 수 있다. 다만 지도사의 치밀한 계획에 의해 공이나 링, 농구골대 등 다양한 교보재를 사용해야 한다. 마장구의 경우는 색이 구분되는 무지개고삐 등이 사용되며, 실내마장에 표시된 알파벳, 숫자 등도 훌륭한 교보재가 될 수 있다.

과제 순서 정하기, 손과 눈의 협응력, 여러 가지 일을 동시에 수행하기, 감각통합, 좌우 구별 능력, 공간감각(내부 및 외부) 등 말을 타면서 근육의 수축·이완 운동과 동시에 직접 과제를 수행하는 등의 효과도 있다. 기승자가 언어를 통해 말을 출발 또는 정지시키고, 강습에 사용하는 과제 분석을 신체 활동과 언어로 반복하면서 언어 사용 능력도 향상시킬 수 있다.

직접 접하는 말의 명칭과 종류, 말의 특성, 말 관리방법 등의 새로운 분야에 대한 경험을 통해 말에 대한 이해와 활동을 넓히고 설명하는 시간을 가짐으로써 인지능력 향상에 도움을 준다. 직접 강습에 참여하지 않는 시간에는 말 관련 그림책, 말 인형 및 그리기 도구를 이용하여 말 그림 그리기, 말과 기승활동에 대해 대화하기, 말인형 놀이, 말 울음소리 표현하기, 말 발굽 소리 내기, 편자 던지기 및 말똥 쿠키 만들기 등을 통해 오감을 자극하는 활동을 하고, 결과적으로 감각조정능력 향상을 기대할 수 있다.

패럴림픽과 스페셜 올림픽

장애인을 위한 국제스포츠 경기에서 가장 큰 대회라고 하면 패럴림픽(Paralympic)과 스페셜 올림픽(Special Olympics)이 있다. 두 대회 모두 장애인을 대상으로 하고 하계와 동계 대회로 구분하여 4년마다 개최되는 공통점이 있지만, 여러 면에서 다른 대회이다.

패럴림픽은 뇌성마비, 척추장애, 소아마비, 시각장애, 절단 및 기타 장애와 같이 신체 및 감각장애를 지닌 이들이 참여하는 대회이고 스페셜 올림픽은 발달장애인들이 참가하는 올림픽 같은 국제대회이다. 패럴림픽은 국제패럴림픽위원회(IPC; International Paralympic Committee)에서 주관하고 스페셜 올림픽은 국제올림픽위원회(IOC, International Olympic Committee)가 인정한 대회이다.

패럴림픽은 올림픽 경기 다음에 곧바로 개최되고 대회 기준에 따라 선발된 전문스포츠선수만 참가하는 반면, 스페셜 올림픽은 올림픽 전해에 열리고 최소한의 경기력을 갖춘 선수라면 모든 종목에 참여하는 것이 가능하다. 올림픽이나 패럴림픽과 달리 경쟁이나 승패보다는 선수들의 도전과 노력에 의의를 두기 때문에 1~3위 입상자에 대한 메달 수여 외에 참가자 전원에게 리본을 달아준다.

패럴림픽에 승마 종목은 Para-Dressage 한 가지 종목만 있는 반면, 스페셜 올림픽에는 다양한 마장마술 종목과 말 끌기, 공람마술, 릴레이 경기까지 17개 종목이 다양하게 펼쳐진다.

한편, 청각장애인들만을 위한 경기는 데플림픽(Deaflympics)이라 하여 4년마다 개최되지만 승마 종목은 없다.

2장
재활승마의 현황

재활승마의 역사를 통해 발전 과정을 공부하고, 현재 재활승마의 현실을 조명하여 더 나은 재활승마의 미래를 만들어야 한다. 또한 재활승마의 국제기구 및 영향력 있는 국가들의 현황과 제도들을 살펴보아 우리나라 재활승마의 발전 방향을 가늠하고자 한다.

1 재활승마의 역사

사람과 말의 관계는 다양하고도 매우 긴 역사를 가지고 있다. 발굽이 있는 다른 많은 동물이 고기와 우유, 모직 생산을 위해 사육되는 동안 말은 음식의 재료, 레저, 스포츠, 그리고 농촌에서는 사역에도 동원되었다. 처음에는 말도 다른 동물과 마찬가지로 고기를 얻기 위해 순치하는 동안 수송을 위해 점차적으로 중요한 '도구'가 되었고, 다른 가축과 같이 점점 동반자 동물로 이용되었다. 기계문명의 발전으로 말의 사용은 급속히 줄어들었지만 최근에 말은 또다시 주목을 받고 있는데, 그것은 말과 승마를 이용한 재활 운동으로서 승마 프로그램은 매우 인기가 높다.

1) 고대

말을 이용한 치료의 기원은 고대 그리스 신화에서도 찾을 수 있다. 의술의 신으로 의학과 치료를 담당했던 아스클레피오스(Aesculapius)가 "환자의 약해진 정신력과 의지를 강화하기 위해 말을 태웠다"는 것과 그의 스승이 키론(Chiron)이라는 현명하고 다재다능한 켄타우로스로 "아킬레스와 헤라클레스의 스승이었다"는 기록에서 옛날 사람들도 재활승마의 효과를 알고 있었다는 것으로 추론해볼 수 있다.

> **Tip**
> 켄타우로스는 그리스 신화에 나오는 상반신은 사람의 모습이고 하반신은 말인 상상의 종족

또한 고대의 철학자들도 "말의 외적인 힘이 인간의 내적인 것에 긍정적으로 상호작용한다"라고 기록하고 있다. '의학의 아버지'라 불리는 히포크라테스 역시 "승마의 치료적 리듬"이라는 표현으로 말의 치료적 효과에 대해 언급했다. 기원전 400년경 그리스 문헌에도 "부상당한 병사를 말에 태웠더니 효과가 있었다"는 기록이 있다. 당시의 말은 단지 운송의 수단으로 사용되었으나, 전쟁으로 인해 급한 환자를 후송하는 중에 환자에게서 우연한 개선 효과를 발견함으로써 치료수단으로서의 활용이 시작되었다.

2) 근대

1569년 이탈리아의 메르쿠리알리스(Merkurialis)는 '체조의 예술'에서 말과 승마를 언급했다. 17세기 문헌에서는 낮은 의욕과 신경학적 장애 그리고 통풍이 있는 사람들을 위해 승마한 것이 기록되었고, 1670년대 영국의 영주이자 의사였던 토머스 시덴햄(Thomas Sydenham)은 "몸과 마음을 위해 매주 여러 번 말을 타고 돌아다니는 것보다 더 좋은 치료방법이 없다"라며 치료로서의 승마를 주장했다. 1780년 프랑스의 티소(Tissot)는 '내과 및 외과 체조(Medical and Surgical Gymnastics)'에서 평보가 가장 유익한 걸음걸이라고 묘사하기도 했고, 1875년 프랑스 의사 카사인(Cassaign)은 승마를 이용한 치료법을 개발하여 특정 종류의 신경질환을 치료하고 심리적 향상을 가져왔다고 했다.

영국의 헌트(D. A. Hunt)와 선즈(O. Sunz)는 '장애인을 위한 승마(Riding for the Disabled)'라는 용어를 최초로 사용해 승마를 이용한 '재활승마'라는 치료의 개념을 도입했는데, 이것이 현대적인 재활승마의 원조라고 할 수 있을 것이다. 헌트는 1901년 오즈웨이트 정형외과병원을 창설했고, 선즈는 이학요법협회의 회원으로 제1차 세계대전 참전 시 부상당한 경험에서 '전선으로 복귀하는 데 불안감을 갖는 부상병들에게 승마를 이용해 자신감을 회복시킬 수 있지 않을까?' 하는 생각에 자신의 말을 병원으로 데려와서 병사들을 태우기 시작한 것이 계기가 되었다. 두 사람 모두 장애인승마의 보급에 주력하는 등 재활승마에 대한 전반적인 기준과 표준을 만들어 세계 각국에서 활용할 수 있는 토대를 마련했다.

3) 현대

재활승마는 1950년대에 소아마비장애를 갖고 있던 리즈 하텔(Liz Hartel)에 의해 유명해졌다. 덴마크 출신인 그녀는 다리를 사용할 수 없었음에도 말을 타기 시작하여 건강을 되찾았고, 마침내 1952년 핀란드 헬싱키 올림픽과 1956년 스톡홀름 올림픽 승마대회 마장마술에서 각각 은메달을 획득했다. 이는 재활승마의 효과를 입증하는 것으로 의학계와 승마관계자들은 물론 많은 사람이 관심을 갖게 되었고, 유럽 및 북미지역에 재활승마가 적극적으로 보급

되는 계기가 되었다. 1964년 영국 런던 근처의 치그웰(Chigwell)에는 세계 최초의 재활승마장이 세워졌는데, 존 데이비스(John Davis)라는 사람이 첫 번째 전임 책임 지도자가 되었고 1990년대 초반까지 영국이 재활승마를 주도하는 계기가 되었다. 1966년 노르웨이의 '베이토스톨런(Beitostolen)'이라는 장애인재활센터에서 말이 치료요법의 중요한 역할을 맡아 시각장애인이 승마를 하게 됨으로써 성공적인 재활 프로그램으로 자리 잡기도 했다.

이와 같이 덴마크, 영국 등 유럽으로 재활승마가 빠르게 전파되었는데, 영국의 심리치료사들은 모든 형태의 장애인에 대한 승마치료법의 가능성을 연구하기 시작했으며, 영국 왕실의 적극적인 후원으로 1965년부터 준비 과정을 거쳐 1969년 장애인을 위한 영국재활승마협회(Riding for the Disabled Association, RDA)가 설립되었고, 미국을 비롯한 세계 각국으로 확대되었다.

미국에서는 1969년 NARHA(현 PATH Intl.)가 구성되어 치료적인 목적보다는 장애인 운동의 하나로서 독립 기승을 목적으로 재활승마를 시작했다. 1970년에는 미국 미시간의 CHEFF

소아마비

소아마비란 주로 소아에서 폴리오(polio)라는 장 바이러스(enterovirus) 감염에 의해 뇌, 척수 같은 중추신경계 중 특히 운동을 담당하는 부분에 급성 감염이 발생하여 뇌신경조직이 손상되면서 일시적 또는 영구적인 신체마비와 변형이 생기는 질환이다.

위생 환경이 좋지 않은 곳에서 발병하기 때문에 '후진국 질환'이라고 불리며, 증상은 침범 부위와 침범 정도 및 병의 진행시기에 따라 다르게 나타난다. 부전형은 거의 후유증을 남기지 않고 지나가지만, 비마비형은 척수에는 부분적으로 변형을 일으키나 근육이나 신경에는 직접적인 영향을 미치지 않는다. 마비형은 감염 후 침범된 척수가 지배하는 근육이나 신경에 영구적인 후유증을 남긴다.

잠복기는 1~2주로, 발병 초기의 증세는 열이 나며 머리나 등이 아프고, 땀이 나고 나른하고 구토나 설사를 하는 일도 있어서 여름감기와 비슷한 증세를 보인다. 감염된 환자 중 5~7%가 2주 내에 사망하거나 영구적인 신체 마비와 변형이 생긴다.

예방법은 의외로 간단한데, 700원 정도의 백신이면 해결된다. 미국의 조나스 소크(Jonas Edward Salk, 1914~1995) 박사가 치료법을 개발한 뒤 무료로 공개하여 전 세계에 치료제가 싼 값에 공급될 수 있게 한 덕분이다. 우리나라는 1984년 이후 환자 발생이 보고되지 않았고, 2000년에는 소아마비 종식을 선언했다.

그러나 전 세계적으로는 아직까지 종식되지 않아 2022년 말에 빌앤드멀린다게이츠재단 빌 게이츠 이사장은 소아마비 퇴치를 위해 12억 달러를 기부한다고 밝힌 바 있다.

재단이 북미에서 최초로 장애인을 위한 CHEFF 승마센터를 개설했다. 최초 센터장이었던 리다 매코원(Lida L. McCowan)은 여성 승마 전문가로 영국의 여러 장애인 승마 단체들을 방문했고, 영국의 데이비스(J. Davis)의 도움으로 치그웰 센터에서 교육과정을 이수했다. 해외연수는 미국의 많은 전문가들이 1990년대 초반까지 각각 장애인승마와 치료승마를 배우기 위해 영국과 독일로 건너간 노력으로 이어졌다. 이와 같은 노력은 미국 재활승마 발전의 밑거름이 되었고, 현재 미국은 재활승마의 원조라고 할 수 있는 영국보다 세계의 재활승마를 이끌어가는 위치에 있다. 2019년 현재 미국 PATH Intl.에는 873개 재활승마센터가 소속되어 있고, 코네티컷, 텍사스 등 대형 재활승마 전용센터에서는 정기적으로 지도사 양성을 위한 교육과정이 이루어진다.

독일은 1970년 독일치료승마협회를 발족하여 치료적인 접근방법인 'hippotherapy(의료 전문가에 의해 의학적으로 규정된 절차에 의해 수행되는 승마)' 개념으로 재활승마를 운영하고 있다.

현재는 캐나다, 호주, 프랑스, 뉴질랜드, 러시아는 물론 브라질, 칠레, 중국, 홍콩, 일본, 대만, 말레이시아, 남아프리카공화국 등 전 세계의 많은 국가에서 말을 활용한 다양한 서비스(EAS)를 하고 있다.

2 국내외 현황

1) 국제기구

1980년 세계 각국의 재활승마 도입과 협력을 위해 국제재활승마연맹(FRDI)이 비영리단체로 벨기에서 등록·창립된 후 활동하고 있으며, 대상자를 확대하고 단체명에 표기된 '장애인'이라는 표현을 달리하고자 2011년에는 단체명을 HETI로 변경했다.

HETI는 국가 센터 및 세계적으로 새로운 프로그램 개발에 말의 촉진 활동과 도움을 제공하는 개인 간의 전 세계 링크를 형성하는 글로벌 단체다. HETI는 재활승마에 관한 최신의 교육 정보를 제공하고자 연례 과학교육 저널을 발행하고 있으며, 회원들에게 세미나, 워크숍 및 교육 훈련 기회를 제공하고, 3년마다 국제총회를 개최하여 회원 간의 교류, 협력, 교육 등 광범위한 말 지원 활동에 관한 네트워크 및 연구개발 활동을 하고 있다.

HETI는 국제협의회, 국제집행위원회 및 국제사무국에 의해 관리되는데, 국제협의회는 정회원 단체들로 구성된 국제이사회이며 국제협의회를 대신하여 활동하는 국제집행위원회와 국제

[그림 1-4] HETI 홈페이지(출처: www.hetifederation.org)

사무국은 정기이사회에서 선출된다. 벨기에서 비영리단체로 등록한 이유로 벨기에 법령에 의해 벨기에 출신의 관리 임원을 집행위원회에 포함한다. 협회를 이끌어가는 집행위원회는 회장을 포함하여 11명이 있으며 과거에는 한국재활승마학회 회장이 포함되어 우리나라 재활승마의 위상을 높이는 계기가 되기도 했다. 교육, 연구, 용어정의 전문위원회 등은 HETI 전략 계획 수립, 국제사회에 EAS의 지식과 모범 사례 전파 등을 목표로 활동하고 있다.

회원은 HETI를 구성하는 정회원(Federation Members), 대학이나 연구소 같은 교육기관이 참여하는 연구소회원(Institute Members), 말의 지원 활동 같은 말 서비스 제공 업체 또는 장비 업체 등 관련 분야의 활동 조직, 기업과 개인으로 구성된 비즈니스회원(Business Members), 개인 및 단체가 가입하는 준회원(Associate Members) 및 HETI 집행위원회에 의해 부여된 명예회원(Honorary Members)으로 구분된다. 30여 개국 50여 개 연맹(협회) 회원이 정회원으로 활동하고 있으며, 우리나라는 사단법인 대한재활승마협회(KATH, www.kath.kr)가 정회원으로 가입되어 있다.

2015년 대만의 타이페이시에서 제15회 HETI 총회(6.22~25)가 개최되었고, 2018년 아일랜드 더블린(Dublin)에서 제16회 HETI 재활승마 세계대회(6.25~29)가 개최되었다.

[그림 1-5] 2018총회에서 발표하는 한국 대표와 경청하는 각국 대표

2021년 6월에는 대한민국 서울에서 제17회 HETI 재활승마 세계대회가 개최되었고, 제18회 재활승마 세계대회는 2024년 헝가리에서 개최된다.

2) 미국

현재 세계적으로 재활승마 부문에서 가장 활발히 활동하는 국가는 미국이라는 데 많은 사람이 동의할 것이다. 이는 여러 가지 요인이 있을 수 있지만, 가장 근본적인 것은 자원봉사자들의 헌신적인 활동이라고 할 수 있다. 재활승마는 장애인에게 도움을 주고자 하는 자원봉사자들과 의식 있는 사람들의 기부로 이루어지는 것이 일반적이다. 몇몇 국가의 재활승마지도자들이 미국의 PATH Intl. 재활승마 교육 체계에서 교육을 받고 자국으로 돌아가 재활승마를 도입하고자 하지만 자원봉사자 문제로 인해 실패하기도 한다.

2009년 경제위기가 전 세계를 뒤흔드는 가운데에서도 미국에서는 총인구의 27%인 6,300만 명이 자원봉사에 참여했다. 이를 경제적인 가치로 환산하면 약 200조 원이나 되며, 이로 인해 미국 최고의 수출품은 자원봉사자이고 현재 "미국을 떠받치는 힘은 자원봉사(KBS, 2011)"라고 표현하기도 한다.

(1) PATH Intl.

PATH Intl.은 비영리기관으로 1969년 미국과 캐나다의 재활승마 관련자들에 의해 미국과 캐나다 전역에서 안전하고 효과적인 재활승마를 촉진하기 위해 NARHA라는 이름으로 설립되었다. 말을 이용한 활동과 치료의 우수성을 홍보하여 삶을 풍요롭게 변화시키기 위한 조직 구성 및 전용 회원제 형태로 승마를 중심으로 시작되었다. PATH Intl.은 말매개서비스(Equine Assisted Service)로 알려진 말과 관련된 활동과 다른 수많은 프로그램을 개발하여 공급하고 있다. 이러한 프로그램은 승마 이외에도 마차운전, 말을 타고 하는 체조와 비슷한 상호작용 마상체조, 자격 있는 지도자가 참여하는 지상활동, 마장관리와 같이 학습 촉진을 위한 활동과 정신건강, 인지 및 행동치료의 파트너로 말을 활용하며, 퇴역군인과 참전군인 등 전쟁 영웅들을 위한 특별한 프로그램도 운영된다.

PATH Intl.에는 2023년 기준 전 세계 813개의 회원센터와 7천 명의 개별회원을 보유하고 있으며, 매년 6천 명 이상의 전쟁 참전용사들을 포함한 53,300명의 어린이들과 성인들에게 재활승마 프로그램을 제공하고 있다. 이 센터들에서는 6만여 명의 자원봉사자, 5천여 명의 재활승마지도자, 8천 마리의 말(포니 포함)과 함께 수천여 명의 기부자가 있다.

PATH Intl.의 다양한 위원회는 분야별로 전문성을 인정받고 있으며, 다른 어떤 국가의 협회보다 뛰어난 조직력으로 협회를 발전시켰다. 현재는 전 세계적으로 많은 국가, 심지어는 유럽 등에서도 지도자교육을 받기 위해 미국을 방문하는 실정이다. 우리나라에서도 한국마사회에서 주관하여 2007년부터 2011년까지 매년 PATH Intl.의 지도자를 초청하여 지도자 자격강습회를 통해 재활승마에 대한 교육을 시작했다.

이 협회에서는 매년 국제 및 지역 총회를 개최하는데 선도적인 업계 전문가들이 강연에 참석하고, 자료 수집, 워크숍 그리고 다른 동료와의 네트워크를 위해 수백 명의 인원이 참석하고 있으며 연차 회의도 개최하고 있다. 총회는 PATH Intl. 최고의 교육 이벤트로 우수한 말, 지도자, 자원봉사자, 공헌자 및 기승자 등에 대한 시상식도 개최하며, 지도자의 경우 총회 출석은 다음 등급으로 가기 위한 필수 과정이기도 하다. 재활승마지도자는 총 3등급으로 구분되는데 초급과정인 Registered, 중급과정인 Advanced, 고급과정인 Master다. 재활승마지도자 자격 연수를 위해 우리나라를 비롯한 전 세계 40여 개국에서 재활승마를 배우려는 사람들이 미국을 방문하고 있다.

[표 1-3] 미국(PATH Intl.)의 재활승마 관련 자격제도

구분	영문명	국문명	등급
CTRI	Certified Therapeutic Riding Instructor	공인인증 재활승마지도자	Master Levels(1급) Advanced Levels(2급) Registered Levels(3급)
ES	Equine Specialist in Mental Health and Learning	정신건강 및 학습에 대한 말전문가	단일등급
D	Therapeutic Driving Instructor	마차운전지도자	level Ⅰ(2급) level Ⅱ(1급)
IV	Interactive Vaulting Instructor	마상체조지도자	단일등급

Tip

우리나라의 재활승마지도사는 '국가자격'이지만 미국을 비롯한 대부분의 국가에서 재활승마지도자는 '민간자격'으로 운영된다. 2020년부터 시행된 Certified Therapeutic Riding Instructor(CTRI)는 기존의 민간자격인 Therapeutic Riding Instructor(TRI) 자격이 국가인증기관위원회(NCCA)의 인증을 받은 것으로 '국가공인 민간자격'이 주어졌다는 것을 의미한다. 국내에서 자격제도는 수여 주체에 따라 '국가자격', '민간자격'으로 구분하고 민간자격 중에서 민간자격에 대한 신뢰성을 확보하고 사회적 통용성을 높이기 위해 우수한 민간자격 중 심의를 거쳐 공인하는 제도가 '국가공인 민간자격'이다. 우리나라의 민간자격정보 서비스에 등록된 자격은 약 5만 건이지만, 2023년 9월 현재 '국가공인 민간자격'은 95건뿐이다.

또한 각종 소식 및 최신 정보를 제공하기 위해 『Strides』라는 잡지를 연 4회 발간하고 있으며, 온라인을 이용하여 각 전문가 집단별 소식지도 제공하고 있다.

PATH Intl.은 교육과 인증을 분리하여 기존에 협회에서 관리하던 인증을 NCCA(전국인증기관협의회, National Council of Certifying Agencies)에서 인증하고 PATH Intl.는 교육만 담당하고 있다. NCCA는 간호사, 자동차 전문가 등 130개 조직에 대해 330개 자격제도 프로그램을 인증하고 있다. 우리나라 시스템에 대비해보면 민간자격에서 국가공인 민간자격이 된 것이다.

(2) 기타 관련 단체

미국에는 PATH Intl. 외에도 CHA(Certified Horsemanship Association)에 재활승마지도사(Instructors of Riders with Disabilities) 인증제도가 있으며, 물리치료사, 작업치료사 등 치료사를 대상으로 교육과 자격을 부여하는 AHA에 재활승마치료사 과정 등이 있다. 또한 과거 NARHA에서 분리된 PACTH(The Pennsylvania Council on Therapeutic Horsemanship)가 2016년 CECTH(Council for Education and Certification in

[그림 1-6] PATH Intl. 홈페이지(출처: https://www.pathintl.org)

> **Tip**
> 국내에서 자격은 크게 국가자격, 국가공인자격, 민간자격으로 구분된다.

Therapeutic Horsemanship)로 명칭을 변경하고 활동 중이다.

최근에는 직접 말에 기승하지 않고 말을 이용한 심리적 안정 및 교육 목적을 달성하기 위한 비기승 프로그램도 EAGALA와 E3A라는 협회를 통해 보급되고 있다.

특히 1999년 설립된 EAGALA 협회의 비전은 전 세계의 모든 사람이 'EAGALA 모델' 서비스를 이용할 수 있도록 하는 것이다. 'EAGALA 모델'이라고 지칭하는 협회 EAP 프로그램은 팀접근방식, 지상기반, 솔루션지향, 윤리강령에 대한 표준을 정하고 있다. 자격을 갖춘 정신건강전문가 및 말 전문가, 말 및 고객으로 구성된 팀이 참여(팀 접근방식)하고 있고 비기승 활동으로만 이루어지고 효과적이고 신중한 기술(지상기반)이 활용된다. 모든 고객이 자신을 발견할 수 있는 기회가 주어지면 스스로 최고의 솔루션을 갖게 된다는 믿음(솔루션 지향)을 가지고 내담자는 탐색하고, 문제를 해결하고, 도전을 극복할 수 있다고 한다. 또한 높은 수준의 실무 및 윤리 기준을 갖추고 있으며 이러한 기준을 유지하기 위한 다각적인 노력(윤리강령)을 하고 있다.

EAGALA를 통해 훈련되고 인증된 전문가가 있는 500개 이상의 프로그램이 미국을 비롯한 40개국에서 거리의 어린이, 중독자, 우울증 및 외상후스트레스증후군(PTSD) 등으로 고통받는 사람들 같은 다양한 어려움에 처한 사람들에게 가족 및 그룹 안에서 관계를 개선하고 삶을 변화시키는 데 도움이 되는 서비스를 제공한다.

3) 영국

영국의 재활승마단체는 1965년 9명의 자문위원회로 시작하여 1969년에는 현재의 이름인 영국재활승마협회(Riding for the Disabled Association, 이하 RDA-UK)를 채택하고 왕실과 귀족들의 적극적인 후원에 힘입어 성장했다. 특히 영국 국가대표 승마선수였던 앤(Anne) 공주는 이 협회 명예회장이며, 협회 및 산하단체인 다이아몬드센터 설립에 큰 도움을 주었다. 이러한 지도층의 지원은 노블레스 오블리주에서 기인하고, 일반인들의 기부와 자원봉사에 의해 재활승마장들이 운영되고 있다.

영국재활승마협회의 목적은 장애를 가진 사람들이 승마와 마차운전을 통해 자신의 건강과

> **Tip**
>
> **EAGALA**: Equine Assisted Growth and Learning Association(말지원성장학습협회)
>
> **E3A**: Equine Experiential Education Association(말경험교육협회)
>
> 승마나 마차운전을 하기에 적합하지 않은 장애를 가진 사람들은 프로그램에 참여할 수 없도록 제한하기도 한다. 예를 들어, 통제할 수 없는 간질, 어린아이에게 생기는 관절 류머티즘으로 척추 변형이 나타나는 것이 특징인 스틸(Still)병 같은 심각한 관절염, 중증의 다발성경화증, 취약성 골절, 척추측만증 그리고 척추후만증을 가지고 있는 사람들은 승마를 통해 긍정적인 효과보다는 오히려 부정적인 효과를 가져올 수 있으므로 RDA-UK에서는 이들의 프로그램 참여를 제한하고 있다.

삶에 긍정적인 효과를 얻을 수 있도록 돕는 데 있다. 2016년 현재 영국은 물론 전 세계에서 500개 이상의 승마장이 RDA-UK 회원으로 등록되어 있으며, 매년 2만 8천 명의 장애를 가진 사람들에게 승마 또는 마차운전 프로그램을 제공하고 있다.

대부분의 경우 승마장들은 RDA-UK의 회원으로 등록하여 독립적인 자선단체로 일하게 된다. 또한 다른 회원(승마장)들과의 교류로 교육에 관한 정보를 교환하여 더욱 질 높은 수업을 제공할 수 있게 된다.

RDA-UK는 승마와 마차운전 등을 통해 긍정적인 효과를 얻을 수 있는 장애를 가진 사람들을 위해 일하는 비영리단체다. RDA-UK에서는 재활승마 시스템을 체계적으로 만들어 많은 사람에게 좀 더 나은 혜택으로 다가서기 위해 장애인 지도자 양성 및 교육, 센터 운영방침 및 보험과 후원 업무를 담당하고 있다. RDA-UK는 비영리단체로 정부의 지원을 받고 있지는 않으나 세계적으로 신뢰받는 단체로 많은 후원금을 받고 있다. 이를 바탕으로 RDA-UK에 속해 있는 센터들에게 저렴한 가격으로 보험 문제를 해결해주고 있으며, 지도자 교육 및 콘퍼런스를 진행하여 재활승마의 발전 및 보급에 이바지하고 있다.

지도자 양성 및 교육은 RDA-UK의 주 업무 중 하나다. RDA-UK는 지도자 양성을 통해

노블레스 오블리주(Noblesse oblige)

프랑스어로 '가진 자의 도덕적 의무'라는 뜻이다. 전쟁 시에는 귀족들이 먼저 전쟁터로 달려가고, 평화 시에는 어려운 사람들에게 봉사하는 것이 서구 선진사회의 전통이다.

영국이 아르헨티나와 전쟁할 때 엘리자베스 여왕의 차남인 앤드루 왕자는 헬기 조종사로 전쟁에 참여하여 위험한 임무를 수행했고, 영국 왕위계승 서열 2위인 윌리엄 왕자 역시 이라크 전쟁에 정찰부 대장으로 파병되기도 했다.

영국 최고의 명문인 이튼스쿨의 졸업생들은 국가의 전쟁에 솔선수범하여 참전했는데, 제1·2차 세계대전에서 2,000여 명이 전사하기도 했다. 본관을 오르내리는 계단 양쪽에는 전사한 이들 이튼맨들의 이름이 새겨져 노블레스 오블리주의 상징이 되고 있다.

이는 미국으로도 이어진다. 139명의 미군 장성들의 자제들이 한국전쟁(6·25전쟁)에 참전하여 그중 35명이 전사하거나 부상을 당했다. 대부분이 최전선에서 싸웠으며 특별대우를 받는 경우는 없었다고 한다. 그들 중에는 1952년 대통령에 당선된 아이젠하워 육군 원수의 아들인 아이젠하워 소령과 제3대 유엔군 총사령관이었던 마크 클라크 대장의 아들도 포함되어 있다.

특히 한국군 전투력 육성에 지대한 공헌을 하여 육사 교정에 흉상이 남아 있는 제임스 밴 플리트 8군 사령관의 일화는 유명하다. 밴 플리트 대장은 야간 폭격기 조종사로 작전 수행 중 행방불명된 외아들(밴 플리트 2세)의 실종 소식을 듣고 공군에 전화를 했다고 한다. "이제 정규 수색시간은 끝났으니 더 이상의 수색이나 구조 활동은 하지 말라. 모든 병사들이 최전선에서 죽음과 싸우고 있는 이 상황에서 내 아들이라고 해서 특별한 대우를 해줘야 할 필요는 없다."

이러한 사회 지도층의 노블레스 오블리주는 평상시에는 기부와 봉사로 이어진다. 철강왕 카네기, 석유재벌 록펠러, 워런 버핏, 빌 게이츠와 같이 잘 알려진 기부자들부터 매주 하루씩 자원봉사를 하는 숨은 봉사자들이 만들어내는 기부와 봉사 문화의 힘이 미국을 유지하고 이끌어가는 힘이 되고 있다.

영국의 재활승마 시스템을 보급했으며, 이를 통해 그들만의 시스템을 구축해왔다. 지도자 과정은 고급코치(Advanced Coach Certificate), 코치(Coach Certificate), 코치과정(Coach in Training)의 총 3단계로 나뉘어 있으며 단계별 시험도 다르게 구성되어 있다.

RDA-UK는 센터 사이에 네트워크를 구축하여 서비스를 제공하고 있다. 모든 센터들은 개별적으로 운영되지만, RDA-UK는 각각의 센터가 정보를 공유하고 서로 최고가 될 수 있도록 돕고 있다.

RDA-UK가 하는 모든 활동의 궁극적인 목적은 사람들에게 승마를 할 수 있는 기회를 마련해줌으로써 거기에서 신체적·정신적 개선 효과 또는 성취감을 얻거나 단순히 즐거움을 얻게 하는 데 있다. 많은 대상자들이 RDA-UK 프로그램을 통해 지속적으로 긍정적인 효과를 얻고 있으며, RDA-UK는 이를 더 발전시키기 위해 노력 중이다. 장애를 가진 사람들이라고 할지라도 비장애 승마인들과 동등한 기회를 가질 수 있도록 하기 위해 다른 승마협회와 연계하여 기회를 마련한다.

RDA-UK는 승마대회 등을 통해 동기 부여 및 후원금을 모으기도 하며, 각종 프로그램을 통해 장애를 가진 기승자를 지원한다. 재활승마 참여를 원하는 참여자들에게 지역 승마센터의 정

[그림 1-7] 영국 RDA-UK 홈페이지(출처: https://www.rda.org.uk)

보를 제공하고, 자신의 승마기술 정도 평가와 새로운 기술 습득 정도를 평가하기 위한 능력시험을 시행한다. 더 나아가 세계대회 출전을 지원하기도 하는데, 2016년 FEI Para-Dressage 랭킹 세계 1위는 영국의 소피 크리스티안센(Sophie Christiansen) 선수로 2016 리우 패럴림픽에서도 금메달을 획득했는데, 이러한 노력의 결과라고 할 수 있을 것이다.

RDA-UK는 전적으로 자원봉사자에게 의지하여 운영되는데, 지역과 국가를 초월하여 많은 분야의 사람들이 자원봉사를 하기 위해 센터를 방문하고 있다. 각 센터에서 자원봉사자를 모집하는 것에 대한 부담을 줄여주기 위해 RDA-UK에서는 자원봉사자들에 대한 지원을 확대해가고 있다. 그러나 RDA-UK의 최근 통계와 연구 자료에 의하면 센터들이 자원봉사자 모집과 관리에 어려움을 겪고 있는 것으로 나타났다. 몇 년 동안 RDA-UK는 이를 해결하기 위해 탄탄한 계획을 바탕으로 센터들을 지원해오고 있다.

재활승마 교육 프로그램은 지도자와 자원봉사자가 협력하는 프로그램으로, 자원봉사자들이 장애인을 이해하고 교육 진행 간 지도자와 기승자 사이에 원만한 역할을 수행하는 것이 매우 중요하다. 이를 위해 RDA-UK에서는 자원봉사자들을 위해 매년 100개가 넘는 교육 프로그램을 진행 중이며, 2,400여 명의 봉사자들이 참여하고 있다. 이와 같은 교육을 받은 자원봉사자들은 그 역할에 따라 배지(badge) 등으로 구분되는 자격을 부여받게 되는데, 이는 단지 RDA-UK에서만 자원봉사자로 인정해주는 것이 아니라 영국승마협회와 연계하여 RDA-UK 자원봉사자들에게 인증서를 발급하는 제도를 만들었다. 이 자격은 국가에서 인정해주는 것으로, 여기에는 큰 의미가 있다고 할 수 있다.

RDA-UK는 이 제도를 통해 새로운 봉사자들에게는 동기를 마련해주고 기존 봉사자들에게는 자원봉사자로서의 자부심을 느낄 수 있도록 하고 있다. 그뿐만 아니라 청소년 자원봉사자들에게는 지역사회 자원봉사 자격부여를 추진하여 모든 연령대의 사람들이 함께 자원봉사를 할 수 있는 사회로 만들어가기 위해 노력 중이다. 현재 많은 봉사자가 RDA-UK 프로그램에 참여하면서 센터 안에서뿐만 아니라 국가에서 주관하는 대회에서도 자원봉사상을 수상하고 있다.

영국 재활승마단체는 RDA-UK와 ACPTR(Association of Chartered Physiotherapists in Therapeutic Riding), FCRT(Fortune Centre of Riding Therapy), GUL(God Unlimited), Welsh Institute of Therapeutic Horsemanship 등 5개의 단체가 HETI에 가입되어 있다.

4) 독일

독일재활승마협회(Deutsche Kuratorium für Therapeutisches Reiten, 이하 DKThR)는 1970년에 창립되었고, 현재 총회에서 7명의 선출위원회를 구성하여 이들에 의해 관리되며, 바렌도르프(Warendorf)의 독일승마연맹(FN) 건물에 사무소가 있다. DKThR은 재활승마의 기원을 히포크라테스가 승마에 의한 '치유 리듬'과 자신감 향상, 괴테가 "승마에 의해 치유력이 있다"고 지적한 것을 언급한다.

현대 독일의 재활승마는 제2차 세계대전 당시 다리 절단 수술을 받은 사람들이 승마로 불균형을 해소하고 재활에 도움을 받게 된 것을 시작으로, 1953년에는 의사인 막스 라이헨바흐(Max Reichenbach)가 『치료승마(Reiten als Therapie)』를 출판했고, 1973년에는 분테(H.Bünte)와 베크(H. Beck) 교수가 함께 편집한 같은 제목의 책이 출판되었다.

1950년대 후반이 되자 의사와 물리치료사들은 다양한 신경 및 정형외과 질환에 움직이는 말을 타고 하는 리듬 운동의 균형 효과를 발견했고, 'hippotherapy'로 알려진 말과 함께하는 물리치료를 개발했다.

1960년대에는 어린아이와 청년들을 대상으로 하는 교육 활동 분야에 말이 점점 더 많이 사용되었다. 또한 승마경기는 장애인과 비장애인이 함께 운동하며 경쟁하는 몇몇 스포츠 중 하나로, 말이 통합에 독특한 기여를 했다.

1970년, 독일의 일간지 「디 벨트(Die Welt)」는 43개 단체가 장애인에게 재활승마서비스를 한다고 했는데, 같은 해 11월 25일에는 라이헨바흐를 포함하여 '재활승마이사회(Kuratoriums für Therapeutisches Reiten, KThR)'가 창립되었다. 1992년에는 협회명을 현재의 이름인 'DKThR'로 변경했다.

라이헨바흐는 독일의 현대적 치료승마의 설립자로, 협회에 대한 개념 정립과 함께 특히 기술 분야에서 몇 년 동안 많은 동작을 개발했다. 1969년에 안토니우스 크뢰거(Antonius Kroger)도 재활승마 관련 서적을 출판했고, 1974년에는 DKThR 회원들에게 정보를 제공하기 위해 소식지가 발간되었다.

1976년에 재활승마교육과정위원회가 설치되었고, 1977년부터는 승마와 다양한 분야에서 전문적인 자격제도를 운영하고 있다. 독일의 재활승마는 의사의 처방이 있으면 의료보험이 적용되었을 정도로 치료승마 분야가 발달했고, 1992년 1월부터는 전문학술지인 「교육, 스포츠, 의학의 재활승마(Therapeutisches Reiten in Medizin, Pädagogik, Sport)」가 발간되고 있다. DKThR은 최근 몇 년 동안 자신들이 오랫동안 구축해온 노하우를 다른 나라에 계속해서 제공하고 있으며, 출판물은 다양한 언어로 번역되고 있다.

2005년 이후에는 말을 타고 하는 작업치료 분야를 추가했다.

독일의 재활승마는 다음과 같이 4가지 분야로 구분된다.

> **Tip**
> 2014년부터 의료보험 비용증가를 이유로 일부 주에서는 중단되었다.

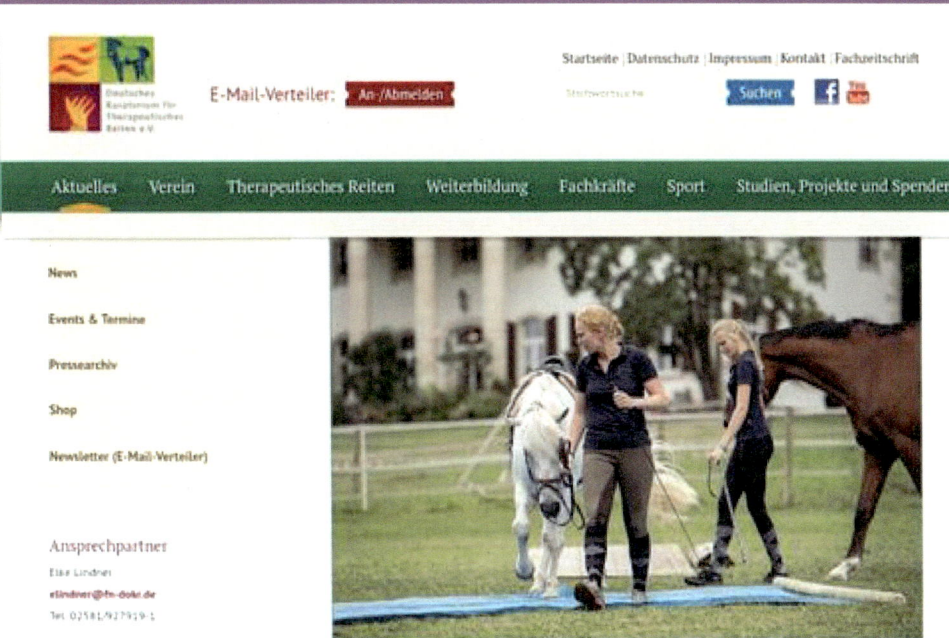

[그림 1-8] 독일 DKThR 홈페이지(출처: https://www.dkthr.de)

- hippotherapy(치료승마, 의학 및 물리치료 영역)
- 말과 함께하는 특별 교육(교육학 및 심리학 분야)
- 말과 함께하는 장애인 스포츠 및 일반 사람들을 위한 레저(말 스포츠 분야)
- 말과 작업치료(의학 및 작업치료 영역)

이에 관한 자격제도는 재활승마 추가 자격이 있는 물리치료사, 마상체조/승마지도사, 장애인에게 스포츠로 승마를 지도하는 지도자, 재활승마 추가 자격이 있는 작업치료사가 있다. 지도자는 장애인을 위한 스포츠로 승마를 지도하기 위해 기승자의 다양한 장애에 대한 지식과 적절한 조치, 보조나 부축방법의 선택, 말 훈련 등을 수행할 수 있어야 한다. 지도자 교육에 포함되는 내용은 다음과 같다.

- 안장과 말의 선정, 훈련 및 교정
- 승마 기술
- 장애인의 특성에 대한 지식
- 교수법 및 교육방법론

- 다양한 설정에 따른 계획 수립
- 재활승마 등 다른 분야 전문가들과의 협력 등

이 외에도 그룹단위 작업과 강의를 포함한 이론교육과 실습 형태의 실용적인 교육이 교실이나 마장에서 말과 함께 진행된다. DKThR에는 약 3,000명의 회원이 등록되어 있고 장애인스포츠협회, 물리치료사협회, 독일승마협회(FN) 등 관련 협회와 긴밀한 협력체계가 되어 있다. 한편 DKThR의 주요 업무는 다음과 같다.

- 재활승마의 필요성과 공중보건의 중요성을 대중 상대로 교육 및 정보 제공
- 전문가, 병원, 치료센터, 승마클럽 등에 대한 재활승마 분야에서의 홍보 및 전문적 지원
- 법적 업무 내에서 회원들을 대표하고 자문을 수행
- 재활승마에 대한 지침 및 권장사항 개발
- 관련 전문가, 회원 기관과의 긴밀한 협력, 교육 및 전문가 양성
- 과학적 원리의 개발과 과학 출판물의 추진
- 관계 당국과 비용 문제 조절
- 국제 협력 추진
- 승마스포츠를 통한 장애인의 증진

5) 호주

호주의 재활승마는 1964년 브리즈번에 있는 호주 최초의 재활승마센터에서 시작되었고, 1975년 장애인승마협회 호주협의회가 구성되었다. 1979년에는 5개 주가 동의하여 호주재활승마협회(Riding for the Disabled Association of Australia, RDAA)가 구성되었고, 1991년에는 마상체조(Vaulting)와 마차운전(Driving)이 재활승마 분야로 협회 내에 구축되었다. 2009년에는 폴린 페리(Pauline Perry)가 HETI의 전신인 FRDI의 회장이 되어 호주에서 사무국이 운영되기도 했다.

재활승마 비용의 40%는 주정부 보조금을 지원받고 나머지 60%는 재활승마장에서 충당하는데, 기부 등 지역사회 지원을 통해 기금을 조성한다.

재활승마는 장애인의 치료수단으로 정착돼 있으며 의사의 처방에 따라 재활승마가 진행된다. 재활승마의 진행과 성과는 지도자와 자원봉사자가 기록하고, 이를 근거로 의사와 지속적인 상담이 이뤄지며, 재활승마 강습에 적용된다. 재활승마지도자에게 강습을 받고 재활에 성공한 장애인들은 스포츠 활동으로 승마를 계속하여 장애인승마대회에 출전하기도 한다. 1991년에

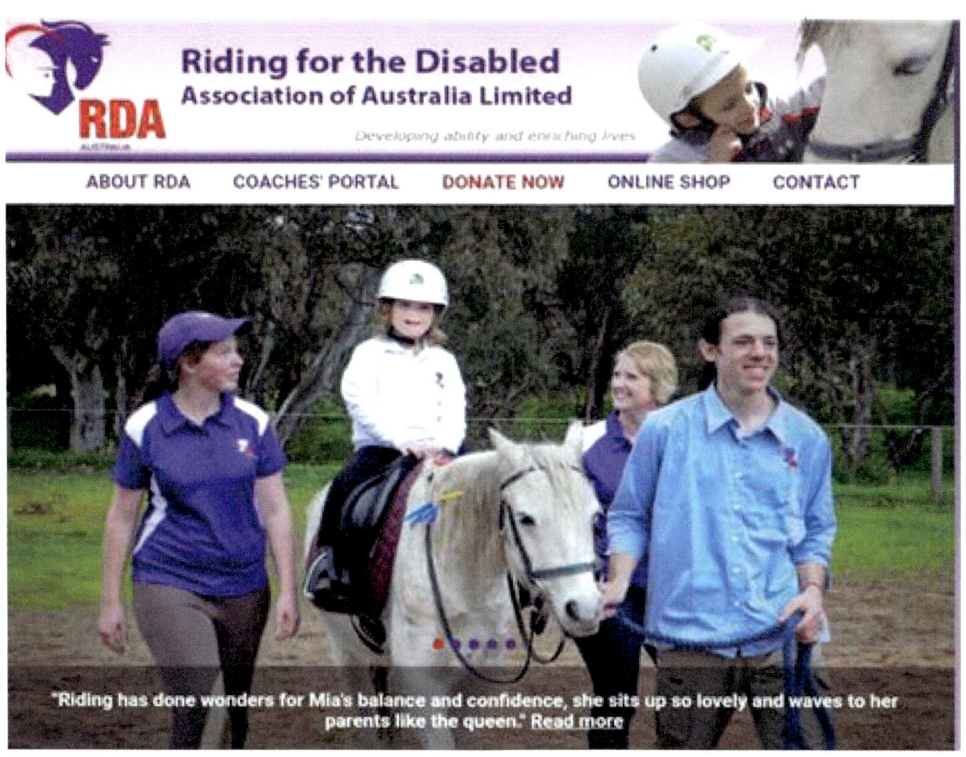

[그림 1-9] 호주재활승마협회

 호주장애인마장마술대회가 호주승마협회의 비장애인대회와 통합으로 개최되었으며, 매년 대회를 열고 있다. 1992년에는 처음으로 비장애인과 통합으로 마상체조 및 마차운전 경기가 개최되었으며 지도자워크숍을 갖기도 했다. 1996년 애틀랜타 패럴림픽에 5명의 선수가 출전했고 매 대회에서 좋은 성적을 거두고 있다.
 현재 RDA 센터는 재활승마에 적합한 말 제공, 자원봉사자 교육, 지도자 인증, 승마를 위한 안전장비를 제공하고 있다. 또한 재활 및 레크리에이션 승마 수업 개설, 승마경기와 게임을 하고 있다. 승마 이외에 마상체조, 마차운전, 마장마술을 교육하고 승마캠프를 운영하기도 한다.

6) 대한민국

(1) 국내 협회 및 학회

2012년 한국재활승마학회가 창립되고 2015년 농림축산식품부로부터 사단법인 설립허가를 받았다. 2017년에는 기존 학회로서의 한계를 넘어 재활승마에 대해 다양한 사업을 수행할 단체의 필요성이 제기되어 대한재활승마협회가 창립되었다. 2018년 1월에 농림축산식품부로부터 사단법인 설립허가를 받은 협회는 동년 8월에 재활승마지도사의 권익보호 등을 목적으로 재활승마지도사협의회를 창립했다. 이 협의회와 사단법인 한국재활승마학회를 산하단체로 구성한 사단법인 대한재활승마협회는 회원으로 말산업전문인력양성기관은 물론 의학, 보건학, 체육학 등 재활승마와 관련한 교수 및 각계 인사가 참여하고 있다. 협회는 재활승마를 필요로 하는 곳에 더 많은 보급을 위해 재활승마 분야에 관한 교육과 국내외 유관 단체와의 교류 및 유대강화, 정부 및 기타 유관 기관과의 협력 및 봉사활동, 전문인력 양성을 위한 사업, 재활승마 말의 생산 및 활용을 촉진하는 것을 목표로 하고 있다. 협회와 학회의 로고는 '호돌이 아빠'로 유명한 김현 디자이너가 재능기부를 했다.

협회와 학회는 2013년부터 매년 상반기에는 국내학술대회, 하반기에는 국제학술대회를 정기적으로 개최하고 있으며, 국가자격 관련 연수를 시행하는 등 재활승마 관련 사업을 활발히 수행하고 있다. 2014년에는 AHA 전문가를 초빙하여 치료사들을 대상으로 치료승마에 대한 연수를 했으며, 2016년에는 농림축산식품부, 경기도, 한국마사회의 지원으로 HETI와 아시아 재활승마전문가들을 초청하여 2016년 말산업박람회 기간 중 'HETI-ASIAN 말문화 축제'를 열었다. 또한 2015년 대만, 2018년 아일랜드 HETI 재활승마 세계대회에 지속적으로 참여하여 한국의 재활승마를 홍보했다.

[표 1-4] 로고

88서울올림픽 호돌이	학회	협회
	사단법인 한국재활승마학회	사단법인 대한재활승마협회

[그림 1-10] HETI 2021 SEOUL 재활승마 세계대회 개막식

2018년에는 아일랜드 더블린에서 실시한 2018 재활승마 세계대회에 참석하여 차기 대회를 서울에 유치하는 큰 성과를 보였다. HETI 재활승마 세계대회는 3년에 한 번씩 열리며 전 세계의 재활승마지도자 및 관계자가 참석하는 국제 행사이다.

"스펙트럼의 확장(Widen the Spectrum)"이라는 주제로 2021년 6월 7일(월)~10일(목), 4일간 서울 COEX에서 개최된 HETI 2021 SEOUL 재활승마 세계대회는 사단법인 대한재활승마협회와 한국마사회가 주최 및 주관했으며, 농림축산식품부, 한국관광공사, 서울시, 서울관광재단이 후원했다. 코로나 시국을 고려하여 온라인과 오프라인으로 동시에 진행된 행사는 42개국 9백여 명이 참여했는데, 그동안 축적된 풍부한 연구성과 발표로 전 세계 재활승마 전문가들의 호평을 받아 국가 위상을 높이는 계기가 되었다.

협회는 2022년부터는 한국마사회와 함께 재활승마지도사 보수교육을 실시하고 보훈재활체육센터와 함께 국가보훈대상자들을 위한 재활승마캠프, 재활승마 관련 전문교육사이트(www.koreantri.kr) 운영으로 재활승마의 고도화 및 저변 확산의 계기를 도모하고 있다.

최근 청소년의 스마트폰 및 게임 중독, 위기 청소년 등 사회적 문제가 야기되고 있는 상황에서 각종 연구를 통해 재활승마가 신체적·심리적인 치료 효과를 보인다는 게 알려졌으며, 장애인들 사이에서도 재활승마에 대한 수요가 늘어나고 있어 재활승마에 대한 적극적인 투자는 국민의 삶의 질 향상에도 크게 기여할 것이다.

(2) 한국마사회

한국마사회는 2005년 사회공헌 사업의 일환으로 재활승마를 도입하고 활동을 시작했다. 같은 해 인근 사회복지관 등과 연계하여 재활승마 프로그램을 운영했으며, 2009년부터는 '찾아가는 재활승마'를 통해 체험기회를 제공했다. 2010년에는 연세대학교 세브란스의료원과 협약을 맺고 참가자를 의뢰받아 발달장애 아동 등을 대상으로 재활승마 프로그램을 운영했으며, 이후 대상을 확대하여 인터넷게임 과몰입 청소년을 위한 프로그램도 운영했다. 2011년에는 용인대학교에 위탁하여 인터넷게임 과몰입 청소년을 대상으로 승마 효과에 대해 학문적으로 연구를 시행했고, 2013년에는 삼성서울병원에서 ADHD(주의력 결핍 및 과잉 행동장애) 아동을 대상으로 재활승마 효과 연구를 진행하여 주의력 결핍 등 관련 증상이 호전되는 긍정적인 효과를 도출했다.

2012년에는 ADHD, 품행장애 등 아동·청소년의 정서 및 행동장애 문제를 재활승마로 해결하기 위한 목적으로 'KRA 승마힐링센터'를 운영할 위탁업체를 선정하여 인천과 경기도 시흥 및 대구에 각각 설치했다. 재활승마의 대상을 장애아동뿐만 아니라 게임 과몰입, 품행장애 등으로 확대하는 것은 재활승마지도사의 업무 영역 확대는 물론 재활승마의 활성화를 위해 매우 바람직한 현상으로 볼 수 있다. 다만, 인천과 경기도 시흥센터가 운영상 어려움 등으로 문을 닫아 재활승마 관계자들을 안타깝게 했다. 대구 KRA승마힐링센터는 정서·행동 및 신체장애 아동·청소년을 위한 전문 상담기관으로서, 재활승마와 함께 다양한 심리상담기법 및 특수치료를 병행하며 차별화된 양질의 서비스를 제공하고 있다.

2007년부터 2011년까지 삼성전자승마단과 함께 PATH Intl.의 심사관을 초청하여 지도자 양성 과정을 도입 및 실시함으로써 전주기전대, 서라벌대 등 많은 말산업 관련 대학에서 재활승마를 시작하는 계기가 되었다. 이후 한국마사회는 2013년 농림축산식품부로부터 말산업 전문인력 양성기관으로 지정되어 현재는 '말산업 전문인력 양성', '말산업 교육체계 정립', '말산업 인프라 구축' 등을 중점 목표로 사업을 추진 중이다.

한편 재활힐링승마의 본격적인 추진을 위해 2016년 정규조직인 '승마힐링담당'을 신설하고 2018년 '재활승마담당'으로 부서 명칭을 조정한 바 있다. 2018년에는 사회공익 직군인 소방관을 대상으로 EAL(말매개학습) 강습을 시범적으로 실시하고 그 효과성을 전문기관의 연구로 확인했다. 2019년에는 '재활힐링승마센터'로 조직을 확대 편제하고 말산업의 사회적 가치 제고를 위해 사회공익 힐링승마 대상자를 전년 기준 1천 명에서 4천 명으로 대폭 증원하고 그 대상직군도 기존 소방관에서 교정직, 육군장병, 방역직 등으로 확대하기도 했다. 2021년부터는 일반국민으로 대상을 확대해 코로나19로 인한 우울감을 극복하는 데 일조하기도 했으며, 2023년에는 60세 이상 시니어들을 위한 '실버 힐링승마' 및 장애아와 더불어 가족이 모두 참여하는 '가족재활승마'를 시범적으로 운영했다. 또한 재활힐링승마의 기반 확대를 위해

서울경마공원에 재활승마 전용 실내마장을 설치·운영하고 공공승마시설을 대상으로 협력승마시설을 공모·선정하여 2023년 현재 직영점 3개소를 포함하여 14개소를 운영하였다.

(3) 삼성전자승마단

국내에서 재활승마에 관련한 모든 여건이 제대로 갖춰진 환경에서 처음으로 시작한 시기는 2001년이다. 삼성전자승마단은 동물과 함께하는 사회공헌활동의 일환으로 2001년 9월 재활승마 프로그램을 도입하여 생명의 가치와 더불어 사는 사회의 소중함을 실천하고 있다.

재활승마치료사와 지도사로 구성된 전문가가 재활승마 프로그램을 진행하며, 삼성서울병원 의료진과 연계하여 참가자의 치료효과를 높이는 데 중점을 두고 있다. 재활승마 프로그램은 전액 무상으로 진행하고 있으며, 2001년부터 2019년 현재까지 약 6,000여 명 이상의 자원봉사자들의 자발적인 참여와 함께 2,000여 명의 장애아동들이 수혜를 받았다.

삼성전자승마단은 2009년 국내 최초 재활승마전용센터를 건립하고, 2001년 HETI 준회원으로 가입했으며, 2010년에는 PATH Intl.에서 우수센터로 인증을 받았다. 2012년 그리스에서 개최된 HETI 총회와 2015년 대만 HETI 총회, 2018년 아일랜드 HETI 총회에서는 그동안의 연구 성과를 발표하여 많은 주목을 받기도 했다. 국내의 재활승마가 20여 년의 짧은 역사임에도 급속한 발전을 이룰 수 있었던 배경은 삼성전자승마단과 한국마사회의 적극적인 지원, 뛰어난 인적 자원과 풍부한 경험 덕분이다.

(4) 대학

농림축산식품부로부터 말산업전문인력양성기관으로 지정받은 대학은 전주기전대학, 성운대학교, 신경주대학교, 제주한라대학교이다. 이 대학들의 정규과정을 졸업하면 수강 과목에 따라 말산업전문인력양성기관 수료증을 받을 수 있다. 수료증은 「말산업육성법」에 의해 승용마 9마리까지 보유한 농어촌형 승마시설에서 안전요원으로 활용된다.

전주기전대학 말산업스포츠재활과는 재활승마뿐만 아니라 말조련, 승마지도의 세 가지 분야에서 말산업 전문인력 양성기관으로 지정받았다. 재활승마지도사는 물론 전문 승마인이 갖추어야 할 능력과 말조련 등 말산업 전문인력이 되기 위한 다양한 프로그램으로 말에 관한 모든 것을 실무중심으로 지도하고 있다. 학교기업 지원사업 등을 통해 매년 재활승마 경진대회를 열고, 재활승마 분야 자격취득 지원 및 창업교육 등도 수행한다.

성운대학교 말산업과에서는 인간존중과 장애인의 잠재능력 개발을 위한 전문 인력으로 3년제 재활승마지도사 교육과정으로 특성화하여 전문인력을 양성하고 있다. 인간 발달의 체계적인 이해를 통해 인간이 갖는 문제에 대한 해결 능력을 갖추기 위해 실무형 교과과정을 운영한다.

신경주대학교 말산업과에서는 전문 재활승마지도사를 양성하기 위해 체계화된 4년 교육과정으로 운영하고 있으며 말산업 국가자격증 취득 교육뿐만 아니라 특수학교 및 장애인 관련 협회와 함께 재활승마 프로그램을 운영하고 있다. 또한 재활승마 자원봉사단을 조직하여 지역사회 발전을 위해 힘쓰고 있다.

제주한라대학교는 마사학과와 마산업자원학과 2개 학과로 특화하여 4년 교육과정으로 운영하고, 다양한 말산업 분야 가운데 재활승마지도 교육에 포함했다. 인체의 이해와 장애 및 병리에 대해 이론 및 실무 위주의 교육과 지역 단체와 연계한 장애인 개인이나 단체 및 관련협회 및 장애인 승마선수 훈련 교육과 자원봉사자 교육을 지원하고 있으며, 재활승마와 힐링승마를 함께 진행하고 있다.

(5) 기타

2011년에는 「말산업육성법」에 재활승마지도사 자격이 국가자격으로 포함되었다. 국가자격은 2012년 12명을 시작으로 2022년 11회 시험까지 378명의 재활승마지도사가 자격을 부여받았다.

2015년부터 농림축산식품부와 한국마사회에서는 말산업전문인력양성기관을 대상으로 재활승마분야 교수(교사)인력 해외연수를 하고 있다. 축산발전기금지원으로 시행된 사업에서 첫해에는 미국 로체스터에 있는 헤리티지 크리스천 스테이블스(Heritage Christian Stables)를 방문했고, 2016년에는 PATH Intl. 콘퍼런스에 참석하여 선진기술 습득과 전문역량을 강화하는 기회를 가졌다.

한편 대한장애인체육회 산하 대한장애인승마협회는 전문체육과 생활체육을 함께 발전시키기 위해 선수들에게는 꿈을, 생활체육동호인들에게는 장애인 승마를 통한 기쁨과 건강을 제공토록 하여 장애인승마 선수 및 동호인들이 공평하고 평등한 조건하에 재능을 발휘할 수 있는 꿈을 실현할 수 있도록 활동하고 있다. 대한장애인승마협회와 대한장애인체육회 간의 유기적인 협조 체제가 구축되어 스포츠로서의 재활승마 범위가 확대되고 대한승마협회를 비롯한 체육계, 한국마사회를 중심으로 하는 말산업 분야 등 관련 교육계가 장애인승마 분야에 더욱 관심을 가질 수 있는 계기를 만들고 있다. 특히 2022년 제42회 전국장애인체육대회에서는 장애인승마(Para Equestrian)가 정식 종목으로 채택되어 경기가 열렸다. 9개 시·도에서 선수 24명과 함께 보호자, 코치 등 총 63명이 참여하여 기량을 펼쳤다. 또한 2015년부터 개정된 체육지도자 양성 자격제도에 따라 승마 부문에 장애인스포츠지도사 자격이 운영되고 있다. 대한장애인승마협회는 실기 자격검정기관으로 시험을 진행하고 있다.

체육지도자에는 전문/생활/유소년/노인/장애인스포츠지도사와 같이 다섯 개 분야의 스포츠지도사가 있고 「체육시설의 설치 및 이용에 관한 법률」에 의해 동등한 대우를 받고 있다. 장애인스포츠지도사를 제외한 전문/생활/유소년/노인스포츠지도사는 대한승마협회에서 실기 자격검정을 시행하고 있다.

이와 같이 짧은 기간임에도 불구하고 우리나라에서도 재활승마가 비약적인 발전을 거듭하고 있다. 농림축산식품부는 물론 한국마사회의 지원이 계속 이어지는 상황에서 재활승마 선진국 대열에 진입하는 것은 멀지 않은 미래에 이루어질 것으로 생각된다. 그러나 선진국의 재활승마는 매년 대규모 학술대회를 개최하고 대부분이 외부의 지원보다는 센터 자체적으로 기금을 마련하고 자원봉사자들의 도움으로 프로그램이 운영되며, 최종적으로 스포츠로까지 이어져 패럴림픽에서 우수한 성적을 거둠으로써 기승자 개인의 명예는 물론 국가위상 제고까지 달성하는 성과를 거두고 있다.

농림축산식품부뿐만 아니라 보건복지부, 여성가족부 등 장애인 및 청소년 관련 정부 부처들이 관련 사업을 도입하기 위해서는 지속적인 연구 결과 발표와 관련 서적들이 발간되어야 한다. 이를 바탕으로 상기 부처들에 재활승마 프로그램 도입과 일반 대중의 기부금 모금 및 자원봉사자 참여가 절실히 요구된다. 또한 재활승마 관계자들의 재활승마에 대한 이미지 제고 및 전문성 강화를 위한 노력도 선행되어야 할 것이다.

> **Tip**
> **재활승마 시행 가능 정부 부처(주요 사업) 예시:** 보건복지부(사회서비스 등), 문화체육관광부(스포츠 바우처, 장애인승마 지원 등), 고용노동부(직업교육 등), 여성가족부(청소년 보호·재활센터 등), 과학기술정보통신부(인터넷 과몰입쉼터)

말산업 국가자격시험 교재
재활승마 이론

PART II

재활승마팀

1장. 재활승마팀의 이해
2장. 말 운영
3장. 재활승마지도사
4장. 보호자 이해

재활승마팀 구성과 구성원의 역할, 관리, 교육 등과 상호이해 방안에 대해 논의하고, 재활승마용 말의 선택 및 관리에 대해 알아본다.

1장
재활승마팀의 이해

재활승마 프로그램을 운영하는 데 있어 필요한 팀은 대상자에게 말과 함께하는 여러 활동을 가르치기 위해 함께 일하는 집합체로 가장 기본은 재활승마지도사, 기승자, 말로 구성된다. 추가로 말을 끄는 말 리더(horse leader), 사이드워커(side walker)와 치료사, 상담사 등이 팀을 이뤄 일한다.

1 재활승마팀

　각 강습에는 일반적으로 한 명의 지도사가 배정되지만 팀 수와 기승자에게 주어지는 팀 구성원 수는 장애 정도, 승마기술 수준 그리고 강습의 규모에 따라 달라지게 된다. 또한 강습 환경과 규모에 따라 안전을 위해 보조 지도사와 함께 일할 수도 있다.
　장애, 정서 또는 행동의 문제로 어려움을 겪는 기승자에게 승마를 비롯한 말과 함께하는 여러 활동의 유익한 경험을 갖게 해주도록 하는 것이 팀 접근법으로, 팀은 안전을 제공하고 승마지도를 제공하기 위한 지원체계로 생겨났다. 하나의 팀은 마차의 바퀴와 같아서 제대로 기능하는 팀의 승마 강습은 기승자와 자원봉사자에게 즐겁고 사회적이며 안전한 경험을 제공한다.
　다음은 안전하고 즐거운 재활승마가 되기 위한 팀 내 구성원들이 준수해야 할 사항이다.

- 재활승마 강습시간과 규정을 준수한다.
- 팀은 기승자를 위해 존재하므로 팀 내 활동은 기승자를 중심으로 한다.
- 팀워크를 유지하기 위해 책임감, 인내심을 갖고 상호 지원하며 서로의 책임과 역할, 애로사항을 이해한다.
- 지도사는 강습계획서를 작성하고 강습 전 팀 내 구성원들에게 내용을 설명한다.
- 배정된 팀이 운영되는 기간에 맡은 직무에 변동이 없어야 하고, 사정이 있는 경우 대리인이 배치되도록 사전 조치를 한다.
- 기승자의 상태, 요구를 이해하고 적극 지원한다.
- 팀 회의에 자발적으로 참석하고 정보를 교환한다.

- 장애, 말, 승마기술 등에 대해 이해하고 지식을 습득한다.
- 말을 이해하고, 사랑과 친절로 단호하고 일관되게 말을 대한다.
- 말은 기억력이 좋으므로 괴롭히거나 혹사시키지 않는다.
- 말이 명백히 불복종하거나 나쁜 버릇을 나타낼 때만 벌을 주고, 기승자를 위험에 빠뜨릴 상황을 만들지 않는다.
- 말에 관한 정보가 필요하면 지도사, 수의사 등에게 문의한다.
- 응급상황에 대해 대처 방안을 알고 실행할 수 있다.
- 즐거운 마음으로 임무를 수행한다. 이는 기승자와 프로그램을 위해 매우 중요하다.

2 재활승마지도사

1) 재활승마지도사의 정의

국가직무능력표준 개발절차에 의거하여 한국마사회에서 자체적으로 개발한 '말산업분야 NCS(안)'에서 재활승마지도의 직무 정의를 "신체적·정신적 장애나 정서적인 문제를 지닌 사람들을 대상으로 필요한 말 관련 활동을 안전하게 지도하기 위해 재활승마의 운영계획 및 시행, 강습 관리, 대상자 관리, 말 관리, 봉사자 관리, 시설 관리를 수행하는 일"이라고 했다.

반면 "정신적으로 결함이 있거나 신체 일부에 장애가 있는 자로 일상생활이나 사회생활에 제약을 받는 사람에게 승마를 지도하는 업무를 수행하는 사람[말 관련 자격제 설계 연구 최종보고서(2011, 한국마사회)]"으로 대상자나 수행하는 업무의 범위를 축소하는 경우도 있다. 「말산업육성법」에도 재활승마지도사를 "승마를 통하여 신체적·정신적 장애를 치료하도록 지도하는 업무를 수행하는 사람"으로 제한적으로 설명되어 있다.

앞에서 재활승마를 "신체 및 정신장애인은 물론 정서와 행동의 문제로 어려움을 겪는 사람들에게 인지적·신체적·감성적·사회적 안녕을 주기 위해 인간과 말이 함께하는 모든 활동"으로 정의했다. 따라서 재활승마지도사를 "신체 및 정신장애인은 물론 정서와 행동의 문제로 어려움을 겪는 사람들에게 필요한 말 관련 활동을 안전하게 지도하는 사람"으로 정의한다.

2) 재활승마지도사의 자격제도와 업무 영역

「말산업육성법」 시행령에 의하면 재활승마지도사의 등급은 총 3단계로 이뤄져 있다. 가장 기초단계인 3급은 만 17세 이상으로 초급 기술(직무수행을 위한 최소한의 기술)을 보유한 수준이고, 2급은 3급 자격 취득 후 해당 실무경력 3년 이상인 사람으로 재활승마에 관한 전문적인 기술을 보유하고 재활승마장을 경영할 수 있는 수준이며, 1급의 경우는 2급 취득 후 실무경력 5

년 이상인 사람으로 재활승마에 관한 전반적인 내용을 모두 이해하고 2급과 3급을 가르칠 수 있는 수준이라고 할 수 있다.

    2015년부터 문화체육관광부에서 주관하는 체육지도자(종목별 스포츠지도사) 자격제도에서 경기지도자는 전문스포츠지도사, 생활체육지도자는 생활스포츠지도사, 노인스포츠지도사·유소년스포츠지도사 및 건강운동관리사로 나누어지고, 장애인스포츠지도사가 신설되었다. 기존의 재활승마지도사 정의처럼 대상을 장애인으로 한정하고 직무를 승마지도로 한정한다면 장애인스포츠지도사(승마)와 중복 문제가 제기될 수 있다.

따라서 앞서 제시한 바와 같이 재활승마지도사의 정의를 정서와 행동의 문제로 어려움을 겪는 사람들까지로 지도 대상의 범위를 대폭 확대하고 더욱 많은 직무가 주어져야 할 것이다.

3) 직업적성조건

재활승마지도사를 직업으로 갖기 위한 사람은 신체적·정신적으로 업무를 수행할 수 있는 조건이 되어야 한다. 신체제약 조건은 시각·청각·지적장애가 없어야 하며, 말을 훈련하는 데 문제가 없어야 한다. 또한, 직업적성으로서의 조건은 정신적·신체적인 면으로 구분할 수 있는데, 다음 〈표 2-1〉과 같다.

[표 2-1] 재활승마지도사의 직업적성(말 관련 자격제 설계 연구, 2011)

	직업적성
정신적	· 재활승마에 대한 교육적 중요성 및 재활승마에 대해 분명히 인식하고 있어야 한다. · 재활승마에 대한 전반적 내용과 진행 과정을 알고 있어야 객관적으로 명확한 관리가 가능하므로 이 부분에 대한 전문성은 물론 객관적으로 평가할 수 있는 공정성을 가지고 있어야 한다. · 장애인, 자원봉사자 그리고 지도사들과의 원활한 의사소통 기술이 필요하고, 사람이 우선이라는 마인드와 모든 책임은 지도사가 진다는 책임의식이 필요하다. · 제한된 공간 안에서 이뤄지므로 주위 환경을 이해하고 다른 사람들과의 말이나 글로 표현된 정보나 아이디어를 듣고 이해할 수 있는 능력을 가지고 있어야 하며, 모든 상황을 고려하고 실시간으로 분석·적용할 수 있어야 한다. · 사람의 생명에 대한 존엄성과 동물 애호정신을 가지고 있어야 한다. · 공정성을 중시하고, 도덕정신, 윤리의식과 책임감이 투철해야 한다. · 원만한 대인관계로 사람들과 잘 어울리는 심성을 가지고 있어야 한다. · 새로운 것을 배우고 가르치는 것에 대한 두려움이 없고, 진취적이어야 한다. · 활동적이고 외향적인 자세, 유머감각이 있어야 한다. · 안전사고를 예방할 수 있는 완벽함과 섬세함을 지녀야 한다. · 창의력이 풍부하고 전문성을 추구해야 한다. · 인내심이 있어야 하며 스트레스 관리를 잘 할 수 있어야 한다. · 긍정적인 사고를 할 수 있어야 한다. · 통찰력과 융통성이 있어야 한다.
신체적	· 장애인, 자원봉사자, 지도사들과 서로에 대한 의사표현력을 이해할 수 있는 적절한 시각 및 청각 감각이 요구된다. · 장애인이 재활승마를 하는 데 있어 긴장하거나 위축되지 않도록 지도사는 밝은 표정과 목소리로 대상자에게 자신감을 높여줄 수 있도록 한다.

4) 재활승마지도사의 능력단위 및 업무

재활승마 국가직무표준(NCS)은 '24. 농림어업 > 02.축산 > 01.축산자원개발 > 07.말이용' 에서 말조련, 승마지도, 장제 및 마차운영과 함께 '말이용'이라는 직무에 묶여 있고 재활승마지 도사의 업무를 '신체적·정신적 장애를 치유하도록 지도하는 업무'로 명시했다.

> '말이용'이란 말을 용도에 맞게 조련하고 말의 능력을 향상시키는 업무, 승마 강습을 수행하고 다양한 승마기술을 지도함으로써 승마자의 기량 향상을 도모하는 업무, 말을 이용하여 신체적·정신적 장애를 치유하도록 지도하는 업무, 말발굽 깎기와 편자를 제작하여 장제하는 업무, 말을 활용하여 마차를 운영하는 업무 등을 수행하는 일이다.

재활승마지도사의 능력단위는 재활승마 운영준비, 재활승마 대상자 관리, 재활승마 강습 관리, 재활승마용 말 관리와 말이용 시설 장비 관리, 말이용 경영관리와 같이 총 6개의 능력단위가 관련이 있다.

(1) 재활승마 운영준비

재활승마 운영준비란 재활승마 운영 프로그램의 원활한 운영을 위해 운영 계획을 수립하고, 대외 협력 추진, 봉사자관리, 시설 관리 등을 시행하는 능력이다.

[표 2-2] 재활승마 운영 준비

능력단위요소	수행준거
재활승마 운영계획 수립하기	1.1 말, 봉사자, 마구, 관련 시설 등을 고려하여 재활승마 운영에 필요한 기본 계획을 수립할 수 있다. 1.2 재활승마 운영계획에 필요한 말, 자원봉사자, 재활대상자의 기본 정보를 수집할 수 있다. 1.3 재활승마 프로그램 강습운영을 위한 세부 계획을 수립할 수 있다.
재활승마 대외협력하기	2.1 국내외 재활승마 유관기관의 협력 네트워크를 구성·관리할 수 있다. 2.2 재활승마 관련 기관의 교육, 행사 등에 참가하여 정보교류와 기술을 습득할 수 있다. 2.3 재활승마 대상자 관련기관 등을 방문하여 재활승마에 대한 소개 및 홍보를 할 수 있다.

능력단위요소	수행준거
재활승마 봉사자 관리하기	3.1 재활승마 운영을 위한 자원봉사자 운영 계획을 수립하고, 업무별로 필요한 자원봉사자를 모집 및 선정할 수 있다. 3.2 자원봉사자 역량에 맞는 업무를 배정하고, 담당 역할에 따라 필요한 사전 교육을 실시할 수 있다. 3.3 재활승마 강습 수행 후 봉사자 활동을 분석하여 숙련도에 따른 보수 교육을 실시할 수 있다. 3.4 우수자 보상, 격려, 정보 자료 제공 등을 통해 봉사자들이 지속적인 활동을 할 수 있도록 관리할 수 있다.
재활승마 시설관리하기	4.1 재활승마 운영에 필요한 주차장, 상담실, 화장실, 이동로 등 장애인의 편의를 위한 시설을 유지 관리할 수 있다. 4.2 재활승마의 원활한 운영을 위하여 자원봉사실, 자원봉사자 교육장, 보호자 대기실, 관람실, 강습장 등 재활승마에 필요한 시설을 배치하고, 유지 관리할 수 있다. 4.3 재활승마의 안전한 강습을 위해 주변 환경, 강습장 평탄 상태, 교보재 등 강습 환경을 유지 관리할 수 있다. 4.4 재활승마의 안전한 강습 운영을 위해 안전수칙 및 안전매뉴얼을 확인하여 재활승마 시설 및 장비를 유지 관리할 수 있다.

(2) 재활승마 대상자 관리

재활승마 대상자 관리란 강습 목적 및 장애의 특징에 따라 재활승마 대상자를 평가하여 선정하고, 교육 일정과 기록을 관리하는 능력이다.

[표 2-3] 재활승마 대상자 관리

능력단위요소	수행준거
재활승마 대상자 선정하기	1.1 재활승마 대상자를 모집하고 세부 정보를 수집할 수 있다. 1.2 재활승마 대상자나 보호자의 심층 면담과 기능평가, 테스트 등을 통해 대상자에게 적합한 재활승마 적용 방식을 결정할 수 있다. 1.3 재활승마 대상자의 장애유형에 따라 재활승마 강습 운영 시 주의사항과 금기사항을 파악할 수 있다.
재활승마 대상자 평가하기	2.1 재활승마 대상자에 따라 적절한 강습 프로그램을 계획할 수 있다. 2.2 재활승마 대상자와의 상담을 통해 일정 관리를 할 수 있다. 2.3 재활승마 강습 프로그램을 대상자의 특징에 따라 진행할 수 있다. 2.4 재활승마 강습 목적에 따라 강습 후 대상자를 평가하여 다음 강습계획에 반영할 수 있다.

능력단위요소	수행준거
재활승마 대상자 기록 관리하기	3.1 재활승마 대상자에 따라 신청서, 동의서, 의사소견서 등 관련 서류 수집 및 관리를 할 수 있다. 3.2 재활 강습 후 재활승마 대상자별 강습과정이 포함된 일지를 작성하고 관리할 수 있다. 3.3 재활승마 대상자 평가 결과에 따라 대상자의 수준별·장애별로 파일을 관리할 수 있다.

(3) 재활승마 강습 관리

재활승마 강습 관리란 원활한 재활승마지도를 위해 강습을 계획하고, 준비하여 시행 및 평가하는 능력이다.

[표 2-4] 재활승마 강습 관리

능력단위요소	수행준거
재활승마 강습 계획하기	1.1 재활승마 대상자의 장애유형에 따라 강습목표, 강습방법(개인, 그룹), 강습내용 등의 계획을 수립할 수 있다. 1.2 재활승마 강습목적과 방법에 따라 적정한 말과 봉사자를 배정할 수 있다. 1.3 재활승마 강습목적과 방법에 따라 마구 및 교구를 선정할 수 있다.
재활승마 강습 준비하기	2.1 안전한 강습을 위해 강습장과 주변 환경에 대한 상태 등을 확인할 수 있다. 2.2 재활승마 강습에 필요한 마구 및 교구를 점검할 수 있다. 2.3 재활승마용 말을 환경에 적응시키기 위해 준비 운동을 시킬 수 있다. 2.4 재활승마 참가 봉사자와 기승자의 심리상태 및 복장 등을 점검할 수 있다.
재활승마 강습하기	3.1 재활승마 대상자의 장애에 따라 안전하게 승마를 수행할 수 있다. 3.2 재활승마 대상자의 승마 후 안전을 위하여 사용마구 등을 점검할 수 있다. 3.3 재활승마 강습에 따라 승마자의 운동 강도를 조절할 수 있다. 3.4 재활승마 대상자와 말의 상태에 따라 강습계획을 수정하거나 강습중지 등 발생하는 응급상황에 대처할 수 있다. 3.5 재활승마 대상자의 장애 조건에 따라 안전한 하마를 수행할 수 있다. 3.6 보호자에게 대상자 인계, 말의 퇴장 등 강습을 안전하게 종료할 수 있다.
재활승마 강습 평가하기	4.1 재활승마 일일 강습계획에 따라 목표 성취도, 기술 수준 등을 평가할 수 있다. 4.2 재활승마 대상자, 봉사자, 보호자, 말, 마구 등에 대한 평가를 할 수 있다. 4.3 재활승마 일일 강습에 대한 전체 평가 일지를 작성할 수 있다.

(4) 재활승마용 말 관리

재활승마용 말 관리란 효율적인 재활승마 강습 운영을 위해 말 평가·선정, 사양 관리, 영양 관리, 훈련 관리, 마구 관리 등을 하는 능력이다.

[표 2-5] 재활승마용 말 관리

능력단위요소	수행준거
재활승마용 말 선정하기	1.1 재활승마 강습에 필요한 말을 평가할 수 있다. 1.2 재활승마 대상자의 특성에 따라 말을 선정할 수 있다. 1.3 재활승마에 필요한 말의 건강상태를 파악할 수 있다.
재활승마용 마구 관리하기	2.1 재활승마용 말에 따라 마구를 선택할 수 있다. 2.2 재활승마 대상자에 따라 마구를 선택할 수 있다. 2.3 재활승마에 필요한 마구를 제작 의뢰, 구매, 유지 관리할 수 있다.
재활승마용 말 훈련하기	3.1 말에게 재활승마에 필요한 비기승훈련을 시킬 수 있다. 3.2 말에게 재활승마에 필요한 기승훈련을 시킬 수 있다. 3.3 재활승마 운영을 위해 재활승마용 말의 능력을 유지·향상시킬 수 있도록 훈련시킬 수 있다.

5) 외국의 사례

(1) PATH Intl.

미국의 PATH Intl.에서는 〈표 2-6〉과 같이 지도자의 등급을 3단계(Registered, Advanced, Master)로 구분하고 있다.

[표 2-6] Path Intl.의 자격체계

등급	교육과정 및 자격 요건
Registered Level	· PATH Intl. 센터 교육(이론/실기 강의/시험 등) · Instructor Self Study and Open Book Exam(100문제, 92점 이상) · 심폐소생술 및 응급처치 자격증 · PATH Intl. 소속 지도자의 직접 감독하에 25시간 수업(미국 외 응시자인 경우 두 가지 이상 장애유형의 기승자를 가르치는 동영상으로 판정 가능)

등급	교육과정 및 자격 요건
Advanced Level	· Registered Level · 나이는 적어도 21세 이상이어야 함 · 장애인과 PATH Intl. 센터에서 120시간의 강습시간 수료 후 필수 이수 과목 중 최근 2년 내 한 과목 이상 이수 · PATH Intl. 인정훈련과정(Approved Training Course) · 등록지도자 온사이트 워크숍(Registered Instructor On-Site Workshop) · 상급지도자 훈련 예비 워크숍(Advanced Instructor training prep workshop)
Master Level	· Advanced Level · 나이는 적어도 25세 이상이어야 함 · PATH Intl.이 아닌 다른 말 관련 기관의 회원 · PATH Intl. 센터와 최소한 4년간의 수행 경험 · 말 관련 재활활동에 400시간의 수행 경험 · PATH Intl.에서 2년간 봉사실적

한편, Barbara 등(2006)은 Registered, Advanced, Master로 구분된 지도자의 등급에 따라 업무 범위를 구분했는데, 아래 〈표 2-7〉과 같다.

[표 2-7] PATH Intl. 재활승마지도사 등급별 업무 범위

등급	업무 범위
Registered (Level I)	· 수업 중 다른 지도자들과 지도서 내의 범위에서 함께 일하기 · 승마와 지도 기술 증진시키기 · 적용방법과 다양한 장애에 대한 적절한 기술 배우기 · 지정된 말 훈련 및 운동 프로그램 · 말 돌보기와 관리에 대한 지식 늘리기 · 도구와 장비를 깨끗하게 유지하기 · 관리 지도자에 의해 지시된 여분의 활동에 대한 보조와 수행
Advanced (Level II)	· 수업계획 마련 · 승마장의 관리감독 또는 마장 준비 · 승마수업 이끌기 · 간혹 직접적으로 기승자 평가하기 · 말의 운동과 훈련 · 자원봉사자 트레이닝 도와주기 · 주어진 임무로 말 돌보기와 관리 수행 · 장애인을 돌보는 것에 대한 실제 지식 갖기 · 자원봉사자에게 과제, 일, 책임 등을 지도하기 · 레벨 III 지도자에 의해 배정된 추가적인 활동들을 자진해서 수행하기

등급	업무 범위
Master (Level Ⅲ)	· 모든 지도자와 자원봉사자 관리감독 · 레벨 Ⅰ과 레벨 Ⅱ 지도자를 위한 임무 만들기 · 팀 접근법 발전시키기/팀 구성원의 완전한 협동 지휘하기 · 치료사와 다른 전문가와의 상담 · 지도자 프로그램을 위한 실제적 장애 지식 적용하기 · 말 관리의 관리감독 · 프로그램에 필요한 말 선별 · 각 말의 훈련과 운동 프로그램 세팅 · 기승자를 위한 말, 도구, 특수 도구들의 선별과 관리감독 · 새로운 학생의 적용과 배치에 대한 승인 · 기승자를 평가하고 수업계획과 목적 발전을 위한 관리감독 · 수업계획과 교수방법 평가 · 말에 오르내리는 절차의 관리감독 및 지휘 · 진행과정 리포트 작성 · 안전기준 유지 · 모든 팀 구성원을 위한 서비스 트레이닝 수업 지휘 · 다른 단체와의 재활승마수업 조정 · 필요하다면 수업을 진행하고 팀 조정 · 전문가적인 능력을 유지하기 위한 워크숍, 회의, 콘퍼런스 참여 및 최신 재활승마를 접하기 위한 적극적인 참여활동 · 모든 수업과 회의에서 적절한 팀 구성원의 참석을 확실하게 하기 · (안전한 환경과 조직을 안심시키기 위한) 프로그램 정책의 강화와 제정

(2) CHA(미국)

CHA(Certified Horsemanship Association)에서 재활승마지도자(Instructors of Riders with Disabilities) 인증제도에 의한 교육과정 및 자격 요건은 〈표 2-8〉과 같다.

[표 2-8] CHA 재활승마지도자 자격체계

등급	교육과정 및 자격 요건
IRD 보조 지도자	최소 18세, 최소 5시간 장애인과 함께한 문서 보유, 인증 지도자가 장애인 기승 교육 시 보조 가능
IRD 1단계 지도자	최소 18세, 응급조치(first aid)와 심폐소생술(CPR) 자격증 소지, 장애인에게 25시간 이상 승마 지도 문서 보유, IRD 필기시험 80% 및 EWI(잉글리시 및 웨스턴 기승 지도) 필기시험 70% 통과, CHA 2단계 승마기술 시연, 경미한 수준의 장애인(인지/신체) 지도 가능
IRD 2단계 지도자	최소 21세, 응급조치(first aid)와 심폐소생술(CPR) 자격증 소지, 장애인에게 120시간 이상 승마 지도 문서 보유, IRD 필기시험 85% 및 EWI 필기시험 70% 통과, CHA 3단계 승마기술 시연, 중등도 수준의 장애인(인지/신체) 지도 가능

등급	교육과정 및 자격 요건
IRD 3단계 지도자	최소 21세, 응급조치(first aid)와 심폐소생술(CPR) 자격증 소지, 장애인에게 160시간 이상 승마 지도 문서 보유, IRD 필기시험 90% 및 EWI 필기시험 70% 통과, 중간보조 기승과 하마 지도 가능, 심한 수준의 장애인(인지/신체) 지도 가능
IRD 인증 보조 지도자	최소 연령 25세, IRD 3단계 지도자(인지 및 신체 모두), IRD 인증 보조 지도자의 추천서(인지 및 신체 모두), 응급조치(first aid)와 심폐소생술(CPR) 자격증 소지, IRD 인증 지도자를 도와서 IRD 지도자 인증 업무 보조 가능
IRD 인증 지도자	최소 연령 25세, 응급조치(first aid)와 심폐소생술(CPR) 자격증 소지, 다른 인증 지도자와 협력하여 IRD 지도자 인증 가능, 인증 지도자가 되기 위해서는 다른 장소의 두 곳에서 견습 과정을 이수하고 서로 다른 인증 지도자에게 추천서 받아야 함

Tip
인증 지도자는 다른 지도자 자격 취득 심사를 할 수 있음

(3) RDA-UK(영국)

영국의 경우 기존의 자격제도를 2019년에 수정하여 고급코치(Advanced Coach Certificate), 코치(Coach Certificate), 코치과정(Coach in Training)으로 나누었다. 기존에는 Assistant Coach 또는 RDAGI(RDA Group Instructor), RDAI(RDA Instructor), RDAS(RDA Senior Instructor)의 3단계 구분을 고급코치(Advanced Coach Certificate), 코치(Coach Certificate)의 2단계로 나누었다. RDAS(RDA Senior Instructor)는 고급코치(Advanced Coach Certificate)로 명칭이 바뀌었지만, RDAGI와 RDAI는 코치(Coach Certificate)로 한 단계로 합하게 되면서 색깔로 구분하도록 하여 자격제도 전환에 따른 혼란이 있을 것으로 추측된다. Assistant Coach 또는 RDAGI는 코치(Coach Certificate, Pink), RDAI는 코치(Coach Certificate, Green)이다.

코치가 되고 싶은 사람은 RDA에서 운영하는 기승과 하마(Mounting & Dismounting), 준비와 지원(Preparing & Assisting) 교육과정과 자원봉사자과정을 이수하고 코치 교육과정을 신청할 수 있다. 코치 교육과정을 신청하면서 코치등록문서를 작성하면 기존의 로그북(log book)을 대신한 RDA coaching passport를 받을 수 있다. 이 passport는 코치의 지도 아래 재활승마 강습에 일부 참여하여 강습을 할 수 있고 다음 단계인 코치가 될 수 있다.

코치(Coach Certificate)가 되기 위해서는 평가 기준을 만족시켜야 하는데, 평가에는 코치 후보 자신뿐만 아니라 말에 관한 평가를 받아야 한다. 고급코치(Advanced Coach Certificate)가 되기 위해서는 후보자 자신과 말 그리고 고급코치 후보에게 교육을 받은 코치의 평가도 이루어진다.

(4) CanTRA(캐나다)

[표 2-9] 캐나다 CanTRA 재활승마지도자 자격체계

등급	교육과정 및 자격 요건
CTRSI (CANTRA 고급 지도자)	25세 이상, 한 번에 최대 4명의 학생 지도 가능, 프로그램 계획, 자원봉사자 훈련, 다른 지도자의 강사 및 멘토, TR용 말의 선택 및 교육 담당, 응시하기 위해서는 CanTRA 회원, 응급처치 및 심폐소생술 증명, 20시간 멘티, 10주 동안 1명의 학생에 대한 보고서 제출, CTRII 취득 후 2년 정도 소요, 공인 TR 프로그램으로 100시간 경험 완료
CTRII (CanTRA 중급 지도자)	4명 지도 가능, 이상적으로는 CTRSI 또는 CanTRA 코치의 지시에 따라 강습 진행, 멘토와 함께 20시간 강습 포함 총 60시간 이상 강습 증빙, 8주 동안 1명의 학생에 대한 보고서 제출, 최소 3명 이상의 기승자 지도 경험, 공인 TR 프로그램으로 100시간 경험 완료
CTRBI-2 (CanTRA 초급 지도자-2)	2명 지도 가능, 멘토링 받아야 함, 멘토와 함께 1:2 강습 10시간 강습 포함 총 20시간 증빙, 5주 동안 1명의 학생에 대한 보고서 제출
CTRBI (CanTRA 초급 강사)	CTRBI-2와 동일하나 1명의 기승자만 지도 가능, CTRBI-2가 상위 단계는 아님
CanTRA Coach	TR말 훈련, 전문가와 함께 팀구성, 지도자(CTRBI, CTRII 및 CTRSI) 교육, 3년마다 20시간 이상 갱신 교육 참여, CanTRA 협회 활동 및 홍보대사 역할

(5) RDA NSW(호주)

호주 RDA NSW의 자격요건 및 등급별 업무 범위는 다음 〈표 2-10〉 및 〈표 2-11〉과 같다.

[표 2-10] 호주 RDA NSW 재활승마지도자 자격체계

등급	교육과정 및 자격 요건
Assistant Coach	· RDA 지도자 중 첫 단계 · Assistant Coach가 되기 위한 교육생 과정을 거쳐야 한다. · 교육생 등록은 5시간 이상의 RDA센터 봉사활동 참여 후 센터 위원회의 초청을 받아야 할 수 있으며, NSW주의 교육 조정기관에 교육 착수 신고서를 제출해야 한다. · 17세부터 교육생이 될 수 있으나 18세가 되기 전에는 자격증을 취득할 수 없다. · 교육생으로서 상당한 시간의 강습 보조 경험이 있어야 하며, Assistant Coach 교육과정을 성공적으로 이수하고 평가받아 자격을 취득할 수 있다.
Coach	· RDA 지도자 중 두 번째 단계 · Assistant Coach 자격증을 보유하고 있는 경우 Coach가 되기 위한 교육을 받을 수 있다. · 응급처치 자격증을 보유해야 한다. · Coach 교육과정을 성공적으로 이수하고 평가받아 자격을 취득할 수 있다.

등급	교육과정 및 자격 요건
Senior Coach	· RDA 지도자 중 세 번째 단계 · Coach 자격증 취득자여야 한다. · Senior Coach 교육과정을 성공적으로 이수하고 평가받아야 한다.
State Assessor	· RDA 지도자의 가장 상위 단계로서 코치들을 평가하는 평가자 · Senior Coach 자격이 있어야 한다. · NSW주의 Coaching and Safety Panel로부터 임명받아야 한다.

[표 2-11] 호주 RDA NSW 재활승마지도사 등급별 업무 범위

등급	업무 범위
Assistant Coach	· 봉사자 교육을 운영한다. · Blue card(호주에서 어린이 대상 업무에 참여하려면 반드시 발급받아야 하는 카드로, 신원 확인을 통해 전과가 없는 경우에만 발급됨)를 포함한 봉사자 관련 문서들을 확인하며 봉사자 출결 기록을 관리한다. · 봉사자들에게 강습계획을 브리핑한다. · 기승자의 복장을 점검하며 안전모와 부츠 착용을 보조한다. · 강습 전 말을 준비시키고 강습 후 말 상태를 확인하여 보살핀다. · Coach의 요청에 따라 특수 장비들을 준비한다. · 강습 전 마장을 정비하고 도구 및 장비를 준비한다. · 기승자를 기승시키고 하마시킨다. · 강습 중 Coach의 설명이 기승자에게 잘 전달되도록 돕는다. · 강습 이후 봉사자들로부터 수업 관련 보고를 듣고 기록한다. · 강습 결과에 대해 Coach와 의논한다. · 시설 및 장비 유지를 돕는다. · Coach가 보고 들을 수 있는 거리에서 감독하는 경우에만 직접 강습을 운영할 수 있다.
Coach	· 강습을 운영한다. · 기승자와 봉사자에게 필요한 문서를 모두 파악하고 관리한다. · 기승자, 봉사자, 말의 위험 관리와 주의 의무 책임을 맡는다. · 봉사자와 교육생, Assistant Coach를 지원하고 감독한다. · 강습 전 Assistant Coach, 봉사자들이 말을 준비하는 것을 감독한다. · Coach와 봉사자들을 위한 센터 자체의 워크숍을 준비하고 참석한다. · 지역 혹은 주에서 주최하는 워크숍에 참석한다. · 말들의 트레이닝 지속과 상태 유지에 필요한 정보들을 인지한다. · 모든 시설 및 장비의 안전점검을 직접 수행하거나 적임자에게 위임한다.
Coach	· 모든 장비의 사용법과 용도를 숙지한다. · 위원회에 연락을 유지하여 센터의 안전, 강습, 활동에 관한 문제들에 대해 조언하고 강습과 관련하여 기승자와 봉사자들에게 필요한 사항들과 문제점을 알린다.

등급	업무 범위
Senior Coach	· Coach 트레이닝과 워크숍을 운영하며 RDA NSW 센터를 지지하고 성장하도록 하는 데 참여한다.
State Assessor	· Coach들을 평가하는 업무를 하며, 코칭 시스템 검토회의에 참석하고, 주 전체적으로 균일하고 우수한 코칭 규범을 유지하도록 돕는다.

(6) 유럽 국가들

[표 2-12] 유럽 재활승마지도자 및 치료사 운영체계

	네덜란드	독일		오스트리아	스위스
기관	SHP	Foerderkreis	DKTHR	OKTR	SGTR
교육시간	600시간	642시간 (실습 포함)	190시간	250시간	506시간
시험방법	필기/실기	필기/실기	필기/실기	필기/실기	필기/실기
실습 여부 및 시간	40시간	있음	실습 관계 보고서 제출	10~15시간	있음
직업명	재활승마사	승마치료사	재활승마치료사 마상체조지도사 승마지도사	재활승마치료사	승마치료사 재활치료사 승마교육사
기본 직업	전문대 혹은 대학 졸업 2년 경력	교육학, 심리학 졸업 관련 종사자	교육학, 심리학 졸업 관련 종사자	특수교육, 교육학, 심리학 졸업 관련 종사자	국가승인 교육학, 심리학 졸업 관련 종사자 1년 실무

3 자원봉사자

1) 개요

(1) 자원봉사의 의미

자원봉사는 '자유의지'라는 말에서 유래되었다. 자원봉사활동이란 "개인이나 단체가 자유의사에 따라 아무런 대가 없이 자신들이 가진 시간과 재능을 도움이 필요한 이웃과 사회에게 제공하여 공익에 기여하는 것"을 말하며, 이러한 자원봉사활동을 수행하는 사람을 '자원봉사자(volunteer)'라고 한다.

자원봉사는 자발성, 무대가성, 공익성, 지속성이라는 4가지 조건에 해당해야 한다.

- **자발성**: 본인의 선택에 따라 도움을 필요로 하는 이웃과 지역사회 공동체에 시간과 재능, 경험을 제공하는 것
- **무대가성**: 경제적인 보상과 관련되는 것으로 자신 또는 자신이 속한 단체가 자원봉사활동에 대해 아무런 금전적 대가를 받지 않는 것
- **공익성**: 공공의 이익을 위해 활동함으로써 공동체에 속하는 사람들의 삶의 질을 향상시키기 위한 것
- **지속성**: 자원봉사활동에 참여하게 되면 일정 기간 동안 지속적이고 정기적으로 봉사활동에 참여하는 것

자신이 아닌 타인이나 사회를 위해 봉사하게 되지만, 자원봉사 활동을 통해 자신이 가진 능력과 재능을 활용할 뿐만 아니라 이를 향상시킬 수 있으며, 나아가 여러 가지 유용한 생활 및 사회적 기술을 습득하는 자기성장의 기회가 마련된다. 또한 자원봉사활동은 개인에게는 자신이 살고 있는 지역의 모습과 지역의 문제 등을 접하게 되며, 이를 통해 지역사회를 차츰 구체적으로 이해하게 될 뿐만 아니라 나아가 지역주민과의 공동체 형성을 통해 지역사회의 각종 문제에 직접 참여함으로써 지역사회에 대한 이해 및 문제를 해결하기도 한다. 이를 통해 인격이 성숙해지는 자신을 발견하고 자신의 존재가치와 긍지를 확인하여 삶의 보람을 얻게 된다.

이렇게 자원봉사 활동을 통해 얻게 되는 효과로 국내에서도 자원봉사자가 점차 증가하고 있다. 한 기관의 통계에 따르면 2019년에 국내인구 5,200만 명 중 자원봉사자로 등록한 사람은 1,380만 명이고 활동인원은 420만 명이다. 사회복지인증센터(www.vms.or.kr)나 1365

자원봉사포털(www.1365.go.kr)을 통해 손쉽게 자원봉사 활동을 접할 수 있고 봉사 후에는 인증서나 확인서도 발급받을 수 있다.

(2) 자원봉사자의 기본 수칙

재활승마 자원봉사자들의 안전하고 효율적인 봉사활동을 위해 모든 봉사자들은 봉사자로서의 책임과 권리를 정확하고 올바르게 인식하고 봉사활동에 임해야 한다. 사회복지봉사활동 인증관리(2012)에서는 다음과 같은 자원봉사자 기본수칙을 정했다.

- 자신의 시간과 재능에 맞는 봉사일감을 찾는다.
- 나에게 맡겨진 봉사 일감을 잘 수행할 수 있다는 확신이 있어야 한다.
- 자원봉사기관에서의 규칙을 받아들여야 한다.
- 주어진 봉사 일감에 필요한 기술을 배우려고 해야 한다.
- 기관 담당자 혹은 봉사단 리더의 지도를 받아들여야 한다.
- 기관의 담당직원이 봉사 일감을 믿고 맡길 수 있게 해야 한다.
- 봉사서비스 대상자의 사생활을 보호해야 한다.

(3) 자원봉사자의 권리

자원봉사자 수칙만큼 중요한 것이 자원봉사자의 권리다. 봉사자들은 대가 없이 자발적으로 공익에 기여하는 사람들이지만, 그렇다고 해서 불합리한 상황이나 위험을 감수해가며 희생해야 하는 것은 결코 아니다. 봉사자들은 스스로를 보호할 권리가 있으며, 재활승마센터는 봉사자들을 보호하기 위해 노력할 의무가 있다. 따라서 봉사자와 재활승마지도사, 센터 구성원들은 다음과 같은 봉사자의 권리를 인지하고 있어야 한다.

- 능력에 적합한 업무를 할당받아야 하며, 감당할 수 없는 업무나 꺼려지는 업무는 거절할 권리가 있다.
- 업무에 관해 의견을 이야기할 수 있고 존중받을 권리가 있다.
- 업무수행을 위해 적합한 정보를 제공받을 권리가 있다.
- 이해되지 않는 것은 질문할 권리가 있다.
- 봉사자로서 필요한 훈련과 지원을 받을 권리가 있다.
- 개인 신상정보를 보호받을 권리가 있다.
- 안전과 건강이 보장되는 환경에서 일할 권리가 있다.
- 봉사자 간에 차별 없이 동등한 대우를 받을 권리가 있다.

(4) 재활승마와 자원봉사

자원봉사자들은 다른 사회문제해결 및 사회공익에 기여하는 자원봉사활동을 실천하는 사람으로 재활승마센터에서 자원봉사를 하는 이유는 다양하지만, 그 일부는 다음과 같다.

- 자신의 만족과 삶의 외적 균형을 위해
- 다른 사람들과 그들의 전문성을 공유하기 위해
- 도전하기 위해, 그리고 자신을 필요로 하는 다른 사람들과 함께 일하기 위해
- 다른 이들의 발전과 성장을 지켜보기 위해
- 야외활동과 유산소 운동을 통한 환경적 스트레스의 자연적인 감소를 위해
- 의미 있는 비영리단체에 참여하기 위해
- 말과 함께하기 위해
- 특별한 도움이 필요한 사람과 함께하기 위해
- 경력과 연관하여 새로운 것을 배우기 위해
- 다른 사람들이 자신을 필요로 하고 감사해하기 때문에
- 은퇴 이후에도 본인이 가진 능력을 발휘하기 위해
- 새로운 사람들을 만나고 사귀기 위해

이와 같은 다양한 이유로 자원봉사에 참여하는 사람들의 주된 업무는 재활승마교육 지원이다. 재활승마 강습은 지도사와 자원봉사자가 협동하는 프로그램으로 자원봉사들은 장애인을 이해하고 교육이 진행될 때 지도사와 기승자 사이에 원만한 역할을 담당하여 강습의 목적과 과제를 수행하는 데 도움을 준다.

자원봉사자는 기승자 가까이에 위치하면서 신체적인 도움과 정신적 지지를 제공하며, 다양한 경력을 바탕으로 지식과 기술을 활용하게 하고, 새로운 아이디어를 제공하기도 한다. 봉사자는 승마지도, 수의 등 전문적인 지식이 요구되는 업무를 제외한 일반적인 모든 업무에 참여가 가능한데, 활동에 따른 적절한 교육이 이뤄진 후 자신의 관심과 능력에 따라 〈표 2-13〉과 같은 업무를 맡게 된다.

다양한 업무 중에서 가장 많은 봉사자에게 주어지는 업무는 재활승마 강습에 참여하는 것으로, 프로그램에 참여하는 자원봉사자들은 강습 전후에 말과 강습에 사용되는 장비들에 대해 책임을 진다. 강습 전에는 아동에게 맞는 승마 장비를 갖추어 수업이 시작될 수 있도록 하며, 강습을 마친 후에도 장비와 말 정리를 도와준다. 강습 중에는 말 리더와 사이드워커로 활동하는데, 그 역할에 대해 자세히 알아보면 다음과 같다.

[표 2-13] 자원봉사자의 업무

강습 관련 활동	이외 활동
· 말 이끌기 · 말을 탄 기승자 보조하기 · 지도사 보조 · 말에 타기 위한 도움 · 수업 전 기승자 준비 돕기 · 말 손질 및 마장구 장착 · 말들의 운동과 훈련 · 마방 청소, 말 먹이 주기 · 수업 준비 · 설비 및 기자재 관리 · 기승자와 비기승 강습 참여(당근/각설탕 주기 등) · 주변 청소 및 마구관리	· 자원봉사자 모집 · 자원봉사자, 가족, 그룹 오리엔테이션 참여/수행 · 전문가 오리엔테이션 보조 · 공적 의무 수행 · 다른 자원봉사자 훈련 · 비서나 회계활동의 수행 · 수업계획 예약 · 소식지 제작 · 자원봉사자, 기승자 혹은 가족들의 사회활동 계획 · 센터에 방문한 기승자의 아이들이나 형제, 자매 돌보기

2) 말 리더(horse leader)

말 리더는 말과 승마에 대한 경험이 많으며 말을 다루는 데 능숙한 사람으로 말의 습성을 이해하고 있으며, 보통과는 다른 주위 환경에서도 효과적으로 말을 통제할 수 있어야 한다. 말 리더로서의 의무를 수행하고 응급상황에 대처하기 위해 지도사에게서 트레이닝을 받아야 한다. PATH Intl.의 자원봉사자 매뉴얼에 명시된 말 리더의 업무 범위를 우리나라 실정에 맞게 수정하면 다음과 같다.

· 항상 말을 책임진다.
· 말을 끄는 정확한 방법을 안다.
· 말의 성격과 다른 습관들을 안다.
· 기승자를 태우기 전에 교육이 진행될 장소에서 말에게 준비 운동을 시킨다.
· 말 손질방법을 알고 도구와 변형된 도구들을 정리한다.
· 정확한 승마의 효과를 알고 말 끌기 중 말을 통제할 수 있다.
· 장애를 가진 기승자의 강습을 알아야 한다.
· 장애를 가진 기승자에게 위험할 수 있는 말의 움직임을 알아야 한다.
· 정서적 장애가 있는 기승자의 행동 문제나 돌발 상황을 파악하고 이러한 행동이 말에게 영향을 미쳤을 때 말을 통제할 수 있어야 한다.
· 승마나 재활승마에 경험이 많은 사람으로서 경험이 부족한 자원봉사자를 교육할 수 있다.

3) 사이드워커(side walker)

사이드워커는 말과 기승자 옆에서 걷는다. 사이드워커는 기승자의 안전을 도와주며, 기승자가 지도사로부터 주어진 과제를 수행하는 데 도움을 준다. 일반적으로 아래 그림과 같이 기승자 한 명과 한 마리의 말에 리더 한 명과 두 명의 사이드워커가 한 팀을 이루게 되지만, 기승자의 장애 및 승마기술 정도에 따라 자원봉사자의 인원이 감소될 수 있다.

한 명의 기승자에 한 명의 사이드워커가 있을 수 있고, 균형감각이 떨어지는 기승자를 위해서는 두 명의 사이드워커가 있을 수 있다. 독립 기승이 가능한 경우라 하더라도 기승자에게 가장 가까이 있는 사이드워커는 기승자의 안전에 가장 최우선적으로 반응해야 한다. 사이드워커는 말과 함께 편안한 기분으로 걷거나 속보로 뛸 수 있는 능력이 필요하며, 기승자의 장애나 문제에 관해 잘 알고 있어야 한다. 자원봉사자 매뉴얼에 명시된 사이드워커의 업무 범위는 다음과 같다.

[그림 2-3] 팀의 구성 및 위치

A: 기승자
B: 말 리더
C: 오른쪽 사이드워커
D: 왼쪽 사이드워커

- 기승자가 말에서 떨어지지 않고 안전한 승마를 할 수 있도록 보조한다.
- 기승자의 장애에 대한 지식을 가져야 한다.
- 기승자에 따라 계획된 승마수업을 보조한다.
- 말과 기승자를 편안하고 친근하게 대한다.
- 말 옆에서 걸으며 기승자를 보조하는 정확한 방법을 알아야 한다.
- 장애에 대한 이해로 기승자들을 위해 과하거나 부족하지 않게 필요한 만큼의 적절한 도움을 주어야 한다.
- 기승자의 위치 및 균형감각을 살펴 기승자가 낙마하거나 균형을 잃는 것을 방지하기 위해 도움을 주어야 한다. 하지만 독립적인 균형감각을 발달시키는 데 기승자의 능력을 방해하면 안 된다.
- 기승자에게 필요한 특수한 도구를 사용할 수 있어야 한다.
- 강습시간에는 지도사의 지시를 따른다.
- 기승자가 말 위에 정확하게 앉는 것을 포함해서 기승자에게 신체적으로 도움을 주는 기술

을 배운다.
- 기승자의 다양한 자세에 적응될 수 있도록 하고 필요한 방법으로 보조할 수 있다.
- 기승자가 자세와 균형감각을 되찾기 위해 말을 멈추거나 속도를 줄일 필요가 있을 때 말 리더(horse leader)에게 의견을 전달할 수 있어야 한다.
- 말과 기승자, 바깥쪽의 사이드워커가 지도사의 지시를 전달받지 못할 수 있으므로 안쪽의 사이드워커는 지도사의 수업 지도사항 전달을 도와야 한다.
- 주의를 산만하게 할 수 있으므로 바깥에 있는 사이드워커는 기승자와 불필요한 음성적 대화에 유의한다.
- 마장에서 최소한 30분(최저 강습시간)은 걷거나 뛸 수 있어야 한다.
- 사이드워커는 피곤할 때 위치를 바꾸거나 휴식을 요청할 수 있다. 위치를 바꿀 때는 한쪽 사이드워커는 지지하고 순차적으로 교대한다. 기승자의 안전을 위해 두 명의 사이드워커가 동시에 자리를 벗어나지 않도록 한다.

4) 자원봉사자 관리

　최근 사회적 요구와 개인의 다양한 이유로 자원봉사에 참여하는 인구가 증가했으며 자원봉사자들은 자신의 자원봉사 동기, 능력, 욕구 및 기대에 맞는 봉사활동을 하기 원하고 그 활동 이후에 자신에게 영향을 줄 수 있는 인정과 보상 등에 관심도 높아졌다. 따라서 성공적인 자원봉사 프로그램을 운영하기 위해서는 봉사자 개인의 동기 및 기대 수준을 충분히 이해하고 지원해야 하며 전문적인 관리 및 운영체계가 필요하다. 또한 일련의 관리절차에 따라 봉사를 제공하는 봉사자와 봉사를 제공받아 직간접적으로 재활승마에 활용하는 센터 사이에서 조율을 통해 양쪽의 요구를 충족시켜 자원봉사활동의 효율을 극대화시킬 수 있는 자원봉사 관리자도 필요하다.

　자원봉사활동은 일관되고 전문적으로 관리되어야 한다. 즉흥적이고 임시방편으로 운영되어 관리가 제대로 이뤄지지 못할 경우, 시간과 비용 등을 들여 힘들게 확보한 자원봉사자를 효과적으로 활용할 수 없을 뿐 아니라 자원봉사자의 기대도 충족시킬 수 없다. 자원봉사자 관리가 어떻게 진행되는가에 따라 봉사자가 업무를 수행하는 센터에 대한 만족도 및 지속성에 결정적인 역할을 하게 되고, 기승자들에게 제공되는 서비스의 질과 효율성을 결정하여 재활승마 강습의 성공적 진행 여부가 결정된다. 자원봉사관리자는 재활승마지도사 또는 센터의 직원 중에서 자원봉사활동에 대한 이해를 바탕으로 대인관계에 탁월한 재능이 있고 인내심이 있으며 스트레스를 적절히 해소할 수 있는 능력이 있어야 한다.

　미국 AVA(Association for Volunteer Administration, 자원봉사관리사협회)는 "자원봉사관리는 자원봉사자들이 조직에 효과적으로 활동하여 결과를 낳도록 통합시키는 실천과 연구에 관한 하나의 전문 직업"이라고 말하고 있다. 자원봉사자 관리 업무는 크게 모집, 교육, 일정관리, 유지 및 보상으로 구분할 수 있다. 모집 업무는 모집 계획 수립, 모집 공지 등 자료 준비, 신청 접수에 따른 선정 절차 진행, 활동 일정 확인, 교육 안내로 구분할 수 있다. 모집 계획 수립에는 모집을 위한 최상의 장소 및 대상자 파악, 최적의 시기, 능동적 참여를 유도할 수 있는 메시지 준비 그리고 가장 쉬운 방법으로 등록할 수 있는 절차의 확립과 함께 모집방법이 포함되어야 한다. 모집방법은 봉사자의 자발적인 참여, 기존 봉사자나 지도사 등 직원들의 권유에 의한 방법, 지역사회 광고에 의한 방법, 자원봉사센터 등 관련 기관의 소개에 의한 방법 등이 있다. 외국의 경우도 재활승마 자원봉사자 모집은 홈페이지, 지인의 소개, 광고·홍보, 오픈하우스 행사, 자원봉사센터와의 연계 등으로 그 방법이 크게 다르지 않다.

재활승마의 성패는 자원봉사자의 참여에 따라 달라질 수 있는 만큼 재활승마장 차원에서는 각종 학교와 단체, 승마 관련 학과, 동아리 등과 연계하는 방안 등을 모색한다. 말산업 전담기관 등 재활승마 관련 기구는 재활승마 자원봉사의 유익성 등을 지속적으로 홍보하여 봉사를 희망하는 자원들이 능동적으로 재활승마 자원봉사에 참여할 수 있는 사회적인 분위를 조성해야 한다.

자원봉사 희망자가 있는 경우는 자원봉사활동 신청서와 서약서를 상세히 작성하게 하고, 자원봉사관리자는 면담 후 교육과 봉사업무를 배정한다. 일정관리는 작성된 기승시간표와 확보된 말 리더, 사이드워커 인원수 및 활동일정을 이용하여 연/분기/월 단위로 일정계획을 수립하고 홈페이지, 이메일, 문자 등을 이용하여 봉사자에게 전달한다. 주/일 단위로 계획을 수립하면서 매일 활동 가능 확인(출결 확인 등)을 하여 계획표에 반영한다.

재활승마 강습 참여는 물론 말 관리, 사무업무, 기금 모금 등 자원봉사자의 역할은 다양하며 지도사와 함께하는 팀원으로 존중받아야 한다. 단지 경제적인 이익만을 위해 노동력을 활용하고 배려하지 않거나 지도사 개인 또는 승마장 조직이 자원봉사자들을 장악하려 한다면 상호신뢰하는 관계가 이뤄질 수 없다. 기승자의 개인정보를 제외한 모든 정보는 공유한다는 생각으로 자원봉사자를 대할 때 진정한 동반자가 될 수 있다.

자원봉사자의 업무는 연속적으로 이뤄져야 하는데, 봉사자의 개인적인 사정으로 다른 봉사자가 대신하게 되는 경우가 발생할 수 있으므로 업무 인수인계가 즉각적으로 이뤄지려면 담당 업무에 대한 직무분석이 되어 있어야 한다.

직무분석은 하나의 업무 형태에 따른 진행절차에 대해 기술한 것으로 자원봉사업무의 전반에 대해 공통적인 사항은 '자원봉사자 매뉴얼'이라고 하며, 책자화하여 승마장 곳곳에 비치하거나 수첩 형태로 제작하여 자원봉사자들에게 나누어주고 교육용으로도 사용한다. 직무분석서는 자원봉사자에게 의미와 만족을 부여하고 기승자에게 질 높은 서비스를 제공하는 것을 목적으로 자원봉사자가 하게 될 업무를 세부적으로 계획하고 설명해야 한다. 따라서 그 내용에는 자원봉사 업무의 명칭과 내용, 자원봉사자의 자격조건, 책임, 활동기간과 시간, 교육 등의 내용이 포함된다.

　자원봉사자들의 관심과 요구에 맞게 업무를 배치함으로써 자원봉사자들이 보람을 느끼고 활동을 지속하며, 궁극적으로 봉사자 자신도 개인의 발전을 도모하도록 해야 한다. 그런 의미에서 자원봉사자의 다양한 면을 고려하여 적합한 업무를 배분하는 것이 매우 중요하며, 적당한 일감이 없을 경우에는 새로운 업무를 개발해서 배치하는 노력도 필요하다.

　교육 및 훈련 후 현장에 자원봉사자들을 투입하지만 관리하지 않고 방치하거나 획일적으로 관리함으로써 자원봉사자들이 중도에 봉사를 중단하는 사례들이 있다. 봉사자들의 참여를 유지시키기 위해서는 봉사 참여를 중단하게 되는 구체적 이유들을 미리 파악하여 봉사 참여 중단을 미연에 방지하기 위한 노력과 관리가 필요하다. 봉사자들이 봉사 참여를 중단하는 대표적인 이유들은 다음과 같다.

- 본인이 재활승마센터의 일원이라고 느끼지 못해서
- 맡겨진 업무가 지겹고 따분해서
- 봉사 일감이 위험하다고 느껴지는 경우
- 자신의 봉사 참여가 환영받지 못한다고 느껴서
- 충분한 지식과 교육을 제공받지 못해서
- 센터의 구성이나 준비가 부족하다고 느껴서
- 충분한 업무가 주어지지 않아서

　자원봉사자의 요구에 맞게 업무를 배치해야 하지만 자원봉사자의 요구에만 지나치게 민감하여 기관의 목적을 소홀히 하는 것이나, 기관의 목적을 달성하고자 자원봉사자의 의견을 무시하는 경우도 문제를 발생시킬 수 있다. 자원봉사자의 동기욕구와 기관의 목적이 함께 조화를 이루도록 자원봉사자 관리가 이뤄져야 한다.

　자원봉사자들이 봉사활동을 통해 보람과 만족감을 가지고 지속적으로 봉사활동을 유지하도록 하려면 적절한 보상이 이뤄져야 한다. 보수교육 계획을 수립하여 봉사자들의 기량을 유지하며, 상위단계의 교육을 함으로써 기량을 향상시켜 더욱 다양한 업무에 종사하도록 해야 한다. 또한 봉사시간 확인 후 인증서 발급이 원활하도록 하고 분기 또는 반기별 포상을 하며, 연말에는 자원봉사자들의 노고에 감사하는 행사들도 기획해야 한다.

　자원봉사활동이 정신적 보람을 추구하는 활동이라는 기본 취지에서 벗어나지 않고 금전적 보상은 지양해야 하지만, 작게는 격려와 감사의 마음으로부터 시작하는 의미의 보상은 수시 및 정기적으로 이뤄져야 한다. 다만 포상을 위한 평가는 매우 신중하고 공정하게 이뤄져야 한다. 평가를 통해 경험 많은 자원봉사자에게는 기획이나 의사결정에 참여할 수 있는 기회를 제공하

[그림 2-4] 자원봉사 신청서(앞면) 예시

(봉사자)

자원봉사 신청서

성 명		성 별	남 / 여
구 분	개인 / 단체 ( )		
연 락 처	H.P.		

20   .   .

OO 재활승마장

[그림 2-5] 자원봉사 신청서(뒷면) 예시

[개인정보 수집 · 이용 동의서]

○○재활승마장 대표 귀하

본인은 귀사가 본인 및 기타 적합한 경로를 통해 수집한 본인의 개인정보를 이용하는데 동의합니다.
1. 개인정보 수집항목, 수집 · 이용목적 및 보유 · 이용기간
   - 수집항목 중 필수사항 : 성명, 성별, 소속단체, 연락처
   - 수집 · 이용목적 : 재활승마 강습 참가
   - 보유 · 이용기간 : 상기 목적의 완료 시까지
   ※ 귀하께서는 귀하의 개인정보 수집 · 이용에 대한 동의를 거부하실 권리가 있으며, 동의를 거부하실 경우 재활승마 봉사활동에 참가하실 수 없습니다.

☐ 개인정보 수집 · 이용에 동의   ☐ 동의하지 않음

※ 개인정보 처리에 대한 상세한 사항은 ○○재활승마장 규정집에 공개한 '개인정보 처리방침 및 취급 방침'을 참조하십시오. 단, 본 동의서 내용과 상충되는 부분은 본 동의서의 내용이 우선합니다.

[강습 참가 서약서]

본인은 재활승마 강습의 원활한 진행과 안전사고 예방을 위하여, 다음의 사항을 준수할 것을 서약합니다.
1. ○○재활승마장의 운영 방침과 강습 운영자의 지도사항을 준수하겠습니다.
2. 강습기간 중 안전사고가 발생하지 않도록 노력을 다하며, 강습과 무관하게 본인의 잘못으로 발생한 사고의 책임은 본인에게 있습니다.
3. 강습기간 중 사전 승인 없이 재활승마장 내에서 시설물이나 기승자의 사진, 동영상 촬영을 하지 않겠으며, 재활승마장 이외의 출입제한구역에는 출입하지 않겠습니다.

※ 귀하께서는 상기 강습 서약을 거부하실 권리가 있으며, 거부하실 경우 재활승마 봉사활동에 참가하실 수 없습니다.

☐ 강습 참가 서약함   ☐ 서약하지 않음

[사진 · 동영상 촬영 동의서]

본인은 재활승마 강습 참가와 관련하여 귀사에게 본인의 사진 및 동영상 촬영을 허락하며, 이러한 사진 등의 결과물에 대한 초상권, 소유권, 저작권 등의 지적재산권이 귀사에게 귀속됨을 동의합니다.

※ 귀하께서는 사진 및 동영상 촬영에 관한 동의를 거부하실 권리가 있으며, 거부하실 경우 재활승마 봉사활동에 참가하실 수 없습니다.

☐ 사진 · 동영상 촬영에 동의   ☐ 동의하지 않음

본인은 상기의 모든 내용을 충분히 확인하였으며, 이에 서명합니다.

    년   월   일   성명 :   (서명 또는 날인)

거나 좀 더 난이도가 높은 직무에 배치할 수 있다.

미국 재활승마센터의 경우 '업무에 대한 보상'의 의미는 철저히 배제되어 있다. 아침 일찍부터 저녁까지 자원봉사를 하는 경우도 센터는 자원봉사자에게 식사를 제공하지 않으며, 자원봉사자 스스로도 기승자 또는 그 부모가 제공하는 간식조차 자원봉사의 취지에 맞지 않는다고 정중히 사양한다. 다만 센터에서 제공하는 커피 등 간단한 음료를 마시며 스스로 자신의 도시락을 준비하고, 또 다른 자원봉사자가 제공하는 음식만 먹는다.

5) 자원봉사자 교육

재활승마 프로그램 자원봉사는 다른 봉사에 비해 말과 장애에 대한 지식을 가지고 있어야 참여할 수 있는 전문 자원봉사를 필요로 한다. 그렇기 때문에 자원봉사 신청은 누구나 할 수 있지만 전문 교육에 필히 참석해야 한다. 외국 협회나 센터들은 자원봉사자들을 단지 봉사에 참여하도록 하기보다는 연속적이고 체계적인 교육과 단계별 프로그램을 이용하여 자원봉사자에게 단계별 교육 참여 자격을 부여하고 교육 후에는 배지나 인증서 등을 주어 동기부여와 봉사자 자신이 자부심을 가지고 봉사에 지속적으로 참여할 수 있도록 하고 있다.

교육 내용에는 봉사활동에 직접 필요한 내용은 물론 승마인을 초청한 갈라쇼(Gala show), 승마 강습 등 말과 승마에 관련된 교육 등으로 이뤄진다. 일반적으로는 재활승마지도사가 교육을 진행하지만, 수의사나 치료사 등 각 분야 전문가들이 참여하는 경우도 있고, 마구 장착 등 간단한 내용은 경험 많은 자원봉사자에 의해 이뤄지기도 한다. 외국의 경우는 건강강좌, 요리, 요가 등 봉사자들이 관심을 가질 수 있는 내용의 교육도 개설하여 재활승마센터가 자원봉사자들의 생활에 중심이 될 수 있도록 하고, 재능을 기부 받아 자원봉사자들에게 유료로 교육하는 등 수익을 창출하는 수단으로도 이용된다.

국내에서 자원봉사자가 참여하는 센터의 경우를 종합해보면 자원봉사자 신청은 만 18세 이상 만 55세 이하이면 누구나 신청 가능하며, 신규 신청자는 온라인으로 신청서를 작성한 후 교육일정을 안내받아 정해진 날짜에 직접 방문하여 교육을 받는다.

(1) 봉사자 직무교육

신규 자원봉사자들은 자원봉사자교육을 받는데 교육내용은 '재활승마의 이해', '자원봉사의 실제', '재활승마 실습' 등으로 구성되어 있으며, 단계별 교육이 끝난 후 재활승마 강습활동에 참여하여 사이드워커와 말 리더 역할 등의 봉사를 한다.

말 리더나 사이드워커로 활동할 자원봉사자들에게 필수적으로 교육할 내용은 다음과 같으며, 교육은 프로그램 투입 전에 이뤄지고 정기 및 수시 교육으로 진행된다.

- 재활승마의 개요
- 자원봉사자의 역할
- 장애의 이해
- 재활승마 교육 프로그램의 유의사항
- 안전수칙 및 적절한 복장
- 말과 승마의 이해
- 말 손질(grooming)
- 굴레 씌우기, 안장 올리기
- 기타 마장구의 용도 및 사용법
- 교육 기자재의 용도 및 사용법
- 응급상황 대처방법 및 응급처치용품의 위치
- 말 끌기, 롱라인(long line, long rein) 방법
- 사이드워커 보조 방법(한 손 보조, 두 손 보조 등)

(2) 신입 봉사자 교육

재활승마 프로그램 신입 봉사자에게는 반드시 교육(표 2-14 참조)을 수행한다.

(3) 봉사자 안전 교육

공고를 통해 모집한 봉사자는 재활승마지도사와 함께 안전에 중요한 역할을 하게 되므로 안전교육을 철저히 시켜 현장에 투입해야 한다. 봉사자는 자신이 무엇을 해야 하는지를 사전에 분명하게 파악하여 재활승마지도사의 협조요청에 응하여 역할을 수행해야 한다. 기승자에 대한 파악이 미숙하기 때문에 변화가 있으면 항상 재활승마지도사의 도움을 요청하거나 사실 확인 후 대처하도록 한다.

봉사자 교육 내용에 포함되어야 할 사항은 기승자를 응대하는 요령과 주의사항에 대한 것이다. 봉사자가 막연하게 '장애아동', '아픈 아이', 심지어는 '불쌍한 사람'이라는 편견을 가지고 응대하다 보니 오류를 범하는 경우가 많아 강습의 내용을 저해하는 경향이 있고 심지어는 방해하여 전체 분위기를 주도하여 강습을 망치기도 한다. 강습생의 개인적인 신상에 대한 부분은 차치하고라도 강습에 필요한 범위 내의 사항이라고 판단되는 부분은 재활승마지도사는 서로 공유하고 이에 대한 파생문제는 사전에 봉사자 교육에 포함하여 주지시킨다.

안전교육 내용은 다음과 같다.

[표 2-14] 신입 자원봉사자 교육 내용(예시)

구분	내용
재활승마 일반적 소개	· 정의 · 재활승마 효과(신체적, 정신적, 사회적, 인지·감각적) · 재활승마 운영 사례 소개
재활승마 운영진 소개	· 말 · 기승자 · 재활승마지도사 · 자원봉사자(말 리더·사이드워커)
센터 시설 및 활용	· 강습 시간 및 일정 안내 · 참여 시 준비물 및 준비내용 공지(복장, 신청서 등) · 마장, 라커룸, 마방 등 · 화장실, 엘리베이터 등 기타 편의 시설 · 개인 물품 보관함 안내 등
재활승마 프로그램 소개	· 재활승마지도: 교육내용, 운영 절차 · 재활승마 그룹 강습 · 체험 프로그램
말과 시설에 대한 안전 준수사항	· 강습용 말에 대한 소개 및 주의사항 · 승마 활동 시 안전 준수사항 · 말과 시설에 대한 안전교육 및 준수사항 · 낙마 등 사고에 대한 처리 절차 및 보험 안내
말 및 시설 소개	· 말의 특성 및 안전사항 교육 · 강습에 투입되는 말 소개 · 시설 소개 및 주의사항
자원봉사자 기본자질	· 자원봉사의 일반적 개념 · 재활승마에서의 봉사자의 역할 · 활동 시 유의사항
자원봉사자의 업무 (선호업무 선택)	· 기승·비기승 관련 업무 소개 및 선택 - 말 리더, 사이드워커 및 말 관리로 강습 참여 - 기승자·봉사자관리, 업무 보조
공지사항 및 질의 응답	· 업무일지 작성 · 누적 봉사시간 기록 · 질의 응답 및 피드백

- 봉사자 자신의 안전이 가장 우선이다.
- 봉사와 안전에 적합한 복장을 한다.
- 안전에 위배되는 장신구(긴 귀걸이 등), 머플러 등을 하지 않는다.
- 마장에서 뛰어다니지 않는다.
- 마장에서 돌발행동을 하지 않는다.
- 안전 장구 없이 승마를 하거나 강습에 참여하지 않는다.
- 강습 참여 시 잡담이나 핸드폰을 사용하지 않는다.
- 말과의 이동 및 활동 시 안전사항을 주지한다.
  - 말과의 활동이 능숙한 경우 말 리더나 말과의 활동 봉사에 투입된다.
- 응급사항에 대한 대처요령과 절차를 충분히 이해한다.
- 봉사자는 예측할 수 있는 돌발 사항은 책임자에게 알린다.
- 기승자의 돌발행동에 대해 대처하는 요령을 습득하고 주의한다.
- 비상시 응급하마를 수행하고 평소에 학습한다.

(4) 기승자 대하기 교육

기승자를 응대하는 요령과 주의사항은 다음과 같다.

- 기승자의 장애에 대해 동정하지 않는다.
  - 예) "뭐가 가장 불편해?", "혼자 밥은 먹어?" 등
- 의미 없는 칭찬을 반복하지 않는다.
  - 예) "아이고! 잘했어"를 반복하는 경우
- 장애로 인한 불편을 꼬집어 얘기하지 않는다.
  - 예) "다리가 불편하니 내가 잡아줄게", "안 들리니? 내가 크게 말할게", "넌 왜 자꾸 다리를 떠니?", 잡기가 안 되는 기승자에게 "이것 꼭 잡아야지"
- 개인적인 감정 표현을 자제한다.
  - 예) "아이 피곤해", "아이 추워", "다리(팔) 아파", "언제 끝나요"와 같은 표현

그리고 재활승마지도사는 강습의 질을 향상시키기 위해 자원봉사자들에게 안전한 환경을 제공하며, 기승자의 위험한 행동이나 돌발행동에 봉사자를 보호해야 할 의무가 있다. 이런 부분을 고려하여 봉사자가 꾸준히 활동할 수 있도록 안전을 위해 엄격한 규칙은 적용하는데 자

> **Tip**
> 기승자의 안전을 등한시하고 봉사자 자신의 안전을 챙겨야 한다는 것이 아니다. 기승자의 안전은 최우선적으로 지켜져야 한다. 기승자의 안전을 지키기 위해 봉사자의 안전이 우선되어야 한다는 것이다.

원봉사 개인의 능력과 경험 및 과업 선호도를 고려하여 강습에 배정해야 한다.

4 직원

지도사는 말 리더나 사이드워커와 같이 직접 수업에 참여하는 자원봉사자에게 강습 운영을 위한 전반적인 지원을 받아 강습을 진행한다. 또한 지도사가 재활승마 강습을 위해 프로그램에 전문지식을 제공해주는 전문가로서 특수체육교사, 레크리에이션 강사, 음악교사, 심리학자로 이뤄질 수 있는 상담가(consultant)와 기승자의 장애 또는 질환에 전문적인 지식을 가지고 지도사의 업무수행에 도움을 줄 수 있는 치료사, 의사 등에게 협조를 요청할 수 있다.

재활승마센터가 소규모인 경우 재활승마지도사와 자원봉사자의 업무보조에 의해 모든 업무가 이뤄지지만, 중간 정도의 규모가 될 경우 교육(지도사)과 교육지원 분야로 구분되고, 규모가 더욱 커질수록 치료사, 수의사 등 전문적인 업무를 담당하는 직원이 늘어날 수 있다. 자원봉사자의 경우 지도사, 치료사, 수의사, 말 조련사 등 전문적인 분야를 제외한 직원의 업무를 담당할 수 있다. 각 직원들은 정기적 또는 비정기적으로 관련 업무 기량을 높일 수 있는 적절한 교육에 참여해야 한다. 재활승마센터가 규모나 개개인의 역할 정도에 따라 달라지지만, 일반적으로 센터에서 필요로 하는 직원은 다음과 같다.

- 재활승마지도사
- 재활승마치료사(물리치료사, 작업치료사, 언어치료사 등 치료승마교육을 받은 사람)
- 수의사
- 말 조련사 및 관리자
- 프로그램 기획자
- 자원봉사자/기부자/대외협력업무 관리자
- 일반 관리자(총무, 기획 등)
- 시설 및 장비 관리자

시설직원들은 누구든 현장에서 그들의 업무 파트너인 말에게 도덕적이며 양질의 보살핌을 제공해야 한다. 아픈 말을 위해서는 특별한 관리도 할 수 있어야 한다. 직원들은 현 직무 기준에 부합하는 높은 수준의 전문성과 안전성을 갖추고 있어야 한다. 시설 직원은 재활승마 프로그램 운용에 대해 항상 본보기가 되어야 한다. 또한 직원들은 일반적인 승마장 업무도 배워야 한다. 조마 채찍을 사용한 조마하기나 말의 잘못된 행동을 강하게 바로잡는 훈련 같은 것이다. 하지만 이런 작업들은 트라우마를 가지고 있거나 학대의 경험을 가진 참여자가 보게 된다면 꽤나 불안해할 수도 있다. 프로그램을 진행하는 곳이 아니어도 그런 장면을 목격하게 된다면 그 참여자는 좋지 않은 감정이 생겨날 수도 있다. 그래서 시설의 모든 직원들은 다른 방법, 다른 장소, 다른 시간대를 찾아 참여자의 감정을 혼란시키지 않도록 업무를 봐야 한다.

마지막으로 재활승마를 강습하는 센터는 서비스업인 동시에 교육기관이기도 하므로 높은 도덕성과 함께 방문하는 사람이 누구든 친절하고 따뜻하게 맞이해야 한다.

재활승마 자원봉사

재활승마는 자원봉사자 없이는 불가능한 사업이라 할 수 있다. PATH Intl.의 소속 센터이며 지속적으로 지도자 양성교육을 진행해온 미국 코네티컷주 High Hopes 재활승마센터(Therapeutic Riding Center)의 키티 스텔스버그(Kitty Stalsburg)는 "지도자 교육을 받기 위해 해마다 여러 국가에서 많은 사람이 방문하여 지도자 교육을 이수하고 본국으로 돌아가지만, 몇몇 나라에서는 자원봉사자 문제로 인해 제대로 된 승마교육 프로그램을 운영하지 못한다"고 했다. 독일과 호주 등에서는 건강보험 등 국가의 지원을 일부 받기도 하지만 모든 비용을 충당할 수는 없으며, 대부분의 국가에서는 센터는 물론 협회의 운영이 전적으로 자원봉사자들에 의해 운영된다.

미국과 영국 등 선진국에서는 기부에 의해 센터를 설립하고 자원봉사자들에 의해 승마지도, 수의 등 전문적인 지식이 요구되는 업무를 제외한 일반적인 모든 업무가 진행된다. 추운 날씨에도 이른 새벽부터 센터에 도착하여 말들의 아침 먹이를 챙겨주고 자신의 일터로 향하는 사람, 자신의 일당을 포기하면서도 일주일에 두 번은 와서 봉사해야 마음이 편안하다는 사람, 대상자가 방문했을 때 안내해주는 사람 등 센터에서 진행되는 일반적인 모든 일은 자원봉사자에 의해 이뤄진다. 바쁜 일정으로 센터에서 시간을 보내기 어려운 경우 매주 특정 요일에 센터에서 일하는 사람들을 위해 간식을 준비해주는 사람도 있으며, 센터의 수익을 위해 센터 내에 간이 카페를 만들고 서빙을 자원봉사로 하는 사람과 그 카페에서 매일 돈을 내고 커피를 즐기는 것으로 자원봉사에 참여한다는 위안을 갖는 100세를 바라보는 자원봉사자들도 있었다. 좀 더 비중 있는 자원봉사를 하기 위해 지도자 양성과정에 참여하여 자격증을 취득하는 경우도 있었는데, 이러한 자원봉사자들의 연령과 동기는 너무도 다양했다.

2007년 태안 앞바다의 기름 유출로 인해 환경오염이 되었을 때 자원봉사에 120만 명이 참여하여 환경파괴 위기를 극복하고 한 장소에서 펼친 최대의 자원봉사활동은 세계를 놀라게 했으며, 2011년 강원도의 폭설로 인한 재난 발생 시 수많은 자원봉사자의 활동, 최악의 자연재해가 발생한 일본에서도 지진과 해일의 처참한 재난현장에서 꿈을 잃고 고통 받는 사람들에게 자원봉사자들의 아름다운 손길이 따뜻한 희망을 전해주고 있다. 이제 자원봉사는 더불어 사는 사회를 만들기 위한 우리 사회의 핵심적 활동이라고 할 수 있다. 2012년 6월, 우리나라도 인구 5천만 명, 1인당 국민소득이 2만 달러를 넘어 선진국에 진입했다고 한다. 이제 일회성 자원봉사가 아닌 정기적·지속적인 자원봉사에 많은 사람이 참여하여 진정한 선진국이 되어야 할 것이다.

우리나라의 자원봉사 시스템은 '사회복지봉사활동인증관리(www.vms.or.kr)'나 '1365자원봉사포털(www.1365.go.kr)'을 중심으로 이뤄지고 있는데, 이 사업은 전국 자원봉사단체·기관 상호 간 네트워크 체계를 구축하여 자원봉사자의 봉사실적을 정확하고 체계적으로 누적관리하고 나아가 봉사실적에 대한 인센티브 제공의 기반을 마련하기 위한 제도다. 자원봉사자가 필요한 단체는 인증센터로 등록한 뒤 자원봉사자와 상호 필요하거나 원하는 자원봉사내역을 탑재하여 상호 검색할 수 있다.

기부자들과 자원봉사자들을 기념하기 위한 장식

2장
말 운영

1 재활승마용 말

　재활승마는 말의 걸음걸이에 의해 기승자의 움직임이 영향을 받아 긍정적인 효과를 기대하기 때문에 말의 움직임은 매우 중요하다. 따라서 걸음걸이(보법)는 부드러우면서 속도가 일정하며 균등한 보폭(앞발과 뒷발 사이의 거리)을 지녀야 한다. 이러한 움직임을 만들기 위한 위한 말의 체형은 균형이 잘 잡혀야 재활승마에서 요구하는 바람직한 움직임을 만들어낼 수 있다. 또한 다리나 호흡기, 이목구비 등이 문제가 없고 전체적으로 건강해야 하며, 기승자가 다양한 만큼 기승자의 신체적·정신적 조건과 어울릴 수 있는 적합한 크기나 성품을 지닌 말이어야 한다.

　재활승마에 참가하는 말은 사람은 물론 다른 말이나 동물과의 관계에서도 친밀함을 지녀야 한다. 말은 초식동물로 겁이 많아 작은 소리에도 놀라 뛸 수 있는데, 이러한 외부 상황에 매우 민감하게 되면 기승자는 물론 주변의 자원봉사자들에게 위험을 초래할 수 있다. 따라서 외부로부터 가해지는 어떤 영향이나 여러 돌발 상황이 발생해도 잘 견디는 인내심과 감정을 빨리 회복하는 성품을 지닌 말이어야 한다. 급격하거나 여러 환경변화에도 민감하지 않아야 하고, 말을 다루는 사람의 지시에 잘 따라주어야 한다. 경험이 풍부하고, 여러 장애군을 기승시킨 경험이 많은 말은 언제라도 기승자나 말 리더의 통제에 즉각 반응하고 쉽게 흥분하지 않는다.

▶ 재활승마에 좋은 말의 일반적인 조건
- 다리 및 호흡기와 눈 등이 건강해야 한다.
- 다양한 품종, 크기의 말들을 활용할 수 있다. 말의 크기는 기승자의 상태에 맞추어 적합해야 한다.
- 리드미컬한 움직임과 균등한 보폭을 가져야 한다.
- 사람은 물론 사람과 함께하는 활동에 친근해야 한다.
- 외부의 영향이나 환경변화에 민감하게 반응하지 않고 잘 적응해야 한다.

- 말을 끄는 리더의 통솔에 잘 따라야 한다.
- 나이는 보통 7~15세 사이가 적당하다.
- 올바른 체형을 가진 말이 좋다.

2 말 평가와 선정

말 평가란 어떤 대상의 가치를 규명하는 것이고, 말 선정이란 평가 기준에 따라 말을 평가하여 재활승마에 사용 가능 유무를 판단하는 것이다. 재활승마용 말은 기승자의 안전을 최우선으로 하여 재활승마 활동을 통해 기승자에게 도움을 주고 기승기술을 익히는 데 가장 중요한 팀원이자 매개체다. 따라서 우수한 말을 확보하는 것이 매우 중요하다. 재활승마를 안전하면서도 효율적으로 운영하기 위해서는 말의 기본성품과 기질, 체형, 말의 능력과 환경변화에 대한 적응력이 어떠한지를 잘 살펴보아 어떤 말이 재활승마에 적합한지 파악하고 판단해야 한다.

1) 말 평가 전 고려사항

재활승마에서 말의 선택은 재활승마의 성패를 가릴 수 있을 만큼 결정적이므로 목적에 알맞은 말에 대한 정보를 수집하고 평가하는 것은 매우 중요하다.

말에 대한 정보를 수집하기 전 고려해야 할 사항으로는 다음과 같다.

(1) 어떤 기승자를 대상으로 말을 이용할 것인가?

이 말을 이용하여 가장 좋은 효과를 가져올 참여자들은 누구인가? 얼마나 많은 사람들이 이 말을 이용할 수 있을까? 말의 키와 체중을 고려하고 몸통의 크기, 걸음도 적당해야 한다. 참여자들의 기술수준과 요구사항들도 확인한다.

(2) 재활승마지도사들이 이 말을 안전하게 잘 다룰 수 있는가?

재활승마지도사의 능력을 고려하고 말의 훈련 경험도 알아본다. 아무리 성품이 좋고 건강하더라도 말의 능력에 맞춰줄 수 있는 지도사가 없다면 말을 다루기가 어렵고 그 말의 가치는 하락한다.

프로그램에 관여하는 사람들, 특히 자원봉사자들이 자주 바뀐다는 것도 염두에 두어야 한다. 그래서 그런 변화에 잘 적응하는 말이 필요하다. 또 여러 사람이 다루어도 순응해야 하며, 오직 특정한 사람에게만 순응하는 말은 적당하지 않다.

(3) 말의 구입비용이나 유지비용만큼 말을 오래 이용할 수 있을까?

선택된 말을 프로그램에 이용하는 경우, 시간당 경비는 얼마나 되는가? 먹이, 보건, 특별보조기구, 주사, 편자, 해충 제거 등을 위한 비용도 시간당, 그리고 말 1마리당 얼마나 소요될지를 계산해본다. 기증으로 구입비용이 절감되었다 하더라도 사용 빈도에 비해 유지비용이 많이 들어간다면 승마장 운영에 어려움이 따를 수 있다.

2) 말 평가 및 선정

[그림 2-6] 말의 평가와 선정

평가 전 고려사항을 점검한 후에는 말에 대한 평가가 이어진다. 만일 평가가 없다면 이용가치나 훈련 가능성이 없는 말이 되어 시간과 비용만 낭비하게 될 수도 있다. 말의 평가는 말을 팔려는 사람이나 프로그램을 위해 기증하려는 사람에게 좋은 정보를 제공하게 된다. 또 프로그램에 적당하지 않다면 말의 주인에게 이유를 알려준다. 이것은 말이 어떤 사람에 의해 기부되었을 때, 팔기 전까지는 일정 기간 동안 보유하고 있어야 하기 때문에 중요하다.

재활승마에 적합한 좋은 말을 선정하기 위한 말의 평가 내용은 다음과 같다.

기본평가	
체형평가	① 머리 길이 ② 아래턱 크기 ③ 목 상태 ④ 목 위치 ⑤ 어깨 각도 ⑥ 등성마루 높이 ⑦ 허리 강도 ⑧ 엉덩이 크기 ⑨ 배 상태 ⑩ 머리 ↔ 꼬리 길이 ⑪ 머리 ↔ 꼬리 라인 ⑫ 몸통 상태 ⑬ 좌우 대칭 ⑭ 뒷다리 ↔ 엉덩이 끝의 각도 ⑮ 전체 조화
운동평가	① 평보 ② 속보 ③ 구보 ④ 정지→ 평보 ⑤ 평보 → 속보 ⑥ 속보 → 구보 ⑦ 속보 → 평보 ⑧ 구보 → 속보 ⑨ 평보 → 정지 ⑩ 정지 → 후진 ⑪ 보행 이행 ⑫ 음성 부조 ⑬ 다리 부조 ⑭ 진직성 ⑮ 리딩 이행
기질평가	① 온순성 ② 인내성 ③ 공격성 ④ 과민성 ⑤ 감정회복성 ⑥ 대인 친화성 ⑦ 대마 친화성
반응평가	① 발굽 파기, 마체 손질 ② 안장, 굴레 ③ 앞/회전, 뒤로 가기, 대기상태 ④ 배, 사타구니, 얼굴
기승평가	① 지면 ② 기승경사로 ③ 머리 만지기, 후구 만지기 ④ 팔 돌리기 ⑤ 몸통 접촉, 옆구리 접촉 ⑥ 균형 흔들기 ⑦ 앞/뒤로 눕기 ⑧ 채찍 반응
환경평가	① 생활소음 ② 시끄러운 음악 ③ 자동차 경적 ④ 박수 소리 ⑤ 마이크 소리 ⑥ 동물소리 ⑦ 복잡한 도심 ⑧ 한적한 환경 ⑨ 낯선 환경(처음 가보는 곳) ⑩ 차량 탑승
접촉평가	① 펼친 우산 ② 소리 나고 튀는 공 ③ 큰 고무공, 대형 인형, 풍선, 긴 막대, 펄럭이는 천 조각 ④ 삼각콘 ⑤ 휠체어, 목발 ⑥ 기승대

건강평가
(1) 외형검사(① 육안 평가, ② 영양 평가), (2) 보행검사, (3) 정밀검사

종합평가 및 선정					
등급 기준	S급	A급	B급	C급	D급
가중 득점률 합계	100 ~ 90%	89 ~ 80%	79 ~ 60%	59 ~ 50%	50% 미만
과락 개수	없음	없음	없음	1개	2개 이상
강습 활용	가능	가능	제한적 가능	불가	불가
말 리더	제한 없음	고급 수준	직원	–	–

3 말 선택

말 선택이란 강습 대상자의 특징을 이해하고 재활승마 강습에 사용되는 말 중 대상자에게 적합한 말을 선택하여 강습에 배정하는 것이다.

재활승마용 말은 기본적으로 모든 연령에서 다양한 유형의 장애인과 정서적인 문제를 갖고 있는 사람을 대상으로 하기 때문에 재활승마에 적합한 말을 고려할 때 말의 품종이나 크기는 관계가 없다. 다만 재활승마를 수행하는 해당 센터가 어느 연령대, 어떤 장애나 정서·행동 문제 유형을 대상으로 재활승마를 수행하느냐에 따라 말의 품종이나 크기가 고려 대상이 된다.

1) 용도별 말 선택

재활승마에서 우수한 말을 확보하고자 할 때는 사전에 용도를 충분히 파악하고 그에 맞는 수준이나 크기의 말을 확보하는 게 필요하다.

예를 들어, 10세 미만의 어린 장애 아동을 대상으로 프로그램을 진행하고자 한다면, 평균 키(체고)가 최대 140㎝를 넘지 않아야 한다. 말이 단순히 성품이 순하고 기질이 착하다는 기준으로만 적용하여 키가 170~180㎝가 넘는 큰 말을 쓰게 되면, 상대적으로 체구가 너무 작은 기승자는 그 높이로 인해 공포를 느끼게 되어 안전을 보장하기 어렵고, 말이 만들어내는 움직임을 정확하게 받기 힘들다. 또한 말의 몸통에 따라 다리를 과도하게 벌려야 하는 등 신체에 가중되는 스트레스로 인해 오히려 역효과를 낼 수 있다. 반대로 체중이 많이 나가는 사람에게 작은 말을 선택하면 말의 허리 등에 문제가 발생한다. 말에 올릴 수 있는 무게는 말 체중의 20%이고, 기승자 체중은 물론 안장 등의 무게도 포함한다.

또한 그 대상자가 어떤 강습 프로그램에 참여하는가를 고려해야 한다. 기본적인 마장마술 훈련이 잘된 말(영국식 혹은 서구식 훈련)은 반응을 잘하고 부드럽고 균형적인 특성이 있다. 그런 말은 재활이나 승마기술 향상을 목적으로 이용된다. 마상체조용 말은 말 위에서 체조를 하는 데 이용된다. 운반용 말은 산책 프로그램에 이용된다. 말에 따라서는 여러 가지 목적으로 이용되기도 하고, 특수한 목적으로만 이용될 수도 있다. 이러한 특성에 관한 지식은 프로그램의 계획과 특수한 과제를 위한 말 선택을 위해 중요하다.

2) 말 선택 시 고려사항

재활승마지도사가 어느 특정한 사람을 위해 말을 선택할 때는 대상자의 요구를 파악하기 위한 평가를 해보는 것이 필요하다. 또 말의 어떤 특징이 장애에 따라 혜택을 줄 수 있는지도 알아보아야 하는데, 동작의 형태, 말의 크기와 모양 그리고 걸음 등이다.

대상자에 따른 말을 선택할 때 다음과 같은 사항들을 고려한다.

- 균형감각이 약한 사람은 등이 평평하고 넓적한 말이 좀 더 안정적이다.
- 경직이 있는 사람은 추진력이 있고 걸음 폭이 넓으며, 율동적인 걸음과 걸음변환이 부드러운 말이 더 안정적이다.
- 관절염이 있는 기승자에게는 걸음걸이와 이행이 부드러운 말이 좋다.
- 다운증후군이 있는 대상자는 근육과 뼈가 약하여 허리가 약하고 균형감이 없을 수 있으므로 사이드워커의 보조가 필요할 수 있다. 근육의 발달과 형성을 위해 좋은 자세를 갖도록 한다. 이런 사람은 처음 승마를 할 때 움직임이나 높이를 두려워할 수 있다. 기승자의 다리가 너무 벌어져 관절에 무리가 가지 않도록 한다. 어린이한테는 작은 말을 타게 하거나 등의 폭이 좁은 말을 선택한다.
- 청각장애가 있는 대상자를 위해 처음에는, 특히 균형감이 빈약한 아이들을 위해서는 요동치지 않는 말이 필요하다. 잘 놀라거나 재빨리 움직이는 말은 일반적인 재활승마에도 부적합하지만 특히나 청각장애인에게는 적당하지 않다. 청각장애인은 말이 놀라는 소리를 들을 수 없고 움직임으로 상황이 판단되며, 반면 말이 잘 반응하지 않을 경우에는 기승자가 방심하기 때문에 우둔하고 무기력한 말도 좋지 않다. 만일 이런 말이 성질이 나면 더 위험할 수도 있다. 따라서 균형감 있고 에너지는 있으나 조용하고 감각적인 말이 적당하다.
- 근육의 경련이나 고긴장성이 있는 대상자의 단단하게 굳은 팔다리는 조심스럽게 다룬다. 팔다리가 빠른 변화에 적응하지 못하므로 경직된 근육을 당기면 더 딴딴해진다. 만일 다리 근육이 약하다면 스트레칭과 이완을 위해 승마 전 10분 정도 목마나 나무통에 걸터앉아 있게 한다. 이들을 위해서는 장시간 제자리에서 서 있을 수 있고 부드러운 걸음과 이동을 할 수 있는 말을 이용한다. 기승자의 골반을 충분히 받쳐줄 수 있는 평균적인 몸통을 가진 말을 이용한다.
- 저긴장성 근육은 근육이 정상적으로 단단하지 못한, 즉 '긴장'이 부족한 근육을 의미한다. 따라서 관절을 조종하는 근육의 힘도 약하다. 기승자를 자리에 앉힐 때 너무 강하게 끌어 관절이 어긋나지 않도록 주의한다. 근육이 관절을 지탱할 만큼 단단하지 않기 때문이다. 특히 뼈가 약한 어린이들은 더욱 주의한다. 힘든 동작을 하기 전에 말의 움직임에 의해 기승자의 근육에 긴장이 가도록 한다. 걸음이 기운찬 말을 이용하여 기승자의 근육을 강화하는데, 너무 과도하지 않도록 한다. 이때 주의할 점은 기승자가 이러한 말의 움직임을 받아줄 수 없어 기승자의 머리가 지나치게 흔들리지는 않는지 반드시 확인해야 한다. 걸음이 기운찬 말을 이용해 자극전달 효과를 일으키지만, 너무 무리하면 역효과를 줄 수 있다. 기승자의 머리가 너무 흔들리면, 속보를 중단하고 천천히 걷기를 한다. 그래도 과도한 흔들림이 있다면 승마를 중단하고, 이후 강습의 말 선택에 주의해야 한다.
- 전신마비증은 신경 자극의 전달에 장애가 있어 감각이나 메시지가 신체의 일부 조직에 전

달되지 않는 증상이다. 이런 사람들은 근육의 힘이나 감각이 전혀 없을 수도 있다. 따라서 팔다리가 자연스럽게 움직이기를 기대할 수 없으며 움직이려면 어떤 물체에 기대야 한다. 신체의 모든 부분이 영향을 받고 힘이 골고루 가도록 하는 일을 해야 한다. 기승활동을 위해서는 체중을 골고루 분산하는 특수장비가 필요할 수도 있고, 걸음과 이동이 부드러운 말을 이용한다.
- 움직임이 제한된 기승자의 경직된 팔다리는 조심스럽게 다룬다. 경직으로 딱딱해진 근육은 무리하게 당기거나 갑작스런 움직임에 근육이나 인대가 파열될 우려가 있기 때문에 주의해야 한다. 움직임이 부드러운 말을 이용한다.
- 긴 등과 잘 뻗은 척추를 가졌지만 비교적 몸통이 좁은 말은 움직일 때마다 기승자의 균형을 흩트려놓는다. 따라서 일반적으로 초보자나 장애인을 위한 말을 선택할 때는 매우 넓은 등, (길이 방향으로) 짧은 등, 그리고 몸통이 넓은 말을 고른다. 이런 말을 타는 것이 더 안정적이고 편안할 수 있다.
- 특히 몸집이 작은 기승자는 작은 말이 올라타기가 쉽고 편리하지만 대부분 조랑말은 걸음 폭이 좁아 기승자가 심하게 덜렁거려 적당하지 않을 수 있다. 또한 조랑말은 빨리 움직이는 경향이 있으므로 초보자나 장애인에게는 주의가 필요하다. 물론 조랑말들이 모두 그런 것은 아니다.

이상과 같이 대상자(기승자)의 특징에 따라 필요한 말을 정리해보았다. 말을 선택할 때는 지침을 마련하고 적용해보는 것이 좋다. 무엇보다 중요한 점은 말과 함께 활동하는 사람이 편안하게 느끼는지 아니면 두려움이 있는지를 확인하고 기타 여러 가지 중요한 사항들을 고려하여 선택하도록 해야 한다.

- 기승자 기록 카드에 필요한 말의 기록 사항

[표 2-15] 기승자 기록 카드에 작성할 말 선택 시 고려사항

고려사항	내용		
기승자가 필요한 자리의 크기	넓음	중간	좁음
기승자가 원하는 걸음 변화	부드러움	보통	거침
기승자가 원하는 동작의 유연성	강함	중간	약함
기승자가 원하는 말의 특성	조용함	약간 느슨함	유연한 허리
기승자가 원하는 말의 걸음	짧음	중간	긺
기승자가 원하는 말의 키	작음	중간	큼
기승자가 원하는 말의 부조에 대한 반응	적극적	중간	부조 불필요

4 재활승마용 말의 훈련

재활승마 강습에 참가하는 말은 사용 목적과 기승자의 수준에 맞는 일정 수준의 기량을 보유하고 있어야 한다. 즉, 말 리더와 두 명의 사이드워커를 모두 필요로 하는 기승에서부터 기승자의 독립기승에도 적합하도록 말을 훈련하는 것도 필요하다. 여기에서는 일반적으로 재활승마 참여 초기에 사용되는 말은 대체로 기승자의 기술적인 실력 향상보다는 안전을 전제로 신체적·정신적 장애의 개선 관점에서 접근하게 되므로 말 리더와 사이드워커의 도움을 받아 시행하는 것을 기준으로 설명하고자 한다.

1) 지상 훈련

말을 훈련함에 있어 지상에서의 훈련은 힘든 일이다. 기승하지 않은 상태에서 이뤄지는 훈련은 실제로 말을 타고 시키는 훈련보다 몇 배나 힘들고 어렵다. 이는 말이 자유로운 상태에서 훈련이 진행되므로 지도사나 말을 훈련하는 사람이 원하는 수준의 훈련을 하기 위해서는 많은 주의와 노력을 기울여야 한다. 훈련 중 발생할 수 있는 거부나 반항, 돌발행동 등이 수시로 돌출되기 때문이며, 이를 통제·제지하는 수단 역시 재갈과 연결된 고삐 부조나 음성 부조 또는 채찍을 이용한 부부조에만 전적으로 의존해야 하는 한계에 이르기 때문이기도 하다.

(1) 조마삭 훈련

재활승마용 말을 조마삭 훈련할 때 가장 우선시되는 것은 평보, 속보, 구보 시에 말의 걸음걸이를 일정하게 하는 것이다. 또, 각각의 이행이 이뤄지는 과정은 매우 부드럽고 정확해야 한다.

신체적 장애가 있는 장애인은 승마를 할 때 전체적인 균형이나 반응이 장애에 따라 안정된 자세를 유지하기가 매우 어려울 수 있고, 말의 사소한 변화나 움직임, 돌출행동에 대한 반응이 빠르게 이뤄지지 않아 쉽게 낙마할 수 있다. 따라서 말의 안정되고 규칙적인 보폭을 유지하기 위한 방법으로 바닥에 횡목이나 긴 막대기 등을 일률적으로 놓아 반복적인 훈련을 하는 것이 좋다.

(2) 말 끌기 훈련

기승능력이나 장애 정도에 따라 혼자 승마가 가능한 장애인도 있지만, 신체적이든 정신적이든 스스로 말을 제어할 수 없는 경우가 많아 자원봉사자의 도움을 받아 운영되는 형태가 보편적이다. 자원봉사자가 말을 끌 때는 기승자를 말에 태워 앞에서 이끌거나 말 뒤에서 롱라인(long line, long rein)을 이용하여 말을 유도하는 이끌기 방법이 있다.

말 이끌기의 경우는 말 리더가 말을 통제하게 되어 말 머리의 원활한 움직임을 방해받기도 하나, 이것은 말 리더의 수준과 말의 순치도를 고려해 팀을 운영하는 것이 가능하므로 일반

[그림 2-7] 롱라인과 조마삭

적인 이끌기 방법으로 활용되고 있다. 말 리더가 말 이끌기를 할 때는 말의 왼쪽이든 오른쪽이든 어느 방향에서나 가능하지만, 일반적으로 말의 왼쪽에 서서 목덜미와 머리 사이에 위치한다. 또한 리더줄을 너무 짧게 잡아 말 머리의 자연스러운 움직임을 방해하지 않도록 하는 것이 중요하며, 말이 스스로 움직이도록 유도하고 말 리더가 이끌고 나가려고 할수록 말은 저항하게 된다는 점을 유의해야 한다. 말과 함께 걸어가는 것이지 끌려가거나 끌고 가는 것이 아님을 항상 생각해야 한다.

롱라인은 말의 후미에서 앞으로 유도하는 만큼 말에게 좀 더 자율적인 운동성을 이끌어내고 기승자가 스스로 할 수 있는 기회를 부여하는 효과는 있으나, 말의 후미에 위치한 말 리더가 말의 뒷발에 차이거나, 말이 날뛰거나, 도주하거나, 어느 특정 방향으로 기대거나 쏠리는 경우 이를 통제하기가 매우 어려울 수도 있다. 따라서 롱라인을 활용한 강습의 경우 말 리더의 안전에도 각별한 주의를 기울여야 하며, 충분히 훈련된 말을 활용토록 해야 한다.

말 이끌기를 할 때, 또 하나 중요한 사항은 말이 걷고 있을 때 직진성과 일정한 보폭이 유지되도록 해야 한다. 이때 말을 이끌고 있는 말 리더의 역할이 매우 중요하다.

재활승마 중 장애인이 말에 오르내리는 과정에서 사고 발생의 위험이 높아지기 때문에 지상에서의 훈련 중 가장 중요한 것은 말이 기승이나 하마를 위해 한 장소에 충분한 시간 동안 아

무런 움직임 없이 대기하고 기다리는 훈련이다. 이는 말이 본질적으로 타고난 성품에 좌우되지만, 훈련의 양이나 올바른 훈련방법에 따라 가능하기도 하다.

말을 기승경사로나 기승대 옆에 세운 후 말 리더는 말머리 앞쪽으로 이동하여 고삐를 두 손에 나누어 쥐고 일정 시간 기다리게 한다. 시간을 두고 점차 시간과 횟수를 늘려나간다. 휠체어를 사용하는 장애인을 감안하여 최소 10분 이상은 정지상태를 유지해야 한다. 말이 무료해하거나 장소를 이탈하려 할 때 말 리더는 말과의 대화나 주의를 끌어 말이 안정을 찾도록 한다.

다음은 기승자를 태우지 않은 상태에서 말의 양편에 사이드워커를 세워두고 말로 하여금 자신의 양편에서 조여오는 듯한 압박감과 이질감이 해소되도록 지속적이고 반복적인 신체접촉 훈련을 한다. 사이드워커의 경우 기승자를 보조하는 상황에서 인지하지 못하는 사이에 말에게 불필요한 접촉을 가하는 경우도 있기 때문에 말과 사람 모두에 대한 훈련이 반드시 필요하다. 대부분의 말은 이와 같은 상황에 익숙하지 않아 물려고 하거나 심한 경우 뒷발로 차려는 행위를 보일 때도 있으므로 주의를 기울인다.

방향전환 시는 말의 몸통 중심을 축으로 말의 앞발을 진행방향의 반대 방향으로 밀면서 끌어주는 것이 좋다. 말 리더가 자신을 축으로 말을 회전하면 여러 가지 위험한 상황이 생길 수 있다. 먼저 가장 흔한 경우로는 말의 앞다리가 말 리더의 다리와 충돌하거나 말발굽에 말 리더의 발등이 밟힐 수 있다. 그리고 말의 앞다리가 중심축이 되면 순간적으로 회전중심이 되는 말의 어깨에 큰 손상을 줄 수도 있으며, 회전중심으로부터 기승자가 멀리 떨어져 있어 기승자에게 원심력이 크게 전달되므로 균형감각이 부족한 경우 낙마로 이어질 수도 있다.

말의 직진성을 유도하기 위한 방법으로 말 리더는 마음속으로 가고자 하는 방향에 임의의 지점을 정하고 그곳을 바라보며 똑바로 걷는 것이 좋다.

말의 좌우 회전력을 키우기 위한 훈련으로는 바닥에 설치된 삼각콘이나 횡목 등의 교구나 장비를 일정한 간격으로 세워두고 훈련한다. 이때 중요한 것은 말이나 사이드워커가 밟거나 부딪치지 않도록 충분한 간격을 두고 이끌어야 한다. 말은 말 리더를 믿고 따르지만, 말 리더의 움직임 하나하나에도 민감하게 반응하고 불안해하거나, 때로는 얕잡아보기도 한다. 따라서 말을 훈련함에 있어 상벌의 명확한 구분과 그에 맞는 적절한 대응이 있어야 한다. 말을 나무랄 때는 "안돼!"라고 짧고 단호한 목소리로 꾸짖고, 말이 흥분하거나 놀랐을 때는 최대한 부드러운 음성으로 목덜미나 등성마루를 두드리거나 문질러 달래주어야 한다. 말과 함께하는 데 있어 가장 중요한 점은 애정을 가지고 돌봐주는 것이지만, 옳고 그름에 대한 단호하고 일관성 있는 태도로 훈련해야 모두에게 안전한 강습을 만들어낼 수 있다. 강습에 함께하는 팀원으로 존중하고 각 역할에 맞는 훈련과 보살핌이 같이 이뤄져야 말과의 신뢰를 형성할 수 있음을 반드시 기억해야 한다.

2) 기승 훈련

지상에서의 훈련이 완성되었다고 판단되면 장애인을 직접 기승시키기보다는 비장애인을 대상으로 여러 가지 상황에 대응하는 훈련이 필요하다. 장애인이든 비장애인이든 승마를 하다 보면 전혀 예기치 못한 돌발 상황과 다양한 변수가 빈번하게 발생하며, 이는 곧 사고로 이어지거나 돌이킬 수 없는 결과를 초래할 수 있으므로 반드시 사전 훈련이 필요하다. 더욱이 장애인이 덩치 큰 말을 탄다는 것은 큰 위험 부담을 안는 것이므로 더욱더 말 훈련의 중요성이 대두된다. 장애 정도가 심한 장애인인 경우에는 말 리더가 말을 통제하고 사이드워커가 철저하게 안전을 담당한다 하더라도 말이 일으키는 돌발 상황에서 완벽하게 대처하기란 매우 어렵기 때문이다. 그러므로 재활승마용 말의 훈련은 아무리 강조해도 지나침이 없다. 말을 탄 상태에서 꼭 필요한 핵심적인 말 훈련에 대해 살펴본다.

- 재활승마에서 기능적 향상 효과를 얻기 위한 목적의 강습이나 치료에 이용되는 말은 자신의 등 위에서 지도사의 지시에 따른 기승자의 중심 이동이 빈번하게 발생한다. 따라서 말은 이런 동작들이 발생해도 충분히 버텨낼 수 있는 인내력과 체력, 균형 유지 능력에 대한 훈련이 필요하다. 훈련에 익숙하지 않은 말은 상당한 스트레스를 받게 된다. 따라서 이와 같은 훈련이 충분히 되어 있지 않다면 말은 거부나 반항, 도주, 몸 털기, 입질이나 적대행위 등을 하게 되며, 반복되는 스트레스 상황이 재활승마에 부적합한 말로 만들 수 있음을 주의해야 한다.
- 매우 어린 장애인을 대상으로 진행되는 강습에는 여러 가지 동작과 소품을 이용한 놀이활동을 통한 치료적 행위가 이뤄지므로 놀이기구나 각종 소품에 익숙해지는 훈련이 필요하다. 그렇지 않을 경우 말은 사소하거나 낯선 움직임, 작은 소리에도 쉽게 놀라 흥분할 확률이 매우 높기에 충분히 훈련되어야 한다. 교재로 이용되는 소품은 부피의 크고 작음, 불규칙적인 형태, 심지어 말이나 사람에게 다소 거슬리는 소리가 나는 등 매우 다양하므로 가급적 여러 종류의 적응 훈련이 요구된다. 둔감화 훈련 과정의 하나이며, 말이 새로운 교구나 소품을 탐색할 수 있는 충분한 시간을 주고 천천히 진행하는 것이 바람직하다. 강습에 사용되는 교보재나 소품은 말과 사람 모두에게 반드시 안전한 것이어야 한다.
- 신체가 불편한 장애인은 장애 특성에 따라 다리나 체중 전이, 고삐 조절 같은 주부조를 사용하여 말을 컨트롤하기가 매우 어려울 수 있기 때문에 가능하면 음성 부조에 잘 따르도록 하는 훈련도 필요하다. 언어 사용이 원활하지 않거나 자신감이 결여된 어린이의 경우 "출발!", "정지!", "속보!" 등 간결한 단어를 사용해 말과 교감함으로써 언어적 발화와 자신감 향상 등의 긍정적인 효과를 기대할 수 있다.

이상으로 재활승마용 좋은 말 고르기에 열거된 수많은 변화에 적절하게 대응할 수 있기 위해서는 지속적이고 반복적인 훈련이 요구되며, 재활승마에 참여하는 사람과 말의 안전을 전제로 하는 말 훈련에 대해 알아보았다.

재활승마용 말은 어떤 종류나 크기에 구애받지 않으며, 재활승마지도사나 말조련사 등의 노력과 말의 역할에 적합한 바람직한 훈련을 통해 훌륭한 재활승마용 말을 만들어낼 수 있다. 말의 특성에 대한 이해와 재활승마 상황에 대한 지식을 바탕으로 안전하고 효율적인 말을 훈련하는 것이 재활승마의 핵심이라고 할 수 있다.

5 말의 건강

재활승마용 말은 강습 상황에 따라 매우 다양한 기승자를 등에 태우게 된다. 즉 균형감이 빈약하고 움직임에 대한 반응이 느린 사람들을 태워야 하는 경우도 있고, 근육이 매우 경직된 기승자가 죄이는 듯한 힘을 주어 타는 경우도 있기 때문에 말이 활동하기가 어렵다. 그러나 생김새가 좋은 말은 근육 경련이나 다리절음(파행)에 취약한 말보다 이런 일을 잘할 수 있다. 이런 말은 여러 가지 문제와 각기 다른 체중을 가진 사람 3~4명을 몇 시간 동안 태우고 다닌다. 이를 위해서는 강인하고 균형이 있으며 건강한 등과 이를 잘 받쳐주는 다리가 필요하다. 이런 말들은 강하고 부드럽게 전진하며, 율동적이고 균형 잡힌 걸음을 걷는다. 이런 특성은 기승자에게 적절한 자극을 주고 균형감을 기르게 한다.

일반적인 프로그램이나 말을 이용한 치료에서 재활승마용 말이 기승자의 신체적 변화를 가져오게 하려면 말의 생김새가 매우 중요하다. 실수나 다리절음이 있는 말은 기승자에게 균형감과 조종 그리고 대칭 등을 배우게 하는 대신 부정적인 영향을 미친다. 재활승마용 말은 일반적인 승마를 하는 경우와 마찬가지로 균형 잡힌 몸매로 생김새가 바람직하고, 움직임의 문제나 통증이 없고 절룩거리지 않아야 한다. 즉, 건강한 말이 건강한 움직임을 줄 수 있다는 것을 기억하도록 한다. 또한 기승자의 불균형이나 뻣뻣한 몸놀림에 대해 민감하게 반응하거나 귀찮게 생각하지 않아야 한다.

1) 건강한 말의 기준

재활승마용 말은 기본적으로 매우 건강한 상태에서 강습 프로그램에 참여해야 하며, 건강한 말의 기준은 다음과 같다.

- 눈물이 너무 많지 않은 눈
- 결대로 잘 **누워있고 반짝이는 털**: 추운 때는 털이 섬
- 잘 맞는 편자와 적당하게 각도가 잡힌 굽앞(제첨, toes), 그리고 물렁물렁한 곳이 없는 발굽

- **정상적인 식욕**: 모든 먹이를 잘 먹어야 한다.
- **정상 대변**: 마분은 점액질이 없이 딱딱하고 습기가 있는 것이 좋으며, 땅에 닿는 순간 부서져야 한다.
- **정상 체중**: 갈비뼈가 눈으로 보일 만큼 돌출되거나 반대로 너무 비만하지 않는 것이 좋다.
- **적절한 체내 수분공급**: 피부를 당기면 솟아났다가 금방 제자리로 돌아가야 한다.
- 다리에 부종이나 손상 염려 혹은 열이 없어야 한다. 발은 서늘하고 앞뒤 발의 모양과 느낌이 모두 같은 것이 좋다. 많은 말들이 다리 아래에 '구건연종'이라고 하는 양성 부종이 있다. 끈끈한 관절윤활액에 의해 생기는 이 부종은 비정상적인 것인데, 사람들이 별 관심을 두지 않는다. 말에게 이런 것이 한번 생기면 잘 없어지지 않는데, 이런 변화가 있으면 진찰을 받아야 한다.
- 휴식할 때 몸이 균형을 이루고, 네 다리로 반듯하게 서 있어야 한다. 뒷다리가 휴식을 취하는 것은 정상이지만, 앞다리를 계속 앞으로 내밀면 통증이 있다는 뜻이다. 체중이 두 앞다리에 고르게 분포되어야 한다.
- **정상적인 네 다리**: 평보나 속보 시 보폭이 같고, 땅에 닿는 소리도 균등해야 한다. 만일 저는 다리가 있다면 보폭이 균일하지 못하다.
- 머리를 내두르지 않는다. 만일 앞다리를 절면 그 다리가 땅에 닿을 때 머리를 위로 쳐든다.
- 오줌은 하루 몇 차례 보는데, 흐린 노란색 혹은 황갈색이며 점액질이다.
- 매우 덥지 않다면 쉴 때 땀을 흘리지 않아야 한다.

2) 건강상의 문제점 발견

그러나 건강상 문제가 발생하면 이러한 의무를 다하기 어려우므로 수시로 건강상의 문제점을 파악해야 한다. 건강상의 문제점 발견을 위해 말의 체온, 맥박, 호흡(가장 흔한 증상) 점검은 말의 기능을 알아보기 위한 가장 객관적인 측정방법이며, 이런 측정은 말이 휴식을 취하고 있을 때 하는 것이 좋고 기록을 보관한다. 이런 측정은 어렵지 않고 필요한 경우 수의사들의 치료 시에 참고가 된다. 증상을 파악하는 가장 흔한 방법은 다음과 같다.

- **체온**: 말의 정상체온은 37.5~38.6℃(내부 온도)다. 줄이 달린 항문삽입용 체온계를 이용하는데, 삽입하기 전에 체온계를 흔들어 36.7℃ 이하가 되도록 한다. 꼬리를 가볍게 들고 체온계가 1cm 정도만 보일 만큼 살살 집어넣는다. 체온계가 완전히 말의 몸속으로 들어가

> **Tip**
> **구건연종(wind puff)**: 맺음목관절(구절)에 윤활액이 차서 관절주머니(관절낭)가 부어오르는 것. 염증, 통증, 파행 없음

는 것을 방지하기 위해 체온계 끝에 달린 줄을 꼬리에 매어놓는다. 체온계 끝에 바셀린 같은 윤활유를 바르면 좋다. 1~2분 정도 두었다가 빼내어 온도를 읽는다.
- **심박수**: 말의 정상 심박수는 분당 26~40회고, 말의 왼쪽 턱밑의 동맥 혹은 꼬리로 뻗어 있는 동맥에 엄지손가락과 가운뎃손가락을 얹어 측정한다. 손가락을 가볍게 누르고 측정 전에 심박수를 몇 회 확인한 다음 30초 동안 세어본다. 그런 다음 분당 심박수를 계산하기 위해 2를 곱한다. 심박수 측정 시 손가락을 너무 세게 누르면 안 된다.
- **호흡수**: 말의 정상 호흡수는 말이 쉬고 있을 때 분당 8~16회다. 숨을 들이마실 때 부풀어 오르는 옆구리를 보면서 30초간 횟수를 세어본 후 그 숫자에 2를 곱하면 분당 호흡수가 산출된다.

6 말에 관한 복지(welfare)

강습 내내 말에 대하여 친절(kind)과 인간적인 관계(treatment)가 이루어져야 한다. 재활승마지도사, 말 리더, 혹은 사이드워커는 안장, 굴레 및 마장구를 정확하게 말에 장착시키고, 안전한 강습장으로 이동하여 강습을 하고 나서 장안을 풀고 수장 후 마방으로 돌아가게 되는 일련의 과정을 반복하게 된다. 이런 과정에서 자칫 간과하게 되는 것이 가장 기본인 동물권리와 말의 복지이다. 말은 강습의 도구가 아니라 강습에 참여하는 팀원으로 생각해야 한다. 강습을 준비하고 기승자를 잘 교육하는 것도 중요하지만, 근본적으로 그전에 안정적으로 준비해야 할 것이 말(horse)이다. 우리나라 「동물보호법」에 의하면 누구든지 동물을 사육·관리 또는 보호할 때는 다음 원칙을 준수해야 한다.

1. 동물이 본래의 습성과 몸의 원형을 유지하면서 정상적으로 살 수 있도록 할 것
2. 동물이 갈증 및 굶주림을 겪거나 영양이 결핍되지 아니하도록 할 것
3. 동물이 정상적인 행동을 표현할 수 있고 불편함을 겪지 아니하도록 할 것
4. 동물이 고통·상해 및 질병으로부터 자유롭도록 할 것
5. 동물이 공포와 스트레스를 받지 아니하도록 할 것

재활승마라는 특수한 상황에서 전문적인 훈련을 받고, 장애를 가진 기승자의 맞춤형 강습에 적응하는 것이 위의 원칙에서 벗어나지 않도록 한다. 강습에 말이 기꺼이 참여할 수 있는 환경과 분위기를 제공하고 충분한 휴식이 보장되어야 한다. 휴식 없는 강습 투입은 지속적인 스트레스를 유발하고 번아웃을 초래할 수 있다. 번아웃된 말은 무기력함을 보여주는데, 자칫 순한 말로 착각하면 안 된다.

일반 강습 말과 달리 재활승마용 말은 기승자에게 예상하지 못한 반대의 지시를 받거나 훈련에서 전혀 접하지 못한 지시를 받을 수 있다. 혼돈된 지시 속에서 안정을 찾을 수 있도록 말의 복지를 늘 염두에 두고 훈련과 교육이 이루어져야 한다. 몇 가지 원칙을 소개하면 다음과 같다.

- 말에게 안정적으로 맞는 장구를 적용한다.
- 말에게 공격적이거나 부적절한 행동을 하는 기승자 또는 위험상황에 말을 두지 않는다.
- 말을 혼자 있게 하거나 불편하고 스트레스를 유발하는 기승자 또는 환경에 방치하지 않는다.
- 말의 크기에 맞는 기승자를 주의 깊게 선택한다(기승자의 체중과 마장구 무게의 합은 말 체중의 20% 이내).
- 사랑과 칭찬으로 대하고 말이 강습을 좋아하도록 만들어야 한다.
- 말 위에 2인승 자전거처럼 두 사람이 타는 것(tandem riding)은 위험을 증가시키기 때문에 활용하지 않는다.

강습시간을 획일적으로 적용할 수는 없지만, 말의 입장과 복지를 고려한다면 30분 강습을 기준으로 최대 오전과 오후 각 2회 정도로 하고, 일일 평균 3~4회 정도가 적당하다. 계절에 따라 차이가 있지만, 연속적으로 2시간을 강습에 투입시키지 않도록 한다. 대기 시간을 포함하여 전체 강습 시간을 4시간 이상 넘기지 않기를 권고한다.

국내 승마장이 방목장을 확보하기는 어려운 현실이다. 재활승마장은 인근의 유휴지를 활용하여 방목장으로 활용할 방안 등을 강구해야 한다. 최소한 패독(paddock) 같은 소형 방목장을 마련하여 강습에 지친 말에게 자유시간을 규칙적으로 제공해주어 스트레스를 해소하도록 한다. 마방은 말에게 감옥 같은 공간일 수 있다. 강습이 없는 시간에는 마장에 풀어놓아 휴식과 자유시간을 갖게 한다. 이로 인해 말이 좋은 태도로 임하게 되고 차후 안전한 강습을 보장하는 데 중요한 부분이라 할 수 있다.

일지를 작성하여 말의 모든 활동이 규칙적으로 이루어지도록 한다. 방목장이 없는 경우는 강습이 없는 시간대에 충분히 말 위주의 운동을 해줌으로써 컨디션을 유지시켜주어야 한다. 강습 내내 늘 걷기만 하는 말에게 이 시간 동안 말이 원하는 활발한 운동 기회를 제공하여 운동의 균형을 부여해주는 것이다.

일련의 일상적인 과정 동안 안전한 상황을 지속적으로 점검하여 주변에 어떤 것도 말에게 나쁜 자극이 되지 않도록 하고 안전에 방해되는 요소를 제거해야 한다.

3장
재활승마지도사

1 재활승마지도사의 능력

　재활승마지도사는 신체적·정신적 장애나 정서 및 행동에 문제를 가진 사람에게 안전한 승마 강습을 시행하는 사람이다. 강습에서 발생하는 모든 일에 대해 책임을 지고 강습에 참여하는 기승자와 말은 물론 자원봉사자를 위해 소정의 목적을 달성하도록 다양한 능력을 갖추어야 한다.

　재활승마지도사의 직업 적성 조건이나 업무는 앞에서 다루었다. 그러나 단순하게 강습만 이끄는 것이 아닌 강습 참여자 모두가 지속적으로 참여하고 목적을 달성하도록 하기 위해 전문지식, 안전의식, 유머감각, 긍정적인 자세와 열정, 창조성, 조직화 및 체계화 능력, 효율적인 의사소통과 상호작용을 할 수 있는 좋은 인간관계, 명확한 설명 등의 능력을 갖추고 있어야 한다.

1) 전문지식

　재활승마지도사가 성공적인 강습을 운영하기 위해서는 관련된 다양한 분야에 전문적인 지식을 갖고 있어야 한다.

　장애와 정서 및 행동에 대한 문제는 의사나 치료사, 임상심리사, 특수교사 등 전문가들과 토론하고 문의하여 강습에 전문지식을 적용할 수 있어야 한다. 기승자들의 부모도 자녀가 가지고 있는 장애나 문제에 대해서는 상당한 전문지식과 경험을 가지고 있다. 한두 마디의 대화로 재활승마지도사가 얕은 지식을 드러내면 강습 전체에 대한 신뢰를 잃을 수 있다.

　기승능력에서는 엘리트승마선수나 말조련사와 비교될 수 있고, 말에 대해서는 수의사, 장제사와 업무를 같이할 수 있으며, 교수법에서는 교육전문가, 특수교육전문가, 특수체육전문가, 레크리에이션 강사와 협조 체제를 구축해야 한다.

　따라서 재활승마지도사는 승마 기술을 기본으로 해서 마학과 말조련, 그리고 인체해부학, 운동역학, 생리학, 특수체육, 발육발달, 교육학, 심리학 등 인간의 신체와 정신에 대한 기본 지식은 물론 그들의 장애, 정서 그리고 행동에 대해 이해하고 지도할 수 있는 능력이 필요하다. 더 나아가 즐거운 강습을 이끌어가기 위해서는 레크리에이션 강사 같은 능력을, 원활한 승마장 운영을 위해서는 경영 수완을, 법률적인 불이익을 면하기 위해서는 관련 법률에 관한 지식도 갖추어야 한다. 또한 재활승마를 단순히 강습에 머무르지 않고 농림축산식품부는 물론 보건복지부, 여성가족부 및 지방자치단체의 다양한 정책과 지원에 연결하기 위해서는 행정에 대한 지식도 있어야 한다.

따라서 기본적인 지식은 물론 각 분야의 전문 서적을 찾아 필요한 지식을 습득하고 응용할 수 있는 능력을 갖추고 실천하며, 지속적으로 기승능력을 키우고 관련 분야에 풍부한 경험을 가져야 한다.

2) 안전의식

재활승마의 효과가 알려지면서 강습에 참여하고자 하는 사람들이 증가하고 있으나 강습이 사고로 이어지거나 사고 가능성이 높다면 참여하려는 사람은 급감할 것이다.

재활승마 강습에서 안전은 가장 중요한 사항이다.

재활승마지도사는 전문적인 지식을 갖춘 후 기승자의 안전모 착용, 안전 마장구 사용, 기승 전후 마장구 확인, 기승 전 등자 길이 조절, 기승 후 등자 확인, 출입문 닫기, 첫 속보 직전 복대 확인과 같이 필수 안전 확인 사항을 철저히 이행해야 한다. 기승자에게 적합한 말과 마장구 선정 및 승·하마방법 선정과 시행, 그리고 자원봉사자 활용 및 강습방법도 안전에 직결된다.

강습 중에는 강습장 중앙에 위치하여 입과 몸은 강습에 대해 설명하며 기승자, 봉사자 및 말과 소통하면서도 눈은 강습장 전체를 바라보고 상황을 살핀다. 또 머릿속은 안전과 강습진행에 관련해서 10초, 1분, 5분 후 등에 발생할 일에 대해 예측하고 대비하고 있어야 한다. 초보 재활승마지도사가 강습에서 가장 힘들어하고 정신 없어하는 것도 이 부분에서 어려움이 있기 때문이다.

항상 '왜?'라는 문제의식을 가지고 점검하고 수정해야 한다. 100번, 1,000번 강습을 잘하였어도 단 한 번의 사고로 돌이킬 수 없는 문제를 만들고 모든 것을 잃을 수 있다.

3) 유머 감각

말[馬]이라는 유능한 동료 덕분에 많은 사람에게 호기심을 갖게 하고 강습 참여로 이어지게 할 수 있다. 그러나 회차를 거듭할수록 기승자가 말에게 익숙해지면 강습 운영 방식이 문제가 된다. 밋밋한 강습은 기승자는 물론 봉사자들의 참여 의식도 흐릿하게 만들 수 있다. 이때 재활승마지도사가 사용할 수 있는 능력이 유머감각이다.

기승자의 연령과 수준에 적합한 호기심을 자극하고 재미적인 요소를 가미한 즐거운 강습은 기승자는 물론 봉사자의 참여 동기를 북돋아 지속적인 강습 참여로 이어지게 한다. 강습이 종료되어 말에서 내리는 순간부터 기승자와 봉사자들이 다음 강습을 기다리도록 즐겁고 재미있는 강습을 만들어야 한다. 이렇게 강습을 운영할 수 있는 재활승마지도사의 능력이 유머감각이다.

유머감각은 대다수의 개그맨처럼 끼를 타고난다면 좋겠지만, 그렇지 않은 경우는 철저한 준비를 해야 한다. 주변에 유머감각을 가진 사람을 관찰하거나 레크리에이션 운영 방법에 대해 연구하며, TV 예능 프로그램을 보고 재미있는 말이나 유행어를 메모했다가 사용해 보는 것도 좋은 방법이다. 그렇다고 강습의 본질에서 벗어난 유머 사용이나 재미만 추구해서는 안 된다.

4) 긍정적인 자세와 열정

재활승마의 기승자는 비장애인 또는 정서·행동에 문제가 없는 사람과는 달리 수많은 좌절을 경험하고 현실에 어려움을 가지고 있다. 재활승마 강습에서 신체적인 활동과 말 및 사람들과의 교감활동을 통해 기승자는 신체·정신 및 정서에 긍정적 효과를 얻을 수 있다. 기승자뿐만 아니라 자원봉사자도 봉사하는 즐거움을 가지고 긍정적인 효과를 배가하려면 재활승마지도사의 긍정적인 자세와 열정이 필수다.

재활승마지도사는 평상시에 말 한마디라도 "~하면 안되요?"라는 부정적인 표현보다 "~해도 될까요?"라는 긍정적인 표현을 사용하도록 한다. ADHD나 반항장애를 가진 기승자는 그동안 셀 수도 없이 "안돼!", "하지 마", "싫어"라는 부정적 단어를 들었을 것이다. 강습에서는 부정적인 단어보다 "이렇게 해볼까?", "이게 좋겠다.", "좋아"라는 긍정적인 단어를 사용하도록 한다.

전혀 변화가 없을 것 같은 기승자를 대상으로 강습하는 재활승마지도사는 힘든 도전에 직면할 수 있다. 강습에서 상호작용이 없는 정도의 심한 자폐나 지적장애를 가진 기승자를 대상으로 재활승마지도사 혼자서 일방적으로 강습하고 나면 직업에 회의를 느낄 정도로 힘들 수 있다. 그러나 기승자는 재활승마의 효과를 확신하고 긍정적 변화를 추구하는 재활승마지도사의 열정에 더디지만 조금씩 변화해간다.

> **Tip**
>
> 상황에 따라 조금씩 재활승마지도사의 위치가 바뀔 수는 있다. 재활승마지도사가 강습장 중앙에 위치해야 한다는 것은 강습에 참여하는 모든 이들을 시각적으로 보고 효율적으로 통제할 수 있는 위치를 말하는 것이다.
>
> 저자가 미국의 재활승마협회 총회에 참석했을 때 나이가 지긋하고 은퇴한 지도자가 강습에서 활용할 수 있는 게임을 지도하는 모습을 본 적이 있다.
>
> 재활승마에서 게임을 이용해 재미있게 기승술을 연습할 수 있어야 함에도 불구하고 강사의 설명이나 게임 자체에서 재미라는 요소를 찾아볼 수 없었다. 몇몇 수강생들은 떠나가기도 했지만 남아 있는 대부분의 수강생들은 질의 및 토의 시간을 이용하여 다른 게임을 접목하거나 방식을 바꾸어 좀 더 재미있는 게임을 만들어나가는 모습을 보았다.

기승자의 눈빛이나 손가락 움직임 하나에도 긍정적인 의미를 부여하도록 한다. 단기간의 강습으로 기승자에게 당장 어떤 변화가 없다고 하더라도 재활승마지도사가 먼저 포기하면 안 된다. 한 달, 1년, 10년이 될지는 모르지만 기승자가 혼자 말을 타는 그때까지 재활승마지도사의 긍정적 자세와 열정만 변하지 않는다면 기승자는 분명히 긍정적으로 변해갈 것이다.

5) 창조성

재활승마의 역사에 대해 그리스 문헌까지 언급했지만 사실 현재 국내에 도입된 재활승마체계는 그리 오래되지 않았다. 현재 국내에 도입된 지도체계는 미국의 재활승마이다. 2001년 삼성전자승마단과 2005년 한국마사회에서 재활승마를 시작한 이후 2007년부터 NARHA(현 PATH Intl.) 지도자들을 초청하여 한국마사회에서 재활승마 강습법을 보급했고 몇몇 지도자들은 직접 미국에서 교육을 받았다.

미국의 재활승마 역사도 그리 오래되지는 않았다. 1969년 미국의 협회가 창립되고 1970년 처음으로 재활승마장이 문을 열었지만 미국의 지도자들은 1990년대 초까지 강습법은 영국으로, 치료승마는 독일로 연수를 다니면서 재활승마를 연구했다. 미국에서 현재와 같은 자격체계를 갖춘 것도 그즈음이다. 수많은 시행착오를 거치면서 지금과 같이 재활승마를 발전시킨 것은 많은 요인이 있겠지만 가장 중요한 요인은 창조성일 것이다.

앞서 언급한 것처럼 많은 영역의 학문을 재활승마에 접목하고 독립기승을 목표로 안전한 강습을 재미있게 이끌어가기 위해서는 창조성이 필요하다. 또 비장애인에게 승마를 가르치는 것과 장애인에게 승마를 가르치는 것은 변형된 방법을 사용해야 할 수 있다. 상상력이 풍부한 재활승마지도사는 변형된 운동 지도에 필요한 기술과 장비를 수정·보완해서 사용한다.

개인의 아이디어뿐만 아니라 브레인스토밍을 통해 창조성을 만들어가는 노력이 있어야 한다. 다만 안전과 기승술 향상이라는 강습의 기본을 철저히 준수하는 한도 내에서 창조성이 적용되어야 한다.

> **Tip**
>
> **카오스 이론:** 뉴욕에서 나비 한 마리가 날갯짓을 하면 서울에 태풍이 올 수 있다고 하는 '나비효과'로 더 잘 알려진 이론으로 무질서하게 보이는 현상 또는 예측 불가능한 현상도 배후에는 모종의 정연한 질서가 존재한다는 이론이다.
>
> **브레인스토밍:** 자유로운 토론을 통해 다양한 사고를 자극하여 사고의 연쇄반응을 이끌어내고 독창적인 아이디어를 찾아내는 집단적 사고 창출법

6) 조직화 및 체계화 능력

인지 능력이 낮은 장애인이나 신체장애인에게 적합한 마장구를 적용하여 기승술을 가르친다는 것은 초보 재활승마지도사 입장에서는 '혼돈(카오스)'의 세계를 만나게 된 것이다. 어디서부터 어떻게 무엇을 적용할 것인가 하는 것부터 실제 강습을 운영할 때는 반응(reaction)이 없는 기승자에게 과제분석을 적용하여 설명하다 보면 '이걸 해야 하나?' 하는 직업에 대한 회의감까지 들 수 있다. 카오스 이론과 같이 무질서한 곳에서도 질서가 존재하는 것처럼 전혀 반응이 없던 기승자가 보내는 작은 눈짓이나 미소에 재활승마지도사는 환희를 느끼게 된다.

기승테스트를 수행하고 기승자 정보기록카드를 작성하기 시작하면서 재활승마지도사는 '기승자를 어떻게 지도할 것인가?'에 대한 강습계획과 '강습에 지원되어야 할 내·외부 환경은 어떠한가?' 등에 대한 구상이 구체적으로 조직화·체계화되어야 한다. 이는 앞서 언급한 많은 다양한 분야에 대한 지식과 경험이 바탕이 되어야 하지만, 조직화 및 체계화 능력이 있는 재활승마지도사는 기승자에게 적합한 강습법을 그만큼 빠르고 올바르게 선정할 수 있다. 잘 짜인 강습계획서는 시간과 노력에 더하여 높은 성과를 가져다준다.

7) 좋은 인간관계

고대 그리스의 철학자 아리스토텔레스는 '인간은 사회적 동물'라고 정의했다. 호랑이처럼 날카로운 이빨과 발톱이 없고, 코끼리나 고래처럼 몸집이 크지 않으면서도 지구상의 모든 동물을 지배하고 문명사회를 이루는 것은 사회를 이루고 상호작용을 하기 때문일 것이다. 태어나면서 가족이라는 작은 사회에서부터 성장하면서 점차 학교나 직장 등의 사회에 속하고 결혼을 통해 또 다른 가족과 사회를 이루게 된다. 사회구성원으로서 다른 구성원과 원만한 상호작용을 하고 소속된 사회를 유지하기 위해서는 '좋은 인간관계'가 필수이다.

재활승마지도사에게는 더욱 필요한 부분이다. 강습을 진행하기 위해서는 단순히 승마 분야뿐만 아니라 다양한 협조 체제를 구축해야 한다. 세상에는 아무리 머리가 좋고 능력이 좋아도 인간관계가 좋지 않아 실패한 사람들이 많다. 재활승마지도사로서 좋은 인간관계를 구축하지 못하면 기승자에게 최상의 강습환경을 제공할 수 없다.

> **Tip**
>
> **조직화**: 특정한 목적을 가지고 통합하여 생물체와 같이 조직(組織)이나 구성 요소 등이 서로 긴밀하게 연관되어 떼어낼 수 없는 조직으로 만듦
>
> **체계화**: 낱낱의 부분이 일정한 원리에 의하여 계통적으로 통일된 것으로 됨

재활승마지도사는 경쟁하여 다른 사람보다 우위에 서거나 뭔가를 쟁취하기 위해 투쟁하는 자리가 아니다. 정서적으로 성숙하여 감정에 치우침이 없고 주어진 여건에 잘 적응해야 한다. 인간존중과 올바른 자기표현을 할 수 있어야 좋은 인간관계를 형성할 수 있다.

8) 명확한 설명 능력

미국의 실리콘밸리는 세계적으로 기술혁신과 성공의 상징이다. 1인당 특허 수, 엔지니어의 비율, 모험자본 투자 등의 면에서 미국 내 최고 수준을 유지하고 있다. 그러나 성공보다 실패가 훨씬 많아 "실패의 요람", "실패로부터 배운다" 등의 말이 있는데, 이렇게 어려운 환경에서 성공하는 비결 중 "개발된 기술이 성공하려면 청소부에게 설명하고 그가 수긍해야 한다."는 이야기가 있다. 아무리 어려운 기술이라도 투자를 받아 성공으로 이끌기 위해서는 비전문가인 투자자들에게 '명확한 설명'을 할 수 있어야 한다는 것이다.

기승자가 기승술을 습득하고 이를 돕기 위한 봉사자들에게 올바른 내용을 전달하기 위해서는 명확한 설명 능력이 있어야 한다. 재활승마지도사가 아무리 기승능력이 뛰어나고 전문지식을 가지고 있어도 이를 바르게 설명할 능력이 없다면 기승자나 봉사자들은 강습에 참여한 목적을 달성할 수 없다.

명확한 설명은 그날의 강습목표에 선정된 기승술을 과제분석에 의해 전달하고 what, how, why와 청각적·시각적·운동학적 방법을 사용한다.

2 재활승마지도사의 품격(professional appearance)

품격(品格)이란 사전적인 의미로 '사람의 품성과 인격' 또는 '사물 따위에서 느껴지는 가치나 위엄'을 말한다. 강습에서 단순히 기능적인 기승술만 가르치는 것에 그치지 않고 재활승마지도사 또는 교육자로서 강습을 이끌어가기 위해서는 품격이 있어야 한다.

1) 복장

다른 모든 스포츠에 규정된 복장이 있는 것처럼 승마에서도 경기에 참여할 때 반드시 착용하는 복장이 있는데, 예절에 대한 문제이기 전에 안전에 관한 사항이기도 하다. 강습 중이라도 안전모만 착용하면 언제든 말에 곧바로 오를 수 있는 정도로 복장을 갖춘다. 너무 화려하거나 값비싼 옷을 선호하는 것은 기승자나 자원봉사자에게 위화감을 조성할 수 있고 오히려 전문성이 결여되어 보이므로 피한다. 또한 진한 화장이나 액세서리도 기승자의 불필요한 호기심을 자극하고 냄새로 말의 주의를 산만하게 하므로 하면 삼가야 한다. 명품만 걸친다고 품격이 높아지는 것은 아니다.

마복이 아닌 일반 트레이닝복이나 승마와 전혀 관계없는 복장을 하거나 심지어 반바지에 슬리퍼를 착용하는 것은 재활승마지도사 스스로 품격을 바닥에 내팽개치는 행위이다. 캐릭터가 그려진 옷, 실밥이 풀린 단추, 지저분하거나 너무 화려한 색상의 옷, 주머니가 불룩한 바지 등도 모두 재활승마지도사의 품격과 전문성을 의심하게 만든다. 외국 재활승마지도사들은 주로 재활승마협회나 승마장 자체적으로 제작한 복장을 구입해서 입는다. 기성복에 비해 결코 저렴하지는 않지만 협회나 승마장의 수익을 고려하여 기부한다는 마음에 구입하고 즐겨 입으며 방문객에게 판매도 한다. 어느 명품 브랜드보다 품격 있고 전문성이 돋보인다.

복장과 함께 헤어스타일이나 개인위생에도 유의한다. 남성은 단정하게 자른 머리카락과 깨끗한 면도, 여성의 경우 머리카락이 길면 강습 시에는 머리를 묶는다. 기승활동 후에 모자를 착용하는 경우는 바르게 착용한다. 식사 후에는 양치를 하여 냄새와 치아 사이 이물질을 제거하고 작업 시에는 장갑을 사용하거나 강습 전에 손을 깨끗하게 씻는다. 복장과 외모에 따라 상대방에게 불쾌감을 주거나 지도사의 능력이 평가절하될 수 있음에 유의한다.

2) 표정과 태도

과거 승마는 군(軍)을 중심으로 보급되었다고 한다. 그래서 다른 스포츠와 달리 코치나 재활승마지도사라는 용어보다 교관이라는 군대용어가 자연스럽게 쓰이고 있다.

그런데 불리는 명칭 때문인지 비록 소수이긴 하지만 일선 승마장 지도사들의 서 있는 자세도 매우 고압적이다. 짝다리로 서거나 뒷짐을 지고, 팔짱을 끼거나 금방 군가라도 부를 태세로 양손을 허리에 대어 버티고 서기(stand with arms akimbo)도 하고 허리 벨트 앞부분에 두 손의 엄지손가락을 끼우고 서 있기도 한다. 심지어는 턱을 괴는 경우도 볼 수 있는데, 평소의 습관을 쉽게 고치지 못해 이런 잘못된 태도가 강습 상황에서 그대로 나오기도 한다.

몸과 함께 머리의 위치도 상대방에게 오해를 살 수 있다. 턱을 기준으로 할 때 턱을 너무 치켜들면 상대방을 깔보는 듯 보이고, 턱을 너무 내리면 노려보는 것 같다. 머리를 한쪽으로 기울여 쳐다보면 기승자도 재활승마지도사와 같은 각도를 유지하려고 할 것이다.

> **Tip**
>
> 사람이 살아가는 데 필요한 것이 '의식주(衣食住)'라고 하는데 먹는 것(식, 食)과 거주하는 것(주, 住)보다 우선하는 것은 의(衣), 즉 복장이 그만큼 중요하다는 의미일 것이다. 모든 것이 자유롭고 개인주의가 팽대한 서구 사회에서도 격식이 있는 자리에는 반드시 지켜야 하는 예절로 복장을 갖추어야 참석 가능하다. 세계 3대 경마대회인 멜버른 더비에 참석하기 위해 남자는 정장, 여자는 화려한 드레스에 반드시 모자를 써야 한다.

태도와 함께 표정도 유의한다. 재활승마지도사의 부드럽고 온화한 표정에 기승자를 비롯한 모든 구성원은 자신감과 안정감을 느낀다.

메라비언의 법칙이란 상대방에 대한 인상이나 호감을 결정하는 데 말하는 내용이 7%, 목소리가 38%, 보디랭귀지 같은 시각적인 이미지(표정 35%와 태도 20%)가 55%의 영향을 미친다는 이론이다. 보디랭귀지는 신체언어로서 제스처

[그림 2-8] 상대방에 대한 인상이나 호감을 결정하는 요소

(말의 효과를 더하거나 뜻을 전하기 위해 하는 몸짓이나 손짓)뿐만 아니라 외모나 복장 같은 시각 요소 일반이 포함된다.

마음은 행동으로 표현되고 습관이 되면 쉽게 고쳐지지 않는다. 기승자는 훈련을 받으러 온 사람이 아니라 승마를 즐기러 온 고객이다.

3) 목소리와 말투

넓은 마장에서 강습을 진행하기 위해 재활승마지도사는 목소리를 적절히 조절할 수 있어야 한다. 이때 단순히 목에서만 나오는 소리로 크게 말하면 목이 쉬고 잠기기도 한다. 심지어는 뇌의 압력을 올려 혈압이 올라가고 머리가 '띵하다'는 느낌을 받기도 한다.

반대로 재활승마지도사가 자신감이 없거나 지적장애나 자폐스펙트럼 아동을 만나 어떻게 해야 할지 모르게 되면 말수는 급격히 줄고 소리는 입 밖으로 나오지도 않는 수준이 된다. 처음 강습을 하게 되면 긴장감은 최고조에 다다르게 되어 본인도 무슨 말을 하는지 모르고 횡설수설한다. 기승자를 비롯한 봉사자들도 어찌할 바를 모르고 우왕좌왕하면 초보 지도사는 더 당황해서 서둘러 강습을 마치게 되는 경우도 있다. 사전에 시나리오를 작성해서 혼자 연습하거나 숙련된 지도사의 지도를 받아 준비/마무리 운동 같은 비교적 간단한 지도부터 시작해본다.

목소리만 크다고 해서 내용이 올바르게 전달되지는 않는다. 시장이나 홈쇼핑에서 물건을 판매하는 사람은 목소리를 높여서 빠르게 말하는데, 듣는 사람들의 긴장감을 유발해 판매량을 늘리려고 하는 것이다. 텔레마케터들이 목소리 톤을 높이는 것은 청취자에게 상쾌한 느낌을 주고 설득할 때는 낮고 부드러운 목소리로 또박또박 이야기를 한다. 너무 낮은 목소리는 경외감을 주지만 두려움도 줄 수 있어 기승 경험이 많지 않은 기승자의 두려움을 증대시킨다.

가장 듣기 좋고 매력적인 목소리는 하모닉스가 풍부한 중저음이라고 한다. 이는 목에서만 소리를 내는 것이 아니라 아랫배를 이용해서 가로막근육을 움직여 몸통 전체로 진동을 만들어내

는 것이다. 가수나 웅변가는 목에서 소리를 만드는 것이 아니라 아랫배에서부터 소리를 이끌어 낸다.

강습을 진행할 때는 중저음을 주로 사용하되 강습 참여자의 집중을 유도하고 흥미를 불러일으키기 위해 다양한 톤의 목소리도 사용할 수 있어야 한다. 다양한 억양(말을 할 때 소리의 높낮이에 변화를 주는 일)과 어조(말의 가락)를 구사하는 것이다.

재활승마지도사는 사투리, 속어, 축약어, 신조어, 전문용어, 외래어를 많이 사용하면 안 된다. 지나친 사용은 오히려 전문성을 의심하게 만들고 기승자나 봉사자와 소통을 어렵게 한다.

또한 말끝을 흐리지 않아야 한다. 말끝을 흐리면 자신감이 없어 보이고 내용에 대한 신뢰도 낮아지게 한다. 말끝이 흐리면 인생의 끝도 흐리다는 말이 있다. 자신감을 갖고 명확히 말을 끝내도록 한다. 말끝은 '~요, ~죠'(요죠체)와 함께 '~다, ~까'(다까체)를 적절하게 사용한다. '요죠체'는 부드러운 화법을 만들고 '다까체'는 강하고 정중한 화법을 만든다. 재활승마 강습에서는 '요죠체'를 60~90%, '다까체'는 10~40%를 사용하길 권유한다.

표정과 태도, 목소리와 말투를 개선하기 위해서는 전문가에게 지도를 받거나 자신이 하는 강습 모습을 동영상으로 촬영해서 잘못된 부분을 찾아 개선하려는 정도의 적극적인 노력이 필요하다.

3 수석지도사에 의한 평가

1) 대상자

지도사는 강습할 때는 물론 기승자가 센터에 있는 동안 기회가 될 때마다 기승자를 관찰한다. 사물이나 현상에 대한 관찰은 모든 과학연구와 인식의 시작이다. 즉, 지도사가 기승자를 능동적이고 목적의식적인 태도로 파악함으로써 인식 성립의 주요 계기가 마련되는 것이다. 재활승마 프로그램에서 관찰은 프로그램 참여자들과 말 그리고 활동에 대한 유용한 정보를 제공해준다. 관찰은 언제나 이루어질 수 있는데, 목적은 기승자에 대한 행동 및 강습참여의 긍정적 변화 등이다. 관찰을 통해 지도사에게 많은 정보가 축적되어 기승자에게 영향을 주어 변화에 대한 가능성을 시사해준다. 관찰에 의해 얻은 정보 중에서 이용 가치가 있는 것들을 잘 선별해야 한다. 만일 경련성 뇌성마비가 있는 아이라면, 자세의 올바름, 근육의 긴장도, 비대칭성, 미세 움직임, 통증 여부, 운동 능력, 지시에 대한 이해 능력 등을 관찰해야 할 것이다. 또 행동장애가 있는 아이라면, 수용능력, 사회성, 즐거움, 타인에 대한 태도, 스트레스, 경직성, 두려움, 적대감, 거절과 슬픔 등을 관찰해야 한다.

재활승마에서 관찰이 필요한 경우들은 다음과 같다.

- 비언어적인 의사교환
- 몸짓, 표정
- 자세, 근육 긴장도, 신체의 움직임
- 신체적인 변화(붉어지거나 땀 흘림 등)
- 여러 가지 기술 능력
- 반응이 느리거나, 불가능한 행동
- 말하는 내용과 방법, 말을 하게 되는 동기와 시간
- 감각기관에 의한 자극 여부와 그 시기
- 자신과 타인, 말 그리고 활동에 대한 인식
- 정보의 수용과 처리 능력, 타인과의 교류 정도
- 주위환경에 대한 적응 능력
- 활동의 일관성 – 일관성의 지속과 변화의 정도, 그 시기
- 문제점과 그 이유, 그리고 교정 가능성

관찰을 통해 문제점을 파악하고 해결방안을 제시하는 과정을 예를 들어 살펴보면 다음과 같다. 강습을 예로 들었지만 강습 외에도 적용 가능하다.

문제점	해결 방안
관찰 내용?	→ 기승자가 말 위에 바르게 앉지 못함
	⇩
원인은 무엇일까?	→ 기승자의 몸 일부가 경직되고 사이드워커의 보조 부족
	⇩
필요한 조치는 무엇인가?	→ 말을 멈추고, 기승자가 현 자세를 느끼게 함. 스스로 자세를 잡도록 시도하고, 스스로 자세를 잡기 어려우면 사이드워커 지지 제공. 자세가 바로잡히면 조금 전 상황과 비교 설명. 경직된 부분의 정확한 보조, 말을 출발하게 하고 걸을 때 느낌 설명
	⇩
확인	→ Yes: 완료 No: 관찰

상세한 관찰은 옳고 그름을 알려줄 뿐만 아니라 언제, 무슨 일이 어떻게 일어났는지를 알게 한다. 지도사는 자세, 강습참여도 등 기승자에 관한 정보와 움직임, 반응, 피로도 등 말에 대한

정보, 그리고 말 끌기, 기승자 지지 등 강습을 지원하는 자원봉사자들에 관한 정보를 종합하여 판단하고 분석하여 효율적으로 강습할 수 있다.

관찰은 관찰자의 공정성과 객관적인 판단이 중요하다. 관찰된 사실을 주관적으로 해석하면 진실이 가려질 수도 있다. 예를 들면 장애명과 장애 등급만으로는 기승자의 모든 것을 명확히 판단하기 힘들다. 장애를 가진 기승자가 가진 놀라운 능력이 단지 겉으로 드러나는 장애에 묻힐 수 있다. 같은 장애라고 해서 서로 다른 사람이 같을 수는 없다. 지도사는 기승자를 관찰하여 최적의 강습을 제공해야 한다. 평상시 관찰을 통해 문제점을 파악·분석하고, 필요한 조치로 문제를 해결하며, 주기적인 평가를 통해 변화의 추이를 점검하여 강습에 반영한다.

관찰평가표를 작성하여 평가에 활용할 수도 있다. 양식의 내용을 기승자에 맞게 수정하고 주기적으로 평가하면 일정 시간이 흐른 뒤에 과거의 관찰평가 양식과 현재 것을 비교해보았을 때 변화된 점을 찾을 수 있을 것이다. 전혀 변화가 없어 보여도 매일 조금씩 변해가고 있다.

재활승마 프로그램 참여자들을 위한 관찰평가

기승자 성명: 김OO   말: 부교리
기승자를 위한 목적: 자긍심 강화, 언어능력 향상
학교: OO초등학교   시작 날짜: 2019년 9월 16일

수업 참여	날짜							
	9/16	9/23	9/30	10/7	10/14	10/21	10/28	11/5
1. 강습 전 활동	1/A	1/A	2/B	2/B	3/B	3/C	4/D	4/D
2. 기승 및 준비운동	1/A	1/B	1/B	2/B	2/B	2/D	4/C	4/D
3. 운동의 발달	1/A	1/A	1/B	1/C	1/C	1/C	3/C	3/C
4. 강습 참여도	1/A	1/B	1/B	2/B	2/C	2/C	3/C	4/C
5. 게임 활동 참여	1/B	1/B	2/B	2/C	3/C	3/C	4/C	4/D
6. 마무리 운동 및 하마	1/C	2/C	3/C	3/C	3/D	3/D	4/D	4/D
7. 강습 후 활동	1/A	3/A	2/B	2/B	3/C	3/C	3/D	4/D
8. 기타- 언어능력향상	1/A	2/B	3/C	2/C	3/B	3/B	4/D	4/D

평가항목: 능력
1. 과제이행 불가능
2. 약간의 도움으로 과제이행 가능
3. 최소의 도움으로 과제이행 가능
4. 도움 없이도 과제이행 가능

평가항목: 기분
A. 의욕 없음, 동기화가 안 됨
B. 약간 의욕 있음, 약간 동기화 됨
C. 의욕 있음, 격려 필요함
D. 의욕 매우 많음, 스스로 동기화 함.

특이 사항
9/16. 비언어 사용하는 날. 9/23. 약간의 언어 사용, 행복해 하고 말에게 미소로 인사함. 9/30. 간부진에게 "안녕하세요"라고 말함. 10/7. 게임 참여 중, 언어 사용함. 10/14. 말에게 요구하고 모든 자원봉사자들의 이름을 기억함. 10/21. 지도사에게 음성으로 반응함. 10/28. 수업시간 동안 내내 웃고 말함.

_____   _____
지도사 서명   완성한 날짜

재활승마 프로그램 참여자들을 위한 관찰평가

기승자 성명: _____   말: _____

기승자를 위한 목적: _____

시작일: _____   예상종료일 : _____

수업 참여	날짜						
1. 강습 전 활동							
2. 기승 및 준비운동							
3. 운동의 발달							
4. 강습 참여도							
5. 게임 활동 참여							
6. 마무리 운동 및 하마							
7. 강습 후 활동							
8. 기타-ex 언어능력향상							

평가항목: 능력
1. 과제이행 불가능
2. 약간의 도움으로 과제이행 가능
3. 최소의 도움으로 과제이행 가능
4. 도움 없이도 과제이행 가능

평가항목: 기분
A. 의욕 없음, 동기화가 안 됨
B. 약간 의욕 있음, 약간 동기화 됨
C. 의욕 있음, 격려 필요함
D. 의욕 매우 많음, 스스로 동기화 함.

특이 사항

_____   _____
지도사 서명   완성한 날짜

2) 지도사, 직원, 봉사자 대상 평가

프로그램 운영을 책임지는 지도사는 다른 지도사나 직원은 물론 자원봉사자들의 잠재력을 최대한으로 끌어올리기 위해 그들의 능력과 기술 그리고 성격에 대한 평가를 해야 한다. 각 개인의 기술과 성격의 활용은 강하고 지속가능한 집단을 만들어낸다. 재활승마에서는 지도사와 자원봉사자들이 자신들의 능력을 최대한으로 활용하고 기여할 수 있도록 하기 위한 특별한 기술과 훈련을 필요로 하고 있으며, 안전하고 도전적인 프로그램은 이러한 사람으로부터 만들어진다.

새로 참여한 지도사나 자원봉사자들은 지원서를 작성해 제출할 때, 자신에 대한 정보와 말, 그리고 장애인, 승마 능력, 지도사 또는 자원봉사를 지원한 이유와 동기 등에 대한 정보도 기재하게 된다. 그 외에도 지도사나 자원봉사자들의 실기능력도 심사하는 것이 좋다.

다음 페이지에는 처음 시작할 때, 채용한 후, 혹은 연말에 이들에 대한 평가용 설문지가 제시되어 있다. 이 설문지는 자기 자신 혹은 동료들에 대한 평가를 위해서도 이용할 수 있다.

질문에 대한 답을 활용하여 지도사들은 간부나 자원봉사자들의 일에 대한 성취도를 최대화할 수 있게 된다. 지원자를 적재적소에 배치할 때 더욱더 효과적으로 일할 수 있게 한다. 재활승마는 참여자 한 사람에 따르는 지도사의 수가 많기 때문에 그들을 잘 활용하기 위해서는 이러한 평가가 필요하다.

평가 예시
- 기승자에 대한 이해는 어떠한가?
  어떤 면에서 뛰어난가? _____
  어떤 면에서 부족한가? _____
- 말에 대한 이해는 어떠한가?
- 다른 사람들과 협동 작업 능력?   아주 좋음☐, 좋음☐, 빈약☐
- 소집단 활동을 잘하는가? ☐, 아니면 혹은 1대1 작업을 잘하는가? ☐
- 가장 자신 있게 다루는 것은?   말 ☐, 아동 ☐, 성인, 자기 혼자☐
- 책임감이 있는가? 아주 좋음☐, 좋음☐, 중간☐, 빈약☐
- 청소년이라면, 가장 잘 하는 일이나 보충되어야 할 점은? _____
  _____
- 규칙적으로 근무가 가능한가? 예☐, 아니오☐
- 지식이나 능력이 과소, 혹은 과대평가되었는가? 예☐, 아니오☐
  어떤 점인가? _____
  _____
- 지시와 시정을 잘 수용하는가?   아주 잘☐, 중간☐, 빈약☐
- 새로운 기술의 습득 의욕이 있는가?   예☐, 아니오☐
- 말에 대해 안전하게 잘 할 수 있는가?   예☐, 아니오☐
- 승마지도능력이 있는가?   예☐, 아니오☐
- 기술 활용 준비가 돼 있는가?   예☐, 아니오☐
- 선호하는 것은?   지도사☐, 추종자☐
- 지도사의 견해에 동의하는가? 예☐, 아니오☐
- 지도사의 지시를 따르는가?   예☐, 아니오☐
- 과제에 대해 제 시간 내에 추후 확인을 하는가?   예☐, 아니오☐
- 도움이 필요한가? 예☐, 아니오☐, 얼마나? 약간☐, 중간☐, 많이☐
- 격려가 필요한가? 예☐, 아니오☐
- 지도할 능력이 있는가? 예☐, 아니오☐
- 다른 사람의 얘기를 이해할 줄 아는가? 예☐, 아니오☐
- 타인이 하는 안전수칙을 이해하는가? 예☐, 아니오☐
- 매사에 적극적인가? 예☐, 아니오☐
- 강점을 살리고 약점은 제거할 수 있는 방법은?

비고

3) 말 평가

처음으로 말을 평가하기 위해서는 종합평가를 이용한다. 그러나 처음 평가한 결과가 우수한 말은 대부분의 항목에서 다시 합격할 수 있다. 지도사는 말에 따라 중점적으로 수행해야 할 훈련항목을 정리하여 불필요한 훈련시간을 줄인다. 또한 훈련이 끝나고 강습에 투입되었어도 정기적인 평가를 통해 꾸준히 말의 성품과 능력을 유지하도록 관리한다. 아래의 Checklist를 재활승마 센터의 상황에 맞게 수정 보완하여 사용한다.

말의 정기 CHECKLIST

말 이름 _____ 생년월일 _____
특성 _____

훈련내용(5점 척도로 작성)	지도사1	지도사2	지도사3	평균
1. 이끔 수용, 양쪽				
2. 보조자 수용, 양쪽				
3. 기승자의 동작 수용				
4. 기승자의 소음 수용				
5. 경사로 수용				
6. 평지와 경사로에서 말 오르내리기 수용				
7. 지상의 휠체어 수용				
8. 경사로의 휠체어 수용				
9. 휠체어 이동 수용				
10. 목발, 단장, 보행자 수용				
11. 공, 고리, 게임 수용				
12. 구두명령 복종-정지				
13. 구두명령 복종-걷기				
14. 구두명령 복종-속보				
15. 구두명령 복종-구보				
16. 조마삭에서 모든 구두명령 복종				
17. 양방향 조마삭-걷기				
18. 양방향 조마삭-속보				
19. 양방향 조마삭-구보				
20. 걸음이동과 원활, 이끔				
21. 걸음이동 원활, 조마삭				
22. 특수 장비 수용				
계				

위의 말은 점검이 완료되었으며 재활승마 프로그램에 이용될 수 있음

평가 일 _____ 평가자 서명 _____

4장
보호자 이해

1 학부모에 대한 이해

신체 또는 정신장애나 정서·행동에 문제를 가진 아동의 부모는 자신의 아동이 가진 문제에 대해 전문가적인 소견을 갖기도 한다. 재활승마지도사는 기승자의 장애에 대한 이해뿐만 아니라 학부모에 대해 이해함으로써 학부모가 재활승마 강습 지지자나 조력자의 역할을 하도록 기대할 수 있다.

장애를 가진 학부모는 '무의식 → 걱정 → 감지 → 간헐적 인식 → 부정 → 분노 → 동정, 자기연민 → 교섭 → 우울 → 수용 적응'의 모든 단계 또는 대부분 단계를 거치면서 아동에 대해 많은 투자를 하여 경제적인 어려움을 겪기도 한다. 학부모가 일반적으로 겪는 심리적인 단계들은 가족에 대한 부적응이라기보다는 오히려 충격(traumatic)이나 복잡한 사건에 대한 정상적인 반응이다. 이 과정 중 어떤 부모들은 모든 단계를 순서대로 거치기도 하고, 한 단계 혹은 2단계 이상 뛰어넘기도 하고, 반대로 몇 단계까지 갔다가 되돌아오기도 한다. 어머니와 아버지가 장애를 보는 관점이 다를 수 있어 동일한 단계를 거치지는 않는데, 이는 부부간의 의사소통, 아이에 대한 적응, 부부관계 등에 영향을 미치게 된다. 장애아동으로 인해 부부가 불화나 이혼 등 부정적인 영향을 받을 수도 있지만, 반대로 어려움을 극복하기 위해 상호 간의 결속력이 더 강해지고 친밀해지는 긍정적인 영향을 받을 수도 있다.

또한 사회적 편견으로 인해 사회적인 고립감을 경험하는 등 다양한 문제에 직면하게 된다. 특히 자녀양육에 1차적인 책임이 어머니에게 부과되는 경향이 있어 어머니가 아동의 장애에 의한 영향을 가장 많이 받으며 이로 인한 스트레스로 신체적·심리적 어려움을 겪게 된다. 이러한 양육 스트레스는 부적절한 양육태도와 장애에 대한 불충분한 대처로 장애아동의 적응과 발달에 영향을 주고, 이는 어머니의 스트레스에 가중되는 악순환을 겪을 수 있다. 아버지와 어머니의 입장이 각각 다르고 장애아동의 성별이 부모와의 상호작용에 영향을 준다. 아버지는 가족의 외부적인 측면과 관련된 활동을 하는 도구적 역할(instrumental role)을 담당하고, 어머니는 가족의 내적인 면과 관련된 활동을 하는 표현적 역할(expressive role)을 하는데, 이를 전통적인 부모의 역할이라고 한다. 이러한 역할을 개선하여 아버지와 어머니 모두에게 표현적인 역할과 도구적 역할이 요구된다.

재활승마지도사는 기승자에 대한 중재나 강습 효과를 촉진하기 위해 전문가로서 장애 학부모가 갖는 과정과 문제를 이해하고 상호작용을 촉진시킨다. 또 학부모 상담과 교육을 통해 기승자의 중재나 강습상황을 이해하거나 일부 과정에 참여토록 하면서 강습 활동을 유지한다. 강습하는 동안 학부모가 편안한 휴식을 취하도록 배려하거나 강습이 끝난 뒤 피드백을 주는 것도 재활승마 간접참여 효과를 주어 재활승마지도사에 대한 신뢰와 강습 만족을 향상시킬 수 있다.

[표 2-16] 학부모가 겪는 심리적인 단계

단계	내용
무의식 (unawareness)	출생 시부터 장애아로 판명된 경우는 이 단계를 거치지 않지만, 그렇지 않은 경우는 아이의 장애를 깨닫지 못하고 여느 아이와 마찬가지로 대한다.
⇩	
걱정 (uneasiness)	시간이 지남에 따라 아이는 부모의 기대와 달리 행동하게 되는데, 이 단계에서 부모는 아이의 발달이 느려 마음이 편치 못하다. 다른 아이들과 자신의 아이를 비교하기도 하고, 전문가의 의견을 듣기도 한다.
⇩	
감지 (conscious recognition)	부모는 자녀의 상태가 어떠한 것인지 알아보기 위해 노력하면서도 ○○는 장애를 가진 것이 아니라 아직 ◇◇하는 것에 관심이 없다는 식으로 생각한다.
⇩	
간헐적 인식 (casual recognition)	아이의 문제와 그 결과에 대해 설명을 듣고 어느 정도 이해하기 시작한다. 그러나 여전히 장애아가 아니라는 사실을 떨쳐버리지 못한다.
⇩	
부정 (denial)	아이가 장애라는 사실을 부정하며, 전문가의 진단 분류가 틀렸다고 생각한다. 부모는 전문가가 오진이었음을 기대하면서, 다른 여러 병원에 찾아다니기도 한다. 부정은 부모가 고통, 슬픔 따위를 피하고자 하는 방어기제이다.
⇩	
분노 (anger)	현실에 대해 분노를 느끼면서, 그 영향이 점차 명확해짐에 따라 '왜 나에게 이런 일이 일어났는가?'라는 의문을 떨치지 못한다. 이 단계에서 자녀의 장애 때문에 다른 사람을 미워하게 된다. 많은 시간을 소모하게 되고, 고통이 따르며, 신체적인 인내를 감수하여 피로에 지쳐 녹초가 되기도 한다. 분노 감정이 점차 배우자, 다른 자녀, 장애아로 확대된다.
⇩	

단계	내용
동정, 자기연민 (pity and self-pity)	아이의 죽음, 그리고 아이로 인해 자신들의 꿈이 이루어지지 못한 것에 대해 딱하게 여기거나 연민의 정을 느낀다. 부모는 중증장애아에 대한 동정을 느끼지만 불행하게도 그 동정심이 서로 간에 미치지 못한다.
⇩	
교섭 (bargaining)	자신의 자녀가 장애에서 벗어날 수 있기를 신에게 기도한다. 예를 들면 "아이를 정상인으로 만들어주시기만 하면 반드시 교회(또는 절)에 다니겠습니다.", "이 현실만 벗어나면 악한 일을 저지르지 않겠습니다." 등
⇩	
우울 (depression)	부모는 자신의 자녀가 중증장애아임을 이해할 뿐만 아니라 영구적으로 지속될 것으로 생각한다. 또한 장애에 수반되는 모든 책임을 다하는 것이 어려울 뿐만 아니라 자녀를 끝까지 보살피는 것이 불가능하다는 것을 생각한다.
⇩	
수용 적응(acception and accommodation)	부모는 자녀의 있는 그대로의 모습을 받아들이며, 자녀에 대한 적극적인 계획을 세우기 시작한다. 미래를 계획할 뿐 아니라 자녀의 교육 훈련에도 적극적으로 참여한다.

등록 장애인의 90.5%가 후천적 질환(55.1%)이나 사고(35.4%)로 장애인이 되고 고령의 장애출현이 높아 65세 이상이 38.8%, 50~64세가 32.1%로 50세 이상이 70.9%이다. 장애유형 중 50% 정도가 지체장애이고 장애 정도를 나타내는 등급은 1~6급으로 구분하는데, 1~2급인 중증이 22.8%, 3~6급이 77.2%이다(등급제 폐지 이전 자료로 분석).

부모와 마찬가지로 장애인 당사자도 다음과 같은 심리 상태를 겪는데, 이는 구분되지 않을 수도 있고 한 단계에서 고착될 수 있다.

충격(shock) ⇨ 충격(shock) ⇨ 우울(Depression)
⇩
적응(Adaptation) ⇦ 독립에 대한 저항(Reaction Against Independence)

- 충격(shock): 사고나 질병 등으로 자신의 장애를 알았을 때 가장 먼저 나타나는 반응이며, 정서적으로 극심한 비탄 상태에 처한다.
- 부정(denial): 충격에서 헤어나면 그다음에는 장애를 부정하는 단계가 나타난다. 회복에 필요한 방어기제로 심리적 적응에 도움이 되지만, 환자가 장애를 스스로 통합하고 인식하기 위해서는 부정의 단계가 서서히 엷어져야 한다.
- 우울(depression): 점점 자신의 장애를 인정하는 단계로 접어들며 상실을 인정하는 순간 생겨난다. 만약 환자가 우울을 경험하지 않으면 이는 자신의 신체 손상을 인정하지 않고 있음을 의미하기 때문에 더욱 조심해서 지켜보

아야 한다.
- 독립에 대한 저항(reaction against independence): 자기-간호나 일상생활을 할 수 있게 되어 퇴원을 앞두게 될 무렵, 익숙하고 안락한 병원을 떠나게 되는 것에 대한 저항을 보일 수 있다. 의존적인 경우 퇴원이 어려워지고 장시간 병원에 머무르게 될 수 있다.
- 적응(adaption): 상실에 대해 여러 단계를 겪고 나면 이전으로 돌아갈 수 없다는 사실과 새로운 잠재력, 변화된 한계를 인정함으로써 새로운 역할을 성취하기 위한 목표를 설정하고 실행하게 된다.

2 보호자 교육

재활승마에 참여하는 기승자는 부모나 보호자, 교사, 프로그램 인솔자와 함께 강습에 참여하기 위해 센터를 찾는다. 재활승마는 말이라는 살아있는 동물이 함께하는 활동이기 때문에 함께 참여하는 보호자와 함께 안전교육을 반드시 하도록 해야 한다. 기본적인 자원봉사자 교육을 함께하는 것이 재활승마를 이해하는 데 도움이 될 수 있다. 그러나 시간상의 문제나 여러 이유로 인해 자원봉사자 교육이 어려운 경우 간단하게라도 안전교육과 프로그램에 대한 소개가 필요하다. 교육 내용에는 말의 특성과 안전 주의사항, 재활승마 팀원의 역할과 프로그램 진행 방법 등에 대한 부분이 포함되며, 강습 중 기승자에 대한 불필요한 간섭이나 지적은 안전하고 효율적인 강습에 방해가 되므로 반드시 주의토록 교육해야 한다. 또한 간단한 안내문을 통해 강습에 참여하는 팀 구성원으로서 기승자의 수칙과 보호자의 주의점을 만들어 배포하는 것도 도움이 된다. 안내문에는 주의사항, 연락처 등을 명시하도록 한다.

장애나 정서·행동에 문제를 가진 사람이 승마라는 특별한 경험을 하고 강습을 받기 위해서는 보호자의 의지가 무엇보다 필요하다. 재활승마 과정에서 가족 및 보호자의 참여는 재활승마 과정의 수행을 증진시키고, 재활승마지도사가 기승자를 이해하는 데 도움을 주어 기술 습득을 좀 더 용이하게 한다. 또한 부모 참여 시 적절한 교육을 받았을 경우 부모는 기승자의 유능한 개인교수자가 되어 강습이 가정까지 연결되어 강습의 질을 더욱 높일 수 있다. 보호자 교육에 대한 필요성은 다음과 같다.

- 재활승마에 대한 부모의 관심은 프로그램을 지속하는 데 중요한 지지자가 된다.
- 보호자는 프로그램에서 무엇을, 어떻게 배우는지에 대해 알고 의견을 제시할 권리가 있다.

- 강습 상황에 따라 부모가 보조자로 참여하면 개별화된 교수법을 실행하는 데 효과적일 수 있다. 단, 기승자가 부모를 의식하고 강습에 부정적인 영향을 주는 경우는 배제해야 한다. 오히려 참관조차 하지 않는 것이 도움이 될 때가 많다.
- 보호자는 학교, 가정, 승마장을 연결하는 데 도움을 줄 수 있다.
- 보호자는 자녀를 잘 알고 강습 목표를 성취하는 데 재활승마지도사에게 적절한 정보를 제공한다. 정보를 제공하는 것과 강습에 관여하는 것은 다르다. 강습운영은 전문가인 지도사의 권한이다.
- 장애아동과의 의사소통이 원활하지 않기 때문에 안전이나 강습 운영에 대한 고지나 안내는 보호자와 이루어져야 한다.
- 보호자 교육을 통해 강습생의 맞춤형 개별 교육에 대해 이해시켜 오해가 없도록 한다.
- 강습에 대한 피드백도 보호자를 통해 이루어져야 한다.

보호자(학부모) 교육에서 재활승마에 대해 한꺼번에 많은 지식을 전달할 수 없기 때문에 강습운영 계획과 안전에 대한 교육을 필수적으로 넣고, 시설활용 같은 기타 내용을 추가하여 단계적이고 체계적으로 교육한다.

여러 계층의 다양한 보호자들이니 만큼 강습에 대한 내용을 이해하기 쉽게 가능한 한 이론보다는 개별적인 실습 과정을 기술한다. 또한 보호자의 니즈를 파악한 내용을 기승자의 강습목표에 반영하여 가족 모두를 참여하도록 하는 것이 바람직하다. 부모 교육에서 일반적인 방향과 현실적이고 미시적인 방향을 제시하는 구체적인 방향으로 나눌 수 있다. 기승자를 대상으로 적용하여 실천할 수 있는 부모 교육의 구체적 프로그램은 다음과 같으며, 이 중 선별하여 상황에 맞게 활용하면 된다. 개별적으로 또는 그룹별로 이루어질 수 있고, 강습 시작 전에 오리엔테이션(OT) 개념으로 이루어지나 분기별, 상·하반기, 월말·연말 등 필요에 따라 탄력 있게 운영하는 것을 권장한다.

드물지만 장애 자녀를 가진 보호자는 심리적으로 대화를 회피하는 경우나 반대로 대화를 일방적으로 주도하려고 할 수도 있으니 이러한 점도 교육이나 피드백의 경우 고려해야 한다.

보호자들끼리 정보 교환도 가능하게 그들만의 모임이나 간담회를 마련함으로써 다른 장애아동을 이해하고 자녀에 대한 폭넓은 지도 방법을 체득하는 계기가 될 수 있다. 보호자들이 1년에 1회씩 정기 회의를 갖고 필요할 때마다 수시로 모임을 가지면서 지도 방법이나 생활 적용 상태 및 학습 지도에 대한 의견과 정보를 교환하며 통합 학생들을 위한 행사를 지원하는 방안을 모색하고 협조하기도 한다.

[표 2-17] 부모 교육 - 오리엔테이션 내용(예시)

단계	내용
재활승마 일반적 소개	· 정의 · 재활승마 효과(신체적, 정신적, 사회적, 인지·감각적) · 재활승마 운영 사례 소개
재활승마 운영진 소개	· 말 · 기승자 · 재활승마지도사 · 자원봉사자(말 리더·사이드워커)
센터 시설 및 활용	· 강습 시간 및 일정 안내 · 참여 시 준비물 및 준비내용 공지(복장, 신청서 등) · 마장, 라커룸, 마방 등 · 화장실, 엘리베이터 등 기타 편의 시설 · 개인 물품 보관함 안내 등
재활승마 프로그램 소개	· 재활승마지도-교육내용, 운영 절차 · 재활승마 그룹 강습 · 체험 프로그램
말과 시설에 대한 안전 준수사항	· 강습용 말에 대한 소개 및 주의사항 · 승마 활동 시 안전 준수사항 · 말과 시설에 대한 안전교육 및 준수사항 · 낙마 등 사고에 대한 처리 절차 및 보험 안내
말 및 시설 소개	· 말의 특성 및 안전사항 교육 · 강습에 투입되는 말 소개 · 시설 소개 및 주의사항
공지사항 및 질의응답	· 일정 사전 공지 및 조율, 일지 작성 · 강습 참관과 상담 절차 공지 · 질의응답 및 피드백

강습에 관한 전달 사항은 가장 편하게 접근하는 방법으로 재활승마지도와 관련된 다양한 시청각 자료를 부모 교육에 활용한다. 기본 전달 내용은 전체 일정, 승마 및 재활승마 이해, 프로그램 운영 시간표, 안전교육, 사이드워커를 포함한 팀 운영과 운영진 소개, 피드백, 상담 및 교류 일정과 마지막으로 질의응답 등을 포함하여 보호자를 교육한다.

끝으로 전체 시설을 둘러보는 견학과 센터 소개 및 강습에 참여하는 말과의 인사까지를 부모 교육에 포함할 수 있다. 이는 안전에 대한 내용이며 아직 재활승마나 승마 말에 대한 인식 부족으로 다른 분야보다 자세하게 직접 소개하는 것을 권한다.

[그림 2-9] 부모 교육 자료(ppt) 및 사진(예)

말산업 국가자격시험 교재
재활승마 이론

PART III

시설 및 장비

1장. 시설
2장. 마장구 및 교구

재활승마장의 시설 및 강습에 사용하는 마장구의 종류 및 용도에 대해 알아본다.

1장
시설

재활승마 시설은 재활승마 프로그램이 운영되는 마장뿐만 아니라 지도사가 업무를 처리하는 사무실, 기승자와 가족이 대기하는 대기실 등 재활승마와 관련되는 모든 시설이 포함된다. 이 장에서는 승마장 시설에 관한 법률과 재활승마장 시설에 관한 요소들을 살펴보고, 이용하는 데 있어 최적의 상태를 유지하는 방안에 대해 설명하고자 한다.

1 재활승마장 관련 법률

재활승마장, 재활승마센터 또는 재활전용승마장이라는 법률적 용어는 없지만, 승마장 시설에 관한 법률은 문화체육관광부의「체육시설의 설치·이용에 관한 법률」과 농림축산식품부의「말산업육성법」에 규정되어 있다. 따라서 재활승마장을 설치할 경우는 이 두 법률을 참고해야 한다. 먼저「말산업육성법」에 의한 승마장은 '농어촌형 승마시설'로「농업·농촌 및 식품산업 기본법」제3조제5호에 따른 농어촌지역에만 설치할 수 있다. 마사, 관리사, 마장 등 모든 시설이 500㎡ 이상이며 실외마장은 0.8m 목책(또는 펜스)이 필요하고, 등록기관(한국마사회)에 등록된 승용마가 3마리 이상, 말 사육 및 관리에 필요한 마사가 있어야 한다. 또한 재활승마지도사, 말조련사, 스포츠지도사 같은 국가 자격 소지자 등을 안전요원으로 배치해야 한다.

「체육시설의 설치·이용에 관한 법률」에 의한 승마장은「국토의 계획 및 이용에 관한 법률 시행령 및 개별법」에 의거, 설치지역 제한이 있는 신고 체육시설업이다. 실내 또는 실외마장 면적이 500㎡ 이상이며 실외마장은 0.8m 목책(또는 펜스)이 필요하고, 승용마가 3마리 이상이며, 말 관리에 필요한 마사가 있어야 한다. 말이 20마리 이하일 경우 승마 관련 체육지도자 중 1명 이상, 말이 20마리를 초과하면 2명 이상의 지도자를 배치해야 한다.

또한「장애인·노인·임산부 등의 편의증진 보장에 관한 법률」에 의하면 장애인 등은 인간으로서의 존엄과 가치 및 행복을 추구할 권리를 보장받기 위해 장애인 등이 아닌 사람들이 이용하는 시설과 설비를 동등하게 이용하고 정보에 자유롭게 접근할 수 있는 권리를 가지므로 시설주는 장애인 등이 공공건물 및 공중이용시설을 이용함에 있어 가능한 한 최단거리로 이동할 수 있도록 편의시설을 설치해야 한다. 편의시설의 종류 및 설치기준은 〈표 3-1〉과 같다.

재활승마장은 대상자인 장애인과 보호자, 자원봉사자, 재활승마지도사, 말 등 많은 구성원이 활동하는 곳으로 이들의 편의와 안전을 고려하여 시설을 배치하고 관리해야 한다. 승마시설의 안전에 관한 사항은 「말산업육성법 시행규칙」[별표 2]로 다음 〈표 3-2〉와 같다.

승마장의 위치 선정에 있어 고려할 사항은 '접근성'이다. 재활승마를 필요로 하는 대상자들과 보호자는 물론 자원봉사자가 승마장까지 방문하는 데 있어 접근이 원활한 곳에 위치해야 하므로 승마장 주변의 인구 및 접근시간, 교통이용수단 등을 충분히 고려한다. 두 번째는 '주변 환경'으로, 승마를 즐기는 대상자뿐만 아니라 승마장에 항상 머물러 있어야 하는 말이 스트레스를 받지 않고 편안한 상태를 유지하는 한적한 곳이어야 한다. 대로변 등 시끄럽고 변화가 많은 환경에서는 말이 극심한 스트레스에 시달릴 수 있고, 경적 소리 등으로 인해 갑작스러운 말의 큰 움직임은 기승자는 물론 주변 사람에게 위험을 초래할 수 있다. 또한 승마장 주변에 급한 경사면이 있으면 해빙기나 장마철 낙석 등에 노출되기 쉬우므로 피하도록 한다. 승마장 내 건물의 배치는 외부에서 접근하는 기승자나 방문객, 방목장이나 마방의 말, 내부에서 교육과 일반 업무를 처리할 지도사나 자원봉사자의 동선, 햇볕이나 바람의 방향 등 여러 조건과 상황을 면밀히 검토하여 문제를 최소화한다.

[표 3-1] 대상시설별 편의시설의 종류 및 설치기준

편의시설 대상시설	매개시설			내부시설			위생시설						안내시설			기타시설					비고
	주출입구·접근로	장애인전용주차구역	주출입구높이차이제거	출입구(문)	복도	계단 또는 승강기	화장실			욕실	샤워실·탈의실		점자블록	유도 및 안내설비	경보 및 피난설비	객실·침실	관람석	접수대·작업대	매표소·판매가·음료대	임산부 등을 위한 휴게시설	
							대변기	소변기	세면대												
운동시설	의무	의무	의무	의무	권장	권장	권장	의무	권장		권장						권장			권장	500㎡ 이상

[표 3-2] 승마장 안전에 관한 법률

「말산업육성법 시행규칙」 [별표 2] 〈개정 2019. 8. 26.〉
승마시설의 운영자가 지켜야 할 시설 및 안전기준(제11조 관련)

1. 일반기준

가. 승마시설의 운영자는 이용자의 안전을 위하여 제4호에 따라 안전요원을 배치하여야 하고, 승마시설 내에서 이용자가 항상 이용질서를 유지하도록 지도하여야 한다.

나. 이용자의 활동에 제공되거나 이용자의 안전을 위한 각종 시설·설비·장비·기구 등은 안전하게 정상적으로 이용될 수 있는 상태를 유지하도록 하여야 한다.

다. 실외의 경우 폭우, 폭설, 강풍 또는 파도 등으로 인하여 이용자의 안전을 해칠 우려가 있다고 판단될 때에는 그 이용을 제한하여야 한다.

라. 음주 등으로 정상적인 이용이 곤란하다고 판단될 때에는 음주자 등의 이용을 제한하여야 한다.

2. 시설기준

가. 등록기관에 등록된 승용말 3마리 이상을 보유하여야 한다.

나. 말의 사육 및 관리에 필요한 마사(馬舍)를 갖추어야 한다.

다. 마사, 관리사, 마장(가축운동장 등을 포함한다) 그 밖에 부속건물을 합친 면적이 500제곱미터 이상이어야 하며, 실외마장이 있는 경우에는 높이 0.8미터 이상의 울타리를 갖추어야 한다.

3. 안전기준

가. 이용자가 항상 승마에 적합한 신발을 착용하고 승마를 하도록 하여야 한다.

나. 승마시설을 이용하는 자는 승마에 적합한 안전모를 착용하도록 하여야 한다.

다. 말이 놀라서 낙마사고가 발생하지 않도록 마장 주변에서 큰 소리를 내거나 자동차 경적을 사용하는 것 등을 금지하기 위한 적절한 조치를 하여야 한다.

4. 안전요원 배치기준

가. 배치할 수 있는 안전요원

1) 말조련사 또는 재활승마지도사
2) 「국민체육진흥법」에 따른 체육지도자(승마 체육지도자만 해당한다)
3) 그 밖에 제3조 제3항에 따라 말산업 전문인력 양성기관으로 지정된 기관 또는 단체가 시행하는 교육과정을 수료한 자

나. 배치기준

1) 승용말 10마리 이상을 운영하는 승마시설: 가목 1) 및 2)에 따른 안전요원 중 1명 이상
2) 승용말 10마리 미만을 운영하는 승마시설: 가목 1)부터 3)까지의 규정에 따른 안전요원 중 1명 이상

2 승마장 시설 구분

재활승마장의 시설은 크게 승마교육 공간, 기승자 공간, 지도사 및 봉사자 공간, 말 공간, 기타로 구분할 수 있다.

[표 3-3] 재활승마장 시설의 분류

구분	세부 내용
승마교육 공간	실내마장, 실외마장, 원형마장, 외승로, 강의실, 치료실, 교육용품 보관실
기승자 공간	대기실(승마용품 보관), 관람실, 전용 화장실, 상담실
지도사 및 봉사자 공간	사무실, 도서관, 기승자 관련 서류 보관실, 카페테리아, 샤워실
말 공간	마사, 방목장, 사료창고, 장구실, 세마장, 수장대, 마분실
기타	주차장, 장비실 및 각종 창고

1) 승마교육 공간

재활승마장에서 가장 빈번히 사용되고, 말과 기승자들의 만남으로 교육 프로그램이 이뤄지는 장소다. 대한승마협회의 공인승마장 규격은 다음 〈표 3-4〉와 같다.

[표 3-4] 공인승마장 규격(대한승마협회)

구분	세부 내용	공통
장애물 경기장	경기장: 60×67m 이상 연습장: 30×30m 이상	경기장 및 연습장 바닥은 경기 진행에 적합한 소재로 설치하고 배수가 원활히 이뤄져야 한다.
마장마술 경기장	실 외: 40×80m 이상 실 내: 30×70m 이상 연습장: 60×20m 이상	

대한승마협회의 공인을 받을 필요는 없지만 이를 참고로 하여 말의 움직임에 지장을 받지 않을 정도로 충분한 크기의 실내·외 승마장을 확보하도록 한다. 다만 건축비, 강습 규모 등을 고려하여 적절한 규모를 결정한다.

(1) 실내마장

비, 햇볕, 바람, 추위로부터 피할 수 있는 공간으로 활용도가 가장 높고 말을 이용하는 것을 고려할 때 필수적으로 확보해야 할 공간이다. 천장은 채광과 조명, 환기, 결로 방지를 고려하여 높이를 충분히 확보하며, 비둘기 출입 등 교육에 위해가 될 수 있는 요소들을 사전에 예방하고, 동파 방지 스프링클러 등 소방시설을 설치한다. 난방에 대한 고려도 있어야 한다. 실내라는 생각에 난방을 고려하지 않으면 겨울철에 기승자는 두꺼운 옷을 착용하게 되고 강습 시 두꺼운 옷이 움직임을 저하시켜 지도사가 기승자의 자세를 관찰할 수 없어 강습 효과가 저하되거나 부정적인 결과를 초래할 수도 있다.

[그림 3-1] 실내마장(개방형과 밀폐형)

바닥은 우천 시 밖의 물이 들어오지 않고 배수가 원활히 되도록 한다. 바닥에 거친 모래, 폐타이어 조각, 나뭇조각 등을 까는 경우도 있지만, 보행에 불편을 주거나 환경오염 등이 우려된다. 바닥은 고운 모래를 깔아 보행과 만약에 있을 수 있는 낙마에 완충 역할을 할 수 있게 대비하고, 강습 전 트랙터를 이용해 평탄작업을 하여 말과 자원봉사자가 발을 헛디디는 일이 발생하지 않도록 한다. 바닥이 건조하면 먼지가 발생하여 오염으로 호흡기계통 질환을 유발할 수 있기 때문에 주기적으로 물을 뿌려 적당한 습기를 유지하도록 하고, 적절한 시기에 모래를 교환한다. 마장 내 바닥과 벽면에는 그 시간 교육에 필요한 교보재(원통, 삼각콘, 횡목 등)를 제외하고는 어떠한 물품도 놓아두어서는 안 된다. 기승대의 경우도 사용한 뒤에는 반드시 마장 밖으로 옮긴다.

벽면은 바닥으로부터 약 140㎝ 높이까지는 위로 갈수록 밖으로 넓어지도록 목재를 이용한 경사를 두어 말과 벽 사이에 사이드워커가 끼거나 기승자가 낙마할 경우 완충 역할을 하도록 한다. 경사를 만들어 생기는 공간에는 간단한 교육용품들을 수납할 수 있는 공간과 기승경사로로 이용할 수 있도록 한다. 경사진 벽 위쪽으로는 농구 골대, 각종 교육안내판 등을 설치할 수 있지만 돌출된 부분에 의해 부상을 입지 않도록 충분히 높이거나 접히는 형태로 부착하여 안전사고를 예방하고, 떨어지는 일이 없도록 벽면에 확실히 고정한다.

마방에서 실내마장으로, 외부(실외마장, 외승로 등)에서 실내마장으로 출입할 수 있는 문이 필요한데, 말이 이용하기에 불편함 없이 충분히 커야 한다. 특히 외부로 통하는 문은 모래 운반을 위한 덤프트럭이나 평탄작업을 위한 트랙터가 지나다닐 수 있어야 한다. 외부로 통하는 출입문으로 말이 지나갈 때는 안팎에 있는 사람이나 말이 충분히 인지할 수 있도록 "말 지나갑니다!(미국의 경우 "horse~!")"라고 주의를 준 뒤 확인하고 출입한다. 여름철이나 수시로 이동해야 할 필요가 있어 문을 열어놓을 경우는 긴 횡목(bar)이나 굵은 흰색 로프를 이용해 목책 같은 효과가 나도록 반드시 걸어놓아 말이 방심하지 않도록 한다. 마장에서 외부로 통하는 문은 사람이 이용하는 작은 문도 필요하다. 비상시 사무실에서 마장으로 사용할 수 있는 문도 설치하여 만일의 사태에 대비하지만, 평상시에는 교육에 방해가 되므로 사용하지 않는다. 마장에 관해 유의할 사항은 다음과 같다.

· 먼지가 나지 않도록 수시로 물을 뿌려준다.
· 바닥은 모래가 좋으나 우드 칩, 마사토, 피혁가루 등도 활용한다.
· 바닥의 마분은 즉시 치워서 냄새나 오염을 방지하고 해충이 발생하지 않도록 한다.
· 적당한 환기가 되도록 한다.
· 출입문은 출입 시를 제외하고 항상 닫혀 있어야 한다.
· 강습 목적 이외에 어떠한 물건도 방치하면 안 된다. 그 시간에 사용하는 교보재도 바닥에 그냥 놓아두어서는 안 되고 중앙에 위치한 원통 위에 놓는다.

(2) 기승경사로

실내마장에는 휠체어 이동의 편리성을 위해 기승경사로(mounting ramp)와 지도사에 의해서도 기승이 어려운 경우를 대비하여 기승자를 들어 올릴 수 있는 승강기(lift)를 설치한다. 기승경사로는 「장애인·노인·임산부 등의 편의증진 보장에 관한 법률 시행규칙」의 '편의시설의 구조·재질 등에 관한 세부기준(제2조제1항 관련)' 중 경사로에 관한 사항을 따르면 된다. 이 기준에 의하면 경사로의 폭은 1.2m 이상이며, 시작과 끝 부분에 1.5×1.5m의 활동공간을 마련해야 하고, 높이 0.75m마다 참을 마련하도록 한다. 기울기는 12분의 1(경사각 약 4.8°)이어야 하지만, 높이가 1m 이하인 경사로로서 시설의 구조 등의 이유로 기울기를 12분의 1 이하로 설치하기 어려울 때는 8분의 1(경사각 약 7.1°)이 될 수도 있다. 또한 기승경사로는 길이가 1.8m 이상이거나 높이가 0.15m 이상이 되므로 손잡이를 설치해야 하고, 경사

> **Tip**
> **참**: 쉬어갈 수 있는 장소

[그림 3-2] 기승경사로와 승강기

[그림 3-3] 기승경사로 a(기승 준비)

> **Tip**
>
> 기승경사로의 마장 쪽 경계는 그림처럼 경첩식으로 움직일 수 있게 만들면 평상시에는 '1'과 같이 벽면이 되고 기승자가 기승할 때는 '2'의 경우와 같이 난간으로 사용하면 편리하다. 이때 사이드워커용 기승대는 기승자의 기승이 끝나면 기승경사로 쪽으로 치워 마장 내에 두지 않도록 한다.

[그림 3-4] 기승경사로 b(벽면과 일체형)

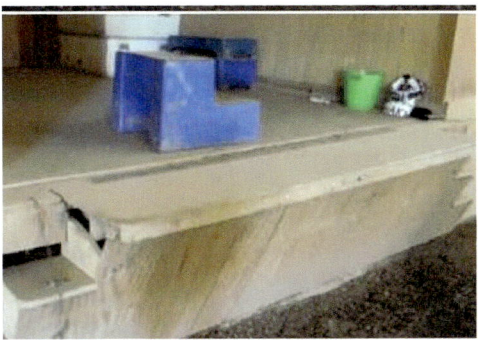

로의 시작과 끝부분에 수평손잡이를 0.3m 이상 연장하여 설치해야 한다. 경사로와 손잡이의 재질 등 자세한 내용은 관련 법률에 따른다.

실내 승마장에 기승경사로를 설치할 경우 별도로 설치하는 것(그림 3-2)보다 〈그림 3-3〉이나 〈그림 3-4〉와 같이 벽면을 겸하도록 하면 공간 사용 시 효율성과 강습 시 편리하게 이용할 수 있다. 이때 기승대는 가벼운 재질이어야 이용하기 편리하지만, 자원봉사자가 딛고 서 있을 수 있도록 단단해야 한다.

(3) 실외마장

[그림 3-5] 실외마장

실내마장에 비해 말이 쉽게 흥분할 수 있어 기승자와 자원봉사자가 경험이 많은 경우에만 실외마장을 사용하도록 하고 충분히 주의해야 한다. 막혀 있는 곳에서 밖으로 나오기 때문에 말의 기분이 상쾌해지는 반면, 넓은 공간을 이용하기 때문에 더 많은 운동량을 요구한다.

법률에 정해진 바와 같이 0.8m 높이의 목책이 설치되어 있어야 하는데, 이때 목책 재질은 나무보다 가벼운 플라스틱류를 이용하면 좀 더 안전하고 관리하기 쉽다.

비가 온 뒤 즉시 물이 빠질 수 있도록 배수시설에 더 신경을 써야 한다. 실내마장과 마찬가지로 기승경사로와 기승대를 설치해야 한다. 다만 공간의 제약을 덜 받으므로 실외마장 입구에 별도로 기승경사로를 설치하고, 말의 동선에 방해되지 않게 한다. 기승자의 반대편 자원봉사자는 이동식 기승대보다 붙박이 형태의 기승단을 사용하도록 한다.

(4) 원형마장

원형마장을 이용하면 비장애인의 경우는 초보 기승자에게 '균형 유지'라는 승마기술을 집중적으로 교육할 수 있지만 장애인의 경우 닫힌 공간에서는 답답한 느낌을 줄 수 있고, 말로부터 반복되고 제한적인 움직임만 받으므로 이용하지 않는 것이 좋다. 외국의 경우도 말을 조련하는 공간으로 사용한다.

[그림 3-6] 원형마장

(5) 외승로

외승로 주변에 다양한 교보재를 설치하여 감각 자극, 인지능력 및 문제해결능력 향상 등을 기대할 수 있고 자연과의 동화 등 기분전환용으로 매우 효과가 좋아 비교적 규모가 큰 승마장에는 대부분 외승로가 설치되어 있다. 외승은 기승자는 물론 강습에 참여하는 모든 사람에게 정신적으로 편안함을 줄 수 있지만, 돌발사태 발생 등의 위험도 증가하므로 교육 직전에 지도사는 사전답사를 통해 문제점을 파악하고, 말의 상태와도 연결하여 교육에 반영해야 한다. 또한 문제가 발생할 경우 이에 대처할 수 있는 방안과 연락 수단도 준비해야 한다. 중도에 외승을 포기하고 실내 승마장으로 돌아와야 하는 경우가 발생할 수 있으므로 복귀 시 교육 진행을 위해 사전에 실내 승마장 사용 현황을 파악하는 등 적절한 대비책도 강구한다.

[그림 3-7] 외승로

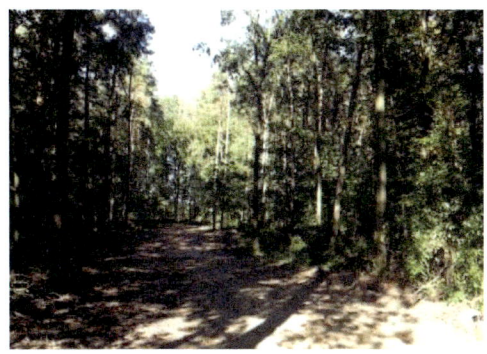

(6) 강의실

대상자에 대해 기승 전 예비교육, 자원봉사자 교육 등 다양한 용도로 사용할 수 있다.

(7) 치료실

치료사가 배치된 경우 별도의 치료실을 설치·운영하여 재활승마 외 다양한 활동, 기승 전후 운동 및 호전 정도를 측정·평가할 수 있는 공간으로 사용한다. 이때 필요한 운동기구나 기자재는 치료실 용도로 별도로 구비되어 있어야 하며, 치료사의 관리 감독하에 이용되어야 한다.

[그림 3-8] 강의실

[그림 3-9] 치료실

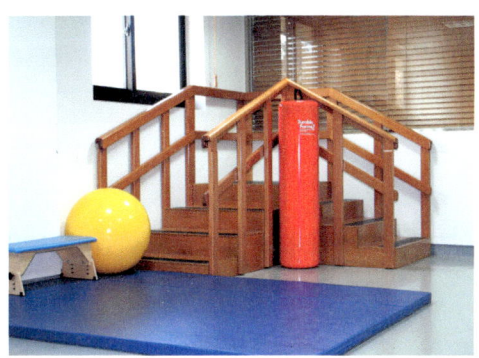

(8) 교육용품 보관실

기승 전 예비교육에 사용되는 모형 말(목마)이나 짐볼, 각종 소모품 등을 보관한다. 실내·외 마장에 사용되는 교보재는 마장의 내부 수납공간에, 원통과 횡목 등 우천에도 보관에 문제가 없으며 비교적 크고 무거운 것들은 실내 승마장 바깥 벽면을 이용하면 깨끗하게 정돈된 환경을 유지할 수 있다.

2) 기승자 공간

기승자 및 보호자를 위한 공간이다. '편의시설의 구조·재질 등에 관한 세부 기준'에 의하면 장애인 등의 통행이 가능한 복도 및 통로의 유효 폭은 1.2m 이상으로 하되, 복도의 양옆에 거실이 있는 경우에는 1.5m 이상으로 할 수 있다. 바닥면은 높이 차이를 두어서는 안 되며, 부득이한 사정으로 높이 차이를 둘 경우에는 경사로를 설치해야 한다. 바닥 표면은 미끄러지지 않는 재질로 평탄하게 마감해야 하며, 넘어졌을 경우 가급적 충격이 적은 재료를 사용해야 한다. 출입구(문)는 통과 유효 폭을 0.8m 이상으로 해야 하며, 출입구(문)의 전면 유효거리는 1.2m 이상으로 해야 한다.

(1) 대기실

교육을 시작하기 직전에 지도사는 대기선에서 교육 준비상태를 확인하고, 말 리더와 사이드워커에게 교육 계획서에 기재된 교육 목표, 내용, 방법 등을 설명한다. 말과 강습 준비상태를 점검한 뒤 말은 리더에게 맡기고 대기실로 간다. 이때 각 기승자에게 배정된 사이드워커 1명과 동행하여 대기실에서 기승자, 보호자와 인사를 나눈다. 기승자의 건강상태 등을 점검한 뒤, 마장으로 이동하기 전에 사이드워커에게 기승자의 안전모 등 복장 상태 점검을 지시한다. 따라서 대기실에는 안전모, 장갑, 챕(chaps) 등을 보관할 선반, 개인사물함 등을 갖추고 있어야 한다.

강습 직전뿐만 아니라 교통편, 단체강습 등 다양한 사유로 대기실 이용이 필요한 경우가 있다. 대기실에는 대상자나 동행한 사람들이 이용할 수 있는 동화책, 장난감 등 간단한 놀이용품, 기구 등을 비치하고 파손 및 위생 상태를 수시로 점검하여 수선 및 교환한다. 바닥은 편안하게 앉거나 놀이를 할 수 있도록 쿠션 있는 매트를 깔아 신발 신는 곳과 구분하며 항상 청결을 유지한다.

(2) 관람실

보호자 및 방문객, 신규 자원봉사자 교육 시 재활승마 장면을 볼 수 있도록 실내마장과 통유리로 연결되어 있는 것이 좋다. 부득이한 경우 대기실과 관람실을 같이 운용한다.

(3) 전용 화장실

다양한 유형의 장애인이 편리하게 이용할 수 있도록 편의를 제공해야 한다. 장애인 화장실은 장애인 등의 접근이 가능한 통로에 연결하여 설치하고, 장애인용 변기와 세면대는 출입구(문)와 가까운 위치에 설치해야 한다. 화장실의 바닥면은 높이 차이를 두어서는 안 되며, 바닥 표면은 물에 젖어도 미끄러지지 않는 재질로 마감해야 한다. 세정장치·수도꼭지 등은 광감지식·누름버튼식·레버식 등 사용하기 쉬운 형태로 설치해야 하며, 세부적인 사항은「장애인·노인·임산부 등의 편의증진 보장에 관한 법률 시행규칙」의 '편의시설의 구조·재질 등에 관한 세부기준'에 따른다.

(4) 기승자 휴게실

컨디션 조절에 어려움을 느끼거나 쉽게 피로해진 경우, 편안한 휴식을 보장할 수 있는 공간이 필요하다.

(5) 상담실

대상자, 보호자, 기부자 등이 편안한 마음으로 상담할 수 있도록 아늑한 분위기를 만들어준다. 상담에 필요한 관련 자료를 보관할 수 있도록 시설을 준비한다.

3) 지도사 및 자원봉사자 공간

(1) 사무실

지도사와 사무업무를 처리하는 자원봉사자가 이용할 사무실과 책걸상이 준비되어야 한다. 지도사와 자원봉사자 공간을 별도로 구분할 필요는 없다.

(2) 도서관

재활승마, 승마, 건강, 의료 등 다양한 분야의 책을 비치하고 지도사, 직원, 자원봉사자들이 업무에 대한 정보획득과 자기계발에 이용하도록 한다.

(3) 기승자 관련 서류 보관실

기승자의 개인 신상정보들이 있어 다른 서류들과 별도로 잠금장치를 이용하고, 담당 지도사 또는 관리자의 통제 하에 교육과 관련 있는 경우에 한해 제한된 열람을 할 수 있도록 한다.

[그림 3-10] 사무실

[그림 3-11] 카페테리아

(4) 카페테리아

장시간 업무를 처리하는 자원봉사자를 위한 휴식 공간이나 보호자 및 방문객을 위한 공간으로, 음료 등을 무료 또는 유료로 제공한다. 비용관리는 자원봉사자의 자율에 맡기도록 하며, 수익금은 센터에 기부하여 운영자금으로 이용하도록 한다.

(5) 샤워실

자원봉사자들을 위한 공간으로 이용한다.

4) 말 공간

말이 주로 머무르고 활동하는 공간은 방목장과 마사로 구분되며, 마사는 마방, 복도, 세마장, 수장대, 마장구실, 사료창고 등으로 이뤄져 있다. 실내 승마장과 이어져 있어야 이동하기 편리하다. 가축화된 말이 평생을 먹고 자고 편안하게 휴식을 취하는 공간이므로 마사와 방목장은 매우 중요하다. 마사 내부에는 말의 출입이나 이동에 방해가 되는 물건 등을 방치해서는 안 된다. 각진 모서리, 돌출물, 특히 전기선 등이 노출되어 말이 핥지 않도록 한다.

(1) 마방

3×3m에서 4×4m 이상까지 크기는 다양하다. 말이 대체로 방목장에 있고 교육 전후에만 마방을 잠시 이용하는 경우, 마방의 크기나 수는 크게 중요하지 않다. 다만, 방목장을 이용하는 말 중 예민한 말은 다른 말이 들어갔다가 나온 자리라도 거부하는 경우가 있어 둔감하고 거부가 없는 말끼리 같은 마방을 사용하도록 한다.

그러나 방목장이 없어 마방에만 있어야 하는 경우라면 말의 숫자만큼 마방이 필요하고, 말의 스트레스를 해소하고 조금이나마 편안한 환경을 제공하기 위해 가급적 넓은 마방과 마방에 딸려 있는 작은 방목장인 패독(paddock)도 고려해야 한다.

마방의 벽은 날카로운 부분 때문에 말이 부상당하지 않게 하고 고무판을 덧대어 소음, 부상 등을 예방한다. 복도 쪽을 제외하고는 막히는 벽을 높게 하여 다른 말에게 영향을 주거나 다른 말의 먹이통을 바라보지 못하게 하고 말이 기립하는 것을 예방한다. 말이 누웠다가 일어날 때 돌출 부분

[그림 3-12] 마방과 복도

에 상처를 입지 않을 정도의 두께로 톱밥, 대팻밥 등을 바닥에 깔고, 여름에는 소변이 썩으면서 메탄가스가 발생하기 때문에 마방 바닥의 톱밥 등을 수시로 교체하여 쾌적한 환경을 만들어준다. 소변에 젖어 검어지기 전에 갈아주고, 마분은 하루 한 번씩 치워주면 깨끗한 상태를 유지할 수 있다. 고양이, 염소, 닭 등을 같이 키워 말의 친구를 만들어주며, 유해동물을 예방하기도 한다. 마방에 관한 유의사항은 다음과 같다.

- 바닥의 깔짚은 충분한 양(대팻밥 기준 8~10㎝)을 깔아주고, 늘 청결하게 관리한다.
- 바닥의 기초는 흙이나 마사토가 좋으나 여의치 않은 경우는 두꺼운 고무판을 깔아주며, 보조 재료는 톱밥, 대팻밥, 우드 칩 등을 사용한다.
- 사료통 및 급수대는 이물질이 없도록 한다.
- 환기는 원활하게 수시로 이뤄져야 한다.
- 여름철에는 지나친 냉방보다 공기의 순환이 원활하게 이뤄지는 것이 좋다.
- 겨울철에는 인위적인 난방보다 마의를 입혀주는 것이 좋다.
- 마방 출입문은 잠금장치를 이용하여 말이 풀지 못하게 해야 한다.
- 쥐나 기생충, 해충이 없도록 청결하게 관리한다.

(2) 마사 복도

두 마리의 말이 교차해서 지나갈 수 있도록 만들고, 복도에서 양쪽 묶기(cross ties)를 한 뒤 말 손질(grooming)을 할 수 있게 고리(cross ties ring)를 설치한다. 복도의 바닥 한 부분을 경사지게 만들어 배수가 용이

[그림 3-13] 마사 복도

하도록 한다. 마방과 복도 환기에 유의하고, 환기가 잘 안 되면 강제 환기시스템을 고안해야 한다.

(3) 마장구실

마장구실에는 재갈과 굴레, 고삐, 안장깔개, 안장, 가슴걸이 등 승마 및 조마삭에 필요한 도구와 말 손질 도구, 담요 등 말에 사용되는 마장구들, 재활승마수업에 쓰이는 특별장비들이 비치된다. 주의할 사항은 이러한 마장구들은 말 한 마리당 한 세트가 사용되도록 재갈이나 굴레 등 모든 마장구 및 손질용품에 말 이름표를 만들어 매달아놓는다. 말의 습성은 군집성 집단생활을 하고 사회성에 의해 서열이 정해지며 가슴둘레 등 말의 크기가 각각 다르므로 다른 말에게 사용했던 마장구는 또 다른 말에게는 사용하지 않도록 한다.

안장의 경우 형태가 변형되면 사용할 수 없다. 마장구실에 안장 전용 걸이를 설치하고, 안장과 걸이에 이름표를 부착하여 안장은 처음 결정한 위치에 항상 비치한다. 안장 등 마구는 가죽제품이 많으므로 가죽 크리너, 각종 오일 등 가죽을 손질할 수 있는 가죽 관련 용품과 함께 발굽치료제를 비롯한 연고류 등 간단한 말 의약품, 털 깎는 기구(clipper, 바리캉) 등 말 미용 관련 물품도 비치한다. 또한 마장구실 가까운 곳에 세탁기와 건조기를 비치하여 안장깔개 등 물세탁 품목을 세탁하는 경우에 사용한다. 마의의 경우 부피가 크고 주로 겨울철에 사용하므

[그림 3-14] 마장구실

안장걸이

마장구 보관

> **Tip**
> 다양하고 많은 품목들이 보관되어 있는 마장구실은 다음 수업을 위한 준비를 위해 항상 청결하게 정리정돈이 되어 있어야 한다. 강습에 직접 참여할 수 없는 어린 자원봉사자들을 위해 junior volunteer(10~13세)라고 칭하고 마장구실 정리를 담당하게 하는 경우도 있다.

로 마장구실보다 다른 창고를 이용하는 것이 좋다. 마장구실에서의 유의사항은 다음과 같다.

- 안장, 굴레 등 가죽제품은 온도와 습도에 민감하므로 적절한 환경을 유지해준다(적정온도 5℃ 내외, 습도 50~60%).
- 사용한 마구는 매일 손질하고, 가죽제품은 필요한 경우 제품에 맞는 오일을 바른다.
- 가급적 모든 물품에는 말의 이름표를 붙이고, 용품별·말별로 지정 장소에 놓아 새로운 자원봉사자가 와도 찾기 쉽도록 한다.

(4) 세마장(말 샤워장)

말은 운동하면서 땀을 흘려 진드기, 파리, 병원균 등으로 더럽혀진다. 추운 날씨를 제외하고는 목욕을 자주 시켜 말과의 교감을 깊게 한다. 단, 샴푸 등 세제를 너무 자주 이용하면 말 피부의 기름층을 제거하여 오히려 면역력이 떨어질 수 있으므로 유의한다. 말은 씻기는 것보다 물기 제거가 더 중요하다. 긁갱이를 이용해 물기를 제거한 뒤 수건이나 스펀지로 물기를 완벽하게 제거해준다. 적외선 온열기구를 이용해도 좋다.

[그림 3-15] 세마장

(5) 수장대

말을 손질하고 마장구를 장착 또는 탈착시키는 곳으로, 일반적으로는 세마장을 수장대로 사용한다. 세마장이 협소하여 장소가 부족한 경우에는 마방 사이 복도를 이용하여 양쪽 묶기 고리(cross ties ring)를 기둥 등 단단한 부위에 부착한 뒤 양쪽 묶기로 말을 묶고 수장한다.

(6) 마분실

마분은 농사에 좋은 거름이 되고 다른 가축에 비해 침출수 배출 등이 없어 환경 친화적이지만, 냄새를 싫어하는 사람도 있으므로 장소 선택과 주변 청결에 유의한다.

(7) 사료창고

말의 사료는 건초와 배합사료 등으로 화재에 매우 취약하고, 쥐 등 유해동물을 끌어들일 수 있다. 화재의 원인을 근본적으로 차단하여 예방하고, 소방장비 비치 등 화재 대비책을 세운다. 유해동물의 출입을 막기 위해 창고의 문턱을 높이고, 항상 문을 닫고 다니는 등 오염 예방에 최선을 다한다.

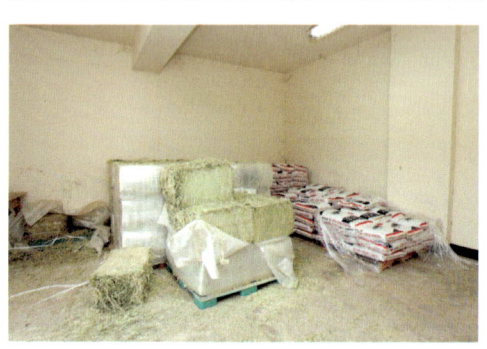

[그림 3-16] 사료창고

(8) 방목장

먹이가 되는 풀을 잘 키워 말을 풀어놓으면 자연스럽고 멋진 광경을 연출할 수 있고 말에게도 큰 선물이 될 것이다. 말을 위한 최고의 공간은 방목장으로, 여건만 허락한다면 방목이 최고의 관리방법이며, 말은 상당한 경사도에서도 잘 지낼 수 있다. 미국의 경우 오랜 기간 재활승마에 참여했으나 더 이상 활용할 수 없는 말은 방목장에서 여생을 편안하게 보내도록 배려하고

[그림 3-17] 방목장

있지만, 우리나라의 현실에서는 방목장을 갖추는 것 자체가 어렵다.
방목장이 설치되어 있지 않은 곳은 강습이 없는 시간을 이용해 실내·외 마장에 틈틈이 방목하여 말이 편안히 휴식을 취하도록 해준다. 방목장에는 비나 눈을 피할 수 있는 대피시설을 마련해주어야 하고, 물과 염분을 섭취할 수 있도록 해야 한다. 방목장에서의 유의사항은 다음과 같다.

· 목책의 이상 유무를 수시로 확인하고, 바닥의 이물질은 제거해준다.
· 음수대는 청결하게 유지하고 항상 물이 채워져야 한다.
· 방목장 주변은 소음이나 돌발 상황이 일어나지 않아야 한다.
· 반드시 잠금장치를 한 후에 말을 풀어준다.
· 가급적 두 마리 이상을 풀어주되 서열관계를 확인하여 서열 다툼으로 말이 부상을 입거나 스트레스를 받지 않게 한다.

- 말이 방목장 내에 너무 오래 방치되지 않도록 하고 일정 시간마다 순치와 훈련을 시켜야 한다.

5) 기타

(1) 주차장

대기실을 중심으로 마장 반대편에 주차장을 설치해야 강습에 방해를 주지 않는다. 주차장에는 장애인 전용 주차구역을 구분하고 장애인 등의 출입이 가능한 건축물의 출입구 또는 장애인용 승강설비와 가장 가까운 장소에 설치해야 한다. 장애인 전용 주차구역에서 건축물의 출입구 또는 장애

[그림 3-18] 주차면 설치 기준

인용 승강설비에 이르는 통로는 장애인이 통행할 수 있도록 가급적 높이 차이를 없애고, 유효 폭은 1.2m 이상으로 해야 한다. 또한 크기는 주차대수 1대에 대해 폭 3.3m 이상, 길이 5m 이상으로 해야 한다. 다만, 평행주차 형식인 경우에는 주차대수 1대에 대해 폭 2m 이상, 길이 6m 이상으로 해야 한다. 주차공간의 바닥 표면은 미끄러지지 않는 재질로 평탄하게 마감해야 하며, 바닥면에는 〈그림 3-18〉과 같이 장애인 전용표시를 해야 하고, 주차구역선 또는 바닥면은 운전자가 식별하기 쉬운 색상으로 표시해야 한다.

(2) 장비실과 기타 창고

재활승마장 규모가 커질수록 트랙터와 그레이더, 트레일러, 소형 굴삭기, 지게차 등 비교적 큰 장비부터 전기톱, 동력예취기 등 휴대용까지 다양한 장비가 사용된다. 이러한 장비들을 유지 및 관리하기 위해서는 장비의 보관과 수리를 위한 공간이 필요하다.

3 감각외승로(sensory trail)

sensory trail이란 의미 그대로 sensory(감각의, 지각의)와 trail(둘레길, 오솔길, 등산로)을 합친 단어로 '감각외승로'라 할 수 있겠다. 감각이란 느끼고 깨닫는다는 것으로 sense라고 한다. 외부로부터 오는 물리적·화학적 자극에 의해 사람의 의식에 변화가 생기는 것을 말한다.

운동신경은 뇌에서 시작하여 말단인 근육의 움직임으로 전달되지만, 감각은 감각기관에서 자극을 받으면 신경을 통해 뇌로 전달된다. 이렇게 뇌에 자극이 전달되어 의식의 변화가 생기는데 감각기관에는 시각, 촉각, 미각, 후각, 청각과 같이 5가지 기관이 있고 이를 '오감(five sense)'이라 한다. 재활승마에서는 이러한 감각기관을 자극하기 위한 방법으로 외승을 하고 있다. 자연에 인위적인 시설을 이용하여 기승자의 기승활동과 함께 오감을 자극하고 기승술 향상과 사람과 말 모두를 위한 기분전환의 시간을 제공한다. 감각외승로를 이용할 때 기대되는 장점은 다음과 같다.

[그림 3-19] 인간의 오감기관

- 자연과 여기에 일부 가미된 인공적인 자극은 기승자의 감각(보고, 듣고, 냄새 맡고, 맛보고, 만지는) 활동을 통해 기승자가 외부와 소통하는 시간을 갖게 한다.
- 기승자는 물론 자원봉사자, 지도사, 그리고 나아가 말까지 기분전환이 된다. 특히 말의 경우 실내승마장에서만 운동하다가 밖으로 나오면 정신건강에 좋고 피로현상과 나쁜 습관을 예방할 수 있다. 특히 겨울이 지나고 날씨가 조금 따뜻해지면 모두 밖으로 나오고 싶어한다.
- 다양한 코스, 경사 오르내리기 등을 지나면서 균형유지와 조정 능력이 향상되어 기승술 향상을 도모한다.
- 설치된 표지판 및 지도 등을 이용하면서 언어, 공간인식 능력을 향상시키고 사거리 같은 곳에서는 기승자에게 필요한 길의 정보를 찾아 바른 결정을 할 수 있는 능력을 향상시킨다.
- 감각외승로 활동장소에서 악기 연주, 공던지기 등의 활동은 운동기능, 문제해결 능력 향상을 유도하고 의사소통능력을 향상시킬 수 있다.
- 말을 타고 지나오는 길에 동물 그림을 찾고(집중력 및 관찰력), 동물에 대한 설명을 하면서(표현력), 그림 주변의 나무 같은 환경에 대해 생각하고(추리력 및 상상력), 지나온 동물

Tip

感(느낄 감) 覺(깨달을 각)

이 몇 가지였는지 설명(기억력)할 수 있다. 단순히 말만 타고 돌아오는 코스가 아니라 지도사의 관심과 능력에 따라 기승자에게 많은 부분의 향상을 요구할 수 있다.
- 바리케이드 등을 설치하여 줄을 당겨 열고, 지나서는 반대로 줄을 당겨 닫도록 하면 기승자에게 근력 향상과 균형유지 능력도 향상시킬 수 있다.
- 꽃과 나무, 산과 들 등 자연에 대한 경험을 제공하고 일상생활로 전환할 수 있는 감각기능 향상을 지원한다.
- 야외활동을 통해 기승 프로그램에 충실히 참여하는 동기부여가 된다.
- 편지함에 편지를 미리 넣어두고 기승자에게 열어보라고 하면 호기심을 자극할 수 있고, 부모의 편지를 읽으면 학습능력 향상과 가족 간 유대증진에 도움이 된다. 부가적으로 부모나 보호자의 대기시간 산책로로도 활용된다.
- 외승로 강습을 준비하는 훈련으로 말의 완벽한 둔감화를 유도할 수 있다.

이렇게 기승자뿐만 아니라 말이나 학부모 등 재활승마에 관계된 많은 사람에게 긍정적인 영향을 주는 감각외승로에는 다음과 같은 것들이 설치될 수 있다.

[표 3-5] 감각외승로에 설치하는 감각자극 교보재

구분	세부 내용
표지판	말통행표지판, 사슴출몰표지만, 방향제시표지판, (일단)정지표지판
장애물 지나가기	무른 바닥, 딱딱한 바닥, 소리나는 바닥(나무), 방목장에서 말을 탈 수 있게 하고(mounting range) 오르막이나 내리막이 반복되는 바닥, 다리 건너기, teeter totter bridge, 참호 지나기, (수평/수직) 누들 통과하기, 대나무숲 통과, 차단시설 지나기, 갈림길
그림	동물그림, 만화캐릭터, 기승자들이 그린 그림
인형	거미(공포심 극복하기), 호박/오이 등 자연환경과 어울리는 식품류, 동물인형(나무 틈새)
소리나는 기구	벨소리, 드럼(다양한 크기와 색깔의 양동이), 종, 매달린 나무 타악기, 플라스틱 파이프(길이가 단계적으로 줄어들어 간단한 연주 가능), maracas

> **Tip**
>
> **teeter totter bridge**: 시소처럼 움직이는 다리
>
> **maracas**: 라틴아메리카 음악에 쓰이는 리듬 악기. 야자과 식물인 마라카의 속을 파내고 말려서 그 속에 말린 씨를 넣은 것이다. 높은음을 내는 것과 낮은음을 내는 것 두 개를 한 짝으로 쓰며, 흔들어서 소리를 낸다.
>
> **tetherball**: 줄에 매달린 공

구분	세부 내용
후각 자극	각종 허브, 향초, 꽃, 건초(품종별)
운동	tetherball, 공던지기, 틱택토(tic tac toe) 게임, 농구골대
촉각	다양한 느낌이 나는 나무판
교육	단위와 숫자교육을 위한 키재기, 숫자계산기구

키재기

감각외승로 입구 및 기승대

외승로 강습 중

각종 향기나는 병

숫자계산기구

공 던지기

다리 건너기

드럼

외승로 입구 및 승마표지판

사슴출몰표지판

tic tac toe 게임

차단시설 지나가기

도형 맞추기

돌에 그린 그림

음악연주 파이프

도형 맞추기

돋보기를 이용한 관찰

모형호박과 허브

갈림길

다리와 기부자 명패

승마장에 따라 외승로가 확보되지 않은 경우는 방목장에 설치해서 감각자극 활동을 하기도 한다.

　반면 규모가 커서 별도의 외승로를 설치한 승마장은 악기(청각), 향기나는 식물(후각) 및 촉각 등을 느낄 수 있게 구역을 각각 구분하기도 한다. 외승 도중 각 구역에 도착하면 지도사가 중앙에 위치하여 전체를 통제하고 기승자들은 각각의 도구에서 시작해서 차례로 순환하면서 감각체험을 할 수 있도록 시설이 설치된다.

　특히 지역이 넓은 경우는 제한된 강습시간 안에 기승자를 위해 너무 많은 코스를 돌다 보면 자칫 봉사자들이 무리해서 속보를 하게 될 수도 있으므로 지도사는 이들의 체력 안배도 고려해야 한다.

2장
마장구 및 교구

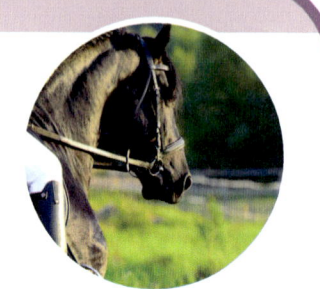

1 마장구

재활승마 강습 시 마장구를 사용하는 궁극적 목적은 기승자가 안전하게 본인의 능력을 발휘할 수 있도록 보조하는 것이다. 지도사는 기승자의 단기 목표와 장기 목표 그리고 장애유형과 상태를 고려하여 가장 적합한 마장구를 선택해 이용해야 한다. 마장구 선택 시 고려해야 할 사항은 다음과 같다.

- 기승자가 독립 기승을 할 수 있도록 발전하는 데 도움이 되는 마장구인가?
- 기승자의 낙마를 방지하는 데 도움이 되는가?
- 비상시 긴급 하마가 가능한가?
- 기승자의 장애유형을 고려한 마장구인가?
- 마장구 사용을 통해 얻고자 하는 단기 목표가 무엇인가?
- 기승자로 하여금 마장구에 필요 이상으로 의존하게 하여 유연성과 균형감각을 기르는 데 오히려 방해가 되지는 않겠는가?
- 기승자가 마장구의 쓰임새를 이해할 수 있는가?
- 말의 안전과 복지에 해가 되는 마장구는 아닌가?

재활승마에 사용되는 마장구들은 기본적으로는 일반 승마에서 사용되는 것을 사용한다. 다만 기승자에 따라 안전과 재활승마에 대해 좀 더 긍정적인 효과를 얻기 위해 특별한 장비들이 필요하고, 일반 장비들도 변형하여 사용할 수 있다. 특별한 장비들은 팔다리 움직임이 없는 경우를 대신하거나 균형을 보상하기도 하고, 평범한 쥐기나 길이, 색 구분을 통해 인지 능력을 향상시켜주기도 한다.

이러한 특별한 장비들은 기승자의 자신감, 균형능력 향상, 승마기술 습득 정도 등에 따라 점차 사용을 줄이고 일반 승마에서 사용되는 장비들로 대체해나간다.

1) 등자

등자는 기원전 4세기경 북방 유목민이 처음 개발하여 유럽에는 8세기경에 전해졌고, 등자의 보급으로 기마전투력이 급상승하여 중세유럽의 상징이라고 하는 기사들이 활약하는 데 크게 기여했다고 한다. 이렇게 말 위에서 중심을 유지하는 데 절대적인 도움이 되는 등자는 낙마 시에 등자에서 발이 쉽게 빠지지 않는다면 큰 문제가 발생할 수 있다. 마치 동전의 양면처럼 전혀 다른 모습이 된다.

승마할 때 안전사고가 발생하지 않는 것이 가장 좋은 일이지만, 반대로 사고가 발생한 경우 가장 심각한 일은 머리와 척수 손상이라고 할 수 있다. 한 조사에 의하면 응급실을 방문하는 말 관련 부상자의 15%가 머리 부상이라고 한다. 잘 훈련된 말을 이용해서 매우 안전하게 승마활동을 할 수 있지만, 100%라고 장담할 수는 없다.

낙마할 때 등자에서 발이 쉽게 빠지면 머리보다 몸 전체로 떨어질 가능성이 더 크다. 그러나 등자에서 발이 빠지지 않으면 기승자는 말에 매달리게 되고 이때 머리가 다른 부위보다 땅에 먼저 닿을 가능성이 높은데, 머리뿐만 아니라 척추 부상에 따른 척수 손상도 발생할 수 있다.

응급하마에서도 사이드워커가 기승자의 체중이 쏠리는 반대쪽 등자를 재빨리 벗겨주어야 하는데, 이것이 쉽지만은 않은 일이다. 따라서 재활승마에서는 안전등자를 의무적으로 사용해야 한다.

고무줄 등자
peacock stirrup

만약의 경우 기승자가 말에서 떨어져야 할 때 부츠나 신발 방출이 용이하도록 한다.

탄력 등자
spring stirrup

말을 타는 동안 충격을 주거나 흡수하는 탄성 구조를 가지고 있다. 이 등자는 90° 회전할 수 있어 수축된 발목 또는 관절염 무릎에 유용하며, 안전 등자이기도 하다.

굴절 등자
simplex-shape safety stirrup

고무줄 등자와 같은 목적으로 사용된다. 좀 더 강한 등자이기 때문에 성인이 주로 사용한다.

분리 등자
'look' quick release stirrup
스프링이 달린 등자는 스키부츠의 벗겨짐 같은 동작이 나오므로 개별적인 조절이 필요하다. 인기 있는 마장마술 등자다.

발덮개 등자
devonshire boot
영국식 안장의 앞부분으로, 기승자의 발의 미끄러짐과 발이 걸리는 것을 막기 위해 만들어진 가죽 덮개다. 발에 동등한 압력이 분배되게 하기 위해 바닥이 평평하게 되어 있다. 몇몇 장애에 이런 등자가 필요하다.

등자끈
leathers
안장에 등자가 달려 있게 한다. 기승자의 다리가 안전한 위치에 오도록 조절하는 것이 가능하다.

개방식 등자
기승자의 발이 빠지게 하기 위해 고안된 안전등자다.

깔개 고정벨트
natural rider
안장의 안정성과 조종, 안장 없이 끼는 깔개의 가벼움을 혼합한 것이다. 기승자가 잡을 수 있도록 손잡이가 달려 있다.

2) 안장

재활승마에서 안장은 말과 기승자 모두에게 중요한 장비다. 안장으로 인해 말과 기승자 모두 불편을 느끼지 않고 편안하고 안전하게 사용할 수 있어야 한다. 재활승마라고 해서 반드시 특수 안장이나 도구를 사용하는 것이 아니라 일반적인 안장을 사용하지만 기승자의 장애유형이나 좀 더 효율적이고 안전한 강습을 위해 약간의 변화를 주는 것이 좋다. 기승 자체를 두려워하는 기승자에게는 크고 튼튼한 안장손잡이(handhold)가 달려 있는 안장을 제공하고, 기승자가 자폐아동인 경우 말의 움직임을 좀 더 전달하기 위해 안장 없이 양털깔개만 사용하기도 한다. 안장 장착 시 안장의 윗부분은 기승자에게 맞아야 하고, 아래쪽은 말에게 맞아야 한다는 것을 항상 염두에 두어야 한다. 중앙구조가 깨지거나 틀어진 안장, 외장부인 안장의 가죽이 트거나 상한 것은 사용하지 말아야 한다. 잘못된 안장 장착으로 말이 통증을 느끼는 경우 예민해지거나 집중력이 떨어져 위험한 상황을 초래할 수 있으므로 다음과 같은 징후가 있는지 살펴야 한다.

▶ 잘못된 안장 장착에 의한 말 등(horseback)의 통증 징후
· 강습 중 안장의 위치 이동
· 강습 중 기승자의 자세 유지 곤란
· 안장깔개 밑의 건조한 지점(dry spot)
· 안장 부위 상처에 의한 흰색 털
· 안장 부위의 일시적·만성적 부종
· 돋등마루 주위의 등뼈 접촉 시 통증 호소

상기의 내용에 유의하여 안장을 선택, 장착해야 한다.

▶ 획일적인 안장 적용에 의한 기승자의 불편사항
· 딱딱한 안장좌석과의 접촉으로 인한 엉덩이의 부종, 열상에 의한 염증, 골절
· 딱딱한 안장날개와의 접촉으로 부드럽고 예민한 피부를 가진 기승자의 허벅지, 종아리 안쪽의 부종, 열상에 의한 염증(허벅지, 종아리 안쪽에 쿠션을 장착함으로써 부종, 열상을 방지할 수 있다)
· 기승 중 통증과 부자연스러움으로 인한 자세 유지 곤란 및 집중력 저하

상기의 내용을 고려하여 기승자에게 맞는 안장이 적용되어야 하며, 지도사는 기승자의 장애 정도, 신체조건에 따라 적합한 안장을 사용할 수 있다.

> **Tip**
> 크고 튼튼한 안장손잡이는 기승을 두려워하는 기승자를 대상으로 최후의 수단으로 단기간만 사용한다. 지속적인 사용은 기승술 향상에 부정적인 영향을 준다. 또 하마할 때 기승자의 배에 압박을 가할 수 있고 옷이 걸려 기승자가 딸려갈 수 있으므로 주의한다.

장애물 비월 안장

일반적으로 승마용 안장 중 가장 많이 사용하는 안장

마장마술 안장

마장마술용 안장으로, 말에게 기수의 뜻이 정확하게 전달되어야 하므로 말과의 커뮤니케이션을 정확하게 하기 위해 만들어진 안장

서부식 안장
western saddle

좌석이 깊으며, 기승자가 제자리에 잘 앉아 있도록 해준다. 다리가 약한 사람 또는 절단장애인에게 유용하다.

호주식 안장
Australian outback saddle

서부식 안장의 편안함과 영국식 안장의 균형 잡힌 기좌가 조화된다.

등받이 특수 안장
specially adapted saddle

안전하지 못한 기승자 또는 제한된 등힘이나 이동성을 가진 기승자가 지탱할 수 있도록 안장머리에 뻣뻣한 금속 바를 장착할 수 있다. 절단장애인을 위한 안장의 특수한 변형 형태다(기승자는 안전을 이유로 안장에 묶여져서는 안된다).

한국식 특수 안장

이 제품은 말의 몸체에 알맞은 윤곽을 만들어주며, 사용자에게 자연스러운 착용감을 준다. 미끄러지지 않고 통기성이 있는 재질이어서 패드가 알맞은 곳에 고정되어 있도록 해준다. 이 패드는 땀을 흡수하지 않아서 깨끗하게 유지할 수 있다. 통기성이 있는 스웨이드는 고밀도의 중합물 쿠션과 묶여 있어 매우 편안하게 말을 탈 수 있다(삼성승마단 개발).

안전 손잡이 특수 안장
handhold

말이 예기치 못한 움직임을 보였을 때 또는 안전하지 못할 때 기승자가 고삐, 안장 또는 말의 갈기 대신 잡을 수 있도록 만든 안장 앞에 달린 끈

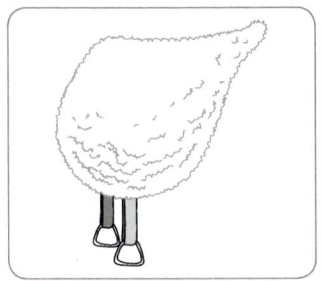

양털 안장덮개
fleece saddle cover
쓸림으로부터 피부를 보호할 수 있으며, 기승자가 미끄러지는 것을 막을 수 있다.

2인용 특수 안장
재활승마 프로그램을 위해 특수 제작된 것으로 안장틀이 없다. 더 이상 재활승마에서 사용하지 않는다.

영국식 특수 안장
accommodate different size riders and aid in balance
영국산 치료용 승마 안장은 전 세계의 재활승마 프로그램을 위해 제작되었다. 견고한 손잡이와 다리끈, 등자 가죽끈, 패드가 부착된 의자 그리고 다양한 몸집의 기수들을 수용하기 위한 2개의 버클(쇠)이 달린 의자 패드를 포함한다.

자연 안장
natural rider
안장의 안전성과 조종, 안장 없이 끼는 깔개의 가벼움을 혼합한 것이다. 기승자가 잡을 수 있도록 손잡이가 달려 있다.

3) 굴레 세트

굴레 세트는 굴레, 재갈, 고삐 등으로 이뤄진다. 굴레는 말의 머리에 잘 맞아야 편안하면서도 제대로 통제할 수 있기 때문에 말마다 전용 굴레 세트를 준비하고 이름표를 달아준다. 일반적으로 강습을 운영하기 위해 굴레 세트는 일반 승마에 이용되는 장비를 같이 사용하지만, 고삐는 기승자의 장애유형에 따라 적정한 고삐를 적용하기도 한다.

[그림 3-20] 그래스 레인(Grass Rein)

무지개고삐는 고삐를 잡을 때 어디를 잡아야 할지 시각적으로 구별하기 쉽게 도와주고, 고삐 사이 마디를 볼록하게 만들어 고삐가 손에서 미끄러지지 않아 손기능이 부족한 기승자에게 도움을 줄 수 있다.

기승자를 태운 말이 필요 이상으로 고개를 숙이는 버릇이 있거나 풀밭에서 먹이를 먹기 위해 자꾸 고개를 숙이게 되면 팔기능이 약하거나 상반신의 균형을 유지하기 어려운 기승자는 쉽게 앞으로 딸려가게 된다. 이런 경우 고삐와 안장 사이에 말 머리가 과하게 숙여지지 않도록 해주는 그래스 레인을 장착하여 말의 머리를 통제하는 데 도움을 받을 수 있다.

재활승마 강습에서는 말과의 교감이 충분히 형성되고, 경험이 풍부한 말 리더와 사이드워커가 있어도 기승자가 잡는 고삐는 마방굴레에 연결하여 사용하는 것을 원칙으로 한다. 기승자의 고삐는 마방굴레에 연결하여 충분히 고삐조정 연습을 실시한 후, 고삐 조절이 용이해지면 점차 재갈에 연결하는 시간을 늘려나가야 한다. 그렇게 하기 위해서는 말의 얼굴과 머리에 재갈굴레와 마방굴레 두 가지가 씌워지는데, 사전에 이에 대한 적응 훈련이 반드시 필요하다.

마방굴레와 재갈굴레를 동시에 사용하면 마방굴레가 재갈굴레 안으로 들어가거나 재갈굴레 밖으로 씌워지는 경우가 있을 수 있다. 마방굴레가 재갈굴레 안으로 들어가는 경우에는 마방굴레가 말의 얼굴에 비해 크거나 너무 작으면 매우 불편하므로 얼굴에 맞아야 한다. 마방굴레가 밖으로 나오는 경우는 마방굴레가 작지만 않으면 큰 문제가 없으나 고삐가 마방굴레 속으로 들어가게 된다. 고삐가 마방굴레 속으로 들어간 상태로 고삐를 연결하면 말과 기승자 모두에게 스트레스가 될 수 있으므로 고삐 끝에 연결고리를 설치하여 이를 방지한다.

재활승마에서는 강습 도중에도 고삐의 연결 부분이 마방굴레에서 재갈, 재갈에서 마방굴레로 결합하는 위치가 바뀌기 때문에 고삐 끝에 연결고리의 설치는 필수다. 다만 연결고리를 재갈이나 마방굴레에 연결한 후 '열림손잡이' 부분이 말 쪽으로 향하게 되면 말을 자극하거나 상처를 입힐 수 있으므로 유의하고, 파손에 대비하며 여유분을 충분히 보유하도록 한다.

〈그림 3-21〉의 재갈걸이를 말의 재갈에 연결하고 리드라인을 사용하여 말을 통제하거나 리

[그림 3-21] 연결고리(좌), 리드라인(중), 재갈걸이(우)

드라인 자체가 두 갈래로 각각 양쪽의 재갈에 연결되는 경우가 있다. 이는 리드라인에 순응하지 않는 말을 훈련시킬 때 사용한다. 말이 너무 억세게 끌거나 말 리더를 밀어붙일 때 말 리더가 재갈걸이를 사용하면 말을 효과적으로 제어할 수 있다. 강습에도 사용할 수 있지만, 반드시 훈련된 리더가 사용해야 한다.

〈그림 3-22〉의 a와 같이 연결 부위가 금속 부분으로 두껍고 각을 형성하는 경우에는 고삐의연결고리 채움이 원활하지 않고 기승자나 말 모두 불편함을 느낄 수 있다. 이때는 연결 부분이 원형인 마방굴레를 사용하는 것이 가장 좋으나 그렇지 않는 경우에는 a 부분에 고삐연결고리를 쉽게 채울 수 있도록 사전에 링을 끼워놓는 것도 좋은 방

[그림 3-22] 마방굴레

법이다. 그것도 용이하지 않으면 b 부분에 연결할 것을 권장한다. 다만 기승자의 고삐 연결이 너무 약하면 말에게 방향을 제시하기 어렵고, 고삐 연결고리의 열림손잡이 부분이 말 쪽을 향해 말에게 불편함을 주지 않도록 주의를 기울인다.

이와 같이 재활승마에서 고삐 연결은 말이 스트레스를 받지 않도록 재갈과 마방굴레로 필요에 따라 옮겨가면서 사용된다. 그러나 〈그림 3-23〉과 같이 두 가지 굴레가 하나로 되어 있는 일체형 굴레(c, d)가 사용되기도 한다. 각각의 굴레를 준비하지 않아 편리하다. 드물지만 말 조련이 충분히 되어 있는 경우에는 재갈 없이 마방굴레(e, f)만 사용되기도 한다.

[그림 3-23] 다양한 굴레 사용 방법

매듭고삐
knob reins

약한 손을 가진 기승자에게 손잡이를 제공하기 위해 가죽고삐에 손잡이가 붙어 있다. 고삐에 손잡이를 연결하여 한쪽 손 사용이 불편한 사람이 사용하기에 편리하다.

무지개고삐
colored or rainbow reins

공인된 제품으로 빨간색, 노란색, 하얀색 부분이 있다. 나이가 어리거나 시력 또는 인지능력이 낮은 기승자에게 사용할 수 있다.

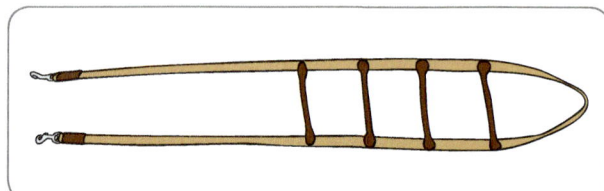

사다리고삐
ladder reins

줄 사이의 단계는 뇌병변장애 등으로 한쪽 손을 사용할 수 없을 때 유용하다.

단순고리고삐
humes reins

2개의 고리가 달려 있어 옆에서 조절이 가능하다.

복합고리고삐
loop reins

고리고삐는 미끄러지는 손가락을 가진 기승자가 더 단단히 잡을 수 있도록 해준다.

미끄럼방지고삐
horizonal stays

좋지 않은 협응력을 가진 손가락을 정지할 수 있도록 해준다.

촉각고삐

textured reins

꼬아 만든 공인된 제품. 고무 또는 직물 고삐는 잡는 능력이 떨어지거나 좋지 않은 손 감각을 가진 사람들의 미끄러짐을 줄이기 위해 사용된다.

리드라인

lead line, lead rope

규격화된 마구로, 끝부분(연결고리)이 두 줄로 나누어져 있어 재갈 링에 바로 연결하거나 한 줄로 재갈걸이 아래 링 또는 마방굴레에 연결하여 말 리더가 말을 끌 때 사용한다. 길이가 1.8~3m 정도 된다.

사이드레인

side reins, german donut type

재갈이 중심에 오도록 유지하는 것을 돕는다. 말이 갑자기 고삐를 앞으로 당겨 기승자의 균형이 깨어지면서 당겨지는 것을 막는다. 안장 또는 마상체조용 뱃대끈과 함께 사용한다.

[그림 3-24] 청소년 자원봉사자에 의해 잘 정리된 마장구실

4) 벨트류 등

 기승자의 몸통 지지가 필요한 경우에는 다음 그림과 같은 다양한 벨트가 제품화되어 있어 구입하여 사용할 수 있다. 다만 기승자의 자연스러운 움직임을 방해하지 않도록 한다.

[그림 3-25] 제품화된 허리벨트

사진제공: www.gladbelt.com

[그림 3-26] 제품화된 몸통벨트

허리벨트
waist belt

사이드워커의 지지를 위한 손잡이가 벨트 뒷부분에 장착되어 있으며, 주로 어린아이들이 사용한다. 손잡이는 사이드워커가 손가락으로 잡는다.

몸통벨트
body harness

상체를 잘 지탱할 수 있도록 하기 위해 사이드워커가 잡을 수 있는 무언가를 제공한다.

골반벨트
pelvic belt

기승자를 보호하기 위해 사이드워커가 잡을 수 있도록 양쪽에 붙어 있는 끈과 함께 골반을 둘러싼 벨트

조끼형 벨트
body vest

안전조끼와 벨트(harness)가 결합된 형태로 몸통벨트보다 더 큰 지지를 제공한다.

양털 깔개
sheepskin pad

안장 없이 끼는 깔개 대신 또는 마상체조에 사용되는 부드러운 깔개다. 기승자는 이 깔개 위에서 움직이며 다양한 동작들을 수행할 수 있다.

마상체조용 벨트
vaulting surcingle

마상체조에 사용된다. 기승자가 잡기 위한 손잡이 또는 마상체조용 2개의 안전한 손잡이를 제공한다.

구름 방지 벨트
anti-cast surcingle

말이 눕는 것을 방지하기 위한 장비이지만, 기승자가 잡을 수 있도록 깔개와 함께 사용된다. 기승자의 무릎을 위한 공간을 허용해준다. 작은 손잡이는 어린아이들에게 좋다.

상처 방지 패드

이 패드는 전체적으로 신축성 있고 유연한 벌집 모양으로 만들어졌으며, 혁신적인 쿠션기능의 재질로 이뤄져 있다. 이는 휠체어 사용자들이 말을 탈 때 압력에 의한 고통을 제거하는 데 매우 효과적이다. 이 제품은 안장패드로 디자인되어 있지만, 이 패드를 뱃대끈과 함께 사용하면 욕창이 있는 사람들에게 매우 효과적일 수 있다.

시설 및 장비 165

5) 마구 관리

좋은 마구를 위한 투자는 돈이 드는 일인데, 좋은 마구라면 오래 사용했던 것이라도 잘 닦고 관리를 잘해주면 오래 쓸 수 있다. 질이 좋은 마구는 손질과 보관을 잘하고 주기적으로 닦아주면 20~30년도 쓸 수 있다. 땅에 아무렇게나 놓아두지 말고, 먼지 또는 흙이 묻어 있으면 수시로 닦아주어야 한다. 여름철 등에 승마를 하고 난 후에는 말이 땀을 많이 흘리기 때문에 깨끗하게 닦아주어야 한다.

질이 좋은 마구는 값이 비싸지만, 너무 싼 제품은 가죽도 나쁘고 뻣뻣하며 오래 쓸 수 없다. 따라서 가성비(cost-effectiveness, 가격 대비 성능비의 준말) 등을 고려하여 적절한 수준의 마구를 준비하는 것이 경제적이다. 또, 질이 나쁜 마구는 말이나 기승자에게 편안하지도 않다.

더럽거나 말의 땀이 배어 있거나, 너무 건조하거나 젖어 있는 마구는 곧 마멸되고 만다. 안장은 안장 선반에 보관해야 안장틀이 변하지 않는다.

마구가 깨끗해야 하는 이유는 다음과 같다.

- 사고를 예방하고 말의 피부에 찰과상을 일으키지 않는다.
- 마구의 가죽이 갈라지거나, 건조하거나 굳어지는 것을 막는다.
- 수명을 연장한다.
- 기승자를 편안하게 한다.
- 자주 수리하지 않아도 된다.
- 가죽의 기름기를 오래 유지하게 하여 부드럽고 튼튼하며 안전하다.

재갈은 사용할 때마다 세척해야 한다. 물에 담가서 마른 풀과 사료를 부풀려 분리하거나 작은 솔을 이용하여 닦아낸다. 이때 가죽 부위가 물에 잠기지 않도록 주의한다. 재갈굴레는 가죽용 비누와 젖은 스펀지를 사용하여 가죽의 안팎을 잘 닦아낸 후 마른 수건으로 물기를 제거한 후 잘 말린다.

안장의 겉 부분은 가죽 또는 합성피혁 등으로 되어 있다. 가죽 안장은 젖은 스펀지에 가죽용 비누를 사용하여 안장의 윗부분과 아랫부분을 잘 닦은 후 그늘에서 말린다. 안장을 수직으로 세워서 안장날개 밑과 복대끈도 잘 닦는다. 합성 재질의 안장은 젖은 스펀지나 수건으로 잘 닦은 후 그늘에서 말린다.

등자는 젖은 스펀지나 수건으로 잘 닦아서 그늘에서 말린다. 등자끈은 가죽용 비누를 사용하여 깨끗이 닦고, 가끔씩 등자와 가죽끈을 분리해서 닦는다.

굴레 양쪽의 가죽끈은 젖은 스펀지나 수건으로 가죽용 비누를 사용하여 깨끗하게 닦은 후 그늘에서 말린다. 재갈은 물로 깨끗하게 세척하며, 말라붙은 오염된 것이 있으면 물에 충분히 불린 다음 세척한다. 작은 솔을 이용하여 링과 마우스피스가 만나는 재갈의 끝부분을 특히 잘 씻는다. 코끈은 굴레 바깥으로 돌려서 닦고 정리하며, 해체한 후에는 버클을 제자리에 끼워놓는다. 마른 수건으로 재갈을 잘 닦은 후 굴레를 제자리에 걸어놓는다.

▶ 마구를 보관하는 방법
- 안장과 굴레를 꼼꼼히 닦기 위해서는 재갈을 분리하고, 가죽끈을 풀어서 손질한다.
- 가죽과 등자를 분리한다.
- 마구는 축축한 스펀지나 천으로 닦아 먼지와 땀을 없앤다.
- 재갈은 이물질이 말라붙으면 말의 입에 통증을 가하거나 쓸려 피부가 벗겨지므로 예방하기 위해 세척하고 닦아놓는다.
- 닦은 후에는 마구의 습기를 제거한다.
- 건조시킨 후에는 가죽을 가죽 정발제로 닦거나 마른 천으로 광을 낸다.
- 마구는 열과 수분으로부터 보호하기 위해 손질 후 마장구실에 보관한다.

2 교구 및 소품

1) 사용 목적

재활승마 강습에는 원통, 공, 고리, 삼각콘, 그림, 글자카드, 블록, 바구니 등의 다양한 교구 및 소품들을 활용할 수 있다. 재활승마 강습 중 교구와 소품을 활용해 얻을 수 있는 이점은 여러 가지가 있다.

직접적인 승마 기승술 향상을 고려한다면 원통이나 삼각콘을 이용하여 출발과 정지, 고삐 사용 강습에 이용할 수 있고, 두 손이 습관적으로 벌어지는 것을 예방하고 교정하기 위해 고삐를 잡은 상태에서 고리를 양쪽 엄지손가락으로 누르는 방법 등을 고려할 수 있다.

승마 기승술 향상을 위한 강습에 직접적이지는 않지만, 다양한 교구 및 소품을 이용하여 균형유지능력 향상 등 다양한 간접적인 효과를 기대할 수도 있다. 기승자가 단순히 승마기술만 지속적으로 배우게 되면 흥미를 잃거나 지루해할 수 있으나 교구를 활용하여 게임을 즐기듯 기승하면 지루하지 않게 승마 운동 효과를 얻을 수 있게 된다. 공을 바구니에 집어넣거나 고리를 봉사자의 팔에 거는 등의 다양한 게임을 하도록 하면서 균형유지능력 향상과 신체 가동범위를 넓히고 근력을 강화해 신체기능 발달과 색 구분, 오른쪽·왼쪽 구분, 숫자 세기 등의 인지기능 발달에도 도움을 줄 수 있다.

2) 사용방법과 고려사항

교구와 소품은 재활승마 강습에 도입하기 전에 말과 충분히 친숙해질 수 있도록 미리 훈련하여 안전에 최선을 다해야 한다. 안전에 문제가 없다면 지도사는 다양한 교구와 소품을 강습에 이용할 수 있는데, 이때 가장 먼저 고려할 사항이 강습 중 이러한 '교구들을 어디에 놓을 것인가?'이다. 강습 도중 교구 준비를 위해 지도사가 마장 중앙에서 이리저리 다닐 수 없으므로 원통(barrel, 현재 '배럴'은 석유용량의 단위로도 사용되는데, 석유를 운반하는 데 사용된 나무통에 어원을 두고 있다)을 마장 중앙이나 각 주요 지점에 두고 교구 등을 그 위에 놓고 사용한다.

재활승마지도사가 강습에 사용할 교구 및 소품을 선택하는 데 고려해야 할 사항은 다음과 같다.

- 기승자의 단기 목표와 장기 목표에 도달하는 데 도움이 되는가?
- 기승자의 감각을 자극하는가?
- 기승자의 장애유형과 정도에 알맞은가?
- 기승자의 신체기능 발달에 도움이 되는가?
- 기승자의 인지기능 발달에 도움이 되는가?
- 기승자의 흥미를 유발하여 집중력 향상에 도움이 되는가?
- 기승자의 안전에 문제가 되지 않는 교구인가?
- 말이 교구에 충분이 익숙해져 있는가?

3) 교구

통	속이 빈 쇠 혹은 플라스틱 드럼통(원형). 통은 여러 가지 색의 페인트를 칠하고 글자를 써넣어 세워놓거나 옆으로 뉘어놓는다. 드럼통 경주, 점프 지주 받침 혹은 원의 중앙지점 표시에 사용됨
무전기	시력이 좋지 않은 기승자가 삼각콘, 글자표, 장애물 등의 식별이 어려울 때 사용함
다리	평평한 나무판자들로 된 장애물(말이 밟고 지나가도 견딜 수 있을 만큼 충분히 튼튼하고, 파손된 부분이나 못 등으로 말이나 사람에게 부상을 입히지 않도록 잘 관리되어야 함)을 건너갈 때 기승자는 반전경자세를 취하여 하체 운동을 실시함
삼각콘	여러 색상의 깔때기 모양의 플라스틱 삼각콘. 높이는 10cm~1m로 코스의 각 지점 표시, 원 중심 표시, 게임 등에 사용함
글자 표식	한글이나 영어 알파벳으로 나타낸 글자 표식으로, 흰 판에 검은 글자. 승마 구역의 각 지점을 표시함. 승마장에서는 일반적으로 각 주요 지점에 알파벳을 사용하지만, 학습장애나 저학년 어린이의 재활승마를 위해 한글 글자 표식을 만들어 배치한다.

지상횡목	길이 2.5~3.7m, 두께는 15~20cm, 8각형 혹은 정사각형. 굴러가지 않도록 함. 하얀색을 기본으로 여러 가지 색칠을 함. L자형으로 배열. 걷기나 속보로 건너가거나 점프하며, 느리게 갈 때도 이용함
우편함	게임용
거울	실내 승마장의 벽이나 야외 승마장의 장비보관소 벽에 걸어둠(태양에 반사되지 않도록 함). 자신의 동작을 비추어봄
표식	나무판이나 깡통 혹은 딱딱한 종이 위에 특정한 모양이나 색, 그림 등을 그려 넣음. 글자를 읽을 수 없는 사람들을 위해 사용함
자동차 타이어, 양동이, 공	게임용
트램펄린	준비 운동, 마상체조 연습용
곧은 횡목과 굽은 횡목	길이 3m, 직경 2.5cm의 PVC 지주를 받침대에 세움. 페인트칠하여 여러 형태로 배열함. 게임 시 끝에 삼각콘을 얹어놓음
교통표지판	글자를 모르는 사람들을 위한 표식으로, 정지, 양보, 주의, 말이 건너감, 보행자 건너감, 자전거도로, 정지등, 기차 지나감, 전화, 화장실, 음식점, 휠체어 진입로 등

4) 소품

어떤 장비를 시용하든 사용 전에 말에 대한 반응을 고려해야 한다. 말이 낯선 물체에 대해 두려워하고 피할 수도 있다. 사전에 말이 거부반응을 보이지 않도록 충분히 순치시키고, 강습 직전에도 말에게 접촉해서 이상이 없을 때 사용한다.

다음 항목들은 재활승마에서 운동과 게임을 위해 사용할 수 있는 기구들이다.

천으로 된 인형	고무, 스펀지 혹은 천으로 만든 동물인형은 각종 게임과 균형유지 훈련에 사용됨
풍선	풍선은 말이 거부하지 않을 때 사용함
털로 된 공	테니스공, 스티로폼 공, 오자미, 털로 된 공, 소리 나는 공 등을 게임에 사용함. 소리 나는 공은 시력이 약한 사람들을 위한 것임
여러 가지 주머니	여러 가지 색의 공기자루나 주머니를 게임에 사용함
퍼즐게임	승마장 안 여러 장소에 다양한 퍼즐게임을 마련함
야구방망이	풍선을 쳐낼 고무로 된 야구방망이
나무토막 등	기승자가 말 위에서 균형을 잡을 수 있을 때 나무토막이나 게임용 천을 게임에 사용함
거품 내는 기구	폐활량 증가를 위해 거품 내는 기구를 이용함
작은 통	15cm 정도 되는 작은 통

공	여섯 개의 뿔이 달린 주고받는 공
옷핀	옷핀으로 물체를 고정시키는 기술을 연습함
인형	헝겊으로 된 인형을 후승자로 이용함
깃발	게임용
여러 가지 형태의 스티로폼	한 면에 풀이 묻어 있어 여러 가지 표식들을 붙여놓을 때 사용함
손수건	게임용
머리핀	-
여러 가지 모양의 모자	-
훌라후프	유연성 훈련을 위해 땅에 배열하여 말이 지나가게 함
약식 테니스 라켓과 공	게임용
글자	우편함에 넣거나 빼내옴
여러 가지 모양의 표식	-
박자기 (metronome, 메트로놈)	각 동작에서 리듬(박자)을 확인함
게임용 글러브	볼 게임용
모형 돈	각종 게임용
머그 잔	각종 게임용
음악	모든 프로그램에서 사용하며, 리듬감과 흥미 유발
리본	준비 운동에 이용함
고무 고리	각종 게임용
양말과 공	각종 게임에 이용함
나무 수저	달걀 나르기 게임용
스톱워치	경기 시 이용함
테니스 라켓	공을 쳐내기 위한 도구
두꺼운 탄력 밴드	준비 운동 시 이용함
보물찾기 게임용 물품들	-
여러 가지 색의 조끼	게임용
지휘봉	유연성 운동에 이용

말산업 국가자격시험 교재
재활승마 이론

PART IV

재활승마 강습 준비

1장. 대상자 관리
2장. 강습계획
3장. 강습 프로그램

재활승마 강습에 포함되는 대상자 관리와 강습계획, 강습 운영 및 교수기법과 지도원리에 대한 내용들을 살펴본다. 그리고 강습 프로그램 작성 방법과 과거에 진행된 다양한 강습 프로그램을 살펴본다.

1장
대상자 관리

재활승마지도사는 재활승마에 참가하는 대상자에 대한 관리와 그들에게 필요한 강습계획에서부터 강습 운영에 이르기까지 치밀하면서도 매우 세밀한 사항까지 준비해야 한다.

재활승마를 통한 효과를 극대화시키기 위해서는 대상자에 대한 자세한 정보와 평가 절차의 적절성, 평가방법 등이 포함된 종합계획과 평가결과가 중요하다. 이는 재활승마 강습에 참여하고자 하는 대상자에게 적합한 지도방법이나 목표를 설정하는 데 매우 중요한 사항이다. 특히, 잘 구성된 강습계획은 재활승마 프로그램에 반드시 필요하다. 지도사가 무엇을 어떻게 가르쳐야 지도사나 대상자 모두가 원하는 만큼의 목표수준에 도달하는지에 대한 명확한 기준을 제시한다.

1 대상자 평가

재활승마 참가 대상자가 선정되면 신청서 형태의 양식을 토대로 한 평가가 필요하다. 평가는 기승자가 지니고 있는 운동 기능성과 인지적 수준이 어떤지를 파악하여 단독강습이 좋을지, 그룹을 형성한 단체강습이 바람직한 방향인지 등을 가늠하고, 강습 일정, 말의 배정 봉사자의 규모나 지원 정도를 설정하는 데 중요한 정보가 된다.

1) 기승자 정보 기록 카드 작성과 관리

재활승마 대상자가 평가를 받기 전에 지도사는 상담실에서 대상자, 보호자와 함께 〈표 4-1〉과 같이 기승자 정보 기록 카드를 작성한다.

기승자 정보 기록 카드는 지도사의 질의에 대상자와 보호자가 응답하며 지도사가 작성한다. 대상자의 일반적인 내용과 보행 가능 유무를 비롯하여 병력 등을 비교적 상세히 작성하여 다른 지도사에게 강습이 배정되더라도 반복해서 정보를 수집하는 일이 없도록 한다. 다만 기록된 내용이 현재와 현격하게 다르다면 보호자와 상의하여 새롭게 작성하고 초기 자료와 함께 보관한다. 정보 제공을 자발적으로 했으면 수집 활동에 동의한다는 서명을 받은 뒤 작성된 각종 서류는 개인정보보호를 위해 잠금장치가 되어 있는 별도의 문서보관실 또는 보관함에 보관한다. 지도사 또는 관리자의 통제 하에 교육과 관련 있는 경우에 한해 제한된 열람을 할 수 있도록 한다.

[표 4-1] 기승자 정보 기록 카드(예시)

기승자 정보 기록 카드

작성일	년 월 일	작성자:	
이름		생년월일:	나이:
	병력 및 의사소견서: 예 / 아니오	진단 날짜:	
	방사선 진단(x-ray): 예 / 아니오	촬영 날짜:	
키	cm	몸무게	kg
보행상태			
보조장구 사용 여부			
병력 소견			
수술 여부 (날짜 포함)			
복용 중인 약물			
주의사항 및 금기증			
경련		종류	
기타 치료 (종류와 빈도)			
지지체계 (가정환경 등)			

상기인은 이 평가 기록 카드 및 차후 작성되는 모든 서류에 자발적으로 정보를 제공했으며 재활승마 및 관련업무에 한하여 사용되는 것에 대해 동의합니다. 또한 차후에도 이의를 제기하지 않을 것을 약속합니다.

20   년   월   일

확인: 본인   (서명)   보호자: (서명)

※ 위의 정보를 수집하고자 할 때는 반드시 개인정보 수집에 필요한 내용에 대해 설명하고 동의를 구한 뒤 서명을 받아야 한다.

2) 평가의 종류

기승 대상자를 평가하고자 할 때는 각각의 상황에 맞는 지정 과제를 주거나 단순하게 안전모를 씌워보는 비교적 간단한 행위만으로도 지속적인 강습 참가 여부 및 실제 강습에서 어떤 행동들을 나타낼 수 있는지 예상할 수 있다. 재활승마를 통해 기량 향상과 긍정적인 효과를 얻기 위해서는 시각, 청각, 촉각 등과 신체감각기능 부문에 대한 평가도 병행되어야 하고, 신체적·인지적 기능 측면에서 장애인이 공통적으로 지니고 있는 근육의 긴장도도 파악해야 한다. 이는 강습시 매우 중요한 정보를 활용된다.

(1) 신체적 기능

바닥에서 일어나기, 한 발로 서기, 계단 오르내리기, 경사로 걷기 등과 같은 균형유지, 잡아당기기, 앉기, 서기 및 보행에 필요한 근력 정도에 대해 평가한다. 또한 옷 입기나 먹기, 머리 빗기 등 일상생활에 쓰이는 운동기능 정도와 함께 몸통, 팔다리 등 신체 관절의 가동범위를 살펴보는 평가를 한다. 또 얼굴, 몸통, 팔다리 등의 특정부위에 자극을 주었을 때 나타내는 반사반응과 감각적인 기능 부문의 평가도 한다. 기승했을 때는 대상자의 좌우 균형 감각 및 상·하반신 자세 정도를 평가한다.

(2) 인지적 기능

사물의 모양이나 색상 구분, 문자 인식, 숫자에 대한 개념, 주어진 과제에 대한 문제해결능력, 과제에 대한 집중도와 이해력에 대한 평가가 필요하다. 상황에 따라 지정과제를 주거나 사람과 사물에 대한 설명 등에 대해 평가할 수 있다.

(3) 사회적 기능

자원봉사자 등 다른 사람과의 눈 맞추기, 지도사의 지시 이행 여부, 과제수행 시 협력하려는 정도, 자원봉사자 등 다른 사람과의 상호작용 차원에서 어떤 자극을 주었을 때 불만 표출 정도나 그에 따른 돌발적인 행동 등에 대해서도 살펴보고 평가한다.

(4) 기타 기능

동물에 대한 두려움, 각종 알레르기, 소음이나 날카로운 소리, 접촉에 대한 민감성 등의 평가도 이뤄져야 한다.

2 대상자 선정 및 배정

대상자 평가를 바탕으로 지도사의 역량, 보유하고 있는 말의 적합성, 주변 환경, 자원봉사자 규모 등을 고려하여 대상자를 선정하고 강습시간을 배정한다. 이는 강습에 영향을 줄 수 있는 모든 요소를 고려하여 안전하고 효율적으로 강습을 진행함으로써 재활승마 효과를 극대화하기 위함이다.

1) 대상자 선정

대상자 선정 단계에서 우선적으로 고려할 사항은 장애별 주의사항 및 금기사항이다. 대상자가 재활승마 금기사항에 해당하면 기승활동은 할 수 없다. 주의사항에 해당하면 그에 대한 대처 방안을 고려한다.

이처럼 재활승마 강습 참여 적합성 여부를 판단하여 적합하다고 판단될 시에는 대상자 장애에 대한 지도사 지식 정도 및 기술수준, 대상자에게 적합한 말 보유 현황, 보유하고 있는 말의 운동능력 적합성, 자원봉사자의 운영 규모 및 대상자에게 적합한 교육수준 등을 고려하여 대상자를 선정할 수 있도록 한다.

이런 모든 요소들이 재활승마 강습의 효과를 높이기 때문에 각 요소별 역할과 중요성에 대해 인지하고 대상자 선정 단계에 고려할 수 있도록 한다.

① 대상자: 장애(신체 및 정신기능)유형 및 정도, 연령, 체중, 키 등
② 지도사: 대상자 장애에 대한 지식수준 및 기술
③ 말: 대상자와 적합한 말 보유 현황 또는 말 운동능력 향상 여부
④ 자원봉사자: 운영 규모 및 교육수준
⑤ 기타: 적합한 마구 보유 현황, 기관(센터) 스케줄

2) 대상자 배정

대상자가 선정되면 일정을 조율하게 되는데, 이때에도 말, 자원봉사자를 고려하여 효율적으로 운영될 수 있도록 해야 하며, 이러한 과정을 '배정'이라고 할 수 있다. 선정과 배정을 따로 나누어 생각하기보다는 하나의 연결된 과정으로 볼 수 있으며, 이는 선정 때부터 대상자와 말, 자원봉사자 모두를 고려하여 이루어질 수 있도록 해야 함을 뜻한다. 최종적으로 강습 유형, 말의 배정 및 자원봉사자 운영 정도를 고려하여 대상자를 배정할 수 있도록 한다.

3 강습 목표 설정

　대상자 평가를 통해 수집된 정보들과 강습에 영향을 미치는 요소들을 파악하여 강습 목표를 설정하게 된다. 강습 목표 설정 시에는 대상자나 보호자의 의견을 참고하여 동기를 부여하고 흥미를 가지고 참여할 수 있도록 유도해야 한다. 이때, 비장애인과 달리 하나의 과제를 수행하는 데도 몇 회, 몇 시간 또는 몇 달이 소요될 수 있으므로 지나치게 높은 설정으로 성취감이나 흥미를 떨어뜨리지 않도록 유의하여 목표를 설정할 수 있도록 한다.

　한두 번으로 끝나는 체험 위주의 강습은 별도의 계획서를 작성하지 않아도 되지만, 중·장기적으로 진행되는 경우에는 대상자의 수준과 기능 정도를 고려하여 목표 및 단계별 세부 계획을 수립할 수 있도록 한다. 이때에는 매우 기초적인 것부터 차근차근 단계를 밟으며 진행될 수 있도록 유의한다. 경험이 많지 않은 지도사일 경우에는 목표를 설정할 때 지도사 입장에서 설정하는 오류를 범하는 경우가 있다. 이는 다시 말해 지도사가 '무엇을 가르칠 것인가'보다는 대상자의 입장에서 '무엇을 배울 수 있는지'를 고려해야 함을 의미한다.

　대상자별 목표를 설정한 후 상황에 따라 목표가 다른 대상자들끼리 그룹강습으로 진행되는 경우에도 그 그룹과 개별 대상자들 목표에도 부합할 수 있도록 적절한 대처방안과 유연성을 길러야 한다.

　모든 재활승마 대상자의 최종 목표는 독립기승이라는 것을 명심하고 지속적인 강습 목표 수정과 최적의 강습을 운영할 수 있는 방안을 마련한다.

　이렇게 대상자의 선정과 배정 그리고 강습 목표 설정과정을 거쳐 종합평가서를 작성하게 된다.

[표 4-2] 종합평가서

종합평가서

작성일	년　월　일		작성자:	
이름		생년월일:		나이:
키	cm	몸무게		kg
기승자 목표	1. 2.			
보호자 목표	1. 2.			
기승자 장점	1. 2.			
기승자 단점	1. 2.			

추천 내용

활동 타임	① 개인　② 그룹	강습기간(　주)	.　.　~　.　.
강습활동	① 선호하는 말: ② 말 리더 유무: ③ 사이드워커 인원: ④ 안전모 사이즈: ⑤ 필요 장구: ⑥ 승·하마방법:		
단기 목표	1. 2.		
장기 목표	1. 2.		
기타 의견	1. 2.		

4 대상자 관련 문서

지도사는 재활승마에 참여하는 기승자, 부모, 말, 봉사자, 간접 지원인력 등 재활승마와 관련된 사람과 말에 대한 각각의 문서를 만들어 보관하고, 관리에 대한 책임이 주어진다. 자료로 보관되는 문서는 향후 회계에 대한 문제 발생이나 안전사고 발생에 따른 책임 소재, 객관적인 통계자료, 기승자의 기량이나 기능 또는 재활 향상 정도에 따른 자료로 신뢰성을 제공하는 데 반드시 필요하다.

지도사가 재활승마 강습운영 시 갖추어야 할 문서는 다음과 같다.

- 기승자 참가신청서: 의사소견서(필요한 경우)/기승자 건강정보, 가족 환경사항 등 구체적 사항 포함
- 기승자 지도내용 일지
- 강습계획서: 1일/월간/분기 또는 반기/연간
- 기승자 평가서
- 기승자 출석기록부: 강습일지 기록으로 대체 가능
- 각종 동의서: 사진촬영 및 사용/지도사 책임 면제사항/응급처치
- 말 관련 서류: 말 건강, 매칭 관련 및 사용기록부
- 봉사자 관련 서류: 신청서, 각종 동의서, 교육사항, 보험 등

재활승마 강습은 지도사가 기승자에게 단순하게 승마에 대한 일반적인 지식만을 전달하는 수준으로 끝나서는 안 된다. 재활승마지도사는 모든 문서를 체계적으로 기록·관리하는 행정가, 재활승마 강습 전후를 비교하여 그 효과를 분석할 수 있는 분석가, 긍정적 효과를 차후 강습에 반영할 수 있는 실천가가 되어야 한다.

2장
강습계획

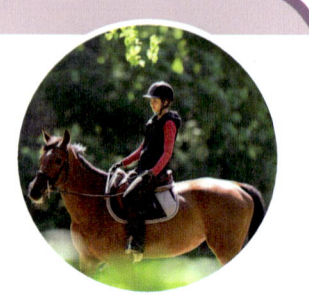

강습계획은 재활승마를 운영함에 있어 반드시 있어야 할 필수적인 사항이다. 지도사가 기승자를 대상으로 강습을 하고자 할 때, 어디에 목표를 두고 무엇을 어떻게 지도할지를 사전에 준비한다. 신체적 장애를 가진 기승자는 기승술 향상을 통해 신체의 기능 향상을 기대하고, 정신적인 문제를 지닌 기승자는 정서적으로 좋아지거나 사회성 향상을 기대하며 강습에 참가하므로 지도사는 적어도 강습이 이뤄지는 동안 이들의 욕구와 희망을 충족시켜주어야 한다.

지도사는 강습에 대한 계획과 함께 강습운영 전반에 관련한 모든 문서의 기록 유지와 관리 책임이 있다.

1 중·장기 강습계획

계획서는 반드시 서면이나 일지 형태로 작성하고, 강습 내용이 상세하게 기록되어 누구라도 진행 과정을 쉽게 이해할 수 있어야 한다. 불가피하게 담당 지도사가 바뀌는 경우 다른 어떤 지도사가 담당하더라도 강습은 자연스럽게 연결되어야 하기 때문이다.

한두 번으로 끝나는 체험 위주의 강습은 별도의 계획서를 작성하지 않아도 되지만, 중·장 기적으로 강습이 진행되는 경우에는 기승자의 수준과 기능 정도를 고려하여 강습의 목적, 목표 등 단계별 세부 계획을 수립해야 한다. 계획을 세울 때는 기간에 따라 강습의 목적과 목표 등을 명확하게 구분하고 작성한다.

[표 4-3] 중·장기 강습계획서

중·장기 강습계획서

작성일	년 월 일	작성자:	
대상자 이름		생년월일:	나이:
구분	목표		
1분기	· 평보, 속보, 경속보, 좌속보 익히기 　- 봉사자 도움 없이 스스로 시행하기 　- 각 보법 10회 이상 지속, 8회 성공하기		
2분기	· 구보 익히기 　- 지도사가 조마삭 끈을 연결한 상태에서 30초 이상 유지하기(5회 시도하여 4회 이상 성공하기)		
3분기	· 구보, 후퇴방법 익히기 　- 고삐를 사용하여 스스로 말을 5m 이상 후퇴시키기 　 (10회 중 8회 이상 성공하기)		
4분기	· 정해진 코스 익히기 　- 구간별로 정해진 보법 시행하기(10회 중 8회 이상 성공하기)		
반기	· 말 보법 숙지하기 　- 평보, 경속보, 좌속보, 구보를 지도사의 요구 시 즉각 시행하기 　 (10회 중 8회 이상 성공하기)		
연간	· 지도사가 임의로 설정한 마장마술 기초과정 익히기 　- 평보, 좌속보, 경속보, 이행 중 정지, 구보가 포함된 코스 중 두 가지 이상 성공하기(5회 중 4회 이상 성공하기)		

〈표 4-3〉에서는 분기, 반기, 연간 목표가 올바르게 세워졌는지 살펴본다. 분기나 반기에 강습이 종료되는 경우를 감안하여 최종 목표를 설정하여 작성한다. 분기나 반기에 강습이 종료되는 경우에는 기승자의 기량과 수준을 고려하여 낮춰 잡거나 또는 높여서 시행되도록 최종목표를 계획해야 한다.

〈표 4-4〉에서는 월간 목표가 올바르게 세워졌는지 살펴본다. 월간 목표를 작성할 때는 쉬운 것부터 어려운 것으로 점차 진도가 나아갈 수 있도록 계획을 세운다. 처음부터 어려운 과제를 주면 이해하기도, 받아들이기도 어렵다. 무엇보다도 매우 기초적인 것부터 차근차근 단계를 밟으면 기승자에게 성취감을 북돋우는 데 유리하므로 유의해야 한다.

[표 4-4] 월간 강습계획(예)

월간 강습계획서

작성일	년 월 일	작성자:	
대상자 이름		생년월일:	나이:
구분	목표		
1주차	· 경속보 동작 배우기 - 20m 구간 사이드워커 도움없이 평보에서 전경자세(10회 중 8회 성공) - 20m 구간 사이드워커 도움없이 평보에서 경속보 동작하기(10회 중 8회 성공)		
2주차	· 경속보 동작 배우기 - 10m 구간 사이드워커 무릎보조로 경속보하기(12회 중 12회 성공) - 10m 구간 사이드워커 발목보조로 경속보하기(12회 중 10회 성공)		
3주차	· 경속보 동작 배우기 - 15m 구간 사이드워커 무릎보조로 경속보하기(10회 중 8회 성공) - 15m 구간 사이드워커 발목보조로 경속보하기(10회 중 8회 성공)		
4주차	· 경속보 동작 배우기 - 20m 구간 사이드워커 무릎보조로 경속보하기(8회 중 7회 성공) - 20m 구간 사이드워커 발목보조로 경속보하기(8회 중 7회 성공)		

2 단기 강습계획

1) 주간 강습계획

〈표 4-5〉에서는 주간 또는 차수별로 세워진 강습계획이 올바르게 되었는지 살펴본다.

일차별로 진행되는 강습계획은 될 수 있으면 기승자가 도전하는 데 힘겹지 않도록 유의한다. 비장애인과 달리 하나의 과제를 수행하는 데도 몇 회, 몇 시간이 필요할 수도 있다. 지도사의 지나친 목표로 인해 흥미를 잃거나 쉽사리 포기할 수도 있으므로 각별히 유의한다.

[표 4-5] 주간 강습계획(예)

주간 또는 단계별 강습계획서

작성일	년 월 일	작성자:	
대상자 이름		생년월일:	나이:
구분	목표		
1일차	· 말과 친해지기 (쓰다듬기 5회씩 5회 이상 성공하기)		
2일차	· 말 위에서 바로 앉아 자세 유지하기 (1분 이상 3회 이상 성공하기)		
3일차	· 바른 자세 3분 이상 2회 유지하기		
4일차	· 바른 자세 5분 이상 3회 유지하기		
5일차	· 고삐 잡고 익히기 (10회 중 7회 성공하기)		
6일차	· 고삐 잡고 말 세워보기 (3회 이상 성공하기)		

2) 일일 강습계획

강습계획서를 작성할 때는 강습의 목적, 강습내용, 강습절차, 강습 프로그램 구성, 주의사항은 물론 강습에 필요한 사전 준비물, 요약된 정리 자료와 기존에 작성하고 사용한 강습계획서와 평가내용 등을 반영한다. 다음 〈표 4-6〉을 참조하여 항목별로 어디에 주안점을 두고 1일 강습계획서를 작성할지를 살펴본다. 또한 〈표 4-7〉을 참조하여 강습계획서가 올바르게 작성되었는지 살펴본다.

지도사는 1일 강습계획서를 작성하고 원활한 강습 진행을 위해 강습 전에 자원봉사자들에게 반드시 계획서 내용을 설명해야 한다. 강습에 참여하는 말 리더 및 사이드워커들은 다른 강습이 끝나고 곧바로 참여하거나 외부에서 강습을 위해 말 준비 시간에 맞춰 오는 경우도 있어 설명하기 위해 별도로 시간을 내기는 어렵다. 보통 기승자가 기승 직전 대기실에 있을 때, 기승자를 제외한 모든 강습 참여자가 대기선상에서 기승자를 기다리게 되므로 그 시간을 이용해 간단하게 설명한다. 강습에 특별한 도구가 필요하고 자원봉사자의 도움이 필요할 때는 설치시간을 고려하고, 1일 강습시간표를 이용하여 배정된 봉사자를 확인한다.

1일 강습계획서는 시간을 배정받은 재활승마지도사에 의해 작성되지만, 1일 강습시간표는 비교적 규모가 있는 재활승마센터에서 강습 프로그램 전체를 관할하는 수석지도사 또는 프로그램 관리자가 작성한다. 수석지도사나 프로그램 관리자 같이 특정한 한 명이 혼자서 강습시간표를 작성할 수 없을 정도로 규모가 큰 승마장의 경우는 자원봉사관리자, 말을 관리하는 수의사, 기승자의 강습 관리 및 운영을 담당하는 관리자처럼 세 분야의 사람들이 협의하여 강습

[그림 4-1] 강습계획서 설명

[표 4-6] 1일 강습계획서 작성 주안점

1일 강습계획서

지도사 성명		일시: 년 월 일	
기승자 정보	① 성명: ③ 성별: ⑤ 기승 횟수:		② 나이: ④ 장애명:
강습 말 정보	① 마명: ③ 나이:		② 성별: ④ 특징:
주의사항	〈주안점〉 강습에 영향을 미칠 수 있는 요소, 기승자의 특성 등 기록		
강습목표	〈주안점〉 수치로 측정 가능한가? 과제수행으로 실시하는 동작은 기승술인가? 수행하는 구간(범위)은 명확한가? 많은 성공을 경험하는 대신에 너무 낮은 목표가 되지 않도록 하고, 시도는 10회 정도(최소 8회 이상, 좌우 고려하여 짝수), 성공은 80% 이상이 되도록 강습목표를 설정한다.		
준비물 및 장비	〈주안점〉 이번 강습에 쓰이는 특별한 것만 기입한다. 기승대, 안전모 등 일반적으로 당연히 사용하는 것은 제외한다.		
강습내용	〈주안점〉 · 기승 → 준비 운동 → 본운동(과제수행) → 마무리 운동 → 하마 순으로 강습을 계획한다. 기승과 하마 방법이 일반적이라면 제외해도 된다. 각 단계에 내용과 예상되는 시간을 기록하고 주어진 강습시간이 부족하거나 남지 않도록 계획한다. · 본인 외에 누가 보더라도 한눈에 강습내용을 쉽게 파악할 수 있도록 간략하고 명확하며, 서술식이 아닌 개조식으로 기록한다. · 본운동 내용에서는 강습 목표에 대한 '과제분석'을 기입한다. 성공적인 강습을 위해서는 기승자에게 맞는 과제분석을 작성하고 과제분석에 의해 기승자가 과제수행을 실시해야 한다. · 본운동 내용은 강습 중에도 기승술이 향상되도록 낮은 단계에서 점차 높은 기승술로 발전되도록 구성한다. · 코스 그림을 이용하여 강습장 배치가 쉽게 이해되도록 한다. · 지면이 부족하면 뒷면을 이용할 수 있지만 특별한 경우가 아니라면 가급적 앞면만 사용하고, 뒷면을 사용할 경우는 '뒷면 계속'이라고 맨 밑에 기록하여 독자가 놓치지 않도록 배려한다.		
요약정리 및 평가	〈주안점〉 ⓐ 강습 목표의 달성 여부 ⓑ 강습 목표 미달성에 대한 원인 분석 ⓒ 강습 또는 강습 참여자에 대한 특이사항 ⓓ 다음 시간 강습 내용 예고 순으로 기록한다.		

[표 4-7] 1일 강습계획서(예)

1일 강습계획서

지도사 성명	홍길동	일시: ○○○○. ○○. ○○
기승자 정보	① 성명: ○○○, □□□ ③ 성별: 남, 여 ⑤ 기승 횟수: 회	② 나이: ④ 장애명: 지적, 뇌병변
강습 말 정보	① 마명: △△, ◎◎ ③ 나이:	② 성별: 암, 수 ④ 특징: 하프링거, 교잡마
주의사항	○○○의 왼팔 마비로 고삐 쥐기가 어렵고 어깨 높이로 팔을 들어 올릴 수 없음 □□□는 일반 기승보다 중간보조(crest mounting) 방법으로 기승	
강습목표	기승자는 평보에서 두 팔을 벌리고 직선구간(15m)을 '등자 밟고 일어서고 앉기'를 할 수 있다. 10회 중 8회 성공	
준비물 및 장비	사다리고삐, 삼각콘 4개	

강습내용	기승: 일반/중간보조
	1. 준비 운동(5분)
	  ① 두 팔 벌려 몸통 돌리기 10회
	  ② 등자에서 발 빼고 다리 들어 올리기 10회
	  ③ 〃 발목 돌리기 10회
	2. 본운동(21분)
	  ① 정지상태에서 등자 밟고 일어서고 앉기 10회, 연습
	  ② 평보에서 고삐 잡고 직선구간(15m) 등자 밟고 일어서고 앉기 10회, 연습
	  ③ 평보에서 두 팔을 벌리고 직선구간(15m) 등자 밟고 일어서고 앉기 10회, 측정
	  ④ 속보 2회(직선 코스 15m)
	3. 마무리 운동(4분)
	  ① 등자에서 발 빼고 다리 들어 올리기 10회
	  ② 말 엉덩이 쳐다보기 10회
	  ③ 말 칭찬하기 10회
	하마: 일반/중간보조
		속보 전후
		원 그리기
		
		15m 직선 구간
		
		평보에서 두 팔을 벌린 상태에서 등자 밟고 일어나고 앉기
		
		〈과제분석〉
		평보에서 두 팔 벌리고 '등자 밟고 일어서고 앉기'
		① 두 팔을 옆으로 벌리기
		② 종아리를 안장에 밀착하기
		③ 등자 밟으며 일어나기(0.5초)
		④ 정면을 보며 턱을 들어서 균형 잡기 (2초)
		⑤ 앉을 때는 천천히 앉기(2초)

요약정리 및 평가	(성공 예시) 1. ○○○는 10회 중 9회 성공으로 강습 목표 달성 2. (없음) 3. 강습 간 적극적인 수업 참여 4. 균형유지능력이 향상되어 다음 시간에는 코너를 포함하여 25m 구간 도전 가능	(미달성 예시) 1. □□□는 10회 중 5회 성공으로 강습 목표 미달성 2. 연습 시에는 동작이 원활했으나 양팔을 벌리고 7m 구간을 넘어서면서 균형유지가 어려워짐 3. 목표 달성 실패로 의기소침 4. 10m 구간 도전 가능

[표 4-8] 강습시간표(예)

강습시간표

○○재활승마장 작성 일시: 20○○.○○.○○. 19:25 Ver. 2

시간/지도사/장소	기승자	말	말 리더	사이드워커 1	사이드워커 2	안장	마장구
9:30	○○학교						
송대광 실내	AAA BBB CCC	순둥이 흰둥이 소년시대	NNN OOO PPP	KAA LBB MCC	NKA KLB DCC	20 5 7	무지개고삐 무지개고삐 일반고삐
10:00	XX복지관						
홍길동 실내	성춘향 이몽룡	순둥이 흰둥이	NNN OOO	KAA LB	– SSU	20 5	무지개고삐 무지개고삐
10:00	YY청소년협회						
나훈하 실내	GGG HHH KKK LLL	소년시대 어이유 소지 바람	SSS TTT UUU VVV	GGG HHH KKK LLL	YIU JHS MJU –	7 10 12 6	젤패드 손잡이고삐 덮개 등자 젤패드
10:00	개인						
태전하 실외	MMM	브아갈	WWW	–	–	자연안장	일반고삐
10:30							

계획서를 작성하고 수석지도사에게 확인받는다. 강습시간표는 강습 전날 늦어도 오후 3시경에 작성이 완료되어야 하며, 이를 이용하여 지도사들은 강습계획서를 강습 전날 작성하여 강습 당일 게시한다. 강습시간표와 강습계획서는 사무실, 대기실, 마사 등의 게시판에 비치하여 승마장에 출입하는 자원봉사자들이 편리하게 이용하도록 한다.

승마장의 규모에 따라 〈그림 4-2〉와 같이 조직 구성을 생각해볼 수 있다. 소규모 승마장의 경우와 같이 강습에 참여하는 인원이 많지 않으면 재활승마지도사 혼자의 능력에 모든 것이 좌우되고 지금까지 설명한 기승자 기록 카드부터 1일 강습계획서 및 1일 강습시간표까지 재활승마지도사 혼자서 작성해야 한다. 하지만 규모가 커지면 말과 사이드워커 등 고려해야 할 사항이 많아지기 때문에 수석재활승마지도사, 자원봉사자관리자, 수의사 또는 말 관리사 등 여러 사람이 참여하여 1일 강습시간표 작성에 참여해야 한다. 맡은 업무에 대한 전문성과 유기적인 협조체제가 구성되어 있지 않다면 강습시간표를 작성하고 시행하는 데 어려움이 따르고 매일매일 이런 상황이 반복된다면 견디기 힘든 일이다. 재활승마지도사 혼자 운영하는 최소 규모 승마장부터 승마장이 대형화되면서 프로그램 지원, 경영관리, 말과 시설을 관리하는 분야로 조직이 확대된다. 이때 확대되는 순서는 필수적인 것은 아니고 재활승마지도사의 역량에 따라 순서가 바뀔 수 있다.

[그림 4-2] 승마장 규모에 따른 조직 확대 예시

3장
강습 프로그램

재활승마에서 강습에 활용되는 기술을 가장 크게 구분하면 균형(balance)과 제어(control)이다. 이를 좀 더 세분화시키면 기승과 하마, 출발과 정지, 고삐조종과 방향전환, 그리고 이를 종합적으로 활용할 수 있는 도형 그리기(school figure)가 있다. 말의 걸음걸이 단계로 구분하면 평보, 좌속보, 경속보, 구보로 구분된다. 재활승마에서 시각장애인에게 장애물을 넘는 것을 가르치는 경우와 같이 고난이도 기술을 가르치는 경우도 있으나 대부분은 앞서 제시한 기승술들이 강습에 활용된다.

대상자에 따라 구보까지 강습이 이루어지는 기간이 6개월(물론 빈도를 늘린다면 기간이 훨씬 짧아질 수도 있다)이 걸릴 수도 있고 5년 이상 아니면 영원히 불가능할 수도 있다. 기승자의 안전 등을 고려해야 하기 때문이다. 장애인스포츠인 패럴림픽의 승마에서도 등급 I과 등급 II에서는 구보, 피아페(Piaffe)와 파사지(Passage)를 할 수 없도록 되어 있다.

[표 4-9] 장애 정도에 따른 기승술 습득 예시

위의 그림은 어느 정도까지 기승술 완성을 하나의 무지개색으로 표현하면 비장애인 및 정서·행동 장애인이 6개월 만에 완성할 수 있는 것을 경계성이나 경증, 중증은 더 많은 시간이 걸린다는 것으로 개략적으로 표현한 것이다. 물론 개인차에 따라 이러한 기간은 상당히 달라질 수 있으며 그림처럼 전체가 동일한 비율로 단축되거나 늘어나지는 않는다. 예를 들면 개인에 따라 어떤 단계나 기승술에서는 경증이더라도 비장애인보다 빠르게 습득할 수 있고 어떤 단계에서는 중증보다 더 느려질 수 있다. 또 각각의 기승술 발달 단계가 분명하게 구분되는 것은 아니다. 이는 비장애인 기승자도 마찬가지이다.

위와 같은 기간은 강습 시작 단계에서 재활승마지도사와 기승자(또는 보호자)에 의해 개략적으로 목표설정을 하면서 예측한다. 그러나 강습이 진행됨에 따라 중장기 계획 및 단기 계획에서 기승술 습득 정도, 강습 적응 등을 고려하여 지속적으로 수정·보완해나간다. 유능한 재활승마지도사는 기승자의 기승술 습득 단계에 따라 적합한 수준의 기승술을 제시하고 강습한다. 또한 자칫 지루하게 반복할 수 있는 강습을 즐겁게 참여할 수 있도록 기승술을 응용할 수 있는 게임적인 방법도 도입하여 계획하고 실행할 수 있어야 한다. 기승자의 기승술 습득 단계에 따라 신호등게임과 같이 '출발과 정지' 하나의 기승술을 이용하거나, '방향전환(steering)', '반전경(2point or half seat)', '일어났다가 앉기(up and down)' 등을 각 구간에 적용하여 다양한 기승술을 복합적으로 활용하고 강습에 활기를 더해주는 '장애물 통과하기' 방법 등이 있다.

1 강습 프로그램 설계

강습 프로그램 설계란 기승자들이 강습 목적을 효율적으로 달성할 수 있도록 수행되어야 할 제반 활동과 요소를 계획하는 활동을 의미한다.

기승자별 강습 프로그램은 재활승마지도사의 창의적 사고와 노력으로 이루어지는 창작 활동이다. 따라서 정형화된 어떤 순서나 모형 등 반드시 획일적인 진도에 맞춰져야 하는 것은 결코 아니다. 다만, '강습목표, 내용, 방법, 활동, 시간, 강습 시 고려 사항, 평가' 등을 고려하여 구성한다. 기승자의 개인차를 최대한으로 고려한 강습이 제공되어야 하는 것이다. 강습에서의 오류나 실패는 쉽게 되돌리기가 어렵기 때문에 강습의 효율과 경제성을 위해서도 충분한 시간을 투자하여 설계되어야 한다. 강습 프로그램을 설계하기 위해서는 다음 절차를 이용한다.

1) 강습 목적 확인

강습 목적 확인은 강습이 완료되는 시점에서 기승자가 어느 정도의 기승술이나 부가적인 효과를 얻게 되는가를 고려하여 가늠하는 것이 중요하다. 현재 기승자가 가지고 있는 기승능력에 대비하여 어떤 기승술을 익히면서 신체적·정신적·인지적·사회적인 측면에서 어떤 효과를 얻고자 하는지 확인한다.

2) 강습 활동 분석

기승자가 참여할 수 있는 강습 기간, 참여시간대, 회당 참여시간, 빈도 등을 확인한다. 전체적인 참여시간에 적절한 강습 내용의 범위를 고려한다. 기승활동은 어느 정도 기승술까지 강습이 이루어지는지, 지상활동이나 말과의 교감 활동은 어떠한 유형이 될지 확인한다.

3) 기승자의 특성 파악

기승자의 특성을 파악하는 데 있어 장애유형이 우선이 되면 안 된다. 같은 장애일지라도 장애유형이나 정도, 기승자에 따라 나타나는 양상은 전혀 다를 수 있고, 서로 다른 장애라도 나타나는 형태는 같을 수 있다. 재활승마지도사는 기승자가 특정 장애로 인해 편견을 가지고 낙인(labeling)되어 부정적인 인식을 갖지 않도록 한다. 개개인의 특성을 파악하여 어떻게 기승술을 지도할 것인지 고민하고 긍정적인 면을 부각시키도록 노력한다. 여기까지는 기승자별 교육과정을 작성하는 단계이다. 강습기간 등을 고려하여 주간 또는 회차별 강습 프로그램을 설계하여 다음에 이어지는 강습계획서 작성에 기초자료를 제공한다.

4) 강습 목표 설정

여기서부터는 강습계획서(lesson plan)를 작성할 때 거치는 단계이다. 일일 강습계획서를 작성하면서 다음 날 실시할 강습에서 기승자가 달성할 기승술 등의 목표를 설정한다.

5) 말과 교보재 확인

강습에 필요한 말과 교보재를 선정한다. 기승자의 특성을 파악하고 강습시간표를 작성하는 단계에서 기본적으로 말과 마장구를 배정하지만, 강습계획서를 작성하면서 확인하고 세부적으로 필요한 교보재 등을 준비한다.

6) 강습 내용 선택 및 시행

강습시간을 확인하고 시간 내에 강습 목표를 달성할 수 있도록 강습 내용을 선정한다. 강습 내용은 기승술을 중심으로 기승자나 봉사자가 즐겁게 참여할 수 있도록 구성한다. 매일매일 참여하는 강습이 지루하게 반복되어 자칫 흥미를 잃지 않도록 다양한 강습방법을 이용하되 점진적으로 기승술을 향상해나가도록 한다.

7) 평가/수정 보완

강습을 완료하고 해당 강습에 대한 요약 및 평가를 수행한다. 강습계획서를 작성할 때 예상했던 목표 달성에 성공과 실패 여부를 확인하고 원인을 분석한다.

장애 유무와 관련 없이 모든 기승자들의 기승술 습득이 늘 향상될 수는 없다. 강습 참여 횟수나 시간, 기승술의 난이도는 물론 그날의 신체적인 컨디션이나 심리 등 기승자의 내적요인과 말이나 날씨, 봉사자나 재활승마지도사 등 주변 환경에 의한 외적요인에 의해 발휘되는 기능이 달라질 수 있다. 더구나 장애가 원인이 되어 지속적으로 치료를 받아야 하거나 파킨슨병이나 근위축증 같은 퇴행성 신경질환을 가지고 있는 경우는 상황이 더 악화될 수 있다.

이러한 평가 내용을 바탕으로 강습 목표 수정 설정, 적합한 말과 교보재 확인 및 수정 적용, 강습내용을 수정한다. 강습하는 도중이라도 강습을 중단하거나 강습내용을 달리하여 강습을 진행해야 할 수도 있다.

8) 강습 목표 달성

중장기적으로 일정 기간 동안 강습이 진행된 후 초기에 계획했던 강습 목표와 비교하면 상당한 차이를 보일 수도 있다. 그러나 매주 또는 매일 단위의 강습계획서의 강습 목표는 항상 달성할 수 있도록 목표를 설정하고 80% 이상 성공하여 칭찬과 격려의 기회를 많이 갖도록 한다.

2 대상자의 레벨 분류

이번에는 PATH Intl.에서 발행하는 STRIDE에서 발췌한 내용으로 기승자를 구분하고 교육하는 방법을 소개하고자 한다. 원래의 내용에는 기승자를 4단계로 구분했지만 기승할 수 없는 대상자까지 포함하여 다섯 단계로 구분했다.

사실 어떤 한 가지 장애를 기준으로 재활승마 강습에서 어떻게 해야 한다고 말하는 것은 상당히 위험한 내용이 될 수 있다. 어느 정도 장애에 대한 이해와 재활승마 강습 경험이 있는 독자라면 저자의 의도를 파악하고 취사선택하여 자신의 강습에 적용할 수 있다. 그러나 장애의 이해와 강습경험이 없는 독자는 '그럴 수도 있고 그렇지 않을 수도 있다'는 내용들을 마주 대하면 시작도 하기 전에 혼란이 올 것이다. 한 가지 장애, 같은 장애 등급이라 하더라도 나타나는 양상은 매우 다르고, 서로 다른 장애라고 해도 나타나는 증상은 비슷하여 같은 방법을 이용해야 할 필요가 있기 때문이다.

이 교재의 '장애의 이해' 부분에서는 「장애인복지법」에 의한 분류 방법에 따라 구분하고 정서·행동 문제에 관한 내용을 추가했다. 장애와 재활승마를 처음 접하는 사람에게는 유용하지만 이전에 장애에 대한 지식이 있는 사람들에게는 나타나는 증상을 위주로 기술하고 재활승마 적용에 대한 설명을 시작하는 것이 더 편리할 수 있다. 또한 해부학에서 계통해부학을 먼저 학습하고 그 지식을 바탕으로 국소해부학을 공부하여 임상에 적용한다. 이와 같이 재활승마 프로그램을 구성하는 맥락을 잡는 용도로 활용할 수 있도록 재활승마 대상자를 5단계로 구분했다.

최근 전 세계적으로 MZ세대에게 관심을 받고 있는 MBTI는 16가지로 사람의 유형을 나눈다. 자신과 상대방을 빨리 파악해서 이해하려는 욕구로 유행이 되고 있지만 지나치게 성격을 단순화한다는 비판과 전문가를 통해 명확한 해석이 필요하다는 의견이 있다. 5단계를 제시했다고 해서 각 단계의 틀 안에 대상자를 끼워 넣고 절대적이라고 생각하는 것은 '이 사람은 이럴 것이다'라는 낙인효과(labeling effect)를 가져올 수 있다.

장애명이나 장애 등급만을 참조하기 전에 대상자 개개인의 특성을 우선적으로 살피고, 반드시 대상자 평가를 실시해본 경험이 있는 재활승마지도사의 의견을 반영하여 레벨을 가늠해야

> **Tip**
>
> **취사선택(取捨選擇)**: 여럿 가운데서 쓰일 것은 쓰이고 버려질 것은 버려지는
>
> **낙인효과**는 stigma effect 또는 labeling effect라고 한다. 낙인(烙印)은 서부 개척 시대에 소에 불로 달군 인두로 소유자 표시를 하는 것인데, 씻기 어려운 부끄럽고 욕된 평판을 비유적으로 이르는 말이기도 하다. 낙인효과는 사회제도나 규범을 근거로 특정인을 일탈자로 인식하기 시작하면 그 사람은 결국 범죄인이 되고 만다는 낙인이론에서 유래한 용어이다. 같은 의미로 '주홍글씨', '꼬리표' 등이 있고 반대로 타인의 기대나 관심으로 인해 능률이 오르거나 결과가 좋아지는 현상인 피그말리온 효과(pygmalion effect)가 있다.

한다. 재활승마나 다른 운동 및 치료 프로그램, 성장, 식습관, 심리적인 변화나 질병의 진행에 따라 레벨이 바뀔 수 있다. 또한 제시하지 않은 장애나 정서행동 문제도 재활승마 대상자가 될 수 있음을 강조한다.

1) 기승 불가 레벨

말에 직접 기승할 수 없는 대상자는 '6장 기승활동의 주의 및 금기 사항'에 소개했다. 재활승마지도사는 대상자가 어디에 해당하는지 확인하여 '주의 사항'에 해당하면 기승활동에 특히 주의하여 강습에 임한다. '금기 사항'에 해당하면 기승활동은 할 수 없고 지상 강습/활동(ground lesson/activity)이나 마차 등 비기승활동에 참여할 수 있도록 해야 한다.

다양한 장애군에서 금기 사항이 있지만 전체적으로 요약하면 다음과 같다.

[표 4-10] Level 0의 대상자 분류 기준

구분	내용	조치 및 보조	장애 예시(참고용)
Level 0	- 4세 이하(48개월 이하) - 기승자에게 맞는 마장구나 안전모가 없는 경우 - 척추 등뼈6번(T6) 이상 손상, 척추측만(전만/후만) 등으로 장애 등급을 받았는데 적합한 마장구가 없는 경우 - 스스로 목을 가눌 수 없거나 머리뼈 결손의 경우 - 환축추(C1~2) 불안정/신경증상 증후군 - 기승활동이 목 부분 염좌·손상 가능성의 경우 - 뼈를 약하게 하는 질환이나 심한 변형으로 인한 경우 - 조절되지 않은 뇌전증 - 비만(BMI 25이상) 및 위험한 돌출행동을 하는 경우 - 치료 중이거나 완치되지 않는 특정 질환의 경우 - 승마로 지속적인 피로, 불편, 통증을 호소하는 경우 - 기승 시 활동신체부분, 안장 등 접촉부위에 수술 자국, 상처가 있는 경우 - 대상자의 보조기 등이 말을 자극할 수 있는 경우 - 알레르기 반응이 심한 경우	- 기승 불가 - 말과의 교감 활동 시행	- 무정위/강직성 중증 뇌병변 - 다운증후군 중 환축추 불안정 - 심한 뇌전증 - 과체중, 과잉행동의 지적/자폐성장애 등 - 장루·요루장애 - 평형장애 - 정신장애(전적/많은 도움이 필요한 경우)

> **Tip**
> 비만이 아니어도 대상자 체중과 마장구 무게 합이 말 체중의 20% 이상인 경우에는 말의 보호 및 복지를 고려하여 기승활동을 제한해야 한다.

2) 기승 가능 레벨(Level 1~4)

기승할 수 있는 대상자의 가장 낮은 단계로 몸통보조가 필요한 기승자를 Level 1, 사이드워커 1명 이상이 필수적으로 배치되고 신체 지지를 받아야 하는 기승자를 Level 2로 구분했다. 지금까지 우리가 일반적으로 생각해왔던 재활승마의 모습은 아마도 Level 1과 Level 2에 속한 기승자를 대상으로 한 강습일 것이다.

의사소통이 양호하고 최소한의 보조가 필요한 기승자는 Level 3으로 구분하고 선택적으로 말 리더가 필요한 기승자는 Level 4로 분류했다.

[표 4-11] Level 1~4의 대상자 분류 기준

구분	내용	조치 및 보조	보법 및 기승술	장애 예시(참고용)
Level 1	- 자세, 조정, 균형, 행동 규제, 감각 통합과 소통을 포함한 말과의 최소한의 제어 및 의사소통 가능	- 최고도 보조 필요 - 몸통 및 엉덩관절 보조 - 말 리더 1명 필수 - 사이드워커 2명이 양쪽 보조 필수	- 평보 - 자세유지, 출발/정지, 방향전환, 단순 장애물 통과하기	- 중증 뇌병변 - 호흡기/심장/간/신장 장애 - 지체장애(하지) - 과잉행동이 없는 최고도/고도 지적장애 - 자폐성장애(상당히 많은/많은 지원을 필요로 하는 수준) - 심하지 않은 뇌전증
Level 2	- 기승자는 말 위에서 균형을 유지할 수 있으며 4가지 보조 사용 - 의사소통 보통 - 말을 제어 할 수 있음	- 중간 보조 - 넙다리(허벅지), 무릎/발목관절 보조 - 말 리더 1명 필수 - 사이드워커 1명 이상 보조 필수	- 평보, 속보 - 자세유지, 출발/정지, 방향전환, 단순 장애물 통과하기	- 심하지 않은 뇌병변 - 지체장애(상지) - 중등도/경미한 지적장애 - 자폐성장애(지원이 필요한 수준) - 정신장애(간헐적 도움이 필요한 경우)
Level 3	- 기본 보조에 의한 강습 가능 - 의사소통 양호	- 최소한의 보조 필요 - 말 리더 1명 필수 - 강습상황에 따라 선택적으로 사이드워커 필요	- 평보, 속보 - 자세유지, 출발/정지, 방향전환, 단순/복합 장애물 통과하기	- 경미한 지적장애 - 약물복용 중인 ADHD - 시각/청각/언어 장애

구분	내용	조치 및 보조	보법 및 기승술	장애 예시(참고용)
Level 4	- 신체적 도움 없이 말을 제어할 수 있으며, 일반보조를 효과적으로 적용할 수 있음 - 독립 기승	- 최소의 보조 또는 독립 승마 - 강습상황에 따라 선택적으로 말 리더 필요	- 평보, 속보, 구보 - 자세유지, 출발/정지, 방향전환, 단순/복합 장애물 통과하기	- 정서·행동에 문제가 있는 경우(ADHD, 인터넷 게임사용장애 등) - 경계성 지적장애

3 재활승마 강습 활동

이번 장에서는 독자들이 현업에서 강습 프로그램을 작성하는 데 참고자료로 이용할 수 있도록 기존의 연구나 실제 강습에 사용하는 다양한 강습 프로그램을 제시하고자 한다. 다양한 장애유형과 그로 인해 나타나는 증상, 그리고 성격 및 환경 등 장애인 각자의 개인차를 고려하면 표준강습 매뉴얼을 그대로 적용한다는 것은 위험천만한 일이 될 수 있다. 표준강습 매뉴얼이 만들어지거나 다른 유사 장애유형의 강습 진행을 관찰하거나 계획서를 보더라도 재활승마지도사는 더 나은 강습을 위해 참고만 해야 한다. 똑같이 강습해야 한다는 생각은 버려야 한다. 어떤 기승자는 몇 분 사이에 강습을 진행할 수 없을 정도로 상태가 악화되거나 반대로 좋아질 수 있기 때문이다.

전체적인 강습 프로그램을 계획했더라도 실제 강습 전 강습계획서를 작성하면서 수정할 수 있다. 강습계획서 작성 단계에서 기승자의 장애에 대한 이해는 물론 성격, 건강상태 등이나 그 동안 진행해왔던 모든 강습 상황을 이해하고 계획을 수립한다. 당일 강습이 진행되는 상황에서도 기승자와 말의 상태에 따라 강습 내용은 수정될 수 있다. 기승자, 말, 환경 및 날씨 등에 의한 강습에 영향을 주는 돌발 변수가 많기 때문이다. 재활승마지도사는 강습 진행 도중 발생할 수 있는 모든 상황에 대해 바르고 의연하게 대처하며, 기승자가 기승하거나 비기승 프로그램이라도 강습에 참여할 수 있는 여건을 지속적으로 제공해줘야 한다.

그렇다고 강습 프로그램이 무용지물이라는 것은 아니다. 재활승마지도사는 강습 프로그램에 근접하게 강습이 진행될 수 있고 말과 시설에 관한 돌발 변수가 발생하지 않도록 노력해야 한다.

> **Tip**
> 사이드워커 1명이 강습에 참여하는 경우 사이드워커의 지지로 기승자의 자세가 어느 한쪽으로 쏠리지 않도록 주의해야 한다.

1) 청소년 승마교육 프로그램

다음의 승마교육 프로그램은 비장애청소년을 대상으로 지도하는 것이다.

청소년 승마 운동 효과측정 및 적정 프로그램 설계 연구 결과인 이 프로그램은 비장애청소년을 위해 제작된 것으로 학교 수업에 맞춰 매 학기 12회씩 총 24회기로 이루어져 있다. 승마분야 국가대표코치, 전문스포츠지도사 및 재활승마지도자가 참여하여 개발했다. 구보까지 기승술을 습득할 수 있도록 구성되었으며 원형마장과 대마장에서 원운동을 비롯한 다양한 도형 그리기를 수행하여 균형과 제어 능력을 향상할 수 있도록 구성되어 있다.

기승술에 관한 사항이 모두 망라되어 있어 이후 연구된 인터넷중독, 우리아이심리지원서비스의 재활승마, ADHD 관련 연구 등의 프로그램에 응용되었다.

[표 4-12] 청소년 승마 프로그램

회차	프로그램
1회	이론: 승마의 이해
2회	평보걸음의 기승자의 움직임 이해
3회	평보, 좌속보 바른 자세
4회	좌속보 리듬 익히기
5회	손을 사용한 Half seat 자세
6회	손을 사용하지 않은 Half seat 자세
7회	원형마장에서 좌속보 & 경속보
8회	원형마장에서 경속보
9회	말의 보법에 따른 기승자의 신체변화 및 승마기술 적용방법 I
10회	좌속보와 경속보
11회	대마장에서 원 크기 변화하여 좌속보 & 경속보
12회	대마장에서 진직성 유지 및 대각선 방향전환
13회	대마장에서 속보, 8자승 익히기
14회	대마장에서 속보, 8자승, 사승 익히기

회차	프로그램
15회	원형마장에서 등자 빼고 좌속보 & 구보발진 신호 익히기
16회	원형마장에서 구보자세 익히기
17회	말의 보법에 따른 기승자의 신체변화 및 승마기술 적용방법 II
18회	평보에서 구보발진 신호 익히기
19회	좌우 구보발진 신호 익히기
20회	원형마장에서 독립적 구보
21회	대마장에서 큰 원운동 구보
22회	대마장에서 작은 원운동 구보
23회	대마장에서 원의 크기 변화 및 전체 사용 구보
24회	대마장에서 자율 운동

2) 인터넷게임사용장애 청소년 승마 프로그램

(1) 기숙형 프로그램

인터넷게임사용장애 청소년을 위한 기숙형 승마 프로그램은 앞에서 소개한 청소년 승마 프로그램(24회차)과 체험(9회차)을 이용하여 체험(2회차)과 승마 프로그램(12회차)의 총 14회차로 재구성되었다.

국내 인터넷게임사용장애 관련 연구 기관에 협조를 의뢰하여 연구대상을 파악하고 피시험자를 모집(부모 동의 확인)하여 94명 중 80명을 선발했다. 총 80명의 청소년(초등 4~중등 2학년)으로 구성된 피실험자들은 7박 8일간 외부와 통제된 상황에서 주간에는 승마/동적·정적 프로그램으로 구분하여 프로그램 활동을 실시했다. 측정은 인터넷게임 과몰입 정도와 문제행동 정도의 변화를 알아보기 위해 총 15항목을 사전/사후, 1개월 후로 구분하여 검사를 실시했다. 현실구분장애 정도, 긍정적 기대 정도, 금단 정도, 일탈행동 정도, 내성 정도, 위축/우울 정도, 사회적 미성숙 정도, 사고문제 정도, 주의집중문제 정도, 공격행동 정도와 같이 10항목에서 승마 프로그램이 다른 프로그램에 비해 감소 정도가 크고 2개월 이후까지 유지 또는 재상승 정도가 낮게 나타났다.

[표 4-13] 주간 강습계획(예)

시간	1일차	2일차	3일차	4일차	5일차	6일차	7일차	8일차
06:00		기상 및 산책	기상 및 산책	기상 및 산책	기상 및 산책	기상 및 산책	기상 및 산책	기상 및 산책
07:00		세면	세면	세면	세면	세면	세면	세면
		아침식사	아침식사	아침식사	아침식사	아침식사	아침식사	아침식사
08:00		활동준비	활동준비	활동준비	활동준비	활동준비	활동준비	활동준비
09:00	캠프 출발	기초 이론 교육 및 승마 관련 영상 시청	평보걸음 기승자의 움직임 이해	좌속보 리듬 익히기	손을 사용 하지 않은 Half seat 자세	원형마장 좌속보 & 경속보 2	좌속보와 우속보	대마장 진 직성 유지 및 대각선 방향전환
10:00								
11:00								
12:00		점심시간	점심시간	점심시간	점심시간	점심시간	점심시간	점심시간
13:00	집결지 도착	승마장으로 이동	방학숙제	방학숙제	방학숙제	방학숙제	방학숙제	퇴소식
14:00	말과 교감 (마상무예 관람, 먹이 주기 등)		휴식(오침)	휴식(오침)	휴식(오침)	휴식(오침)	휴식(오침)	
15:00		활동준비	활동준비	활동준비	활동준비	활동준비	활동준비	
16:00	입소식 (16:00) / 자유시간	기승과 하마, 출발과 정지 / 균형유지	평보, 좌속보 바른 자세	손을 사용한 Half seat 자세	원형마장 좌속보 & 경속보 1	기승자의 신체변화 및 승마기술 적용방법 1		집으로
17:00								
18:00	저녁식사							
19:00	승마 관련 교육	저녁식사	저녁식사	저녁식사	저녁식사	저녁식사	저녁식사	
20:00	야간활동 - 방학숙제 - 일기 쓰기 등	야간활동 - 방학숙제 - 일기 쓰기 등	야간활동 - 방학숙제 - 일기 쓰기 등	야간활동 - 방학숙제 - 일기 쓰기 등	야간활동 - 방학숙제 - 일기 쓰기 등	야간활동 - 방학숙제 - 일기 쓰기 등	야간활동 - 방학숙제 - 일기 쓰기 등	
21:00								
22:00	취침 준비 및 취침							

(2) 비기숙형 프로그램

기숙형 인터넷게임사용장애 청소년을 위한 프로그램을 진행한 이후 전문가들이 모여 비기숙형 프로그램을 작성했다. 이 프로그램은 애착이론적 접근을 이용하여 인터넷에 과몰입되어 있는 청소년이 가족, 특히 아버지와의 관계형성을 통해 자기조절능력을 향상시켜갈 수 있도록 구성했다.

많은 연구에서 부·모(또는 어느 한쪽)에 대한 애착이 높을수록 정서조절능력은 향상되었으나 낮으면 인터넷중독 성향이 높은 것으로 나타났다. 애착이론(attachment theory)은 장기적 인간관계의 근본 원인을 설명하는 이론이다. 핵심 주장은 영유아가 정상적인 감정, 사회적 발달을 하기 위해서는 하나 이상의 주보호자(primary caregiver)와 관계를 형성해야 하는데, 이 시기에 애착을 느끼지 못하면 자기조절능력이 저하되고 이에 대한 보상으로 성인이 되어서도 비정상적인 애착으로 물질 등에 대한 중독에 빠지기 쉽다는 것이다.

이 프로그램은 인터넷게임사용장애 청소년을 위한 총 25회 승마 프로그램으로 앞서 소개한 청소년 승마 프로그램을 기초로 작성했다. 청소년이 교육에 참여하는 총 24회기 이전을 0회기로 설정하고, 0회기 교육은 아버지가 혼자 참여하여 말 손질, 말 끌기 등 기본적인 내용의 지식습득과 실습을 한 후 1회기에는 기승자와 같이 참여하여 습득한 말 끌기 등의 지식을 기승자에게 지도해야 한다.

교육 내용은 크게 지상교육, 기승교육, 가정교육으로 구분하고 지상교육은 약 2시간, 기승교육은 1시간(안장 장착 후 이동, 기승, 마장교육, 하마 후 수장대까지 이동시간 포함)으로 계획했고 가정교육은 시간제한이 없다.

지상교육은 말을 배정받고 마방 또는 방목장에서 마장까지, 또한 마장에서 마방 또는 방목장까지 과정 중 일어날 수 있는 모든 일을 청소년이 주도적으로 진행할 수 있도록 구성하였다.

기승교육은 청소년 승마교육 프로그램에서 제시한 승마에 더 흥미를 느끼고 몰입하여 승마기술 교육의 활용을 통한 성취감을 갖도록 각종 게임을 추가했다. 게임에서의 포상은 당근이나 각설탕 등을 준비하여 동기부여 및 말과 더욱 친밀감을 가질 수 있는 기회를 제공했다.

가정교육은 말과 승마에 관심을 지속하고 기승교육을 보조하며 아버지와 함께 많은 시간을 보낼 수 있도록 구성했다.

[표 4-14] 인터넷게임사용장애 청소년 승마교육 프로그램(비기숙형)

차수	제목	지상교육	기승교육	가정교육
0회	선행학습은 아빠가 …	- 말 손질, 말 끌기, 말의 특성 등	- 평보, 속보 맛보기	- • 나는 말이다
1회	아빠는 선생님? 말 리더?	• 아빠에게 말 손질 배우기	• 청소년 승마 1회기 - 평보로 말 끌어주기	- • 말 먹이/나의 식습관 알아보기 • 체력 및 신체조성 검사 • 승마 일기쓰기 S
2회	혼자서 해볼게요	• 스스로 말 손질하기	• 청소년 승마 2회기 • 신호등놀이(무궁화 꽃이 피었습니다)	• 말 먹이 기르기(새싹채소) S - 우리 아이 바로 알기
3회	도와줘요 아빠!	• 안장 닦기 - 안장 닦기 도와주기	• 청소년 승마 3회기 • 가위바위보 - 속보로 말 끌어주기	- • 나와 말의 몸 명칭 공부하기 • 말과 내가 무서워하는 것, 아빠는?
4회	잘 먹고 쑥쑥 잘 커라	• 굴레 닦기 • 말 간식 주기	• 청소년 승마 4회기 • 횡목 넘기	• 말 먹이 기르기 F • 나의 미래 생각하기(나도 쑥쑥 커야지)
5회	누가 균형 지존인가?	• 말발굽 파기 • 말 먹이 주기	• 청소년 승마 5회기 • 지그재그	- • 짐볼 운동(균형 잡기, 반환점 돌기 등) - • 그땐 그랬지(내가 아이일 때 이야기 듣기)
6회	오늘은 내가 치과의사	• 재갈 물리고, 굴레 씌우기	• 청소년 승마 6회기 • 릴레이 놀이	• 우리 가족 새싹채소 기르기 S • 나의 치아건강은?
7회	아빠와 나는 혈맹	• 말 목욕시키기 도전	• 청소년 승마 7회기 • 기승 놀이(mounted game)	- • 같이 목욕하기 - • 아빠와 말 관련 인터넷 놀이하기
8회	오늘은 내가 요리사	• 말 손질 도구 세척 • 말 몸통둘레/몸길이를 이용한 체중 추정	• 청소년 승마 8회기 • 개울 건너기	• 우리 가족 새싹채소 기르기 F • 엄마와 같이 저녁식사(새싹비빔밥) 준비
9회	나는 주몽!	• 마장구 손질 • 고삐 분해/조립하기 놀이	• 청소년 승마 9회기 • 활쏘기(평보) 실시	• 말의 나쁜 습관 알아보기, 나는? - • 말카드 만들기, 아빠의 어릴 적 꿈 이야기 듣기
10회	힘든 일도 척척!	• 말 배설물 치우기	• 청소년 승마 10회기 • 놀이 1 기획 및 실시	• 말 먹이 기르기 S(화분에 당근 등 채소 키우기, 말 배설물 이용) • 나의 장래희망 생각하기
11회	넓은 곳에서는 조심조심	• 마방, 마구방 청소 및 정리정돈하기	• 청소년 승마 11회기 • 놀이 2 기획 및 실시	- • 말카드 내용 읽기/카드 뒤집기 놀이 • 내 방 청소도 스스로

차수	제목	지상교육	기승교육	가정교육
12회	오늘은 내가 영화감독	• 승마 동영상 촬영/편집하기	• 청소년 승마 12회기 • 놀이 3 기획 및 실시	• 말의 분류, 품종 유래 및 원산지 알아보기
13회	아빠는 나의 길드(동맹)	• 말 발목에 붕대 감기 (bandage)	• 청소년 승마 13회기 • 속보 barrel race – 속보 말 끌기	–• 재활승마 자원봉사하기
14회	오늘은 내가 헤어디자이너	• 홀스짱 선발대회	• 청소년 승마 14회기 • 놀이 4 기획 및 실시	• 지도에서 말의 원산지 찾기
15회	나는 행복해!	• 장제 과정 견학하기	• 청소년 승마 15회기 • 놀이 5 기획 및 실시	–• 편자 던지기 • 편자 보관하기 (행운이 생긴다 → 난 불행하지 않아) • 바른 자세 생각하기
16회	오늘은 내가 수의사	• 말 상처 소독하기	• 청소년 승마 16회기 • 놀이 6 기획 및 실시	• 말의 질병에 대해 검색 • 나로 인해 아픈 사람이 있는지 생각하기
17회	아빠는 나의 지지자	• 안장깔개 세탁	• 청소년 승마 17회기 • 놀이 7 기획 및 실시	–• 원통 굴리기 • 나는 엄마의 지지자 (엄마 일손 도와드리기)
18회	오늘은 내가 조련사	• 재활승마지도사와 long rein 훈련시키기	• 청소년 승마 18회기 • 놀이 8 기획 및 실시	• 말의 신체, 마장구 영어로 찾아 정리하고 외우기
19회	내 손은 약손	• 말 마사지 해주기	• 청소년 승마 19회기 • 놀이 9 기획 및 실시	–• 서로에게 바라는 점 이야기하기 • 아빠 발마사지 해드리기
20회	말은 나의 아바타(온라인에서 개인을 대신하는 캐릭터)	• 재활승마지도사와 조마삭 훈련시키기 • 말 친구 소개시켜주기 (염소, 개 등)	• 청소년 승마 20회기 • 놀이 10 기획 및 실시	• 친구에 대해 생각하기(서로에게 모범이 되는 진정한 친구)
21회	장애물 점핑을 시작해볼까?	• 장애물 넘기 경주 (30cm, 사람)	• 청소년 승마 21회기 • 장애물(그라운드바 설치하고 넘기)	–• 서로에게 장점을 이야기하고 칭찬하기 • 말에 관한 속담 찾아보기
22회	그래 결심했어!	• 공람마술 코스 기획하고 설치하기(반환점, 횡목 등)	• 청소년 승마 22회기 • 활쏘기(평보, 속보)	• 나의 장래희망 결심하기 • 말 먹이 기르기 F
23회	아빠의 마음으로	• 내가 기른 당근 등을 말 먹이로 주기	• 청소년 승마 23회기 • 공람마술 연습	• 승마의 경기종목 알아보기 • 아빠에게 영상편지 쓰고 편집하기 – 자녀에게 편지 쓰기

차수	제목	지상교육	기승교육	가정교육
24회	아빠 나 어때요?	-• 말 꾸미기	• 청소년 승마 24회기 • 공람마술 공연하기 - 공람마술 관람하기	-• 편지 교환 • 체력 및 신체조성 검사

- : 아버지가 할 일, • : 청소년이 할 일, -• : 아버지와 청소년이 같이 할 일, S: start, F: finish

3) 사회서비스 재활승마 프로그램

보건복지부에서 주관하는 사업인 사회서비스는 일반적인 의미에서 개인 또는 사회 전체의 복지증진 및 삶의 질 향상을 위해 사회적으로 제공되는 서비스를 말하며 공공행정(일반행정, 환경, 안전), 사회복지(보육, 아동, 장애인, 노인 보호), 보건의료(간병, 간호), 교육(방과 후 활동, 특수 교육), 문화(도서관, 박물관, 미술관 등 문화시설 운영)를 포괄하는 개념이다. 흔히 '바우처 사업'이라고도 불리는데 바우처는 이용 가능한 서비스의 금액이나 수량이 기재된 증표(이용권)로 전자바우처는 서비스 신청, 이용, 비용 지불/정산 등의 전 과정을 전산시스템으로 처리하는 전달수단을 말한다.

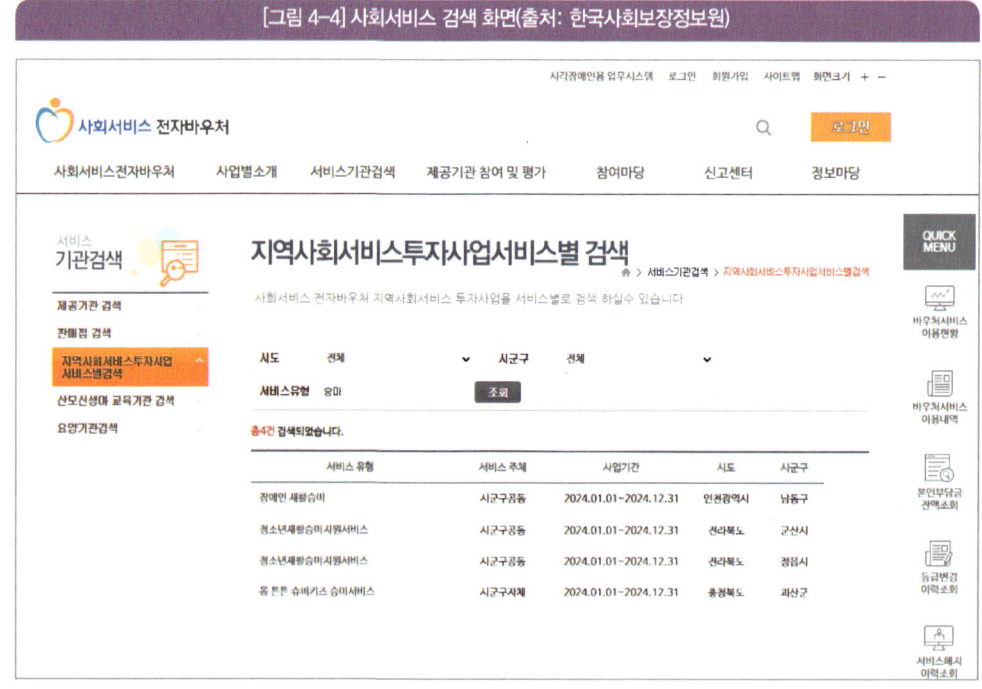

[그림 4-4] 사회서비스 검색 화면(출처: 한국사회보장정보원)

2024년 현재 인천, 전북, 충북에서 장애인재활승마, 청소년재활승마지원서비스, 몸 튼튼 슈퍼키즈 승마서비스의 이름으로 서비스를 제공하고 있다.

경기도에서는 2013년부터 우리아이심리지원서비스에 재활승마 프로그램을 도입하여 프로그램을 운영했으나 2017년에 서비스를 중단했다. 프로그램은 주 1회, 회당 1시간 서비스 제공을 기준으로 작성되었으며 매월 4회, 총 48회 서비스를 제공했다. 프로그램 내용은 앞서 소개한 청소년 승마교육 프로그램과 인터넷게임사용장애 승마 프로그램을 이용하여 기승활동과 함께 승마장에서 수행할 수 있는 말과의 교감활동 등으로 구성했다.

서비스의 목적은 승마를 이용하여 동물과의 교감, 자연과의 대화, 신체활동을 실시함으로써 일상생활에서의 스트레스를 해소하고 정서함양에 도움을 주며 문제행동을 감소시키고, 정서행동장애로의 발전을 막아 정상적 성장을 지원하는 것이었다.

[표 4-15] 사회서비스 재활승마 프로그램

회차	프로그램	내용
1회	지상교육 (마방 견학)	이론수업 - 승마장 안전수칙 설명 - 장비 소개 및 사용방법
2회	말과 친구 되기	- 말의 감각 및 습성 이해 - 말의 걸음걸이 및 승마의 운동원리
3회	말을 다루는 방법	- 말 먹이 주기 - 말 손질 및 장안 방법에 대해 이해 - 말 끌기 교육 - 기승과 하마방법
4회	평보	- 올바른 기승자세 유지 - 부조의 이해 및 말의 출발과 정지 - 평보걸음 기승자의 올바른 자세 익히기 - 평보걸음의 고삐 잡기와 등자의 위치 익히기
5회	고삐 조종 방향이동	- 평보걸음으로 좌우 방향조종 익히기 - 정지 및 방향 조정 시 손의 위치 및 고삐의 연결에 대한 감각 익히기 - 평보 리듬 익히기
6회	평보, 좌속보 바른 자세	- 평보, 좌속보 기승자의 올바른 자세 익히기 - 올바른 고삐 잡기와 고삐 길이 익히기 - 말의 제어 및 추진방법 익히기 - 좌속보 등자 밟기 익히기

회차	프로그램	내용
7회	좌속보 리듬 익히기 ①	- 평보, 좌속보 기승자의 올바른 자세 익히기 - 올바른 고삐 잡기와 고삐 길이 익히기 - 좌속보 리듬 익히기
8회	좌속보 리듬 익히기 ②	- 평보, 좌속보 기승자의 올바른 자세 익히기 - 말의 제어 및 추진방법 익히기 - 좌속보 리듬 익히기
9회	손을 사용한 Half Seat 자세 ① (원형마장)	- 평보걸음으로 고삐 조종 익히기 - 평보, 좌속보 리듬감 익히기 - 손을 사용하여 Half Seat 자세 적용하여 올바른 하체 자세 및 균형감 익히기
10회	손을 사용한 Half Seat 자세 ② (원형마장)	- 평보걸음으로 고삐 조종 익히기 - 평보, 좌속보 리듬감 익히기 - Half Seat 자세 적용하여 올바른 하체 자세 및 균형감 익히기
11회	원형마장에서 등자 빼고 좌속보	- 좌속보 리듬감 익히기 - 손을 사용하여 Half Seat 자세 적용하여 올바른 하체 자세 및 균형감 익히기 - 원형마장에서 등자 빼고 좌속보 리듬감 익히기
12회	손을 사용하지 않은 Half Seat 자세(원형마장) ③	- 좌속보 리듬감 및 균형감각 익히기 - 원형마장에서 등자 빼고 좌속보 리듬감 익히기 - 손을 사용하지 않고 Half Seat 자세를 적용하여 올바른 하체 자세 익히기
13회	원형마장 경속보	- 원형마장 속보걸음 고삐 조종방법 익히기 - 손을 사용하지 않고 Half Seat 자세를 적용하여 올바른 하체 자세 익히기 - 원형마장 경속보 리듬감 익히기
14회	원형마장 좌속보, 경속보	- 경속보에서 주의할 점 이해 - Half Seat 자세를 적용하여 올바른 하체 자세 및 균형감 익히기 - 원형마장 좌속보, 경속보 리듬감 익히기
15회	경속보 좌우 반동변화	- 평보걸음으로 고삐 조종, 좌우회전 및 진직성 익히기 - 원형마장 좌속보, 경속보 리듬감 익히기 - Half Seat 자세를 적용하여 올바른 하체 자세 및 균형감 익히기 - 경속보 좌우 올바른 반동 익히기
16회	소형마장 원운동 좌속보 & 경속보	- 좌속보, 경속보 원운동 - 경속보 좌우 올바른 반동 익히기
17회	소형마장 마상 게임	- 원통(대형 삼각뿔) 돌아오기

회차	프로그램	내용
18회	걸음걸이 변화 익히기	- 평보, 경속보 좌우 방향조종 익히기 - 말 걸음걸이의 변화 익히기 - 좌속보, 경속보 원운동
19회	속보 균형 유지	- 중형마장 큰 원으로 좌속보, 경속보 - 경속보 좌우 올바른 반동 익히기
20회	원 크기 변화하며 좌속보 & 경속보 ①	- 중형마장 큰 원운동 & 작은 원운동 좌속보 및 경속보 - 경속보 좌우 올바른 반동 익히기 - 다양한 원 모양을 유지하며 운동하기 - 고삐 조종 및 올바른 기좌로 부조 사용 및 추진방법 익히기
21회	원 크기 변화하며 좌속보 & 경속보 ②	- 중형마장 큰 원운동 & 작은 원운동 좌속보 및 경속보 - 경속보 좌우 올바른 반동 익히기 - 반듯한 원 모양을 유지하며 운동하기 - 고삐 조종 및 올바른 기좌를 사용하여 일정한 원 크기 및 말의 속도 유지하기
22회	중형마장 릴레이 경기	- 팀으로 나누어 좌속보, 경속보 릴레이 경기
23회	경속보 대각선 방향전환 및 반동 바꾸기	- 평보, 속보 리듬 느끼기 - 중형마장 일정한 경속보 속도 유지 - 중형마장 경속보 대각선 방향전환 및 반동 바꿈 익히기
24회	좌속보 & 경속보 8자승 익히기 ①	- 중형마장 정확한 경속보 자세 & 리듬 익히기 - 중형마장 좌속보, 경속보 원운동 하기 - 중형마장에서 좌속보, 경속보 8자승 익히기
25회	좌속보 & 경속보 8자승 익히기 ②	- 평보, 좌속보, 경속보 익히기 - 중형마장에서 좌속보, 경속보 8자승 익히기
26회	좌속보 & 경속보 사승 ①	- 평보, 좌속보, 경속보 익히기 - 중형마장 좌속보, 경속보 원운동 하기 - 중형마장에서 좌속보 사승 익히기
27회	좌속보 & 경속보 사승 ②	- 평보, 좌속보, 경속보 익히기 - 중형마장 좌속보, 경속보 원운동 하기 - 중형마장에서 좌속보 사승 익히기
28회	횡목 넘기	- 바닥에 가로로 설치된 횡목 인식 - 횡목을 넘을 때 반전경자세 및 균형 유지
29회	과제 수행 ①	- 집중력 향상 유도 - 자신감과 성취감 향상

회차	프로그램	내용
30회	과제 수행 ②	- 집중력 향상 유도 - 자신감과 성취감 향상
31회	과제 수행 ③	- 과제를 직접 구성함으로써 창의력 발달 - 조원 상호 간 협동심 및 사회성 향상 - 과제 수행을 완성함으로써 자신감과 성취감 향상
32회	원형마장 구보발진 부조 익히기 ①	- 좌/우구보 말의 다리 진행 순서 이해 - 원형마장에서 지도사의 도움으로 속보에서 구보발진 신호방법 익히기
33회	원형마장 구보발진 부조 익히기 ②	- 소형마장에서 지도사의 도움으로 속보에서 구보발진 신호방법 익히기 - 좌구보 실시
34회	구보자세 익히기 ①	- 우구보 실시 - 구보자세 익히기
35회	구보자세 익히기 ②	- 좌/우구보 반복 실시 - 구보자세 익히기
36회	말의 걸음걸이 이해	- 평보, 좌속보, 경속보, 구보에 따른 기승자의 움직임 이해
37회	평보에서 구보발진 ①	- 평보에서 구보발진
38회	평보에서 구보발진 ②	- 평보에서 구보발진 - 고삐 연결 방법 익히기
39회	소형마장에서 독립적 이행(移行, transition)	- 소형마장에서 평보, 좌속보, 경속보, 구보로 원운동 - 제공인력의 도움 없이 걸음걸이를 선택하여 수행
40회	중형마장 게임	- 모방하기 게임
41회	중형마장에서 독립적 이행	- 중형마장에서 평보, 좌속보, 경속보, 구보로 원운동 - 제공인력의 도움 없이 걸음걸이를 선택하여 수행
42회	중형마장에서 직진 및 원 그리기	- 중형마장에서 평보, 좌속보, 경속보, 구보로 직진 및 원운동 - 제공인력의 도움 없이 걸음걸이를 선택하여 수행
43회	중형마장에서 8자승	- 중형마장에서 평보, 좌속보, 경속보, 구보로 원운동 및 8자승 - 제공인력의 도움 없이 걸음걸이를 선택하여 수행
44회	대형마장 게임	- 순서 바꾸기(Leap Frog) 게임
45회	마장마술 코스 그리기 자율 연습	- 평보, 좌속보, 경속보 리듬 익히기 - 방향조종 익히기 - 대마장 자율 운동

회차	프로그램	내용
46회	마장마술 코스 그리기 자율 연습	- 평보, 좌속보, 경속보 리듬 익히기 - 방향조종 익히기 - 대마장 자율 운동
47회	마장마술 코스 그리기 자율 연습	- 평보, 좌속보, 경속보 리듬 익히기 - 방향조종 익히기 - 대마장 자율 운동
48회	마장마술 발표회	- 평보, 좌속보, 경속보 리듬 익히기 - 방향조종 익히기 - 대마장 자율 운동

4) ADHD 승마교육 프로그램

「재활승마프로그램이 ADHD 아동의 심리에 미치는 영향」(이종구 외, 2015)에는 PATH Intl. (미국재활승마협회) 재활승마지도자들이 참여했다. 이 프로그램은 청소년 승마 프로그램, 인터넷게임사용장애 대상 프로그램과 키파트(Kiphard)의 심리운동을 참고하여 ADHD 특성에 맞도록 구성했다. 심리운동이란 전인적·인본적이며, 발달에 적합한 운동교육으로 능력주의 혹은 업적주의에서 벗어나 자발적인 체험을 통해 자신감을 키워나가고 스스로를 표현함으로써 전인적 발달을 이루어가는 신체활동이다. 심리운동의 목표는 아동의 전인적 발달의 촉진에 있으며, 개개인의 수행능력뿐만 아니라 사회적 과제를 해결하는 것을 돕는 데 초점을 두고 있다. 심리운동의 주요 내용은 다양한 '신체경험', '물질경험', '사회경험' 등으로 이러한 경험을 통해 아동은 비로소 자신과 주변 물질세계, 나아가 자신과 타인과의 관계 속에서 주인의식을 갖고 자신감 있게 행동할 수 있는 수행능력을 키우게 된다.

신체경험은 승마활동 중에서도 특히 경속보의 반동을 받는 평형성 향상 운동을 기본으로 하였다. 운동요법은 ADHD 아동의 사회적 기술 발달을 위한 조기 치료방법 중 가장 자연스러운 것으로 체력과 신체의 조화 및 인내력을 향상시키는 등 아동의 신체적·정서적·사회적 성장 및 발달에 매우 중요한 영향을 미친다. 규칙적인 운동은 ADHD를 포함한 다양한 뇌질환을 치료하거나 증상을 완화 또는 개선하는 데 효과적인 방법이라고 할 수 있다. 특히 재활승마를 통해 ADHD 증상은 뚜렷하게 호전되는 모습을 보이는데, 주의력 결핍 증상과 과잉행동/충동성 증상이 모두 호전되는 모습이 약물 치료가 일반적으로 보이는 치료 반응률 70~80%와 비슷한 정도의 결과를 보였다. 이는 재활승마의 결과로 ADHD 아동의 소뇌가 자극을 받기 때문인 것으로 추정된다. ADHD 질환이 있을 경우 소뇌의 양(volume)이 감소하는데, 특히 소뇌 중심(vermis)부분이 많이 감소했고, 소뇌의 변화는 ADHD 아동들이 보이는 경미한 운동 이상

(minor motor abnormalities)과 관련이 있다는 주장이 있다. 승마 운동은 일반적인 체력 운동에서 잘 활용하지 않는 작은 근육들과 코어근력을 사용하게 함으로써 복합체력 향상에 도움을 주는 운동으로, 승마는 평형성을 향상시킨다. 평형성은 소뇌와 관련이 있고 소뇌는 집중력과도 관련 있어 승마가 ADHD에 긍정적으로 작용하기 때문일 것이다.

물질경험은 승마와 관련된 마장구는 물론 말 손질 도구를 활용했고, 사회경험은 말과 기승자 간의 상호작용을 통해 공감대(rapport)를 형성하도록 구성했다.

재활승마 시 운동 강도는 중등도를 유지하면 된다.

[표 4-16] ADHD를 위한 승마 프로그램

회차	준비(5분)	지상 교육(15분)	승마 프로그램(30분)	마무리(10분)
1회	안전장구 착용 및 교육 준비	말 손질하기 말 먹이 주기 말 간식 주기 말발굽 파기 말과 산책 등 상기 내용을 상황에 맞게 적용	출발/정지, 평보, 좌속보 바른 자세	안전장구 반납 강습내용 평가 및 복습 학부모에게 강습 강평
2회			좌속보 리듬 익히기	
3회			방향전환, 소형 원 그리기	
4회			손을 사용하지 않은 Half Seat 자세	
5~6회			원형마장 경속보 반동 익히기	
7회			원형마장 좌속보 & 경속보	
8회			원형마장 경속보 반동 익히기	
9회			소형마장 원 크기 변화하여 좌속보 & 경속보	
10~12회			소형마장 진직성 유지 및 대각선 방향전환	

5) 문제청소년을 위한 승마교육 프로그램

다음 프로그램은 미국의 H재활승마장에서 문제청소년을 위해 사용하는 EFL(Equine Facilitated Learning, 말촉진학습=말매개학습) 프로그램이다. 산만, 의사소통 결핍, 좌절, 부정적인 태도 등을 가진 10대 학생들을 대상으로 프로그램을 운영한다.

보통 커리큘럼은 그룹의 연령과 구성에 맞춰져 있지만, EFL은 삶과 사회 및 의사소통 기술을 가르치는 어린이 및 청소년을 위한 교육적 접근방법이다. 말은 참가자가 말 파트너로부터 즉각적인 피드백을 얻을 수 있게 하는 '순간' 학습을 제공한다. EFL은 건강과 탄력을 증진시키는 효과 중심의 접근법이다. 참가자는 다음과 같은 내용을 배우게 된다.

[표 4-17] 문제청소년을 위한 프로그램

운영 목표	·말 몸짓과 행동에 근거한 말과의 관계 수립 ·상호 신뢰와 존중을 바탕으로 선택한 말 파트너와 관계 형성 ·말과의 상호작용을 통해 자기인식과 긍정적인 자아상 형성 ·매주 말과의 관계를 강조하는 활동과 토론 제공
주차	예시 커리큘럼
1주차	·주제: 신뢰 형성에 중점을 둔 말 손질 ·말 주변에서 안전, 말의 행동과 몸짓 ·왜 말 손질을 하는지, 어떻게 하는지 지도. 도구 선택; 말의 몸에서 만지면 좋아하는 부위(예: 목덜미)와 싫어하는 부위(예: 생식기 주변) 찾기, 그 부분은 무엇을 이용할 것인가? ·말에 대한 여러가지 내용을 설명해 줄 수 있는 말 리더와 함께 말의 친구들에 대한 토론 ·매주 도입(체크인)과 정리(체크아웃) 토론, 질문 – 말은 어디를 손질하는 걸 좋아했습니까? 어떻게 알았나요? 말은 어디를 손질하는 것을 싫어했나요? – 이것은 말들이 서로 신뢰하는 방식입니다. 말 손질은 우리가 말과 신뢰를 쌓는 방법입니다. – 어떻게 하면 다른 사람들과 신뢰를 쌓을 수 있나요? – 말 그리기
2주차	·주제: 의사소통에 중점을 둔 말 끌기 기술 ·말 끌기 위치, 애매한 위치, 출발, 정지, 좌회전 및 우회전 ·말들이 서로 어떻게 의사소통을 하고, 강한 말 리더가 되는 데 얼마나 명확한 의사소통이 도움이 되는지에 대한 지도 ·몸짓과 말로 우리가 원하는 것을 말에게 어떻게 말하는가? 반응으로 말의 의사소통 식별 ·정리 토론 – 어떻게 움직였나요? – 말은 당신이 하는 말을 이해했나요? – 누군가 당신을 이해하지 못하는 시간이 있었습니까?
3주차	·주제: 말 손질과 말 끌기 – 경계 설정에 중점 ·도입: 경계란 무엇인가요? ·새로운 기술: 뒷걸음, 앞쪽으로 나오기(마주 보기) ·장애물 통과하며 말 끌기 ·반성 활동: 감시구역이 얼마나 큽니까? ·정리 – 당신이 말과 경계를 설정하려 할 때 어떻게 되었습니까? – 어떻게 파트너와 함께 갔습니까?

보이지 않는 리드로프: 리드라인 없이 말 끌기

운영 목표	· 말 몸짓과 행동에 근거한 말과의 관계 수립 · 상호 신뢰와 존중을 바탕으로 선택한 말 파트너와 관계 형성 · 말과의 상호작용을 통해 자기인식과 긍정적인 자아상 형성 · 매주 말과의 관계를 강조하는 활동과 토론 제공
주차	**예시 커리큘럼**

4주차	· 주제: 말과의 신뢰 구축에 중점을 둔 보이지 않는 리드로프
	· 보이지 않는 리드로프는 말과 참가자 간에 어떤 신뢰 수준이 달성되었는지를 보여준다.
	· 장애물이 있는 말 끌기 기술(속보 및 뒷걸음 포함) 복습. 리드로프를 들지 않고 반복
	· 정리
	  – 말을 붙잡지 않고도 당신과 함께 있을 것이라는 확신을 가지고 있습니까?
	  – 신뢰를 얻었다고 느끼나요?
	  – 당신은 강력한 말 리더인가요?

5주차	· 주제: 승마 – 기좌하여 의사소통 기술과 신뢰 전달
	· 도입: 승마에 대한 기대와 우려는 무엇인가요?
	· 기본적인 마장구 장착과 승마 기술(균형 잡힌 자세와 의사소통) 배우기
	· 출발과 정지, 좌우 방향전환과 바르게 삼각뿔 통과
	· 기승하는 동안 긴장을 풀고 현상태 유지하기 강조
	· 정리
	  – 승마를 통해 당신의 말과의 관계가 변화되었나요? 그렇다면 어떻게 그러한 변화가 가능했나요?
	  – 지금 그러한 변화 중에 있나요?
	  – 만일 그렇지 않다면 무슨 일이 진행 중인가요?

6주차	· 주제: 기승 활동 – 의사소통 향상에 중점
	· 도입: 지난 주에 잘되었던 것은 무엇인가요? 무엇이 향상되었나요?
	· 단순한 패턴이나 장애물 코스 통과하기 – 뒤로 가기, 반전경자세, 속보에서 반전경자세, 평보에서 속도를 높이거나 낮추기
	· 명확한 의사 전달, 상충되는 신호 피하기, 우리의 에너지가 말에 어떻게 영향을 미치는지 강조
	· 정리
	  – 당신의 기승을 한 단어로 표현하기
	  – 말의 성격을 긍정적 용어로 표현하기
	  – 그들의 개별 성격을 알았다면 효과적으로 일하기 위해 무엇을 해야 할까요?

7주차	· 주제: 활동 – 다른 사람들과 일하는 것에 중점
	· 도입: 팀 작업은 무엇을 의미합니까? 한 팀에서 작업을 잘하려면 무엇이 필요할까요?
	· team penning 활동에서 팀과 함께 일하기, 2명이 나란히 조화를 이루어 말타기. 기승자는 마장의 한 쪽 끝에서 C 지점까지 자원봉사자들을 데려온다. 팀원들과 좋은 의사소통, 전략을 수립해야 한다.
	· 정리
	  – 팀 활동에 어떻게 기여했습니까?
	  – 잘된 점은 무엇인가요?
	  – 무엇을 개선할 수 있나요?

운영 목표	· 말 몸짓과 행동에 근거한 말과의 관계 수립 · 상호 신뢰와 존중을 바탕으로 선택한 말 파트너와 관계 형성 · 말과의 상호작용을 통해 자기인식과 긍정적인 자아상 형성 · 매주 말과의 관계를 강조하는 활동과 토론 제공
주차	예시 커리큘럼
8주차	· 주제: 환류 · 도입: 당신이 말에 대해 고맙게 생각하는 것은 무엇인가요? · 활동: 말 손질을 확장하여 마사지, 좋아하는 부분을 긁어주는 것 등을 포함하는 활동으로 말이 좋아할 때 몸짓 관찰하기, 말과 함께 보낸 시간에 대한 조용한 반응을 강조하는 감각전달외승로에서 편안한 말타기. · 정리 – 당신의 말에게 어떻게 느낌을 전달했나요? – 지역사회/가족에게 어떻게 전달할 수 있나요?

모든 프로그램 종료 때 질문
– 8주 동안 말과 함께 지내면서 무엇을 얻었나요?
– 말이 당신에 대해 무엇을 가르쳐줬나요?
– 집에 가져갈 가장 중요한 것은 무엇인가요?

※ 위 커리큘럼에는 도입과 정리를 위한 질문의 예가 포함되어 있다.
※ 동일한 대략적인 개요를 사용하여 참가자의 필요에 따라 강조와 질문을 변경할 수 있다.

6) 한국마사회 재활승마 프로그램

(1) 재활승마 프로그램

다음의 강습 프로그램은 한국마사회에서 시행하는 재활승마 강습 프로그램으로 강습 회차를 8회를 기준으로 작성했다.

---

team penning: 서부승마에서 여러 명이 호흡을 맞춰 소를 몰아 울타리 안으로 넣는 활동

team penning이 소를 몰아 반대쪽 울타리로 이동시켜 가두는 경기라면 여기 재활승마에서는 소떼 대신 자원봉사자들을 활용하여 team penning을 하는 것으로 기승술과 함께 기승자 상호 간에 의사소통 향상을 기대하는 게임으로 시행

[표 4-18] 재활승마 프로그램(유형별 8회 기준)

구분	렛츠 플레이	렛츠 런	렛츠 릴렉스
강습목적	게임이나 레저 활동을 통해 말에 대해 배우며 즐거움 및 협동심, 자신감 향상	기승술 및 말에 대해 배우며 독립심 향상 및 신체적·정신적 재활	균형감각 향상 및 긴장도 완화 등 신체적 재활
대상자	신체 활동이 가능하며 기본적인 의사소통이 가능한 장애유형	신체나 정서장애 등 기본강습을 원하는 대상자	신체장애 유형 대상자
1회	· 기승(초기평가) - 기승자 반응 및 자세관찰, 기본 운동 시도	· 기승(초기평가) - 기승자 반응 및 자세관찰, 기본 운동 시도	· 기승(초기평가) - 기승자 반응 및 자세관찰, 기본 운동 시도
2회	· 준비 운동 및 자세 잡기 - 준비 운동 및 말 멈추고 세우는 활동 시도/기본 자세 잡기 시도	· 준비 운동 및 자세 잡기 - 준비 운동 및 말을 멈추고 세우는 활동 등을 시도/기본적인 자세 잡기 및 말 접근성 강화	· 준비 운동 및 기본자세 - 상하좌우 준비 운동을 통한 기본 자세 잡기 시도
3회	· 정지 및 출발, 방향조절 - 기본적인 말 다루는 방법에 대해 경험하며 게임을 활용해 고삐 통한 정지, 출발 및 방향전환 시도	· 정지 및 출발 연습 - 기본적인 말 다루는 방법에 대해 경험하며 고삐나 물체를 활용하여 방향에 대한 인식, 정지 및 출발 시도	· 정지 및 출발연습을 통한 균형감각 향상 - 기본적인 말 다루는 방법에 대해 경험/고삐, 음성언어 등을 활용하여 출발, 정지 시도
4회	· 3주차 복습 - 고삐 조절 반복연습을 통해 기승자의 장애유형에 따라 균형감각운동 등 기승술 시도(속보)/정지·평보에서 경속보 연습, 하체운동, 균형감각 향상	· 3주차 복습 - 고삐 조절 반복연습하며 방향전환 시도, 정지 시 경속보 반동 연습(집중력 향상)	· 3주차 복습 - 출발, 정지 시 숫자, 모양 등을 활용하여 반복연습 및 방향전환 시도, 상체균형 및 집중력, 인지력 향상
5회	· 4주차 복습 - 교구나 코스 등을 활용하여 다양한 접근 가능. 기승자 장애유형에 따라 방향전환 및 원운동 시도	· 4주차 복습 및 1/2seat 시도 - 기승자 장애유형에 따라 1/2seat(반전경자세) 시도, 필요에 따라 마상체조로 협업능력 향상, 평보 시 경속보 반동 연습(균형감각 향상)	· 4주차 복습 - 반복연습을 통해 기승자 장애유형에 따라 더욱 어려운 과제 시도 - 마상체조를 통해 기승자별 스트레칭, 의사소통 및 인지력 강화

구분	렛츠 플레이	렛츠 런	렛츠 릴렉스
6회	·5주차 복습 및 속보 - 고삐 잡는 활동을 반복/장애 유형에 따라 어려운 코스활동 시도 - 속보 시 경속보, Two points 연습 시도	·5주차 복습 - 1/2seat 연습을 통해 균형감각 및 자세에 대해 인지하고 말의 다양한 걸음걸이 경험, 집중력과 말의 속도조절·균형감각 향상	·5주차 복습 - 기본코스 활동을 통한 복습 및 기승자 장애유형에 따라 난이도 조절 - 마상체조를 통해 신체의 유연성 향상, 평보 시 경속보 반동 연습으로 독립심 및 균형감각 유지
7회	·반복연습 및 (경)속보 반동 시도 - 6회 복습 및 장애유형에 따라 경속보 반동 시도/게임을 통한 자세와 균형 연습	·반복연습 및 속보 시도 - 고삐 조절이나 속보 시도를 통해 자세와 균형 및 말과의 관계형성	·반복연습 및 1/2seat 시도 - 활동을 통한 반복연습 및 장애유형에 따라 1/2seat 시도
8회	·반복연습 - 게임 활동을 통한 반복연습을 통해 기승술 향상(평보 시 자원봉사자 보조 줄임)	·반복연습 - 반복연습을 통해 기승술 향상 및 속보, 경속보 연습을 통해 독립심과 균형감각 발달	·반복연습 - 평보활동을 통한 복습 및 스스로 활동할 수 있도록 유도, 팀워크, 균형 유지연습 (좌속보 시도)
비고	·2명 그룹 강습 ·자원봉사자 3명 시작 → 점차 감소 ·기본마구 활용 (필요시 재활마구 활용) ·다양한 강습교구 활용	·2명 그룹 강습 ·자원봉사자 3명 지원 ·재활마구 및 기본마구 혼합 활용	·장애에 따라 1:1 강습 ·자원봉사자 3명 지원 ·재활마구 활용 (필요시 기본마구 활용)

※ 강습 환경(말, 코치, 주변상황 등) 및 장애유형에 따라 변동 가능. 회차는 순차적 개념.

(2) EAL 프로그램

이 프로그램은 정신건강(Mental Health)에 중점을 두고 있다. 2018년 소방공무원, 2019년 방역업무종사자, 소방공무원 등을 대상으로 사회공익승마의 일환으로 운영하고 있다.

말을 활용한 지상 및 기승활동을 통해 대상자의 일상생활 기술(교육적·전문적·개인적 목표 달성)을 개발·촉진시키는 경험학습적 접근법이다. 말과 함께하는 지상에서의 모든 활동(말 행동 관찰 및 손질 등)과 더불어 기승술 습득을 통해 신체·정신·사회적으로 건강한 삶의 달성을 목표로 한다.

참가자들의 특성, 강습환경, 지도사의 능력 등을 고려하여 지상 및 기승 활동을 진행한다. 지도사는 강습 전 강습목표를 정하여 대상자의 입장에서 말과 교감하는 여러 가지 활동을 생활

기술(Life skill, 라이프 스킬)과 연계하여 진행하도록 하며, 말과 함께하는 모든 활동이 일상생활에도 긍정적인 영향을 주며 점진적으로 적응해갈 수 있도록 계획하여 진행한다. 주어진 과제 이행을 통해 학습한 내용을 일상생활에서도 긍정적인 방향으로 적용할 수 있도록 하는 것이 EAL 프로그램의 목적이라 할 수 있다.

특히 관련 전문기관에 의뢰하여 EAL의 현장 적용가능성(feasibility), 안전성(safety), 심리적인 측면에서 효과(efficacy)를 검증하고 심리적·신체적 개선에 기여하는 EAL의 효과 기제를 분석하는 연구를 지속하고 있다. 이런 자료들은 관련 부처들이 EAL뿐만 아니라 재활승마 프로그램을 각종 사업에 도입하는 데 근거 자료로 활용될 수 있을 것이다.

프로그램 개발은 해외 재활승마전문가와 한국마사회 재활승마지도사, 현장 재활승마 프로그램 운영 지도사, 재활승마 관련 교수 등 총 14명이 참여했다. 2018년 8월 고빈도 외상 노출 소방관을 위한 EAL 프로그램을 세계 최초로 개발했고 2019년 2월, EAL 프로그램 운영 및 연구 경험을 바탕으로 EAL 프로그램의 수정·보완 작업을 실시했다. 비기승(6회)과 기승(10회)으로 구분하여 총 16회, 8주 프로그램으로 구성된 내용은 〈표 4-19〉와 같고 세부적인 내용은 호스피아 자료실을 이용하면 된다.

[표 4-19] 재활승마 프로그램(유형별 8회 기준)

구분	회차	강습주제	Horse skill	Life skill
지상활동	1	오리엔테이션	프로그램 소개 및 일정안내 말 기본 상식 및 주의사항 안전교육(응급상황 대처)	새로운 만남·관계형성 자기표현
	2	말 행동 관찰	말의 행동 관찰 및 말의 이해 말에게 다가가는 방법 및 소통 마방굴레 씌우기	친화력 새로운 정보 수용
	3	말 손질	손질 이유 및 도구 소개 도구의 이해 및 실습 부위별 반응 관찰 및 이해	순서에 대한 인식 용모단정(청결의식)
	4	말 끌기	부조 및 보디랭귀지 사용방법 (마방)굴레 착용방법 이해 리드로프 이용하여 말 끌기	리더십 & 팔로우십 성취감
	5	둔감화 활동	둔감화 활동 설명 및 이해 말의 특성 및 행동 이해 둔감화 활동 실습	신뢰감 의사소통 능력
	6	마구 활동	마구 소개 및 용도 이해 방법 및 순서 이해 주의 사항 및 관리방법	순서에 대한 개념 기술, 이해능력

구분	회차	강습주제	Horse skill	Life skill
기승활동	7	기승 및 하마	기승 및 하마방법 자세 및 등자 조절 주의사항 및 응급상황 대처	자신감 및 성취감 문제해결 능력
	8	평보 및 정지	기본 승마자세 이해 평보-정지 연습 부조에 대한 이해	통제력 책임감
	9	평보 코스이행	고삐 전환 연습 및 코스활동 그룹(승마)강습 에티켓 구간별 속도 조절	조절능력 에티켓(예의범절)
	10	마상체조 및 평보	마상체조(준비 운동) 평보 리듬 익히기 8, 9회차 반복활동	집중력 자신감
	11	평보-속보 이행	속보 반동 및 자세 이해 업 & 다운 연습 속보 부조 사용 연습	도전의식 운동기능 강화
	12	평보-속보 이행 2	구간별 속도 조절 연습 속보-평보 연습 자세 및 고삐 반복 활동	수용 및 대체능력 독립심
	13	속보에서 방향전환 (코스)	방향전환 및 원운동 시도 벤딩에 대한 이해 런징을 통한 속보 시도	파트너십 신체기능 강화
	14	평보-속보 코스 활동	코스 및 게임 활동을 통한 반복연습(지도사 제시)	문제해결 능력 의사소통 능력
	15	평보-속보 코스게임	코스 및 게임 활동을 통한 반복연습(참가자 제시)	창의력 동기부여
	16	기승 및 말 정리	자유 기승 및 마무리	성실함

> **Tip**
>
> **Life Skill(생활기술)**: 삶의 도전과 요구에 효과적으로 대처하고 긍정적인 행동을 위한 능력 또는 사회생활을 하는 데 효능을 발휘하는 여러 가지 기술과 능력

4 비기승 프로그램 개발

미국재활승마협회의 비기승 교육과정 개발법을 국내 사정에 맞게 수정·보완했다.

1) 목적

비기승 프로그램의 목적은 다음과 같다.
- 참석자 수를 증가할 수 있음(즉 대기자, 체중 제한 초과자, 기승 경험이 있음에도 불구하고 기승 프로그램에서 '탈락'한 사람, 기승하기에 나이가 많은 경우 등)
- 말과 자원봉사자를 위해 다른 활동 제공(기승 프로그램에 활용하기에 나이가 많은 말을 유지할 수 있음)
- 지상훈련에서 말과 함께함으로써 사회적·감성적 발달(생활기술의 다른 범위에 대한 존중, 독립, 책임)
- 말과 함께 일함으로써 사회적·정서적 유대관계 발전
- 새로운 참가자, 특히 공포나 불안을 가진 사람들에게 시설, 말 소개

2) 장점

성공적인 비기승 프로그램으로 얻을 수 있는 장점은 다음과 같으며, 이를 부모 대상으로 마케팅에 이용할 수 있다.
- Horesemanship 기술의 다음 단계로 상급 기승자들 유도하기
- 상급 참가자를 자원봉사자로 전환시키는 데 도움
- 참가자의 힘과 지구력, 감각 개발과 근육 자극 활동 제공
- 학습 순서, 색상 인식(모양 / 표시 / 사물이 속한 곳) 능력 향상
- 말, 참가자 및 자원봉사 코치 간의 사회적·정서적 유대감 형성
- 기술을 가르칠 수 있는 기회를 갖기 위해 다른 수준의 상급 자원봉사자를 격려하고 참여시킴
- 더 광범위한 범위 / 다양한 주제 탐색할 수 있음
- 학습 기술 제공 및 문제해결 능력 향상 유도
- 승마 이외의 추가적인 말 보조 활동 제공
- 비교적 낮은 비용으로 프로그램 제공

3) 강습 교육과정 개발을 위한 고려사항

비기승 프로그램을 운영하기 위해서는 교육과정을 개발해야 하고, 다음과 같은 사항을 고려해야 한다.

[표 4-20] 교육과정 개발을 위한 고려 사항

구분	내용
참가자	o 강습 회기 / 지속가능 여부 o 참가자와 소속 그룹의 원하는 목표 및 결과 o 독립과 인지 수준
조사 / 평가 프로세스	o 충동성, 신체적인 지구력과 균형 고려 o 최고의 말과 자원봉사 결연(정말로 말의 전문가이거나 우리는 함께 배울 수 있는가?)
교육과정	각 주간의 교육과정은 난이도를 증가시키면서 인마술과 안전 기술의 강력한 토대를 만들기 위해 이전 주에 교육과정 준비 o 교육과정의 작성 개요: 강습회기는 몇 주인가?, 독립 수준이 증가되거나 더 깊이 있는 정보를 제공하여 완전한 기술 습득 및 기술을 상기하도록 반복 허용, 매주 또는 2주마다 다른 주제 선정 o 일정의 융통성: ⓐ 기승 프로그램에서 한 학기에 한 번 비기승 프로그램 제공, ⓑ 기승 30분/비기승 30분으로 진행, ⓒ 비기승 학기 운영, ⓓ 날씨에 따라 기승이 불가능한 경우 비기승 프로그램 운영과 같이 다양한 일정 가능

4) 강습 적용 주제 및 내용

강습에 적용할 수 있는 내용은 아래에 제시한 승마장 또는 말과 같이할 수 있는 모든 사항 외에도 말과 함께하지는 않지만 말 인형 만들기, 말 모형 종이 접기 등 말을 주제로 하는 모든 사항이 포함될 수 있다.

[표 4-21] 교육 적용 주제 및 내용

구분	내용
안전 (항상 1주차에 구성)	– 일반적인 내용: 안전모, 적절한 신발, 비상 절차, 말 주변의 적절한 행동, 승마장 안전(비상구, 소화기 등), 말에 안전하게 접근하는 방법
말 관찰하기	– 말의 특징, 습성 등 – 말의 행동
품종, 색상, 표시	– 말과 망아지의 차이 – 말의 용도별 특징 – 말의 얼굴 및 발목 표시
방목장과 마방 구조	– 방목장 시설 – 마방의 구조

구분	내용
방목장 관리 및 안전	- 독성 식물 - 안전하고 적절한 울타리 - 피신 공간과 물의 필요성 - 마분 관리 및 기생충 - 파리 및 해충 방제와 관리
마사 관리	- 안전한 마방이란? - 마방 청소 - 물의 필요 - 바닥 깔개 종류 - 안전한 통로 유지 - 건초 및 곡물사료 저장 - 먼지, 거미줄, 환기 제어
말 건강	- 일상적인 말 건강: 매년 예방 접종 및 구충 - 체온, 맥박, 호흡 - 말 행동(말의 정상적인 행동은 무엇입니까?) - 일반적인 질병 - 상처 소독 - 대체 요법: 카이로프락틱, 마사지, 침술, 기치료 등 * 말건강(Horse Health) 주제는 토론, 연구 및 연습을 통해 주제를 완전히 다룰 수 있는 여러 주간으로 나눌 수 있음
기승술	- 안전한 정지 기술 - 안전한 끌기 기법(마장 내에서 끌기부터 외승로에 나가서 끌기까지 소개) - 품평회 말 끌기 - Round penning(원형마장에서 조마삭 장비 없이 말을 운동시키는 것) - 조마삭 - 긴 라이닝 / 지상 마차운전 - 말의 구조와 기능
마장구 및 장비	- 안전한 마장구 올리기 - 안장, 굴레, 마차 마구 등의 부분 - 안전등자: 형태와 목적 구분 - 마장구 청결 유지 - 마장구실의 모든 업무 배우기 - 고급 기술 장비: side reins, lunge line(조마삭줄), 조마삭 채찍(lunge whip), lungeing cavesson(조마삭 코굴레), crupper(말꼬리 밑으로 돌려서 말안장에 매는 마장구), breast plate(가슴걸이), adaptive equipment(변형 장비), surcingle(마장마술용 복대), anti-cast(구름방지용 복대), 다양한 유형의 복대(string, dressage, elastic), 보호용 부츠와 wraps(보호용 붕대) 등 - 안장의 서로 다른 용도와 서로 다른 기승 형태의 연관성 배우기 - 다른 재갈과 그 기능에 대해 배우기[재갈 없는 굴레, 조마삭용 굴레(hackamore) 등]

구분	내용
마장구 및 장비	- 마장구의 다양한 안전 특징에 대해 배우기(세 번째 안장복대끈, 안전바 등) - 말 손질 도구의 추가 유형: 털을 털어내기, 다양한 유형의 빗, 세탁장갑, 얼굴 붓, 목적과 관련 있는 도구의 형태와 크기, 어떤 말들의 단단한 솔이 다른 것보다 부드러운가에 대한 토론 - 깔개 - 안장깔개 - 젤패드, gel lift(젤패드가 전체를 덮는다면 젤리프트는 어느 한 부분을 높여주는 것), bumps(지압판처럼 볼록볼록한 패드), Bareback pads(안장 없이 기승할 때 사용하는 패드), NB Pads(Natural Balance, 발굽 균형을 맞추기 위해 장제사가 사용하는 패드)와 기능을 위한 형태
말의 체형	- 기능을 위한 형태 - 좁은 등과 넓은 등 비교 - 마장구 장착 - 건전성
사양관리와 말의 영양상태 점검	- 건초, 물, 곡물(다른 종류) - 품질 - 건초 테스트 - 풀 - 얼마나 많은가? - 풀 깎기는? - 독성 식물 토론으로 돌아가기! - 고급: 보충제, 전해질, 몸 상태 채점 - 급여 차트 만들기 - 말 치료하기 - 일부 말은 왜 치료를 받지 않는지 배우기 - 각 말의 활동 수준에 대한 토론 요인
대회 참가하기	- 고급 말 손질 - 땋기 기술 - 목욕시키기 - 말을 차량에 태우기 위한 보호장비 - 말에게 필요한 것은 무엇인가?(물, 사료, 보충제, 장비 등) - 마방 정보기록 카드 만들기 - 안장 바르게 올리기
말 치과	- 나이와 말의 이 - 치과 도구 - 거세와 암말의 차이점 - 이 갯수와 기능 - 말 보정 장치

구분	내용
수의 치료	- 일상적인 관리: 말 손질 및 관찰 - 일반 응급처치 - 상처 부위 치료 - 체온, 심박수, 호흡수 - 말의 표준 알기 - 모세혈관 재충만 시간 - 연간 예방 접종 - 언제 수의사에게 전화해야 할까? 아픈 말의 증상 알기 - 진행한 질병
장제 · 삭제 도구	- 발굽 부분 - 발굽깎기(삭제)와 편자장착(장제) 이유 - 편자 종류 - 겨울 대 여름 - 특수 편자 기술 [패드-편자와 발굽 사이 보호용, 클립-편자에서 올라와 발굽 위를 덮는 것, 트레일러, 보륨(미끄럼 방지를 위해 텅스텐을 용접한 편자), 스터드(미끄럼 방지를 위해 볼트를 박은 편자), 접착제 등] - 도구 및 기술 - Hot shoeing(편자를 불에 달구어 수정하는 것)과 Cold shoeing(편자를 불에 달구지 않고 수정하는 것)

5) 강습계획

참여자의 요구와 목표를 지지하고 다루기 위해 프로그램이 사용하는 경험학습에는 다양한 방법이 있다. 지도사는 참여자를 평가하고, 그들의 요구를 수용하고 장점을 증진시키기 위한 계획을 개발하고, 안전하고 효과적인 방법으로 계획을 실행하고, 계획의 조정 또는 프로그램 활동의 효과를 평가하기 위한 과정을 개발한다.

- 조사: 개인과 단체의 요구를 결정하기 위해 참여자의 정보를 획득한다. 이것은 질문지, 관찰, 면접을 포함한 다양한 자료를 통해 얻어질 것이다.
- 계획: 이런 특수 분야의 문제를 다룰 지도과정과 참여자의 발달과정이 어떻게 측정될 것인지 결정한다.

> **트레일러**: 편자의 가쪽이나 안쪽에 금속 조각이 추가되는 것을 '트레일러'라고 한다. 편자에 트레일러를 추가하는 목적은 발굽이 트레일러 방향으로 미끄러지거나 뒤틀리는 것을 막기 위함이다. 또 다른 응용은 구보에서 교차 발진을 방지하기 위해 발굽의 한쪽에 무게를 다는 것이다. 근래에는 말에게 해를 끼칠 수 있기 때문에 더 이상 일반적으로 적용되지 않는다.

- 실행: 결정된 계획에 따라 수업을 실시한다.
- 평가: 실시한 수업에 수정이 필요한지 결정한다. 계획은 어떻게 실행되고, 소개되고, 복습되었나? 참여자의 반응은 어떠했나? 계획은 수정될 필요가 있는가? 학생들은 학습목표에 부응했나?

(1) 강습계획서 작성하기

효과적인 강습계획서 작성방법은 구체적인 목적과 목표를 가지는 것이다. 두 가지 모두 방향을 제시해주는 적극적인 표현이다. 목적은 그 수업을 위한 방향과 의도에 대한 광범위하고 일반적인 표현이기도 하고, 참여자가 보여주게 될 바람직한 행동이기도 하다. 구체적인 목적은 수업에서 의도하는 바를 설명한다. 목적은 할당된 시간과 활동을 마쳤을 때 참여자가 무엇을 성취하기를 바라는지 말하는 것이다. 레슨플랜에 대한 목적 설명은 경험학습에 대한 의미와 성취감을 가져온다.

강습목표는 참가자가 각 목표와 결과를 달성하기 위해 무엇을 할 것인지에 대한 설명이다. 목표는 특정 초점과 목표 달성을 측정하는 방법을 제공한다. 목표는 세 부분으로 구성된다.

① 행동: 참여자는 구체적으로 관찰 가능한 행동을 보여야 한다.
② 조건: 언제, 어디에서 어떤 상황에서 그 행동이 발생할 것인가
③ 기준: 측정 가능한 결과, 얼마나 잘해내야 하는가, 정확성, 시간, 정확한 행동의 확률, 성공을 위해 허용되는 행동.

예) 참여자는 N회차 말 끌기 강습이 끝난 후 반대편에 말 리더가 있는 상태에서(조건) 마장 한 면 길이(기준)만큼의 말 끌기를 할 수 있다(행동). 10번 시도하여 8번 이상 성공한다(기준).

(2) 강습계획 포함사항

- 과정: EFL(Equine Facilitated Learning, 말촉진학습=말매개학습) 참여자에게 제시해 주고 싶은 일반적인 경험. 이러한 활동들은 특정 참여자의 목적, 요구, 평가에서 인정되어야 할 능력들을 다루는 것과 직접적인 관련이 있을 것이고, 그 참여자가 학습목표를 성취하기 위해 무엇을 할 것인가를 설명하는 것이 되어야 한다.
- 재료: 수업을 위해 어떤 도구, 장비, 준비물 또는 추가적인 인력이 필요한지 여부 등
- 결과: 활동을 통해 무엇을 경험했고, 배웠고, 해냈는지 참여자와 함께 재검토해본다.

(3) 참여자에 대한 기록

참여자의 진행상황에 대한 좋은 기록은 프로그램에서 중요하다. 잘 기록된 진행상황은 많은 면에서 프로그램의 전문성과 신뢰성을 보여주며, 원활한 의사소통, 참여자 평가, 법적 보호, 환불 배상, 교육, 품질보증 그리고 관련 연구를 하는 데 도움이 된다.

중요한 서류에는 참여자의 평가, 학기 또는 분기별 진행상황 기록, 연간 진행상황 재검토 및 재평가를 포함한다. 참여자의 평가는 참여자의 요구, 장점, 목표, 관심을 결정하도록 도와주고, 프로그램에 참여하여 효과가 있었는지에 대한 구체적인 질문과 관찰이 기록되어 있다. EFL 수업별 또는 분기별 기록은 참여자 개인이나 단체의 EFL 프로그램 경험에 대한 정보를 알려주는 짧은 서술의 기입이다. 이 문서는 수업 후 또는 학기나 분기가 지났을 때처럼 일정 기간이 지난 후 정기적으로 작성된다.

이런 간단한 기록은 정기적으로 재검토되며, 재활승마팀이 참여자의 발전을 위해 얼마나 노력했는지를 보여준다. 이러한 기록은 서비스의 가치를 증명하는 데 유용하며, 자칫 있을 수도 있는 소송을 예방해준다. 이런 진행상황에 대한 기록은 수업, 활동 또는 상담 시간 속에서 어떠한 일이 있었는지에 대한 간단한 요약이다. 그 기록은 전문가가 주목할 만하다고 느끼는 특정 현상이나 사건을 포함한다. 또한 객관적인 평가이고, 직접 관찰되고, 듣고, 시작된 것을 포함한다는 의미이다.

그리고 그 기록은 발생한 일에 대하여 지도사의 개인적인 의견, 추측, 판단을 반영하는 것이 아니다. 진행상황에 대한 기록은 긍정적·부정적인 일들, 예상치 못한 상황, 참여자의 활동에 대한 반응 등이 기록되어 있어야 한다. 최소한 분기마다 작성하면 좋지만 매 수업 후 기록하는 것이 좋다. 재평가나 연간 진행 기록은 분기별 그리고 수업 진행 기록 같은 문서를 기본으로 하는 재검토이며, 가장 중요한 정보들을 담아 참여자와 그의 발전 단계를 요약한 것이다.

(4) 참여자 자기평가

자기평가는 참여자가 좀 더 스스로 깨닫고 배우게 되는 좋은 방법이다. '승마일기' 작성이나 지도사와의 상담형식을 이용하면 좋다. 참여자 스스로 자신을 평가하는 것은 자신의 개인적 성장에 주도적 역할을 하게 하고, 말과의 활동에서도 더욱 도움이 된다. 그리고 참여자가 자신의 장점, 능력, 요구, 두려움, 자긍심 등을 깊게 생각해볼 기회를 주는 가치 있는 일이다. 지도사는 형식적이지 않게 일기를 쓰게 하거나 토론하게 하고, 개인적 목표를 세우게 하며, 참여자가 향후 자신의 생각대로 좋은 참여자가 될 수 있는지를 물어보면서 자기평가 할 수 있게 한다.

6) 강습 프로그램 예시

앞서 제시한 주제 및 내용을 이용하여 강습 목적에 부합되도록 다양한 강습 프로그램을 구성할 수 있다. 다음은 10주간의 프로그램 구성 예시이다.

[표 4-22] 비기승 프로그램의 예(10주)	
구분	내용
1주차	주제: 안전 주간 - 새로운 자원봉사자 및 기타 승마 참가자를 만남 - 승마장 안전규칙뿐만 아니라 기승 중에도 기본적인 안전의식에 대한 토론 - 학기 동안 원하는 목표를 토론하고 공유하기 - 제안하는 게임: 등 짚고 뛰어넘기 - 안전하게 서로를 통과할 때 봉사자와 참가자 이름 알기
2주차	주제: 말 손질 - 털이 많은 말 손질하기 - 도구를 확인하는 것뿐만 아니라 사용 순서 검토 - 말을 손질하는 것과 자기 자신을 손질하는 것 비교 - 말 손질 도구를 사용하여 말의 구조 학습 - 강습이 끝날 때 말을 손질하도록 하여 학기 동안 그들의 말에 대해 알기 - 말에 대한 손질과 적절히 돌보는 중요성 검토: 광택과 내수성을 돕기 위해 말의 피부에 오일 바르기, 말을 손질하며 외모나 부상의 변화를 찾거나 체중, 신체 상태 점수 등을 평가할 수 있음
3주차	주제: 걸음걸이 - 말의 다양한 걸음걸이(평보, 속보, 구보), 보폭과 속도(보통, 수축, 중간, 신장)에 대해 토론하기 - 기승자가 눈을 감고 각 걸음걸이를 느끼거나, 좌우로 움직이거나, 앞뒤로 움직이는 것 격려 - 말의 걸음걸이 흉내 내기
4주차	주제: 말의 모험 - 피식자로서 말의 입장 이해하기 - 옛날 전쟁에서 말의 역할 이야기하기
5주차	주제: 말과 관련된 직업 - 직업으로서 말과 파트너가 되는 다양한 방법에 대해 토론 - 수의사, 말마사지사, 승마지도사, 재활승마지도사, 말조련사 등 - 기수, 조교사, 말관리사, 말생산자, 장제사 등
6주차	주제: 색상, 표시 및 모양 - 모양과 색상을 사용할 수 있는 기회 제공 - 말의 색상과 무지개의 색상을 관련지어서 표현 - 색종이를 이용하여 종이말 접기, 색칠하기 등 - 말의 얼굴, 발목의 표시 표현하기: 말가면 만들기, 흰색 양말을 이용해서 발목 표시 재현하기 등

구분	내용
7주차	주제: 마장구 관리하기 - 마장구 손질 및 가죽 기름 바르기 등 - 굴레세트 해체, 조립하기 - 고삐와 안대를 이용해서 2인 1조로 장애물 통과 반환점 돌아오기
8주차	주제: 말 돌보기 - 체온, 심박수, 호흡수 측정하기 - 말의 체중 계산하기 - 말 먹이 주기
9주차	주제: 말 꾸미기 - 말 목욕시키기 - 말발굽 도장, 말에 손도장 찍기, 말꼬리로 그림 그리기, 점토로 말 모형 만들기

구분	내용
10주차	주제: 말의 습성 이해하기 - 말의 행동을 관찰하고 재미있는 모습 사진 찍기 - 찍은 사진과 말의 습성 연결하여 생각 및 토의하기

말산업 국가자격시험 교재
재활승마 이론

PART V

재활승마 강습 시행

1장. 기승과 하마
2장. 준비 운동과 마무리 운동
3장. 본운동(과제수행)
4장. 교감활동
5장. 교수법과 지도 원리
6장. 재활승마와 안전

이 장에서는 재활승마 강습을 시행하는 데 있어 기승과 하마, 준비/마무리 운동, 본운동 순으로 지도 방법을 설명하고 교수기법과 지도 원리 그리고 안전하게 강습하기 위한 점검사항을 살펴본다.

1장
기승과 하마

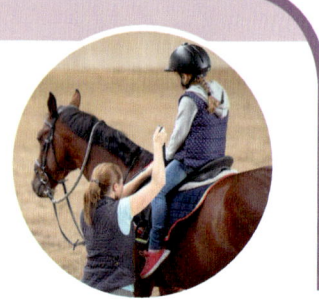

재활승마 강습에서 가장 중요한 사항은 '안전'이라고 할 수 있다. 지도사가 기승자 강습을 운영하는 데 있어 기승술 향상과 재활승마를 운영하여 최대의 효과를 도출하기 위해 시도하는 모든 행위에 대해 "안전에 위배되지 않는다면……"이라는 단서를 붙여 허용하는 것도 어떤 행위를 시행함에 있어서 '안전'을 먼저 고려하라는 의미다. 그렇다고 '안전'을 핑계로 강습 운영을 회피하거나 기승자에게 주어진 강습시간을 줄여서는 안 된다. 재활승마지도사는 말을 재활승마용으로 조련하는 장기적인 대책부터 강습 직전 강습장을 확인하거나 강습 도중 위협요소를 제거하고 강습이 끝나 기승자가 안전하게 승마장을 떠나기까지 모든 행위와 환경에 대해 안전 대책을 수립하고 이행하여 기승자에게 기승시간을 보장해주어야 할 의무가 있다.

강습에 말 리더와 사이드워커 같은 자원봉사자가 참여하는 것이나 승용마로 조련된 말을 또다시 재활승용마로 순치시키며 PE Dressage에서 피아페(piaffe)와 파사지(passage) 같은 일부 동작을 제한하는 것도 '안전'을 최우선하면서 기승자의 기승활동을 보장하는 조치라고 이해할 수 있다. 이러한 노력의 결과로 기승자는 안전한 승마를 즐길 수 있지만, 드물게 발생하는 안전사고를 살펴보면 기승자가 기승하는 순간이나 하마할 때 발생하는 사고가 전체의 약 60%를 차지한다고 한다.

따라서 이번 장에서는 기승자를 안전하게 기승 또는 하마시키는 방법에 대해 자세하게 알아보고자 한다.

기승 전 확인사항과 기승 전 준비 운동, 기승, 하마, 하마 후 조치사항으로 구분된 이번 장을 재활승마지도사는 물론 자원봉사자와 기승자도 숙지할 기준을 제시한다.

기승과 하마는 지도사의 지도에 따라 수행하도록 한다. 강습시간마다 이루어지는 기승과 하마이지만 과제분석 순서에 따라 하나씩 단계적으로 이루어지도록 한다. 말, 말 리더, 사이드워커, 그리고 기승자가 지도사의 감독하에 박자를 맞춰 조화를 이루어야 한다.

기승과 하마는 지도사만 지도하지만 지도사가 감당하기 어려운 정도의 체중을 가진 기승자라면 기승과 하마에 대해 충분히 훈련을 받은 사람이 참여하여 지도사의 역할을 분담할 수 있다. 실제 말에 기승하기 전에 모형 말(dummy horse)을 이용해 모의 연습을 하면 기승자가 더욱 정확한 기승과 하마기술을 체험하고 이해할 수 있다.

1 기승 전 확인사항

1) 말

말 리더는 1일 강습계획서 또는 강습시간표에서 강습에 배정된 말을 확인한다. 그런 다음 말을 데리고 마방 또는 방목장에서 수장 장소까지 이동하는 동안 강습에 배정된 말의 상태를 점검한다. 강습을 위해 말을 손질하는 동안 관찰을 통해 건강상태와 심리상태를 파악하고, 강습 전 강습운영 도구가 설치된 강습장을 한두 바퀴 돌게 하여 강습운영 도구에 대한 적응과 말의 걸음걸이를 확인한다.

재활승용마가 오랫동안 강습에 참여하지 않은 말이라면 강습 전 재활승마지도사나 기승능력이 뛰어난 말 리더가 기승을 하거나 조마삭을 실시하여 충분한 준비 운동을 하도록 한다. 이러한 행동을 통해 말에게 이상한 행동지표가 있는지 점검한다. 특이한 사항이 있을 때는 지도사에게 전달하여 문제를 해결하도록 한다.

지속적으로 강습에 참여한 말이라면 이상 행동지표를 나타낼 확률이 적지만, 오랜만에 강습에 참여하는 말이라면 문제 발생 확률이 커진다. 사전에 충분한 시간을 가지고 점검하여 문제 발생 시 즉각적인 조치로 강습시간에 영향을 주지 않도록 한다.

2) 마장구

말 리더와 사이드워커는 수장대에서 안장, 굴레 등 마장구를 바르게 장착시키고 강습장으로 이동하여 강습을 준비한다. 이동 시 등자를 등자끈 위쪽에 올려 매달리게 하거나 떨어지지 않게 안장 위에 올려놓아 등자로 인해 말이 놀라거나 스트레스를 받지 않도록 한다.

강습 직전 지도사는 안장의 정확한 장착 여부, 등자, 복대, 굴레 세트의 장착 여부 등을 확인한다. 장구는 강습 중이라도 지도사, 말 리더, 사이드워커가 수시로 확인해야 하고, 수정이 필요하면 정지한 상태에서 반드시 지도사가 수정해야 한다. 특히 등자끈 길이는 기승 전 기승자의 신체조건을 고려해 조절하고, 기승 후 확인하여 반드시 지도사가 수정해야 한다. 또한 지도사는 강습 시작 전, 강습 중 처음으로 평보에서 속보로 속도가 변화하기 직전에 복대(girth, 안장 띠)를 반드시 확인해야 한다. 이 경우도 확인하기 위해 굳이 강습장 중앙으로 들어오지 않아도 된다. 지도사는 마지막 기승자를 기승시키고 들어가면서 '입'으로는 강습에 관한 사항을 이

> **Tip**
> 영국의 AVON센터는 기승 후에 등자 길이를 조절하는 것은 위험하다고 판단하여 시간표상 기승자 이름 옆에 등자끈 길이를 표기하고 기승 전 사이드워커가 1m 자를 이용해 등자끈 길이 조절을 완료해놓는다.

야기하지만 '시선'은 기승자의 등자 길이와 복대를 확인한다. 정확한 판단이 서지 않는다면 걷던 곳에서 잠깐 멈추게 하여 손으로 확인한다. 그러나 안전을 이유로 기승시간을 빼앗지 않는다.

유능한 지도사는 눈으로 기승자, 말, 말 리더와 사이드워커 및 주변을 주시하여 안전 준수사항을 확인하고, 입과 몸으로는 현재 상태에서 기승자를 강습하고 머리로는 계속해서 이어지는 기승자에 대한 강습에 대비한다.

3) 강습운영 도구(교보재)

지도사는 강습 대상자별 강습계획서를 미리 숙지한다. 횡목, 드럼통 등 이동이 쉽지 않은 도구는 강습 전 강습계획서에 제시한 장소에 미리 설치한다. 이때 재활승마지도사는 자원봉사자의 도움을 받을 수 있다. 사전에 설치되지 않고 강습 도중에 교보재가 설치되는 경우는 말이나 기승자가 적응할 시간이 필요하기 때문에 지양한다. 이미 설치되어 있는 도구(교보재)의 위치를 바꾸는 것은 기승자에 대해 장애물 통과 등에 난이도를 높일 수 있으나 너무 빈번하게 바꾸게 되면 기승자나 말, 더 나아가 자원봉사자들에게 혼란을 초래할 수 있으므로 주의한다.

주사위, 봉, 공 등 수시로 이동이 필요한 강습운영 도구는 강습장 중앙에 설치된 드럼통(barrel) 위에 놓는다. 강습장 바닥에 놓거나 드럼통 위의 도구가 바닥에 떨어지면 안 된다. 강습 중 기승자 또는 사이드워커에게 전달하는 것은 반드시 지도사나 기승자 보조에 직접 참여하지 않는 사이드워커가 한다.

4) 기승자 안전점검

(1) 안전모

안전모는 보호기구로, 낙마 시 충격 등에 의해 머리 부분의 상해를 방지하기 위해 착용하는 모자다. 그러나 최소한의 보호를 해주는 정도일 뿐 완전할 수 없다. 미국 기준인 ASTM/SEI 승인을 받은 제품 또는 유럽 기준(EN), 영국 기준(PAS), 호주/뉴질랜드 표준에 합격한 보호용 모자를 사용하도록 한다. 승인받은 제품이라 할지라도 구입 후 사용하는 도중 단단한 바닥에 떨어뜨린 경우는 기준에 미치지 못할 수 있으므로 새로운 제품을 사용하도록 한다.

기승자의 안전모가 〈그림 5-1〉의 맨 왼쪽 그림과 같이 바르게 씌워졌는지, 신발은 어떤 종류를 신었는지 등을 점검할 필요가 있다. 안전모의 경우 개인용품을 구입하면 좋겠지만, 사정이 여의치 않을 경우에는 대기실에 다양한 크기의 안전모를 비치한다. 같은 크기도 여러 개의 안전모를 구비하여 기승자들이 사용하도록 한다. 안전모에 매직펜, 페인트 등으로 잘 보이는 곳에 일련번호를 기입해놓으면 기승자들은 숫자에 대한 인식과 함께 자신에게 맞는 안전모를 신속히 찾아 착용할 수 있다. 안전모는 미끄러지지 않아야 하며, 압박을 주어서도 안 되고, 안전모의 앞부분은 눈썹에서 2㎝ 정도 떨어지게 착용한다. 공동으로 사용하는 물품은 정기적으로 소독하고 점검하여 안전과 위생에 유의한다.

안전모와 머리를 연결하는 턱끈은 파손되지 않아야 하고, 안전모가 헐렁하지 않게 반드시 턱끈을 착용해야 한다. 너무 헐렁거리게 착용하여 이마가 훤히 보일 정도이고 턱끈이 너무 느슨한 경우라면 안전모가 머리 뒤로 넘어가 위험한 상황을 초래할 수도 있다.

[그림 5-1] 안전모 착용

(2) 개인 복장

운동화는 기승 중 응급상황 발생 시 등자에서 분리하는 것이 용이하지 않고, 기승 중 등자에 깊숙이 들어갈 수 있으므로 가급적 착용하지 않는다. 특히 농구화처럼 신발덮개가 큰 경우 등자쇠에 걸리기 쉽다. 승마용 구두를 착용하거나 바닥이 편평하여 발을 뺄 때 걸림이 발생하지 않고 뒤꿈치가 있어서 밀려들어가지 않는 신발을 착용하도록 한다.

바지는 몸에 달라붙어 걸림이 없는 옷인지 확인하고, 청바지 등의 재봉선이 기승 후 불편을 초래하는지 확인한다. 재봉선이 너무 두꺼우면 기승 중 활동 시 쓸림으로 인해 기승자가 강습에 집중하기 어렵고 쓸림이 지속되면 상처를 유발할 수 있다.

상의는 너무 두껍거나 골반을 덮으면 기승자가 정확한 자세를 유지하고 있는지 지도사가 확인하기 어렵다.

2 기승 전 운동

기승자가 강습에 임하기 전 준비 운동을 하면 몸에 긴장을 풀어주고 근육을 이완시켜 기승 중 작용하는 근육과 관절이 부드러워진 상태에서 원활한 기승이 이뤄질 수 있다. 일반적인 경우는 자원봉사자나 보호자와 함께 대기실에서 실시한다. 강습 전 준비 운동은 같은 시간대에 강습을 하는 다른 팀의 기승으로 기승경사로 위에 올라가는 시간이 지연될 때 같은 팀의 지도사나 자원봉사자와 실시한다. 또 지도자가 같은 팀의 다른 기승자를 기승시키고 있을 때는 기승자 자신의 자원봉사자와 함께 실시한다.

간단한 준비 운동으로도 기승자의 그날 상태를 점검할 수 있다. 그러나 근육의 긴장도가 너무 커서 기승자가 승마활동에 어려움을 느끼고 승마장에 치료사가 배치되어 있다면 치료실에서 치료사에게 처치를 받도록 한다.

준비 운동 내용은 일반적으로 비장애인에게 하는 것과 크게 다르지 않지만 비장애인에 비해 근육의 반응이 늦고, 균형감각이 떨어지며, 관절의 운동범위가 작은 경우가 많기 때문에 되도록 천천히 움직이도록 한다. 기승자가 운동할 수 있는 범위 내에서 스스로 운동할 수 있게 하며, 다음 단계로 지도사 또는 사이드워커가 약간의 도움을 주어 부하를 주거나 운동범위를 넓혀준다. 지도사 또는 사이드워커가 도움을 주는 운동은 기승자에게 무리가 되지 않도록 한다.

지도사 또는 사이드워커가 운동을 같이하면서 흥미를 유발하고 정확한 자세로 교정해주는 것도 좋다. 그룹강습의 경우 정확한 동작을 시범 보일 수 없어도 기승자가 운동을 주관하게 하고 지도사 또는 사이드워커가 동작을 교정해주는 것도 좋은 방법이다.

기승자의 장애유형과 강직 정도에 따라 운동의 방법과 범위가 달라지므로 개개인의 상황에 맞게 기승 전 운동을 변형시킬 수 있다. 지도사는 기승자의 신체적(감각, 균형, 강직 등)·인지적 능력 수준, 의사소통능력 등의 기승자 정보 카드 및 평가내용을 강습 전에 반드시 숙지해야 하며, 강습의 진행에 따라 변화하는 신체적·인지적 능력 수준을 확인해야 한다.

3 기승 장소 구분

승마활동을 위해 처음 접하게 되는 기승은 재활승마에서 하마와 함께 중요한 교육으로, 기승과 하마가 곤란하여 재활승마를 시작하지 못하는 경우도 있다. 기승 장소에 따라 지면(ground), 기승대(mounting block), 기승단(mounting platform), 기승경사로(mounting ramp)에서의 기승으로 구분할 수 있다. 지도사는 기승자의 장애 정도와 참여도, 기승자의 키와 몸무게, 말의 크기, 자원봉사자의 키, 봉사 능력 및 훈련 정도, 기승시설 등을 고려하여 말에게 스트레스를 덜 주는 가장 안전한 기승방법을 선택해야 한다. 안전성과 휠체어를 고려할 때 기승경사로를 이용하는 방법이 가장 권장된다. 미국의 경우 안전 및 말의 스트레스를 고려하여

> **Tip**
> 기승대와 기승단은 명확히 구분되는 것은 아니다. 많은 사람들이 구분 없이 사용하는 것이 사실이지만, 여기에서는 사람에 의해 이동하기 쉬운 것은 '기승대', 지면에 고정된 것은 '기승단'으로 구분한다.

비장애인도 기승경사로 이용을 원칙으로 하고, 특히 지면에서 기승하는 것은 금지하는 경우가 많다.

이동할 수 없는 기승단과 기승경사로는 강습 장소와 명확하게 구분되어야 하며, 이동 가능한 기승대는 기승 후 강습에 방해가 되지 않도록 반드시 치워야 한다.

1) 기승경사로 기승

〈그림 5-2〉는 기승경사로에서 기승할 때 각자의 위치다. 말 리더와 사이드워커에 의해 말 손질과 마장구 장착이 끝나 강습 준비가 완료되면 말과 자원봉사자들은 강습장 중앙의 대기선(가상선)에 열을 맞추어 선다. 이때 다른 강습팀과 구분되어야 하고 팀 내에서도 말과 말 사이 간격을 유지해야 한다.

(1) 기승면 오르기

지도사, 사이드워커와 함께 대기실에서 나온 기승자는 기승경사로에 올라 기승을 준비한다. 그 외 기승자는 담당 사이드워커의 손을 잡고 경사로 밑에서 대기한다. 두 명 이상의 기승자가 기승면에 오르게 되면 지도사가 통제하기 어렵고 만일에 발생할 수 있는 안전사고로부터 기승자와 말을 보호하기 어려워질 수 있다.

[그림 5-2] 기승 전과 이후의 경로

나중에 기승하는 기승자가 말의 이동 동선에 걸리거나 먼저 기승하는 기승자가 기승하는 동안 문제가 발생하더라도 영향을 받지 않도록 충분한 거리를 두고 사이드워커가 보호하도록 한다.

따라서 지도사의 손을 잡고 있는 한 명의 기승자를 제외하고는 기승 장소에 벗어나 안전거리를 확보한다. 안전거리는 신체적 접촉뿐만 아니라 심리적인 안전거리까지 고려한다. 〈그림 5-2〉에서 볼 수 있는 것과 같이 경사면에서 떨어져 있고 강습장 방향으로는 사이드워커가 위치하여 기승자와 강습장 사이의 완충 역할을 한다.

경사로 기승면에 올라온 기승자는 지도사의 지시에 따라 말의 이름을 불러 기승면 옆에 위치시킨다. 사전에 기승순서를 정해놓는다면 첫 번째 기승 순서가 되는 말이 기승 위치에 와 있어도 문제는 없지만 가급적 기승자가 말을 부를 수 있도록 한다. 다른 기승자보다 먼저 기승한 기승자는 팀 내 다른 기승자의 기승이 모두 끝날 때까지 자원봉사자와 강습 공간 주변을 평보로 다녀야 하므로 지도사는 팀 내 기승자 중 균형감각이 좋은 기승자부터 순차적으로 기승시키도록 한다.

(2) 말의 접근

말 리더는 말을 기승면에 최대한 가깝게 붙여 기승이 원활하도록 돕는데, 오른쪽 사이드워커가 딛고 서야 할 기승대를 지나기 전부터 말과 마주 보고 뒷걸음질하면서 말을 통제하고 기승면에 말을 가까이 서게 한다. 숙달되지 않은 말 리더가 말을 기승면에 가깝게 서도록 하는 것은 결코 쉽지만은 않다. 말 리더는 뒷걸음질하면서 오른쪽으로 손을 약간 당겨 말이 기승대로 최대한 붙도록 한다. 그러나 너무 붙으면 말이 기승면에 부딪히거나 기승면이 비교적 높은 경우에는 등자 또는 등자끈이 말과 기승대 사이에 끼어 기승자가 기승하는 데 방해가 되므로 주의한다. 기승면과 말의 간격이 부적합하면 지도사는 말 리더에게 말을 끌고 가 큰 원을 그리고 돌아서 다시 위치하도록 협조를 구한다. 사전에 말이 기승경사로나 기승대를 거부하지 않도록 기승대 순치를 시키는 것은 물론이다.

적당한 기승 위치가 확보되면 말 리더는 말을 충분히 칭찬하고 지도사는 기승자가 기승할 수 있는 조건인지 다시 확인한다. 지도사는 사전에 기승자의 기승방법을 파악하여 일반기승을 하는 경우 과제분석에 의해 기승하도록 한다.

(3) 말에 오르기

오른쪽 사이드워커는 기승자의 반대편에서 사이드워커용 이동식 기승대를 딛고 서서 기승자가 말의 오른쪽으로 균형을 잃지 않도록 보조한다. 말이 작거나 사이드워커가 충분히 키가 큰 경우라면 이동식 기승대를 사용하지 않을 수도 있다.

체중이 많이 나가는 기승자나 말의 몸통이 동그란 경우 복대를 제법 조여도 한쪽에 체중이 실리면 체중이 실리는 쪽으로 안장이 돌아갈 수 있으므로 오른쪽 사이드워커는 기승자가 왼발로 등자를 밟을 때 안장이 왼쪽으로 돌아가지 않도록 오른쪽 등자를 지면 쪽으로 당겨준다. 하지만 복대를 조인다고 해결되는 문제는 아니다. 너무 조이게 되면 말이 불편해하고 심한 경우에는 기립하는 심각한 안전사고가 발생할 가능성이 증가한다. 안장은 말의 체형에 맞춰 말에게 최대한 편안함을 제공하고 고무줄 복대 사용 등으로 사전에 위험요소를 제거해야 한다.

또 복대가 너무 헐렁하다고 해서 기승대에서 복대를 조이면 안 된다. 사전에 점검을 통해 그런 일이 발생하면 안 되겠지만 미처 복대 점검을 하지 못했다면 기승대에서 벗어나서 복대를 조인다. 말은 기승대에서 기승자를 태우기 위해 네 다리로 균형 있게 딛고 서서 10분 이상 대기해야 할 수도 있다. 말의 입장에서 즐겁지 않은 장소에서 복대까지 조인다는 것은 너무 가혹한 일이다.

기승이 이뤄지는 동안 오른쪽 사이드워커는 기승자를 주시하고, 기승자가 완전히 중심을 잡을 때까지 기승자에게 집중해야 한다. 기승자가 오른발을 들어 넘길 때 지도사가 확인하지 않고 사이드워커가 한눈을 팔면 기승자가 말이나 사이드워커를 찰 수 있다.

지도사는 기승자가 기승을 하는 것도 과제분석에 맞추어 기승하도록 단계적으로 설명하고, 설명에 따라 기승자가 동작하도록 한다. 기승자의 경험이 많아 혼자서도 기승이 원활한 경

[그림 5-3] 선 기승자 준비 운동 장소

타 기승자
기승 시
선 기승자
준비 운동 위치

우, 지도사는 기승자가 과제분석에 의해 단계별 설명과 함께 동작을 천천히 수행하도록 지시할 수 있다.

기승자가 기승을 완료하면, 지도사의 판단에 따라 기승자가 균형유지능력이 뛰어나고 긴장 완화와 근육 이완 등 특별한 목적이 있는 경우가 아니라면 기승자에게 항상 고삐를 잡고 등자에 발을 끼우도록 한다. 등자 길이가 짧더라도 등자에 발을 끼우고 출발하고 마장 가운데로 가서 기다리도록 한다. 말이 출발하는 순간 기승자가 균형을 잃고 뒤로 넘어질 수 있으므로 말 리더는 말의 출발 속도를 제어하고 사이드워커는 기승자의 허벅지(넙다리) 보조를 한다.

지도사가 사전에 약속된 출발신호를 보내면 말 리더는 사이드워커들의 출발 준비상태와 기승자의 좌우 등자끈이 균등한지 확인한다. 지도사의 지시에 따라 준비된 기승자는 '출발!' 신호를 보내는데, 이때까지 말 리더는 말과 마주 선다.

지도사의 '준비' 신호에 왼쪽 사이드워커는 기승자를 보조하고 기승자의 '출발' 신호에 말이 출발하면 보조 자세를 유지하면서 계단을 내려온다. 오른쪽 사이드워커는 오른쪽에서 보조한 뒤 이동식 기승대에서 내려간다.

(4) 강습장 안으로

단체강습으로 한 수업에 여러 기승자가 있을 경우, 먼저 기승한 기승자들은 지도사의 지시에 따라 강습장 내부를 평보로 걷는다. 지도사는 기승자의 상황을 고려하여 본운동을 위한 준비운동을 시키거나 사이드워커와 대화를 나누도록 하여 사회성 향상을 도모한다. 기승을 하는 다른 기승자에게 방해가 되지 않도록 기승경사로에서 벗어난 강습장을 이용한다.

그러나 기승자들이 재활승마 강습에 참여한 지 얼마 되지 않아 지도사가 기승자의 균형유지 능력에 확신이 서지 않으면 기승 후 대기선에 위치하도록 한다. 또한 기승자의 등자 길이가 현저하게 짧거나 길어 기승자가 불편을 느끼면 대기선에 위치하도록 지시한다. 대기선에 대기하라는 지시가 없었다 할지라도 말 리더, 사이드워커가 등자 길이 조정이 필요하다고 생각하면 대기선에서 지도사가 올 때까지 기다린다.

등자 길이를 조절하는 동안 기승자가 균형을 잃고 낙마하는 경우도 있으므로 등자 길이는 반드시 지도사가 조절해야 한다. 지도사가 등자 길이를 조정할 때는 반대쪽 사이드워커에게 넙다리 지지를 하도록 전달하여 기승자의 균형유지를 확보하게 한 뒤 등자 길이를 조정한다.

강습 팀 내 모든 기승자의 기승이 끝나면 지도사는 다른 팀에게 기승경사로의 이용과 정리를 인수인계한다. 만약 기승경사로를 이용할 다른 팀이 없다면 지도사는 기승대와 계단을 기승경사로 기승면 위에 올리고, 강습장에 기승면이 방해되지 않도록 접어 올린 다음 강습을 시작한다.

2) 기승대 또는 기승단 기승

기승경사로가 설치되어 있지 않은 경우, 기승대나 기승단을 이용하여 기승한다. 휠체어를 이용하지 않고 보행에 큰 불편이 없는 기승자를 위해 사용한다.

기승대를 옮겨 기승 위치를 선정하는 경우는 강습장 출입구와 말의 동선을 확인하여 급회전하지 않도록 한다. 기승대를 내려놓으면 전후좌우로 살짝 당겨 기승대가 기우뚱거리지 않는지 지도사가 올라가 확인한다. 기승대를 기우뚱거리지 않게 한다고 기승대 위에 올라가 쿵쿵거리고 뛰면 안 된다. 말이나 기승자가 있을 때는 더욱 주의한다. 기승자가 기승대에 올라 기승하는 동안 다음 기승자는 기승대에서 충분히 떨어져 안전거리를 유지한다.

경도의 보행장애가 있는 기승자는 편안한 마음을 가질 수 있도록 대화를 통해 긴장을 풀어준 후 지도사 또는 사이드워커가 좌·우측 또는 뒤쪽과 같이 필요로 하는 방향에서 도움을 주는 상태로 계단에 오른다.

기승대나 기승단의 경우 기승면이 충분하지 않은 경우가 있으므로 지도사와 기승자가 올라갈 때 추락에 유의한다. 보통 기승대는 기승경사로나 기승단보다 낮은 경우가 일반적이므로 왼발을 등자에 넣고 말 위에 오를 때 균형을 잃지 않도록 한다.

기승단의 경우는 기승경사로와 비교하면 기승자가 기승면에 오를 때 경사로가 아닌 계단을 이용해야 한다는 것을 제외하고는 모든 사항은 비슷하다.

4 기승

기승방법은 일반 기승, 중간보조 기승(leg lift, 기승자의 다리 들어 올리기), 최대보조 기승(total lift, 기승자 신체를 모두 들어 올리기)과 같이 세 가지로 구분할 수 있다.

1) 일반 기승

일반 기승은 기승자의 신체조건이 비장애인과 차이가 없는 경우에 실시한다. 기승자의 신체나 인지가 기승을 하기에 문제가 없고 기승 경험이 많으면 지도사나 사이드워커가 기승자의 신체 일부를 들어 올리는 등의 보조를 하지 않아도 된다. 다만 근거리에서 최소보조를 통해 발생할 수 있는 안전사고에 대비한다.

지도사는 기승자가 오른다리를 들어 올릴 때 차이거나 기승자의 움직임을 방해할 수 있으므로 기승자의 왼쪽 뒤편에 선다. 왼쪽 사이드워커는 지도사의 왼편에 서서 기승자가 기승한 후 보조할 수 있도록 준비한다.

기승은 말의 왼편에서 하지만 필요에 따라 오른쪽에서도 기승할 수 있고, 이때 말은 오른쪽에서도 기승할 수 있도록 훈련이 되어 있어야 한다. 기승자가 기승에 완전히 숙달될 때까지 과제분석에 따라 기승하는데, 기승과 하마는 중요성과 위험도를 고려하여 강습 때마다 반복하며 그 순서는 다음과 같다.

① 말 이름 부르기
지도사는 기승자에게 기승하게 될 말의 이름과 특징(품종, 털 색, 성격 등)을 말해주고, 말 이름을 힘차게 부르도록 한다.

② 기승 가능 상태 확인
지도사는 말 리더가 말을 끌고 기승 장소에 오면 기승면과 말의 간격은 적당한지, 사이드워커는 준비가 되었는지를 확인하고 기승자가 말 리더와 사이드워커에게 인사한다. 또한 말을 쓰다듬어 말과 교감하도록 한다.

③ 두 손은 안장머리에
기승자가 허리를 구부려 두 손을 안장머리에 대고 체중을 손으로 약간 옮긴다. 지면에서 기승하는 경우 왼손은 안장머리, 오른손은 안장꼬리 부분을 잡는다. 기승자가 인지능력이 낮은 장애인이나 장애가 없더라도 어린아이의 경우 협응력 저하로 오른다리를 들어 반대편으로 오른발을 넘기는 과정에서 문제가 발생할 수 있다. 안장꼬리를 잡은 오른손을 놓지 않아 기승자 본인의 손을 깔고 앉거나 기승자의 오른쪽 무릎을 본인의 가슴 쪽으로 끌어당겨 오른발이 안장 위로 가로질러 지나가게 할 수 있다. 이런 경우 모두 기승자가 중심을 잃고 떨어질 수 있으므로 두 손 모두 안장머리에 놓도록 한다.
이때 안장머리보다 안장머리 앞쪽, 말의 등성마루 좌우에 손을 놓으면 말의 체온도 느끼며 더 안정적이라는 의견도 있다.

④ 왼발은 등자에
기승자는 왼발을 등자에 끼우고 체중을 왼다리로 옮긴다. 말에 대한 두려움이 있거나 왼다리 근력 저하인 경우 왼쪽 등자에 체중을 옮기는 도중 기승자가 균형을 잃을 수 있다. 말이 움직이지 않도록 말 리더는 말을 단단히 잡는다. 오른쪽 사이드워커는 오른쪽 등자쇠를 눌러 안장이 돌아가지 않도록 도움을 줄 수 있다.
이때 지도사가 기승자의 왼발을 들어 등자에 끼우기도 하는데, 이는 기승자가 균형을 잃을 수 있으므로 권장하지 않는다. 인지능력이 낮은 경우에는 약간의 도움을 줄 수 있지만 가급적 기승자 스스로 할 수 있게 한다. 신체적인 문제로 등자를 스스로 끼울 수 없는 정도라면 중간보조법을 이용한다.

⑤ 오른발 들어 넘기기

기승자는 오른발로 지면을 차고 올라 말 엉덩이 부분으로 넘긴다. 이때 기승자는 말 엉덩이를 차지 않도록, 오른쪽 사이드워커는 등자쇠를 누르다가 기승자의 발에 부딪치지 않도록 유의한다. 기승자의 오른발이 완전히 넘어오면 오른쪽 사이드워커는 등자쇠를 더 이상 누르지 않는다. 기승자가 동작을 시행하기 전 지도사는 오른쪽 사이드워커가 집중하는지 확인해야 하는데, 오른쪽 사이드워커가 기승자 발에 차일 수 있기 때문이다.

기승자가 오른다리를 들어 올리면 지도사는 자신의 오른발을 더 내디디며 기승자에게 바짝 다가간다. 그대로 서 있는 상태에서 허리를 구부리면 기승자를 보조하기 어렵고 허리 부상의 위험이 있다.

⑥ 가볍게 앉기

기승자에게 안장에 앉도록 한다. 미국에서는 지도사가 기승자에게 "gentle!"이라고 말하여 기승자가 말에게 충격을 주지 않도록 한다. 국내에서는 "살짝!", "가볍게!" 등의 용어를 사용하도록 한다.

기승자가 안장에 털썩 하고 앉으면 말은 충격을 받게 되고 말 등이 심하게 흔들리는 것을 볼 수 있다. 또 고속카메라를 이용하면 지면에서 올라갈 때 안장을 당기는 동작으로 인해 말의 허리가 심하게 휘는 것을 볼 수 있다. 반복되면 말 허리에 악영향을 주게 된다. 이 때문에 많은 해외 승마장에서는 지면에서 기승을 금지하고 있다.

⑦ 등자 끼우기

기승자는 오른발을 등자쇠에 끼운다. 가급적 기승자가 등자를 찾아 끼우도록 하면 좋겠지만 그렇다고 시간을 지체하면 안 된다. 보통은 지도사가 오른쪽 사이드워커에게 기승자를 돕도록 한다.

⑧ 균형 유지

기승자가 안장에 앉으면 좌우 어느 한쪽으로 기울어질 수 있다. 이때 기승자가 스스로 등자를 밟고 일어나거나 안장머리를 손으로 짚고 일어났다가 앉기를 반복하면 대부분 바로 앉게 된다. 오른쪽 사이드워커가 기승자를 밀거나 당겨 바로 앉힐 수도 있지만 안장 자체가 돌아가거나 불필요한 신체접촉이 일어나므로 지양한다.

⑨ 준비

기승자가 안장에 바로 앉아 고삐(초보인 경우, 안장끈이나 안전손잡이를 잡으면 안정적이지만 기승술 향상에 저해되므로 지양한다. 특히 안전손잡이의 경우, 하마 시에 옷이 걸리는 등의 문제가 생길 수 있으므로 신중하게 사용한다)를 잡으면 지도사는 "준비됐나요?" 하고 기승자의 준비 상태를 확인한다. 기승자가 준비되면 말 리더, 사이드워커와 눈맞춤으로 출발 준비 상태를 점검한다. 사이드워커는 보조 자세를 갖추고, 말 리더는 사이드워커의 준비 상태와 기승자의 등자가 좌우 균형이 맞는지 확인한다.

⑩ 출발

모든 출발 준비가 확인되면 지도사는 기승자에게 "준비되었으면 '출발~!'이라고 외치세요(또는 '음성 부조'를 주세요)"라고 말한다. 기승자의 '출발!' 또는 음성 부조로 지도사는 출발 가능 여부를 판단하고, 기승자가 출발이 가능하다고 판단되면 말 리더에게 신호를 보낸다. 말 리더는 지도사의 신호에 따라 출발한다.

기승자의 출발신호를 보면 기승활동 준비에 대한 심리적인 상황을 가늠할 수 있다. 말 위에 앉으면 평상시 눈높이보다 월등하게 높아지게 되어 말의 작은 움직임에도 두려움이 생길 수 있다. 기승자가 잔뜩 겁에 질린 경우, 아무런 말도 하지 않거나 목소리는 매우 작을 것이다. 이러면 출발 시 말의 움찔거림에 기승자는 고삐를 손에서 놓고 무릎을 구부려 다리를 조일 수 있는데, 이는 쉽게 균형을 잃을 수 있는 원인이 된다. 또 기승자가 비명을 지를 수 있으므로 지도사는 기승자의 심리상태를 파악하고 밝은 표정으로 "준비됐나요?", "말은 덩치는 크지만 겁이 많은 친구라 OOO가 소리 지르면 더 놀랄 거예요", "말이 놀라지 않게 토닥토닥 해주세요", "사이드워커 선생님들이 OOO가 말에서 떨어지지 않게 도와주실 거예요!" 등과 같이 기승자가 불안감을 해소하고 자신감을 가질 수 있도록 격려한다. 물론 여기에 제시한 경우는 청소년 이하에게 해당하는 경우이므로 연령을 고려하여 적합한 용어를 선택한다.

지도사의 출발신호에 말 리더는 뒤로 돌아 말을 끌어 기승경사로(기승대)를 떠난다. 기승자와 말이 기승경사로를 떠나면 지도사는 기승자의 골반과 안장꼬리 형태를 비교하여 균형 있게 앉았는지, 등자의 길이는 적당한지 확인한다. '⑧ 균형 유지' 단계에서 지도사가 말 뒤로 가서 안장꼬리와 기승자의 골반을 보고 균형 있게 앉았는지 확인할 수 있지만, 기승경사로의 경우 지면까지 내려오기가 쉽지 않고 말이 약간 비스듬하게 서 있으면 정확하게 확인할 수 없다. 출발 후에 말이 걸어가는 모습을 보면 정확하게 판단할 수 있다. 기승자가 한쪽으로 기울거나 등자 길이가 짧거나 길면 대기선으로 가서 기다리라고 하고, 이상이 없다면 평보상태에서 준비 운동을 하거나 사이드워커와 상호작용을 하도록 한다.

2) 중간보조 기승

중간보조 기승이나 최대보조 기승 같은 변형 기승방법은 일반 기승을 적용하기 어려운 경우에 사용한다. 중간보조 기승은 보행이 불가능하여 휠체어를 이용하지만 지지를 받아서 서 있을 수 있는 경우, 왼발의 단독 지지가 불편하거나 오른다리를 들어 올리는 벌림운동이 원활하게 되지 않는 경우 등이 이에 해당한다.

(1) 휠체어 이용 기승자

휠체어를 이용하는 기승자의 중간보조 기승방법이다. 중간보조는 휠체어가 올라갈 수 있는 기승경사로의 기승면에서 실시할 수 있다.

① 마주 보고 서기

- 지도사는 기승자와 마주 보고 선다.
  - 기승자는 사이드워커의 도움으로 휠체어를 말과 같은 진행 방향으로 안장 옆에 위치시킨다. 지도사는 기승자를 마주 보고 선다.

② 어깨 잡기

- 기승자는 두 손을 들어 지도사의 어깨를 잡는다.
  - 지도사는 오른쪽 무릎을 기승자의 무릎 사이에 위치시키고 허리를 숙이지 않고 다리를 굽힌다.
  - 기승자는 휠체어에 앉은 상태에서 지도사의 어깨에 손을 올린다.

③ 들어 올려 회전하기

- 지도사가 기승자를 들어 올리고 말 쪽으로 회전한다.
  - 지도사는 몸통·조끼형·골반 벨트를 이용하여 기승자의 몸통 또는 골반을 잡는다. 여의치 않으면 기승자의 바지 허리벨트를 잡으면 편리하다. 그러나 허리벨트를 잡아당겨 기승자를 들어 올릴 때 버클 부분이 풀릴 수 있다는 것을 염두에 둔다. 사전에 점검하고 동작을 시행할 때는 천천히 움직인다.
  - 휠체어를 이용하는 기승자의 다리 근육은 소실되어 같은 상체 체격을 가진 비장애인보다 덜 무겁지만, 지도사는 근골격계 부상에 유의하면서 왼발로 체중을 옮겨 기승자를 들어 올린다. 지도사는 다리를 완전히 펴지 말고 왼쪽 사이드워커가 휠체어를 치우면 왼발을 축으로 하여 왼쪽으로 회전한다.

④ 안장에 앉히기
- 지도사가 기승자를 안장에 앉힌다.
  - 지도사가 뒤쪽 왼발을 축으로 회전하면 기승자의 엉덩이는 안장에 앉을 수 있는 높이가 된다. 단, 기승자의 엉덩이가 회전하는 도중에 안장꼬리에 부딪히지 않게 주의한다.

⑤ 골반 잡기
- 지도사는 안장에 기승자가 앉으면 기승자에게 동의를 구하고 오른쪽 사이드워커에게 기승자의 골반을 잡게 한다.
  - 지도사가 왼쪽으로 회전하면 기승자는 말의 진행 방향과 직각이 되고 안장 위쪽에 위치하게 된다. 기승자가 지도사에게 체중을 의지하면서 안장에 천천히 앉고, 오른쪽 사이드워커는 기승자의 골반을 지지해준다.

⑥ 다리 이동
- 지도사가 기승자의 다리를 들어 말 목 방향으로 서서히 이동한다.
  - 기승자가 안장에 체중을 완전히 실으며 앉고 두 손은 지도사의 어깨를 계속 짚는다. 이때 기승자가 지도사의 어깨를 짚고 있어서 지도사가 급하게 허리를 숙이거나 움직이면 기승자가 균형을 잃을 수 있다. 지도사는 기승자의 움직임에 주의하면서 기승자의 두 다리를 들어 올린다.
  - 이러면 기승자의 다리와 말의 목은 90°를 유지하게 된다. 이때 기승자의 골반을 잡고 있는 사이드워커는 자세를 그대로 유지한다.
  - 지도사는 기승자의 다리를 들어 올리고 안장에 앉은 자리를 축으로 말의 목 쪽으로 다리를 회전시켜 기승자 다리와 말 목이 45° 각도를 이루게 한다. 지도사의 양어깨를 짚고 있는 기승자에게 오른손은 오른쪽 사이드워커의 어깨를 짚게 하고 계속 회전시킨다.
  - 이때 숙달되지 않은 지도사는 기승자의 두 다리를 동시에 움직이지 않고 한 다리만 움직이는 오류를 쉽게 범할 수 있으므로 주의한다.

⑦ 다리 내림
- 지도사와 오른쪽 사이드워커가 기승자의 다리를 천천히 내린다.
  - 기승자의 두 다리가 말의 목 위쪽에 위치하고 수평이 되면 오른쪽 사이드워커는 지도사의 지시에 따라 기승자의 오른쪽 골반과 다리를 잡는다. 지도사도 왼쪽 골반과 다리를 잡고 기승자에게 안장꼬리를 잡도록 한다.

- 말의 목 위에서 몸통 쪽으로 내려오면 폭이 점점 넓어지므로 기승자의 다리는 내려오면서 점점 벌어지게 된다. 지도사는 기승자에게 균형 및 통증 발생 여부를 계속 묻고 이상이 없으면 지도사와 사이드워커는 기승자의 다리를 천천히 내린다.

⑧ 출발 준비 확인
- 지도사는 기승자의 다리가 완전히 내려지면 등자에 발을 넣게 하고 기승자가 균형을 유지하고 있는지, 출발 준비가 완료되었는지 확인한다.

(2) 지지 보행 가능 기승자

다음은 타인의 도움을 받아 보행이 가능한 기승자를 중간보조법으로 기승하는 방법이다. 지지 보행이 가능한 기승자는 중간보조로 기승경사로의 기승면이나 기승자와 지도사가 동시에 올라설 수 있을 만큼 충분히 넓은 기승대에서 실시할 수 있다.

① 마주 보고 서기
- 지도사는 기승자와 마주 보고 선다.
  - 기승자는 지도사와 사이드워커의 도움으로 안장 위치에서 말을 등지고 서고 지도사는 기승자를 마주 보고 선다.

② 어깨 잡기
- 기승자는 두 손을 들어 지도사의 어깨를 잡는다.
  - 기승자는 서 있는 상태에서 지도사의 어깨에 손을 올린다.
  - 지도사는 오른쪽 무릎을 기승자의 무릎 사이에 위치시킨다.

③ 기승자 잡기
- 지도사가 기승자의 몸통을 잡는다.
  - 지도사는 몸통·조끼형·골반 벨트를 이용하여 기승자의 몸통 또는 골반을 잡는다. 여의치 않으면 기승자의 바지 허리벨트를 잡으면 편리하다. 그러나 허리벨트를 잡아당겨 기승자를 들어 올릴 때 버클 부분이 풀릴 수 있다는 것을 염두에 둔다. 사전에 점검하고 동작을 시행할 때는 천천히 움직인다.

④ 안장에 앉히기
- 지도사가 기승자를 안장에 앉힌다.

- 잘 만들어진 기승경사로나 기승대는 성인이 무릎을 살짝 구부리면 안장에 앉을 높이가 된다. 기승자의 키가 너무 작아 안장 높이보다 낮은 위치라면 마주 보고 서기 동작부터 기승자가 이동식 기승대에 올라서 높이를 맞추거나 지도사가 들어 올려 앉힌다.
- 앉힐 때는 지도사가 무릎을 서서히 구부리고 오른다리에 좀 더 체중을 옮겨 실으면서 기승자를 안장에 앉힌다.

⑤ 골반 잡기

⑥ 다리 이동

⑦ 다리 내림

⑧ 출발 준비 확인

3) 최대보조 기승

중간보조 기승 이외에 최대보조 기승 방법이 있는데, 시행 수단은 지도사 혼자, 지도사와 사이드워커 그리고 승강기로 구분된다. 기승자가 충분히 가벼운 경우는 지도사가 혼자 안아서 기승시킬 수 있지만 기승자의 체중을 지도사 혼자서 통제하기 어렵다면 사이드워커의 도움을 받거나 승강기(lift)를 이용한다.

사이드워커의 도움을 받을 때 지도사는 기승자의 몸통, 사이드워커는 기승자의 다리를 잡아 동시에 들어 올리거나 '가마타기'처럼 기승자의 양옆에서 동시에 들어 올려 안장에 앉히는 방법이 있다.

지도사가 승강기를 이용할 때는 작동버튼에 매우 익숙해야 한다. 기승자의 다리가 휠체어나 말 등에 걸리지 않도록 하기 위해서는 충분히 높이 올라가야 하는데, 기승자는 높이 자체로 공포감을 느낄 수 있다. 버튼 사용이 익숙하지 않으면 기승자가 더욱 곤경에 처하게 된다.

움직이는 속도도 천천히 해야 한다. 보통 승강기는 한 줄에 매달려 있어 속도가 빠르면 기승자가 흔들거려 매우 위험한 상태가 된다.

4) 지도사 유의사항

기승자와 근접거리를 유지하고, 기승자의 기승을 도울 때 허리가 아닌 다리와 복근을 이용하여 지도사의 근골격계 부상을 방지하며, 큰 동작은 피하고 천천히 움직이도록 지도해야 한다. 처음 승마를 시작하는 기승자는 말과 높이에 대한 두려움으로 기승을 포기하는 경우가 있다. 기승자의 마음을 편안하게 해주고, 어떤 형태의 기승이 이뤄질 것인지를 미리 말하여 마음의 준비를 할 수 있게 함으로써 기승 후에 대한 기대감을 주어 기승이 원활하게 이뤄지도록 해야 한다. 기승이 지연되면 기승자 본인뿐만 아니라 다른 기승자, 더 나아가 다른 팀들의 강습에까지 영향을 줄 수 있다.

5 하마

모든 강습이 종료되면 지도사는 팀 내 모든 말을 강습장 중앙 대기선에 모이게 하여 정렬시킨다. 기승과 반대로 균형유지능력이 낮은 기승자나 강습에 체력 소모가 많아 지쳐 있는 기승자부터 하마시킨다.

하마방법은 일반 하마, 중간보조 하마, 최대보조 하마 그리고 응급하마로 구분할 수 있다.

하마의 원칙은 '안장에서 지면으로(saddle to ground)'다. 하마하는 도중에 버티면서 내려오는 것도 운동이므로 이 원칙을 권장한다. 단, 최대보조로 하마하는 경우는 기승경사로나 기승대로 돌아가서 승강기를 이용한다. 기승자의 체중이 지도사가 충분히 안전하게 들어 올려 이동시킬 수 있는 경우는 다른 기승자와 같이 강습장 중앙에서 하마시킬 수 있다.

지도사나 사이드워커가 기승자를 지지할 때는 잡거나 닿는 부분에 상처가 있는지, 안장에 엎드릴 수 있는지를 사전에 확인하고 이에 따른 적절한 조치를 한다.

모든 하마의 시작은 고삐를 놓는 것부터 시작한다. 지도사는 기승자에게 하마한다는 것을 알리고 고삐를 말의 목 위에 놓게 하는데, 던질 수 있으므로 사전에 주의를 준다. 고삐 매듭을 묶거나 고삐 가운데 버클이 말 목 중앙에 위치하도록 하여 고삐가 흘러내리지 않게 한다.

1) 일반 하마

일반 하마는 기승자가 다리 벌림 동작을 하는 데 이상이 없는 경우에 실시한다. 기승과 마찬가지로 기승자의 신체나 인지가 하마하기에 무리가 없고 기승 경험이 많아 혼자서도 하마할 수

> **Tip**
> **하마(dismounting)**
> **중간보조(leg lift)**: 기승자의 다리 들어 올리기
> **최대보조(total lift)**: 기승자의 신체를 모두 들어 올리기

있는 경우에는 신체보조를 하지 않아도 된다. 그러나 초보자나 인지능력 저하 등으로 하마 도중 낙마가 예상되면 지도사는 적극적인 보조를 한다. 다음은 하마 시 적용할 수 있는 과제분석과 함께 기승자, 자원봉사자 및 지도사가 준수해야 할 사항이다.

지도사는 오른발 끝이 기승자를 바라보고 왼발은 약간 벌린(20~30㎝) 상태로 선 뒤 오른발을 약간 뒤로 뺀다. 두 발을 나란히 하면 뒤로 밀릴 수 있으며, 기승자가 하마하는 지점에서 밟힐 수 있기 때문이다.

① 두 발을 등자에서 빼기

지도사는 기승자에게 등자에서 두 발 모두 빼라고 지시하고 오른쪽 사이드워커에게 확인해 달라고 부탁한다. 일반 승마를 할 때는 등자에서 두 발 모두 빼거나 오른발만 등자에서 빼고 안장에 가로로 엎드린 다음에 왼발을 등자에서 빼고 미끄러지듯 내려온다. 그러나 하마하는 쪽으로 체중이 실린 다음에는 왼다리를 빼기 어려우므로 재활승마에서는 두 발 모두 등자에서 뺀 상태에서 하마를 시작하는 것이 도움이 된다.

② 상체 앞으로 숙이기

지도사는 기승자에게 앞으로 엎드려 말 목을 껴안고 시선은 오른쪽을 향하게 한다. 오른쪽 사이드워커를 바라보도록 하면 좋다. 기승자가 앞으로 엎드리는 것을 두려워하면 안장머리 부분을 손으로 짚고 앞으로 숙이도록 하지만 다소 불편할 수 있다. 앞쪽으로 숙이지 않으면 기승자의 오른다리를 넘기 힘들고 균형을 잃을 수 있으니 주의한다.

기승자의 협응능력이 좋지 않으면 기승자의 다리를 말의 왼쪽으로 넘길 때 왼손을 말의 오른쪽으로 넘기지 않아 기승자가 말의 왼쪽으로 넘어가는 경우가 있다. 이런 문제가 예상되면 두 팔 모두 말 목의 오른쪽으로 향하여 엎드리게 한다.

③ 오른다리 넘기기

기승자가 엎드리면 지도사는 기승자의 오른다리를 들어 지도사 쪽으로 넘기도록 하거나 오른쪽 사이드워커에게 도움을 요청한다. 이때 기승자의 몸이 말의 왼쪽으로 쏠리면서 중심을 잃을 수 있으므로 기승자의 다리가 올라오기 전에 기승자의 왼쪽 골반에 손바닥을 대고 지지한다.

기승자의 다리가 올라오기 시작하면 지도사는 왼손을 밀어 기승자가 안장에 엎드리도록 돕는다. 지도사가 충분한 힘으로 밀어주지 못하면 기승자는 말의 왼쪽으로 밀려 내려오거나 안장 앞부분에 엎드려 배 부분에 통증을 호소하게 된다. 기승자의 다리가 넘어오기 시작하면 지도사는 충분한 힘으로 밀어서 기승자의 몸이 팽이처럼 회전하여 안장의 가장 넓은 부분에 배가 닿도록 돕는다.

④ 다리 펴고 버티며 내려오기

기승자가 안장에 가로로 엎드리면 지도사는 기승자에게 무릎을 펴도록 하고 미끄러지듯이 내려오도록 한다. 무릎을 펴지 않으면 말의 배 밑으로 들어가 기승자가 뒤로 넘어질 수 있으므로 주의한다. 이는 기승자의 키가 작거나 말의 키가 상대적으로 큰 경우에 쉽게 발생할 수 있다.

기승자 스스로 내려오는 속도를 조절하며 버티면서 내려오는 것도 운동이다. 지도사는 기승자가 내려오기 전 "천천히"라고 말하여 내려오는 속도가 너무 빠르지 않도록 조정한다. 기승자의 내려오는 속도가 빠르면 지면에 착지하면서 주저앉을 수 있고, 고개를 숙인 상태라면 안장에 얼굴을 부딪칠 수 있다.

지도사는 기승자가 안장에 엎드린 상태에서 기승자의 허리가 시작되는 등 부분에 손바닥을 지지하면 내려오는 속도를 제어할 수 있다. 속도가 빨라져 기승자를 말 쪽으로 밀 때 체중이 너무 많이 나가지 않는다면 대부분 멈추게 할 수 있다.

지도사가 허리를 잡는 경우 기승자가 간지럼을 잘 타거나 지도사가 기승자를 놓치게 되면 지도사의 손이 기승자의 가슴에 위치하게 되어 다른 문제가 발생하게 되므로 주의한다. 가급적 앞서 제시한 '등 부분을 지지'하고, 필요하다면 사전에 "허리를 안전하게 잡아줄게요"라고 양해를 구한 뒤 기승자의 벨트 아랫부분을 두 손으로 잡아 미끄러지는 것을 예방한다. 벨트를 잡는 것도 방법이지만 바지가 너무 위로 당겨져 기승자가 불편을 느낄 수 있다.

지도사의 지지가 더 필요하거나 기승자의 다리가 불편하여 지면 착지에 부담을 느끼는 경우에는 기승자가 엎드린 상태에서 지도사는 오른쪽 팔로 기승자의 양쪽 무릎을 감싸고 지도사의 무릎을 서서히 구부려 기승자를 지면에 내려놓는다. 이때 지도사가 허리를 구부리게 되면 기승자의 엉덩이 부분이 지도사의 어깨 부분에 닿게 된다. 그러면 기승자가 뒤로 넘어지거나 지도사 허리 부분의 근골격계 부상이 발생하므로 반드시 허리가 아닌 무릎을 이용한다.

2) 중간보조 하마

중간보조 하마나 최대보조 하마 같은 변형 하마방법은 일반 하마를 적용하기 어려운 경우에 사용한다. 중간보조 하마는 보행이 불가능하여 휠체어를 이용하지만 지지를 받아서 서 있을 수 있는 경우, 왼발의 단독 지지가 불편하거나 오른다리를 들어 올리는 벌림운동이 원활하게 되지 않는 경우 등이 이에 해당한다. '고삐 놓기'와 '두 발을 등자에서 빼기'를 먼저 수행한다.

중간보조 하마는 기승의 역순으로 수행한다.

(1) 휠체어 이용 기승자

휠체어를 이용하는 기승자의 중간보조 하마방법이다. 이 방법은 중간보조 기승방법의 역순으로 진행한다. 다만 기승과 달리 기승경사로나 기승대를 이용할 수 없어 지도사나 사이드워커의 도움을 받을 수 없으므로 유의한다.

① 두 손 짚기

- 기승자는 두 손으로 지지 가능한 부분을 짚는다.

포니를 이용하는 기승자라면 지도사와 사이드워커의 어깨를 짚는다. 말을 이용하거나 기승자의 키가 크면 불가능해지므로 기승자의 오른손은 안장머리, 왼손은 안장꼬리를 잡는다.

② 다리 들어 올리기

- 지도사와 사이드워커가 기승자의 두 다리를 천천히 들어 올린다.
- 기승자는 지지한 부분에 체중을 분배하고, 지도사와 사이드워커는 두 다리를 서서히 들어 올린다.

③ 오른다리 넘기기

- 기승자는 오른다리가 넘어올 때 오른손과 왼손을 번갈아 짚어 오른다리가 넘어오기 용이하게 한다.
- 오른다리가 넘어오면 지도사는 두 다리 모두 지지하고 사이드워커는 기승자의 골반을 지지한다.

④ 안장에 가로로 앉기

- 두 다리가 점점 더 넘어오면 기승자는 안장머리와 안장꼬리를 잡은 손에 체중을 의지하고 안장에 가로로 앉는다.
- 지도사와 사이드워커는 기승자가 가로로 앉을 때까지 지지를 계속한다.

⑤ 두 손을 안장머리에

안장에 가로로 잘 앉았으면 기승자는 두 손으로 안장머리를 짚는다.

⑥ 안장에 가로로 엎드리기

- 기승자는 안장머리에 두 손을 짚고 몸을 돌려 안장에 가로로 엎드린다.
- 휠체어를 이용하는 기승자라면 두 팔의 힘을 이용해서 큰 무리 없이 안장에 가로로 엎드

릴 수 있다.

⑦ 다리 펴고 버티며 내려오기

이후에는 일반 하마와 같다. 다만 지도사가 등에 손을 대고 하마시키는 것보다 골반을 지지하거나 무릎을 감싸 안고 하마시킨다. 기승자에 따라서는 안장에 매달리며 내릴 수 있다. 말의 상태를 보면서 지면까지 안전하게 하마하도록 한다.

(2) 지지 보행 가능 기승자

다음은 타인의 도움을 받아 보행이 가능한 기승자의 중간보조 하마 방법이다. 다리의 벌림 동작이 어렵다면 휠체어 이용 기승자와 같은 방법을 이용하는데, 이렇게 하면 말의 목덜미 부분으로 다리를 들어 올리기가 용이하기 때문이다.

기승자의 오른다리를 들어 올리기가 어렵지만 비교적 벌림 동작에 큰 문제가 없다면 일반 하마 방법을 이용한다. '③ 오른다리 넘기기'에서 기승자의 오른다리만 넘기지 말고 두 다리를 동시에 들어 올린다. 다 들어 올리면 기승자는 말 위에서 말 목, 몸통과 평행하게 1자가 된다. 지도사와 사이드워커는 좌우로 미끄러지지 않게 유의하고 기승자를 회전시킨다.

이후에는 일반 하마와 같다. 다만 지도사가 등에 손을 대고 하마시키는 것보다 골반을 지지하거나 무릎을 감싸 안고 하마시킨다.

3) 최대보조 하마

최대보조 방법으로 기승한 기승자는 최대보조로 하마시킨다. 먼저 하마한 기승자들이 안전하게 강습장을 벗어나면 기승경사로나 기승단으로 되돌아가 기승한 순서의 역순으로 하마한다. 중간보조 방법으로 기승시킨 경우라도 기승자 스스로 팔로 신체를 지지할 수 없는 경우라면 최대보조 방법으로 하마하길 권장한다.

4) 응급하마

매우 드문 상황이지만 말에 기승한 상태에서 기승자가 발작, 의식불명, 어지러움 등으로 긴급하게 하마해야 할 경우, 말이 어떠한 원인에 의해 날뛰거나 놀랐을 때 긴급하게 하마해야 할 경우가 발생한다. 긴급상황을 발견한 사람이 "비상!" 하고 외치면 모든 말 리더는 즉시 말을 정지시키고, 말 앞에서 부드러운 어조로 말을 진정시키며 통제한다.

응급하마가 필요한 기승자의 사이드워커는 등자에서 기승자의 발을 분리한다. 이때 안전등자가 진가를 발휘할 수 있다. 상체를 앞으로 숙인 상태로 기본적인 하마방법을 이용하여 하마시킨다. 이때 사이드워커는 기승자의 몸통을 지지하고 말 리더는 말에서 기승자가 안전하게 분리되면 말을 끌고 그 장소를 벗어난다. 사이드워커가 기승자를 지지할 때는 기승자의 등 뒤에서 기승자의 겨드랑이 사이로 팔을 넣어 몸통을 지지한다. 기승자가 말에서 분리되면 사이드워커는 기승자를 앉히거나 눕히고 지도사의 지시에 따른다.

[그림 5-4] 응급하마방법

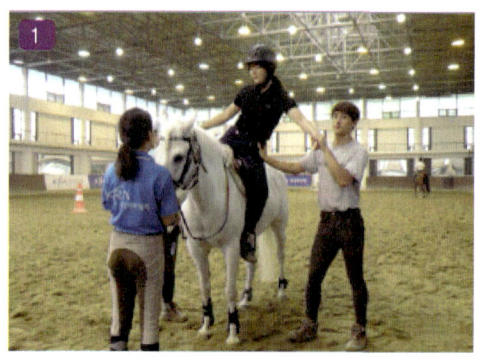

기승자가 균형을 잃었을 때 사이드워커는 "비상!" 하고 외친다.

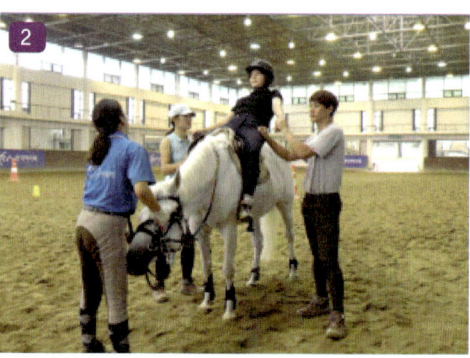

기승자가 뒤로 누워 내리기 원할 때 말 리더는 말을 마주 본다.

내릴 방향을 결정하고 내리는 쪽으로 다리를 옮긴다.

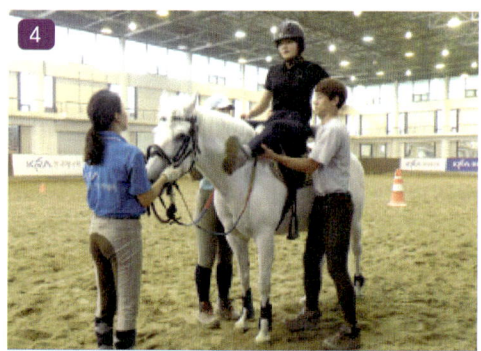

지도사와 사이드워커는 기승자의 몸통을 지지한다.

기승자를 끌어 말에서 멀어진다.

기승자가 말에서 멀어지면 말 리더는 현장을 벗어난다.

여기서 사이드워커가 기승자를 하마시키는 것은 응급상황이므로 가능하다. 보통 집단으로 강습할 때 지도사는 각 팀을 통제하기 위해 강습장의 중앙에 위치하고, 말 주변에서는 절대로 뛰지 말아야 하기 때문에 응급상황에서 문제가 발생한 곳까지 신속히 이동할 수 없다. 긴급상황이라고 지도사가 뛰어다닌다면 말을 흥분시켜 2차 사고를 유발할 수 있다. 1개 팀만 수업에 참가하여 강습이 이뤄지고 지도사를 기다릴 시간적 여유가 있다면 지도사가 하마시킨다.

　일반적인 하마 방향(말의 왼쪽)으로 내릴 수 없을 때는 내리기 쉬운 방향으로 응급하마시킨다. 이때 하마 방향은 좌우 사이드워커가 신속히 상의하여 결정한 뒤 기승자의 등자를 신속하게 빼고, 결정된 하마 방향으로 내리게 하며, 반대쪽 사이드워커는 너무 빨리 떨어지지 않게 잡고 내리는 방향을 지지하면서 내린다. 기승자의 부상을 방지하기 위해 몸통을 지지한다. 이때 지지하는 사이드워커가 기승자와 함께 넘어지지 않도록 주의한다. 말 리더는 사이드워커가 기승자를 내리는 일에 조언할 수 있지만 참여하지 말고 침착하게 말을 안정시킨다.

　응급하마를 시킬 겨를도 없이 기승자가 낙마했더라도 말 리더는 기승자의 구호활동에 참여하지 말고 말을 끌고 기승자로부터 안전거리를 유지한다. 말이 날뛰는 경우, 사이드워커는 기승자를 보호하기 위해 말이 기승자 근처에 접근하지 못하도록 한다.

　이상과 같이 기승과 하마에 대해 자세히 알아보았다. 매우 드물긴 하지만 재활승마에서 발생하는 사고의 약 60%가 기승과 하마에서 발생한다고 한다. 기승과 하마 시 지도사가 기승자를 보조할 때는 최소로 보조하지만 항상 안전에 유의하며, 최근접거리에서 기승자를 보조하여 만일의 사고에 대비해야 한다.

6　강습 종료(하마) 후

　강습이 끝나고 하마한 뒤 기승자는 말을 쓰다듬고 교감을 나누며 말 리더를 비롯한 자원봉사자들에게 감사를 표한다. 말에게 장착한 마장구를 해체하며, 안장을 운반할 수 있는 기승자라면 지도사는 기승자가 하마한 뒤 곧바로 강습장에서 안장끈을 풀고 안장을 내려 기승자에게 마장구실까지 운반을 부탁한다. 대체로 기승자는 자신도 뭔가 역할을 한다는 기쁜 마음에 안장을 옮기게 된다.

　안장의 가격은 대체로 고가이고 무게는 종류에 따라 다르긴 하지만, 10kg 정도이므로 기승자의 능력에 적합한지 판단하여 사이드워커와 협동하도록 한다. 수업 중 한 명의 기승자에게 안장 옮기기를 부탁했다면 다른 기승자에게도 뭔가 역할을 할 수 있도록 배려한다. 모든 기승자에게 역할을 주고 한 명에게 아무런 역할을 부여하지 않는다면 그 기승자는 또 다른 좌절을 경험하게 된다. 한 기승자에게 안장을 옮기도록 했는데 다른 기승자는 안장을 옮기는 것이 적절하지 않다면 복대라도 옮기도록 한다. 이때 지도사가 복대를 들고 "우리 친구에게는 이것을 부탁해요! 이것은 말에 안장을 묶을 때 사용하는 것이니 조심해서 마장구실에 가져다주세요"와 같이 기승자의 행동에 대해 나름대로 의미를 부여하여 기승자에게 책임감과 함께 임무를 완수했을 때 성취감을 느끼도록 배려한다.

기승자가 하마하면 강습 시작 전에 대기실에서 보호자로부터 기승자를 인수한 사이드워커가 동행하여 대기실에서 기다리는 보호자에게 인계한다. 나이가 어리거나 자폐가 있는 기승자의 경우, 기승자를 강습장에 홀로 방치하면 사고 발생 위험이 있으므로 모든 기승자는 반드시 사이드워커가 동행한다. 사이드워커는 대기실에서 기다리는 보호자에게 기승자를 인계하면서 강습 중에 있었던 기승자에 관한 사항을 간단하게 말해준다. 대기실에서 강습 내내 강습 장면을 지켜보았더라도 강습에 직접 참여한 사람으로부터 기승자에 대해 긍정적인 소식을 듣게 되면 강습에 대한 만족도는 더 커질 것이다. 강습내용에 대해 부정적인 생각이 있었더라도 지도사, 자원봉사자 등 강습 팀의 입장에서 상황을 이해하게 된다.

모든 기승자가 하마하고 대기실로 가면 지도사는 말에 관한 사항을 말 리더와 또 다른 사이드워커에게 인계하고, 대기실로 가서 기승자가 모두 이상 없이 보호자에게 인계되었는지 확인한다.

2장
준비 운동과 마무리 운동

모든 운동은 준비 운동과 본운동 그리고 마무리 운동으로 구분된다.

1 준비(warm up) 및 마무리(cool down) 운동

1) 개요

승마는 사람과 말이 같이 즐기는 운동으로, 기승하는 사람만이 아니라 말도 준비 및 마무리 운동을 해야 한다. 따라서 다른 운동에 비해 준비 운동 및 마무리 운동에 더욱 신경을 써줘야 한다. 준비 운동의 경우 단순히 몸을 이완시키는 의미와 함께 본운동의 호기심과 흥미를 유발할 수 있는 내용으로 수행한다. 마무리 운동은 그날 배운 동작 중 잘 안 되는 동작이나 중요하다고 생각되는 동작을 응용하여 마무리 운동에 적용하는 것이 좋은 방법이다.

운동동작 예시에 제시한 방법을 복합적으로 사용하거나 제시한 내용 이외에 다른 방법 등을 이용하여 준비 및 마무리 운동을 할 수 있다. 준비 운동과 마무리 운동에 같은 운동을 할 수도 있으나 같은 시간에는 가급적 서로 다른 운동을 선택하는 것이 좋다. 준비 운동은 좀 더 활동적으로 움직이고, 마무리 운동은 몸의 근육이 이완되도록 부드럽고 편안하게 실시한다. 기승자의 움직임은 밑에 있는 말에게 고스란히 전달되어 너무 빠른 움직임은 말에게 스트레스가 될 수 있다. 다른 종목의 운동과 달리 승마에서 준비와 마무리 운동을 할 때 기승자는 약간 느린 동작으로 한다.

준비 운동을 할 때 말의 움직임은 느린 평보에서 점차 빠른 평보가 되도록 유도하고, 마무리 운동은 반대로 빠른 평보에서 느린 평보가 되도록 한다. 준비 운동은 심장으로부터 먼 쪽부터 하고 마무리 운동은 심장에서 가까운, 즉 몸통부터 시작해서 먼 쪽의 신체분절을 이용하도록 한다.

승마에서 가장 중요한 점은 '안전'임을 명심하고, 준비 및 마무리 운동을 할 때 단순히 운동뿐만 아니라 기승자와 말 사이에 교감을 가질 수 있도록 한다. 말[馬]에게 부드러운 목소리로 좋은 말[言]을 건네고 수시로 애정 표현을 한다.

(1) 준비 운동의 필요성

① 근, 인대 등 상해의 위험 최소화
사람이나 말 같은 생체는 뼈대로 지지되고 그 뼈대에 연결된 근육의 수축으로 움직임이 발생한다. 뼈대는 2개 이상의 뼈와 그 뼈들이 만나는 부분인 관절, 뼈끼리 연결해주는 인대 등으로 구성된다. 근육은 힘줄을 이용해서 뼈에 붙어 있는데 뼈와 뼈는 인대, 뼈와 근육은 힘줄이 연결해주는 것으로 인대와 힘줄의 주성분은 콜라겐이다. 이러한 생체조직은 온도에 따라 그 탄성이 변화하는데, 탄성이 최고가 되는 적정 온도는 약 39℃다. 반대로 온도가 낮으면 조직의 탄성이 저하되는데, 이러한 상태에서 바로 본운동을 하면 근육이나 힘줄의 파열 같은 부상의 위험도가 높아진다.

② 운동 피로의 조기 발현 예방
운동 초기에는 근육 수축에 소비되는 에너지의 많은 부분을 무산소적인 생성체계에 의존하게 되는데, 순환계통과 호흡계통이 에너지 소비증대 적응에 시간이 걸리기 때문이다. 즉 심장의 활동수준, 근육으로의 혈류 분배, 호흡 근육의 활동수준이 증가하여 산소수송체계가 정비되기 전에는 무산소적인 대사산물인 젖산이 초기에 축적될 수 있다. 적절한 준비 운동은 운동 초기에 유산소 에너지 동원시스템을 이용하여 젖산 축적을 예방한다.

③ 신경계의 협응력 향상
준비 운동은 인체의 조정능력을 높여준다. 이는 신경계의 통합적인 조절에 적응의 절차가 필요하다는 것을 말하며, 완전한 자세가 형성되었을지라도 수행에 앞서 행하는 일회적인 연습이 필요함을 보여준다. 숙련된 사람도 몸에 일어나는 반응을 초기에 완벽하게 재현하기란 어렵다.

> **Tip**
>
> **애정 표현**: 말의 목덜미를 두드리거나 문지르는 동작
>
> **콜라겐**은 동물의 뼈, 힘줄, 인대, 연골, 진피, 상아질 등에 들어 있는 경단백질로 장력이 크고 탄력이 적은 흰색 섬유 성분. 40℃가 넘으면 변성이 시작되므로 질병으로 인한 고열이 위험하다는 이유가 여기에 있다. 그러나 정상적인 경우 항상성으로 인해 39℃가 넘지 않는다.
>
> **근육의 수축에 동원되는 에너지 공급시스템**은 ATP-PC, 무산소, 유산소로 구분된다.
>
> **무산소성 대사과정의 부산물인 젖산**은 근육의 통증을 유발하는 것으로 알려져 있다. 생체에서 에너지원으로 다시 쓰이는데, 가볍게 운동하면 더 잘 소비된다.

④ 심장 손상의 위험 감소

준비 운동 없이 갑작스럽게 고강도의 운동을 하면 심장 기능 이상을 나타낼 수 있다. 갑작스런 운동으로 인한 심장 근육의 활동수준 증가에 비해 혈류 공급이 상대적으로 부족하기 때문이다. 충분한 준비 운동은 운동 초기에 나타나는 이러한 현상을 완화시킬 수 있다.

(2) 마무리 운동의 필요성

① 젖산 등 피로물질의 제거

힘든 운동을 했더라도 신체를 가볍게 움직인 다음에 휴식을 취하는 것이 좋다. 무산소성 대사과정에 나타난 젖산이 근육 내에 축적되는 것과 호흡활동을 통해 인체에 흡입된 산소가 유해한 활성산소로 전환되는 것을 방지해준다. 젖산은 근육에 쌓이면 통증을 유발하는데, 몸을 가볍게 움직여주면 오히려 에너지원으로 사용된다.

② 뇌빈혈의 예방

갑작스런 활동 정지는 근 펌프 작용을 중단하여 정맥에서 심장으로 가는 혈액량을 감소시킨다. 심장으로 가는 혈액이 감소하면 심장에서 나오는 혈액도 감소하고 혈압저하, 어지럼증 같은 뇌빈혈을 초래할 수 있다. 마무리 운동은 근 펌프 작용을 적절한 수준으로 지속시켜 다리에 혈액이 적체되는 현상(하지 정맥 저류)과 급격한 심박출량 감소 현상을 예방할 수 있다.

③ 근 통증이나 근 경직 예방

운동 시 발생하는 근육통이나 근육 경직은 젖산 등 대사산물의 축적으로 인해 발생한다. 동적인 마무리 운동은 근혈류 속도가 급격히 감소되지 않고 서서히 감소하도록 하여 이들 물질의 신속한 제거에 도움을 준다.

> **Tip**
>
> 호흡을 통해 들어온 산소는 미토콘드리아 내에서 유산소 해당(산소를 이용한 당분해) 과정을 통해 ATP를 생성하는 데 참여한다.
>
> ATP는 근육에서 'ADP + P + 에너지'로 분해되고 이 에너지가 근육을 수축하는 데 사용된다.
>
> 이렇게 인체에 꼭 필요한 산소이지만 과격한 운동, 스트레스, 환경오염물질 등으로 인해 활성산소로 바뀌면서 인체의 세포를 공격하는 유해산소로 바뀌는 것이다.

2) 기승자

(1) 준비 운동

승마에서의 준비 운동은 바른 자세를 잡기 위해 하는 일련의 스트레칭 및 가벼운 운동이며, 본운동을 위해 몸과 마음을 준비하는 데 의미가 있다.

바른 자세로 기승에 적응하기 위해 몸과 마음의 긴장을 이완시켜주는 단계로 만세하기, 몸통 틀기, 발목 돌리기 등이 있으며, 지도사의 재량과 경험으로 다양하게 응용할 수 있다.

예를 들면 보조하는 봉사자들과의 친분을 위해 '하이파이브'를 하는 등 분위기를 밝게 하는 활동들을 시도할 수도 있는데, 오른쪽과 왼쪽 사이드워커와 번갈아 가면서 오른손과 왼손을 바꾸거나 손의 높이를 달리하면서 "반갑습니다!", "감사합니다!" 등의 인사말과 함께 수행하면 '하이파이브'는 밝은 분위기를 조성하는 용도만이 아니라 몸통 돌리기 신체 운동과 함께 사회성 향상 등을 기대할 수 있다. 또한 손을 위로 뻗는 동작은 '사과 따기', 좌우로 몸통을 돌리는 동작은 '사이드워커에게 사과 선물하기', 손을 아래로 뻗는 동작은 '당근 캐기', 상체를 숙이는 동작은 '말에게 당근 먹이기' 등으로 어떤 동작에 의미를 부여하면 좀 더 자발적인 참여를 유도할 수 있고, 기승에 따른 공포심도 해소할 수 있다.

반복된 동작을 위해 숫자를 셀 때는 지도사의 구령에 맞춰 하기보다는 기승자에게 큰소리로 말하도록 하면 참여 의식과 자신감을 향상시킬 수 있다. 준비 운동에 재미를 느낀다면 본운동에 대한 기대감을 향상시켜 강습에 대한 집중도를 높일 수 있을 것이다. 이러한 내용은 대체로 나이가 어린 기승자에게 적용할 수 있으며 성인의 경우는 기승자의 여건을 고려하여 정적·동적 스트레칭, 요가 동작 응용 등 흥미를 가질 수 있는 방법을 고려해볼 수 있다.

강습에 참가하는 기승자의 장애에 따라 준비 운동이 어떤 면에서는 어려울 수도 있고, 쉬울 수도 있을 것이다. 신체적으로는 쉬워도 인지나 지적능력의 장애 때문에 움직이는 것이 어려울 수 있고, 어떤 운동인지 이해할 수 있어도 신체능력의 장애로 움직이기 어려울 수도 있을 것이다. 이런 점을 감안하여 준비 운동을 시행하도록 한다.

준비 운동을 하는 중간에도 기승자가 바른 자세를 유지하고 있는지 확인하고, 필요시 자세 교정을 해주도록 한다.

(2) 마무리 운동

마무리 운동은 본운동에서 배운 내용을 복습하거나 본운동으로 힘들었을 근육들을 풀어주는 데 그 목적이 있다. 준비 운동에서 시행한 운동들이 포함될 수 있지만, 운동의 시행 목적에 따라 차이를 줄 수 있다. 준비 운동에서 근육들을 긴장하게 만들고 근육을 자극시켜줬다면 마무리 운동에서 시행하는 활동들은 근육을 흔들어주면서 이완시킨다. 몸통을 좌우로 틀어준다거나 팔 털어주기 등이 가능하고, 다리의 이완을 위해서는 발을 등자에서 빼고 발목을 움직여줄 수도 있다.

또한 기승술의 복습뿐만 아니라 다음 강습에서 배우게 될 기승술을 응용하여 다음 강습에 대한 기대를 갖게 할 수도 있다.

3) 말

말도 준비 운동과 마무리 운동을 시킨다. 방목장에서 대부분의 시간을 보내지 않고 마방 안에서 시간을 보내는 경우는 근육의 움직임이 충분하지 않다. 더구나 방목장에 있다가 강습에 참여하면 마방까지 걸어오면서 어느 정도 워밍업이 되지만, 마방에 있다가 마장으로 바로 들어오면 워밍업이 매우 부족하다. 근육의 움직임이 거의 없었던 잠자리에서 방금 일어난 상태를 생각하면 말의 상태가 쉽게 이해될 것이다.

말 리더는 말의 준비 운동을 위해 최소한 강습 시작 5분 전에 마장으로 나와서 강습장의 분위기를 익히면서 평보로 걷는다. 실제 준비 운동은 10~20분이 필요한데, 기승 후에 5분 정도 준비 운동을 한다고 생각하면 강습 전 필요한 최소 시간은 5분이다. 더구나 날씨가 추운 날에는 말의 근골격계 부상 방지를 위해 준비 운동 시간을 더욱 늘려야 한다.

마무리 운동은 대체로 기승자와 함께 한다. 지도사는 기승자의 고삐를 최대한 길게 늘려주거나 고삐를 말 목에 걸어둔 상태로 기승자에게 마무리 운동을 시킨다.

2 기승자의 준비 · 마무리 운동 동작

1) 동작 시 주의 사항

말에 올라 앉아 있는 상태에서 수행하는 체조는 근육 및 관절을 유연하게 할 목적으로 자세를 교정하고, 균형감각을 기르며, 신체 각부의 독립과 정신적인 여유를 가져오는 데 효과가 있다. 각종 운동 동작을 이용한 동작을 응용할 수도 있다.

- 초보자는 지상에서 동작을 연습해본다. 처음에는 정지해 있는 말 위에서 하고, 점차 익숙해지면 평보에서 연습한다.
- 가급적 등자를 빼고 하며, 발동작을 할 때 부조가 되지 않도록 한다.
- 준비 운동은 손목이나 발목 같은 신체 끝부분부터 한다.
- 운동하고 있는 신체 부위 이외에는 움직이지 말고, 고삐를 끌어당기는 등 말의 자연스러운 움직임을 방해해서는 안 된다.

- 간단하거나 편한 운동뿐만 아니라 모든 운동을 되풀이해야 하며, 특히 필요하다고 생각되는 부분은 더 많이 해야 한다.
- 마지막까지 정확하게 해야 한다.
- 한 동작이 끝나면 말의 목을 두드려 감사를 표현한다.
- 사이드워커도 적극적으로 기승자의 준비 운동에 참여하게 한다.

[표 5-1] 신체부위별 동작방법

구분	방법
손목	팔굽을 구부리고 고삐를 잡았을 때와 같은 자세, 또는 팔을 내려뜨린 상태에서 주먹 또는 손끝으로 원을 그리듯이 손목을 크게 돌린다.
어깨	손목 돌리기와 같은 자세로 어깨를 앞에서 뒤로, 뒤에서 앞으로 돌린다. 팔을 내리고, 숨을 크게 쉬면서 어깨에 힘을 넣어 크게 위로 올리고, 다음에 숨을 내쉬면서 어깨를 내린다.
팔	어깨부터 손끝까지 똑바로 펴고, 손끝을 보면서 팔을 아래에서 앞뒤로 원을 그리듯이 크게 돌린다(반대도 같다).
발목	발가락 끝을 이용하여 발목을 좌우 방향으로 원을 그리듯이 크게 돌린다. 이때 박차가 말의 몸에 닿지 않도록 주의한다.
무릎	무릎에 중심을 두고 안장에서 떨어진 상태에서 발목으로 원을 그리듯이 돌린다.
가랑이	무릎으로 원을 그리듯이 크게 돌린다. 허리를 펴고 무릎을 옆으로 벌린다. 무릎을 쭉 펴고 앞뒤로 크게 움직인다.
목	머리를 천천히 크게 돌리든지, 또는 전후좌우로 천천히 크게 움직인다.
허리	팔을 수평으로 올리고, 손끝을 쭉 늘리고 허리를 중심으로 크게 돌린다. 한쪽 손으로 발목을 잡고 동시에 무릎을 펼 수 있는 대로 내리고, 등허리를 펴고 발목을 들어 올렸다가 동시에 허리를 앞으로 내민다.
상체	등은 곧바로 펴고 상체를 앞으로 내민다. 다음에 등허리를 반대로 젖히고, 머리부터 뒤로 젖힌다. 이때 등허리가 안장이나 말 몸에 닿지 않게 하고, 다리가 앞쪽으로 뻗어지지 않도록 한다. 일어날 때는 배를 먼저 일으킨다.
등과 허리	팔을 옆으로 뻗어 수평으로 돌리며, 등허리를 꼬면서 뒤로 내민다. 이때 기승자의 손바닥은 말의 반대쪽 엉덩이뼈에 닿을 듯이 젖힌다.

2) 준비 및 마무리 운동 동작 예시

- 숨쉬기(breathing): 마음속으로 8까지 숫자를 세면서 천천히 코로 숨을 들이마시고 네 번에 나누어 입으로 천천히 내쉰다. 이것을 8회 반복한다.
- 가슴 펴기(open your chest), 두 팔 들기 또는 비행기 자세: 숨을 들이마시며 두 손을 들어 올려 옆으로 뻗고 숨을 내쉬며 손을 내린다.
- 어깨 돌리기(roll your shoulder): 가슴 펴기 동작처럼 팔을 들고 팔꿈치를 구부려 두 손을 어깨에 올린다. 팔꿈치로 원을 그린다. 좀 더 크게 운동하려면 팔을 귀에 붙이듯 높게 들어 올리고 손끝으로 원을 크게 그린다. 이때 손을 너무 빠르게 돌리면 말에게는 위의 기승자가 요동치는 것으로 느껴질 수 있으므로 동작을 천천히 한다. 수영 동작(배영 또는 자유형 동작)과 같이 응용하여 지도하면 흥미를 유발하고 수업에 집중할 수 있다.
- 목 돌리기(circular motion): 눈을 뜨고 입을 다문 상태에서 목을 천천히 돌린다.
- 사과 따기(pick apple): 허공에 사과가 있다고 생각하고 오른팔과 왼팔을 위로 뻗어서 손을 번갈아가며 사과를 따는 듯한 동작을 취한다. 사과의 개수를 정해주고 하면 인지능력이 부족한 기승자는 물론 나이가 어린 기승자도 준비 운동에 흥미를 느낄 수 있다.
- 말 귀까지 뻗기(touch the horse's ear): 두 팔을 동시에 말 귀까지 쭉 뻗는다. 이때 엉덩이는 안장에 붙이고 허리는 편 상태로 최대한 앞으로 뻗는다. '사과 따기' 준비 운동 후에 '사과를 말에게 먹인다'는 가정을 하면 운동에 흥미를 줄 수 있다.
- 당근 캐기(pick up carrot): '사과 따기' 동작과 반대로 손을 아래로 최대한 뻗어 당근을 땅에서 뽑아 올린다고 가정하고 동작을 실시한다. 균형감을 발달시킬 수 있다.
- 말 꼬리 방향으로 뻗기(touch the horse's tail): '말 귀까지 뻗기'와 반대로 말 꼬리를 보고 몸통을 돌려 팔을 말 꼬리까지 뻗는다.
- 허리 펴기(sit up straight): 고삐를 놓고 두 손을 등 뒤에 대고 허리를 편다. 눈을 감으면 균형과 바른 자세를 유지하는 데 도움이 된다.
- 팔을 들어 머리 위로 넘기기(hand over your head): 두 팔을 들어 올린 상태에서 국민체조의 '옆구리 운동'과 같이 한 손은 내리고 한 손은 계속 들어 올려 귀에 붙이고 손의 반대쪽 옆으로 숙인다.
- 몸통 돌리기(circular your body): 비행기 자세와 같이 두 팔을 들어 올리고 몸통을 오른쪽으로 돌려 오른손은 뒤, 왼손은 앞을 향하도록 한다.
- 발목 돌리기(roll your ankle): 발을 등자에서 빼고 발목을 돌린다. 기승자세에서 뒤꿈치를 낮춰야 하는데, 이때 발목의 유연성이 좋으면 발뒤꿈치를 내리는 데 도움이 된다.
- 등자 빼고 앞꿈치 올리기: 앞꿈치를 올림으로써 장딴지근, 가자미근, 발뒤꿈치 힘줄(아킬레스건)을 풀어준다.

- 무릎 올리기/펴기(keep your knees up and down): 등자에서 발을 빼고 다리를 들어 올린 상태에서 무릎을 펴고 구부리기를 반복한다. 무릎을 구부릴 때 말을 차지 않도록 유의한다.
- 팔 벌리고 일어섰다가 앉기: 두 팔을 벌리고 자리에서 일어섰다가 앉기를 반복한다. 균형을 유지하는 데도 도움이 되고 경속보가 본운동에 포함되는 경우 동작을 사전에 익히거나 준비/마무리 운동을 하는 데 도움이 된다. '두 팔을 가슴에', '뒷짐 지고', '손을 허리에' 등 다양하게 동작을 변형시켜 적용할 수 있다. 또한 균형유지능력이 낮은 경우 말을 정지하고 일어섰다가 앉기를 시키거나 더 낮은 균형능력이면 안장머리를 짚고 동작을 시킬 수도 있다.
- 손으로 발끝 닿기(touching toe): '당근 캐기'를 어린이에게 적용한다면 '손으로 발끝 닿기'는 청소년 이상에게 적용할 수 있다. 안장에 앉은 상태로 허리를 구부려 손으로 같은 방향 또는 반대편의 발끝에 닿으려고 시도한다. 균형을 유지하고 등과 허리 근육의 스트레칭에 도움이 된다.
- 말의 움직임 느끼기(feel the movement): 눈을 감고 자세를 유지한 상태에서 말의 움직임을 느낀다. 기승자에게 말의 움직임에 대해 질문하여 다양한 표현방법을 유도한다.

이러한 준비 및 마무리 운동은 여기에 제시한 동작만 하는 것이 아니다. 지도자의 아이디어에 따라 수백 가지 방법도 고안해낼 수 있다. 주의할 점은 본운동과의 연관성을 가져야 한다는 것이다. 최근에는 말 위에서 하는 요가 교재도 나오고 있어 어렵지 않은 동작은 참고할 수 있다.

마무리 운동에는 본운동에서 배운 기승술을 활용한 '기승 게임'이나 근육을 풀어줄 수 있는 운동들이 포함되고, 성인들의 경우에는 조금 더 의미를 둘 수 있는 상위 기술의 예습들도 포함할 수 있다.

준비 운동이 끝나면 가볍게 평보로 걷게 하고 본운동에서 실시하는 강습내용을 설명한다. 마무리 운동이 끝나면 강습장 중앙으로 와서 대형을 갖추고 하마 준비를 한다.

3 마상체조

국내에서 준비·마무리 운동과 마상체조의 차이를 혼동하는 경우가 있어서 이 절에서는 마상체조를 간단하게 소개하고자 한다. 마상체조에서 '체조'라는 용어 때문에 말 위에서(마상) 하는 체조(mounted exercise)로 오해하는 것이라 생각된다. 준비·마무리 운동이 대표적인 맨손체조인 '국민체조' 정도라면, 마상체조(vaulting)는 올림픽경기 등에서 볼 수 있는 체조경기나 리듬체조라고 할 수 있다.

1) 마상체조의 유래와 경기

마상체조(vaulting)의 기원을 고대 로마 등으로 생각하고 있지만, 우리나라 삼국시대에 말 관련한 기록이나 조선시대의 『무예도보통지』에 수록된 마상제에도 유사한 동작을 볼 수 있다.

르네상스와 중세 역사에도 많은 활동들이 있었는데, 지금의 vaulting(마상체조)라는 이름은 프랑스어로 스포츠예술이라는 뜻인 '라볼티즈(la voltige)'에서 유래했다. 르네상스 시대에 기마부대 병사인 기승자들을 위한 기승술과 민첩성 운동의 형태로 실시했다.

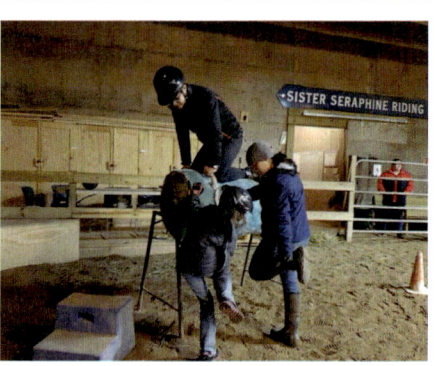

[그림 5-5] 재활승마에서 드럼통을 이용한 마상체조 연습

현대의 마상체조는 독일에서 청소년들에게 승마를 스포츠로서 소개하기 위한 계기로 발전했다. 1983년에 마상체조는 FEI(국제승마연맹)가 인정한 훈련방법의 하나가 되었고, 1984년 오스트리아에서 유럽 선수권대회가 처음으로 개최되었다. 1986년에는 스위스에서 FEI 세계마상체조챔피언십이 개최되었고, 1990년 스웨덴 남동부의 항구도시인 스톡홀름에서 개최한 세계승마대회 및 이후의 모든 대회에 포함되었다. 1984년과 1996년 올림픽게임에서 하나의 예술행위로 시연되었으며, 2011년 라이프치히(독일 동부의 도시)에서 첫 번째 마상체조 월드컵경기가 열렸다. 현재 가장 권위 있는 마상체조경기는 2년마다 열리는 세계선수권대회와 유럽선수권대회, 4년마다 열리는 세계승마대회이다.

마상체조 경기는 개인전, 2인전, 단체전으로 구분하고 15m 직경에서 조마삭 평보(초보)와 구보로 말이 움직일 때 동작을 시연한다. 시연은 규정동작(7가지)과 자유동작으로 구성하여 음악에 맞춰 경기를 하고, 10점 만점으로 점수가 주어진다. 말의 움직임도 25% 점수에 포함되는 마상체조 경기는 개인전 1분, 2인전 2분, 단체전 4분으로 경기한다. 말에는 안장을 사용하지 않고 마상체조용 뱃대끈(surcingle)과 두꺼운 깔개를 이용하며 뱃대끈에는 손잡이가 달려있다.

2) 재활승마와 마상체조

재활승마에서는 상호작용 마상체조(Interactive Vaulting) 또는 적응 마상체조(Adaptive Vaulting)라는 프로그램이 운영된다. 참여자 상호 간 팀워크와 개인의 독립성을 기르고, 말에 대한 존중을 가르치고, 자신감을 키우며, 사회적 상호작용을 장려하고, 강습 받는 동안 개별화된 교육내용을 제공한다.

또한 재활승마의 마상체조는 균형, 주의력, 운동 기술 또는 사회적 결함이 있을 수 있는 어린이 및 성인을 위한 프로그램으로 제공된다. 모든 연령대의 참여자들은 독특한 스포츠를 통해 신체적으로나 정신적으로 성장을 도모한다. 팀내 협력과 훈련을 통해 운동기술, 균형 및 협응력이 향상된다. 국내에서는 아직 프로그램 운용은 물론 지도사도 양성되고 있지 않지만, 미국에서는 미국마상체조협회(AVA, American Vaulting Association)나 미국재활승마협회(PATH Intl.)에서 프로그램을 운영하고 있으며 미국재활승마협회에서는 재활승마지도자와는 별도로 자격제도도 운영하고 있다. 한편 마상체조를 통해 얻을 수 있는 장점은 다음과 같다.

- 리듬, 조정, 유연성 개발
- 균형, 힘, 마음의 안정과 자진하여 좋은 일을 하려는 태도 향상
- 안전한 환경에서 말과 조화롭게 움직이는 방법 배우기
- 팀에서 활동의 즐거움 찾기
- 자신감과 자부심 키우기
- 비기승 프로그램으로서 단체 활동 가능

[그림 5-6] 미국마상체조협회 홈페이지

3) 마상체조 기본 동작(규정 종목)

[표 5-2] 마상체조 기본 동작

구분	방법
VAULT-ON (마상체조 시작, 오르기)	
SIMPLE DISMOUNTING (내리기)	
SEAT - COMPULSORY (앉기 규정종목)와 FLAG - COMPULSORY (엎드려 팔다리 들기 규정종목)	
MILL - COMPULSORY (방향 바꾸기 규정종목)	

구분	방법
MILL – STAND – COMPULSORY (서기 규정종목)	
SCISSORS – COMPULSORY (가위 규정종목)	
FLANK (측면 규정종목)	

3장
본운동(과제수행)

큰 흐름에서 살펴보면 승마를 비롯한 대부분의 운동은 준비 운동, 본운동(과제 수행), 마무리 운동으로 구분할 수 있는데 재활승마 강습도 같은 형태로 이뤄진다.

재활승마에서 가장 핵심이라고 할 수 있는 기승활동은 기승자가 가지고 있는 장애 구분이나 장애 정도에 따라 많이 다를 수 있다. 앞서 설명한 대상자 평가를 통해 대상자의 연령, 장애 정도, 장애유형, 재활승마 참여 경험, 강습 참여 가능시간 등을 고려하고 재활승마센터의 기존 강습시간, 말과 시설의 확보 등 다양한 상황을 판단하여 총 강습기간, 강습 빈도와 강습시간을 배정한다.

구성된 강습반에 따라 강습마다 목표가 다를 수 있지만, 최소한의 보조, 독립적인 기승이 장기적인 목표가 된다.

1 기승활동 시 고려사항

1) 기승자의 승마자세

기본적인 기승활동 구성을 살펴보기 전에 장애인이건 비장애인이건 기승활동에 가장 기본이 되는 승마자세에 대해 우선 살펴보고자 한다.

바른 자세는 안장에서 말의 움직임을 흡수하고 기승자의 몸 전체에 도움을 받을 수 있으며, 또한 기승자의 균형 있는 자세가 말을 자유롭게 움직일 수 있게 해준다.

특히 재활승마에 있어서 기승자가 말 위에 앉아 있는 자세는 승마활동으로 인한 기승자의 신체에 대한 긍정적인 효과를 기대하기 위해 매우 중요하다. 지도사는 기승자가 기승상태일 때 지속적으로 확인하고 교정해주어야 한다. 척추측만증이 비교적 초기인 경우 바른 자세를 유도하면서 승마를 하면 긍정적인 효과를 기대할 수 있지만, 지속적인 자세교정이 없다면 오히려 승마가 독이 될 수 있다.

재활승마에서 이러한 기본자세를 유지하는 것이 더욱 중요한 이유는 다음과 같다. 첫째, 안장에서 기승자의 골반 위치가 말의 움직임을 흡수하고 도움 받을 수 있는 정도를 좌우하게 된다. 둘째, 기승자의 균형 있는 바른 자세가 말을 자유롭게 움직일 수 있게 해주기 때문이다. 이러한 자세는 기승자에게만 좋은 영향을 미치는 것이 아니라 말에게도 움직임을 자연스럽게 할 수 있도록 하여 부담을 덜어주게 된다.

가장 먼저 시행하는 것은 뒤쪽에서 관찰하는 것이다. 기승자가 기승한 직후에 지도사는 기승 경사로에서 준비 운동을 지시하면서 걸어가는 기승자와 말을 관찰한다. 말의 엉덩이에 비해 안장꼬리의 위치가 적절한지, 안장꼬리와 기승자의 골반이 일치하는지, 말과 기승자가 조화로운지를 살핀다. 기승 시 왼쪽 등자를 밟으면 안장이 회전할 수 있고, 추운 날씨에 기승자의 엉덩이까지 덮는 두꺼운 옷을 입으면 지도사가 확인할 수 없으므로 주의한다. 자세가 바르지 않으면 강습장 중앙으로 가서 적절하게 교정한다.

옆에서 관찰하는 것은 준비 운동을 하면서 확인한다. 승마에서의 바른 자세는 모든 기승술의 기본이 되는 것으로, 옆에서 보았을 때 귀, 어깨, 골반, 복사뼈를 잇는 가상의 선이 직선으로 떨어지는 자세를 말한다.

우선 안장의 위치가 적절한지 살펴본다. 말의 등성마루를 기준으로 살펴보아 너무 앞쪽으로 안장이 위치하면 안장은 뒤쪽으로 경사가 지고, 너무 뒤쪽으로 쏠리면 안장은 앞쪽으로 경사진다. 옆에서 보았을 때 안장의 앞뒤가 수평이 맞아야 기승자에게 바른 자세를 유도할 수 있다. 또 말에게도 불편함을 주지 않아 바른 걸음걸이를 요구할 수 있다.

안장이 바른 위치에 있다면 기승자의 등자 길이를 확인한다. 강습장 중앙으로 걸어가면서 준비 운동 중인 기승자를 보고 확인한다. 이때 안쪽 등자 길이는 확인할 수 있지만 바깥쪽 등자는 확인할 수 없다. 준비 운동 과정 중 자연스럽게 방향전환 또는 제자리에서 원 그리기를 하도록 하여 반대쪽 등자 길이를 확인한다. 등자 길이나 복대 확인을 위해 강습장 중앙으로 오도록 하는 경우도 있지만, 길이 조정이 필요한 것과 같은 특별한 경우를 제외하고는 바람직하지 않다. 전체적인 강습시간을 허비하면 안 된다. 여기서 잊지 말아야 할 사항이 등자 길이를 맞추기 위해 골반의 위치가 바뀌면 안 된다는 것이다. 좌우 등자 길이보다 골반의 정위치가 우선이다.

등자 길이가 맞으면 기승자의 자세를 다시 확인한다. 일반적으로 초보자들은 안장에 앉을 때 다리를 앞쪽으로 뻗는 자세가 된다. 아마도 의자에 앉는 자세가 익숙해져 있기 때문이라 추측된다. 등자의 길이가 적절하다면 지도사는 기승자에게 발을 최대로 뒤쪽으로 보내라고 하지만 기승자의 입장에서는 상당히 어려운 일이다. 바른 자세를 만들어 보이기 위해 지도사가 기승자의 발을 뒤쪽으로 보내면 기승자는 균형을 유지하기 위해 몸통을 앞으로 숙이게 될 것이다.

> **Tip**
>
> 지도사는 이 단계에서 확인하기 전에 기승 단계에서 이미 확인했다. 기승 단계에서 지도사는 기승자가 기승 시 안장에 앉아 등자쇠에 발을 끼우게 하고 질문을 통해 등자 길이가 적절한지 확인한다. 기승자와 질의응답이 안 되면 사이드워커에게 확인하도록 한다. 그다음은 걸어가는 뒷모습을 보며 확인할 수 있는데, 말의 몸통에 가려서 보기에 여의치 않을 수 있다.

이때는 무릎까지의 자세를 우선 맞추게 하고 "발끝이 보이지 않도록 하세요!"라고 하여 기승자 혼자 수시로 자세를 교정하게 하고 조금씩 발을 뒤로 보내도록 한다. 한 번의 강습에서 이루어질 수 있는 자세교정은 아니다.

안장의 크기가 말에 비해 작거나 큰 것도 기승자세에 영향을 줄 수 있다. 기승자가 앉는 부위 자체가 중립 위치에 놓이지 않을 뿐 아니라, 말에게도 좋지 않은 영향을 미치게 된다. 이 부분은 강습 중 확인할 사항이 아니라 말 배정 단계에서 이미 고려되고 준비되었어야 한다.

이러한 과정을 통해 기승자는 다음과 같은 바른 자세를 만들어준다. 재활승마 강습 시에 기승활동의 기본이 되는 바른 자세는 매우 중요하다.

[그림 5-7] 승마자세

- 앉는 자세는 귀, 어깨, 골반, 발목이 일직선상에 있어야 한다.
- 골반의 위치는 중립에 위치한다.
- 어깨가 좌우로 기울지 않아야 한다.
- 가슴과 등은 똑바로 편다.

- 팔꿈치, 주먹, 고삐를 거쳐 말의 입까지 일직선을 이룬다.
- 다리가 자연스런 상태로 아래로 뻗어 있다.
- 발목에 힘을 빼고 뒤꿈치를 가볍게 내린다.

2) 지도사

(1) 지도사의 태도

강습에 있어 모든 것은 지도사의 책임 하에 행해진다.

지도사는 강습에서 기승자가 기승술을 향상하도록 지도하고 강습에 참여하는 말 리더와 사이드워커가 봉사라는 목적을 달성하고 지속할 수 있도록 격려한다. 지도사가 기승자의 강습에만 몰두하여 자원봉사자에 대한 배려 없이 적절한 역할을 부여하지 않거나 보조자, 심지어는 도구로 전락시키는 일이 없도록 한다. 강습에 참여하는 자원봉사자는 보조자가 아닌, 지도사에 대해 협력하고 조력하며 기승자와 매개 역할을 하는 것이다.

지도사의 복장은 안전모를 제외하고는 언제든 말에 기승할 수 있는 복장을 갖춘다. 지나친 장신구나 화려한 복장은 강습에 방해가 된다.

강습 도중에 팔짱을 끼거나 허리에 손을 올리는 위압적인 자세는 피한다. 말투도 지나치게 존칭을 하거나 함부로 대하는 느낌을 주지 않도록 하고 기승술에 대한 설명과 방향 제시는 분명하게 한다. 목소리는 강약을 조절하여 소음 수준이 되거나 반대로 지루하지 않게 한다. 기승자는 강습을 받는 피교육생이지만 고객이고 봉사자는 협력자다. 훈련을 받는 사람이 아니다.

아무리 재활승마가 신체적·정신적인 부분에서 긍정적인 효과가 있다고 해도 기승자가 참여하지 않는다면 강습 자체가 이루어지지 않는다. 봉사자의 도움 없이는 원활한 강습을 이끌어 갈 수 없다. 즐겁고 활기찬 강습을 진행하여 하마를 하고 나가는 순간 기승자나 봉사자 모두 다음 강습을 기대하고 기다리도록 분위기를 조성한다.

(2) 지도사의 위치

일단 기승이 완료되고 강습이 시작되면 지도사는 자신의 위치를 매 순간 스스로 파악하는 것이 중요하다. 강습 중 지도사는 항상 모든 기승자와 동일한 간격을 유지하도록 하는데, 그렇게 하기 위해서는 각 기승자를 기준으로 하나의 가상의 원을 그렸을 때 가급적 중앙에 위치한다. 여러 기승자가 한 강습에 참여(group lesson)하게 되면 지도사는 공간상 어느 한쪽으로 치우침 없이 위치한다. 모든 기승자와 자원봉사자가 지도사의 목소리를 원활하게 들을 수 있어야 하며, 모든 사람이 지도사의 시야에 들어와야 한다. 지도사가 각 기승자와 항상 동일

> **Tip**
> 심지어는 강습 내내 아무런 말을 걸어주지 않는 경우도 있다. 요즘 유행하는 말로 병풍 취급을 당한 것이다. 강습이 끝나고 나서 뭔가 뿌듯한 느낌을 가질 수 있도록 해주어야 자원봉사는 계속 이어진다.

한 거리를 유지함으로써 지도사의 강습내용이 각 기승자에게 골고루 전달되고, 사전에 이상 징후를 발견하여 안전사고를 예방할 수 있다.

지도사는 한 번의 강습을 마치고 끝나는 것이 아니라 연이어서 2~3시간의 강습을 이끌어갈 수도 있다. 필요에 따라서는 재활승마용 말의 조련을 할 수도 있다. 강습 중에 기승자는 물론 말과 봉사자뿐만 아니라 강습에 영향을 줄 수 있는 요소들에 대해서도 관찰하고 사전에 필요한 조치를 취해야 하며 성공적인 강습을 이끌어가야 한다. 이에 필요한 체력 안배를 위해서도 지나치게 돌아다니면 안 된다.

그렇다고 강습장 중앙에서 움직이지 않고 있어야 한다는 것은 아니다. 지도사가 가급적 중앙에 위치하라는 말을 지나치게 해석해서 중앙에서 절대 벗어나지 않고 기승자를 매번 중앙으로 오게 하는 경우도 있는데, 강습시간을 뺏기게 되므로 지양한다. 속보 전 복대 확인을 하거나 기승자의 자세를 바로잡아주는 것 등 필요하다면 중앙을 벗어날 수 있다. 기승자에게 운동 스타일 지도를 하거나 특히 기승자와 일대일 강습을 한다면 중앙으로 들어오게 해서 시간을 빼앗기는 것보다 지도사가 기승자의 위치로 다가가 근접거리에서 강습을 진행하는 것이 효과적이다.

또한 지도사는 뒤로 걸으면 안 되는데, 넘어질 수도 있고 자신의 위치를 인지할 수 없기 때문이다. 동선을 최소화하는 것과 뒤로 걷지 않는 것은 초보 지도사가 명심해야 할 사항이다.

단체강습에서 각 말의 간격은 일정하게 유지해야 하는데, 말 간격이 너무 가까우면 말이 뒷발질할 우려가 있기 때문이고 너무 멀어지면 지도사의 위치도 한쪽으로 치우쳐 통제하기 어려울 수 있다.

3) 사이드워커의 보조

사이드워커가 기승자를 보조하는 방법은 맨손 보조, 한 손 보조, 한 팔 보조, 두 손 보조, 몸통 보조가 있고, 기승자가 지지 받는 위치에 따라 몸통 지지, 골반 지지, 엉덩관절 지지, 넙다리 지지, 무릎 지지, 뒤꿈치 지지와 발끝 지지로 구분된다. 지도사가 적절한 방법을 선택하여 사이드워커에게 보조를 부탁한다.

(1) 사이드워커 보조방법

- **맨손 보조**: 기승자의 균형유지능력이 뛰어나거나 기승술이 비교적 높은 경우, 지도사의 의뢰에 따라 지지 없이 옆에서 걷기만 한다.
- **한 손 보조(hold heel)**: 한 손을 이용하여 기승자의 발끝이나 뒤꿈치를 지지한다.
- **한 팔 보조(arm over)**: 손을 안장날개 위쪽과 안장머리 사이를 잡고 팔 안쪽 근육 부분으로 기승자의 넙다리나 무릎 등을 눌러 지지한다.

- **두 손 보조(arm over with hold heel)**: 한 팔과 한 손 보조를 동시에 수행하는 것으로, 기승자의 신체 및 심리적 상황이 단독 승마가 곤란할 경우에 보조되는 방법이다.
- **몸통 보조**: 기승자가 몸통을 제대로 가누지 못하는 경우에 사용되는 것으로 몸통벨트 등을 이용한다.

(2) 지지 받는 위치 구분

- **몸통 지지**: 균형유지능력이 가장 낮은 단계의 기승자에게 수행하는 것으로, 몸통을 바로 가누기 힘든 기승자에게 적용한다. 기승자가 어린이인 경우 맨손을 이용하여 몸통을 지지할 수 있으나 조끼벨트 등 전문장비를 사용하도록 한다. 특히 몸통을 지지하기 위해 옷을 잡아끌거나 불필요한 신체접촉이 되면 기승자를 불편하게 만들 수 있으므로 주의한다. 몸통 보조를 하는 사이드워커는 자세 불균형으로 쉽게 피로를 느낄 수 있으므로 지도사는 수시로 확인하고 사이드워커가 힘들어하면 반대편 사이드워커와 자리를 바꾸도록 한다. 사이드워커가 자리를 바꿀 때는 가급적 말을 정지하고 한쪽 사이드워커가 기승자를 확실하게 지지하는 동안 반대쪽 사이드워커가 움직여 기승자 지지를 교대하고 자리를 바꾼다. 기승자의 균형유지능력이 떨어질수록 말을 정지해야 하며, 자리를 바꾸기 위해 사이드워커가 동시에 기승자에게서 멀어지면 안 된다.
- **골반 지지**: 골반벨트나 허리벨트 등 재활승마용으로 개발 또는 변형된 장비를 이용하여 골반 위치를 지지하는 방법으로, 일반 허리띠 등은 기승자를 불편하게 만들 수 있으므로 사용하지 않는다.
- **엉덩관절 지지**: 골반 보조보다 낮은 단계로, 몸통을 세워 어느 정도 바르게 앉아 있을 수 있지만 움직이는 말 위에서 균형유지가 어려운 기승자에게 적용한다. 사이드워커의 손은 안장머리 부분을 잡고 아래팔 안쪽의 두툼한 근육이 있는 부분으로 기승자의 엉덩관절 부분을 눌러 기승자의 균형 유지를 돕는다. 사이드워커 아래팔 손목 쪽으로 뼈 있는 부분을 너무 강하게 누르면 기승자가 통증을 느낄 수 있다. 지도사는 키가 작은 사이드워커의 경우 팔을 너무 높게 들어 올린 상태가 되어 쉽게 피로감을 느낄 수 있으므로 유의한다.
- **넙다리 지지**: 엉덩관절 지지보다 낮은 단계다. 사이드워커는 손으로 안장머리와 안장날개 사이를 잡고 아래팔 안쪽의 살이 있는 부분으로 기승자의 넙다리 중간 부분을 눌러 기승자를 지지한다. 안장을 잡는 손이 안장머리에서 너무 먼 부분을 잡고 기승자의 넙다리를 강하게 누르면 안장이 뒤틀릴 수 있으므로 주의한다.
- **무릎 지지**: 넙다리 지지보다 낮은 단계인 무릎 지지는 두 가지로 구분할 수 있다. 첫 번째는 '무릎 지지 1'과 같이 한 손은 안장날개를 잡고 아래팔로 무릎 부분을 누르는 방법

[그림 5-8] 몸통 지지

몸통 지지

장비를 이용한 몸통 지지

[그림 5-9] 엉덩관절 지지

[그림 5-10] 넙다리 지지

인데, 넙다리 지지보다 더 안장 뒤틀림과 기승자의 통증이 발생할 수 있으므로 유의한다. 두 번째는 '무릎 지지 2'와 같이 사이드워커의 손을 기승자의 무릎에 올려놓는 것으로, 기승자가 긴장하여 몸을 움츠려 무릎이 올라와 기승자의 다리를 길게 내릴 필요가 있는 경우에 사용한다.

[그림 5-11] 무릎 지지

무릎 지지 1

무릎 지지 2

[그림 5-12] 뒤꿈치 지지

[그림 5-13] 발끝 지지

- **뒤꿈치 지지**: 직접 지지하는 방법 중 가장 약한 방법으로, 기승자의 발뒤꿈치 부분을 잡고 지면으로 당겨준다. 기승자의 뒤꿈치뼈나 신발의 뒷굽을 잡고 아킬레스건 부분을 잡지 않도록 한다. 조금 강하게 잡으려고 할 때는 기승자의 복사뼈를 잡는 발목 지지를 사용할 수 있다.
- **발끝 지지**: 기승자의 발 앞부분을 잡고 들어 올리는 방법으로, 기승자의 발이 등자에 너무 깊이 들어가는 것을 방지할 수 있으나 신발을 잡아야 하는 특성으로 사용 빈도는 낮다.

2 기승술 교육

재활승마지도사 국가자격 시험의 강습 실무시험 진행을 살펴보면 응시자들의 수준이 점점 향상되는 것은 분명하지만, 가장 중요한 부분은 아직도 개선되지 않고 있다.

가장 중요한 부분이라는 것은 기승술에 대한 강습이다. 재활승마의 최종 목표는 독립기승이다. 독립기승이 이루어지도록 하기 위해 기승자는 기승술을 배우고 익혀야 한다. 본운동은 기승술을 익히고 기량을 향상시키는 데 목적이 있다.

기승자에 따라 최종목표에 도달하는 시점은 모두 상이하다. 그래도 매번 진행되는 강습에서 기승술에 대한 교육이 이루어져야 한다. 단순히 말 위에 앉아 있다고 해서 재활승마를 하는 것은 아니다. 물론 강습승마에 도달하기 전에 실시하는 치료승마에서는 말의 움직임을 기승자에게 전달하도록 전략적으로 기승자를 옆으로 앉히는 등의 방법을 사용하고 기승술을 가르치지 않을 수 있다. 그러나 재활승마의 최종목표인 독립기승을 실현하기 위해서는 강습승마에서 기승자에 대한 기승술이 교육되어야 한다.

초보자가 독립기승을 하기 위해 습득해야 할 기승술을 기술별로 구분하면 고삐 잡기, 부조 사용하기, 출발과 정지, 방향전환, 도형 그리기와 말의 걸음걸이에 따라 평보, (좌)속보, 경속보, 구보 등으로 구분할 수 있다. 이러한 기승술이 기승자의 상황에 맞추어 발전을 거듭해야만 최종목표인 독립기승이 이루어진다. 기승술 향상을 위해서는 중장기 강습계획과 최종적으로 일일 강습계획(lesson plan)이 지도사에 의해 전략적으로 계획되고 기승자에게 강습이 진행되어야 한다.

1) 무엇을(what), 어떻게(how), 왜(why)

기승술 교육에서 가장 먼저 고려할 사항은 그날 지도하는 '강습내용이 무엇인가'이다. 이는 일일 강습계획의 강습 목표(목적)에 명시되어 있다. 강습 목표는 특별한 경우를 제외하고 한 가지만 설정한다. 강습에서는 과거에 배웠던 기승술이나 앞으로 배워야 할 내용을 실행해볼 수 있다. 그러나 기승자의 수준에 맞는 기승술 목표를 설정하고, 수치로 측정 가능한 목표를 기록하며, 강습에 필요한 교보재를 적절히 선택하여 기승술 향상을 위한 강습이 진행되도록 한다.

지도사는 기승자를 지도할 때 '무엇을(what)', '어떻게(how)', '왜(why)'를 항상 고민해야 한다. 이는 강습계획서 작성 단계에서부터 지도사에 의해 치밀하게 계획되고 강습되어야 한다. 또 강습에서 '무엇을(what) 할 것인가?', '어떻게(how) 할 것인가?', '왜(why) 하는 것인가?'를 생각하여 진행해나가야 기승자가 기승술을 배우고 익힐 수 있으며 봉사자도 자신의 역할을 인식할 수 있다. 이러한 설명이 없으면 기승자는 물론 봉사자도 '부지런히 왔다 갔다 하기는 했는데……' 하고 무엇을 했는지 알지 못할 수 있다. 강습 목표에 나와 있는 기승술에 대해서는

what, how, why에 대한 설명을 반드시 실시한다.

(1) what

준비 운동이 끝나면 "오늘 강습할 기승술은 무엇(what)"이라고 말하고 그 기승술을 습득할 수 있게 낮은 단계에서부터 점차 높은 단계로 강습을 진행해나간다.

지도사는 "오늘 배울 내용은 W입니다. 그러기 위해 W1, W2를 수행하면서 W을 익히도록 하겠습니다"라는 설명을 통해 기승자나 봉사자에게 what을 제시할 수 있다.

그러나 아쉽게도 아직까지 이러한 설명을 하지 않는 초보 지도사가 많다. 방향전환에서 경속보, 출발정지를 순서 없이 실시하여 기승자와 봉사자는 물론 지도사 자신도 강습 목표가 무엇인지 혼란을 초래하게 된다.

(2) how

다음은 어떻게(how) 할 것인가이다. what에 대한 설명이 있었다면 그다음은 what이라는 과제를 수행하기 위해 기승자가 어떻게(how) 하는 것인지 설명과 실습을 행한다. how는 '과제분석'이라 할 수 있다.

재활승마의 본운동에서는 기승술을 익히는 것이기 때문에 기본적으로 지도사가 알고 있는 기승술을 어떻게 하면 효율적으로 기승자에게 전달할 것인지를 강습계획서 작성 단계에서 고민했어야 한다. 새로운 기승술을 습득한다면 강습계획서 작성에 가장 시간을 많이 소비하는 것도 과제분석을 작성하는 부분이다.

보충

대부분의 초보 지도사는 과제분석을 고려하지 않는다. 이는 재활승마와 기승자에 대한 이해와 기승술을 어떻게 가르칠 것인가에 대한 고민도 없는 것이다. 실제로 초보 지도사들뿐만 아니라 많은 지도사들이 무엇을 하라는 이야기는 하지만 어떻게 하라는 설명은 하지 않는다. 방향전환 기승술을 강습한다면 "오른손 고삐 당기고, 왼손 고삐, 오른손 고삐, 왼손 고삐⋯⋯"를 반복하거나, 경속보에서는 "속보 할 거야. 반동에 맞춰서 시작! ⋯⋯ 하나, 둘, 하나, 둘⋯⋯ 잘했어. 재밌어?", 속보에서는 "어깨 뒤로 박차 빵~ ⋯⋯ 어깨 뒤로~"라고만 한다. 이것은 강습이 아니다. 이런 식으로는 누구든 할 수 있다. 더구나 경속보에서 반동을 제대로 맞춰 구령을 붙여주지 않고 무조건 "잘했어"라고 하는 것은 기승자를 더욱 혼란스럽게 만든다.

Tip

> 예 "오늘 배울 내용은 사이드워커의 보조 없이 직선 10m 경속보 하기입니다. 저기 빨간색 고깔에서 파란색 고깔까지 무릎 지지를 받아 경속보를 2회 하고, 다음은 발목 지지를 받아 2회 한 다음에 경속보 구간을 약간 줄여서 빨간색 고깔에서 노란색 고깔까지 사이드워커 보조 없이(맨손 보조) 경속보 10회를 해보겠습니다."

기승술을 어떻게(how) 배우고 수행할 것인가에 대한 고민이 있고 수행하는 과제분석에 대한 분명한 지적이 있어야 진정한 강습이 이루어진다. 그래야 구체적인 칭찬과 잘못된 부분을 지적하고 교정하도록 지시할 수 있다. 예를 들면 "정지할 지점을 지나쳤지? 첫 번째 상체 세우기와 두 번째 고삐 연결은 참 잘되었는데, 세 번째 음성 사용이 잘 안 되었어"라는 식으로 설명해야 기승자가 잘한 부분은 강화하고 잘못된 부분은 교정하려고 할 것이다.

(3) why

what과 how 다음에는 why가 설명되어야 한다.

기승자 입장에서 생각해보면 뭔가 계속 반복해서 하는데 '그것을 왜 하는지 모르는 것'은 목표 없이 방황하는 것과 같을 수 있다. 기승술을 익히는 데 있어서 기승자가 기승술에 대한 이해가 완성되는 것은 '왜 하는가?'이다. 실제 몸으로 익히지는 못했어도 '왜?'에 대해 이해된다면 어떻게(how)에 대한 이해와 실행은 그만큼 빨라질 것이다.

기승자가 어떻게 배우고 수행할 것인가에 대한 고민이 있고 수행하는 과제분석으로 답을 찾는다면 그만큼 더 빠르게 더 높은 기승술을 익혀나갈 수 있다.

2) 과제분석

기승술을 강습하는 데 있어 기본적인 내용은 비장애인에게 강습하는 것과 다를 것이 없다. 그러나 장애나 정서 상태를 고려하여 동작을 설명하는 데 시간적인 여유를 가지고 지속적으로 반복하며, 다양한 지도방법이 필요할 수도 있다.

예를 들어 '고삐 잡기'를 가르치는 경우, 비장애인은 손의 모양과 위치를 보여주는 것만으로 할 수 있다고 하면, 장애인은 고삐 잡는 절차를 세분하여 단계적으로 설명해야 할 필요가 있다. "첫 번째, 손등 하늘, 손바닥이 땅을 향하게 해서 고삐를 잡고, 두 번째 엄지가 하늘을 향하게 주먹을 세우고, 세 번째, 엄지로 고삐를 누르고, 네 번째……"와 같이 기승술 습득을 목표로 하는 기술에 대해 순서를 설정하고 설명 내용을 세분하는 것을 '과제분석'이라고 한다.

기승술과 관련한 모든 활동에 대해 과제분석을 하여 강습에 활용한다. 하나의 물체를 바라보는 관점에 따라 설명내용도 달라질 수 있는 것처럼 과제분석에 정답이란 없다. 과제분석을 논리적이고 연속적인 단계로 기승자의 목적이나 수준에 따라 간단하거나 더 세부적으로 시행하면 된다. 다만 주의할 것은 과제수행에 대해 세부적으로 구분하면서 숫자를 넣어 순서를 정해주는 것이다. '첫째……, 둘째……, 셋째……'와 같이 기승자가 수행해야 할 과제에 대해 구분해주는 것이다.

기승자가 한 번의 강습으로 기승술의 과제분석을 이해하고 수행하는 것은 불가능하다. 지도사는 반복적으로 설명하고 이해하는 부분이 어느 정도인지 반복해서 확인해나가면서 강습을 진행한다. 기승자에 따라 다르겠지만 회차가 진행되어가면서 점차 과제분석의 내용을 이해하게 되고 누적되면 수행할 수 있게 된다. 자폐나 심한 지적장애 같이 의사소통이 안 되는 경우도 과제분석에 의한 강습을 실시한다. 아무런 반응이 없는 기승자를 보면 지도사는 가끔 강습운영

[표 5-3] 다양한 과제분석(예)

과제	분석	과제	분석
고삐 잡기	① 손등은 하늘, 손바닥은 지면을 향함 ② 주먹 세우기 ③ 엄지로 고삐를 눌러 미끄럼 방지 ④ 손과 손 사이는 주먹이 하나 들어갈 정도로 하여 아랫배 앞에 놓기	바른 자세	① 어깨 펴기 ② 다리 안쪽 밀착 ③ 등자 밟기 ④ 뒤꿈치 내리기 ⑤ 말 귀 사이로 진행 방향 바라보기
정지	① 상체 세우기 ② 두 손으로 똑같이 바로잡아 고삐를 연결하여 팽팽하게 하기 ③ 음성 사용하기 ④ 두 팔 당기기(팔꿈치는 옆구리를 스친다) ⑤ 당겼던 두 손을 아랫배 앞에 나란히 놓기	왼쪽/오른쪽 방향전환	① 고삐를 바르게 잡는다. ② 오른쪽 고삐를 확인한다. ③ 회전할 방향을 본다. ④ 체중을 이동한다. ⑤ 다리 부조를 적용한다. ⑥ 고삐를 당긴다. ⑦ 자세를 유지한다. ⑧ 고삐 당기기를 멈춘다. ⑨ 다리 부조를 멈춘다. ⑩ 체중 이동을 멈춘다. ⑪ 나아갈 방향을 본다.
왼쪽(오른쪽) 방향으로 회전하기	① 두 손 똑같이 팽팽히 고삐 잡기 ② 상체 세우기 ③ 진행 방향 바라보기 ④ 왼쪽(오른쪽) 팔꿈치가 왼쪽(오른쪽) 옆구리 방향으로 스치듯이 당긴다. ⑤ 두 손을 아랫배 앞에	등자 밟으며 일어서기	① 상체를 살짝 앞으로 숙이기 ② 두 손(한 손)을 말 목 혹은 핸들에 의지하기 ③ 다리를 말에게 감싸듯 밀착하기 ④ 등자 밟으며 일어나기 ⑤ 정면을 보며 턱을 들어서 균형 잡기
일반 기승법	① 말 이름 부르기 ② 기승상태 확인 ③ 두 손은 안장머리에 ④ 왼발은 등자에 ⑤ 오른발 들어 넘기기 ⑥ 가볍게 앉기 ⑦ 출발	일반 하마법	① 상체 숙이기 ② 오른다리 넘기기 ③ 왼쪽 골반 및 등 지지 ④ 착지

에 대해 스스로 회의를 느낄 수도 있다. 그래도 강습계획서 강습 목표에 설정되어 있는 기승술은 반드시 과제분석에 의해 강습을 실시한다.

기승자는 반응이 없어도 듣고는 있다. 반복되는 과제분석에 의한 강습에 언젠가는 놀라운 반응을 보일 수 있다. 지도사는 강한 인내심을 가지고 강습에 임해야 한다.

〈표 5-3〉에 제시한 과제분석은 단순한 예시이다. 무조건 똑같이 해야 하는 것은 아니다. 같은 과제이더라도 기승자에 따라 분석내용이 달라질 수 있고, 같은 기승자이더라도 기승술의 발전 정도에 따라 분석내용이 달라질 수 있다. 과제분석을 논리적이고 연속적인 단계로 기승자의 목적이나 수준에 따라 간단하거나 더 세부적으로 시행하면 된다.

3) 의사소통

지도사는 기승자는 물론 말 리더나 사이드워커 및 말과도 지속적으로 연결되어 있어야 한다. 강습을 시작하면서 서로의 안부는 물론 강습에 대한 전반적인 내용도 이야기가 되었어야 한다. 지도사가 강습을 지속할 수 있는 것은 기승자와 봉사자가 지속적으로 센터를 방문하여 강습에 참여해주기 때문이다. 봉사자와는 인간적인 관계를 형성함으로써 강습 등 자원봉사 참여의지를 지속할 수 있다. 사적인 내용을 너무 깊이 알 필요도 없고 일부러 알려고 해서도 안 되지만, 건강 등 강습과 관련된 일반적인 내용은 서로 안부로 묻는 정도의 친밀한 관계를 유지하도록 해야 한다.

지도사는 강습 중에 기승자만 보고 강습을 진행하지 말고 강습에 참여하는 봉사자와 말에 대한 배려도 적극적으로 한다. 키가 큰 사이드워커에게 발목 지지를 계속 시키거나 기승자에게 속보 교육을 한다고 쉬지 않고 속보를 수행하면 말 리더나 사이드워커는 쉽게 지치게 된다. 사이드워커가 숨을 헐떡인다면 기승자에 대한 보조도 흐트러지게 마련이다. 속보 후 말 리더나 사이드워커는 물론 말이 잠시 쉴 수 있도록 여유를 두고 기승자에게 과제분석에 대한 설명과 방금 수행한 것에 대한 평가를 하여 구체적인 칭찬과 잘못된 부분에 대해 교정을 해주어야 한다. 강습 회차에 따라 최소 보조로 점차 진행하면서 기승자가 독립기승을 할 수 있도록 하는 것은 물론 강습시간 내에도 기승술이 발전해나가도록 사이드워커나 말 리더의 역할을 조정하여 불필요하거나 과도한 봉사자들의 보조가 발생하지 않도록 한다. 강습계획서 수립 단계에서 봉사자의 승마에 대한 이해도나 체력적인 수준을 살펴보고 강습 목표도 재확인한다.

기승자에 대해 보조 자세도 수시로 점검하고, 필요하다면 사이드워커의 위치를 상호 교대해 주어야 한다. 교대를 할 때는 한쪽 사이드워커가 더욱 단단히 지지하고 다른 쪽 사이드워커는 반대쪽으로 가서 지지를 교대한 다음 나머지 사이드워커도 반대쪽으로 이동한다. 강습 중 필요하다면 사이드워커가 말 리더나 지도사에게 잠깐 쉬는 것을 요청할 수도 있다.

초보 지도사는 기승자에게 집중하다 보면 말 리더와 사이드워커에게 강습 중 한마디의 말을 건네지도 않거나 겨우 "~을 확인해주세요", "○○해주세요" 등 간단한 부탁만 하는 실수를 하게 된다. 강습이 끝나고 진정한 자원봉사를 했다는 뿌듯한 마음이 들 수 있도록 신체적·심리적으로 무리하지 않는 범위에서 강습에 참여하도록 한다. 반대로 지도사가 요청하지 않았음에도 강습에 나서서 지도사의 역할을 대신하려는 경우도 드물게 있을 것이다. 이는 근본적으로 지도사가 역할을 충실히 이행하면 발생하지 않을 일이다. 마찰을 피하고 강습이 끝난 후 지도사와 사이드워커의 역할에 대해 상의해본다.

지도사는 강습에 참여하는 모든 사람과 말 사이에 중간적인 입장에서 상호 간에 관계를 조정하고 모두가 만족할 수 있는 조정자 역할을 수행한다. 말의 경우도 평보나 속보 수준의 기승 강습만 이루어지다가 구보 강습을 하려고 하면 말이 준비되지 않은 경우도 있다. 운동부족 등으로 체중이 늘어 구보를 거부하거나 기승자가 잘못된 부조를 사용한 그동안의 강습들에 의해 말이 부조 신호를 인지하지 못하는 일이 발생할 수 있으므로 원활한 의사소통을 위해 지도사는 강습 외에도 말의 훈련을 게을리해서는 안 된다. 의사소통을 위해서는 장비를 사용하는 것도 고려해야 한다. 시각장애인을 위해 마장의 주요 지점에 벨을 들고 서 있는 고지자를 배치하거나 헬멧에 붙어 있는 헤드셋으로 구성되어 있는 무전기를 사용하는 것 등이 해당된다.

지도사, 기승자, 말 리더, 말 상호 간에 각각 의사소통이 원활하게 이루어져야 성공적인 강습을 기대할 수 있다.

4) 학습 스타일

본운동은 기승술을 익히고 습득하는데 목적이 있다. 지도사는 자신이 알고 있는 기승술을 어떻게 효율적으로 장애를 가진 기승자에게 전달할 것인지에 대해 고민해야 한다. 비장애인에 대한 승마 강습과 비교하여 핵심 내용 면에서는 다를 것이 없으나 그대로 적용하기에는 무리한 경우가 있기 때문이다.

기승자에 따라 지도사의 설명 자체를 인지하지 못하는 경우도 있고, 설명에 대한 내용은 이해하지만 이를 수행하기에는 기승자의 신체적, 정신적 혹은 환경적인 조건이 허락하지 않는 경우도 있다. 따라서 기승자가 강습에 참여하여 효율적인 강습이 되기 어려운 저해요소들을 사전에 파악하고 제거하도록 노력해야 한다. 우선적으로 기승자의 학습 스타일을 파악하여 적절한 방법을 활용함으로써 강습을 더욱 유용하게 하는 것이 필요하다.

> **Tip**
> **마장의 주요 지점**: 사각마장인 경우 각 코너 부분이나 주요 지점. 장애물 넘기를 하는 경우는 장애물 옆

학습 스타일에 관한 여러 이론 중 Waler B. Barbe(교육자) 등의 이론에 따르면, 학습 스타일은 크게 '청각', '시각', '운동'으로 구분되고, 청각적 학습자는 듣는 것에 의해 잘 기억하거나 학습할 수 있고, 시각적 학습자는 본 것을, 운동적 학습자는 직접 해본 것을 통해 원활하게 학습할 수 있다. 그렇다고 기승자 모두가 100% 청각적 학습자나 시각적 학습자 또는 운동적 학습자로 구분되는 것은 아니다. "이 기승자는 청각적 학습자"라고 분명하게 구분되는 것은 아니라는 의미다. 시각장애인의 경우는 시각적인 방법을 제외하거나 청각장애인의 경우 청각학습을 배제하고 강습한다는 것이다. 비장애인의 경우도 명확한 전달을 위해서는 청각, 시각, 운동학습을 모두 동원해야 할 경우도 있고, 멀리 떨어져 있어 청각적인 방법과 운동적인 방법을 사용하기 어렵다면 시각적인 방법만 사용한다는 것이다.

장애, 인지, 주의집중, 환경 등 다각적인 것을 검토하여 가장 효과적인 방법을 하나 또는 그 이상 조합하여 이용한다. 그 대신 개인차를 고려하여 기승자가 어떤 학습 스타일인지 파악하고 그 부분에 비중을 더 두어야 한다는 것으로, 청각적인 방법과 시각적인 방법을 같이 사용하는 것과 같이 이들을 혼합할 수 있지만 어느 부분에 비중을 더하는 것이 중요하다. 상황에 맞도록 적절하게 선택해야 한다.

이러한 시각, 청각, 운동학습 방법 외에도 지도사는 효율적인 학습이 진행될 수 있도록 변형된 기승술을 적용하고 말은 이에 적응 훈련이 되어 있어야 한다. 인지능력이 떨어지지 않는 비장애인이라고 할지라도 마장마술 경기를 보면 모든 것은 말이 하고 선수는 그저 말 위에 가만히 앉아 있는 것처럼 보일 수 있다. 이는 마장마술 선수가 손과 다리 등을 이용해서 쉴 틈 없이 바쁘게 부조를 주어 말의 모든 동작을 통제하는 기승술이 눈에 보이지 않거나 이해가 되지 않는 것으로, 장애나 인지능력과는 관계가 없다.

이런 관점에서 보면 일반적인 기승술 동작이 어떤 기승자에게는 아무런 소용이 없을 수도 있다. 예를 들면 마장마술 선수는 작은 손가락 움직임으로 고삐 조정을 통해 말을 제어하는 것이 비장애인의 눈에 보이지 않거나 이해되지 않는 것처럼 말을 오른쪽으로 보내기 위해 오른손을 허리에 가져가는 것이 어떤 기승자에게는 보이지도 않고 이해되지 않을 수 있다. 이럴 때는 고삐를 쥔 손을 옆구리로 가져가는 것보다 옆으로 활짝 열어(벌려) 지도하고자 하는 동작을 분명히 기승자에게 인식시켜줄 필요가 있다. 물론 사전에 그러한 고삐 사용이 말에게 익숙하도록 훈련되어 있어야 한다.

지도사는 기승자의 기승술 향상을 위해 다양한 교육방법을 이해하고 적용할 수 있어야 한다.

간혹 초보 지도사는 표준강습 매뉴얼이 없는 것을 안타까워한다. 그러나 다양한 장애유형과 그로 인해 나타나는 증상, 그리고 성격 및 환경 등 장애인 각자의 개인차를 고려하면 표준강습 매뉴얼을 그대로 적용한다는 것은 위험천만한 일이 될 수 있다. 표준강습 매뉴얼이 만들어지거나 다른 유사 장애유형의 강습 진행을 관찰하거나 계획서를 보더라도 그저 더 나은 강습을 위해 참고만 해야 한다. 똑같이 강습한다는 생각은 버려야 한다. 어떤 기승자는 몇 분 사이에 강습을 진행할 수 없을 정도로 상태가 악화되거나 반대로 좋아질 수 있다. 강습계획서 작성 단계에서 기승자의 장애에 대한 이해는 물론 성격이나 그동안 진행해왔던 모든 강습 상황을 이해하고 계획을 수립한다. 강습 진행 도중 발생할 수 있는 모든 상황에 대해 바르고 의연하게 대처하며, 기승자가 기승술을 향상할 수 있는 여건을 지속적으로 제공해줘야 한다.

강습시간에 발생하는 모든 일은 오로지 지도사의 책임 하에 있다.

5) 기승술의 발전(progress)

기승자들을 위한 운동을 선정하고 시행하는 데 있어서 회차가 진행될수록 기승술이 향상되어야 한다. 또 1일 강습시간 내에도 기술적인 향상이 있도록 해야 한다. 비록 기술의 진전이 비장애자보다 더디고 늦더라도 장기적인 목표가 '독립기승'이라는 점을 생각해야 한다.

장기, 중기, 단기 및 1일 강습계획서에는 달성할 수 있고 평가가 가능한 학습내용을 강습 목표로 설정하고 강습을 시행한다. 비장애인도 기승기술을 포함한 모든 학습에 있어 그 향상 정도가 상향직선 또는 계단식으로 계속해서 상승해나갈 수만은 없다. 더구나 장애인이나 정서적인 문제를 가진 재활승마 대상자는 개인적인 학습여건이 비장애인에 비해 현저하게 제약을 받는 상황이기 때문에 기승술의 향상을 기대하기 어려울 수 있다. 오히려 전날 또는 1주일, 더 나아가 한 달 전에 비해 오히려 뒤떨어지는 경우도 있다. 따라서 승마를 하기 전까지 수없이 겪어왔을 좌절을 또다시 경험하지 않고 강습에 즐거움을 가지고 참여하며, 승마기술이 조금씩이나마 발전해나갈 수 있도록 강습 목표를 설정하고 진행한다.

지도사는 강습을 준비하고 시행함에 있어 기승자를 위한 특수한 도구가 점차 일반 마장구로, 허벅지 보조에서 발목 보조로, 3명이었던 보조자를 줄이거나 보조 강도를 줄여 독립기승이 가능할 수 있도록 전략을 세워야 한다. 이때는 기승자의 기술 습득 상태나 강습에서 컨디션 등을 정확하게 파악한 뒤 적용해야 한다. 어제까지만 해도 맨손 보조(사이드워커가 곁에서 걷기만 하는 것) 정도의 보조가 필요했던 기승자라도 오늘은 두 손 보조(사이드워커의 한 팔은 기승자의 허벅지, 한 손은 발목을 보조하는 것)가 필요한 상황이 될 수도 있기 때문이다. 그래서 재활승마에서는 독립기승이 가능한 기승자라 할지라도 한 명의 기승자를 위해 강습시간에 최소한 말 리더와 한 명의 사이드워커를 배치한다. 한 명의 사이드워커가 지지하는 경우는 기승자의 균형이 오히려 깨질 수 있으므로 주의한다.

강습을 진행하다가 지도사의 판단에 의해 점진적으로 '사이드워커 배제 → 리드라인 제거 → 말 리더 배제 후 독립기승'과 같이 실시하고 점진적으로 독립기승시간을 늘려가는 방법을 사용한다. 독립기승 후에는 '말 리더 참여 → 리드라인 장착 → 사이드워커 참여'와 같이 처음 강습 수준으로 회복하여 기승자의 마무리 운동을 돕는다.

[표 5-4] 재활승마의 기술적인 강습 발달

기술 예시	수행 방법
말의 보법	· 평보 → 속보 → 구보
말의 움직임	· 최소 움직임 → 최대 움직임
사이드워커의 보조 위치	· 기승자의 보조 위치: 몸통 → 골반 → 넙다리 → 무릎 → 발목
보조자 배치	· 말 리더, 사이드워커(2인) → 말 리더, 사이드워커(1인) → 말 리더 → 리드라인을 길게 → 독립
운동의 단계적 변화	· 준비 운동을 할 때: 등자쇠에 발을 넣고 지지 → 등자쇠에서 발을 뺀 상태로 균형 유지 · 반전경자세(half seat)를 시도할 때: 안장머리에 두 손 올려놓기 → 한 손 올려놓기 → 두 손을 잠깐 사용하지 않음 → 두 손을 계속 사용하지 않음
운동 도형	· 직선 → 커브 → 원 · 큰 도형 → 작은 도형
말 위에서의 독립성	· 기승자가 조종하지 않음 → 말 리더가 있지만 말 다루기를 배움 → 말 리더 없이 말을 다룸
경속보 동작	· 정지 → 평보 → 속보 · 안장손잡이 잡기 → 고삐와 안장손잡이 같이 → 고삐 잡고 안장손잡이에 새끼손가락 걸치기 → 고삐 잡기
횡목 이용	· 횡목0 평보 → 횡목1 평보 → 횡목2 평보 → 횡목3 평보 → 횡목0 속보 → 횡목1 속보 → 횡목2 속보 → 횡목3 속보 · (*숫자는 횡목의 개수) · 횡목 간격을 넓게 → 횡목 간격을 좁게

[그림 5-14] 출발(파란색)과 정지(빨간색)를 활용한 신호등 게임 도구

앞면　　　뒷면

기승자의 기승능력을 점진적으로 향상시키는 강습방법의 예를 보면 다음 〈표 5-4〉와 같다. 이와 같이 승마기술을 습득시키고 기승능력을 향상하기 위해서는 기승자나 자원봉사자가 즐거운 마음을 가지고 적극적으로 강습에 참여하도록 유도해야 한다. 새로운 코스를 제시하거나 다양한 게임을 하는 것도 좋은 방법이다.

　예를 들면 말의 출발과 정지를 가르친 다음 이에 대한 기술 습득이 확실하게 되었는지, 원활하게 활용하는지를 확인하고 습득된 기술을 유지 및 발전시키기 위해 '신호등 게임'을 수행하는 방법이 있다. 승마장의 길이 방향으로 직선으로 이동하면서 〈그림 5-14〉와 같이 지도사가 제시하는 신호를 보고 출발과 정지, 그리고 벌칙을 수행하면서 지정된 장소에 먼저 도착하면 승리하는 게임이다. 그러나 게임을 할 때 과도한 경쟁은 피하도록 하는 것이 가장 중요하다. 자칫 흥미 유발과 기술의 습득 및 향상을 위한 게임이 기승자에게는 상처가 될 수 있기 때문이다.

　이러한 게임 외에도 노래 등을 이용하여 기승자의 흥미를 유도하는 방법이 있다. 예를 들면 "즐겁게 평보하다가 그대로 멈춰라♬" 같은 동요를 이용하여 출발과 정지를 교육하는 것과 성인 기승자를 위해서는 유행가를 이용하여 속보 박자를 맞추는 것도 속도 증가에 따른 두려움과 긴장을 늦추는 데 도움이 될 것이다. 다만 다양한 방법을 동원하는 것이 교육의 목적에 벗어나거나 단순히 흥미 위주로만 끝나지 않도록 주의한다.

3 마장의 이용

1) 운동의 기본 도형

　재활승마에 있어서 직선운동을 주로 하는 초급 수준에서 벗어나면 다양한 기본 도형 그리기를 통해 한층 더 향상된 기승술을 습득할 수 있다. 기승자가 초급 수준을 벗어났다고 해도 말 리더가 만일의 경우를 대비해서 말을 통제하지만, 기본적으로는 기승자가 스스로 말을 통제할 수 있도록 시도해본다.

　다음에 제시한 기본 도형은 재활승마를 시행하는 데 있어서 의도하지는 않았지만 평상시 강습에서 그리는 도형이다. 아직까지 국내에서는 이에 대한 특별한 목적을 가지고 교육은 이루어지지 않고 있다. 재활승마의 대상을 장애인에 국한하지 않고 정서적인 문제를 가진 사람으로 확대하고 재활승마의 궁극적인 목표가 기승자의 독립기승이라는 점을 고려한다면 적용 가능한 기승자를 대상으로 이 부분에 대한 교육도 이루어져야 한다.

　다음 내용은 운동 시 기본 도형에 대해 지도사가 과제분석을 작성할 때 이용할 수 있도록 운동 원리와 방법에 대해 상세히 설명했다. 원통이나 콘을 놓고 도형을 그린다면 쉽게 접근해서 강습할 수 있다.

(1) 원운동

승마를 배우기 시작하면 직선코스에서 '출발'과 '정지'를 실시한 뒤 곧바로 목책(fence)을 세워 원형 트랙(track)을 만들어놓은 곳에서 승마를 하는 경우가 있다. 그러나 이 운동은 엄밀히 말해 '원운동'이라고 할 수 없을지도 모른다. 말이 기승자의 요구에 의해 움직이는 것이 아니라 기승자의 의지와 상관없이 목책 안을 걷거나 뛰기 때문이다.

여기서 말하는 원운동은 목책이 없는 상태에서 지면에 원을 그리는 것으로, 원을 그려보지 않은 기승자에게 처음부터 원을 그리기란 쉬운 일이 아니다. 따라서 삼각콘이나 원통을 중심에 세워놓고 원을 그리는 연습을 한다. 원을 그릴 때 주의해야 할 점은 말이 가는 방향으로 벤딩이 되어 있는지 확인해야 한다. 그렇다고 너무 많은 벤딩을 요구해선 안 된다. 따라서 기승술의 발전이 큰 원에서 점차 작은 원으로 발전해나가는 것이다. 말이 가는 방향으로 벤딩이 되어 있어야 원을 그리기 쉽다. 가는 방향의 반대쪽을 보면 말의 입장에서 엇박자가 나고 기승자는 쉽게 중심을 잃을 수 있다. 사람도 운동을 할 때 가는 방향이 아닌 반대 방향을 보고 간다면 원활한 운동이 될 수 없다.

기승자가 기승하기 전에 말 리더가 말과 함께 직접 걸으면서 원을 그려보는 것 또한 말이 적응하는 데 도움이 된다. 말 리더는 말에게 요구만 하는 것이 아니라 양보도 할 줄 알아야 한다. 말이 하기 싫은 속보를 억지로 하게 되면 말의 머리는 올라오고 말의 등은 내려가게 되어 반동이 커진다. 반동이 커진 상태에서 원운동까지 하게 되면 기승자는 쉽게 균형을 잃을 수 있다. 말 리더나 기승자가 말에게 요구할 때 말은 기승자에게 집중하게 되고 기승자 또한 집중력을 기를 수 있다. 속보를 시행하거나 원운동을 하는 것이 중요한 게 아니다. 말이 스스로 기승자의 부조나 말 리더의 요구에 의해 속보를 할 수 있도록 하고 말 리더가 억지로 말을 끌어당기지 않도록 한다.

[그림 5-15] 원운동

주의
두 손 모두 너무 세게 당기지 않도록 한다. 요구와 양보는 필수!

기승자가 혼자 원을 그릴 때 벤딩은 말 눈의 눈썹이 살짝 보여야 한다. 그러기 위해서는 가는 방향의 손을 살짝 옆구리 뒤로 당긴다. 단, 과도하게 당기지 않도록 한다. 바깥쪽 손은 부드러우면서도 팽팽하게 고삐를 연결한다. 안쪽 다리는 복대 가까이 위치하고 추진을 준다. 바깥쪽 다리는 복대 뒤에 위치하고 말이 바깥쪽으로 나가지 못하게 막아준다. 바깥고삐로도 막아줄 수 있다. 말에게 요구해서 말 머리가 떨어지고 입이 가벼워지면 안쪽 손 또한 양보해야 한다. 양보를 한다고 해서 고삐를 놓아주는 것이 아니라 고삐는 연결된 상태에서 힘만 살짝 빼준다. 이때 바깥쪽 고삐는 계속 팽팽함을 유지하고 주먹은 부드러워야 한다. 가는 방향을 보는 것도 중요하다. 가는 방향을 보면 얼굴만 돌리는 게 아니라 상체도 살짝 가는 방향으로 틀어지기 때문에 주먹과 다리를 많이 사용하지 않아도 무게중심으로 인해 말은 기승자가 보는 방향으로 이동하게 된다.

원 그리기는 고삐 사용과 말 사이의 간격유지를 위한 목적으로 많이 이용되고 있다. 기승자나 말 리더는 말이 원을 그릴 때 안쪽 사이드워커가 삼각콘이나 원통에 부딪히지 않게 주의한다. 그리고 어느 정도 평보에서 원그리기가 익숙해지고 속보와 구보가 익숙해지면 각각의 걸음걸이에서도 원그리기를 시도해 본다.

(2) 나선형 운동

평보로 마장 중앙에서 약 20m 원을 그리고, 시작한 선을 중심으로 약 10m의 작은 원 크기로 줄인다. 계속 원을 그린다고 말과 기승자 모두 중심을 잃어서는 안 된다. 기승자는 원을 그릴 때 안쪽으로 많이 기울지 않도록 주의한다. 원을 그릴 때는 원운동과 같은 방법을 이용하지만, 원을 줄여나갈 때는 바깥쪽 다리는 말의 뒷다리를 통제하고 바깥쪽 고삐는 말의 어깨를 통제한다는 것을 기억한다.

바깥쪽 다리는 안쪽으로 밀어주고 안쪽 다리로는 추진을 한다. 이때 바깥쪽 고삐는 너무 강하지 않게 안쪽으로 당겨주면서 말의 바깥쪽 어깨가 빠지지 않도록 막아준다.

[그림 5-16] 나선형 운동

(3) 8자 도형

처음부터 바로 8자를 그리기는 어렵다. 기승자가 초급일 때는 방향전환에 응용한다. 양쪽에서 20m 크기의 두 원을 그리고 서로 만나는 지점을 중앙인 반동전환지점(★)이라고 생각한다. 원을 양쪽에 따로 그려서 가운데 지점이 서로 맞닿도록 그려본다. 숙지가 되었으면 8자를 이어서 그려본다.

원을 그리고 서로 만나는 지점을 지나기 바로 전에는 직진성을 유지한다. 즉, 말의 목도 일자가 될 수 있게 한다. 반동전환지점을 지나면 반대 방향으로 원을 그려서 8자를 완성한다. 반대 방향으로 원을 그릴 때는 벤딩 방향과 부조의 위치도 바꿔줘야 한다는 것을 기억해야 한다. 평보가 익숙해지면 속보와 구보도 시도해본다. 경속보 시 방향

[그림 5-17] 8자 도형

전환할 때 반동도 바꿔줘야 한다는 것을 기억한다.

(4) 작은 루프(loops)

목책을 따라 반원을 그리며 내려가는 것이 루프다. 사이사이에 삼각콘을 설치하고 방향을 전환한다. 이때 삼각콘의 설치는 홀수로 해야 마지막 삼각콘까지 이용할 수 있다. 중형 승마장을 5등분하고 4개의 반동전환지점(★)을 마음속으로 지정(승마장 목책 또는 실내마장의 벽을 이용해 알파벳 등 표지판을 설치하면 거리를 균등하게 나눌 수 있다)한다. 삼각콘과 반동전환지점(★)을 지나면서 반대 곡선을 그릴 준비를 한다. 이렇게 곡선을 좌우로 번갈아가며 마장 끝에서 반대편 끝까지 루프를 그린다. 중앙을 중심으로 그리기 때문에 반원을 크게 그리지 않아도 된다.

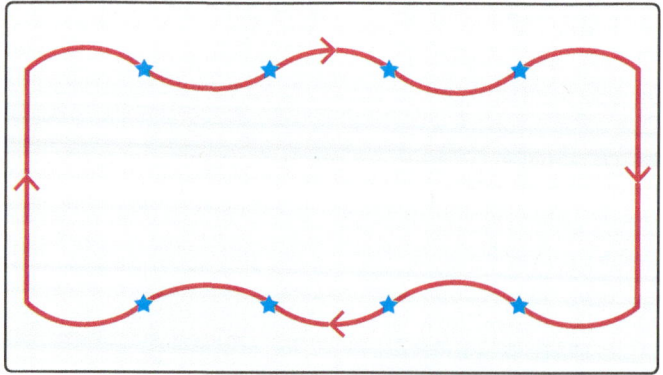

[그림 5-18] 작은 루프

말은 기승자가 가고자 하는 방향으로 가야 한다. 곡선을 그릴 때 가는 방향으로 벤딩을 해주며, 기승자의 다리와 손의 위치, 균형까지도 바꿔주어야 한다.

루프를 그리면서 방향을 바꿔줄 때 미리 방향전환 준비를 하면서 서서히 바꿔준다.

(5) 사승(서펜타인, serpentine)

이 운동은 작은 루프보다 더 명확한 반원을 그린다. 마장의 크기에 따라 아래의 모양을 각각 그릴 수도 있다.

말이 중앙으로 왔을 때는 직진성을 유지한다. 그리고 방향을 바꿔줄 때 미리 벤딩과 자세 바꿀 준비를 해준다. 이때 다리와 주먹의 위치, 무게중심을 바꿔주는 것도 기억해야 한다.

가는 방향으로 살짝 무게중심을 바꿔줌으로써 말과 기승자 모두 균형을 유지할 수 있게 한다. 좌우로 방향을 자주 바꿔준다고 해서 균형을 잃어서는 안 된다.

[그림 5-19] 사승

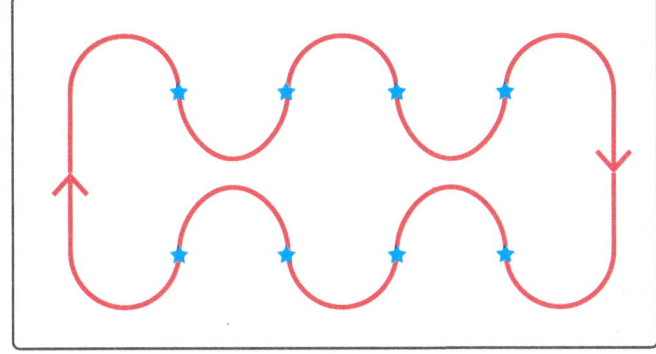

2) 횡목 넘기

흔히 장애물을 넘기 전에 땅에 있는 횡목부터 넘는 연습해야 한다. 구보로 장애물을 넘을 때는 뒷다리가 들어오면서 도약하기 때문에 뒤를 가볍게 해줘야 한다. 그러기 위해 기승자는 전경자세를 취해야 한다. 장애물뿐만 아니라 횡목을 넘을 때도 마찬가지다. 처음부터 구보로 연습하기란 어렵다. 평보 → 속보 → 구보로 단계별로 연습하고 횡목의 숫자도 늘려준다. 평보로 횡목을 넘는다고 해서 안장에 앉아 있지 말고 전경자세를 유지하도록 한다. 평보 상태에서 반복해서 전경자세와 안장에 앉기를 실시하면서 경속보 동작의 원리도 익힐 수 있다. 횡목을 지날 때는 진직성을 유지해서 가운데로 지나간다.

전경자세를 할 때는 발뒤꿈치는 내리고 궁둥이는 들어주고 상체는 앞으로 살짝 기울이되 허리는 펴야 한다. 발뒤꿈치를 내릴 때 발이 앞으로 나가지 않도록 주의한다. 단지 발이 허공에 있을 뿐 땅을 밟는다고 생각하면서 뒤꿈치를 내리는 것도 좋다. 중심을 잡기 위해 고삐는 당기지 않는다. 고삐가 없어도 전경자세를 할 줄 알아야 한다. 그러기 위해선 전경자세로 많은 연습을 하여 다리 힘을 길러주어야 한다.

평보로 횡목을 지나는 것에 익숙해지면 좌속보, 경속보, 구보로도 시도해본다. 좌속보는 평소와 같이 상체로 반동을 흡수한다. 경속보를 할 때는 말의 발걸음이 더 경쾌함을 느낄 수 있다. 발이 조금 높이 올라간다고 균형을 잃어선 안 된다. 그대로 일어났다 앉았다를 반복하면 된다. 반동을 흡수하기 벅찰 때 쉽게 할 수 있다. 전경자세로 속보를 할 때는 평소보다 더 확실하게 뒤꿈치를 내리고 양쪽의 다리와 종아리로 균등하게 체중을 주어 균형을 잡을 수 있다.

횡목을 지나는 것은 말의 유연성을 길러준다. 또한, 항상 같은 운동을 반복하는 기승자들에게 재미와 성취감을 줄 수 있다.

3) 단순 장애물 설치

① 지정된 기둥에 지정된 색고리 넣기

색에 대한 인지와 고삐를 이용한 정지 및 출발능력을 향상시킨다. 고리를 선택하고 들어 올릴 때까지는 소근육 활동, 고리를 막대에 넣을 때 다리 및 몸통 근육 사용으로 균형능력 발달을 기대할 수 있다. 처음에는 손을 앞으로 조금만 뻗은 위치에서 말을 세웠다가 점점 거리를 멀어지게 하고, 방향도 몸통을 돌려 뒤로 돌아야 할 정도의 위치를 만든다. 사이드워커의 도움으로 고리 넣기를 성공하도록 하고, 성공 시 격려하고 자신감을 북돋운다.

② 지그재그 연습하기

좌우 방향에 대한 인지와 고삐 사용능력을 향상시킨다. 막대의 거리를 넓혔다가 점차 거리를 좁히기도 하고, 느린 평보에서 시작하여 점차 속도를 증가시켜 속보에도 도전한다. 처음 고

[그림 5-20] 단순 장애물

① 지정된 기둥에 지정된 색고리 넣기
② 지그재그 연습하기
③ 방향전환
④ 장애물 코스 지나기
⑤ 전경자세로 횡목 넘기

삐 사용은 사이드워커의 도움을 받고 말 리더에 의해 막대를 돌아 지나가지만, 점차 사이드워커나 말 리더의 개입을 줄이면서 기승자 스스로 도전하도록 배려한다.

③ 방향전환

②의 경우보다 고삐 사용에 더 익숙해야 하며, 다리 부조도 사용할 수 있어야 한다. ②가 완전히 숙달된 후 다음 단계를 수행한다. 사승 운동과 같다.

④ 장애물 코스 지나기

②와 ③의 경우와 달리 정확한 고삐를 사용해야 장애물을 넘지 않고 빠져나올 수 있다. 이때 집중력이 요구된다.

⑤ 전경자세로 횡목 넘기

전경자세를 유지하여 다리 근육 사용을 증가시키고, 균형 유지와 경속보 리듬을 익힐 수 있다.

4) 복합 장애물 설치

다양한 승마기술에 대한 교육이 이루어졌다면 종합적인 기승능력의 향상과 함께 집중력 향상, 근력 향상 등 긍정적이고 다양한 효과를 기대할 수 있는 장애물 코스를 제시하는 것도 좋은 방법이다.

또한 사회성 향상 등을 고려한다면 강습 팀 내 기승자들과 공감을 형성할 수 있는 게임도 고려할 수 있다. 예를 들면 '모방하기 게임'으로 신체적·인지적인 측면을 고려하여 참여가 가능한 기승자에게 실시한다.

이와 같이 본운동에서 다양한 강습방법을 사용할 수 있으며 이러한 방법들은 기승능력 향상, 근력 향상, 집중력 향상 등을 목적으로 지도사의 철저한 기획과 전략에 의해 계획되고 시행되어야 한다. 또한 이러한 강습방법을 시행함에 있어 발생할 수 있는 경쟁심이나 지나친 체력소모, 기타 스트레스 발생에 대한 대책을 강구하여 원활하게 강습을 마무리하는 것도 지도사의 중요한 의무다. 특히 운동 중에 호흡곤란이나 흉부압박감이 수반되면 운동을 중지하고, 호흡기나 순환기 계통에 대한 질환이나 장애에 유의한다. 본운동은 점진적으로 운동부하와 횟수를 증가시키되 상해에 유의하며 독립기승을 할 수 있도록 기승술을 향상시키는 것이 가장 중요하다.

[그림 5-21] 다양한 복합 장애물 코스

4장
교감활동

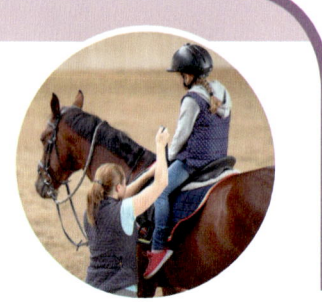

재활승마의 효과 중 정신적·사회적 효과는 말을 비롯한 지도사, 봉사자 등 재활승마 강습에 참여하는 모든 구성원과 기승자 사이의 교감과 깊은 연관이 있다. 지도사는 기승자가 재활승마 강습에 참여하는 동안 지도사의 지시를 따르고 봉사자들의 보조를 받으며 원활하게 소통하고 교감할 수 있는 다양한 방법을 제시할 수 있어야 한다. 또한 기승자가 말과 교감함으로써 얻을 수 있는 긍정적 효과를 극대화할 수 있는 프로그램을 운영할 수 있어야 한다.

동물과의 교감이 사람의 정서에 긍정적 영향을 미칠 수 있다는 사실은 이미 여러 학술 연구 결과를 통해 입증되고 있다. 동물 매개 치료 프로그램을 비롯한 동물 매개 활동은 정서지능 발달, 우울 개선, 스트레스 조절, 대인관계 개선, 문제행동 개선 등의 긍정적 효과를 낳으며 이러한 동물 매개 활동의 핵심은 동물과의 교감에 있다. 재활승마 또한 말과의 교감을 기본으로 하는 활동으로 신체장애 및 정신장애뿐 아니라 정서와 행동문제에도 효과가 있다.

기승자가 말과 교감할 수 있는 활동은 크게 기승과 기승 외 교감활동으로 나눌 수 있다.

1 기승 시 교감활동

1) 승마기술 습득을 통한 교감

지도사는 기승자가 승마기술을 습득하면서 말과 지도사, 봉사자들과 교감할 수 있도록 지도해야 한다. 가능하면 강습 시작에 앞서 봉사자들과 기승자가 눈을 맞추어 인사를 나누도록 하고 강습 중에 도움을 줄 것임을 소개해주는 것이 좋다. 봉사자가 편안하게 느껴질수록 기승자는 조금 더 편안한 마음으로 강습에 임할 수 있으며, 강습 중에 봉사자의 도움을 받는 게임이나 활동을 진행할 때도 적극적으로 교감할 수 있기 때문이다.

기승술에 대한 설명을 할 때는 기승자와 틈틈이 눈을 맞추고 잘 이해하고 있는지를 체크한다. 특히 지적장애가 없는 기승자에게 승마기술을 지도할 때는 단순히 방법만 알려주기보다 부조를 통해 말과 대화를 나누는 것임을 이해하도록 지도한다. 예를 들어 평보에서 속보로 보법을 바꾸고자 할 때 종아리로 말 몸통을 지그시 감싸듯이 꾹 눌러주면 말이 예민한 몸통으로 압박을 느끼고 그것을 신호로 받아들여 걸음걸이를 빠르게 한다는 움직임의 원리를 설명해 준다. 기승자가 이행한 부조대로 말이 잘 따라주었을 때는 잠시 말을 멈추게 하여 말 목덜미를 가볍게 두드리거나 쓰다듬어 칭찬을 하도록 해 말의 체온을 느끼고 교감할 수 있게 해준다. 짧은 칭찬과 스킨십을 통해 기승자와 말이 서로 신뢰하게 해주고 성취감을 맛보게 해주는 것이다.

기승 전후에는 말의 이름을 알려주어 인사를 하도록 하고 고마움을 표현하며, 교감을 나누고 말과 친숙해질 수 있는 시간을 갖도록 해준다.

이처럼 지도사는 기승자가 기승 전후와 기승 중에 신체, 언어, 시선 등으로 말, 봉사자 그리고 지도사와 교감할 수 있는 기회를 최대한 제공해주어야 하며 원활한 소통이 이루어지고 있는지 수시로 살펴보아야 한다.

2) 게임을 통한 교감

기승술이 숙련된 기승자 그룹의 강습 시 게임을 통해 기승자 간의 교감과 소통 활동을 할 수 있다. 순서 바꾸기(leap frog) 게임이 그러한 좋은 예다. 이 게임은 지면에서 하는 등 짚고 뛰어넘기와 유사한 게임으로, 기승자 상호 간에 구두로 합의하거나 지도사의 지시에 따라 양보하고 추월하기를 반복하는 게임이다. 반드시 평보나 속보로 해야 하며, 안전을 위해 구보로는 하지 않는다. 이 게임을 진행하면 기승자 간에 서로 호흡을 맞추고 안전하게 간격을 유지하며, 소통하고 교감을 나누게 되고 협동심을 기를 수 있으며, 더불어 속보와 평보, 속도 제어를 더욱 재미있게 연습할 수 있다.

게임을 하려면 기승자들의 승마 경력과 실력이 비슷한 것이 좋으며, 기승자의 수준에 알맞은 게임을 하도록 해야 한다.

2 기승 외 교감활동

기승 이외의 교감활동으로는 마방 견학, 마방 청소하기, 말 먹이 주기, 말 손질하기, 수장하기, 말 다루는 법 익히기, 말과 함께하는 레크리에이션, 말을 소재로 한 교육 프로그램 등이 있다.

1) 마방 견학

말이 평소에 생활하는 마방을 살펴보게 하여 마방 시설과 도구들, 안전수칙과 함께 말의 습성을 지도한다.

마방에 깔짚은 어떤 것이 깔려 있으며 왜 깔아주는지, 먹이통과 물통은 어떻게 관리해야 하고 말이 무엇을 얼마나 먹는지, 마분은 어떻게 치워야 하고 말이 하루에 몇 번 배설하는지, 말은 어떻게 잠을 자고 휴식을 취하는지, 마방 안에서 주의해야 할 사항이 무엇인지 등을 설명하여 말에 대한 이해를 돕는다.

> **주의**
>
> 마방 견학은 개인 또는 소그룹으로 진행해 지도사가 충분히 통제할 수 있는 규모로 진행하며, 기승자가 떠들거나 말을 놀라게 하는 행동을 하지 않도록 미리 주의를 준다.

2) 마방 청소하기

마방 청소에 사용되는 삽, 빗자루, 마분삽, 갈퀴, 호크, 손수레 등의 도구들을 이용해 마방을 관리해보는 시간을 갖는다. 청소의 각 과정이 말의 어떤 질병을 예방해주며 왜 필요한지를 청소방법과 함께 설명한다. 삽과 갈퀴로 마방 안의 오염된 깔짚을 치우도록 하고, 새 깔짚을 깔게 하거나 마분삽과 호크로 마분을 골라내어 치워보도록 한다. 수거한 마분을 손수레에 실어 마분장으로 옮기도록 하며, 빗자루로 마방 안 통로의 모래와 먼지를 쓸도록 한다.

마방 청소 도구는 기승자의 체격과 신체 기능을 고려해 사용하도록 지도해야 한다. 예를 들어 어리고 체구가 작은 기승자의 경우 마분삽이 크고 무거워 사용하기 불편할 것이다. 이 경우 막대형 손잡이가 있는 거름망 등을 마분삽이나 호크 대신 사용해 마분을 치우도록 할 수 있다. 이처럼 지도사는 기승자의 체격이나 신체 능력에 부적합한 도구를 비슷한 기능을 할 수 있는 다른 도구로 대체해 사용하는 융통성을 발휘할 수 있어야 한다.

3) 말 먹이 주기

말이 평소에 먹는 건초나 사료를 기승자가 배식하도록 하거나 말이 좋아하는 당근, 각설탕 등의 간식을 먹이도록 한다. 말의 먹이는 무엇이며 하루에 몇 번, 얼마나 섭취하는지 알려준다. 그리고 먹이를 먹기 위해 주둥이를 내미는 말의 이나 수염 등을 가까이에서 관찰하게 하고 그 특징을 설명해준다.

4) 말 손질하기

말 손질하기는 말 몸 솔질하기, 발굽 관리하기, 갈기와 꼬리 빗어주기, 목욕시키기 등이 있다. 기승자가 말 몸을 깨끗이 손질해주며 말의 체온을 직접 느끼고 말의 기분이나 상태를 살피

> **주의**
>
> 말 먹이 주기를 할 때는 먹이 앞에서 지나치게 흥분하는 말을 대상으로 하는 것은 위험하므로 피한다. 어린 기승자가 혼자 먹이를 주는 것은 위험할 수 있으니 처음에는 지도사가 기승자의 손을 잡고 함께 먹이를 주는 연습을 시켜주도록 하고, 반드시 말 먹이 도구를 이용한다.

며 말과 교감할 수 있도록 하고, 말 신체의 각 부위를 직접 만져보며 명칭을 익히게 하며, 말 손질에 사용되는 도구의 종류와 사용법을 익히도록 한다. 또한 말 손질이 말의 건강상태 체크, 체모 관리, 혈액순환에 도움이 된다는 것을 알려준다.

말 손질에 사용하는 도구는 글갱이, 몸통용 솔, 뻣뻣한 솔, 스펀지, 발굽파개, 발굽기름 등이 있다. 글갱이로는 말의 몸통 부분부터 둥글게 돌리듯 마사지하며 엉켜 있는 오염물질을 제거해주도록 하고, 솔을 이용해 글갱이로 마사지한 부분을 털어내듯 솔질해주도록 한다. 뻣뻣한 솔로 엉킨 갈기와 꼬리를 빗어주도록 한다.

말 몸통 손질이 익숙해진 기승자들은 발굽 손질을 하도록 지도한다. 말의 발을 들게 하는 방법부터 시작하여 발굽 안쪽 구조와 발굽파개를 이용한 관리방법을 알려준다.

말 손질하기 과정에서 기승자가 말의 눈을 바라보며 말을 건네거나 쓰다듬는 등 직접적인 교감행동을 하도록 유도한다. 이는 기승자로 하여금 점차 말에 대한 친밀감을 갖는 데 도움이 되며, 말에게 친밀감이 형성된 기승자는 말과 함께하는 활동을 매우 좋아하게 되고 정서적 안정을 느끼게 된다.

기승자가 말을 자신이 배려하고 돌봐주어야 할 존재로 인식하게 되면 말에 대한 애정과 책임감을 느끼게 되고 말을 위해 무언가를 해줄 수 있다는 사실에 역할 의식을 갖게 되는데, 이는 곧 자신감 고취와 자존감의 향상으로 이어지는 효과가 있다. 또한 말과 교감하며 소통에 자신감이 생긴 기승자는 봉사자나 지도사 등 타인과의 소통에도 자신감을 갖게 된다. 따라서 신체장애나 지적장애 정도가 심하지 않은 기승자, 정서장애가 있는 기승자의 경우 기승 전후 말을 준비하거나 정리하는 활동에 참여하도록 하는 것이 기승만큼이나 유익하고 도움이 된다.

> **주의**
>
> 기승자가 말을 손질하는 동안 말이 통증을 느끼지 않도록 유의해 살펴봐야 하며, 기승자와 말의 돌발행동을 방지하기 위해 지도사가 가까이에서 말 통제에 도움을 주도록 한다.

5) 장안하기

　기승자가 말에게 안장을 올리는 법과 마장구를 안전하고 올바르게 착용시키는 법을 익히고 실습하도록 한다. 마장구를 착용시키면서 기본마구, 보조마구, 보호마구의 종류, 마구의 각 부분 명칭과 용도를 인지하도록 하며 각각의 마장구가 기승 시 어떤 기능과 작용을 하는지 학습하도록 한다.

　기승 후에 마장구를 벗기는 것 또한 준비 과정과 같은 학습 효과가 있으므로 기승자의 체력을 고려해 두 활동 모두 참여하도록 하거나 둘 중 한 가지 활동에 참여시키도록 한다.

주의

　안장의 복대를 조이거나 말 입에 재갈을 물리는 등 말이 순간적 거부반응을 보이기 쉬운 과정에서 안전사고가 발생하지 않도록 주의사항을 잘 설명하고 감독하도록 한다.

6) 말 다루는 법 익히기

　마방굴레 씌우기, 말을 마방 밖으로 이동시키기, 말 끌기, 마방 안으로 말 넣기, 말 후퇴시키기 등의 전반적인 말 다루는 법을 익히도록 한다. 말의 쉽게 놀라는 습성과 사람이 오른쪽에 서서 통제해주는 것에 익숙하도록 훈련 받은 점을 기승자에게 인지시켜 말에게 안전하게 접근할 수 있게 지도한다.

　지도사가 말에게 접근해 마방굴레를 씌우는 방법을 시범으로 보여준 후 기승자가 실습해볼 수 있게 한다. 기승자가 말이 놀라지 않게 인기척을 내며 오른쪽으로 다가가게 하고, 말을 가볍게 쓰다듬어 인사를 건네 안심시킨 후 마방굴레를 씌워보게 한다. 마찬가지로 마방굴레에 연결된 리드라인으로 말을 마방 밖으로 끌고 나와 함께 걷는 법, 말을 정지시키는 방법도 시범을 보여준 후 실습하도록 한다.

주의

　말 끌기를 주저하는 기승자의 경우 지도사가 기승자와 말 사이에 서서 함께 리드라인을 잡고 끄는 연습을 시켜주는 방법이 효과적이다.

7) 말과 함께하는 레크리에이션

미술활동과 접목한 말과 함께하는 놀이는 기승자의 창의력, 말과의 친근감 형성에 도움을 준다. 말 몸에 그림을 그리며 말에게 스킨십을 하고 알록달록한 물감의 색감으로 감성을 표현하도록 하거나 말 갈기를 땋고 갈기에 집게로 예쁜 장식을 달아 꾸며보도록 한다. 비언어적 수단으로 감성을 표현하고 말과 교감하도록 한다.

> **주의**
>
> 말은 초식동물 특유의 겁 많고 쉽게 놀라는 특성으로 인해 때에 따라 돌발행동을 할 수 있다. 그렇기 때문에 말과 함께하는 모든 활동에서는 그로 인한 위험성을 배제할 수 없다. 말과 함께하는 교감활동을 하고자 할 때는 반드시 기승자의 장애 정도와 컨디션, 말의 평소 기질과 상태, 주변 환경과 위험요소 등을 빠짐없이 확인하고 고려하여 무리가 없다고 판단될 경우에만 시행토록 해야 한다. 또한 기승자가 말을 놀라게 하거나 말 뒤쪽으로 지나다니는 등의 위험한 행동을 하지 않도록 교감활동에 앞서 기승자 눈높이에 맞추어 주의사항을 설명해주어야 하며, 기승과 마찬가지로 교감활동도 지도사의 감독 하에 시행하도록 해야 한다.

8) 말을 소재로 한 교육 프로그램

말을 소재로 한 교육 프로그램은 기승자로 하여금 말에 대한 친숙성과 이해도를 높여 기승자가 말과 교감하는 데 도움을 준다. 말에 대해 학습하기, 말을 주제로 대화하기, 말을 소재로 한 영화와 그림, 작품 감상하기, 말을 소재로 창작하기 등이 이에 포함된다.

말에 대한 학습은 말의 습성, 보법, 말 색 구분하기, 말의 얼굴 무늬 구분하기, 말의 품종, 말 신체 부위 같은 교육 자료들과 함께 설명해주어 기승자가 본인의 워크북에 그림을 그리고 표기하면서 재미있게 이루어지도록 한다. 말에 대한 지식을 학습한 뒤 가로세로 낱말퀴즈를 제작해 기승자가 문제를 풀어보도록 하는 것도 좋다.

지도사는 기승자와 말을 주제로 대화를 나누며 말을 탈 때의 기분, 승마를 배우고 나서 달라진 점, 승마장에서 가장 좋아하는 말과 그 이유 등을 물어보고 기승자의 기분이나 심리의 변화를 파악한다. 지도사가 기승자와의 대화에서 유의할 점은 기승자의 대답에 적절하고 긍정적인 반응과 공감을 하여 기승자의 마음을 열고 소통과 교감에 적극적으로 임하도록 유도하는 것이다.

말을 소재로 한 영화를 감상하여 말에 대한 이해를 돕고 말과의 교감을 간접적으로 체험하게 한다. 또 말을 소재로 한 조각이나 그림 등의 예술작품들을 감상하고 그 작품에서 느껴지는 감정이나 떠오르는 이미지 등을 표현해보도록 한다.

말을 소재로 창작하기는 기승자의 흥미를 유발하는 데 특히 효과적인 활동이다. 말 모양의 나뭇조각에 원하는 그림 그려보기, 편자에 색을 칠해 장식품 만들기, 찰흙으로 말 모형 만들기, 말 그림을 조각내어 퍼즐 제작하고 맞춰보기 등의 창작 활동을 해보도록 한다. 정기적으로 말 그림에 색칠하는 컬러 테라피를 하면서 기승자가 즐겨 쓰는 색의 변화 등을 살펴보면 심리 변화를 파악해볼 수 있다.

9) 말[馬] 없이 즐기는 기승술 향상 게임

① 'trust me' 게임 1
- 앞사람은 눈가리개 착용, 삼각콘으로 장애물/목표 설치, 앞사람과 뒷사람의 같은 손끼리 고삐 역할의 노끈으로 연결, 뒷사람의 고삐 사용 조정으로 앞사람이 걸으며 장애물을 피하여 목표에 도달

② 'trust me' 게임 2
- 앞사람은 눈가리개 착용, 삼각콘으로 장애물/목표 설치, 앞사람과 뒷사람의 같은 손끼리 고삐 역할의 노끈으로 연결, 뒷사람의 고삐 사용 조정으로 앞사람은 넙다리 사이에 공을 끼우고 공을 떨어뜨리지 않게 뛰면서(hopping) 장애물을 피하여 목표에 도달

③ 'trust me' 게임 + 신호등 게임
- 앞사람은 눈가리개 착용
- 지도사의 신호등 표지 색에 따라 출발 지점부터 목표 지점까지 이동과 정지를 반복
- 목표지점에 빨리 도착하는 사람이 우승, 빨간색 신호등에 움직이면 정해진 벌칙 적용 (예: 뒤로 다섯 걸음 등)

④ '넙다리 안쪽으로 공을 잡고 반환점 돌기' 게임
- 삼각콘으로 반환점 설치, 넙다리 안쪽으로 공을 잡고 뛰면서(hopping) 반환점 돌아오기
- 기좌 안쪽 밀착과 연관하여 게임 지도

⑤ 비석치기 게임
- 머리에 돌을 얹고 바른 자세로 걸어가(약 10m) 목표로 하는 상대방 돌에 떨어뜨리기
- 기승 시 허리와 어깨의 바른 자세와 연결하여 지도

⑥ 뒤꿈치 내리기 게임 1

- 계단(단층이 형성된 곳)에서 위 계단에 발의 앞쪽 1/3로 서고 뒤꿈치를 아래 계단 쪽으로 내리고, 무릎을 약간 구부려 두 발로 균형을 유지하고 오래 버티기
- 기승 시 뒤꿈치 내리는 것과 연결하여 지도

⑦ 뒤꿈치 내리기 게임 2

- 계단(단층이 형성된 곳)에서 위 계단에 발의 앞쪽 1/3로 서고 뒤꿈치를 아래 계단 쪽으로 내린다. 한 발(좌우 발 교대)로 균형을 유지하고 오래 버티기
- 기승 시 뒤꿈치 내리는 것과 연결하여 지도

⑧ 굴레 해체 및 조립 게임

- 굴레 각 부분의 명칭 이해하기
- 굴레를 해체하고 주어진 시간 안에 조립하기

⑨ 말의 체중 추정 게임

- 말의 몸통둘레/몸길이 측정
- 말의 체중을 추정 공식을 이용하여 계산

$$\frac{몸통둘레(cm)^2 \times 몸길이(cm)}{11,877} = 체중(kg)$$

3 교감활동의 적용

간혹 재활승마 강습을 처음 시작할 때 겁을 먹고 말 타기를 격렬히 거부하는 기승자들이 있는데, 이 경우에도 기승 외 교감활동이 도움이 될 수 있다. 잔뜩 겁에 질린 기승자를 억지로 기승시키는 것은 오히려 역효과를 낼 수도 있기 때문에 기승자로 하여금 사전에 말과 교감할 수 있는 기회를 주어 공포심을 감소시켜주어야 한다.

기승자를 재촉하기보다 기승 외 교감활동을 선행하면서 중간중간 의사를 재차 확인해 기승자가 스스로 기승을 원하도록 유도하면 기승자는 서서히 마음을 열고 용기를 낼 수 있게 된다.

구체적인 방법을 예를 들면 다음과 같다. 말에게 가까이 다가가 만지기를 두려워한다면 기승자의 언어적 표현에 따라 지도사가 말을 만지거나 쓰다듬어준다. 조금 발전한다면 기승자가 지도사의 팔꿈치 부분을 잡고 점점 발전하면 손목을 잡도록 해본다. 개인적인 차이가 많으므로 사전에 기승 테스트를 통해 말에 대한 접근과 기승이 용이한지 살피고, 기승대에서 곧바로 기승이 어렵다면 기승순서를 맨 뒤로 하여 다른 기승자에게 피해를 주지 않도록 한다. 다른 지도사를 배치하여 강습장에 입장하지 않고 기승하는 것만을 목표로 하거나 복장을 갖추고 다른 기승자가 강습하는 것을 바라보고 강습내용에 대해 설명하기도 한다.

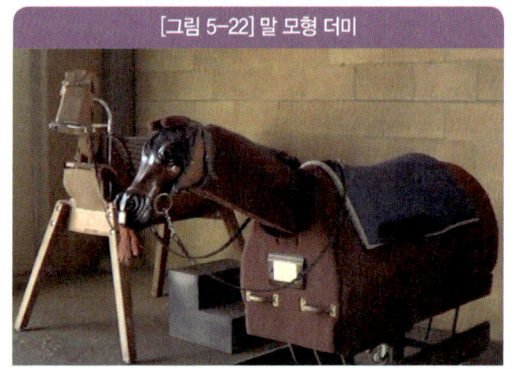

[그림 5-22] 말 모형 더미

말과의 교감 자체를 두려워하는 기승자의 경우 그림, 도서 혹은 영화나 영상 자료 같은 매체를 통해 말에 대한 긍정적인 이미지를 심어주고, 말과의 교감을 간접적으로 경험하도록 하는 것이 도움이 될 수 있다. 따라서 대기실에서 말에 관한 그림책이나 동영상을 쉽게 접하도록 하고 말 그림퍼즐 맞히기, 모형말(dummy horse)에 올라보도록 하는 것도 좋은 방법이다.

[그림 5-23] 기승자들과 함께 말 손질 등 교육을 하기 위해 넓게 만들어진 수장대(양쪽 끝은 벨크로 고정)

5장
교수법과 지도 원리

1 교수법

1) 강습의 원리

강습에서 기승자를 통제하고 영향을 미치는 데는 지도사의 태도가 중요한 역할을 한다. 지도사의 태도가 부드럽거나 약간이라도 저자세의 모습을 보여서는 안 되며, 너무 강하거나 혼내는 태도 또한 부적절하다고 할 수 있다. 기승자에게 필요한 것을 지속적으로 살피고, 모든 상황에 단호해야 하며, 끊임없는 인내와 에너지가 요구된다. 지도사는 기승자들의 자신감을 높여주고, 만족감을 주어야 한다.

재활승마지도사에게는 기승술을 응용하는 창의력이 필요하다. 참가하는 기승자의 연령이나 인지능력을 감안하여 기술을 배우는 것이 지루하거나 힘들게 느껴지지 않도록 해야 한다. 고삐를 잡고 방향전환을 막 배우기 시작한 기승자를 위해서는 간단한 코스를 만들어 통과하게 하거

[표 5-5] 강습의 원리

구분	내용
설명하기	단순명료하게 하라. 왜, 무엇을, 언제, 어떻게 할 것인지 간단하게 설명하기
보여주기	보고 따라 할 수 있게 해주어라. 실제 지도사가 기승상태가 아닐 가능성이 높기 때문에 필요시 모범 기승자를 활용하면 좋다.
질문하기	설명에 대해 이해했는지 확인하기. 지적장애나 학습장애가 있는 경우에는 어려운 작업일 수 있으나, 좀 더 짧고 간결한 설명이 필요한지 확인할 수 있다.
반복하기	완벽에 가깝게 할 수 있도록 반복하기. 지속적인 수정 요구를 통해 조금씩 나아질 수 있도록 한다.

나, 경속보의 반동을 위해 일어났다 앉기를 연습하는 기승자들을 위해서는 바닥에 횡목 여러 개를 놓은 후 건너가는 동안 서 있는 자세를 유지하게 하는 등 기승술을 재미있고 흥미롭게 배울 수 있도록 해준다.

기승자에 대한 강습계획이 구성되었다면 어떻게 강습을 진행하는 것이 가장 안전하고, 기술 습득에 능률적인지 판단한다.

유능한 지도사는 본인이 가진 풍부한 이론적 지식과 기승술, 실무에서 겪은 많은 경험을 잘 접목하여 기승자에게 전달할 때 좋은 강습이 이뤄진다는 것을 명심한다.

2) 강습 지도 시 유의사항

정신적이든 신체적이든 장애를 지닌 기승자는 비장애인과는 달리 지도사가 가르쳐주고자 하는 내용에 대해 쉽게 이해하지 못하거나 받아들이는 능력이 부족하다. 신체적 장애를 지닌 기승자는 알고 있더라도 기능이 자유롭지 못하여 수행하기가 매우 어렵다. 따라서 이들을 지도할 때는 충분한 시간적 여유를 주어 스스로 해낼 수 있도록 지켜보는 것도 좋은 방법이다.

정신적 장애로 인해 이해력이 부족하여 어려움이 따를 때는 시각, 청각, 촉각과 직접적인 지도사의 시범이나 봉사자의 도움을 받아 자세하게 알려주는 것이 바람직하다.

3) 강습 시 교수법

지도사가 기승자에게 지도하는 방법은 지도사의 지도 특성과 자질, 성품, 해당 지식의 수준 등이 복합적으로 작용하여 지도하기에 '이것이 정답이다!'라고 확신하기는 사실상 어렵다. 하지만 지도사가 장애인을 지도할 경우 염두에 두어야 할 사항들에 대해 기술하기로 한다. 기승자를 지도할 때는 가급적 무엇(what)을, 어떻게(how), 왜(why)를 항상 염두에 두고 지도하는 것이 좋다. '무엇을 할 것인가?', '어떻게 할 것인가?', '왜 하는 것인가?'를 먼저 생각한다.

예를 들어, 지도사가 기승자에게 '왼쪽으로 방향전환'이라는 과제를 부여하고 지도할 경우, 오늘 과제는 속보 상태에서 '왼쪽으로 방향전환'한다는 것을 기승자에게 알려주고, 단계별로 방향전환방법에 대해 설명해야 한다. 설명 후에는 기승자가 이해했는지를 되물어보아 확인하며, 필요시 시범도 보여주어야 할 것이다.

방향전환이 필요한 이유에 대한 설명도 함께해주어야 기승자의 이해도에 따라 기량 향상으로 이어지고, 기승자는 물론 지도사 등 모두가 원하는 수준의 교육적 목적 달성이 가능하기 때문이다. 장애인의 경우 '왼쪽으로'라는 지극히 단순한 용어조차 때로는 이해하지 못하거나 받아들이지 못한다. 지도사의 의욕만 앞세워 지도에 임하다 보면 의지가 있어도 신체적 기능 저하로 시도조차 하기 어려우며, 기승자로 하여금 쉽게 포기하도록 만들 수 있다. 따라서 기승자의 심신이 지치지 않도록 해야 한다.

기승자에게 유능하고 신뢰받을 수 있는 지도사가 되기 위한 지도방법에 대해 기술하면 다음 〈표 5-6〉과 같다.

기승자에 대한 질문과 권유도 "ㅇㅇ할까?"라는 식으로 'Yes' 또는 'No'라는 단답형이나 "아니오!", "싫어요!"라는 부정적인 답이 나올 수 있는 말은 피한다. 기승자의 의사를 확인한 뒤 뭔가를 실시해야 한다면 "ㅇㅇ할 텐데 어떻게 생각해?"라는 말로 기승자가 생각하고 자신의 의견을 정리한 뒤에 말할 수 있도록 유도한다. 기승자의 표현은 짧아도 된다. 어떤 문제에 대해 잠깐이

[표 5-6] 지도사의 지도방법 구분

구분	내용
강습 구성	① 이전 교육내용 되새기기 ② 짧고 명확한 용어로 강습계획 알려주기 ③ 충분한 준비 운동 시키기
강습 진행	① 충분히 습득되었을 때 새로운 기술 알려주기 ② 간단한 것에서 복잡한 것으로 알려주기 ③ 설명한 내용은 되묻거나 시범으로 보여주기 ④ 이해할 때까지 반복하기 ⑤ 지속적으로 관찰하고 수정하기
의사소통	① 주의를 끌 수 있도록 하기(말 정지, 목소리, 몸짓 등) ② 명확하고 간결한 용어 사용하기 ③ 설명한 내용을 기승자로 하여금 반복시키기 ④ 구체적으로 칭찬하기 　예) "잘했어."(X) / "허리를 곧게 펴고 있으니 왕자님 같아."(○) ⑤ 시각적 도구 사용하기(그림판 등)
기량 향상	① 최소 보법에서 최대 보법으로 점차 늘리기 ② 사이드워커 및 보조자 점차 줄이기 ③ 평범한 자세에서 복잡하고 다양한 자세로 변화하기 ④ 쉬운 과제에서 어려운 과제로 전환하기 ⑤ 기승자의 독립성 길러주기(말 리더 최소 보조 등)
강습운영 시 고려사항	① 단체강습 시 개인별 목표와 능력을 고려하여 배정한다. ② 기승보조자에게 안전사항과 목적을 알려준다. ③ 강습이 원활하지 못해도 조급해하지 말아야 한다. ④ 기승자가 불가능한 동작 등 제약사항을 알고 있어야 한다.

라도 생각하고 고민해보는 것이 중요하다. 지도사가 확신을 갖고 기승자에게 뭔가를 하도록 만들겠다면 질문은 둘 중의 하나를 선택하도록 한다. "○○할까?"나 "○○합시다"보다는 "○○과 ◇◇가 있는데 뭐가 좋을까?"라는 식으로 기승자가 생각하고 둘 중의 하나를 선택하도록 한다. 이때 ○○과 ◇◇의 수준은 약간 달라야 한다. ○○이 지도사가 생각하는 최고의 선택이라면 ◇◇은 그보다 낮은 수준이어야 한다.

지도사는 기승자의 답을 사전에 예상하고 있어야 한다. 질문을 해서 기승자가 서로 의견을 대립하게 만들면 안 된다. 또, 예상하지 못한 답이나 행동이 나타나도 지도사는 당황하거나 화를 내면 안 된다. 지도사가 당황하거나 허둥대면 기승자나 강습에 참여하는 봉사자, 그리고 말에게도 신뢰를 잃고 사고로도 이어질 수도 있다.

다음의 〈표 5-7〉에서는 교수법에 대한 잘된 사례와 잘못된 사례를 살펴보기로 한다.

[표 5-7] 지도법 사례 비교

구분	잘된 예	잘못된 예
설명	· 강습 전에 목적을 확실하게 설명한다. · 새로운 기술지도는 대화형식으로 한다. · 설명은 간단하게 한다. · 그림이나 사진 등을 보여준다. · 유추법을 활용한다(예를 드는 경우). · 한 번에 한 과제에 초점을 맞춘다.	· 한 번에 과도한 정보를 준다. · 교과서 형식처럼 구성한다. · 복잡한 설명을 한다. · 설명을 끝내지 않고 끝을 흐린다. · 말로만 설명한다.
칭찬	· 구체적으로 한다. · 필요하다면 가벼운 보상을 한다.	· 무작위로 칭찬한다. · 다른 기승자와 비교한다. · 매번 일일이 칭찬한다.

질문	· 먼저 질문하고 이름을 불러준다.
	  ("말을 세우고 싶으면 어떻게 할까?
	  ○○○야!")
	· 대답 가능한 질문 위주로 한다.
	· 가급적 한 번에 하나씩 묻는다.
	· 생각이나 기승자의 의견을 말할 수 있도록 유도하는 질문을 한다.
		· 단체강습 시 이름부터 부른다.
		  (모두 바라보아 강습 방해)
		· 주제 없이 광범위하게 묻는다.
		· 예/아니오 같은 단답형으로 질문한다.

4) 지도사의 자기성찰

지도사는 자기성찰을 통해 기승자에게 무엇을 가르쳤는지, 강습이 어떻게 진행되었는지, 무엇이 잘되고 잘못되었는지, 자신의 장단점은 무엇인지를 깊이 성찰해야 올바른 지도가 이뤄진다. 지속적으로 스스로에 대한 평가를 해야 수준 높은 강습이 이뤄진다. 때로는 다른 지도사의 조언과 객관적인 평가를 받아야 하며, 강습이 진행되는 동안 영상물을 촬영하여 되돌아볼 수 있고, 역할을 바꿔 기승자의 입장에서 지도받는 역상황극을 활용할 수도 있다.

다음은 앞으로 나아가야 할 방향과 개선을 위해 지도사 스스로에게 할 수 있는 질문이다.

- 승마 지식과 장애에 대한 지식은 충분히 갖추었는가?
- 장비나 장구에 대한 지식은 갖추었는가?
- 강습에 대한 계획은 마련되었는가?
- 강습계획은 현실적이고 구체적인가?
- 강습은 계획대로 이뤄졌는가?
- 긍정적인 태도로 임했는가?
- 강습을 이루는 팀원들과는 좋은 관계를 유지하는가?
- 기승자와 원활한 의사소통, 적절한 칭찬, 적합한 지도를 했는가?
- 강습은 안전을 최우선으로 고려했는가?
- 봉사자는 잘 훈련되고 효율적으로 운용했는가?
- 지도방법은 기승자에게 적절했는가?
- 참가하는 말은 문제가 없었는가?

이 밖에도 강습에 필요한 여러 요인에 대해 점검하고, 예상되는 문제점과 개선되어야 할 점에 대해 생각해본다. 기승자, 말, 봉사자, 강습관계자 모두에게 유익하고 의미 있는 재활승마 강습이 되도록 노력해야 한다.

재활승마 강습은 지도사가 기승자에게 단순하게 승마에 대한 일반적인 지식만을 전달하는 수준으로 끝나서는 안 된다. 재활승마를 운영하는 지도사는 기승자에게는 훌륭한 스승이자 좋은 멘토가 되어야 하고, 말에게는 친근하지만 엄격한 훈련사이자 건강의 파수꾼이 되어야 한다.

2 지도 원리

지도사는 재활승마 강습을 운영하고 기승술 지도에 있어서는 기승자의 개인적 가정환경, 연령, 신체조건과 건강 정도, 참가 경험, 수행능력, 동기, 욕구 등을 고려해야 한다. 기승자들에게 다음과 같은 지도 원리들을 적합하게 도입·적용하면 더욱 효과를 거둘 수 있을 것이다.

1) 목적의 원리

기승자가 재활승마를 하고자 하는 목적에 따라 구체적인 계획을 수립하여 기승자에게 참여 의욕이 생기도록 목표 달성을 위한 활동을 미리 준비할 수 있게 하는 것이다.

기승자의 명확한 목적과 강습 목표 인식은 재활승마지도사의 지도방법에 반영되어 효율적인 전달과 창의성 있는 지도방법이 모색될 수 있다. 이러한 의견 조정을 통한 지도사와 기승자의 목표가 일치할 때 가장 효과적인 기술 습득이 이루어지게 될 것이다. 그러므로 지도사는 언제나 강습 목표를 구체화하고, 이를 명확히 하기 위해 연간 기본 계획, 월간·주간의 도달 목표, 당일 연습 활동에 구체적인 목표를 정하여 강습이 더욱 효율적으로 이루어질 수 있도록 해야 한다. 강습을 운영하고 기승술을 지도하는 데도 그날의 강습목적이 무엇인가를 분명히 파악하고 예상하지 못한 문제가 발생하더라도 목적 달성을 위해 적절한 방안을 강구하고 신속한 조치가 이루어지도록 해야 한다.

2) 자발성의 원리

운동기술을 지도할 때는 기승자가 자발적으로 운동에 참여하여 자신의 욕구를 만족시킬 수 있도록 분위기를 조성해주어야 한다. 기승자에게 맞는 지도방식을 선택해야 하며, 어떤 방식으로든 기승자를 구속하거나 강요하는 등의 의무화나 사회적인 압력을 가해서는 안 된다.

기승자의 자발적인 참여를 유도하는 것은 지도의 능률을 높일 수 있으며, 동시에 기승자와 재활승마지도사를 포함한 재활승마팀의 결속력과 자주성을 증진시켜주는 데도 크게 도움을 준다. 그러나 자발적인 활동 참여가 지나치게 기승자의 흥미 위주로 이루어진다거나 기승자를 포함한 자원봉사자들의 월권으로 나타거나 지도사의 방임(放任)이나 무관심을 의미하는 것은 아니다. 재활승마지도사는 그에 따른 구체적 목표와 계획, 지도 내용을 뚜렷하게 이해하고 있어야 한다.

3) 개별화의 원리

운동지도에 있어 기승자 각자의 개인차를 무시하고 획일적인 지도를 한다면 지도효과는 반감되고 말 것이다. 그러므로 재활승마지도는 개인의 능력을 최대한 신장시키는 방향으로 지도해야 하며, 이를 위해서는 기승자의 신체적 능력, 성격적 특성 및 장애 등에 대해 자세히 파악하고 있어야 한다. 예를 들면 기승자 개인의 어떠한 약점(weak point)을 알고 있다면 이를 극복할 대상인지 아니면 무시하고 다른 대안을 마련해야 하는지 등 지도사는 기승자의 상황에 맞게 지도를 해야 한다. 기승자의 특성에 맞추어 말을 선택하는 것부터 시작해서 마장구의 사용까지 개별적인 특성을 적용한다.

그러나 앞서 말한 어느 한 가지가 약점이라고 해서 이를 흑백논리처럼 어느 하나로 결정해야 하는 것은 아니다. 편마비로 인해 한쪽 팔을 사용하기 불편하다고 가정할 경우, 단순히 불편한 쪽의 팔을 반복해서 사용하여 극복의 대상이 되도록 지도하느냐 아니면 불편한 부분을 무시하고 잘 사용하는 팔을 더 잘 사용하도록 '사다리고삐(ladder rein)'를 이용할 것인가 하는 선택의 순간이 있을 수 있다. 이때는 기승자 개인의 상태를 면밀히 관찰한 후에 어느 한쪽을 단순 선택하지 말고 극복의 대상이 되도록 선택했다가 신체적·정신적 피로가 누적된다고 판단되면 그때 가서 그 부분을 무시하고 다른 부분을 사용하도록 하는 것과 같이 기승자 개인의 상황에 맞게 선택 적용되어야 한다는 것이다.

4) 사회화의 원리

사회화의 원리는 개별화의 원리와 상반되는 것처럼 생각되기 쉬우나, 개인과 사회는 상호 의존적인 관계인 만큼 개별성을 신장시키기 위해 혼자서 연습하는 것보다는 다른 기승자들과 함께 공동 활동을 함으로써 서로 간에 자극이 되고 효과가 오르는 경우가 있다. 또한 다른 기승자는 물론 사이드워커와 함께 공통의 문제를 상호 협력으로 해결하려고 하는 집단적인 학습은 사회 구성원으로서의 바람직한 자질을 육성하는 데 매우 효과가 있다. 다만 집단으로 지도한다고 해서 각 개인이 상호 간에 연관되지 않고 개별차가 너무 심한 개개인을 집단으로 구성한다면 사회화 원리에서 추구하는 상호 의존적인 관계가 형성되지 않고 효과가 반감될 수 있다. 따라서 기승자의 기승술 수준이나 장애 정도 등 개개인의 특성을 파악한 뒤 나이, 성별, 장애유형, 장애 정도 등 다양한 측면에서 공통되는 요소가 가장 많이 나오도록 집단을 구성할 필요가 있다.

5) 반복연습의 원리

강습 목표를 세울 때는 참여 기승자들의 능력을 고려해 강습이 이루어질 수 있는 범위 내에서 하도록 해야 한다. 기술습득의 수단은 반복 연습이 필수적인 조건이지만, 너무 오랜 시간 동안 한 가지 방식으로 동일한 기술만 되풀이되면 기승자들이 금방 싫증을 느끼게 되고, 강습시간을 단축하게 되면 효과가 크게 감소될 수 있다. 그러므로 강습목표를 세울 때 기승자의 개인 능력을 신중히 고려해 적정량의 운동과 지도방법을 수립하여 외양으로는 전혀 다른 훈련을 한다는 착각을 가질 수 있도록 지도 및 강습형태를 변화시키는 것이 바람직하다. 앞서 제시한 다양한 강습 도형과 단순 및 복합 장애물을 이용하여 자칫 단조로워지기 쉬운 기승술의 향상을 반복적으로 연습하도록 한다.

6) 점진성의 원리

모든 스포츠 기술은 점진성을 가지고 있으며, 그 기술을 지도할 때는 기술을 분석하고 정리하여 점진적인 습득이 이루어지도록 해야 한다.

지도 내용이 너무 쉬우면 참여자의 흥미가 감소하고, 너무 어려우면 집중력이 떨어져 그 활동에 대한 의욕이 저하하게 된다. 그러므로 운동을 지도할 때는 쉬운 것에서 시작해서 어려운 것으로, 아는 것에서 시작해서 모르는 것으로, 구체적인 것에서 추상적인 것으로 나아가는 점진적 지도가 이루어져야 한다. 기승술 향상을 고려해서 같은 기승술을 지도하더라도 말의 보법을 달리하거나 보조하는 봉사자 수를 조절하는 방법, 횡목 수를 점차 늘려가거나 원 그리기를 할 때는 원의 크기를 변화하거나 정확한 원 그리기 같은 정확도 높이기 등을 이용하여 기승술 향상을 도모한다. 또한 기술을 지도할 때도 기술의 점진성이 연속되는 내용을 연장해서 지도하는 것이 기술 습득에 유리하다.

한편, 재활승마 기승자들에게는 그들의 신체적·심리적 발달 등을 고려하여 장애 및 정서·행동의 문제 개선에 부합하는 학습이 이루어져야 한다.

7) 요점 전달의 원리

반복 연습은 기승자의 운동기능을 향상시켜줄 수 있는 활동인 반면에 잘못된 동작을 고정시켜 기능 향상에 방해가 되는 요인이 되기도 한다. 따라서 기승자의 연습시간만 늘리는 데 주력하지 말고 정확한 동작을 익숙하게 할 수 있도록 신경을 써야 한다. 따라서 지도사는 기승자에게 잘못된 동작 부분과 운동기능의 요점을 정확하게 이해시켜주어야 하며, 이를 위해 언어적 설명, 시청각 교재 또는 시범 등의 방법을 활용할 수 있다.

많은 지도사들을 통해 동작을 수정하고자 할 경우에는 어느 한 가지 방법만을 사용하지 말고 기술의 특성에 맞게 시범과 학습 스타일 적용, 과제분석 등 여러 방법을 병행하는 것이 효과적임이 밝혀지고 있다.

3 칭찬하기

"칭찬은 고래를 춤추게 한다"는 말이 있을 정도로 칭찬은 학습의욕과 자신감을 준다. 강습 중에 칭찬할 것을 찾아서 자주 칭찬을 해주고 기승자뿐만 아니라 봉사자와 말에게도 수시로 칭찬과 감사의 마음을 표현해야 한다. 하지만 어떻게 하느냐에 따라 오히려 역효과를 볼 수도 있다.

한 연구에 따르면 A집단에게는 "똑똑하구나!"라고 하고 B집단에서는 "열심히 했구나!"라고 칭찬을 했더니 다음 과제를 선정할 때 B집단은 대체로 어려운 과제에 도전하는 반면 A집단은 다수가 누구나 아는 쉬운 과제에 도전했다. B집단은 더욱 노력하는 모습을 보여주기 위해 과정에 충실했고 A집단은 실패에 대한 두려움을 가진 결과라는 것이다.

칭찬을 할 때는 다음 사항에 유의하여 칭찬해줌으로써 효과를 배가시키고 역효과를 예방해야 한다.

1) 구체적 칭찬

칭찬하기 부분에서 초보 재활승마지도사가 가장 흔하게 하는 잘못이 단순히 "잘했어!"를 남발하고 끝나는 것이다. 기승자는 처음에 '내가 뭘 잘했지?' 하고 혼돈스러워하지만 시간이 지나면 '그냥 그런가 보다'라고 아무런 의미 없이 생각하여 진짜 칭찬할 일이 있어서 칭찬해도 특별한 감동을 받지 못하고 지나간다.

기승자가 기승술을 어떻게(how) 배우고 수행하게 할 것인가에 대한 고민이 있고 수행하는 과제분석에 대한 분명한 지적이 있어야 진정한 강습이 이루어진다. 그래야 구체적인 칭찬과 잘못된 부분을 지적하고 교정하도록 지시할 수 있다. 예를 들면 "정지할 지점을 지나쳤지? 두 번째 고삐 연결은 참 잘되었는데, 세 번째 음성사용이 잘 안되었어"라는 식으로 설명이 되어야 기승자는 잘한 부분은 강화하고 잘못된 부분은 교정하려고 할 것이다.

2) 장점을 찾아 칭찬

재활승마에 참여하는 기승자들은 대부분 칭찬보다는 질책이나 비난을 받아본 경험이 많을 것이다. 재활승마지도사는 기승자를 관찰하여 칭찬받을 만한 것을 찾아내야 한다. 비장애아동이 말을 출발시킬 때 입만 살짝 벌린다면 칭찬이 아니라 오히려 질책을 받아야 한다. 그러나 언어장애가 있거나 인지능력이 낮아 반응이 없던 기승자가 "출발" 또는 "쯧쯧(음성부조)" 하고 명확하게 소리를 내지는 못하지만 시도만 했더라도 이전과 비교하여 칭찬을 해준다.

재활승마지도사는 기승자의 노력과 시도에 세심하게 반응해주고 칭찬해줄 수 있어야 한다. 재활승마지도사는 눈높이를 낮추고 기승자의 장점을 찾으려고 노력해야 한다.

3) 공개적 칭찬

꾸중은 개인적으로, 칭찬은 공개적으로 한다. 재활승마지도사 혼자만 칭찬하고 끝내지 말고 기승자, 말 리더, 사이드워커 등 강습에 참여하는 사람이나 학부모 등을 동원하여 상호 간에 칭찬을 하도록 분위기를 유도한다.

공개적인 꾸중은 반감을 사고, 공개적인 칭찬은 기쁨과 자부심을 배가시킨다.

4) 차별화된 칭찬

다른 사람과 다른 방법을 사용하여 칭찬한다. 재활승마지도사가 단순히 입으로 하는 것보다 독특한 몸짓, '참 잘했어요' 도장, 칭찬스티커 등을 이용하면 좋다. 기승자가 진정으로 칭찬받을만한 행동을 했다고 생각하면 엄지를 들어 올려 보이는 재활승마지도사의 몸짓이나 손등에 찍어주는 '참 잘했어요' 도장에도 감동한다. 칭찬스티커는 결석을 방지하는 효과도 있다. 〈그림 5-24〉와 같은 배지와 동일한 스티커를 준비하고 매번 출석하는 경우 스티커, 매월 일정량의 스티커가 모이면 배지를 주는 것이다. 이는 말로만 그치지 않고 보상으로 칭찬하는 것에도 해당된다. 말로만 칭찬하는 것보다 보상이 따르는 순간 칭찬의 효과는 더욱 증가한다. 다만 이러한 방식이 기승자에게 적절한지 재활승마지도사가 판단하여 적용하도록 한다. 예를 들면 칭찬도장은 손 씻기 강박증이 있는 기승자에게 오히려 부정적인 결과를 가져올 수 있거나 ADHD 아동에게 사탕이나 초콜릿을 주는 것은 새로운 문제를 만들기 때문이다.

[그림 5-24] 칭찬도장과 배지 예시(12가지 색은 12개월을 의미)

5) 과정을 칭찬

결과만을 두고 칭찬하면 예상하지 못한 과정이 나올 수 있다. 어떤 연구에서 두 그룹으로 나눈 뒤 첫 번째 시험을 치른 뒤 결과에 관계없이 C그룹에는 "잘했다"라고 칭찬을 하고 D그룹에게는 아무런 피드백을 주지 않았다. 두 번째 시험을 치르는 과정에서 D그룹은 담담하게 시험에 응시한 반면 C그룹은 부정한 방법을 사용해서라도 시험을 잘 보려고 했다.

따라서 결과보다는 과정을 칭찬하여 바람직한 과정을 유도한다.

6) 즉시 칭찬

기승자 스스로 칭찬받을 만한 행동을 했다고 생각할 때 재활승마지도사에게서 아무런 반응이 없다면 실망한다. 시간이 지난 다음에 칭찬하면 서운한 마음이 다소 해소되겠지만 이미 마음은 떠난 상태이다.

지난 강습에 있었던 과거의 일에 대해 칭찬하는 것보다 지금 수행한 현재의 강습내용에 대해 곧바로 칭찬한다.

이러한 칭찬은 반드시 기승자만 대상이 되는 것은 아니다. 재활승마지도사는 자원봉사자나 강습에 도움을 주는 모든 사람에게도 적용하여 항상 밝은 분위기, 적극적인 강습참여와 지원을 지속적으로 유지하도록 한다.

4 강습 연습(강습에 강해지는 방법)

앞서 지도사의 능력에서 전문지식, 안전의식, 유머 감각, 긍정적인 자세와 열정, 창조성, 조직화 및 체계화 능력, 좋은 인간관계, 명확한 설명 능력이 있어야 한다고 했다. 재활승마지도사의 품격에서는 갖추어야 할 복장, 표정과 태도 그리고 목소리와 말투에 대해 설명했다. 또한 기승술 교육을 비롯해서 도형 그리기 및 기승과 하마부터 재활승마 강습에 필요한 사항을 상세히 설명했다.

그러나 완벽하게 갖추었다고 해도 강습을 잘하는 것과는 또 다른 문제일 것이다. 뛰어난 연구자가 자신의 연구 결과를 효과적으로 전달하지 못하는 경우도 있고, 가수로서 무대에 많이 서 본 사람도 카메라 앞에서는 발연기, 심지어는 로봇연기라는 소리를 듣기도 한다. 반대로 뛰어난 연기자라도 대중 앞에는 낯을 가려서 나오지 못한다는 경우도 있다.

앞서 지도사의 능력이나 품격 등은 강습운영에 필요조건이지 충분조건은 아니다. 아주 드물게 이른바 '타고났다'거나 교사나 레크리에이션 강사처럼 많은 사람 앞에서 자주 서서 이야기해 본 사람은 재활승마 강습에 필요한 사항들만 익히면 되겠지만 대부분의 사람들은 이른 바 '무대 공포증'을 극복하면서 강습을 운영해야 한다.

지금부터는 강습에 강해져서 지도사로서 갖춘 능력을 완벽하게 펼쳐 보일 방법에 대해 알아보기로 한다.

1) 머리가 아니라 몸으로 익힌다

아마도 처음 강습에 접하는 사람은 강습이 그리 어렵게 느껴지지 않을 것이다. 직접 강습을 해보지 않고 그냥 옆에서 보면 정확한 강습 내용을 파악하지도 못하고 '별것 없네'라는 생각에 강습 연습을 하지 않게 된다. 내가 아닌 다른 사람이 하는 것은 무척 쉬워 보이고 평가도 잘할 수 있다. 그러나 직접 해보는 것은 다르다.

미국의 어느 재활승마전용승마장에서는 매년 2회씩 PATH Intl.의 지도자 과정을 운영하고 있는데, 미국은 물론 40여 개국에서 재활승마를 배우기 위해 다녀갔다고 한다. 매주 250명 이상의 다양한 장애유형의 기승자가 재활승마 강습에 참여하는데, 지도자 과정에 참여하는 예비지도자들은 25회의 강습 시간을 의무적으로 이수해야 한다. 매회 해당 강습시간을 운영하는 지도자에게 평가를 받게 되는데, '통과(pass)'하면 25회의 하나로 인정받지만, 못하게 되면 (fail) 25회에 포함되지 않는다. pass의 확률을 높이기 위해서는 말 리더나 사이드워커로 많은 강습에 참여해보아야 하는 것은 당연하다.

강습에서 지도사의 입은 강습에 대해 설명하고 기승자, 봉사자 및 말과 소통하고 있지만 눈은 강습장 전체를 바라보고, 머리는 현재 이후에 발생할 것에 대해 생각하고 있어야 한다. 강습을 한다는 것은 결코 쉬운 일이 아니다. 머릿속으로 생각할 여유가 없다.

이미지트레이닝이라고 해서 머릿속으로 생각하는 것도 동작을 시연하는 데 도움이 된다고는 하지만 단순히 머릿속으로만 생각해서는 한계가 있다. 책을 읽을 때 최고의 정독은 필사인 것처럼 몸으로 익히도록 반복 연습해야 한다.

2) 단계별로 연습한다

처음부터 강습을 잘하는 사람은 없다. 또 처음부터 강습 전체를 운영하려고 욕심을 부리다가는 '나는 왜 이 정도인가?', '내게 소질이 없는가?' 하고 자긍심에 손상을 입게 된다. 단계별로 조금씩 해나간다. 가장 중점적으로 연습할 것을 준비하면 더 부담 없이 연습할 수 있다.

① 관찰

처음에는 다른 사람의 강습을 유심히 관찰한다. 단순히 눈으로 보고 끝내지 말고 잘한 점과 잘못된 점을 비교해본다. 잘못된 점은 어떻게 개선해나갈 것인가와 잘된 점, 특히 관찰한 지도사의 강습내용 중 기승자들이나 봉사자들이 재미있어하는 부분들은 메모도 한다. 재활승마 실무시험 평가지를 이용해 기록하면 전체적인 강습의 흐름과 방법도 익힐 수 있다.

② 안전 확인

강습을 하기 위해 지도사가 가장 먼저 하는 것은 기승 전 마장구 확인과 마장 안전 확인, 그리고 기승자 및 봉사자의 복장 확인 등 안전에 관한 내용이다. 강습하는 지도사의 뒤를 따라다니며 이동경로가 익숙해지도록 한다. 처음 강습에 준비 없이 투입된 사람은 어디부터 가야 할지 모르고 우왕좌왕하고서 순서가 뒤바뀌면 당황하기 시작한다.

③ 기승과 하마

②항에 더해서 기승과 하마를 지도해본다. 기승과 하마를 시키는 것도 각 단계별 이동경로와 기승자에게 과제 분석이 있다. 실제로 기승자와 봉사자에게 말을 걸고 적절한 지시와 요구를 한다. 지도사의 움직임이 많지 않고 목소리를 그리 크게 하지 않아도 되어서 과제분석에 의한 기승과 하마 과정을 잘 알고 있다면 큰 무리가 없다. 다만 하마시 지도사의 위치와 기승자의 다리가 넘어올 때 지지를 잘못하는 경우가 흔히 나타날 수 있다.

④ 준비 운동과 마무리 운동

③항에 더해서 준비 운동과 마무리 운동을 지도한다. 지금부터는 두근거림이 심하게 나타날 것이다. 기승시킨 뒤에 강습장 가운데로 걸어 들어가면서 느끼는 '혼자'라는 기분은 심리적으로 위축시킨다. 여기에 더해서 말이 각각 반대쪽에 있으면 '이를 어쩌나' 하는 마음에 한숨이 저절로 나온다. 만약 기승자가 2명이라면 두 번째 기승자를 마장에 입장시킬 때 첫 번째 기승자의 위치를 고려했어야 한다. 지난 일은 빨리 잊고 해결방안부터 강구한다. 기승 후 안전 확인, 등자 길이 확인과 필요하면 수정도 해줘야 하지만 한 번에 다 하려고 하지 않는다. 우선 자기의 목소리를 이용해서 기승자를 운동시키는 데 목적을 둔다. 그리고 점차 단계적으로 준비 운동 외에 수행해야 할 일을 추가해나간다.

운동을 시킬 때 긴장되면 깊은 호흡을 한다. 그렇다고 드러내놓고 한숨처럼 쉬라는 것은 아니다. 준비 운동은 기승자나 사이드워커에게 "자, 이번에는 ○○가 숫자를 세어보세요"와 같이 구령을 하라고 하고 가슴을 활짝 열고 아랫배로 숨을 깊숙이 들여마셨다가 뱉기를 반복한다. 준비 운동을 익숙하게 할 수 있으면 본운동을 한 가지 정도는 쉽게 할 수 있다.

이렇게 강습시간을 조금씩 익숙해지게 하고 본운동은 앞서 설명한 what/how/why, 과제분석, 기승술의 발달(progress), 기승자/봉사자/말에 대한 집중과 소통 등을 염두에 두고 강습한다.

3) 평가받기

강습에 어느 정도 익숙해지면 마치 자신의 방법이 최고인 것 같은 착각에 빠져든다. 착각은 사람이 믿는 것만 보고 싶은 마음 때문에 발생한다. 강습에 대해서는 잘하고 있다고 믿고 또 하려는 긍정의 힘으로 작용할 수 있다. 하지만 자신의 생각과 객관적인 평가는 완전히 다를 수 있다. 평가를 받고 좌절할 것까지는 아니지만 자신의 약점을 찾아 하나씩 고쳐나가본다.

① 스스로 평가하기

자신의 강습을 동영상으로 촬영하고 스스로 평가한다. 앞서 자신이 관찰했던 다른 사람들의 모습과 비교해본다. 또한, 재활승마 실무시험 평가기준을 이용하여 누락된 것이 없는지 점검하여 미흡한 부분을 메모하여 다음 강습 연습에서 보완해나간다면 좋을 것이다.

② 동료에 의한 평가

가급적 객관적인 시각과 의견을 말할 수 있는 동료를 찾아 평가를 받는다. 비난이라도 자신의 발전의 계기로 삼는다. 의견을 교환하면서 강습에 대한 기능을 더 알아나간다.

가끔 재활승마 강습을 배울 곳이 없다고 하는 사람이 있는데, 재활승마 강습이라고 아주 특별한 것은 아니다. 비장애인을 대상으로 하는 강습도 안전점검은 물론 과제분석 등 기승술 지도방법이 동일하게 적용된다는 점을 고려하여 반복 연습한다. 단지 말을 책임지는 말 리더와 기승자를 보조하는 사이드워커가 없는 것만 다르다. 다른 사람들의 도움을 받아 역할극을 하거나 다른 사람에게 자신이 강습하는 것을 공개된 평가표를 이용하여 평가해달라고 하는 것도 좋다.

③ 전문가에 의한 평가

재활승마를 선도하는 미국의 지도자들도 1990년대 초반까지 강습승마는 영국으로, 치료승마는 독일로 배우러 다녔다. 현재도 매년 각 지역별 학술대회는 물론이고 전국 총회를 하면 1,000명에 가까운 지도자들이 모여 자신의 경험을 발표하거나 다른 사람의 의견을 듣는다. 현재 국내에서 재활승마 전문가로 활발한 활동을 하는 사람들도 체육학, 보건학 등 관련 학문을 바탕으로 미국, 영국 등으로 재활승마를 배우러 다녀왔거나 그보다 더 많은 시간을 재활승마 연구에 투자했다. 국내 한 대학의 재활승마 관련 학생들은 1학년은 봉사자, 2학년은 봉사자와 지도사, 3학년은 지도사와 프로그램 기획 및 운영자 역할을 하면서 3년이라는 시간을 투자한다.

재활승마 관련 협회에서 실시하는 지도사 교육 과정을 이용하여 학습하고 관련 전문가들에게 평가를 받는 방법도 있다.

4) 혼자 연습하기

앞서 3가지 방법을 모두 했다면 이제는 혼자서 해본다. 재활승마 강습 실무 시험장에서는 수많은 사람들이 자기만 주목하고 있다. 강습에 숙달된 사람이 아니라면 가슴은 쿵쾅거리고 머릿속은 텅 비며 눈앞은 캄캄해진다. 이런 상황은 1년에 한 번 실무시험을 볼 때가 아니고는 경험하기 어렵다. 극과 극은 통한다(Extremes meet)고 한다. 반대로 아무것도 없는 상태로 연습해본다. 텅 빈 마장 안에서 모든 것이 있다고 상상하면서 연습해보면 자신의 상태가 어떤지 잘 드러날 것이다.

그러나 혼자서 연습하는 것도 한계는 있다. 실제 강습에서는 기승자, 봉사자, 말, 지도사 각각의 사이는 물론이고 전체 팀원 사이에 주고받는 상호작용이 뒤따라야 한다. 강습에서 지도사가 혼자서 일방적으로 떠드는 것이 아니기 때문이다. 상호작용 없이 지도사 혼자 떠들다 보면 '가르쳐주었지만 배운 것이 없는' 이상한 강습이 되고 만다.

무엇이든 아주 잘한다는 말을 들으려면 1,000시간, 전문가가 되려면 10,000시간이 필요하다고 한다. 1,000시간이면 하루에 3시간씩 투자한다고 해도 1년이고, 10,000시간이면 하루 3시간씩 투자하면 10년, 하루 10시간씩을 투자해도 3년이다.

6장
재활승마와 안전

재활승마지도사는 재활승마 강습에서 일어날 수 있는 모든 상황에 적절하게 대처해야 하고, 만약에 일어날 수 있는 응급상황과 안전사고에 대해 책임이 있다.

1 안전과 응급처치

만일의 사고에 대비하기 위해 사고 시 연락체계, 구급상자와 간단한 약품, 구급상자의 보관장소, 응급의료기관 간의 연락체계, 환자 발생 시 응급 이송 계획 등을 기본 매뉴얼로 준비해야 한다. 매뉴얼은 한 장으로 누구든지 알아보기 쉽게 구성하고, 벽면과 같이 눈에 잘 띄는 곳에 부착하여 응급상황 발생 시 신속하게 대처할 수 있도록 한다.

응급상황과 안전사고가 발생했을 경우에 지도사의 역할이 가장 중요하기 때문에 재활승마지도사는 응급처치(First Aid) 및 심폐소생술(CPR: Cardio Pulmonary Resuscitation)에 대해 교육을 받고 이에 대해 숙달되어 있어야 한다. 재활승마 강습에는 지체장애, 심장장애, (어느 정도 조절되는) 뇌전증 등 다양한 장애인이 승마 강습에 참여할 수 있다. 또한 과잉행동 등의 원인으로 승마 강습 도중 충동적으로 말에서 뛰어내리거나 말 또는 사이드워커에게 위협적인 행동을 할 수 있는 정서적인 측면에서 문제가 되는 사람을 대상으로 강습이 진행될 수 있다. 재활승마지도사는 이러한 장애인이나 정서적인 문제에 대해 끊임없이 탐구함은 물론, 장애 및 심리적인 부분을 충분히 이해하여 어떤 상황에서도 사고가 발생하지 않도록 사전점검을 하여 즐겁고 안전하게 승마를 즐길 수 있도록 환경을 구성해야 한다.

1) 안전을 위한 말과 기승자에 대한 이해

대부분의 스포츠와 같이 재활승마에서도 가장 중요한 고려사항은 안전이다. 재활승마 강습에는 사용될 말의 기질과 크기, 훈련 정도에 따라 매우 세심하게 선택되고, 강습에 맞게 복종하고 주의를 기울이도록 훈련되어야 한다. 그러나 그 과정을 모두 통과했다고 해서 말을 100% 믿을 수는 없으므로 항상 예기치 못한 상황에 대비해야 한다.

모든 사고는 안전불감증에서 시작한다. 초보운전자보다 어느 정도 운전 경력이 있는 사람이 중대한 사고를 내는 경우와 같이 숙달된 경우라도 주의사항과 안전절차는 반드시 준수해야 한다.

(1) 말과 승마에 대한 인식

재활승마지도사로서 말의 몸 신호를 이해하지 못하거나 주의를 기울이지 않으면 사고로 이어질 수 있다. 말은 당연히 말[言]을 못하는 동물이지만 말의 귀나 몸짓은 사람에게 말을 하고 있다. 항상 말의 움직임을 주의 깊게 관찰하고 이해하도록 해야 한다.

말에 대한 경험이 부족한 경우 말을 불편하게 만들 수 있다. 새로 센터에 들어온 말은 특징과 습성 등을 충분히 파악한 뒤에 지도사가 확신이 서면 강습에 참여시킨다. 말에게 사용되는 마구들은 항상 잘 수선이 되어 있고 바르게 장착되어야 한다. 안장을 잘못 장착하면 안상을 비롯한 말의 부상부터 안장이 돌아가 기승자가 낙마하는 등 예기치 못한 문제를 초래하는 경우가 있다.

기승한 경우는 물론 말 주변에 있더라도 말이 놀랄 수 있는 상황이나 환경을 만들지 않도록 한다. 또한 자신의 능력에 맞는 말을 타도록 한다. 분수에 맞지 않는 욕심은 화의 근원이다. 승마장에서 말에 대해 가장 많이 알고 있는 사람은 지도사이다. 아무리 자신의 승마실력이 뛰어나도 해당 지도사의 지시에 따라야 자신은 물론 같이 승마를 즐기는 사람들의 안전을 보장할 수 있다.

① 말을 지속적으로 훈련시킨다

재활승마에 참여하는 말은 일반 승마에 참여할 때보다 더 가혹한 환경에 놓이게 된다. 따라서 정상적인 컨디션하에서 강습에 참여하도록 훈련이 되어 있어야 한다. 적절하게 훈련되지 않고 강습에 참여할 경우 말에게 불편이 초래되고 이는 기승자에게 적정한 기승효과를 전달하지 못하거나 기승자를 위험에 빠뜨리는 경우까지 발생할 수 있기 때문이다.

잘 훈련된 말이더라도 6개월 이상 사람이 기승하지 않고 방치하면 길들이기 이전 단계로 돌아간다. 1개월간 훈련하다가 갑자기 중단하고 2주 후에 호흡능력을 측정했더니 훈련 전의 상태로 감소했고, 훈련을 중단하고 3주 후에 심폐기능을 조사해보았더니 운동능력이 12% 감소했다고 한다. 훈련을 중단하면 운동능력이 감소된다. 말 훈련은 점진적으로 운동 강도를 높여가며 훈련을 시키며(점진성의 원리), 적응된 운동 스트레스보다 좀 더 강한 운동량을 부과해야 운동능력이 향상된다(과부하의 원리). 말도 사람과 마찬가지로 제각기 타고난 재능이 다르기 때문에 말의 능력과 성장속도 등을 고려하여 각각의 말에 맞는 운동 강도, 운동시간, 운동 빈도 등을 설정하고 수행해야 하며(개별화의 원리), 이러한 훈련은 규칙적으로 반복해서 수행해야 한다(반복성의 원리).

② 말은 동료다

먹이를 준다는 이유로 말은 사람에게 예속되어 자유를 포함해서 모든 것을 바친다. 승마를 하는 사람이 가장 먼저 생각해야 할 것은 안전이고, 그다음은 자신과 짝(partner)이 되는 말에 대한 사랑이라고 생각한다. 하물며 그런 말을 못살게 구는 것은 거창하게 동물복지를 이야기하지 않더라도 서로에 대한 믿음을 해치는 결과를 초래한다. 말을 때리거나 괴롭히는 것은 말의 성격을 나쁘게 만들고 결과적으로 안전한 승마를 보장하기 어렵다. 미국 등 승마 선진국은 말을 사람과 동급으로 생각한다. 오랫동안 재활승마에 헌신한 말은 더 이상 교육에 사용할 수 없으면 여생을 편안하게 방목장에서 지내도록 하고 죽으면 묘지도 만들어준다.

[그림 5-25] 승마장에 설치된 말 묘지

 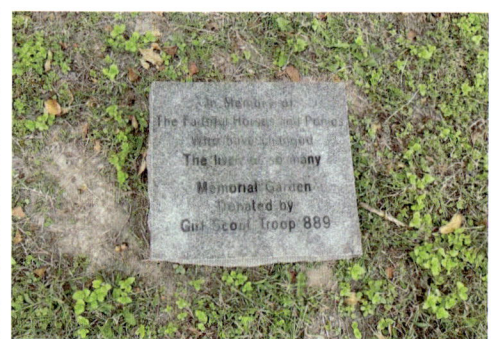

③ 전용 마구 사용

말 손질도구와 같이 한 마리의 말이 한 세트의 마구를 전용으로 사용할 수 있도록 한다. 굴레와 재갈은 물론 안장과 복대도 전용으로 사용하도록 해야 한다. 말과 입장을 바꿔서 생각해 보자. 공동생활을 한다고 해서 칫솔을 다른 사람과 공동으로 사용해야 하고 몸에 맞지 않은 옷을 입어야 한다면 어떨까? 재갈, 안장 등은 말의 숫자만큼 구비한다.

전용 마구를 사용하더라도 마구를 장착하기 전에는 반드시 마구의 상태를 확인한다. 안장의 뒤틀림 같은 비교적 큰 문제뿐만 아니라 사소하게 마구가 접힌 부분이 있더라도 말에게는 매우 불편한 상황을 초래할 수 있고 안상(Saddle Sore, 등성마루(돋등마루, 기갑)와 안장의 마찰로 안장이 놓이는 부위에 생긴 상처) 등 부상을 유발할 수 있다. 가벼운 상처라도 안장이나 기승자의 다리 부위에 상처가 생겼다면 승마 강습에 참여할 수 없으며 미리 확인하지 못한 경우에는 강습 도중 기승자에게 위험한 상황을 만들 수도 있다. 또한 말뿐만 아니라 기승자에게 상처를 입힐 수도 있기 때문에 마구를 장착하기 전후에는 항상 확인하여 말과 기승자가 상처를 입는 일이 없도록 한다. 마장 바닥에 줄이나 마구들을 버려두지 않는다. 또한 말 리더나 기승자, 지도사에 의해 리드라인이나 고삐가 바닥에 끌리지 않도록 한다. 사람은 물론 말이 밟아 걸려 넘어 질 수 있고 고삐 등 마구가 바닥에 끌리면 쉽게 망가지게 된다.

④ 안장 확인

안장은 가격이 비싼데, 특히 부드러운 가죽으로 말 등에 적절히 맞는 안장은 더욱 그렇다. 안장을 다루는 것은 중요하며 올바르게 다루어야 한다. 안장을 옮길 때는 한쪽 아래팔 전체를 이용해서 안장을 올려놓은 상태에서 이동해야 한다. 안장을 떨어뜨리지 않도록 주의하고, 항상 안전한 장소에서 보관한다. 안장을 지지하는 틀이 휘거나 깨지면 사용할 수 없기 때문이다. 말에게 안장을 얹을(또는 장착할) 때는 말이 쳐서 넘어뜨릴 수 있는 장소에서 올려놓으면 안 된다. 그리고 안장을 보관할 때는 안장걸이, 말 모양 구조나 통 위에 올려놓는 것이 좋다. 또한 가죽이 손상될 우려가 있으므로 안장은 습기가 많은 곳이나 더러운 곳에 두어서는 안 된다. 절대로 말의 등에서 불안정한 상태로 안장을 방치하지 않는다. 말이 움직여 떨어지면 안장의 손상은 물론 말이 놀랄 수 있다. 복대의 양쪽이 같은 길이가 되도록 하고, 말의 호흡 확장을 위해 복대 아래쪽에 두 손가락만큼 여분이 있도록 죔쇠(버클)로 채운다. 안장이 무게를 받으면 복대가 느슨해지기 때문에 기승자가 기승한 후에 복대를 다시 한번 확인한다. 강습 시에는 첫 속보 전 복대를 확인한다. 반드시 꽉 조인다고 좋은 것은 아니다. 안장은 말의 체형에 맞추고, 안장이 쉽게 돌아가지 않을 정도로만 복대를 조이는 것이 좋다. 복대를 조일 때는 반드시 말을 주시하면서 실시한다.

(2) 말을 안전하게 다루기

① 언덕코스를 지나갈 때는 항상 말을 평보로 걷게 한다

확인되지 않은 언덕길을 올라갈 때(내려올 때도 포함)는 평보로 걷는다. 확인되지 않은 곳에 움푹 파인 부분이 있다면 말과 뒹굴 수도 있다. 내리막길은 더더욱 위험하며 아스팔트나 잔디인 경우는 편자가 미끄러지기 쉬우므로 한 발 한 발 내딛는 것에도 주의를 기울여야 한다.

② 말을 절대 놀라게 하지 않는다

말은 초식동물로 겁이 많고 육식동물인 포식자들의 공격으로부터 재빨리 도피하기 위해 감각이 뛰어나고 행동이 민첩하다. 말은 자신을 위한 방어수단으로 물기도 하지만 기본적으로 뒷발질을 하거나 뛰어 도망가는 것이 가장 최적화된 '도피' 방법이다. 문제는 이때 발생한다. 방목장 같이 넓고 사람들이 없는 곳에서는 그래도 덜하겠지만, 수장대나 마장과 같이 사람들이나 다른 말들이 있는 곳에서는 위험한 상황을 만들 수도 있다. 사람들이 모여 있는 곳에서 말이 지나갈 때는 모든 사람이 주목하도록 말이 지나가는 사실을 알린다. 아무 생각 없이 서 있는 사람 옆으로 말이 지나가면 덩치 큰 말에 사람이 놀라고 그 사람으로 인해 말은 더 놀란다.

대체로 어린이의 경우 말을 탄다는 들뜬 마음에 이리저리 뛰어다닐 수 있다. 또 낙마 등 사고를 접하면 구호조치를 위해 사람들이 뛰어다닐 수 있다. 말은 겁이 많은 동물로 사람이 뛰거나 큰소리가 나면 덩달아 뛸 수 있다. 그러면 2차 사고로 이어진다.

③ 항상 말의 뒤편에서는 멀리 돌아서 가고, 말 가슴 아래로 걷지 않는다

말은 놀라면 뒷발질을 한다. 말의 뒷발질을 '적당한 거리'에서 맞으면 치명상을 입을 수 있는데, 얼룩말의 뒷발질에 차인 사자가 죽는 경우도 있다. 말의 뒤로 갈 때는 말의 이름을 부르면서 말에게 다가간다. 가까이 다가가기 전에 말이 인지하도록 만들어야 하며, 좁은 공간에서 말의 뒤로 갈 때는 말이 볼 수 있는 위치에서부터 말의 등 부분에 손을 얹고 가볍게 쓰다듬으며 걸어간다. 말의 뒤로 가면서 오히려 말에게 바짝 붙어 걸어가는 것이 더 안전하다. 말로부터 '적당한 거리'가 되지 않도록 가까이 붙거나 아니면 멀리 떨어져야 한다. 하물며 말의 가슴 아래로 쪼그린 채 걷는 것은 절대로 안 된다.

④ 항상 빠른 풀어짐 매듭으로 묶는다

말을 안전하게 통제하기 위해서는 사람이 잡고 있거나 어딘가에 묶어놓아야 한다. 그러나 너무 단단히 묶어놓으면 말이 갑자기 놀랄 경우, 말은 물론 주변 사람이 위험해질 수 있다.

⑤ 말을 끌 때 앞에서 걷지 않는다

재활승마교육에서는 물론 일반적으로 말을 끌 때 말 리더(말을 끄는 사람)는 말의 머리와 어깨 사이 목 부분 옆에 위치하여 나란히 걷는다. 일반적으로 말의 왼쪽에서 끌지만 오른쪽에서도 끌 수 있도록 훈련한다. 앞장서서 말을 끌면 말에게 스트레스를 주어 소극적으로 만들고, 바른 걸음걸이를 만들어낼 수 없다. 경우에 따라서는 말과 다투게 되는 수도 있으므로 앞으로 나아가기를 거부하고 버틴다면 앞장서서 당길 것이 아니라 오른쪽(왼쪽에서 끌 경우)으로 밀어 균형을 잃게 한 뒤 가고자 하는 방향으로 유도한다.

⑥ 유도끈이나 고삐를 손, 손목, 몸에 감지 않는다

말을 끌 때나 조마삭 훈련을 시킬 때 여분의 줄(rope)은 바닥에 끌거나 손 또는 몸에 감기나 감기지 않도록 8자형으로 말아 쥔다. 바닥에 줄이 늘어져 있으면 걸려 넘어질 수 있고 손이나 신체에 감겨 있는 상태에서 뜻하지 않게 말이 튀어나가면 사고로 이어질 수 있다. 말이 튀어나가더라도 손에서 줄이 꼬이지 않고 풀려나갈 수 있도록 8자형으로 말아 잡고 있어야 한다.

⑦ 말 손질도구는 밟을 수 있는 바닥에 두지 않는다

말을 손질하기 위해서는 각종 솔과 빗은 물론 스펀지, 발굽파개, 수건 등 다양한 도구가 필요하다. 일반적으로 매일 사용하는 손질도구들은 하나의 통에 담아두면 사용하기 편리하고, 말 한 마리당 한 개의 통을 배정해야 한다. 말의 손질은 단순히 말의 청결뿐만 아니라 말에 대한 관찰 기회, 말의 혈액순환 촉진 및 말과 교감할 수 있어 사람은 물론 말의 스트레스 해소 등에 좋다. 그러나 냄새를 잘 맡는 말에게 다른 말의 체취가 남아 있는 도구, 특히 경쟁 상대인 말에게 사용한 도구를 사용하면 오히려 스트레스를 줄 수 있다. 또 사용 후에 아무렇게 방치하면 사람이나 말이 밟아 부상의 위험이 있으며, 무의식중에 주머니에 담아가는 경우도 있어 분실될 우려도 있다. 반드시 조그마한 플라스틱 통을 준비하여 말 이름을 적어놓고 사용하도록 한다.

그 외에도 주의할 사항은 승마장 내에서는 반드시 금연해야 한다. 마방지역, 건초 또는 기승자 주변에서는 절대 담배를 피우지 않는다. 건초는 불에 타기 쉽고 말도 담배냄새를 좋아하지 않는다.

(3) 기승자에 대한 이해

① 기승자의 장애에 대해 파악한다

재활승마지도사가 장애에 대해 이해해야 하는 것은 필수다. 좁은 등이 필요한 기승자에게 넓은 등의 말을 배정하거나 심한 척추측만증 환자에게 승마를 시키는 것은 오히려 상태를 악화시킬 수 있다. 또한 과잉행동이나 주의력이 낮은 기승자의 경우 말에서 뛰어내리거나 낙마의 위험이 있으므로 약 복용 여부를 확인해야 하며 특히 심장이나 폐질환, 고혈압 등이 있는 기승자는 과도한 운동이 되지 않도록 지속적으로 살펴야 한다.

② 기승자의 성격에 대해 파악한다

장애가 없는 사람들은 흔히 장애를 가진 사람들이 모두 같은 성격일 것이라고 착각한다. 물론 장애에 따라 나타나는 현상들이 비슷하여 이를 성격과 혼동하는 경우도 있지만, 장애인도 각자의 성격이 다르다. 장애의 특성도 이해해야 하지만 성격에 대해 파악하는 것도 안전하고 즐거운 승마를 즐길 수 있게 해준다.

③ 기승자의 능력에 대해 바르게 평가한다

장애는 그 사람이 가지고 있는 특성으로, 개인의 능력과는 차별되어야 한다. 장애가 있다고 해서 무조건 '할 수 없다'거나 '배려해야 한다'는 생각은 하지 말아야 한다. 비장애인과 달리 조금 더디게 나아간다고 생각하고 인내를 갖고 조금씩 발전해나가도록 지도한다. 장애에 따라 신체 일부의 기능이 점점 퇴보하는 경우도 있다. 예를 들면 다발성경화증이 대표적인 경우인데, 하루 사이에도 신체 일부의 기능이 눈에 띄게 퇴보하기도 한다. 이 질환은 완치되지 않으며, 이미 발생상 장애를 되돌릴 수도 없다. 지금까지 계속해온 일도 오늘부터는 못할 수 있으므로 "왜 전보다 못하느냐?"고 지적하면 안 된다. 또한 학습장애나 ADHD의 경우도 자신의 지능이나 의지의 문제가 아니라 뇌의 구조적인 문제이므로 좌절하지 않고 즐거운 시간이 되도록 분위기를 유도해준다.

2) 응급상황

말 관련 사고들을 살펴보면 말에 대한 지식이 없거나 경험 부족으로 말이 행동으로 나타내는 의미를 이해하지 못하거나 다루는 능력이 부족한 경우가 있다. 또한 안전 절차를 지키지 않거나 고의 또는 무의식중에 말을 자극하거나 잘못된 마장구 착용 등으로 사고를 유발한다. 따라서 지도사는 항상 말에 대한 지식을 습득하도록 노력해야 하며, 안전수칙을 준수하고, 만일에 발생할 수 있는 응급상황에 대처할 수 있는 능력과 대비책을 마련해야 한다.

(1) 기승자에게 예상되는 응급상황

① 발작, 실신, 의식저하

발작은 뇌의 정상 전기 활동에 급격한 변화가 생겨서 뇌세포에서 통제되지 않은 전기신호가 발생하여 일시적으로 환자의 행동, 운동, 생각, 느끼는 방식에 영향을 주는 것을 의미한다. 이런 발작이 생길 수 있는 신체적 이상(전해질 불균형, 알코올 금단 증상, 심한 수면 박탈 상태 등) 없이 2회 이상 반복적으로 나타나는 경우는 뇌전증이라고 부른다. 약물로 조절되지 않는 심한 뇌전증의 경우는 승마를 할 수 없다.

실신은 갑작스럽게 일시적으로 의식을 잃고 쓰러지는 것을 말하며, 비교적 흔한 질환이다. 일생을 살아가는 동안 남성의 3%, 여성의 3.5%에서 실신을 경험하는 것으로 알려져 있다. 실신의 가장 흔한 원인인 심장신경성 실신(미주신경성 또는 혈관미주신경성 실신이라고도 함)은 심장 자체에는 아무 이상이 없으나 어떤 외부적 요인에 의해 일시적으로 자율신경계에 불균형이 초래되어 심박수가 느려지고 혈압이 떨어져서 의식을 잃고 쓰러진다. 의식을 잃고 쓰러지기 전 대부분 전구 증상을 느끼는데, 갑자기 가슴이 답답하고 속이 메스꺼우며, 온몸에서 힘이 빠지고 하품과 식은땀이 나며, 그런 증상에 이어 앞이 캄캄해지거나 하얗게 되면서 의식을 잃고 바닥에 쓰러지게 된다. 바닥에 쓰러진 후에는 수십 초 내에 특별한 조치 없이도 저절로 의식을 회복하게 되며, 의식을 잃기 전 경험한 증상들은 이미 없어진 상태다. 의식저하는 자기 자신이나 사물에 대해 인식하는 능력이 감소하는 것이다.

승마활동을 하는 도중 예상하지 못한 발작이 일어날 것에 대비하여 응급하마를 비롯한 응급조치 계획을 수립하고 모든 관계자들이 익숙해지도록 훈련한다. 또한 심폐소생술이 필요한 응급상황이 발생할 수 있음을 명심한다.

발작의 응급상황 발생 시 조치 순서는 다음과 같다.

㉠ 강습장에 있는 모든 말을 멈춘다.
㉡ 낙마하지 않게 보조만 하고, 잡거나 누르지 말고 자연스럽게 둔다.
㉢ 경도발작의 경우 깜빡 조는 정도에서 의식을 잃는 경우까지 있으며, 깨어나면 하마를 시키고 기승자를 강습장에서 벗어나게 한다.
㉣ 중도발작의 경우 반복되는 어떤 동작이나 경련 등으로 심해지면 응급하마시켜 바닥에 눕히고, 다른 말과 기승자들은 조심스럽게 그 지역을 벗어난다. 또한 잡거나 누르지 말고 자연스럽게 바닥에 눕혀놓는다.
㉤ 가능한 한 빨리 측면 회복자세로 놓아둔다. 이 자세는 기도를 연 상태로 유지시켜 분비물과 토사물의 배출을 자유롭게 해준다.
㉥ 몇 분 내에 멈추므로 근처에 부딪쳐 다칠 만한 것들을 제거한 뒤 기다린다.
㉦ 발작이 끝난 직후에는 음료가 기도로 들어가 호흡곤란이 생길 수 있으므로 마실 것을 주지 않는다.
㉧ 발작이 끝나면 지도사는 기승자를 보호자 또는 의사에게 인계한다.
㉨ 발작 발생 후에는 신체적·정신적으로 쇠약해질 수 있으므로 휴식을 권한다.

② 말에게 밟힘

강습에 임하는 자원봉사자는 튼튼한 신발을 신도록 한다. 드물기는 하지만 기승자나 자원봉사자가 말에게 밟힌 경우, 말을 놀라게 하거나 기승자를 겁먹게 하지 말고 잠시 기다린다. 걸

주의

경련을 멈추게 한다고 움직이지 못하게 잡거나 누르면 다른 문제를 야기할 수 있다. 경련이 끝났는데도 숨을 쉬지 않는다면 119에 전화하고 심폐소생술을 실시한다. 경련이 끝나지 않고 지속적으로 반복되는 경우에도 119에 전화하여 도움을 요청한다.

고 있던 말은 계속 움직이므로 더 이상 발을 밟지 않게 된다. 말이 움직이지 않는다면 지도사는 어깨로 말을 밀어내 말의 균형을 깨뜨리고 기승자나 자원봉사자를 보호한다. 이후는 응급처치방법에 따라 조치한다.

③ 곤충에게 쏘임

기승자가 곤충에게 쏘여 힘들어하면 강습을 중단하고 물린 부위에 얼음을 대주고, 상황에 따라 병원에 후송하는 등의 조처를 한다.
승마장은 자칫 관리가 부실하면 파리, 모기 등 해충의 온상이 될 수 있다. 모기는 물론 피를 빠는 파리가 있을 수도 있으므로 사전에 철저한 방역이 필요하다.

(2) 말에게 나타나는 응급상황

① 달아나기

강습 중 가장 심각한 상황이 될 수 있다. 말은 잘못된 부조 등으로 비장애인을 태울 때보다 스트레스를 더 받을 것이다. 지도사와 말조련사는 재활승마에 적합한 말을 선정하고 평상시 악조건에서도 견딜 수 있도록 훈련시켜야 한다. 강습 중에 지도사와 말 리더는 돌발 상황이 발생하지 않도록 매 순간 말에게 집중하여 징후를 알아내고 사전에 조치해야 한다. 만약 징후가 나타나면 지도사는 사이드워커에게 응급하마를 지시하고 기승자를 보호 조치한다. 말 리더는 리드라인을 절대 놓지 않도록 노력한다.
말이 달아나거나 날뛰기 시작하면 같은 장소에서 강습 중인 다른 모든 기승자는 제자리에서 한 번에 말을 멈추고, 모든 말 리더들은 자신의 말에 집중하여 마주 서서 낮고 부드러운 목소리로 말을 진정시킨다. 사이드워커는 양쪽에서 기승자를 보조하면서 지도사의 지시를 기다린다.

② 자연 환경

바람은 말에게 공포심을 줄 수 있다. 바람의 영향으로 종이나 비닐 같은 가볍지만 큰 물체가 날아다니고 낯선 냄새 등으로 인해 말이 불안해하면 말 리더나 지도사는 안정을 유지하며 낮고 부드러운 목소리와 보살핌으로 말에게 확신을 주며 달랜다. 말은 주어진 임무에 집중하면 덜 놀라기 때문에 말을 안정시키며 계속 걷게 한다. 따라서 예민한 말들은 바람 부는 날에는 강습에 참여시키면 안 된다.
천둥이나 번개는 말을 겁먹게 하고 날뛰게 할 수 있다. 강습 중 예기치 못해 갑자기 발생한 상황이라면 리드라인이나 고삐를 굳게 잡으면서 말을 계속 걷게 하고, 낮고 부드럽고 안정적인 목소리로 확신을 주면 말은 천둥이나 번개보다 말 리더나 지도사에게 집중한다. 사이드워커는 기승자를 지지하여 균형을 유지하도록 도와주고, 말이 계속해서 안정을 찾지 못하면 지도사는 기승자를 하마시킨다.

③ 곤충에게 쏘임

곤충에게 쏘인 말은 점프하거나 날뛰며 달아날 수 있으므로 리드라인을 꼭 잡고 부드럽고 낮은 음성으로 안정시킨다. 말이 진정되지 않으면 지도사는 기승자를 하마시키고 말을 강습장 바깥으로 데리고 나간다. 만약 말이 점프를 했다가도 곧바로 안정을 되찾으면 지도사는 상황을 보아 강습 지속 여부를 판단한다.

3) 심폐소생술

응급처치(심폐소생술)는 가정이나 야외에서 생명을 위협하는 위급한 상황의 부상자나 환자가 발생했을 때 즉각적이고 임시적인 적절한 처치와 보호를 행함으로써 환자의 고통을 경감시키고, 추가 사고발생을 예방하여 귀중한 생명을 구할 수 있도록 하기 위한 전문적인 치료를 받는 데 도움이 되는 지식과 기능이다. 미국을 비롯한 모든 국가에서는 재활승마지도사가 되기 위해서는 응급처치와 심폐소생술에 대한 자격을 필수요건으로 규정하고 있다.

(1) 가슴압박심폐소생술

심장마비는 일상생활에서 발생할 수 있는 가장 긴급한 상황 중의 하나 다. 다양한 원인에 의해 우리 몸의 혈액순환을 담당하는 심장이 갑자기 멈추는 것을 의미하는데, 심장이 혈액을 순환시켜주지 않으면 우리 몸에서 가장 먼저 손상을 받는 곳은 뇌다. 뇌 는 혈액이 공급되지 않으면 손상을 받기 시작하여 약 4분이 경과하면 사망에 이르거나 그렇지 않더라도 뇌사, 뇌병변 등 심각한 후유증을 남길 수 있다. 일단 뇌가 손상되면 이전과 같아진다는 것은 불가능하다.

심폐소생술이란 가슴압박과 인공호흡을 통해 심정지 환자의 자발 순환을 회복시켜 환자의 사망을 방지하는 일련의 응급처치 과정을 말한다. 그러나 심폐소생술이 시행된다 하더라도 모든 심정지 환자가 소생되는 것은 아니며, 얼마나 신속하고 정확하게 심폐소생술이 시행되었느냐에 따라 환자의 생존율이 결정된다.

따라서 만일의 사태에 대비하여 자동심장충격기를 승마장 내에 비치하고, 지도사는 응급처치 및 심폐소생술에 대해 숙달되어야 한다.

(2) 자동심장충격기(AED: Automated External Defibrillator)

[표 5-8] 응급처치 및 심폐소생술

순서	내용
① 의식 확인	· 두 손으로 어깨를 두드리면서 "괜찮으세요?"라고 물어 의식과 움직임을 확인한다.
② 119 신고 및 도움 요청	· 의식이 없으면 "119에 신고해주세요. 청바지 입으신 분은 자동심장충격기 갖다주세요. 자동심장충격기는 승마장 사무실 입구 오른쪽에 있습니다" 하고 주변의 특정 사람을 지목해서 119에 도움을 요청한다. 주변에 사람이 많아도 지목하지 않으면 '누군가는 하겠지'라고 서로 미루게 된다.
③ 가슴 부위 압박	· 성인이면 환자의 오른쪽에서 무릎을 꿇고 오른쪽 손꿈치를 복장뼈 아래쪽 중앙(양쪽 젖꼭지 연결선)에 대고 왼손은 오른손 위에 놓고 겹친 상태로 손가락으로 깍지를 만든다. 오른손가락이 가슴을 누르지 않게 왼손가락을 이용하여 오른손가락을 들어 올린다. 소아인 경우 손가락 2개(3/4번째)를 복장뼈에 댄다. · 성인은 최소 5cm, 소아 약 5cm, 영아 약 4cm 깊이로 분당 100~120회의 속도로 가슴을 30회 압박한다. · 팔꿈치를 곧게 펴 지면과 수직이 되게 하고 상체 체중을 이용하여 압박한다.
④ 인공호흡	· 혀가 말려들어 기도를 막았는지 확인한다. 이물질이 입에 들어 있는 경우 손가락을 이용하여 제거한다. · 머리 기울임-턱 들어 올리기(head tilt-chin lift): 왼손으로 이마를 누르고 왼손가락(1/2번째)으로 코를 잡으며, 오른손가락(2/3번째)으로 턱을 들어 올려 기도를 유지한다. · 평소 호흡대로 1초 동안 호흡을 불어넣는다. · 고개를 돌려 왼쪽 귀로 호흡을 확인하고 환자의 가슴을 본다. · 1회 더 인공호흡을 한다. · 인공호흡은 훈련받은 구조자나 의료인만 수행한다.
⑤ 반복	· 반응이 없으면 흉부압박과 인공호흡을 반복한다. 흉부압박의 중단을 최소화하기 위해 흉부압박과 인공호흡의 비율은 30 : 2로 한다. · 응급의료 종사자가 도착해서 환자를 인계받거나, 심장충격기가 준비되어 심전도를 분석하거나, 순환이 돌아와서 환자가 움직이기 시작할 때까지 계속 반복한다.

자동심장충격기 사용은 간단하고 기기에 사용법이 적혀 있으며 음성으로도 안내된다. 안내에 따라 접착식 패드를 붙이고 기기를 작동하면 자동심장충격기가 심전도 분석을 하고 전기충격을 가한다. 반응이 없으면 심장충격기의 지시에 따라 가슴 부위 압박과 인공호흡을 반복

> **Tip**
> **인공호흡**: 호흡 정지나 호흡 기능 장애를 일으킨 사람에게 인위적으로 폐에 공기를 불어넣어 호흡을 할 수 있도록 하는 응급처치.

한다. 심폐소생술 중 자동심장충격기 사용은 다음 순서와 같다.

① 전원을 켠다(초록색 버튼).
② 패드를 꺼내어 패드에 있는 그림대로 몸에 부착하고 자동심장충격기와 연결한다.
③ '분석한다'는 말이 나오면 모든 사람이 환자에게서 떨어진다.
④ 자동심장충격기가 분석 후 심장충격을 줘야 할지 흉부압박을 해야 할지 말해준다.
⑤ 심장충격이 필요없다면 흉부압박을 계속한다.
⑥ 심장충격이 필요하다면 '충전 중'이라는 말이 나오고, '떨어지라'는 메시지가 나오면 지시에 따른다.
⑦ 심장충격 버튼(빨간색 버튼)을 누르라고 하면 누른 후 곧바로 흉부압박을 시행한다.

[그림 5-26] 승마장에 설치된 심장충격기와 응급처치용품이 보관된 사료창고

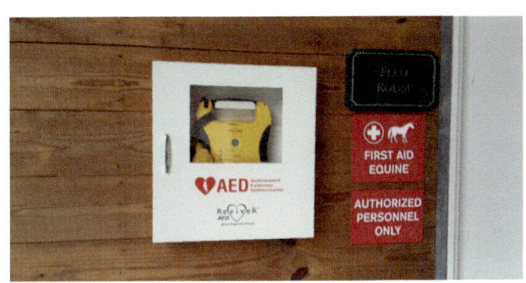

(3) 생존사슬

① 심정지의 예방과 조기 발견 ② 신속한 신고 ③ 신속한 심폐소생술 ④ 신속한 심장충격 ⑤ 효과적 전문소생술과 심정지 후 치료를 '생존사슬'이라고 부른다.

이 중에서 특히 앞의 4단계는 심정지 환자를 목격한 사람이 시행해야 할 응급처치이다. 심정지는 운동 부족, 고염식, 과음, 흡연 등 평소 잘못된 습관을 가진 사람과 당뇨, 고혈압, 고지혈증 등 생활 습관병을 가진 사람들이 과도한 정신적·육체적 스트레스를 받을 경우 발생하기 쉽다. 가족력이 있거나, 알 수 없는 이유로 실신한 적이 있다면 건강 검진을 받아야 한다. 갑작스러운 가슴통증, 두근거림, 호흡곤란, 무력감은 심장이 보내오는 이상 신호이다. 이런 경우, 병원을 방문하거나 119에 구조 요청을 해 심정지를 예방해야 한다.

우리나라의 한 해 심정지 사망자는 29,000여 명으로 교통사고 사망자의 약 5배이다. 심정지 발생 장소는 80% 정도가 가정과 공공장소에서 발생한다. 심정지 환자가 발생하면 직접 옮기려고 하지 말고 119나 응급차량을 요청한다. 옮기는 도중 적절한 조치를 받지 못해 심각한 문제가 발생하거나 가족인 경우 당황하여 교통사고 등을 유발할 수 있다.

심폐소생술을 교육받지 않은 사람도 119에 전화를 하면 스마트폰의 스피커폰 기능을 이용하여 119구급대원의 지시로 심폐소생술을 실시할 수 있다.

또한 2015년부터 심폐소생술에 익숙하지 않은 일반인 목격자에게는 인공호흡을 제외한 가슴압박심폐소생술만 하도록 권장하고 있다. 심정지 발생 초기에는 가슴압박심폐소생술만 하는 경우와 가슴압박심폐소생술과 인공호흡을 같이 실시하는 심폐소생술의 효과가 비슷하기 때문이다. 따라서 인공호흡을 실시하기 어려운 사람은 가슴압박심폐소생술만 시행해도 효과는 충분하다.

자동심장충격기는 「응급의료에 관한 법률」 제47조의2(심폐소생을 위한 응급장비의 구비 등의 의무)와 동 법률 시행령 제26조의2(응급장비의 구비의무가 있는 공동주택 등)에 의해 의료기관, 구급차, 항공기, 철도, 선박, 아파트 등 공공시설에 설치할 것을 법으로 규정하고 있다. 승마장에도 자동심장충격기를 모든 사람들이 쉽게 볼 수 있는 위치에 설치한다.

2 안전한 강습을 위한 단계별 점검사항

승마는 말[馬]과 함께하는 운동으로 신체 중심부(core)를 강화하고 동물과 교감하는 장점이 있다. 그러나 다른 운동과 달리 말과 함께하기 때문에 더 주의를 기울이지 않으면 위험도 상존한다. 100번, 1,000번 즐겁게 승마를 즐겼다고 해도 단 한 번의 사고로 모든 것을 잃을 수 있다.

장애인이나 정서행동에 문제를 가지고 있는 기승자에게 승마를 지도하는 재활승마지도사는 안전에 특히 유의해야 한다. 승마에서 일반적인 안전사항은 앞 장에서 다루었다. 여기서는 강습에서 재활승마지도사가 확인하고 점검해야 하는 사항에 대해 심도 있게 기술하고자 한다.

1) 원리 파악

재활승마에서 '안전에만 위배되지 않는다면' 재활승마지도사는 기승자를 위해 어떤 활동이든 시도해볼 수 있다. 다만, '왜 그렇게 해야 하는지', '그보다 더 나은 방법은 없는지', '이 방법의 장단점은 무엇인지' 등의 원리를 파악하여 가장 최선의 방법을 선택한다.

예를 들면 기승대에서 출발할 때 기승자는 고삐를 잡고 등자에 발을 끼운 상태에서 사이드워커의 허벅지 보조를 받고 '출발(또는 음성부조)' 신호를 사용하여 말을 출발시킨다. 기승자가 준비되어 있지 않은 상태에서 출발하면 자칫 균형을 잃거나 공포감을 느낄 수 있기 때문이다. 그러나 균형유지 능력이 좋고 몸의 이완이 필요하다고 재활승마지도사가 판단하면 등자에 발을 끼우지 않고 다리를 늘어뜨린 채 출발할 수도 있다.

엄격한 재활승마지도사는 승마 신발을 신지 않고 운동화를 신고 오면 재활승마 강습을 하지 않고 돌려보낸다. 「체육시설의설치·이용에관한법률」에 의한 승마장의 경우 시행령에 의해 승마용 신발을 착용하도록 되어 있다. 반면 「말산업육성법」에 의한 농어촌형승마시설에서는 신발에 대한 언급이 없다. 그럼 승마장에서는 승마신발을 꼭 신어야 하고 승마시설에서는 괜찮은 것일까? 승마용 신발은 바닥이 매끄러워 만일의 경우 발이 등자에 걸리는 것을 막아주고, 뒤꿈치 부분이 있어서 발이 등자에 밀려들어가지 않도록 하는 기능을 가진 신발이다. 기승자가 각자 구입하거나 승마장에서 사이즈별로 보유하고 있다가 기승자에게 대여해주면 좋을 것이다. 그나마 준비되지 않으면 재활승마지도사의 판단에 따라 승마활동을 하게 할 수도 있고 아닐 수도 있다.

일반적으로 말을 리드할 때는 말 리더가 말의 왼편에 서서 한다. 그런데 미국의 어떤 재활승마장에서는 항상 리더가 안쪽에서 말을 리드하도록 하고 있다. 이렇게 리더의 위치가 바뀌어야 할까? 아니면 왼쪽에서 리드하는 것이 맞을까? 답은 "상황에 따라 리드하는 위치가 바뀔 수 있다"이다. 안쪽에서 말을 리드하도록 하는 것은 재활승마지도사의 판단에 따라 강습 시 말 리더가 재활승마지도사에게 더 주목하고 재활승마지도사가 말 리더를 잘 관찰할 수 있기 때문이며, 반드시 그렇게 해야 하는 것은 아니다.

재활승마에서 리드라인으로 말을 통제하기 위해서는 마방굴레를 사용하는데 마방굴레를 재갈굴레 안쪽에 씌워야 할까, 아니면 바깥에 사용해야 할까? 왜 마방굴레를 사용하는 걸까? 기승자의 고삐조절이 용이하지 못하기 때문에 고삐는 강습 시작 전에는 마방굴레에 연결되어 있다가 강습 중 재활승마지도사의 판단에 따라 재갈로 옮기기도 한다. 따라서 고삐 끝은 연결고리(붕어클립)로 연결되어 있어 마방굴레에서 재갈로, 또는 재갈에서 마방굴레로 연결 위치가 변화할 때 탈착이 용이해야 한다. 마방굴레가 재갈굴레 안으로 들어가는 경우에는 마방굴레가 말의 얼굴에 비해 크거나 너무 작으면 매우 불편하므로 얼굴에 꼭 맞아야 한다. 마방굴레가 재갈굴레 겉에 씌워지는 경우는 마방굴레가 작거나 너무 크지만 않으면 큰 문제가 없으나 고삐가 마방굴레 밑으로 들어가게 된다. 고삐가 마방굴레 밑으로 들어간 상태로 고삐를 연결하면 말은 턱밑에 고삐가 지나가게 되고 기승자는 고삐를 사용할 수 없어 모두에게 스트레스가 된다. 그러므로 고삐 끝에 연결고리를 설치하면 '재갈에서 마방굴레, 또는 마방굴레에서 재갈'의 이동이 용이하여 스트레스를 방지할 수 있다. 요즘은 마방굴레와 재갈굴레가 하나로 되어 있는 제품도 사용한다.

지금까지 재활승마에서 재활승마지도사가 판단에 따라 달라질 수 있는 몇 가지 예를 들었다. 이렇게 재활승마지도사에 따라 '이렇게 해야 한다', '아니다 그러면 안 된다'와 같이 주장이 대립될 수 있는 사항들은 단순히 따르지 말고 원리가 무엇인지 파악하고 말, 기승자의 안전에 문제가 없는지 확인하여 승마장의 상황에 맞는 방법을 선택하면 된다.

재활승마 실무 시험에서도 응시자가 어떤 방법을 선택하여 사용했을 때, '어떻게 저렇게까지

할 생각을 했을까?' 하고 기쁜 마음에 왜 그렇게 했는지 물어보면 "그냥"이라는 실망스런 답이 나오는 경우가 있다. 강습에서 사용하기 쉬운 일반적인 방법은 아니지만 정확한 원리를 알고 답했다면 오히려 좋은 결과가 나올 수 있겠다는 아쉬운 마음이 들기도 한다.

A라는 기승자에게 좋은 방법도 B라는 기승자에게는 적절하지 않을 수 있다. 재활승마지도사는 정확한 원리를 파악하고 '최선'을 선택하여 강습에 적용한다.

2) 안전을 위한 점검

앞서 재활승마지도사가 원리를 파악하고 최선의 방법을 찾아서 강습에 적용해야 한다고 했다. 여기서는 강습에서 안전을 위해 재활승마지도사가 반드시 해야 하는 것(의무)을 강습이 진행되는 순서에 맞추어 설명하고자 한다.

현장에서 재활승마지도사가 강습뿐만 아니라 시설, 전기, 마장구를 포함한 장비 또는 보험 관련 등에 책임을 맡고 있다면 이런 부분에서도 안전에 대한 책임과 의무적으로 수행해야 할 사항이 있다. 또한 강습에 참여하기 전에 말에 대한 조련 부분도 재활승마지도사가 책임과 의무를 다해야 한다.

① 기승 전 말과 마장구 안전점검

모든 마장구는 말 리더와 사이드워커가 강습시간에 맞춰서 미리 장착한다. 재활승마지도사는 강습 전에 다음과 같이 기승 전에 말과 마장구 안전점검을 한다.

- 말의 외관은 이상이 없는가?
- 적합한 안장이 바르게 설치되었는가?
- 복대는 알맞게 조여 있는가?
- 굴레의 위치는 적합하고 고삐는 바르게 연결되었는가?
- 말 리더와 사이드워커의 복장은 강습에 적합한가?
- 안전등자를 사용하고 있는가?
- 등자끈의 길이는 기승자에게 적합한가?

- **말의 외관은 이상이 없는가?**
  - 마장구를 장착하는 단계에서 말 리더와 사이드워커에 의해 확인이 되었지만 전문가의 입장에서 재확인한다.
  - 말의 주변을 한 바퀴 돌면서 전체적으로 마장구와 함께 살펴본다.
- **적합한 안장이 바르게 설치되었는가?**
  - 안장은 말의 체형에 맞추는 것으로 해외 재활승마장에서는 말 한 마리당 안장이 1개 이상 배정되어 있다. 이렇게 말과 안장이 1:1 이상으로 말에게 안장을 맞춘 경우는 안장의 위치가 앞 또는 뒤로 너무 치우치지 않고 중앙에 바르게 위치했는지를 확인하면 된다.

- 그렇지 않은 경우에는 말의 크기에 비해 안장이 적합한지도 확인한다. 안장이 너무 커서 안쪽 홈이 등성마루에 닿아 말에게 압박을 주거나 상처를 입힐 우려가 있는지, 말의 어깨뼈를 압박하는지, 말의 등 부분 근육에 균등하게 힘이 분포되도록 올라가 있는지 등을 확인한다.

- **복대는 알맞게 조여 있는가?**
  - 복대는 말의 가슴 부분에 위치하여 안장을 고정시켜주는 역할을 한다. 복대 중앙부분이 말 가슴 가운데에 오도록 양쪽 길이를 맞춘다. 꼭 조인다고 무조건 좋은 것은 아니다. 오히려 말이 스트레스를 받고 걸음걸이가 부자연스러워 득보다 실이 많다. 반면에 복대가 너무 느슨하면 기승할 때 안장이 돌아가 기승할 수 없거나, 다행히 기승했더라도 강습 도중에 안장이 돌아가 기승자가 낙마할 수 있다.
  - 실제 강습에서는 준비된 상황에서 곧바로 강습이 이루어져 복대가 느슨하지 않지만 모든 것을 재활승마지도사가 준비하고 확인하는 재활승마 실무 시험 상황에서 복대는 대부분 느슨하게 풀어져 있다. 말의 복지를 위한 조치일 뿐 응시자를 곤경에 빠뜨리기 위한 것은 아니다. 간혹 "응시자를 골탕 먹인다"고 불평하는 사람도 있지만 평소 파트너로서 말의 역할을 생각한다면 있을 수 없는 일이다.

- **굴레의 위치는 적합하고 고삐는 마방굴레에 연결되었는가?**
  - 굴레의 크기가 적합하여 너무 조이거나 헐겁지 않은지 확인한다. 고삐 연결고리의 열림 손잡이 부분이 말 쪽으로 향하여 상해나 불편을 줄 수 있는지 점검한다.

- **말 리더와 사이드워커의 복장은 강습에 적합한가?**
  - 봉사자의 복장은 활동에 용이하면 된다. 승마복장에 목이 긴 안전화가 가장 좋지만 그렇지 않아도 큰 무리는 없다. 다만 장화, 슬리퍼, 신발끈이 풀린 상태, 지나치게 화려한 색상의 옷, 풀어헤쳐진 상의, 진한 향수나 화장품, 주렁주렁 매달린 액세서리나 옷 등으로 말이나 기승자의 주의를 분산시키면 안 된다. 또 말이나 스스로에게 걸려 넘어지는 등 자신을 포함한 사람이나 말에게 상해를 줄 수 있는 것은 피하도록 한다.

- **안전등자를 사용하고 있는가?**
  - 안전등자는 재활승마에서 필수이다. 미국에서는 응시자가 직접 모든 마장구를 준비하는데 일반등자를 사용했다가는 시험을 치르지도 못하고 실격된다.

- **등자끈의 길이는 기승자에게 적합한가?**
  - 길이가 기승자에게 적합한지, 양쪽의 길이는 균등한지 확인한다. 한 예로 영국의 어떤 승마장에서는 강습시간표에 좌우 등자끈 길이가 명시되어 있다. 기승 후에는 등자 길이 조절이 위험하다는 것인데, 강습 시작 이후에 등자 길이를 조절한다고 시간을 허비하지 않는다는 측면에서도 바람직해 보인다. 또 등자 길이가 맞지 않으면 기승 후 곧바로 준

비운동에 들어가지 못한다.

② 강습장 안전점검
기승 전 말과 마장구 안전점검이 끝나면 다음과 같이 강습장을 안전점검 한다.

- 강습장 내에 위험 요소는 없는가?
- 기승대나 기승경사로는 안전한가?
- 강습장 외부에 위험 요소는 없는가?

- **강습장 내에 위험 요소는 없는가?**
    - 강습장 바닥 및 벽면을 전체적으로 확인한다. 강습장에는 해당 강습시간에 사용할 교보재를 제외한 모든 것은 치워야 한다.
    - 강습장 안에서 기승대를 사용한 경우 특히 유의한다. 강습장 내에서 기승을 시키는 것은 바람직하지만 기승대를 강습장 밖으로 옮기지 않으면 매우 위험하다. 기승 후에는 반드시 강습장 밖으로 옮겨야 한다.
- **기승대나 기승경사로는 안전한가?**
    - 기승대나 기승경사로에 날카로운 곳이나 소리가 나는 것이 있어 기승자나 말이 영향을 받는지 확인한다. 특히 기승대의 경우 기승자와 재활승마지도사가 기승면에 올랐을 때 한쪽으로 기울어지거나 심지어는 넘어질 가능성이 있는지 확인한다. 그렇다고 기승대 위에서 굳이 '쿵쿵거리며' 뛰어보면서 점검할 필요까지는 없다.
- **강습장 외부에 위험 요소는 없는가?**
    - 평상시와 다른 소리, 움직임 등이 있으면 말이 놀랄 수 있다. 말은 소음에 대해 특별한 반응이 없도록 훈련이 되어 있어야 한다. 그래도 또 다른 소리가 나면 말이 흥분할 수 있으므로 소음을 예방하고 강습 전에 위험요소를 제거해준다. 강습 중에도 소음이 발생하여 말이 놀랄 수 있다고 판단되면 말을 정지시키고 말 리더가 말을 안정시키도록 한다. 소음이 일시적이 아니라 지속되고 강습이 어렵다고 판단되면 강습을 중지할 수도 있다.

③ 기승자 안전점검
기승 전 말과 마장구 안전점검이 끝나면 다음과 같이 강습장을 안전점검 한다.

- 기승자가 강습에 참여할 준비가 되어 있는가?
- 기승자의 복장은 강습에 참여하기 적합한가?
- 안전모는 바르게 착용하고 있는가?

- **기승자가 강습에 참여할 준비가 되어 있는가?**
  - 강습에 참여하는 데 문제가 없는지, 전반적인 컨디션은 어떤지 살핀다. 기승자와 의사소통이 부족하거나 병원에 입원했다가 퇴원한 경우, 강습 참여 초반 등 재활승마지도사가 기승자의 상태에 대해 확신이 서지 않는다면 학부모 등 보호자를 통해 정보를 얻는다.
- **기승자의 복장은 강습에 참여하기 적합한가?**
  - 말을 타기 위해서는 적합한 복장을 갖추어야 한다. 여름철에는 반바지, 샌들 등을 피하고 겨울에는 너무 두껍고 긴 외투를 착용하지 않도록 확인한다.
- **안전모는 바르게 착용하고 있는가?**
  - 크기가 적절한지, 턱끈은 헐겁지 않고 알맞게 조이고 있는지, 앞이마가 너무 많이 보이지는 않는지 확인한다. 안전모를 바르게 쓰지 않으면 속보 시 흔들려 시야를 방해하고 심하면 턱끈이 채워진 채로 뒤통수로 넘어가 목을 조이게 된다. 인지 장애인이라면 낯선 상황에 적절하게 대응하지 못하고 고삐를 놓거나 조이는 안전모를 목이 더 조이게 잡아당기거나 비명을 지르는 등 낙마와 직결되는 상황으로 이어질 수 있다.

④ 기승 시 안전점검

기승자 안전점검이 끝나면 기승자를 데리고 기승경사로나 기승대 등 기승장소로 올라간다. 기승자의 장애 정도에 따라 사이드워커의 적절한 보조나 도움을 받는다. 다음 차례 기승자는 기승에 영향을 주거나 기승장소에서 발생한 일로 영향을 받지 않도록 기승대에서 거리를 유지하고 사이드워커와 손을 잡고 있게 한다.

- 자원봉사자의 위치는 적절한가?
- 기승대와 말의 간격은 적절한가?
- 기승 시 말은 움직이지 않는가?
- 기승과정은 안전한가?
- 기승자는 말에 바르게 앉아 있는가?
- 기승자는 출발 준비가 되어 있는가?

- **자원봉사자의 위치는 적절한가?**
  - 기승자의 기승을 돕는 오른쪽 사이드워커는 말이 들어오기 전에 위치를 선정하고 서 있게 한다. 사이드워커와 기승대가 적정한 거리를 유지하게 한다. 기승대와 간격이 너무 멀면 말도 기승대에서 멀어질 수 있고, 너무 가까우면 말이 기승대 접근을 거부하거나 말이 들어오면서 사이드워커가 말에 부딪힐 수 있다.
- **기승대와 말의 간격은 적절한가?**
  - 기승대에 말이 접근했을 때 간격이 너무 멀면 기승하는 데 어려움이 있을 수 있다. 재활

승마지도사가 간격이 너무 멀다고 생각하면 말과 말 리더가 기승대를 벗어나서 원을 한 번 그리듯이 돌고 다시 진입하도록 한다. 원의 지름은 5m 정도가 적당하다.

- **기승 시 말이 움직이지 않는가?**
  - 기승자가 기승할 때 말이 움직이면 기승대와 말 사이로 떨어지거나 위험할 수 있다. 말이 가만히 서 있을 수 있도록 말 리더의 위치 및 리드라인 조정을 확인한다. 사전에 말 훈련을 통해 기승대에서 움직임이 없도록 조련되어 있어야 한다.
- **기승과정은 안전한가?**
  - 기승자가 기승할 때 흥분하여 너무 서두르지 않도록 한다. 순차적으로 기승하고 기승자가 오른발을 들어 올릴 때 기승자의 발로 말이나 반대쪽 사이드워커를 차지 않도록 주의를 주고 확인한다. 기승과 하마도 강습의 일부이고 기승자에게는 운동이 된다. 서두르지 말고 가급적 기승자가 스스로 하도록 유도한다.
- **기승자는 말에 바르게 앉아 있는가?**
  - 바르게 앉아 있는지 확인하고 바르지 않다면 교정해준다.
  - 기승자의 인지가 양호하고 신체적인 문제가 없다면 "바르게 앉았나요?"라고 묻고 "등자를 끼우고 자리에서 살짝 일어났다 앉았다 해보세요"라는 간단한 방법으로 자세를 교정할 수 있다.
  - 인지나 신체적인 문제가 있어 기승자의 판단이 정확하지 않다면 재활승마지도사가 기승자의 골반과 안장꼬리의 모습을 비교하며 척추가 바르게 앉아 있는 상태를 확인해준다. 이때 말이 서 있는 상태를 포함, 확인하여 종합적으로 판단한다.
  - 기승을 완료하고 말이 걸어가는 뒷모습을 보아야 가장 정확하게 판단할 수 있기 때문에 재활승마지도사는 꼭 확인하도록 한다.
- **기승자는 출발 준비가 되어 있는가?**
  - 고삐를 잡고 등자쇠에 발을 끼우고 기승자의 마음이 준비가 되어 있는지 확인한다. 익숙하지 못한 기승자는 말이 움직이면서 더 공포감을 느낄 수 있다. 기승자의 의사를 존중하고 자신 있게 출발하도록 준비 상태를 확인한다.

⑤ 기승 이후 안전점검

기승자와 말이 기승대에서 출발하면 강습장으로 들어가는 말의 뒷모습을 바라보고 말의 걸음걸이, 기승자의 앉은 자세 등을 점검한다.

- 말의 걸음걸이는 이상이 없는가?
- 기승자는 바르게 앉아 있는가?
- 등자 길이는 적절한가?
- 말 리더와 사이드워커는 어떠한가?

[그림 5-27] 기승자의 뒷 모습

- **말의 걸음걸이는 이상이 없는가?**
    - 강습 전 말의 외관을 점검하고 강습장에 적응시키는 과정에서 확인했지만, 기승자의 체중 부하를 주면 말의 걸음걸이가 달라질 수 있으므로 걸음걸이는 이상이 없는지 확인한다.
- **기승자는 바르게 앉아 있는가?**
    - 기승대에서 기승자의 앉은 자세를 점검했어도 말이 걸어갈 때 자세를 확인하는 것이 가장 정확하다.
- **등자 길이는 적절한가?**
    - 등자 길이를 확인하고 조절이 필요하다면 강습장 중앙으로 가서 대기하게 한다. 모든 기승자가 기승이 끝나면 재활승마지도사가 중앙으로 가서 등자 길이를 조절해준다.
- **말 리더와 사이드워커는 어떠한가?**
    - 말 리더나 사이드워커의 걸음걸이, 리드라인 잡는 방법, 기승자 보조 등에 이상이 없는지 확인한다.

⑥ **강습 중 안전점검**

모든 기승자가 기승이 완료되면 재활승마지도사는 강습장 중앙으로 가서 강습을 진행한다.

재활승마지도사는 강습장 중앙에 위치하고 시선은 강습팀을 주시하여 안전점검을 지속적으로 실시한다.

- 마장구 장착은 적합한가?
- 등자 길이 조절은 재활승마지도사만 실시하는가?
- 말의 움직임은 어떠한가?
- 최초 속보 직전 복대 확인을 하는가?
- 기승자, 봉사자, 말의 돌발 상황을 예지하는가?
- 응급상황에서 적절한 대처를 하는가?

- **마장구 장착은 적합한가?**
  - 기승자가 안장에 오르고 몇 걸음 걸으면 기승자의 체중에 눌려 안장이 말의 등에 더 밀착되고 복대는 약간 헐거워진다. 마지막 기승자까지 기승을 시킨 후 재활승마지도사는 강습장 중앙으로 걸어가면서 말과 기승자를 쳐다보고 마장구를 확인한다. 정확한 판단이 서지 않는다면 걷던 곳에서 잠깐 멈추게 하여 손으로 확인한다. 필요하다면 걷던 곳(궤도)에서 다른 말의 진로에 방해가 되지 않게 약간 비켜서서 마장구를 수정한다. 굳이 중앙까지 들어가 안전을 이유로 기승시간을 빼앗지 않는다. 그러나 시간이 많이 걸릴 것이라고 판단되면 중앙으로 들어오게 한다. 재활승마지도사가 마장구를 수정하는 동안에도 다른 기승자에게 집중해야 하기 때문이다.
- **등자 길이 조절은 재활승마지도사만 실시하는가?**
  - 등자끈 길이를 확인하고 조절이 필요하면 재활승마지도사만 수정할 수 있다. 이때 반대쪽 사이드워커가 기승자에게 주의를 기울이도록 하고 등자 길이를 조절한다. 한쪽 조절이 끝나면 끝난 쪽 사이드워커에게 기승자 보조를 하도록 한 뒤 반대쪽으로 이동한다. 사이드워커가 한 명일 때는 반대쪽에서 보조하던 사이드워커가 수정이 완료한 쪽으로 와서 보조하도록 한 뒤 재활승마지도사는 반대쪽으로 이동한다.
  - 등자끈을 조정할 때도 재활승마지도사의 시선은 해당 기승자와 말은 물론 다른 기승자와 말도 살피면서 강습을 진행해나간다. 등자끈 길이 조정에 몰입하여 재활승마팀 전체를 방치하는 일이 없도록 한다. 평상시 마장구 손질과 사전 등자 길이 맞춤을 통해 등자끈 조절에 시간을 허비하지 않도록 해야 한다.
- **말의 움직임은 어떠한가?**
  - 말의 움직임을 지속적으로 살핀다. 말이 강습에 집중하지 못하고 불필요한 동작을 한다면 원인을 파악하여 불편함을 해소해준다.
- **최초 속보 직전 복대 확인을 하는가?**
  - 재활승마지도사의 의무사항이다.

- 최초 속보 시작 직전, 재활승마지도사는 가급적 중앙에서 속보 출발 자리로 와서 복대를 확인한다. 이때 속보의 진행방향과 말이 일직선을 이루어야 한다. 일직선을 이루지 않은 상태에서 곧바로 속보를 실시하면 기승자는 원심력에 의해 균형을 잃을 수 있다. 또한 바깥쪽 사이드워커는 속도를 맞추지 못해 기승자를 지지하는 손에 매달리거나 튕기듯 말에서 떨어져 나가기도 한다.

- **기승자, 봉사자, 말의 돌발 상황에 적절히 대처하는가?**
  - 강습이 순조롭게 진행된다면 재활승마를 운영하는 데 어렵지 않지만 수많은 돌발 상황이 발생할 수 있다. 기승자는 자세가 흐트러지는 간단한 것부터 무의미한 소리나 한 가지 단어를 무한 반복하거나, 강습 도중 울거나, 소리를 지르고 말이나 봉사자에게 위해를 가할 수도 있다. 봉사자는 피곤해하고 벽에 부딪히거나 심지어 넘어질 수도 있으며, 말은 강습에 집중하지 못하고 이상 반응을 보일 수 있다. 맑았던 날씨가 별안간 비가 오고 천둥, 번개가 칠 수 있다.
  - 이럴 때는 어떻게 할 것인가? 온전히 재활승마지도사의 판단에 달려 있다. 오늘의 강습은 중단될 수 있어도 어렵다고 힘들다고 재활승마 자체를 포기할 수 없다. 재활승마지도사는 돌발 상황에 대해 적절하게 대처하고 사전에 예방하여 재활승마가 지속될 수 있도록 해야 한다. 응급상황이 되지 않도록 강습상황을 예지하는 능력이 있어야 한다.

- **응급상황에서 적절하게 대처하는가?**
  - 재활승마지도사는 강습을 하면서 항상 최악의 상황을 염두에 둔다. 응급상황이 발생할 것이라고 생각하고 예방하고 주의를 기울이며 안전점검을 철저히 하는 재활승마지도사에게 응급상황의 가능성은 매우 낮다. 하지만 불가항력적인 사고도 발생할 수 있다.
  - 문제는 여기서부터다. 재활승마지도사가 흥분하고 상황에 적절하게 대처하지 못하면 2차 사고로 이어질 수 있다. 재활승마지도사가 흥분하면 사람들은 우왕좌왕하고 말은 날뛴다. 더 이상 상황을 악화시키지 않는다는 생각을 먼저 떠올리고 침착하게 응급상황을 수습한다.
  - 강습장에서 응급상황을 수습할 사람은 재활승마지도사 자신뿐이다.

⑦ 하마 시 안전점검

강습이 종료되면 다음과 같은 사항을 고려하여 다음 강습에 대비한다.

- 하마 위치는 적합한가?
- 하마 과정은 안전한가?
- 하마 이후 기승자의 동선은 어떠한가?

- **하마 위치는 적합한가?**
  - 지면에 서 있는 것에 문제가 있는 기승자(주로 리프트를 이용한 기승자)를 제외하고 모든 기승자는 '안장에서 지면으로(saddle to ground)'가 기본이다.
  - 모든 강습이 완료되면 강습장 중앙에서 하마한다.
  - 리프트를 이용하는 경우는 기승경사로(mounting ramp)로 이동한다. 휠체어를 이용하는 경우 마장의 모래로 불편하다면 출입구 주변으로 이동하여 하마를 할 수 있다. 다만 말이 출입구 주변에 가면 흥분하지 않도록 사전에 조련이 되어 있어야 하고 다른 기승자나 말의 통행에 방해가 되지 않도록 한다.
- **하마 과정은 안전한가?**
  - 하마 과정에서 오른발을 들어 올리기 전에 왼발에서 등자를 빼지 않으면 왼발을 등자에서 쉽게 뺄 수 없다. 두 발 모두 등자에서 빼낸 뒤 오른발을 들어 올린다.
  - 기승자가 오른발을 들어 올릴 때 재활승마지도사가 기승자의 왼쪽 골반을 단단히 지지하지 못하면 왼편으로 쏠려 낙마할 수도 있고 안장머리 쪽에 기승자 배가 위치하여 통증을 느낄 수도 있다. 기승자가 오른발을 들어 올릴 때 재활승마지도사는 기승자의 왼쪽 골반을 말 엉덩이 쪽으로 밀어 안장 가운뎃부분에 기승자가 엎드리도록 돕는다.
  - 안장에 안정적으로 엎드리면 기승자가 미끄러져 내려오며 얼굴이나 안전모가 안장에 부딪히지 않도록 지도한다. 지면에 발이 닿을 때 충격을 받지 않아야 할 기승자라면 재활승마지도사는 무릎을 감싸안고 자신의 무릎을 구부리며 기승자가 안전하게 지면에 착지하도록 돕는다.
  - 천천히 하마 과정을 준수하면서 하마를 하게 한다.

승마사고 발생 원인

승마사고를 걱정해서 승마를 하지 않는 것은 교통사고가 걱정된다고 자동차를 타지 않는 것과 같다. 사전에 말 훈련과 안전점검만 철저히 한다면 사고가 발생하지 않는다. 방심과 욕심이 사고를 만든다.

승마사고 발생 원인을 비율(%)로 살펴보면 기승자의 능력 및 태도(42.6%), 안전수칙 미준수(33.3%), 말의 상태(18.5%) 순으로 나타났다.

승마사고 발생원인	기승자 능력 및 태도	안전수칙 미준수	말상태	교수자(교관) 능력 및 태도	장비 및 시설	기타	합계
비율(%)	42.6	33.3	18.5	1.9	1.9	1.9	100.0

※ 출처: 승마시설 사고발생 예방 및 보험 활성화(말산업동향 브리프 제20호, 2015년)

- 하마 이후 기승자의 동선은 어떠한가?
  - 기승자가 하마 후에 지나가는 동선에 위험요소가 있는지 살핀 후 사이드워커와 같이 이동하도록 한다.

⑧ 강습 후 안전점검

강습이 종료되면 다음과 같은 사항을 고려하여 다음 강습에 대비한다.

- 기승자의 상태는 어떠한가?
- 봉사자의 상태는 어떠한가?
- 말의 상태는 어떠한가?
- 다음 강습에 사용할 마장구는 문제가 없는가?

- **기승자의 상태는 어떠한가?**
  - 강습이 완료되고 하마를 실시하면 보호자에게 인계하면서 강습자에 대해 전반적으로 살핀다. 간단하게 강습에 대해 만족 정도를 알아보는 것부터 감각에 문제를 가진 기승자의 경우 피부 눌림으로 차후 강습에 문제가 될 만한 사항이 없는지 살펴 적절한 조치를 취한다.
  - 보호자에게 인계하면서 간단하게 강습 시 있었던 특별한 상황에 대해 간단하게 피드백을 주어 재활승마 강습 전반에 대한 이해를 돕는 것이 좋다.
- **봉사자의 상태는 어떠한가?**
  - 강습 중에도 관찰을 하지만 강습이 완료된 뒤에도 '체력적인 문제는 없는지', '강습 중 불편한 사항이 있었는지' 확인하고 문제를 해소해주어 지속적인 봉사가 이루어지도록 한다.
- **말의 상태는 어떠한가?**
  - 강습 중 말의 특이한 사항이 다음 강습에도 영향을 줄 것으로 판단되면 다음 재활승마 지도사에게 내용을 전달하거나 적절한 조치를 강구한다.
- **다음 강습에 사용할 마장구의 상태는 문제 없는가?**
  - 모든 강습이 완료되어 마장구를 해체하고 보관한다면 마장구실에 가서 보관 상태를 확인하고 필요한 조치를 취한다.

말산업 국가자격시험 교재
재활승마 이론

PART VI

인체 및 장애의 이해

1장. 인체의 이해
2장. 장애의 이해
3장. 신체적 장애
4장. 정신적 장애
5장. 정서와 행동 문제들
6장. 기승활동의 주의 및 금기 사항

이 장에서는 인체 및 장애에 대해 기본적인 이해를 돕고 신체, 정신 및 정서와 행동문제에 대해 폭넓은 학습을 할 수 있도록 구성했다. 인체의 구조적 측면에서의 해부학과 인체의 기능적 측면에서의 생리학에 대한 학습을 바탕으로 인체의 구조와 기능 및 승마의 원리 등을 습득하도록 했다. 또한 재활승마지도사로서 대상자들에 대해 세부적으로 학습하여 재활승마 강습 운영을 효과적으로 수행할 수 있는 능력을 극대화시킬 수 있도록 구성했으며 안전한 재활승마 활동을 위해 기승활동 시 주의 및 금기 사항을 소개했다.

1장
인체의 이해

1 해부학적 인체 구조의 이해

인체의 구조를 이해하기 위해서는 해부학을 공부해야 한다. 해부학의 사전적인 의미는 "절개와 관찰을 통해 생물체 내부의 형태와 구조를 연구하는 학문"이다. 해부학에서는 인체의 구조와 움직임을 설명하는 데 있어 그 의미를 명확하게 전달하고 위치, 방향 등의 관계를 가장 사실에 가깝게 표현하기 위해 몇 개의 정해진 전문 용어인 해부학 용어를 사용한다.

1) 인체 구조와 움직임 관련 용어

인체의 구조와 움직임을 알기 위해 우선 해부학적 자세, 인체의 면, 관절의 운동과 인체 움직임에 대한 용어를 살펴보면 다음과 같다.

(1) 해부학적 자세와 인체의 평면

해부학은 물론 운동역학 등에서는 사람 몸의 위치나 방향 또는 움직임에 관해 설명할 때는 해부학적 자세를 기준으로 표현하고 있어서 그 사람이 실제로는 어떠한 자세로 있든 간에 절대적인 방향이나 위치를 가리키는 데 변함이 없다. 즉, 어떤 특정한 자세를 취하고 있는 상태를 정해놓고 그것을 전제로 구조물의 상대적 위치나 방향을 설명해야 한다.

해부학적 자세란 양쪽 발을 앞뒤로 일직선이 되게 모은 채 똑바로 서서 눈은 수평선을 바라보며 두 팔은 손바닥을 앞으로 향하게 한 채 자연스럽게 늘어뜨리고 있는 자세다.

사람 몸 부분의 위치를 표현할 때 기준이 되는 것은 몸을 기준으로 하는 가상적인 세 개의 면이다. 신체를 왼쪽과 오른쪽을 나누는 면으로 몸의 앞뒤 방향으로 관통하는 시상면, 신체의 좌우 방향으로 지나가면서 몸을 앞뒤로 나누는 이마면(관상면) 그리고 몸의 수평 방향으로 지나가며 위아래로 나누는 수평면(가로면)이 있다.

사람의 몸은 좌우로는 대칭을 이루고 있으나 앞뒤 또는 위아래로는 대칭을 이루고 있지 않다. 몸의 가장 한가운데를 앞뒤로 지나가는 면을 따라 나눈다고 가정하면 몸은 좌우가 똑같

[그림 6-1] 해부학적 자세와 신체분절

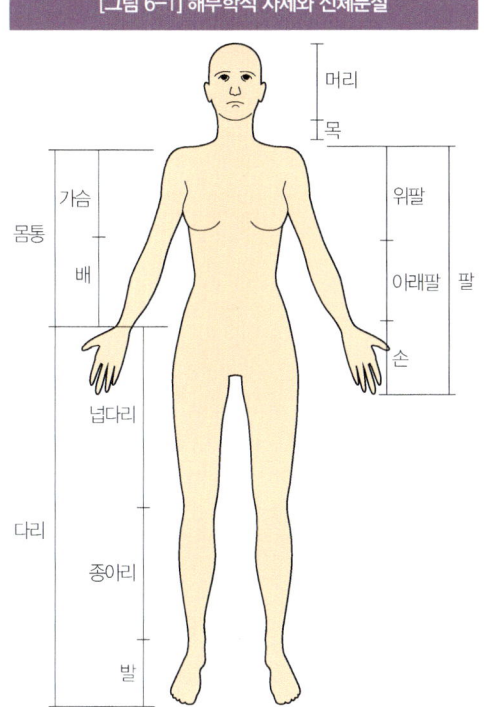

[표 6-1] 신체분절의 구분

한글 용어	영문	이전 한글 용어
머리	head	두부
몸통	trunk	체간
목	neck	경
가슴	thorax	흉
배	abdomen	복
팔	upper extremity	상지
위팔	arm	상완
아래팔	forearm	전완
손	hand	수
다리	lower extremity	하지
넙다리	thigh	대퇴
종아리	leg	하퇴
발	foot	족

[그림 6-2] 해부학적 자세와 인체의 면

인체의 면
1. 정중면, 평행한 면은 시상면
2. 이마면 또는 관상면
3. 가로면 또는 수평면

인체 및 장애의 이해 349

이 나누어지게 되는데, 이때 가장 한가운데의 가상적인 한 면을 '정중면'이라고 하고 이 정중면과 평행을 이루는 모든 면은 '시상면'이라고 한다. 몸을 앞뒤의 두 부분으로 나눌 수 있는 모든 면을 '이마면' 또는 '관상면'이라고 부르며, 시상면과 직각을 이룬다. 또한 몸을 수평 방향으로 지나면서 몸을 아래위 두 부분으로 나눌 수 있는 가상적인 면을 '가로면' 또는 '수평면'이라고 하며, 시상면과 관상면에 대해 각각 직각을 이룬다.

(2) 용어의 정의

① 위치와 방향에 관한 용어

다음 용어들은 인체에 관련된 위치 및 방향을 기술하는 데 이용되며 항상 해부학적 자세를 기준으로 한다.

[표 6-2] 위치와 방향에 관한 용어

한글 용어	설명	이전 한글 용어
안쪽	인체의 정중면에 가까운	내측
가쪽	인체의 정중면에서 먼	외측
앞	인체의 배쪽	전
뒤	인체의 등쪽	후
위	인체의 머리쪽	상
아래	인체의 발쪽	하
몸쪽	몸통에 가까운, 혈관 등의 경우는 굵은 가지에 가까운	근위
먼쪽	몸통에서 먼	원위
바깥	공간이 비어 있는 곳을 기준하여 바깥쪽	외
속	공간이 비어 있는 곳	내
얕은	공간이 꽉 찬 기관 또는 구조물에서 표면에 가까운	천
깊은	'얕은'의 반대 의미로, 표면에서 멀리 떨어진 또는 중심에 가까운	심
중간	어떤 구조물과 또 다른 구조물 사이의 중간	중간

② 움직임을 나타내는 용어

인체의 움직임은 분절에 대해 관절을 이루고 있는 또 다른 분절의 상대적인 운동을 설명하는 용어를 사용한다. 따라서 관절운동을 설명하는 용어는 하나의 관절에 대한 분절의 상대적인 각운동이라고 할 수 있다.

[표 6-3] 움직임을 나타내는 용어

한글 용어	설명	이전 한글 용어
굽힘	시상면에서 발생, 관절에서의 각도가 감소	굴곡
폄	굽힘의 반대운동으로, 각도를 크게 하는 운동	신전
벌림	정중면에서 더욱 멀어지는 것. 즉, 가쪽으로 벌리는 것으로 관상면상에서 발생	외전
모음	정중면으로 가까이 오는 것. 즉, 안쪽으로 모으는 것	내전
엎침	손에서 일어나는 운동으로 해부학적 자세에서 손등이 앞으로 향하게 하는 운동. 손을 기준으로 하면 엎침이지만 아래팔을 기준으로 말하는 경우에는 '안쪽돌림'이라고도 할 수 있음	회내
뒤침	엎침의 반대 동작	회외
올림	정중면과 관상면상에서 동시에 발생. 위로 올라가는 운동	거상
내림	정중면과 관상면상에서 동시에 발생. 아래로 내려가는 운동	강하
돌림	팔과 다리 등의 분절에서 하나의 축을 기준으로 회전하는 운동	회전
안쪽돌림	가로(수평)면을 따라 일어나는 운동으로, 인체의 앞쪽으로 회전	내측회전
바깥쪽돌림	인체의 뒤쪽으로 회전	외측회전
휘돌림	다중-축관절운동으로 굽힘, 폄, 벌림, 모음, 회전의 연속된 운동이 일어나는데 팔, 손가락 등에서 나타나며 원뿔 형성	회선
안쪽번짐	발의 운동에 관한 용어로서 발바닥이 몸의 정중면 쪽으로 향하게 하는 운동	내번
가쪽번짐	안쪽번짐의 반대운동	외번
자쪽치우침	손의 운동에 관한 용어로, 손목을 중심축으로부터 자뼈 쪽으로 굽힘	척측굴곡
노쪽치우침	노뼈 쪽으로 굽힘	요측굴곡
손바닥굽힘	손가락을 손바닥 쪽으로 굽힘	
발바닥굽힘	발목을 발바닥 쪽으로 굽힘	족저굴곡
손(발)등굽힘	손가락이 손등, 발가락이 발등 쪽으로 굽힘	배측굴곡
치우침	어느 한 방향으로 굽힘	편위
맞섬	손가락의 운동에 관한 용어로서, 엄지손가락과 나머지 네 손가락이 맞닿는 것으로 물건을 집는 것	반전
젖힘	폄 동작에서 해부학적 자세의 각도를 지나 더 펴진 경우	과신전

해부학적 자세에서 분절이 시상면에서 발생하는 관절 움직임으로는 굽힘, 폄, 젖힘, 손바닥굽힘, 손(발)등굽힘, 발바닥굽힘이 된다.

관상면상에서 발생하는 관절 움직임은 벌림, 모음, 노쪽벌림, 자쪽벌림, 안쪽번짐, 가쪽번짐, 올림, 내림 등이 있다. 분절이 가로면상에서 발생하는 관절의 움직임은 안쪽돌림, 바깥쪽돌림, 엎침, 뒤침, 수평벌림, 수평모음과 목과 몸 전체를 돌리는 경우 왼쪽으로의 돌림, 오른쪽으로의 돌림 등이 있다.

2) 근뼈대계

근뼈대계는 뼈, 근육 및 관절로 구성된다. 뼈는 하나의 최소단위이고 뼈대는 기능적 단위로 2개 이상의 뼈, 연골, 관절, 인대로 이루어져 있다.

인체에서 뼈의 역할은 다음의 5가지가 있다.

① 지지 기능

몸을 지지하여 중력에 반대해서 몸을 지탱하여 서 있을 수 있게 하며, 각종 근육이 붙어 있는 지지 기능을 한다.

② 보호 기능

머리뼈는 뇌, 갈비뼈는 심장 및 내장 등 부드러운 조직을 외부에서 보호하고 있다.

③ 조혈 기능

혈액은 뼈의 중심부분에 있는 뼈속질(골수)에서 만들어진다. 뼈의 조혈 기능이 약해졌을 때는 간장과 비장에서 혈액이 만들어진다.

④ 저장 기능

뼈는 성장에 필요한 칼슘, 인 등 무기질을 뼈바탕질에 저장하는데 칼슘의 경우 97%가 뼈에 저장되어 있다.

⑤ 지렛대 기능

뼈는 운동의 방향을 설정하고 근육이 수축할 때 지렛대 기능으로 움직임을 가능하게 한다.

관절은 뼈와 뼈가 닿는 부위를 가리키며, 그 형태에 따라 여러 유형으로 구분한다. 특정 관절에서 일어나는 운동이 어느 정도의 유연성을 필요로 하는가에 따라 관절 형태가 결정된다.

근육은 위치에 따라 심장근육, 내장근육, 뼈대근육으로 나뉘고 각각의 형태와 기능이 다르지만 수축과 이완에 의해 운동 기능을 수행한다.

(1) 뼈

인체는 다양한 유형의 뼈로 구성되며, 그 수는 일반적으로 206개인데, 사람이 태어날 때 뼈는 약 350개로 좀 더 많다. 이렇게 성장하면서 뼈가 감소되는 이유는 뼈끝 부분이 따로 분리되어 있다가 점차 성장하면서 하나로 융합되어 숫자가 줄어들기 때문이다.

가. 뼈의 분류

뼈는 위치와 형태에 따라 분류하며 위치에 따른 분류는 다음 〈표 6-4〉와 같다. 사람의 뼈는 일반적인 경우에 206개로 머리와 몸통을 구성하는 주축뼈대 80개와 팔과 다리로 구성된 부속뼈대 126개로 구분한다.

[표 6-4] 뼈의 위치에 따른 분류

뼈 (bone, 206)	주축뼈대 (axial skeleton, 80)		
		머리뼈(skull, 두개골, 22)	
		목뿔뼈(hyoid bone, 설골, 1)	
		귓속뼈(ossicles, 이소골, 6)	
		척주 (vertebral column, 26)	목뼈(cervical vertebrae, 경추, 7)
			등뼈(thoracic vertebrae, 흉추, 12)
			허리뼈(lumbar, vertebrae, 요추, 5)
			엉치뼈(sacrum, 천골, 5→1)
			꼬리뼈(coccyx, 미골, 3~5→1)
		복장뼈(sternum, 흉골, 1)	
		갈비뼈(costals, 늑골, 24)	

뼈 (bone, 206)	부속뼈대 (appendicular skeleton, 126)	팔뼈 (bone of upper limb, 상지골, 64)	팔이음뼈 (shoulder girdle, 상지대, 4)	빗장뼈 (clavicle, 쇄골, 2)
				어깨뼈 (scapular, 견갑골, 2)
			자유팔 (free upper limb, 자유상지, 60)	위팔뼈 (humerus, 상완골, 2)
				자뼈 (ulna, 척골, 2)
				노뼈 (radius, 요골, 2)
				손목관절뼈 (carpals, 수근골, 16)
				손허리뼈 (metacarpals, 중수골, 10)
				손가락뼈 (phalanges, 지골, 28)
		다리뼈 (bone of lower limb, 하지골, 62)	다리이음뼈 (pelvic girdle, 하지대, 2)	볼기뼈 (hip bone, 관골, 2)
			자유다리 (free low limb, 자유하지, 60)	넙다리뼈 (femur, 대퇴골, 2)
				무릎뼈 (patella, 슬개골, 2)
				정강뼈 (tibia, 경골, 2)
				종아리뼈 (fibula, 비골, 2)
				발목뼈 (tarsals, 족근골, 14)
				발허리뼈 (metatarsals, 중족골, 10)
				발가락뼈 (phalanges, 지골, 28)

나. 인체 부분별 뼈의 구조

① 척주

척주는 머리뼈와 골반을 연결하고 몸통을 지지하며, 척수를 보호하고, 각종 근육의 부착을 제공한다. 척추는 목뼈, 등뼈, 허리뼈, 엉치뼈, 꼬리뼈 중 한 개의 뼈를 지칭하며 이 척추가 모여 신체를 지지하는 하나의 기둥이 된 것을 '척주'라 한다.

척주에는 목뼈(경추) 7개, 등뼈(흉추) 12개, 허리뼈(요추) 5개, 엉치뼈(천추) 1개, 꼬리뼈(미추) 1개로 총 26개의 척추로 구성되어 있다. 정면에서 바라보면 1자로 곧은 모습이지만 옆에서 보면 S자 형태다. 태어난 직후에 척주는 1자형에서 엄마 배 속에 있는 모양처럼 C자 형태였다가 태어난 후 3개월이 지나 스스로의 힘으로 목을 가누기 시작하면서 목굽이가 형성되고, 12개월이 지나면서 걷기 시작하면 점차 허리굽이가 형성되어 S자 형태의 척주를 갖게 된다.

엉치뼈와 꼬리뼈는 태어날 때는 각각 5개와 3~5개로 나누어져 있다가 청소년기(16~18세)에 융합되기 시작하여 성인(25세)이 되면 각각 하나가 된다. 엉치뼈는 두 개의 볼기뼈와 함께 골반을 형성한다.

[그림 6-3] 척주 구분

[그림 6-4] 척추와 척수의 손상

척추는 몸통과 돌기로 구분되고 그 사이에는 고리를 형성하는 공간이 있는데, 척추 하나하나가 쌓여 척주를 형성하면 이 비어 있는 공간은 관을 형성하게 된다. 이 관에는 뇌의 연수로부터 뻗어 있는 주요 신경로인 척수가 위치하는데, 뇌와 말초신경 사이의 자극 전달과 반사 기

[그림 6-5] 척추의 손상 부위와 마비 범위

능을 맡고 있다. 이 척수가 손상을 입게 되면 손상 부위에 따라 감각 및 운동의 제한을 받게 된다.

② 가슴우리

갈비뼈와 가슴 중앙부위의 복장뼈, 그리고 척주의 등뼈가 모여 가슴우리를 이룬다. 갈비뼈는 심장, 폐 등 중요한 장기를 보호하는 역할을 한다. 갈비뼈는 좌우 12쌍-24개로 이루어져 있다. 복장뼈는 자루, 몸통, 칼돌기로 나누고 빗장뼈과 관절을 이루는 빗장패임, 갈비뼈와 관절을 이루는 갈비패임이 있다. 몸통에서 일생 동안 적골수(혈액 생산 조직)를 유지하는 곳이다.

③ 팔뼈

팔뼈는 우리가 흔히 말하는 팔 이외에 팔을 지지하는 팔이음뼈(팔지지뼈, 어깨뼈+빗장뼈)까지 포함한다.

[그림 6-6] 팔뼈

> **Tip**
>
> **적골수**: 골수는 혈액을 생산하는 곳인데 혈액을 생산하는 기능이 유지되고 있으면 혈액의 색인 빨간색(적색)으로 적골수, 나이가 들어가면서 혈액 생산의 기능이 다하게 되면 황골수가 된다.

빗장뼈와 어깨뼈는 쉽게 만질 수 있다. 위팔뼈는 머리가 어깨뼈의 관절오목과 닿아 있고 바깥쪽에 근육이나 인대가 강력하게 잡아주고 있는데, 안쪽에서는 잡아주는 힘이 상대적으로 약하다. 가동 범위가 매우 좋지만 상대적으로 습관성탈구가 일어나기 쉬우므로 주의해야 한다. 아래팔에는 가쪽에 노뼈(요골)와 안쪽에 자뼈(척골)가 있는데, 자뼈는 길이를 측정할 수 있다고 해서 尺(자 척)을 이용해 이름이 붙여졌다. 노뼈는 엎침과 뒤침운동에서 뼈가 배의 노와 같이 움직인다고 해서 붙여진 이름이다.

④ 다리뼈

다리뼈는 62개로 2개의 다리이음뼈와 60개의 자유다리뼈로 구분되고, 다리이음뼈에는 좌우 각 1개의 볼기뼈가 있다. 볼기뼈는 출생 시 엉덩뼈, 두덩뼈, 궁둥뼈로 구분되어 있다가 25세 경에 완전한 하나의 뼈가 된다.

윗부분에서 오는 체중을 지지하고 강력한 근육의 활동을 유지하기 위해 양쪽의 볼기뼈와 뒤쪽의 엉치뼈와 꼬리뼈에 의해 하나의 틀을 형성하는데, 이를 '골반'이라 한다.

볼기뼈의 가쪽면에서 컵 모양의 깊은 오목으로 넙다리뼈머리와 관절을 이루는 볼기뼈절구가 있어 엉덩관절이 형성된다. 엉덩관절은 사람의 관절 중 가장 강하고 안정된 부분으로 탈구

[그림 6-7] 다리뼈

가 흔히 발생하지 않으나 일단 탈구가 되면 치료가 어려우며 좌골신경 손상, 무혈성 괴사 등 합병증이 발생할 수 있으므로 주의해야 한다. 재활승마에서 기승상태에서 다리의 과도한 벌림과 경속보 동작은 엉덩관절의 통증을 유발할 수 있으므로 기승자의 상황에 따라 말의 선정(말의 크기나 말 등의 폭), 운동 강도 등을 고려한다.

넙다리뼈, 무릎뼈, 정강뼈는 무릎을 형성하는데 무릎뼈는 넙다리뼈와 관절을 이루지만 정강뼈와는 관절을 이루지 않는다.

(2) 관절

뼈와 뼈를 연결해주는 것은 '인대(ligament)', 뼈 사이에 완충 역할을 하는 것은 '연골(articular cartilage)', 뼈와 뼈가 만나는 지점은 '관절(articulation, joint)'이라고 한다.

가. 관절의 구분

인체의 운동은 관절에서 이루어진다. 그렇다고 해서 모든 관절에서 움직임이 발생하지는 않는다. 머리뼈와 같이 여러 개의 뼈가 결합되어 있지만 전혀 움직임이 없는 경우도 있는데, 이를 '부동관절(못움직임관절)'이라고 한다. 부동관절은 뼈와 뼈 사이가 빈틈없이 결합된 상태로, 움직이는 것이 불가능하다.

[표 6-5] 관절 분류

움직임 여부	구분	세부 구분	예	운동
부동관절	섬유성 관절	봉합	머리뼈	-
		인대결합	자뼈와 노뼈 사이	-
		못박이	치아와 이틀	-
	연골성 관절	유리연골결합(연골결합)	신생아 머리뼈	-
		섬유연골결합	두덩뼈, 추간원판	-
가동관절	활막성 관절	평면관절	손(발)목뼈관절, 추간관절	미끄러짐 또는 미끄러짐/제한적 돌림
		경첩(접번)관절	팔꿈관절, 손가락관절	굽힘/폄 운동만 일어남
		타원관절	손목관절	굽힘/폄/벌림/모음/휘돌림이 가능
		중쇠(차축)관절	목뼈 1번과 2번	돌림만 가능
		두융기(과상)관절	턱관절, 무릎관절	굽힘/폄/미끄러짐 또는 굽힘/폄/돌림
		안장관절	손목뼈중간관절	굽힘/폄/벌림/모음/약간의 돌림
		절구관절	어깨관절, 엉덩관절	굽힘/폄/벌림/모음/돌림

반면 움직임이 가능한 관절을 '가동관절(움직임관절)'이라고 한다. 윤활관절이 가동관절로, 관절은 그 관절면의 형태에 따라 평면, 경첩(접번), 타원, 중쇠(차축), 두융기(과상), 안장, 절구관절로 구분할 수 있고 모양에 따라 어떤 운동을 하는지와 관절가동범위가 결정된다. 관절가동성의 크기는 관절의 형태 외에도 관절 주변의 근육과 인대, 힘줄이 펴진 상태에 따라 결정되고 개인차가 크다. 또한 운동부족과 나이가 들어감에 따라 몸이 굳어진다고 하는데, 이는 관절가동성이 작아지는 것으로 주로 관절 주변의 뼈와 근육이 쇠퇴하기 때문이다.

또 다른 분류방법에는 세 가지 종류로 관절을 구분하는데, 그것은 관절을 이루는 두 뼈 사이가 공간을 이루며 비어 있느냐 또는 어떤 조직이 들어 있느냐에 따라 나눈 것이며, 종류에 따라 관절운동의 범위가 어느 정도인지도 결정된다.

이러한 기준에 따라 관절을 섬유관절, 연골관절 및 윤활관절로 나누고 섬유관절과 연골관절은 부동관절, 윤활관절은 가동관절로 구분할 수 있다. 섬유관절의 형태는 위치상으로는 머리뼈에서 주로 볼 수 있고 마주하는 관절 뼈 사이에 섬유조직이 들어 있어 움직일 가능성은 거의 없는 형태다. 연골관절은 몸통의 척추뼈와 골반에서 많이 볼 수 있으며, 뼈 사이에 연골이 들어 있어 제한된 범위 안에서 움직임은 약간 일어난다. 윤활관절은 팔다리에서 주로 볼 수 있는 가장 대표적인 관절이며, 접하는 뼈 사이가 비어 있고 윤활액이 들어 있어 세 형태 중 운동이 가장 자유롭다.

윤활관절은 두 뼈가 좁은 간격을 두고 떨어져 있고, 그 바깥은 질긴 섬유로 된 '관절주머니(관절낭)'라는 자루에 의해 둘러싸여 있으며, 그 속에 윤활액이 들어 있기 때문에 '윤활관절'이라는 이름이 붙여졌다. 관절주머니에 의해 둘러싸인 두 뼈 사이의 공간을 '관절공간(관절강)'이라고 하며 이 관절공간 속에 윤활액이 들어 있는데, 관절주머니는 관절공간을 바깥과 완전히 차단하고 있는 주머니로서 겉은 결합조직의 섬유막으로 되어 있고 속은 윤활막에 싸여 있다. 관절주머니의 겉에는 일반적으로 질긴 성질의 인대가 다시 보강하고 있어 뼈 사이가 일정 범위 이상으로 물러나는 것을 막고 있다. 관절주머니에는 감각신경이 많이 분포되어 있기 때문에 관절의 손상이나 작은 기계적 자극에도 쉽게 통증을 느낀다.

관절을 지키는 안전장치도 있다. 뼈와 뼈가 마주 보는 면을 '관절면'이라고 하고, 관절면은 '관절연골'에 둘러싸여 있다. 관절연골은 연골세포와 함께 연골기질, 콜라겐 등으로 이루어지는데, 혈액으로부터 영양을 공급받는 뼈와 달리 연골에는 혈관이 분포되어 있지 않아 윤활액, 즉 관절액을 흡수하여 영양을 공급받을 뿐 아니라 관절윤활 작용이 잘되게 하기도 한다.

> **Tip**
>
> **연골기질(cartilage matrix, 軟骨基質)**: 연골조직의 기질. 연골세포에 의해 합성·분비되어 연골에 적당한 탄력을 주는 겔 형태의 물질로 성분의 약 70%는 Na, K, Cl을 포함한 수분이다.

연골은 두께가 얇지만 강도가 매우 높으며, 큰 압축력과 전단력에도 하중을 분산하는 능력이 있다.

나. 관절의 질환

관절의 대표 질환으로는 외상과 과도한 사용 등으로 발생하는 퇴행성관절염이 있고, 자가면역질환으로 통증, 기능장애, 구조변화, 뼈의 위축이 발생하는 류머티즘성관절염이 있다. 스포츠 활동을 할 때 질환으로는 뼈가 관절면을 이탈하지는 않았지만 관절을 싸고 있는 섬유가 파열된 '염좌(삠)'와 정상위치에서 벗어나 인대와 관절주머니(관절낭)가 손상된 '탈구(어긋남)'가 있다.

무릎에서는 '반월상연골'이라는 조직이 관절 사이 안쪽과 가쪽에 들어 있다. 부드러운 고무 정도의 딱딱함을 가진 조직인데 충격 흡수, 윤활작용, 체중전달, 관절 안정성 등의 역할을 한다. 무릎 수술 중 가장 많은 것이 이 연골의 파열인데, 혈액 공급이 잘 안 되므로 한 번 파열되면 대부분은 자연치유가 안 된다.

다. 관절과 건강

관절은 근육의 힘과 체중 등의 큰 힘을 받기 때문에 관절포의 바깥쪽을 '인대'와 '근육'이 둘러싸 보강하고 있다. 인대는 뼈와 뼈를 연결하는 섬유조직으로 관절의 운동을 제한한다. 인대는 신축성이 작아 지나친 힘이 가해지면 쉽게 끊어진다. 반면 힘줄(tendon, 건)은 뼈와 뼈대근육을 연결하는데, 관절을 보호하는 역할도 한다. 힘줄의 신축성은 강력한 스프링 같은 역할을 하기 때문에 전력 질주나 점프 등의 움직임을 할 때는 이 힘줄에 있는 스프링의 힘을 이용한다.

관절 안정성의 대부분은 인대에 의해 이루어지므로 인대가 파열되면 관절이 흔들거려 활동을 제대로 할 수 없다. 그래서 인대가 파열되면 관절연골의 손상 등으로 이어지지 않도록 그 정도에 따라 비수술적으로나 수술적으로 치료하여 관절 기능을 회복시켜야 한다.

인대와 더불어 관절을 튼튼하게 유지시키는 데 큰 역할을 하는 것이 관절 주변의 근육이다. 관절연골이 손상되면 운동을 하기 어렵고 근육은 더욱 위축되어 관절에 무리를 주는 악순환이 일어난다. 우리가 체중을 지탱하며 서 있고 활동할 수 있는 것은 근육의 힘 때문이지 인대만으로는 안 된다. 물론 힘줄을 이용하여 뼈에 부착되어 있으면서 관절을 원하는 방향으로 움직이게 하는 것이 근육의 주된 기능이긴 하지만, 활동 중의 수축에 의해 관절을 튼튼하게 잡아주는 것도 중요하다.

무릎관절연골의 손상으로 걷기 이상의 운동을 하는 데 불편함을 느낀다면 무릎을 편 상태로 관절이 움직이지 않도록 무릎 주변 근육에 힘을 주는 등척성운동을 통해 근육을 강화해주어야 더 이상의 악화를 방지하거나 개선의 효과를 기대할 수 있다.

(3) 근육

인체는 생명이 시작되면서 움직이기 시작하여 생명이 끝날 때까지 계속 움직이는 특성이 있다. 몸 전체를 움직여 이동하기도 하고 몸의 부분만 움직여 특정한 범위의 일을 하기도 한다. 사람의 몸에서 이러한 모든 움직임을 일으키는 주된 기능은 근육을 이루는 근육세포가 하는 일이다.

근육의 생리적 특성에는 수축성, 탄성, 흥분성, 전도성이 있다. 수축성이란 근섬유가 자극을 받으면 근원섬유의 길이가 수축하는 것이고, 탄성은 근섬유가 잡아당겨 길어졌을 경우 그냥 두면 원상태로 돌아가는 것을 말한다. 흥분성은 근섬유가 자극을 받으면 흥분하여 여러 가지 변화를 일으키는 것을 말하며, 근섬유의 한쪽 끝을 자극하면 흥분이 근섬유 전체에 전달되는 것을 전도성이라 한다.

사람 몸을 이루고 있는 세포 종류 중에서도 근육세포는 신경의 자극을 받으면 수축하는 특성이 있는 구조물로서 많은 근육세포가 모여 근육이라는 큰 덩어리를 이룬다.

근육세포의 모양은 다른 세포와 달리 매우 길쭉하게 생겼으며, 현미경으로 보았을 때 가로로 된 줄무늬가 있는 것과 없는 것의 두 종류가 있다. 줄무늬가 있는 세포로 된 근육 종류를 '가로무늬근'이라고 하고, 줄무늬가 없는 세포로 구성된 근육 종류를 '민무늬근'이라고 부른다. 가로무늬근에 속하는 근육에는 뼈대근과 심장근이 있고, 민무늬근은 몸속 장기에 분포되어 있어 흔히 '내장근'이라고도 한다.

근육의 종류	뼈대근, 심장근, 내장근(민무늬근)

심장근은 심장에서만 볼 수 있는 근육으로서 세포에 가로로 무늬가 있는 기다란 심장근육세포로 이루어져 있다. 민무늬근은 긴 물레 가락 모양의 민무늬근육세포로 구성되어 있으며 내장기관, 방광이나 자궁 같이 내용물을 간직하고 있는 기관, 혈관 등에 분포되어 있다.

뼈대근(골격근)은 이름 그대로 뼈대와 관계가 깊은 근육으로서 몸 부피의 약 40%를 차지하고 있다. 일반적으로 근육의 양쪽 끝이 뼈에 붙기 때문에 수축으로 뼈와 뼈 사이의 관절을 움직임으로써 몸의 운동을 일으키는 운동장치에 속하며 우리의 신체에서 다음과 같은 역할을 한다.

> **Tip**
> **민~**: 일부 명사 앞에 붙어 '없음'을 뜻함. **예 민무늬** 무늬가 없음

- 수축하면서 힘을 발휘해서 신체활동 발생
- 에너지를 소비함으로써 열을 발생하고 체온 보존
- 근육의 수축과 이완에 의해 근육 내부의 혈관에 혈액 전달
- 내장을 움직이기도 함
- 뼈와 내장을 외부의 충격에서 보호
- 관절 보강

대부분의 뼈대근은 우리의 뜻에 따라 움직임을 조절할 수 있어서 '수의근'이라고 하고, 심장근이나 민무늬근의 경우는 우리의 뜻과는 무관하게 자율적으로 움직여지므로 이것을 '불수의근'이라고 한다.

가. 뼈대근의 구성

뼈대근을 이루는 최소 단위는 뼈대근육세포인데, 이 세포는 그 속에 핵들이 들어 있으며 가로로 줄무늬가 있는 매우 길쭉한 모양을 하고 있으며, 이것을 '근육세포' 또는 '근육섬유'라고 부른다. 이 줄무늬는 근육섬유 안에 가는근세사와 굵은근세사가 겹쳐 진하게 줄무늬를 보이며, 이로 인해 뼈대근을 '가로무늬근'이라고 한다. 이 근육섬유(근육세포)가 여러 개 모여서

[그림 6-8] 근육의 세부 구조

근육다발을 이루고 다시 여러 개의 근육다발이 모여 하나의 근육을 이루게 된다.

근육섬유는 하나하나가 근육섬유막에 의해 싸여 있어 수축과 이완의 움직임이 있을 때 옆에 있는 섬유 사이의 간섭을 최소한으로 줄이고 있으며, 근육섬유가 모여서 된 근육다발 전체는 다시 근육다발막에 의해 둘러싸이고 여러 근육다발의 뭉치인 하나의 근육은 그 전체가 섬유막으로 된 자루 속에 들어 있어 이것을 '근육바깥막'이라고 부른다. 이 막은 안에서 밖에 이르기까지 여러 층의 막이 서로가 이어져 있으며, 이 막을 통해 혈관과 신경이 지나간다.

뼈대근은 매우 다양하지만 일반적으로 근육의 가운데는 힘살 부분이고, 끝은 힘줄로 뼈에 연결되어 있다. 힘살은 근육조직으로 구성되어 신경의 자극을 받으면 수축으로 길이가 짧아지고 폭은 굵어지게 된다. 그러나 힘줄은 질긴 결합조직으로 구성되어 있으며 수축하는 힘은 없으나 매우 질겨서 뼈, 연골 또는 근막에 가서 붙게 된다. 따라서 모든 뼈대근은 이 힘줄이 닿게 되는 곳이 최소한 두 개 또는 그 이상 있게 되는데, 근육이 수축하여 짧아질 때 근육이 붙어 있는 자리 중에서도 원래의 위치에 고정되어 있는 곳을 '이는곳'이라 하고, 원래의 위치에서 '이는곳' 쪽으로 움직여지는 곳을 '닿는곳'이라 한다.

나. 뼈대근의 모양

우리 몸에 있는 뼈대근의 크기와 모양은 매우 다양하다. 근육의 모양은 근육섬유가 모여서 이루는 근육다발의 배열 상태와 힘줄에 붙는 방향에 따라 평행근육, 가락근육, 비스듬근육, 세모근육 및 나선근육으로 구분한다.

근육의 모양과 크기는 그 근육의 힘과 운동범위를 결정짓는다. 일반적으로 몇 개의 근육다발이 한 근육의 전체 길이에 걸쳐 놓일 때 수축의 범위는 넓으나 힘은 약하고, 여러 갈래로 되어 있거나 힘줄에 비스듬히 붙게 되는 근육은 수축의 범위는 넓지 않은 대신 수축력이 강한 편이다.

우리 몸의 뼈대근은 모두 고유한 이름을 가지고 있다. 근육의 이름은 등세모근, 어깨세모근과 같이 근육의 모양, 턱끝근, 위팔근과 같이 위치, 부리위팔근과 같이 닿고 있는 지점, 긴엄지벌림근과 같이 작용하는 역할 등에 의해 이름이 지어진다.

3) 신경계

근육은 신경세포에서 전달되는 신호에 의해 수축이 일어나고 이로 인해 뼈대를 움직임으로써 인체의 움직임이 발생하게 된다. 우리가 움직이고자 할 때 뇌에서는 각 신경세포로 전기적인 신호를 보내고, 근육에 닿고 있는 신경세포는 아세틸콜린 같은 신경전달물질을 근육세포에 보내며, 신경전달물질을 받은 근육세포는 전기를 발생시켜 근육 전체에 전달함으로써 근육의 수축으로 뼈를 움직이게 되고, 뼈가 움직여지는 것은 관절을 굽히거나 펴는 동작 등이 발생하

[그림 6-9] 근육의 모양

여 결과적으로 인체는 움직이는 것이다.

신경계를 자세히 살펴보면 다음과 같다.

(1) 신경계의 구조

신경계와 근육을 수축하게 되는 과정, 즉 정보가 흐르는 과정을 살펴보면 다음과 같다. 인간이 몸의 움직임을 조절하는 기능에는 신경계와 내분비계가 있고, 신경계는 빠르고, 내분비계는 느리게 정보를 전달한다.

신경계라는 것은 몸의 각 부분의 활동을 전체적으로 통합되어 작용하는 것에 의해 조절하는 조직으로 뇌와 몸, 또는 몸의 각 부분을 같이 결합하여 사용하고 있다. 신경계에는 1천억 개 이상의 신경세포가 있다.

> **Tip**
> 근육통으로 병원을 방문하여 물리치료를 받는 경우를 생각해보면, 가만히 누워 있는 상태에서 물리치료장비의 전기패드를 근육에 붙이고 전기를 흘려주면 근육에 저절로 움직임이 일어난다. 이를 통해 전기적인 신호가 근육을 움직이게 하는 것을 알 수 있다.

신경계에는 '중추신경'과 '말초신경'이 있다. 중추신경은 뇌와 척수로 구성된다. 말초신경은 중추신경에 신체 외부의 정보를 보고하고, 그 후에는 중추신경으로부터 발신된 명령을 몸의 각 부위에 연락하는 신경이다.

말초신경은 그 기능에서 크게 두 가지로 나눌 수 있다. 중추신경에 정보를 전달하는 신경을 '감각신경(또는 구심성 신경)'이라고 하며, 중추신경의 명령을 전달하는 신경을 '운동신경(또는 원심성 신경)'이라고 한다.

감각신경은 환경의 변화를 받아들이는 기관(이것을 '수용기'라고 부름)으로, 외부의 정보를 중추신경계에 전달한다. 그리고 운동신경은 중추신경으로부터 명령을 실행하는 기관(이것을 '효과기'라고 부름)으로 전달하는 일을 한다. 정보의 흐름을 보면 다음과 같은 순서로 이루어진다.

> **Tip**
>
> **화학물질**: 신경전달물질은 아세틸콜린, 노르아드레날린 등이 있다.

(2) 신경세포

신경세포(nerve cell, 神經細胞)는 '뉴런(Neuron)'이라고도 한다. 인간의 몸에 존재하는 뉴런의 수는 매우 많아 1,000억 개 이상이나 된다. 뉴런이 다른 뉴런이나 근육에 접하고 있는 부분은 '시냅스(synapse, 신경접합부)'라고 부른다. 뉴런에서 뉴런으로 연결되어 있는 경우 시냅스에 정보를 보내는 쪽의 뉴런을 '시냅스 전 세포(presynaptic cell)'라고 부르고, 그 정보를 받는 쪽의 뉴런을 '시냅스 후 세포(postsynaptic cell)'라고 부른다.

신경세포로부터 다른 신경세포에 정보를 운반하는 과정은 '흥분의 전달'이라고 한다. 대다수의 경우 시냅스로부터 방출되는 화학물질을 통해 신호가 전달된다. 화학물질이 시냅스 간격을 지나 근육세포에 도달하면 즉시 전기신호로 변환시켜 근육 전체가 수축하게 된다.

중추신경을 구성하고 있는 신경의 회로는 고정된 구조가 아니라 언제나 변화를 계속하고 있다. 정보를 보내는 측에 있는 시냅스 전 뉴런에 되돌아오는(되풀이되는) 자극이 가해지면, 시냅스의 화학적 변화 등에 의한 시냅스 전달효율이 상승한다. 또 시냅스 덩어리의 결합하는

[그림 6-11] 신경세포와 연결

[그림 6-12] 신경세포의 축삭과 근육세포의 시냅스

방법도 정보전달을 더욱 쉽게 하기 위해 변화한다. 즉, 신경회로가 구성적으로 변화하는 것이다. 이러한 변화를 '시냅스 가소성'이라고 부른다.

시냅스의 가소성은 운동을 학습할 때의 기초라고도 할 수 있다. 스포츠의 학습, 즉 운동에서 같은 동작을 반복하면 그 움직임이 일어나는 경계에 시냅스의 전달효율이 상승하고, 시냅스의 결합하는 방법도 그 움직임이 발생하기 쉬워 변화한 것이다. 이 때문에 연습을 하면 더욱 자동화된 재빠른 움직임이 가능하게 된다. 연습에 의해 지금까지 불가능했던 움직임이 가능하고 가능했던 움직임은 더욱 잘된다. 그것은 이러한 신경의 변화에 의해서도 이루어진다.

재활승마의 놀라운 효과도 바로 여기서 출발한다고 생각된다. 신경은 근육을 움직이지만 반대로 근육의 움직임은 신경을 변화시키게 된다. 재활승마로 인한 외부에서의 지속적인 자극(움직임)은 근육의 움직임을, 근육의 움직임은 신경세포를 변화시키고 결과적으로 신경세포 덩어리로 이루어진 뇌의 활성화까지 이루는 것이다.

> **Tip**
>
> 세계에서 가장 좋은 대학으로 손꼽는 하버드에서도 학생들의 스포츠 활동을 장려하고 있다. 졸업 기준에 "수영 1mile을 해야 한다"는 규정이 있기도 했으며, 학생들의 운동실력은 취미를 넘어서 올림픽에 출전하여 좋은 성적을 거둘 정도다.

운동을 하면 뇌가 활성화되고 발달한다는 연구는 실제로 일란성 쌍둥이를 대상으로 한 연구에서 밝혀지기도 했다. 쌍둥이를 운동을 하는 집단과 운동을 하지 않은 집단으로 나누고 연구한 결과, 운동을 한 그룹이 그렇지 않은 그룹보다 IQ와 성적이 더 높았다고 한다. 운동을 하면 몸이 건강해지고 더 똑똑해진다는 것이다. 그래서 성장기는 운동을 많이 해야 할 중요한 시기라는 것이다.

단순한 몸의 운동도 신경세포의 변화를 일으켜 긍정적 효과를 나타내는데, 정서적으로 동물과 교감하며 몸의 운동뿐만 아니라 마음의 운동도 동시에 진행하는 재활승마가 좋은 것은 더 이상 설명할 필요가 없을 것이다.

4) 뇌의 이해

사람들마다 가치 판단 기준에 따라 이견이 있겠지만, 해부학적인 인체에서 가장 중요한 부분은 뇌일 것이다. 뼈는 인체를 보호하는 기능을 하는데, 뇌는 다른 기관과는 달리 머리뼈로 완벽하게 둘러싸여 거의 빈틈없이 보호되고 있기 때문이다.

뇌는 피부와 뼈 외에도 3개의 막과 뇌척수액(cerebrospinal fluid)이 중추신경계통을 둘러싸면서 보호한다. 3개의 막은 가장 속층의 연질막(pia mater), 중간층의 거미막(arachnoid mater), 가장 바깥층인 경질막(dura mater)으로 구성되며, 뇌척수액은 뇌실과 거미막밑 공간을 따라 뇌와 척수를 순환하는 액체로 무색투명하고 외부의 충격에 대한 완충작용을 하고 호르

[그림 6-13] 뇌의 구조(정중면)

몬이나 노폐물 등의 물질을 운반하는 역할을 한다. 생성되는 양과 분해되는 양은 균형을 이루어 항상 일정한 양의 뇌척수액이 존재하는데, 이러한 균형이 무너지면 수두증 같은 질환을 앓게 된다.

뇌는 척수와 함께 중추신경계(central nervous system, CNS)를 이루며 신체를 지배하는 신경계의 최고 기관이다. 뇌는 형태와 기능에 따라 대뇌(cerebrum), 소뇌(cerebellum), 뇌줄기(뇌간, brain stem)로 나누어진다. 아래로는 척수와 연결되어 있으며, 뇌척수액이 뇌와 척수의 안팎으로 순환한다. 풍부한 혈관조직을 갖고 있으며, 뇌혈관은 '혈액뇌장벽(blood brain barrier)'이라고 하는 구조를 갖고 있어 독성물질로부터 뇌를 보호한다. 심장마비 등으로 신체에 혈액이 공급받지 못하게 되면 가장 먼저 손상(약 5분 이내)되는 기관이 뇌다. 뇌는 운동, 감각, 언어, 기억 및 고위 정신 기능을 수행하며, 각성, 항상성의 유지, 신체대사의 조절 등 생존에 필요한 환경을 유지한다.

(1) 대뇌(cerebrum)

사람의 대뇌는 머리뼈 안에 들어 있는 뇌 중 가장 많은 부분(무게의 80%)을 차지하고 있는데, 다른 동물들에 비해 매우 크다. 대뇌가 발달하지 않은 동물일수록 본능에 의한 행동을 하고, 발달한 동물일수록 학습에 의한 행동을 하여 사람과 동물을 구분하는 중요한 기관이라고 할 수 있다.

중추신경계통의 기능은 뇌와 척수에 출입하는 신경 신호를 통합·조정하여 사고나 학습 같은 고위 정신 기능을 수행하는 것인데, 이는 대뇌에서 이루어진다. 중추신경계통에 있는 신경세포체의 집단을 '신경핵(nucleus)'이라고 하며, 서로 이웃하거나 멀리 떨어져 있는 두 신경핵 사이를 연결하는 신경섬유를 '신경로(tract)'라고 한다. 대뇌는 좌우 2개의 반구로 구성되어 있다. 표면을 신경핵들이 모인 회백질인 겉질(피질)이 덮고 있다. 두께는 4~6㎜이고, 안쪽은 신경세포체의 축삭 등 신경로가 모여 구성된 백질 부분인 속질(수질)로 되어 있다. 부위에 따라 각각의 기능이 다르다. 운동, 감각, 언어, 기억 및 고등 정신 기능뿐 아니라 생명 유지에 필요한 각성, 자율신경계 조절, 호르몬 생성, 항상성 유지 등의 기능을 수행한다.

① 대뇌겉질과 대뇌속질

대뇌겉질(대뇌피질)은 대뇌의 가장 표면에 위치하고 있으며 두께는 2~4㎜ 정도로 주름이 있는데 주름의 파인 부분은 '고랑', 올라온 부분은 '이랑'이라고 한다. 대뇌는 이랑과 고랑의 모양에 따라 이마엽, 마루엽, 관자엽, 뒤통수엽으로 구분하고 각각의 기능이 다르며 기억, 집중, 사고, 언어, 각성 및 의식 등의 주요 기능을 담당한다.

대뇌겉질의 운동 영역이 손상되면 전체적으로 마비되기보다는 근력이 감소하고 운동의 정확성이 떨어진다.

대뇌속질(대뇌수질)은 피질 밑에 있는 유수섬유로 구성된 백질로 대뇌겉질에서 하부에 있는 뇌줄기와 척수 사이를 연결하는 신경섬유인 '투사섬유(projection fiber)', 좌우 반구로 나누어진 대뇌에서 같은 쪽의 대뇌 반구 상하를 연결하는 '연합섬유(association fiber)', 좌우 대뇌반구를 교차하여 연결해주는 '교련섬유(commissural fiber)'로 구분된다.

② 이마엽(전두엽, frontal lobe)

대뇌에서 가장 큰 엽으로 앞쪽에 위치하고, 운동 기능과 언어 기능 등을 담당한다. 운동 기능의 가장 중요한 1차 운동영역이 위치하며, 주의집중력, 기억력, 사고력 등의 고위 인지 기능도 담당한다. 기억력, 사고력 등을 주관하며 다른 연합영역으로부터 들어오는 정보를 조정하고 행동을 조절하는 기관이다. 부분에 따라 개인의 성격 형성에 관여하며, 개인의 감정의 깊이를 조절하고, 개인의 독창성과 판단력을 결정한다. 전두엽 이상으로 ADHD가 나타나기도 하는데, 운동 및 감정 치료로 개선된다.

③ 관자엽(측두엽, temporal lobe)

대뇌의 양쪽 옆면(가쪽)에 위치하며, 청각중추가 있어 청각 등의 기능을 담당한다. 대뇌반구의 양쪽 외측에 있는 부분으로, 청각피질이 있어 청각정보를 담당하며 기억을 저장하는 역할을 담당하고 있다. 후각의 경험을 저장하기도 한다.

④ 마루엽(두정엽, parietal lobe)

대뇌의 윗부분 전두엽 뒤쪽에 위치하고, 감각 기능의 가장 중요한 1차 감각영역이 위치하고 있어 신체의 감각을 담당하며, 공간지각력 등의 인지 기능에도 관여한다. 언어의 이해와 형성에 관여한다.

⑤ 뒤통수엽(후두엽, occipital lobe)

대뇌의 뒷면에 위치하는 엽으로, 시각 기능에 관여하는 시각겉질(시각피질, visual cortex)이 위치해 있다. 시각정보를 담당하는 역할을 한다.

> **Tip**
> 유아기의 과도한 주입식 교육, TV 시청이나 게임 등은 전두엽 발달을 방해한다. 전두엽을 발달시키려면 운동을 많이 하고 책 읽기, 글짓기, 발표 등을 많이 해야 한다.

[그림 6-14] 대뇌의 구조 및 기능

⑥ 뇌들보(뇌량, corpus callosum)

좌우 대뇌반구 사이에 위치해 두 반구를 연결하는 역할을 한다.

⑦ 바닥핵(기저핵, basal ganglia)

대뇌겉질 및 시상과 신경섬유들로 연결되어 있으며, 운동조절에 관여한다.

(2) 소뇌(cerebellum)

소뇌는 전체 뇌 용적의 10% 정도를 차지하는 중추신경계의 일부로, 대뇌의 뒤쪽 아랫부분에 위치하며 무게는 150g 정도다. 좌우 소뇌반구로 구성되어 있고, 각 소뇌반구는 소뇌벌레(vermis)로 연결된다. 소뇌는 몸의 중력과의 관계나 운동에 의한 가속도 변화 등에 따라 적절한 반사운동을 하거나 수의적 운동을 할 때 근육의 수축 정도나 각종 근육의 협력을 조절함으로써 주로 골격근의 활동을 조절하는 역할을 담당한다. 소뇌는 직접 척수에 연결되어 있지 않아 직접 자발적 운동을 일으키지는 않으나 뇌의 다른 부분이나 척수로부터 외부에 대한 감각정보를 받아 이를 처리(process)·구성(organize)·통합(integrate)하여 운동 기능을 조절(coordination)하는 역할을 맡고 있다. 또한 귓속의 평형기관과 연결되어 평형감각을 관장하고 근육의 긴장과 이완 같은 운동을 조절한다. 따라서 소뇌에 손상이 오면 운동 기능이나 평형감각을 조절할 수 없어서 정밀하게 움직일 수 없게 되며, 걸음걸이도 불안정해진다.

현재 언어 처리나 집중력, 실독증, 자폐증 같은 현상이 소뇌와 연관이 있는 것으로 연구되고 있다. 특히 ADHD 아동은 평형성에 문제가 있고 운동 기능이 저하되는 것으로 나타나고 있는데, 이들이 승마 같은 운동을 할 경우 소뇌가 활성화되어 집중력 향상 등 긍정적인 효과가 있다고 보고되고 있다.

(3) 뇌줄기(뇌간, brain stem)

뇌줄기는 앞뇌와 소뇌를 척수에 연결하는 것으로, 우리가 보통 '생명의 뇌'라고 부를 정도로 사람의 생명을 유지하고 조절하는데, 아래와 같은 중요한 기능을 한다.

- **대뇌 및 기저핵, 시상, 소뇌의 여러 중추와 척수를 연결하는 상행·하행 신경로의 통로:** 운동, 감각 신호를 전달하는 기능으로 조금이라도 손상이 생기면 팔, 다리 운동 마비나 감각 이상을 초래할 수 있다.
- **호흡과 심장, 혈관의 조절에 관련된 중요한 반사중추 및 의식의 조절:** 생명 유지에 필수적인 기능으로, 손상이 생기면 영구적인 혼수상태에 빠진다.
- **뇌신경 12쌍 중에서 3번에서 12번까지 중요한 뇌신경의 기능:** 안구를 움직이고 안구반사를 일으키는 기능, 얼굴의 감각 기능, 얼굴 근육 움직임을 담당하는 기능, 청각과 균형 잡는 기능, 발성과 삼키기 등의 기능을 담당한다.

[그림 6-15] 소뇌와 뇌줄기

뇌에 손상을 입어 심각한 혼수상태에 빠지게 될 때, 뇌줄기가 기능을 하는 경우는 '식물인간 상태'라고 하고 뇌줄기까지 손상되면 '뇌사 상태'라고 한다.

뇌줄기(뇌간)를 세분하면 사이뇌(간뇌), 중간뇌(중뇌), 다리뇌(교뇌), 숨뇌(연수)로 나눌 수 있다.

① 사이뇌(간뇌, diencephalon)

사이뇌는 대뇌와 중간뇌 사이에 위치하며 감각신호를 뇌에 입력하는 신경세포와 뇌의 다른 부분을 연결해주는 감각신호 전달 기관으로 작용한다. 또한 내분비계에 상호 영향을 미치는 중요한 기관으로 변연계와 서로 연관되는 작용을 하는데, 대부분 시상과 시상하부로 구성되어 있다.

- **시상(thalamus)**
  대뇌겉질과 여러 감각계통과 연결되어 감각계통과 운동계통을 통합하는 역할을 한다.
- **시상하부(hypothalamus)**
  자율신경계(autonomic nervous system) 및 호르몬 분비를 통한 대사의 조절, 체온과 하루 주기리듬(circadian rhythm)의 유지, 갈증, 굶주림, 피로의 조절 등 기초적인 신체 대사를 유지한다.
- **뇌하수체(pituitary gland)**
  신체 대사 및 생식과 관련된 여러 호르몬을 분비한다.

② 중간뇌(중뇌, midbrain)

뇌의 한가운데 부분에 위치하고 있어 '중간뇌'라고 한다. 뒷부분에 볼록 튀어나온 4개의 둔덕이 있는데 위의 두 개는 '위둔덕', 아래의 두 개는 '아래둔덕'이라고 한다. 위둔덕은 시각반사와 안구 움직임 조절의 중추로 시각 자극에 대해 안구, 목, 머리 등의 반사운동에 관여한다. 아래둔덕은 청각반사의 중추로 귀를 통해 들어온 청각신호가 이곳을 지나 대뇌의 듣기를 담당하는 관자엽의 청각중추 부위로 전달된다. 갑자기 큰 소리가 나는 곳으로 고개를 돌리고 눈을 감는 등의 청각반사와 관련이 있다.

> **Tip**
>
> **식물인간:** 식물인간은 대뇌가 손상되어 의식과 운동 기능은 잃었지만, 뇌줄기가 살아있어 호흡과 소화, 흡수, 순환 등 기본적인 생명 기능은 유지하고 있어 살아있는 것으로 간주한다.
>
> **뇌사:** 뇌사란 뇌줄기가 기능을 정지한 것으로, 인공호흡기 등 현대의학에 의해 생명을 유지하고 뇌활동의 회복이 불가능하게 정지된 상태로 죽음을 의미한다.

③ 다리뇌(뇌교, pons)

앞모습이 좌우 소뇌반구를 연결하는 다리와 같다고 해서 이름이 붙여졌는데, 길이가 약 3~4cm로 얼굴의 감각과 운동을 담당하는 뇌신경의 중추다.

④ 숨뇌(연수, medulla oblongata)

뇌줄기의 가장 아래쪽에 위치하여 척수와 이어지는 부분이다. 숨뇌의 뒷부분은 제4뇌실 바닥의 아래쪽 절반을 형성한다. 호흡, 맥박 등 생명에 직접적으로 영향을 미치는 자율신경계를 관장하며, 하부 뇌신경의 중추이기도 하다.

이상과 같은 뇌의 구조들은 서로 연결되고 조화를 이루어 운동 기능, 감각정보 처리 기능, 언어/청각 기능, 학습과 기억 기능, 항상성의 유지, 호르몬의 분비 같은 기능을 하게 된다.

2 운동 및 인체 기능의 이해

1) 운동의 이해

(1) 단위

운동역학에서 사용하는 기본 물리단위는 길이와 질량 및 시간이다. 길이(length)는 공간의 위치를 나타내주는 기본 물리량으로 선, 평면, 공간을 정량화한 것으로 단위는 cm, m, km를 사용한다. 질량(mass)은 물질의 양을 정량화한 것으로 단위는 g(그램), 킬로그램(kg)을 사용하고, 시간(time)은 기준 시각으로부터의 시간 경과를 의미하는 물리량으로 단위는 sec(초), min(분), hr(시)을 사용한다. 길이, 질량, 시간을 수학적인 공식으로 표시하는 경우는 첫 글자를 이용하여 각각 L, M, T로 표기하고 소문자를 사용하기도 한다.

길이의 단위는 미터(m)를 사용하는데, 이는 지구의 둘레가 약 4만 km인 것을 기준으로 했다. 길이를 이용하여 면적(넓이)과 체적(부피)을 계산할 수 있다. 면적은 길이의 제곱(길이×길이)으로 단위는 제곱미터(m^2)를 사용하는데, 마장마술 경기장 규격이 20m×60m이면 면적은 1,200m^2가 된다. 법률에 승마장은 마장의 크기가 500m^2 이상이고 농어촌형 승마시설은

> **Tip**
> 순수한 물이 아닌 경우는 밀도가 약간 다르기 때문에 무게도 약간 달라진다.

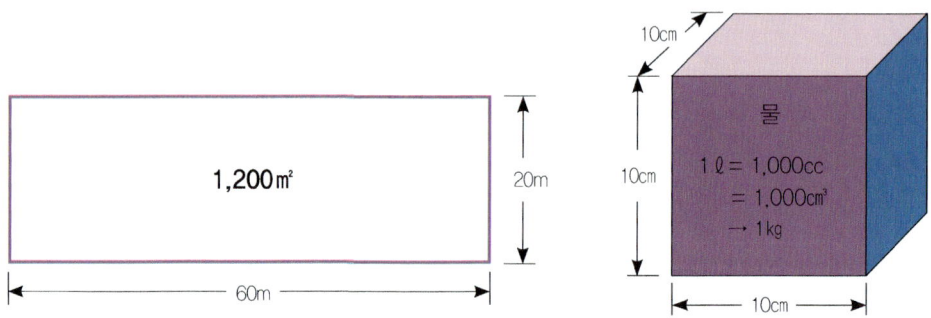

[그림 6-16] 면적 및 체적

마장을 포함한 전체 면적이 500㎡인 것과 같이 면적의 단위를 사용하고 있다.

질량의 단위는 kg을 사용하는데, 순수한 물 1ℓ(리터)의 질량이 1kg이다. 리터는 부피의 단위로 1,000㎤(제곱센티미터), 즉 10㎝×10㎝×10㎝가 된다.

질량(mass)은 물질의 고유한 양으로 어디서든 값이 달라지지 않지만, 중량(무게)은 질량에 중력가속도(약 9.8kg·m/s²)를 곱한 값이다. 즉, 질량이 $60kg$(또는 $60kg_m$)인 사람은 지구나 달 모두 같은 값이다. 그러나 지구에서는 보통 $60kg_f$(또는 $60kg_중$)이지만, 달에 가면 중력가속도가 1/6 정도이므로 중량은 보통 $10kg_f$(또는 $10kg_중$)이 된다.

우리나라는 공공문서나 일상생활에서 국제단위계인 MKS(m, kg, sec)나 CGS(cm, g, sec)계를 사용하고 있다. 그러나 미국이나 영국의 경우 공식적인 표기는 국제단위계를 사용하지만, 아직까지 일상생활에서는 FPS(feet, pound, sec)를 사용하고 있고, 특히 승마에 관한 많은 자료들이 FPS계를 사용하고 있다.

한편, m, g 등의 단위 앞에 k, m 같은 앞첨자를 사용하여 kg, mm, cm 등을 사용하는데, 이는 숫자가 커지거나 작아지는 것을 10진법에 의해 간단하게 표기하기 위함이다.

(2) 속도

앞서 길이를 제곱하여 면적, 세제곱하여 체적을 구하는 것을 설명했는데, 길이, 질량, 시간을 모두 이용하여 여러 가지 단위를 사용한다.

> **Tip**
>
> 일상생활에서는 kg을 중량의 단위로만 사용한다. 물리학 등에서 kg는 질량의 단위여서 중량과 구분하기 위해 아무런 표시를 하지 않거나 mass(질량)의 m을 이용하여 kg_m와 같이 아래첨자를 붙여준다. 중량은 kg_f 또는 $kg_중$과 같이 f(force, 힘)나 중(중량)의 아래첨자를 이용하여 질량과 구분한다.
>
> 물리학 등 학문에서 속도와 속력(speed)은 벡터와 스칼라로 구분되지만, 이 교재에서는 일상생활에 사용되는 점을 고려하여 설명을 생략한다.

속도(velocity)의 경우 길이(거리)와 시간을 이용하는데, 물리학에서 속도는 단위시간당 위치의 변화로 정의되며, 공식으로 표시하면 다음과 같다.

$$V = \frac{L}{T}$$

여기서 V는 속도, L은 거리, T는 시간을 의미하는데 속도는 거리를 시간으로 나누면 된다.

(3) 뉴턴의 운동법칙

① 제1법칙

관성의 법칙으로, 외력이 작용하지 않으면 정지해 있는 물체는 계속 정지해 있으려고 하고 움직이는 물체는 계속 움직이려고 한다.

장애물을 넘기 위해 뛰던 말이 장애물 앞에서 갑자기 멈추었다. 이때 기승자는 말 위에서 계속 움직이려던 관성이 작용하고 있어 앞으로 쉽게 고꾸라진다.

직진으로 뛰던 말이 뭔가에 놀라 갑자기 왼쪽이나 오른쪽으로 방향을 전환하면 기승자는 말에서 떨어질 수 있다. 기승자는 직진하려는 관성이 있었기 때문이다.

기승자가 준비되어 있지 않은 상태인데 갑자기 말이 뛰어나간다면 기승자는 뒤로 넘어진다. 기승자는 정지하려고 하는 관성이 있었기 때문이다.

② 제2법칙

가속도의 법칙으로 운동하고 있는 물체의 힘을 그 물체의 질량에 가속도를 곱한 것과 같다. 즉,

$$F = m \times a$$

라는 공식을 이용하는데, 이때 F는 힘, m은 질량, a는 가속도다. 다시 말하면 힘은 질량이나 가속도에 비례한다.

말이 사람의 발길질에 차이면 약간 다칠 정도겠지만, 말의 뒷발에 차이면 사람은 생명까지 잃을 수 있다. 이는 말이 사람보다 질량이 많이 나가고 속도도 빠르기 때문이다.

낮은 말보다 높은 말 위에서 떨어지면 더 크게 다치기 쉽다. 더구나 경주하는 말 위에서 떨어지면 부상의 정도는 더 심각하고 목숨도 위태로울 수 있다. 가속도가 더 크게 작용하기 때문이다.

③ **제3법칙**

작용과 반작용의 법칙으로 물체 A가 다른 물체 B에 힘을 가하면 물체 B는 물체 A에 크기는 같고 방향은 반대인 힘을 동시에 가한다. 걸음을 걸을 때 바닥에서 작용해주는 힘이 없다면 걸을 수 없다.
물 위를 걷는 것은 불가능한데, 이는 반작용이 없기 때문이다.

재활승마 시 사이드워커가 마장 가쪽으로 걸을 때 말 리더는 사이드워커가 말과 마장 벽 사이에 끼지 않도록 주의해야 한다. 사이드워커가 말과 마장 벽 사이에 양쪽 어깨가 끼게 되면 양쪽 모두 다칠 수 있다. 말 쪽에서는 작용력이, 마장 벽에서는 반작용력이 작용하기 때문이다.
바닥에 모래가 너무 두껍게 깔린 마장에서 걷는 것과 얼음판 위를 걷는 것은 힘이 든다. 이는 지면반력(반작용)이 사람의 보행에 적절하지 않기 때문이다.

(4) 신체 중심

신체 중심은 '질량의 중심(Center of Mass, COM)' 또는 '중력의 중심(Center of Gravity, COG)'이라고 한다. 신체 중심은 자세에 따라 달라진다. 차렷 자세에서는 일반적으로 지면으로부터 키의 53~58% 정도 높이에 신체 중심이 위치하는데, 동양인보다 서양인이 다리의 비율이 높아 신체 중심이 높고, 남자는 여자보다 어깨 쪽이 발달해 있어 신체 중심이 높다. 신체 중심이 낮으면 안정성이 좋고, 여자는 어깨 쪽보다 골반과 하체가 발달해 있어 단순히 구조만 비교한다면 여자가 남자보다 안정성이 좋다고 할 수 있다. 그러나 다리가 길어서 중심이 높은 경우는 말 위에 앉으면 긴 다리가 추(weight) 같은 역할을 하기 때문에 오히려 안정성이 좋다고 할 수 있다.

차렷 자세보다 두 손을 최대로 높게 들어 올리면 신체 중심의 약 5%, 두 손을 들고 있는 상태에서 한쪽 다리를 들어 올리면 약 13%까지 신체 중심이 올라간다. 승마를 할 때 더욱 안정성 있는 자세를 유지하기 위해서는 손과 다리를 최대한 낮추고 어깨의 힘을 빼야 한다. 초보자의 경우 대체로 겁이 나면 고삐 쥔 손을 들어 올리고 다리를 오므리는데, 이는 신체 중심을 더 높여 말에서 떨어지기 좋은 자세가 된다.

한편 건설 관련 법률에서는 난간의 높이를 1.2m 이상으로 정하고 있는데, 이는 사람들의 중심보다 난간의 높이를 높여 추락을 예방하고 심리적인 안정감을 주기 위함이다.

> **Tip**
> 지면으로부터 53~58% 대략 배꼽 아랫부분 정도
> 최근 들어 동양인, 특히 한국 사람들의 체형은 다리가 길어지는 서양형으로 변하고 있다.

(5) 안정성

안정성이란 운동 상태가 변하는 데 대한 저항을 말한다.
안정성에 영향을 주는 요인에는 물체의 무게중심 높이, 기저면의 크기, 그리고 물체의 무게와 심리적 요인 등으로 구분할 수 있다.

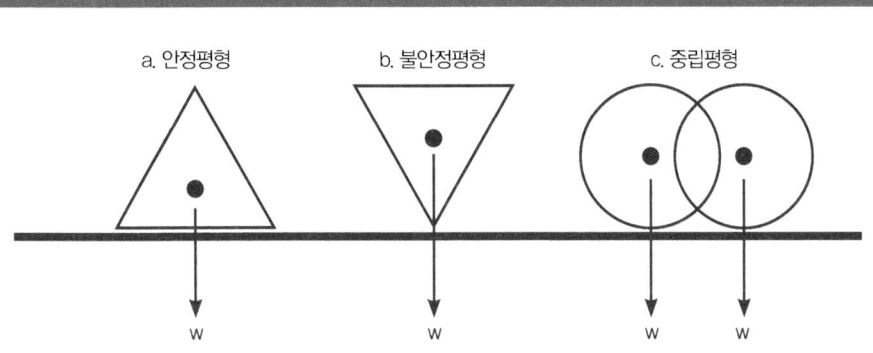

[그림 6-17] 안정성 비교

a. 안정평형　　b. 불안정평형　　c. 중립평형

① 무게중심의 높이

무게중심은 높이 올라갈수록 불안정해진다. 가장 쉽게 이해할 수 있는 것은 동전 쌓기로, 5~6개까지는 동전 탑이 흔들리지 않지만 더 높이 올라가면 흔들리면서 불안정해 보이다가 쉽게 무너진다. 중심이 낮은 것을 이용한 장난감이 바로 오뚝이다. 오뚝이는 〈그림 6-18〉처럼 추(weight)가 되는 부분이 오뚝이의 대부분 무게를 차지하고 있어 (a)와 같이 항상 안정성을 유지하고 있고, (b)와 같이 옆으로 눕혀도 원래 상태로 빠르게 돌아온다. (c)의 경우는 중심이 극단적으로 높은 상태로 생각해볼 수 있는데, 중심의 높이가 너무 높고 기저면의 크기가 작아 안정성이 바로 무너진다. 씨름이나 레슬링, 유도처럼 중심을 무너뜨려야 이기는 경기에서는 적당한 높이로 자세를 낮춰 안정성을 확보해야 한다.

- 초보자들이 흔히 범하기 쉬운 것은 놀라면 고삐를 쥔 상태로 팔을 굽히는 것이다. 손을 올리게 되면 기승자의 중심은 더 올라가게 되고, 중심이 올라가면 더 불안정해지며, 팔을 굽히면 재갈이 말의 입을 불필요하게 자극하여 말에게 스트레스를 준다.
- 승마에서는 다리를 원활하게 사용할 수 있을 만큼 등자의 길이를 길게 한다. 무릎을 늘어뜨리는 것이 중심을 낮게 유지하면서 자세 안정에 좋다. 마장마술 선수들은 안정적인 자세를 취하기 위해 의도적으로 신발의 무게를 늘리기도 한다. 그러나 경마 기수의 경우 공기의 저항을 줄이기 위해, 장애물경기에서는 말의 도약을 돕고 충격전달을 방지하기 위해 전경자세를 취해야 하기 때문에 등자 길이를 짧게 한다.

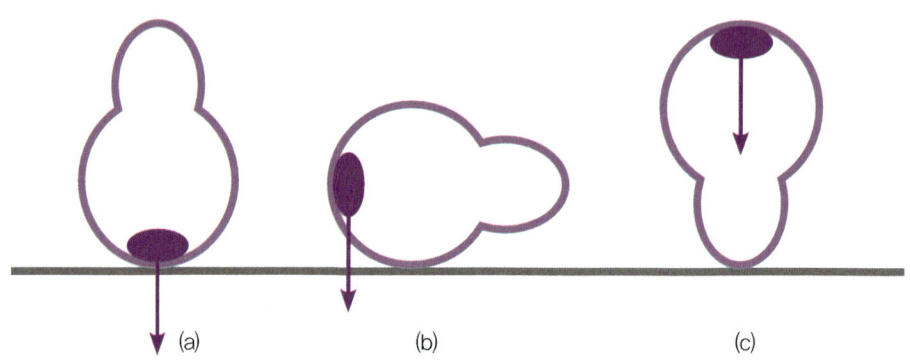

[그림 6-18] 오뚝이

- 말을 실은 차는 말의 무게로 전체적으로 중심이 위로 올라간 상태가 되어 공차인 경우보다 불안정한 상태이므로 커브를 돌 때 넘어질 수 있다. 빠르게 커브를 돌면 안에 있는 말들은 관성에 영향을 받고 있기 때문에 중심이 높아진 차는 쉽게 전복된다.

② 기저면의 크기

기저면의 크기는 안정에 영향을 주고, 중심이 지면에 투영한 위치는 기저면 내에서 중심 쪽으로 올수록 안정된다. 〈그림 6-19〉와 같이 발이 지면에 닿은 형태에 따라 다양한 기저면이 생성된다.

(a)는 한 발로 서 있는 경우, (b)는 두 발로 서 있는 경우, (c)는 두 발로 서고 한 손에 지팡이를 딛고 있는 경우이며, (d)는 두 발로 서서 두 손에 지팡이를 들고 지면을 딛고 서 있는 경우다. 발과 지팡이를 둘러싼 파란색 도형은 기저면을 뜻한다. (a)에서 (d) 쪽으로 갈수록 기저면이 넓어지고 안정적임을 알 수 있다.

(e)는 100m 달리기 경기에서 출발하는 모양을 표기한 기저면이고, (f)는 출발 총성이 울린 후 출발하기 위해 지면을 딛고 있던 두 손을 들어 올린 상태다. (e)에서는 신체 중심(✤)이 기저면 중심에 위치해 안정된 상태이다가 두 손을 지면에서 뗀 상태에서는 신체 중심이 기저면을 벗어나 불안정한 상태(f)가 됨을 볼 수 있다. 불안정한 상태가 되면 신체는 중심을 잃고 앞으로 넘어지려고 하는데, 이것을 이용하여 재빠르게 앞으로 뛰어나갈 수 있다.

승마에서는 경속보하는 경우를 생각해볼 수 있다. 경속보는 말과 사람 모두 가장 피로를 느끼지 않고 운동할 수 있기 때문에 장시간 또는 장거리 이동에 사용된다. 기승자가 알고 있어야 할 것은 언제 말 위에서 일어나느냐 하는 것인데, 〈그림 6-19〉의 (b)와 같이 직진인 경우는 어느 쪽이나 관계가 없다.

[그림 6-19] 발의 위치에 따른 다양한 기저면의 형태

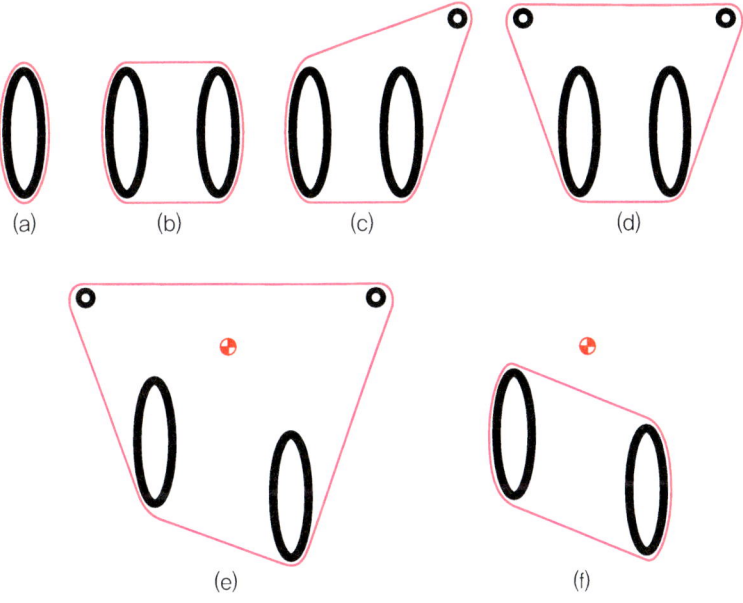

그러나 (a), (c)와 같이 오른쪽(우속보)이나 왼쪽(좌속보)으로 원운동을 할 경우에는 직진할 때와 달리 원의 중심 쪽으로 구심력이 작용해야 원을 그리면서 운동을 할 수 있다.

〈그림 6-21〉과 같이 쇼트트랙 경주나 원통 돌기 운동을 보면 원운동을 할 때 몸을 원의 중심 방향으로 기울여야 한다. 원의 크기가 작을수록, 속도가 빠를수록 구심력은 커져야 하는데, 그렇지 않으면 원심력에 의해 원 밖으로 튕겨나간다.

경속보를 하면서 원운동을 할 때는 그림의 쇼트트랙이나 배럴(barrel, 원통 돌아오기) 경기처럼 몸통이 심하게 기울여지지는 않지만 기승자의 어깨가 약간 안쪽을 향하게 되고, 말은 이러한 작은 움직임에 반응한다. 〈그림 6-20〉의 빨간색 실선과 파란색 점선은 말의 발이 지면에 닿아 있을 때의 지지면을 나타낸 것이다. 말은 뒷다리 근육이 발달해 있어 뒷다리가 추진력을 주는데, 뒷다리가 공중에 떠 있을 때는 기승자가 위쪽으로 중심을 이동시켜 말에게 주는 구심력 부담을 최소화시켜준다.

> **Tip**
> **구심력**: 원운동을 하는 물체에 작용하는 원의 중심으로 나아가려는 힘으로, 그림에서는 ※방향의 작은 화살표 방향이 원의 중심으로, 작은 화살표는 구심력을 뜻한다.

[그림 6-20] 경속보 시 기승자의 무게중심 방향

(a) 좌(左)속보   (b) 속보(직진)   (c) 우(右)속보

[그림 6-21] 쇼트트랙과 원통 돌아오기

초보 기승자의 경우 말이 속보를 할 때 좌우 반동 차이를 느끼지 못해 바른 반동을 받기가 어렵다. 지도사는 말의 뒷다리를 보고 기승자에게 일어서는 때를 말해주고, 지도사의 구령에 맞추어 경속보 반동을 받는다. 지도사의 도움이 없는 경우는 기승자 스스로 바른 반동을 맞추어야 하는데, 기승자는 말의 뒷다리를 볼 수 없으므로 뒷다리와 동시에 움직이는 반대쪽 앞다리의 어깨 부분을 보고 바른 반동을 받으면 된다. 원운동을 하는 경우 바깥쪽 앞다리가

움직일 때 말이 주는 반동을 받으면 된다.

구보의 경우도 마찬가지다. 구보에서 말 다리의 착지 순서는 바깥쪽 뒷다리가 먼저 착지하고 안쪽 뒷다리와 바깥쪽 앞다리가 두 번째로 동시에 착지한 뒤에 마지막으로 안쪽 앞다리가 착지하게 된다. 안쪽 뒷다리는 바깥쪽 앞다리와 동시에 착지하므로 구심력을 견디기가 용이하다.

> **Tip**
>
> '하나(일어설 때), 둘(앉을 때), 하나, 둘, ……' 또는 'up(일어설 때), down(앉을 때), up, down, ……'이라고 하거나 기승자가 어느 정도 숙련된 경우는 '하나, 하나, ……' 또는 'up, up, ……'이라고 하여 일어서야 할 때만 구령을 한다.
>
> **바깥쪽 뒷다리**: 우구보의 경우는 왼쪽 뒷다리(RL), 좌구보의 경우는 오른쪽 뒷다리(RR)
>
> **안쪽 뒷다리**: 우구보의 경우는 오른쪽 뒷다리(RR), 좌구보의 경우는 왼쪽 뒷다리(RL)
>
> **바깥쪽 앞다리**: 우구보의 경우는 왼쪽 앞다리(FL), 좌구보의 경우는 오른쪽 앞다리(FR)
>
> **안쪽 앞다리**: 우구보의 경우는 오른쪽 앞다리(FR), 좌구보의 경우는 왼쪽 앞다리(FL)

③ 물체의 무게

물체의 무게가 클수록 안정된다. 물체를 움직이기 위해 힘을 가할 때 무게가 무거운 것은 가벼운 물체보다 더 큰 힘을 가해야 움직일 수 있다.

체중이 가벼운 사람과 무거운 사람이 부딪히는 경우 가벼운 사람이 더 큰 움직임을 나타내는 것을 볼 수 있다. 〈그림 6-24〉와 같이 무게가 각각 m_1, m_2이고 $m_1 \times 2 = m_2$인 두 물체가 부딪힌 경우를 보면 다음과 같다.

$$F_1 = m_1 \times a_1, F_2 = m_2 \times a_2$$

두 물체에 가해진 힘은 각각 F_1, F_2인데 서로 충돌한 경우이므로 크기는 같은 $F_1 = F_2$가 되지만 방향이 반대인 힘이 발생한다.

여기서 무게 $m_1 \times 2 = m_2$이므로

$$F_1 = F_2 \to m_1 \times a_1 = m_2 \times a_2 \to m_1 \times a_1 = 2 \times m_1 \times a_2$$

$$\to a_1 = \frac{2 \times m_1 \times a_2}{m_1} = 2 \times a_2$$

가 된다.

이는 무게가 작은 m_1이 m_2보다 2배의 가속도를 갖게 되는 것으로, 더 큰 움직임을 나타낸다.

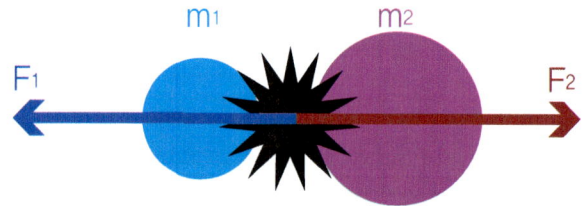

[그림 6-24] 충돌 시 힘과 가속도의 관계

> **Tip**
> **무게**: 물리에서는 질량을 의미하며 공식에서도 질량(mass)의 의미인 m을 사용하지만, 이해를 돕기 위해 '무게'라고 표현하고 설명했다.

④ 심리적 요인

사람이 가장 공포감을 느끼는 높이는 11m로, 공수낙하 훈련이나 헬기레펠 등을 훈련하는 타워는 11m 높이로 만들어져 있다. 심리적으로 불안감을 극복하기 위함이다. 지면에서는 1m 정도의 너비는 문제없이 뛰어 건너는 사람도 같은 너비일지라도 높이가 2m 이상이 되면 뛰어 건너기를 주저하게 된다. 심리가 안정성에 영향을 미치기 때문이다.

말의 키는 지면에서 등성마루까지로, 더러브렛 경주마의 경우 약 160㎝ 정도 된다. 사람의 앉은키를 80㎝ 정도라고 하면 말 위에 앉은 사람의 눈높이는 약 230㎝ 정도 되는데, 초보자의 경우 심리적으로 위축된다. 특히 어린이들의 경우 이러한 두려움으로 승마를 못 하는 경우도 있어 키가 100㎝ 정도 되는 셰틀랜드 포니를 비롯한 140㎝ 미만의 포니를 이용하면 좋다.

⑤ 기타

이 외에도 마찰력, 생리적인 요인 등이 안정성에 영향을 미친다.

(6) 모멘트

신체적 장애가 있는 장애인은 승마를 할 때 전체적인 밸런스가 비장애인이 승마를 할 때와는 비교가 안 될 만큼 안정된 자세를 유지하기가 힘들다. 또한 균형유지 능력이 떨어져 말의 사소한 변화나 움직임, 돌출행동에 쉽게 낙마할 수 있다. 이렇게 말 위에서 균형을 유지하기 어렵다는 것은 말의 입장에서도 상당한 스트레스가 된다.

말의 입장이 되어 생각해보자. 어린아이를 등에 업은 엄마는 혼자 있을 때보다 힘든 상태인데, 등에 업은 아이가 움직인다면 힘든 상태를 지나 고통스럽기까지 할 것이다. 이는 운동역학적인 면에서 모멘트로 설명할 수 있다.

모멘트(M)는 작용하는 힘(P) 또는 무게(W, weight)가 작용하는 거리(d, distance)의 곱으로, 다음과 같이 공식으로 나타낼 수 있다.

$$M = P \times d, \ M = W \times d$$

서로 다른 지점에 무게가 실린 경우 발생하는 모멘트를 다음과 같이 생각해볼 수 있다.

> **Tip**
> 230㎝인 것은 눈높이 10㎝ 제외

〈그림 6-25〉와 같이 (a), (b), (c) 모두 동일하게 10kg의 무게가 실렸다고 하더라도 중심으로부터 거리가 각각 다르다면 반대편에서 서로 다른 모멘트가 작용해야 균형을 유지할 수 있다.

(a)의 중심으로부터 2m 떨어진 상태에서 무게(weight)가 W_a와 같이 작용했다면 지지점(support)인 S_a 왼쪽에는 M_{wa} 같은 모멘트(moment)가 발생하는데, 균형을 유지하기 위해서는 지지점 오른쪽에 M_{pa}와 같이 M_{wa}와 크기는 같지만 방향이 반대인 모멘트가 발생하도록 P_a는 20kg이 되어야 한다.

(b)의 경우는 P_b가 10kg이 되어야 하지만, (c)의 경우는 중심 위에 무게가 실려 있어 모멘트가 발생하지 않기 때문에 P_c에 무게는 필요하지 않다.

[그림 6-25] 각 위치별 모멘트 비교(바의 무게는 고려하지 않음)

> **Tip**
>
> 각각의 공식에 주어진 아래첨자 a, b, c는 공식을 구분하기 위한 것이고 w는 무게(weight), p는 힘을 의미한다.

이를 공식으로 나타내면 다음과 같다.

(a) $M_{wa} = M_{pa} \rightarrow W_a \times d_{wa} = P_a \times d_{pa} \rightarrow 10kg \times 2m = P_a \times 1m$

$$\therefore P_a = \frac{10kg \times 2m}{1m} = 20kg$$

(b) $M_{wb} = M_{pb} \rightarrow W_b \times d_{wb} = P_b \times d_{pb} \rightarrow 10kg \times 1m = P_b \times 1m$

$$\therefore P_b = \frac{10kg \times 1m}{1m} = 10kg$$

(c) $M_{wc} = M_{pc} \rightarrow W_c \times d_{wc} = P_c \times d_{pc} \rightarrow 10kg \times 0m = P_c \times 1m$

$$\therefore P_a = \frac{10kg \times 0m}{1m} = 0kg$$

이와 같이 지지점에서 벗어나면 벗어날수록 더 큰 모멘트가 작용하며 결과적으로 균형이 유지되면 지지점 S_a에서는 30kg, S_b에서는 20kg, S_c에서는 10kg이 측정된다. 말의 등 위에서 기승자가 불필요한 움직임으로 중심에서 벗어나 계속 움직인다면 말은 매우 힘든 상태가 된다.

〈그림 6-26〉과 같이 말의 무게중심은 말의 머리 위치에 따라 달라지지만, 대체로 윗줄 오른쪽과 같이 안장 부분에 위치하므로 안장을 정확한 위치에 장착시키고 기승자의 중심을 말의 중심과 일치시켜야 한다.

그렇다고 강습 전후 실시하는 준비 운동이나 마무리 운동까지 불필요한 움직임으로 생각할 필요는 없다. 그 정도의 움직임은 말에게도 준비 운동 및 마무리 운동이 된다. 급격한 움직임은 피하고 천천히 움직여 말에 대한 부담을 덜어준다.

> **Tip**
>
> 말의 머리 위치에 따라 말의 무게중심은 달라지는데, 기승자는 자신의 무게중심을 이동시켜 기승자의 무게중심을 수직으로 지면에 내린 가상선에 말의 무게중심이 일치되도록 하여 말의 움직임을 돕기도 한다. 예를 들면 윗줄 왼쪽과 같이 습보를 하는 경우는 전경자세, 아랫줄 왼쪽과 같은 경우는 상체를 약간 뒤로 젖힌다. 아랫줄 가운데는 마장마술에서 말이 굴요(arch)를 하여 무게중심을 뒤로 보내는 것으로, 훈련이 잘된 말은 재갈을 이용하지 않아도 스스로 하게 된다.

[그림 6-26] 말 머리 위치에 따른 말 무게중심의 위치 변화

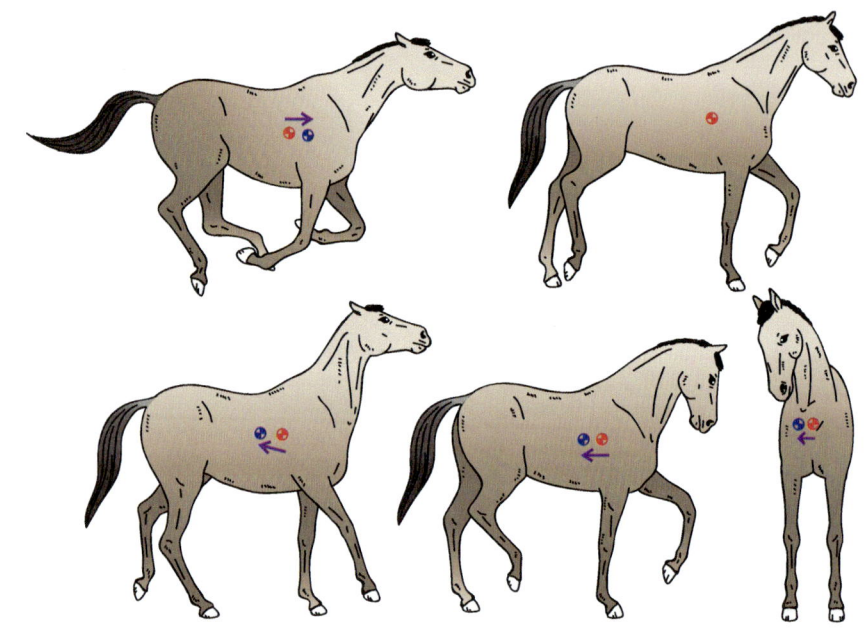

2) 인체 기능의 이해

(1) 근육의 수축

근육은 수축하는 것으로 힘을 발생시키는데, 길이에 따라 발휘할 수 있는 힘의 크기가 다르다. 팔꿉관절(elbow joint)을 예로 들면 아래팔을 굽히는 데 주로 사용되는 근육은 앞쪽의 위팔두갈래근이다.

〈그림 6-27〉의 화살표처럼 근육이 줄어들거나 늘어남에 따라 팔꿉관절의 각도가 변하게 된다. 이 근육이 완전히 늘어난 상태가 되면 이 근육이 가지고 있는 최대근력의 약 70% 정도의 힘만 발휘할 수 있고, 그림과 같이 각각의 각도에서 발휘할 수 있는 근력은 다르다. 즉, 근육의 길이에 따라 발휘할 수 있는 힘이 달라진다. 100%의 힘을 발휘하기 위해서는 팔꿉관절각이 100~110°가 되어야 한다.

근육의 수축 형태는 다음과 같이 구분할 수 있다.

- 등척성수축(isometric contraction, 제자리수축): 고정되어 움직임이 없는 저항에 힘을 가하는 것으로, 힘은 발생하지만 움직임이 없어 근육의 길이 변화가 없다.

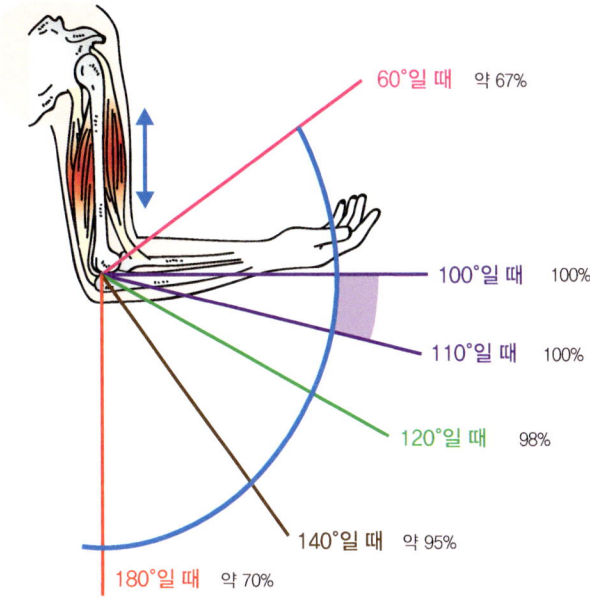

[그림 6-27] 팔굽 각도와 근력의 관계

- 등장성수축(isotonic contraction): 근육을 키우기 위한 웨이트기구 운동을 하는 것과 같은 움직임으로, 물체가 움직이고 근육의 길이가 짧아지거나 길어지는 변화를 한다.
- 등속성수축(isokinetic contraction): 등장성수축과 같이 근육의 길이 변화가 있지만 수축 속도를 일정하게 움직인 것으로, 특별히 제작된 등속성기구를 이용하여 재활이나 근력, 근지구력을 측정할 때 발생하는 근수축이다.

용어에서 'iso-(등)'란 '같다'는 의미이며, '척(尺)'은 길이, '장'은 장력(張力) 즉 힘, '속'은 속도를 의미한다. 관절의 각도, 즉 근육의 길이에 따라 다르게 저항 변화를 주어 근육의 수축 속도가 일정하게 유지되도록 고안된 기구를 '등속성기구'라고 한다. 근육의 길이가 변화되는 것을 기준으로 수축의 종류를 구분하면 다음과 같다.

> **Tip**
>
> 덤벨이나 아령을 이용해서 위팔두갈래근(상완이두근)을 운동할 때 힘이 빠져 들어 올릴 수 없는 경우 반동을 이용하여 팔을 약간 구부리게 되면 그다음부터는 팔을 구부릴 수 있는 경우를 생각해보면 이해하기 쉬울 것이다.
>
> **근육의 수축**: 여기서의 수축은 줄어드는 것뿐만 아니라 늘어나는 것도 의미한다. 줄어드는 경우를 '+', 늘어나는 경우를 '-'로 생각하면 된다.

- 짧아짐수축(positive movement, concentric contraction, shortening contraction, 단축성수축 또는 구심성수축): 근육이 짧아지면서 수축하는 것
- 늘임수축(negative movement, eccentric contraction, lengthening contraction, 신장성수축 또는 원심성수축): 근육이 길어지면서 수축하는 것

(2) 근육의 미세 구조와 근수축

근육의 구조를 세부적으로 살펴보면 다음과 같이 단계별로 구성되어 있는 것을 알 수 있다.
'근육 → 근육다발 → 근육세포 → 근원섬유' 순으로 세분화할 수 있고, 근원섬유는 액틴필라멘트와 미오신필라멘트가 있어 I띠와 A띠 및 Z원반을 나타낸다.

근육은 가늘고 긴 형태의 '근섬유(뼈대근세포)'라고 하는 수많은 뼈대근세포로 구성되어 있다. 근세포는 다핵세포로 내부를 보면 '근원섬유'가 가로 방향으로 나열되어 있고, 근원섬유의 사이는 '근육세포질'이라는 세포로 가득 채워져 있다. 근원섬유는 '근육세포질그물(sarcoplasmic reticulum, 근형질세망)'이라고 하는 주머니 모양의 세포기관에 둘러싸여 있다. 근원섬유를 현미경으로 보면 밝은 줄무늬와 어두운 줄무늬의 배열이 있다. 이것이 가로무늬구조다. 이 밝은 줄무늬의 중앙부에는 'Z원반(Z line)'이 있다. Z원반과 다음 Z원반까지의 사이를 '근육원섬유마디(sarcomere, 근절, 근섬유분절)'라고 하는데, 이는 근수축의 단위

[그림 6-28] 근세사 단위에서의 근수축

가 된다. 근절의 중앙부에는 '굵은잔섬유(미오신필라멘트, myosin filament)'가 있고, 관절 양측의 Z원반에는 '가는잔섬유(액틴필라멘트, actin filament)'가 펼쳐져 있다.

〈그림 6-28〉에서 (a) 부분은 근육이 이완된 상태이고, (b) 부분은 근육이 수축되는 상태를 보여주는 것으로, 근절의 길이가 줄어드는 것을 볼 수 있다. 한편 A띠(A band) 부분은 I띠(I band) 부분에 비해 진하게 보이는데, 이것은 전체적으로 볼 때 가로무늬를 나타낸다.

굵은근세사에는 미오신헤드가 있어 근수축할 때 액틴의 활성화된 부분과 결합하고 ATP를 이용하여 미오신헤드가 구부러지면서 Z원반 쪽으로 미끄러져 들어가 근육이 수축하게 된다. 가는근세사에는 액틴과 트로포닌 그리고 트로포미오신으로 구성되어 있다.

뼈대근의 수축 과정에 대해 알아보면, 신경을 통해 전달된 명령으로 운동신경의 종말에서 아세틸콜린(acetylcholine)이라는 화학전달물질을 방출한다. 근세포는 전지 같은 기능을 가지고 있고, 보통 때는 '-' 전위를 유지하고 있지만, 아세틸콜린이 근세포에 닿으면 '+' 전위가 발생한다. 이런 전위의 변화(전기적 자극)는 근섬유의 표면(세포막)에서 근섬유 내부에도 넓게 퍼져 마침내는 근육세포질그물에 도달한다.

전기적 자극이 근육세포질그물에 도달되면, 세포질 속에서 칼슘이온이 방출되어 세포질 속의 칼슘이온의 농도가 높아진다. 칼슘이온이 가는근세사인 액틴의 트로포닌과 결합하면 트로포미오신이 액틴의 사슬 중간 홈 속으로 깊숙이 들어가서 액틴에 있는 미오신 결합 부위를 열어(활성화시켜)준다. 굵은근세사의 미오신헤드는 액틴의 활성화된 결합부위와 결합하고, ATP가 ADP+P로 분해되면서 방출하는 에너지를 이용하여 미오신헤드를 구부리게 되면 미오신 전체가 Z원반 쪽으로 미끄러져가게 되고 이로써 근수축이 일어난다. 반대로 근육에 신경 자극이 중단되면 활동전류의 탈분극이 일어나고 방출된 칼슘이온이 다시 근육세포질그물 내로 되돌아가서 근원섬유 수축이 풀려 이완된다. 이때 칼슘을 근육세포질그물로 집어넣는 기능을 하는 것을 '칼슘 펌프(pump)'라고 하고 Ca-ATPase라고도 하며, 칼슘의 이동에 ATP를 에너지로 사용하게 된다. 근수축이 지속적으로 일어나게 되면 칼슘의 이용이 많아지게 되는데, 이때 부족한 칼슘은 뼈에 저장된 것을 가져다 쓰게 된다. 뼈에 저장된 칼슘은 뼈를 녹이는 과정(뼈세포를 파괴할 때 발생하는 무기질 중의 하나가 칼슘)에서 가져오게 되고 근육의 수축이 중단되면, 즉 운동을 그만하고 휴식하게 되면 근수축에 사용된 칼슘은 뼈세포를 생성하는 과정에서 뼈로 다시 저장된다.

이와 같이 운동할 때 뼈세포를 파괴하고 생성하는 것을 반복하거나 외부로부터 충분히 견딜 만한 물리적인 자극(충격)이 있으면 뼈는 오히려 강해지는데, 이러한 이유로 운동을 하면 뼈가 튼튼해진다고 할 수 있다.

(3) 근수축과 ATP

근육수축에 사용되는 에너지는 ATP(adenosine triphosphate, 아데노신삼인산)가 ADP(adenosine diphosphate, 아데노신이인산)와 P(인산)로 분해될 때 방출되는 에너지를 사용한다.

ATP → ADP + P + 에너지	근수축으로 에너지를 사용할 때
ADP + P + 에너지 → ATP	에너지를 저장할 때(세포 내 미토콘드리아에서)

이렇게 근수축에 사용되는 ATP를 공급하는 체계는 ATP-PC 시스템, 무산소성 해당 시스템, 유산소성 해당 시스템과 같이 세 가지로 구성된다. ATP-PC 시스템은 근육 내에 저장된 ATP와 PC(크레아틴인산, ATP를 즉시 생성)를 근수축에 곧바로 사용하는 것으로 10초 전후에서 모두 사용되어버린다. 근육 내 ATP를 모두 사용하면 ATP를 생산해서 공급해주는데, 이때 산소 관여 여부에 따라 무산소성과 유산소성으로 구분된다.

이러한 이유로 무산소성 해당 시스템은 혈액이나 간에 있는 포도당(Glucose, 탄수화물의 일종)을 분해하여 ATP를 생산하는데, 포도당 1분자는 2개의 ATP를 생산함과 동시에 젖산도 만들어낸다. 무산소성 해당 시스템을 '젖산 시스템'이라고도 하는데, 젖산은 흔히 '피로물질'이라고 알려져 있다. 젖산은 근육통을 유발하는데, 시간이 지나면 다시 에너지대사에 사용되거나 체외로 배출된다. 격렬한 운동을 한 뒤에 가볍게 움직여주는 것은 젖산을 에너지로 사용하게 되므로 권장된다. 무산소성 해당 시스템은 젖산이 축적되면 근육 피로를 유발하여 운동을 지속할 수 없기 때문에 짧은 시간 동안 작동되며 3~5분 내외의 빠르고 강한 운동을 할 때 가동된다.

유산소성 해당 시스템은 무산소성 해당 시스템과 달리 산소가 동원되며 포도당 1분자당 38개의 ATP를 생산한다. ATP 생산 측면에서는 효율이 높지만 산소를 필요로 하므로 저강도의 운동에서 가동된다. 이 시스템은 탄수화물뿐만 아니라 지방과 단백질도 사용한다. 간 등에 저장된 탄수화물(포도당)을 모두 사용(시간으로 생각하면 운동 시작 약 20분 후)하면 지방을 사용하여 ATP를 생산해내기 때문에 체중 조절을 목적으로 하는 운동을 하려면 저강도의 운동을 30분 이상 해야 효과가 있다.

> **Tip**
>
> **해당**: 해당이란 '당을 분해하다'라는 뜻이고 무산소성은 '산소 없이', 유산소성은 '산소가 있는 상태에서'라는 뜻이다.

[그림 6-29] 운동시간에 따른 에너지 시스템 가동

이러한 시스템은 순차적으로 가동되고 끝나는 것이 아니라 운동 강도 및 시간에 따라 반복해서 이루어지는데, 운동시간에 따라 동원되는 시스템을 보면 〈그림 6-29〉와 같다.

(4) 운동단위와 움직임의 발생

척수의 신경세포로부터 나온 1개의 운동신경과 그 지배 아래에 있는 근육섬유는 기능적으로 하나의 단위를 이루고 있는데, 이것을 '운동단위'라고 한다. 이처럼 하나의 운동신경섬유가 지배하는 근육섬유 수는 근육의 기능과 밀접한 관계가 있는데, 손이나 눈동자처럼 정교하고 섬세한 운동을 하는 근육에서는 1개의 운동섬유가 10개 미만의 근육섬유를 지배하지만, 몸통이나 다리에서처럼 운동량은 크나 미세한 조정을 필요로 하지 않는 근육에서는 1개의 운동섬유가 500개 이상의 근육섬유를 지배한다.

모든 뼈대근은 아무리 휴식 상태에 있더라도 다소간 수축된 상태를 늘 유지하고 있다. 이러한 근육의 상태를 '근육긴장도'라고 하는데, 근육긴장도는 근육과 중추신경 사이에 구성되어 있는 단순반사활동을 통한 조정에 의해 유지되고 있다.

> **Tip**
> 1시간 이상 운동을 하면 사용한 에너지를 보충하기 위해 식욕중추를 자극한다. 따라서 체중조절을 목적으로 하는 운동을 할 때는 30분~1시간 이내로 하는 것이 좋다.

감각신경종말에서는 근육의 수축 정도에 따른 근육의 긴장도에 관한 신호를 척수로 보내어 이에 따라 적절히 조정된 자극이 운동신경섬유를 통해 다시 근육에 이른다. 따라서 지속적인 감각신경세포의 자극 전달은 운동신경세포에 일정한 자극을 전달함으로써 근육은 늘 일정한 긴장도를 유지하게 되는 것이며, 이 감각신경세포의 경로를 차단하면 척수에서는 더 이상의 자극이 들어오지 않으므로 수축을 시키는 운동자극이 없어져 근육은 긴장도가 없이 축 늘어지는 상태가 된다.

근육의 긴장도가 우리의 의사와는 관계없이 유지되고 있는 반면 근육이 우리의 뜻에 따라 수축하는 운동을 할 때는 척수의 운동신경세포는 반사궁에서 들어오는 자극과 함께 더 높은 중추신경(뇌)에서 내려오는 자극과 합쳐져 근육을 수축하게 된다. 따라서 어느 한 근육에서 운동이 일어나려면 활동하게 되는 운동단위의 수가 점차 늘어남과 동시에 반대 방향에서 길항 작용하는 근육의 운동단위는 점차 줄어들게 됨으로써 적절한 움직임이 이루어지게 되고, 최대의 운동효과를 가져오게 하기 위해 어느 순간에는 모든 운동단위가 작용하게 된다.

(5) 신경계와 반사

신경계는 '수용기 → 감각신경 → 중추신경 → 운동신경 → 효과기'라는 순서로 정보를 전달한다. 그런데 운동을 하고 있을 때, 신경계는 어떠한 일을 하고 있을까?

신경계에서 정보를 받아들이거나 명령을 실행하는 정보처리과정을 진행하는 중 '반사'라고 부를 수 있는 형식이 있다. 반사라는 것은 자극에 대한 정보(감각신경)가 자신의 의지와는 무관하게 수용기로부터 '효과기'에 중추신경을 따라 전달 시 반응이 발생하는 현상이다.

수용기-중추신경-효과기라고 하는 나란히 늘어서 있는 신경경로를 '반사궁'이라고 부른다. 반사궁 중에서 중추신경은 반사중추로서 일하고, 가장 중요한 역할은 정보를 통합하는 것이다. 피부, 근육, 눈, 귀 등의 수용기로부터 환경에 관한 정보가 항상 중추신경에 보내지고 있는데, 중추신경은 각각의 정보를 합쳐서 그 시점에서 가장 적절한 반응을 하고자 한다.

초보자의 경우 승마를 1시간 정도 하고 나면 걷기가 힘들 정도다. 특히 속보나 구보를 처음으로 시작한 경우라고 할 수 있는데, 균형을 잃고 자세가 무너지지 않기 위해 과도하게 다리 안쪽 근육을 사용하여 에너지를 소모하고 필요한 에너지를 만드는 과정에서 젖산을 만들어 내기 때문이다. 그러나 승마 실력이 높은 수준에 도달한 경우라면 이러한 근육은 반사적으로 수축하기 때문에 많은 에너지 소모 없이 균형을 잃지 않고 자세를 유지할 수 있다. 여기에서 "말[馬]은 힘이 아닌 중심으로 타는 것"이라는 말이 나온 것이다. 지속적인 반복 연습은 우리가 의식하지 못해도 다양한 상황에서 무의식적으로 각각의 상황에 모두 적절한 반응을 하고자 일을 하게 되는데, 이를 '반사'라고 한다.

(6) 신경계가 하는 일

신경계에서 중추신경계의 명령을 실행하는 효과기는 체성신경계와 자율신경계로 나눌 수 있다. 우선 효과기가 뼈대근인 경우, 즉 다리나 팔에 있는 근육의 경우는 '체성신경계'의 지배를 받는다. 체성신경계의 중요한 기능은 '운동 기능의 조절'로, 스포츠에서 행동에 영향을 미치는 것은 체성신경계의 일이다. 또 효과기에서 심장에 펌프동작을 하는 심장 근육을 움직이거나 타액 등의 소화액을 분비하는 분비선을 자극하는 경우를 '자율신경계'라고 부른다.

자율신경계의 중요한 기능은 '내장 기능의 조절'이다. 그러나 체성신경계와 자율신경계는 독립해서 일어나는 경우는 적고, 제각기 동시에 일하면서도 복잡한 기능 조절을 하고 있다. 뼈대 근육이 움직이는 것은 체성신경계의 일이지만 근육에 필요한 에너지를 공급하고 노폐물을 수거하기 위해 심장의 박동이 빨라지고 호르몬 분비 등을 하게 되는데, 이는 자율신경계가 하는 일이다.

스포츠에서는 운동 기능과 관련된 체성신경계가 중요하지만, 자율신경계의 일도 잊어서는 안 된다. 자율신경계에는 하나의 기관을 지배할 때 '교감신경(흥분)'과 '부교감신경(억제)'을 이용한 이중지배를 하고 있다.

말을 탈 때 갑작스런 반응을 겪게 되면 교감신경이 근육을 긴장시켜 빠른 움직임을 만들고 우리 신체가 좀 더 효율적으로 움직이도록 조절해준다. 반면 부교감신경은 휴식에 알맞은 몸의 상태를 유지하려고 한다.

3 성장과 발달

1) 인체의 성장과 발달

여러 가지 장애를 이해하기 위해서는 비장애인의 신체 기능과 발달에 관해 알고 있어야 한다. 이런 이해가 장애인과 비장애인의 기능적인 차이를 이해할 수 있게 한다.

인체는 생후부터 사망까지 전 기간에 걸쳐 환경에 적응하면서 변화한다. 이러한 변화에는 '발달'이라는 용어를 사용하는데, 인간의 경우에는 주로 아동 발달에 초점을 맞추고 있다. 발달과 유사한 개념으로 '성장'이라는 용어가 있는데, 성장과 발달은 다른 개념의 용어로 인체발달을 이해하기 위해서는 두 용어의 정확한 정의를 이해하는 것이 중요하다. 성장이란 '크기의 증가'를 의미하는 데 반해 발달은 '기능의 분화'를 의미한다. 이 장에서는 인체의 발달을 아동 발달에 초점을 맞추어 성장과 발달로 나누어 기술했다.

(1) 성장

성장은 크기의 증가를 의미하므로 세포의 복제와 분화, 형태 형성, 형태에서의 변화를 포함한다. 성장의 측정방법으로는 주로 키, 체중, 머리둘레의 증가를 평가한다. 키의 성장은 1세 이후 10세까지 일정한 형태로 일어나며, 1세가 되면 태어났을 때와 비교하여 약 25cm까지 크며, 2세가 되면 성인 키의 거의 절반 정도까지 성장한다. 체중은 출생 후 5개월이 되면 태어났을 때의 2배가 되며, 1세가 되면 3배나 된다. 머리둘레의 크기는 출생 후 2~6개월에 많이 커지며, 2~4세 때 다시 한번 많이 커진다. 머리둘레의 성장과 뇌의 성장은 일치하지 않는다. 머리둘레와 달리 뇌의 성장은 일정한 속도로 지속적으로 이뤄진다.

출생 이전의 뇌는 이미 매우 빠른 속도로 성장하여 출생 시 뇌의 무게는 성인 뇌 무게의 약 25%가 된다. 따라서 신생아의 몸통 크기와 비교한 머리 크기의 비율은 성인보다 훨씬 크다.

(2) 발달

발달이란 인간의 생명이 시작되는 순간부터 죽음에 이르기까지의 전 기간을 통해 이뤄지는 모든 연속적인 양적·질적·구조적 변화라고 할 수 있다. 따라서 상승과 쇠퇴 모두 발달로 간주할 수 있으나, 이 장에서는 구조의 상승 시기인 아동 발달에 초점을 맞추어 기술하고자 한다.

인체 발달은 구체적으로 운동 발달, 인지 발달 및 정서적·사회적 발달로 나누어 생각할 수 있다.

① 운동 발달

운동 발달은 자세 및 균형 조절 능력의 발달에 따라 예측이 가능하며 순차적으로 발달한다. 하위의 운동 발달 양상이 새로운 경험과 서로 통합하여 더욱 고차원적이고 복잡한 운동양상으로 발전한다. 운동 발달은 크게 대근육운동 발달과 소근육운동 발달로 나뉜다. 대근육운동 발달은 자세, 팔의 사용, 균형과 동작 등에 필요한 운동 발달을 의미한다. 아동은 머리부터 몸의 자세 조절을 시작하며, 앉는 자세, 뒤집기, 기기, 붙잡고 서기, 선 자세 유지, 걷기 등의 순서로 운동 발달이 이뤄진다. 또한, 운동 척도에서 발달은 속도의 개념을 포함한다. 따라서 발달이 이뤄질수록 같은 운동을 더욱 빠르게 수행할 수 있다.

소근육운동 발달은 손과 손가락, 엄지를 사용하는 능력이 섬세하게 발달하는 운동 발달을 의미한다. 일반적으로 대근육운동 발달에 비해 늦게 발달한다. 소근육운동 발달은 일어나 앉는 능력에 의해 도움을 받으며, 엎드린 자세나 기는 자세에서는 방해를 받는다. 소근육운동 발달은 사람과 다른 동물을 구분하는 중요한 능력이다.

한편 영유아의 신체 발달을 살펴보면 다음과 같다.

- 0~2주: 팔과 다리가 무작위로 움직임
- 2~8주: 머리 돌리기, 입에 손 넣기, 팔과 다리가 같이 움직임
- 2~3개월: 머리가 오른손에서 왼손으로 향함
- 3~4개월: 두 손을 중앙에
- 4~5개월: 엎드려 팔 뻗기
- 5개월: 엎드린 상태에서 누운 상태로 회전
- 6개월: 손 짚고 앉기
- 7개월: 엎드린 상태에서 돌기, 손과 눈의 연결 발달
- 8개월: 보호 지원 반응 발달
- 7~9개월: 배 또는 손과 무릎으로 기어 다니기
- 9개월: 잡고 혼자 일어나기
- 10개월: 기다가 앉기, 물건 잡기
- 10~11개월: 무릎 꿇기
- 11개월: 기다가 가구 잡고 일어나 옆으로 걷기, 손잡고 걷기
- 12개월: 손을 잡거나 놓기 조절
- 12~13개월: 혼자서 몇 걸음
- 15개월: 혼자서 잘 걸음
- 18개월: 잡고 계단 오르기
- 19개월: 잡고 계단 내려오기
- 23개월: 의자 오르기
- 2세: 잘 뜀, 공차기
- 2.5~3세: 계단 오르내리기
- 3~4세: 점프를 잘함
- 5세: 한 발 서기

운동 발달의 순서는 모든 아동에서 일치되는 것으로 순차적으로 발달한다. 운동 발달은 중추신경계통의 발달과 밀접하게 연관되어 있어 중추신경계통의 미성숙 상태에서는 아무리 연습해도 운동 발달을 획득할 수 없다. 그러나 정상적으로 중추신경계가 성숙되어가는데도 충분한 연습이 없다면 운동 발달은 지연될 수 있다. 운동 발달은 머리에서 꼬리 방향으로 발달하며, 중추신경계의 발달은 하부구조인 척수부터 대뇌피질의 순서로 발달한다.

이러한 운동 발달은 중추신경계통, 말초신경계통 및 근육의 조화로 이뤄지며, 많은 부분이 중추신경계의 성숙 과정으로 생각되기 때문에 운동 발달을 통해 중추신경계의 발달 상태를 평가하기도 한다.

② 인지 발달

인지(cognition)의 의미는 무엇을 알아가는 정신적 과정으로 지각(perception), 추론(reasoning), 판단(judgement) 등의 여러 요소가 인지에 포함된다. 지능(intelligence)은 환경에 대해 효과적으로 적응할 수 있는 능력을 말하며, 다양한 인지 기능의 수행을 위해 중심적인 역할을 담당한다. 출생 후 아동의 인지는 지속적으로 발달하여 친근한 인물을 기억하고, 도형의 형태와 크기를 구분하고, 숫자를 배우고, 말을 하게 된다. 또한, 글을 읽거나 쓰고 추상적 개념을 이해하고 사용할 수 있게 발달한다.

3세까지의 아동은 유사한 속도의 인지 발달을 보이지만, 3세 이후에는 환경적인 인자가 인지 발달에 영향을 미쳐 발달 속도의 차이를 보이는 것으로 알려져 있다. 이때는 호기심의 자극과 재미있는 장난감 제공이 인지 발달에 중요한 역할을 한다.

③ 정서적·사회적 발달

아동의 정서 발달은 사회성과 함께 발달한다. 아동의 정서 발달을 이해하기 위해서는 생후 1세까지의 영유아기, 1~3세까지의 걸음마기, 3~5세까지의 전(前) 학령기 및 이후의 학령기로 세분하여 시기별 특징을 이해하는 것이 필요하다.

영유아기에는 엄마를 알아보고 눈을 맞추며, 사회적 웃음을 나타낸다. 또한 낯선 사람을 경계하여 낯가림 불안을 나타내고, 엄마와의 분리불안을 보임으로써 사회적 관계를 통한 정서적 발달을 하게 된다. 따라서 이 시기에는 엄마와의 정서적 교감이 중요하며, 운동능력이 발달하면서 외부세계에 대한 탐색이 증가하고 점차 자기중심감이 형성된다.

걸음마기에는 여러 운동감각이 통합되어 공 던지기, 컵 집기, 블록 쌓기, 연필 쥐기, 옷 입기 등이 가능해지면서 놀이와 활동을 통한 즐거움과 성취감, 자기조절감, 좌절감, 분노 등을 경험하게 된다. 또한, 부모와의 놀이나 상호작용을 통해 애착 발달을 공고히 하고, 스스로 먹거나 대소변 가리기 등을 훈련으로 익힘으로써 심리적 안정감과 함께 생리적 안정감을 얻게 된다. 따라서 이 시기에도 부모의 일관적인 애정반응이 필수이며 좀 더 활동적인 이 시기에 부모의 감수성, 반응성과 놀이반응 등의 양육활동이 적극적으로 요구된다.

전(前) 학령기에는 인지 발달이 활발해지며, 언어 발달 또한 활발하게 이루어진다. 이 시기에는 욕구와 감정을 언어로 표현하므로 언어를 통해 아동의 감정 상태를 이해할 수 있다. 또한, 아동이 사회적 관계를 경험함과 동시에 인과관계를 이해할 수 있는 인지 발달이 이뤄지기 때문에 자신의 감정반응을 스스로 관찰할 수 있다. 놀이와 유희적 활동을 통해 자신의 신체적·인지적·사회정서적 능력을 발휘함과 동시에 성취감을 고양하게 되며, 타인과의 상호 경험을 통해 타인의 감정과 가치관을 공유함으로써 점차 사회화되어간다.

학령기에는 신체 발달에 비해 심리사회적 발달이 좀 더 빠르게 진행된다. 학교에 입학하게 되면 아동들은 낮 시간의 절반 이상을 또래집단과 어울리게 되어 새로운 관계를 형성하고 자아정체감을 갖게 된다. 따라서 아동들은 또래들이 자신을 어떻게 보는가를 매우 중요하게 생각한다. 어른들의 감독 없이도 자기들끼리 놀면서 협상하고 타협하며 대안을 모색하는 방법을 빠르게 깨닫는다. 이 시기에는 이해력이 발달하기 때문에 부모에게 혼나거나 자기주장을 할 경우 이전처럼 소리를 지르거나 떼쓰기보다는 논리적으로 따지고 생각하여 자신을 정당화하거나 자신의 잘못을 뉘우칠 수 있다. 따라서 부모는 많은 시간이 들더라도 아동에게 충분한 논리적 설명이 필요하며, 체벌 등의 손쉬운 방식으로만 훈육한다면 아동은 부모에 대해 점차 부정적이고 적대적 태도를 취하게 된다.

(3) 발달에 영향을 미치는 요인

유전적·환경적 요인 등 많은 인자가 아동 발달에 영향을 미치게 된다. 인간은 46개(23쌍)의 염색체를 가지고 있으며, 이러한 염색체는 부모에게서 물려받은 것으로 발달에 영향을 미치는 가장 강력한 인자다. 유전자의 영향은 출생 시부터 일생 동안 미친다. 성별도 발달에 큰 영향을 미치는 유전적 요인이다. 소년이 소녀보다 대인관계 및 사회성 발달에 더 적극적이며, 소녀는 좀 더 불안해하는 경향을 보인다. 소년은 시각 발달에서 좀 더 우수하며, 소녀는 보행과 언어 발달이 더 빠르게 나타난다.

환경적 요인은 태아의 다양한 계통 및 기관의 정상 발달에 있어 출생 전에 결정적으로 중요한 시기가 있다는 것이 널리 알려지면서 임신 시의 요인도 아동의 발달에 영향을 미칠 수 있다. 또한, 주산기에 무산소증과 분만 시의 두부 손상은 태아의 뇌손상을 초래할 수 있어 발달에 영향을 미친다. 저체중아와 미숙아의 경우도 발달에 영향을 미치게 된다. 출생 후 인간에 의한 환경과 물리적 환경은 모두 아동 발달에 영향을 미치게 되는데, 일반적으로 물리적 환경보다 인간에 의한 환경이 더욱 큰 영향을 미치는 것으로 알려져 있다.

가족 및 가정생활, 특히 어머니의 영향은 정서적·사회적 발달뿐 아니라 인지·언어·적응 능력에도 영향을 미치는 것으로 알려져 어머니의 적절한 양육이 아동 발달에 지대한 영향을 미친다.

실제로 이러한 여러 요인은 발달에 단독으로 영향을 미치기도 하지만, 대부분 유전적 소인이 있는 경우, 환경적 요인의 영향을 받아 발달에 영향을 미치는 것으로 알려져 있다. 하지만 특정 발달에 아직 어떠한 요인이 더 중요한지에 대해서는 잘 알려져 있지 않다.

2장
장애의 이해

세계보건기구(WHO)에 의하면 장애인의 출현율은 비장애인의 7~10%에 해당한다고 보고하고 있다. 2022년 기준 대한민국의 인구는 세계 29위로 약 5,163만 명이며, 이 중에서 장애인의 수는 현재 265만 명으로 추정하고 있다. 우리가 일상적으로 장애인과 자주 접하건 접하지 않건 간에 장애인과 이웃으로 함께 살아가고 있다. 비장애인과 동일하게 장애인의 권리는 생득권(生得權)으로 태어나면서 법적 보장을 받는다. 이는 인권(human right)으로도 이야기할 수 있으며, 「대한민국헌법」과 「장애인복지법」에서 보장된 권리다. 이는 인간으로서, 인간이기 때문에 가질 수밖에 없는 당연권이다. 이런 생각을 바탕으로 장애인과 함께 살아가기 위해 또는 재활승마의 대상자로서 장애인에 대한 이해는 필수다.

1 차이 vs 차별

세상에는 다양한 사람들이 어울려 살아가고 있다. 키가 큰 사람과 키가 작은 사람, 뚱뚱한 사람과 마른 사람, 백인과 흑인, 동양인과 같이 피부색의 차이, 안경을 착용한 사람과 착용하지 않은 사람 등이 같은 시간대에 지구의 각기 여러 나라에서 함께 살아가고 있다. 일례로 안경의 착용 여부에 따라 일상생활을 영위하는 데 있어 불편함을 겪을 수 있다. 안경을 착용하는 사람이 안경을 두고 외출을 했다거나 안경을 착용한 상태에서 갑자기 습한 환경에 노출된다면, 그 사람은 일시적으로 보는 능력인 시력에 문제가 생길 수 있다. 이러한 시력에 불편함을 가질 수 있다면 넓은 의미에서 장애라고 할 수 있다.

장애가 있다고 하는 것은 자신이 어떤 일을 수행함에 있어 불편을 느끼는 것이지 인간의 열등이나 능력의 부족이 아니다. 무엇보다 먼저 장애를 가진 사람도 장애를 가졌다는 특수한 제

> **Tip**
> **생득권(生得權)**: 생득권은 태어나면서 획득하는 권리를 의미한다. 영어로는 'birth right'이라고도 한다.

한점을 제외하고는 다른 사람들과 같은 사람이라는 점을 인지해야 한다. 얼굴이 똑같이 생긴 사람이 없고 사람마다 각기 다르기 때문에 장애인을 모두 동일시하지 말고 각각 서로 다른 인격을 가진 인격체라는 것을 인식해야 한다.

다음 용어를 구별하고 그 차이에 대해 이야기할 수 있는가?

차이 vs 차별?
위의 그림을 보고 '차이'와 '차별'이라는 단어에 대해
본인의 생각을 이야기해보기

옆에 있는 친구의 얼굴을 보면 눈 2개, 코 1개, 입 1개, 귀 2개를 가진 같은 사람이지만 각기 생김새는 다르다는 것을 알 수 있다. 이처럼 지구상의 인간은 단 한 사람도 똑같은 얼굴을 가진 사람이 없다. 이것이 차이(差異)다. 차이는 '다를 차'와 '다를 이'로 구성되어 있다. 사전적 의미는 "서로 같지 아니하고 다름, 또는 그런 정도나 상태"다. 차별(差別)의 사전적인 의미는 '다를 차', '나눌 별'로 구성되어 "둘 이상의 대상을 각각 등급이나 수준 따위의 차이를 두어서 구별함" 이다. 결과적으로 차별은 어떠한 개인이나 집단에 대해 자의적인 기준으로 불평등하게 대우하여 그 특정 개인과 집단을 사회적으로 불이익을 주거나 배제시키는 것을 말한다.

같은 인종이라고 해도 생김새, 연령, 생각, 행동, 가치관 등에서 다양한 차이를 가지고 있다. 이러한 차이를 수용하여 사회라는 공동체 안에서 다양성을 이해하고 서로의 개성을 받아들일 때 우리 사회는 조화롭게 성장할 수 있다. 그러나 다름을 차이로서 인정하고 긍정적으로 받아들이지 못할 때, 사회 안팎으로 차별이 발생할 수 있다. 차별은 역사적으로 인종을 차별했던 독일의 '히틀러', 남아프리카공화국의 '아파르트헤이트(Apartheid)'라고 불린 인종차별정책 등이 있다. 현재에도 차별이 세계 각지에서 행해지고 있다.

세상에는 많은 차별이 존재하지만, 가해자와 피해자가 바뀌는 아이러니한 경우가 두 가지 있다. 첫 번째는 '노인 차별'이고, 두 번째는 '장애인 차별'이다. 전체 장애 중에서 산업재해, 교통사고 등으로 인한 후천적 장애의 발생률이 90%에 육박하고 있다. 현대를 살아가는 누구든 사

고로 인해 후천적 장애가 발생할 수 있다는 가정하에서도 장애인 차별은 다시 생각해야 할 것이다. 이상에서와 같이 누구나 장애인이 될 수 있으며, 장애의 위험은 생각보다 우리 가까이에 있다.

장애인에 대한 차별을 금지하기 위해 2007년에 「장애인 차별 금지 및 권리구제에 대한 법률」이 제정되었고, 2012년에는 「장애인복지법」에 장애인 학대에 대한 조항이 신설되었다.

「장애인 차별 금지법」에서는 장애인 차별의 유형을 다음의 4가지로 제시하고 있다.

첫 번째로, 직접 차별은 장애인 및 장애인 관련자를 장애인이 아닌 사람과 구별하여 제한·배제·분리·거부 등 불리하게 대하는 경우다.

두 번째로, 간접 차별은 장애인 등에 대해 형식상으로 제한·배제·분리·거부 등 다르게 대하지 않지만 장애가 없는 사람과 획일적인 기준을 적용함으로써 정당한 사유 없이 장애인에게 불리한 결과를 초래한 경우다.

세 번째로, 정당한 편의제공 거부에 의한 차별로 과도한 부담, 현저히 곤란한 사정 등의 정당한 사유 없이 장애인 등에 대해 정당한 편의제공을 거부하는 경우다.

네 번째로, 광고에 의한 차별로 장애인 등에 대한 차별행위를 부추기는 문서, 도화, 영상, 공연, 음반, 전기·전자 매체 등을 통한 표현물, 기타 물건을 배포·판매·임대하거나 공연을 전시·상영하는 경우다.

장애인에 대한 호칭 자체도 하나의 차별이 될 수 있다. 다음의 〈표 6-6〉은 장애(인)에 대한 부적절한 용어와 적절한 용어이다. 인간은 사회적 동물이며 다른 사람과의 관계 속에서 살아갈 수밖에 없다. 인간관계에서 호칭은 대단히 중요하다. 호칭은 부르는 사람과 불리는 사람 간의 생각이 고스란히 녹아 있기 때문이다. 상대를 존중하고 배려하는 것은 올바른 호칭을 사용하는 것에서 시작된다.

일상생활에서 장애가 있는 사람들을 부를 때 가장 많이 쓰는 단어는 '장애인'이다. 현재 '장애자'라는 표현을 사용하는 사람은 없으리라 생각한다. 장애자라는 표현은 장애인 비하 용어로 「장애인복지법」이 개정된 이후에는 법적 용어로서 사용을 금하고 있다. '장애인'은 장애가 있는 사람을 지칭하는 법적 용어로, 장애를 가진 사람을 중립적으로 표현할 수 있는 말이다. 장애인에 대한 상대 개념으로 장애가 없는 사람을 가리킬 때는 '비장애인(장애를 가지고 있지 않은 사람)'이 가장 적절한 표현이다. 또한 장애를 가지지 않은 사람을 '정상인'이라고 표현하는 경우가 많다. 그러나 정상인은 결과적으로 장애인이 비정상적이라는 의미를 내포하기 때문에 적절하지 않다. 올바른 호칭 사용의 시작으로 차이를 인정하고 배려하는 모습은 장애인과의 인간관계를 친밀하게 만들 수 있다.

[표 6-6] 장애에 대한 올바른 용어

장애	부적절한 용어	적절한 용어
일반적	병신, 불구자, 장애자, 장애우	장애인 장애를 가진 사람
	정상인	비장애인 장애를 가지고 있지 않은 사람
지체장애	앉은뱅이, 절름발이, 절뚝발이, 찐따	지체장애인, 하지(하반신)장애
	곱사등, 꼽추, 곱사	척추장애인
	외팔이, 외팔뚝이, 곰배팔이	지체(절단)장애인
	난쟁이, 땅딸보	왜소증
시각장애	장님, 소경, 봉사, 애꾸눈, 외눈박이	시각장애인
	사팔눈, 사팔뜨기	사시장애인
청각·언어장애	벙어리	언어장애
	귀머거리	청각장애인
지적장애	백치, 정신박약아, 정박아	지적장애인
기타 장애	문둥이	한센씨병이 있는 사람
	혹부리	기형 장애인
	배냇병신	선천성장애인

장애자(障碍者) vs 장애우(障碍友) vs 장애인(障碍人)

위의 3가지 용어는 다 장애인을 지칭하는 것이다. 그러나 이 안에는 미묘한 차이가 숨겨져 있다.

첫 번째로, '장애자'라는 용어는 1981년 「심신장애자복지법」이 제정되고 시행되면서 사용되었다. 그러나 이 용어에서 '자(者, 놈/사람 자)'는 '사람'이라는 의미도 있지만 '놈'이라고 비하하는 의미도 있어 받아들이는 데 부정적이라는 의견이 대부분이다.

두 번째로, 장애인에게 좀 더 친근하게 다가간다는 의미에서 '장애우(友, 벗/친구 우)'라는 용어를 사용했다. 그러나 '장애우'라는 표현은 1인칭으로 사용할 수 없고, 연령대를 고려하지 않고 다 친구라고 쓸 수 없기에 사용에 제한이 있다.

세 번째로, 1989년에 「심신장애자복지법」이 「장애인복지법」으로 전면 개정되면서 '장애인'이라는 용어가 공식 용어로 사용되었다. 현재는 '장애가 있는 사람'이라는 일반적인 의미에서 '장애인(障碍人)'이 가장 적합하다.

> **조지 윌과 다운증후군 아들**

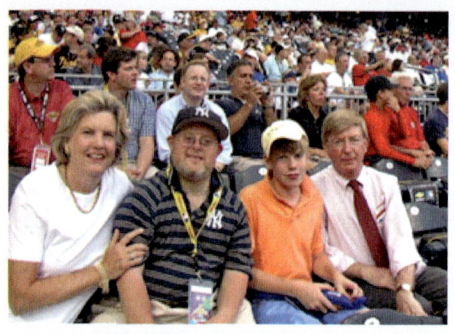

조지 윌은 다운증후군 아들을 둔 아빠로, 미국의 공화당원이자 「워싱턴포스트」지의 유명한 칼럼니스트다. 퓰리처상을 수상하기도 한 윌은 미국 정계를 비롯하여 언론과 사회에 큰 영향력이 있는 대표적인 보수 논객 중의 한 명이다. 독실한 기독교 신자인 그가 서른한 살 때, 다운증후군인 아들 존이 태어났다. 병원에서 낙태를 권유받았지만, 독실한 기독교 신자인 그는 다운증후군 아들의 출생을 결심했다.

아들인 존은 1972년 출생 당시 기대수명이 20세였지만, 지금도 자신이 가장 좋아하는 지하철을 타고 워싱턴 내셔널스 야구팀을 구경하는 즐거운 삶을 살고 있다. 아래 글은 아빠인 윌이 기고한 글의 일부분이다.

"나는 절대로 흑인이 될 수도 없고 여성이 될 수도 없지만,
오늘 집으로 돌아가는 길에 장애인이 될 수는 있습니다."

사진출처: http://differentdream.com/2013/05/george-will-affirms-goodness-of-life-with-down-syndrome/

2 장애의 개념

일반적으로 장애의 정의는 사전적인 의미로 "어떤 일의 성립, 진행에 거치적거려 방해하거나 충분히 기능하지 못하게 함" 또는 "신체 기관이 본래의 기능을 하지 못하거나 정신 능력에 결함이 있는 상태"를 말하는 것이다. 사전적 의미는 '장애'라는 단어가 어떤 일에 방해되거나 불편하다는 것으로 사용되기 때문에 부정적인 뉘앙스를 담고 있는 것으로 해석할 수도 있다. 이 또한 장애의 역사와 함께 함축적인 의미로 오랫동안 사용되어왔다.

장애의 정의는 시대적·사회환경적 요건에서 상대적일 수밖에 없다. 또한 학자나 기구, 국가 등에 따라 다양하게 표출될 수밖에 없다. 그래서 장애의 정의는 시대에 따라 다양하게 변화되어왔다. 초기에는 의학적 관점에서 장애의 개념을 정의했으나 시대가 발전하면서 개인적이거나 의학적 개념보다는 사회환경적인 측면에서 장애의 개념이 도입되었다. 이러한 다양한 장

애의 개념은 국가나 기구, 같은 국가 내에서도 법의 목적에 따라 다양한 분류와 정의를 양산했다. 그러나 이러한 다양한 측면에서의 개념 정립은 장애의 정의와 분류에 대해 공통점 또는 다른 점을 가지고 있어서 비장애인들에게 혼돈을 주기도 한다.

예를 들면 교육학적인 측면에서는 학습 가능 여부에 따라 '장애'라는 말이 사용되고 모두가 공감하는 장애이지만, 법률에서는 장애로 인정되지 않는 경우도 있고 의학적인 측면에서는 치료의 필요성 여부에 따라 '장애'라는 말이 인정되지만 역시 법률적인 면에서는 인정되지 않는다. 또한 같은 법률적인 측면이라도 국가 간에 인정되는 장애의 범위는 달라지기도 한다.

[그림 6-30] 장애 명칭의 변천

위의 그림과 같이 국내외 장애(인)의 명칭에 대한 변천은 시대상을 반영했다고 볼 수 있다. 차별이나 억압, 비하의 대상에서 같은 사람이지만 도움을 받아야 되는 대상으로, 최종적으로는 같은 인간이지만 차이를 가지고 있는 사람으로서의 변모이다. 이러한 핵심적인 사고의 변화는 인본주의(humanitarianism) 사상의 영향이다. '인권(human right)'이라고도 이야기할 수 있다. 인권은 인간이기 때문에 갖는 권리를 말한다. 인권은 인간에게 가장 기본적이고 본질적인 권리이며, 모든 사람에게 평등하게 주어진다. 이러한 인권 사상에는 인간은 존엄한 존재이므로 존엄성과 가치를 존중받아야 한다는 생각이 전제되어 있다. 인간의 가치가 중요하다는 사고 안에서 장애를 가진 사람을 존중하고 배려하는 함의를 담고 있다.

현재의 장애의 정의나 개념은 언제나 가치중립적이거나 긍정적인 가치를 담고 있어야 한다.

> **Tip**
> **인본주의(humanitarianism)**: 인간의 가치를 주된 관심사로 삼는 사상이다.

최근 국내의 장애 용어를 살펴보면, 간질에서 뇌전증, 정신분열증에서 조현증, 문둥병(나병)에서 한센병으로 변화되었다. 이러한 기저 안에서 편견이 작용하여 사회적 피해를 예방하고자 하는 노력이 담겨있다. 또한 미국 장애인 교육법(1997, P.L. 101-476, IDEA)에서 사용한 '장애인'이라는 용어는 'individuals with disabilities'로 종전의 handicapped보다 인권을 더욱 강조한 용어로 평가된다. 이 법에서는 장애를 "인간의 자연스러운 경험과정"으로 정의하고, 장애가 사회에 참여하고 공헌할 개인의 권리를 침해할 수 없음을 규정하고 있다.

장애명의 가치중립적인 용어로의 변화

장애명이 비하의 의미나 낙인화의 영향이 있는 용어들은 가치중립적인 용어로 바뀌고 있다. 장애의 개념 또한 시대를 반영하여 지속적으로 변화하고 있다.

- **간질 ➡ 뇌전증**
  간질을 가리키는 epilepsy는 그리스어로 epi(위의·위쪽)와 lambaneia(가지다·사로잡다)가 합쳐져 '위에 사로잡히다'라는 뜻이다. 신의 뜻을 거역한 사람에게 내리는 벌이라는 의미로 사용되었다. 뇌전증(腦電症)은 한자 의미로 본다면, 뇌의 전기적인 자극의 이상에 의한 병으로 순화되었다.

- **정신분열 ➡ 조현병**
  정신분열증은 비정상적인 사고와 현실에 대한 인지 및 검증력 이상을 특징으로 하는 정신질환의 일종이다. 조현(調絃)이란 현악기의 줄을 고른다는 뜻으로, 뇌의 신경구조의 이상으로 마치 현악기가 제대로 조율되지 않은 것처럼 혼란을 겪는 상태, 즉 조현에 이상이 있는 병으로 순화되었다.

- **문둥(나)병 ➡ 한센병**
  나병은 나균에 의한 만성 감염병이라는 의미로, 문둥병은 나병환자를 비하하는 용어로 하나님이 내리는 형벌이라는 의미를 내포하고 있다. 이를 처음 발견한 한센의 이름을 따서 한센병(Hansen's disease)로 순화하여 사용한다.

- **정신지체 ➡ 지적장애**
  지체(retardation)라는 용어는 retard(지연시키다, 모자라다)라는 부정적 의미를 담고 있다. 이에 2007년 「장애인복지법」에서 '지적장애'로 명칭을 개정했다.

> **Tip**
> handicap: 장애에 모욕감을 주는 용어로 미국에서도 사용하지 않는다. 2011년에 NARHA(the North American Riding for the Handicapped Association)가 PATH Intl.(Professional Association of Therapeutic Horsemanship International)로 단체명을 변경한 것도 'handicapped라는 용어의 부정적 이미지'와 전혀 무관하다고 할 수 없다.

1) 외국의 장애 개념

1970년대 이전의 장애 개념은 국내와 같이 부정적인 용어가 사용되었으며 차별에 대한 사고가 지배적이었다. 이러한 생각의 기저에는 역사 속에서 장애에 대한 부정적인 사회적 태도를 보여주는 도덕 모델(moral model)의 개념이 포함되어 있었다. 이러한 시기에는 장애인에 대한 존엄성, 인권, 기본적 자유와 사회 평등에 대한 기본적인 권리가 실제적으로 보장되지 못했다.

1975년에 국제연합(UN) 총회에서 장애인 권리선언이 채택되었다. 장애인 권리선언의 핵심 개요는 "모든 장애인에게는 인간으로서의 존엄성을 존중받아야 할 천부적 권리가 있다"이다. 유엔 장애인 권리선언에서는 "장애인이란 선천적이든 후천적이든 관계없이 신체적·정신적 능력의 불완전으로 인하여 일상의 개인적 혹은 사회적 생활에서 필요한 것을 확보하는 데 자기 자신으로서 완전하게 또는 부분적으로 할 수 없는 사람을 의미한다"라고 명시하고 있다.

1980년 세계보건기구(World Health Organization; WHO)는 장애에 대한 공식적인 정의로 국제장애분류체계(International Classification of Impairment, Disability and Handicap; ICIDH)를 발표했다. 장애와 질병은 동일하지 않으며 장애를 질병의 결과로 보고 장애를 분류·체계화했다. 첫째, 인체의 분자나 세포단위에서 나타나는 이상 현상은 '질병(disease)'이라 분류했다. 두 번째로, 일시적인 상태를 포함하여 인체의 기관(organ) 단위에서 나타나는 것은 '손상(impairment)'으로 구분했다. 세 번째, 개인의 단위에서 기능 제약을 '장애(disability)'로 보았다. 네 번째, 사회적 단위로 나타나는 사회적 불이익을 '핸디캡(handicap)'이라고 했다. 이러한 개념 구분을 통해 장애를 설명함으로써 손상이나 기능 제약의 측면보다는 사회적으로 불이익을 받는 상황을 강조했다. 이러한 구조는 하위 개념이 상위 개념에 영향을 미치며 서로 간의 연관성을 갖는다(그림 6-31, 표 6-7, ICIDH의 장애에 대한 분류).

[그림 6-31] ICIDH의 분류

[표 6-7] ICIDH의 장애에 대한 분류

구분	단위	정의
impairment/손상	기관	심리적, 생리적 혹은 해부학적, 기능적인 손실이나 비정상
disability/기능제약	개인	impairment가 원인이 되어 일상생활에 제약
handicap/사회적 불리	사회적	impairment와 disability에 의해 정상적인 역할에 방해를 받거나 개인이 받는 불이익

2001년 WHO(세계보건기구)에서는 사회·환경적인 맥락에서 장애에 대한 정의를 재정립하여 기능장애건강국제분류(International Classification of Functioning, Disability and Health; ICF)를 발표했다. 이전의 ICIDH에서는 장애의 기준을 '질병에 의한 결과'에서 비롯된 상태 구분이라고 보았다. 그러나 ICF에서의 장애는 개인의 건강 상태와 개인 요인, 그리고 개인이 살고 있는 환경을 대변하는 외적 요소 간의 복잡한 상호작용의 결과로 보고자 했다. 상황적·개인적 요인이 각 구성요소 간의 관계뿐만 아니라 각각의 구성요소에도 영향을 미치는 것으로 보고 특정한 건강 상태에 있는 동일 인물이라 하더라도 환경이 다르면 그 영향도 달라질 수 있다고 평가한다. 또한 좀 더 적극적이고 긍정적인 용어를 사용하고 있다(그림 6-32).

[그림 6-32] WHO의 ICF에 대한 개념

2) 한국의 장애 개념

한국의 장애 개념과 사회인식의 변천은 외국과 유사하다. 장애에 대한 부정적인 사회적 태도를 보여주는 도덕 모델(moral model)에서 시작하여 의학적 모델(medical model), 사회·환경적인 측면을 고려하는 사회적 모델(social model), 인권 모델(human model)의 순으로 변화했다.

한국에서 장애의 개념은 장애와 관련된 법률, 유관기관 등에서 이에 대해 정의하고 있으며, 목적에 따라 차이를 가질 수밖에 없다. 장애에 대한 국내의 대표적인 두 가지 기본법은 「장애인 등에 대한 특수교육법(장특법)」과 「장애인복지법(장복법)」이 이에 해당한다. 구체적으로는 특수교육대상자(장애 학생)를 위한 교육법과 장애인의 사회 참여를 위한 장애인복지법으로 구분된다. 「장애인 등에 대한 특수교육법」에서는 특수교육 대상자로 장애 학생을 포함하고 있으며, 이는 엄밀하게 말하면 「장애인복지법」상의 법적 장애인과 특수교육 대상자 간의 차이가 발생할 수 있다. 특수교육대상자는 「장애인복지법」상의 법적 장애인이 될 수도 있고 포함되지 않을 수도 있다. 한 예로 하지절단장애로 의족을 착용하고 학교에 다니지만 일반 학급 수업에 일반 학생과 동일하게 참여하는 데 문제가 없어 특수교육대상자로 선정되지 않은 장애 학생도 있다.

여기에서 '특수교육대상자'란 교육장 또는 교육감이 특수교육지원센터의 진단·평가 결과에 따라 특수교육을 필요로 하는 사람으로 선정한 사람을 말한다(「장애인 등에 대한 특수 교육법」 제2조제3호 및 제15조). 진단·평가는 영유아 및 학생에 대한 선별검사(screening test)에 따라 장애가 의심되거나 보호자 등이 진단·평가를 의뢰하는 경우에 특수교육지원센터에서 실시한다. 결과를 바탕으로 하여 교육감 또는 교육장이 특수교육대상자 선정 여부를 결정한다. 특수교육대상자의 장애유형은 시각, 청각, 정신지체, 지체장애, 정서·행동, 자폐성(이와 관련된 장애 포함), 의사소통, 학습, 건강, 발달지체, 그 밖에 대통령령으로 정하는 장애로 11개의 세분류를 가지고 있다.

「장애인복지법」상에서 장애인은 "신체적·정신적 장애로 오랫동안 일상생활이나 사회생활에서 상당한 제약을 받는 자"를 말한다. 세부 분류로 신체적·정신적 장애로 분류하며 다음과 같다. 첫 번째, '신체적 장애'란 주요 외부 신체 기능의 장애, 내부기관의 장애 등을 말한다. 두 번째, '정신적 장애'란 발달장애 또는 정신질환으로 발생하는 장애를 말한다. 이 외에도 한국장애

> **Tip**
>
> **교육장, 교육감**: 교육장은 시·도 교육청 산하의 지역 교육청을 지휘·통괄하는 사람이다. 교육감은 각 시·도의 교육 및 학예 업무를 집행하는 시·도 교육청을 지휘·통괄하는 사람이다.
>
> **선별검사(screening test)**: 한자 의미는 '가릴 선', '나눌 별'이다. 장애를 가질 가능성이 있어서 좀 더 구체적인 검사를 받을 필요가 있는 아동을 찾아내기 위한 간편한 검사이다.

인재활협회(2005)의 정의는 "장애란 한 개인이 실제적인 생활을 함에 있어서 기능적인 손상으로 인해 환경과 사회가 기대하는 기능을 수행하지 못함으로써 발생하는 만큼의 간격 또는 불균형"을 의미한다.

장애인복지법 vs 장애인 등에 대한 특수교육법

「장애인복지법」
장애 관련법 중에서 기본법에 해당한다. "장애인복지의 기본이념은 장애인의 완전한 사회 참여와 평등을 통한 사회통합을 이루는 데 있다"라고 밝히고 있다. 장애로 인한 차별금지와 함께 장애인이 사회·경제·정치·문화적 활동에 있어 차별받지 아니할 권리가 있음을 밝히고, 교육·직업·생활환경 등에 있어서도 온전하게 사회참여를 할 수 있음을 선언하고 있다.

「장애인 등에 대한 특수교육법」
2008년 폐지된 「특수교육진흥법」을 대체하여 신설된 법이다.
기존 「특수교육진흥법」의 한계를 뛰어넘어 장애학생과 보호자의 권리와 참여를 강화하고, 장애인의 교육 기회 보장과 교육의 질 향상에 필요한 특수교육 및 관련 서비스를 구체적으로 명시하고 있다.

3) 장애는 진화하는 개념

위의 장애의 개념에서 보는 바와 같이, 장애에 대한 개념은 진화 또는 변화하는 개념이다. 이러한 이유로, 현대에서 장애 당사자들의 운동과 수많은 사회복지, 보건학 등의 사회과학자들의 노력으로 인해 장애에 관한 개념은 기존의 개인적·의료적 관점에서 구조적·사회적 관점으로 전환되었다. 즉 과거의 '의료적 모델(Medical Model)'에서 장애가 그들의 신체가 아닌 사회에 의해 발생하는 것을 의미하는 '사회적 모델(Social Model)'로 변화되었다. 이러한 변화는 개인적이기보다는 사회환경적인 요인으로 확대됨을 의미한다(표 6-16).

이러한 경향은 WHO의 장애에 대한 정의에 반영되어 1980년 ICIDH(International Classification of Impairments, Disabilities and Handicaps) 분류체계가 만들어지게 되었으며, 이후 1997년의 ICIDH-2를 거쳐 2001년 ICF(International Classification of Functioning, Disability and Health)가 발표되었다.

UN장애인권리협약 서문에서 "장애는 점진적으로 변화하는 개념이며, 손상을 지닌 사람과 그들이 다른 사람과 동등하게 완전하고 효과적으로 사회에 참여하는 것을 저해하는 태도 및 환경적인 장벽 간의 상호작용으로부터 기인된다는 것"임을 강조하고 있다.

장애 개념 변화의 특징은 첫 번째로, 상황적 맥락이라는 영역을 통해 환경 요소와 개인적 요소를 동시에 강조하고 있다. 두 번째로, 단순모델에서 복합모델로 전환되었다. 세 번째로, 장애에 대한 용어는 비하하거나 낙인화의 의미가 없는 가치중립적 또는 긍정적인 용어를 사용했다.

[표 6-8] 장애 개념 모델의 변화

구분	개별적 모델 (의료적 모델)	사회적 모델	통합적 모델 (생물심리사회모델)
장애 개념	개인의 손상에서 비롯된 능력 제약	손상을 가진 개인의 활동과 사회참여를 제한하는 모든 형태의 사회적 억압(차별)	손상을 가진 개인과 환경 간의 부적응 상태
손상의 원인	개인의 불행(비극)	사회환경에서 비롯	개인과 환경 모두에 원인
목표	손상(능력)의 회복	차별 없는 사회	개인과 환경의 적응(변화)
장애 분류체계(WHO)	ICIDH(1980)		ICIDH-2(1997) → ICF(2001)

3 장애의 분류

국내의 장애 관련 법 중에서 두 가지 기본법을 이야기한다면 「장애인 등에 대한 특수교육법」과 「장애인복지법」이 있다. 법이 목적하는 바에 따라 특수교육대상자를 위한 교육법, 즉 장애인 교육을 위한 법이 특수교육법이며, 장애인의 사회 참여를 위한 법이 「장애인복지법」이다. 이렇게 법의 목적이 다르게 때문에 장애의 정의와 분류에서 차이가 만들어질 수밖에 없다.

1) 「장애인 등에 대한 특수교육법」상의 분류

「장애인 등에 대한 특수교육법」상의 장애의 선정 기준이다(「장애인 등에 대한 특수교육법」 제15조, 「장애인 등에 대한 특수교육법 시행령」 제10조 및 별표). 「장애인 등에 대한 특수교육법」에서 장애인은 '특수교육대상자'로 명시하고 있다. 여기에서 특수교육대상자는 "법 제15조에 따라 특수교육을 필요로 하는 사람으로 선정된 사람을 말한다"라고 정의하고 있다. 〈표 6-9〉는 「장애인 등에 대한 특수교육법」의 분류상 특성을 기술한 표이다. 2018년 5월 22일 개정되어

> **Tip**
>
> **낙인화(stigmatization)**: 본래의 의미는 낙인을 찍는 것을 의미한다. 확대된 개념으로 장애인에 대한 부정적인 이미지, 감정적인 반응을 의미한다.

시행된 「장애인 등에 대한 특수교육법」이 이전 장특법과 가장 큰 차이는 '정신지체'를 '지적 장애'로 공식 명칭을 개정한 것이다. 이는 '지체(지연되다)'라는 부정적인 용어를 긍정적인 용어로 개정했다는 데 의의가 있다. 「장애인 등에 대한 특수교육법」상의 분류는 모두 11개이다. 이에 대한 세부 사항은 다음과 같다.

① 시각장애를 지닌 특수교육대상자: 시각계의 손상이 심하여 시각기능을 전혀 이용하지 못하거나 보조공학기기의 지원을 받아야 시각적 과제를 수행할 수 있는 사람으로서 시각에 의한 학습이 곤란하여 특정의 광학기구·학습매체 등을 통하여 학습하거나 촉각 또는 청각을 학습의 주요 수단으로 사용하는 사람

② 청각장애를 지닌 특수교육대상자: 청력 손실이 심하여 보청기를 착용해도 청각을 통한 의사소통이 불가능 또는 곤란한 상태이거나, 청력이 남아 있어도 보청기를 착용해야 청각을 통한 의사소통이 가능하여 청각에 의한 교육적 성취가 어려운 사람

③ 지적장애를 지닌 특수교육대상자: 지적 기능과 적응행동상의 어려움이 함께 존재하여 교육적 성취에 어려움이 있는 사람

④ 지체장애를 지닌 특수교육대상자: 기능·형태상 장애를 가지고 있거나 몸통을 지탱하거나 팔다리의 움직임 등에 어려움을 겪는 신체적 조건이나 상태로 인해 교육적 성취에 어려움이 있는 사람

⑤ 정서·행동장애를 지닌 특수교육대상자: 장기간에 걸쳐 다음의 어느 하나에 해당하여 특별한 교육적 조치가 필요한 사람

- 지적·감각적·건강상의 이유로 설명할 수 없는 학습상의 어려움을 지닌 사람
- 또래나 교사와의 대인관계에 어려움이 있어 학습에 어려움을 겪는 사람
- 일반적인 상황에서 부적절한 행동이나 감정을 나타내어 학습에 어려움이 있는 사람
- 전반적인 불행감이나 우울증을 나타내어 학습에 어려움이 있는 사람
- 학교나 개인 문제에 관련된 신체적인 통증이나 공포를 나타내어 학습에 어려움이 있는 사람

⑥ 자폐성장애를 지닌 특수교육대상자: 사회적 상호작용과 의사소통에 결함이 있고, 제한적이고 반복적인 관심과 활동을 보임으로써 교육적 성취 및 일상생활 적응에 도움이 필요한 사람

> **Tip**
> **개정된 장특법의 가장 큰 변화**: 이전의 정신지체에서 지적장애로 공식 명칭이 개정되었다. 이는 2007년에 개정된 장복법과 함께 용어를 통일했다.

⑦ 의사소통 장애를 지닌 특수교육대상자: 다음의 어느 하나에 해당하여 특별한 교육적 조치가 필요한 사람
- 언어의 수용 및 표현 능력이 인지능력에 비하여 현저하게 부족한 사람
- 조음능력이 현저히 부족하여 의사소통이 어려운 사람
- 말 유창성이 현저히 부족하여 의사소통이 어려운 사람
- 기능적 음성장애가 있어 의사소통이 어려운 사람

⑧ 학습장애를 지닌 특수교육대상자: 개인의 내적 요인으로 인하여 듣기, 말하기, 주의집중, 지각(知覺), 기억, 문제 해결 등의 학습기능이나 읽기, 쓰기, 수학 등 학업 성취 영역에서 현저하게 어려움이 있는 사람

⑨ 건강장애를 지닌 특수교육대상자: 만성질환으로 인하여 3개월 이상의 장기입원 또는 통원치료 등 계속적인 의료적 지원이 필요하여 학교생활 및 학업 수행에 어려움이 있는 사람

⑩ 발달지체를 지닌 특수교육대상자: 신체, 인지, 의사소통, 사회·정서, 적응행동 중 하나 이상의 발달이 또래에 비하여 현저하게 지체되어 특별한 교육적 조치가 필요한 영아 및 9세 미만의 아동

⑪ 그 밖에 두 가지 이상의 장애가 있는 경우 등 대통령령으로 정하는 장애

[표 6-9] 「장애인 등에 대한 특수교육법」상의 분류상 특성

장애유형	선정 기준 특성
시각장애	시각계 손상, 학습보조공학기기 사용
청각장애	청력 손실, 보청기 착용 시 의사소통 문제, 청각으로 인한 교육적 성취 곤란
지적장애	지적 기능과 적응 행동상의 어려움으로 교육적 성취 곤란
지체장애	기능·형태상 장애, 사지와 몸통의 움직임 곤란으로 교육적 성취 곤란
정서·행동장애	지적·감각적·건강, 대인관계, 부적응 행동이나 감정, 불행감이나 우울증, 우울증과 공포로 인한 장기간 학습곤란
자폐성장애 (이와 관련된 장애 포함)	사회적 상호작용과 의사소통의 결함, 제한적이고 반복적인 관심과 활동, 교육적 성취 곤란
의사소통장애	언어의 수용 및 표현 능력, 조음능력, 말 유창성, 기능적 음성장애
학습장애	학습 기능이나 학업 성취 영역 곤란

장애유형	선정 기준 특성
건강장애	만성질환으로 인해 3개월 이상의 의료 지원 필요
발달지체	발달상 또래에 비해 현저하게 지체
두 가지 이상 중복장애	중도중복장애, 시청각장애

2) 「장애인복지법」상의 분류

「장애인복지법」상의 법정 장애인이다. 여기에서 법정 장애인이란 「장애인복지법」에서 제시하고 있는 15개의 장애 영역에 해당하는 장애를 지칭하는 용어로 다른 말로 표현하면 등록 장애인이다. 「장애인복지법」상의 분류는 대·중·소 3가지 분류체계를 가지고 있다. 대분류는 신체적 장애와 정신적 장애의 두 가지로, 중분류는 외부 신체기능, 내부기관, 발달, 정신장애의 4가지로 분류된다. 이에 대한 내용은 〈표 6-10〉에 구분되어 있다.

개정된 「장애인복지법」은 2019년 7월 16일에 시행되었다. 가장 큰 변화는 장애 등급제가 폐지되었다는 것이다. 기존의 의학적 상태에 따라 1급부터 6급까지 세부등급을 부여하던 장애 등급 분류는 폐지되고, 장애인 등록을 위한 심사 결과를 장애 정도에 따라 '장애의 정도가 심한 장애인', '장애의 정도가 심하지 않은 장애인'의 2단계로 명명했다.

① 지체장애인(肢體障碍人)

가. 한 팔, 한 다리 또는 몸통의 기능에 영속적인 장애가 있는 사람
나. 한 손의 엄지손가락을 지골(指骨: 손가락 뼈) 관절 이상의 부위에서 잃은 사람 또는 한 손의 둘째손가락을 포함한 두 개 이상의 손가락을 모두 제1지골 관절 이상의 부위에서 잃은 사람
다. 한 다리를 가로발목뼈관절(lisfranc joint) 이상의 부위에서 잃은 사람
라. 두 발의 발가락을 모두 잃은 사람
마. 한 손의 엄지손가락 기능을 잃은 사람 또는 한 손의 둘째손가락을 포함한 손가락 두 개 이상의 기능을 잃은 사람
바. 왜소증으로 키가 심하게 작거나 척추에 현저한 변형 또는 기형이 있는 사람
사. 지체(肢體)에 위 각 목의 어느 하나에 해당하는 장애 정도 이상의 장애가 있다고 인정되는 사람

> **Tip**
> **개정된 장복법의 가장 큰 변화**: 논란이 많았던 장애 등급제가 폐지되고 정도에 따른 2단계로 제시되었다.

② 뇌병변장애인(腦病變障碍人)

뇌성마비, 외상성 뇌손상, 뇌졸중(腦卒中) 등 뇌의 기질적 병변으로 인하여 발생한 신체적 장애로 보행이나 일상생활의 동작 등에 상당한 제약을 받는 사람

③ 시각장애인(視覺障碍人)

    가. 나쁜 눈의 시력(공인된 시력표에 따라 측정된 교정시력을 말한다. 이하 같다)이 0.02 이하인 사람

    나. 좋은 눈의 시력이 0.2 이하인 사람

    다. 두 눈의 시야가 각각 주시점에서 10도 이하로 남은 사람

    라. 두 눈의 시야 2분의 1 이상을 잃은 사람

④ 청각장애인(聽覺障碍人)

    가. 두 귀의 청력 손실이 각각 60데시벨(dB) 이상인 사람

    나. 한 귀의 청력 손실이 80데시벨 이상, 다른 귀의 청력 손실이 40데시벨 이상인 사람

    다. 두 귀에 들리는 보통 말소리의 명료도가 50% 이하인 사람

    라. 평형 기능에 상당한 장애가 있는 사람

⑤ 언어장애인(言語障碍人)

음성 기능이나 언어 기능에 영속적으로 상당한 장애가 있는 사람

⑥ 지적장애인(知的障碍人)

정신 발육이 항구적으로 지체되어 지적 능력의 발달이 불충분하거나 불완전하고 자신의 일을 처리하는 것과 사회생활에 적응하는 것이 상당히 곤란한 사람

⑦ 자폐성장애인(自閉性障碍人)

소아기 자폐증, 비전형적 자폐증에 따른 언어·신체표현·자기조절·사회적응 기능 및 능력의 장애로 인하여 일상생활이나 사회생활에 상당한 제약을 받아 다른 사람의 도움이 필요한 사람

⑧ 정신장애인(精神障碍人)

지속적인 양극성 정동장애(情動障碍, 여러 현실 상황에서 부적절한 정서 반응을 보이는 장애), 조현병, 조현정동장애(調絃情動障碍) 및 재발성 우울장애에 따른 감정조절·행동·사고

기능 및 능력의 장애로 인하여 일상생활이나 사회생활에 상당한 제약을 받아 다른 사람의 도움이 필요한 사람

⑨ 신장장애인(腎臟障碍人)

신장의 기능장애로 인하여 혈액투석이나 복막투석을 지속적으로 받아야 하거나 신장기능의 영속적인 장애로 인하여 일상생활에 상당한 제약을 받는 사람

⑩ 심장장애인(心臟障碍人)

심장의 기능부전으로 인한 호흡곤란 등의 장애로 일상생활에 상당한 제약을 받는 사람

⑪ 호흡기장애인(呼吸器障碍人)

폐나 기관지 등 호흡기관의 만성적 기능부전으로 인한 호흡기능의 장애로 일상생활에 상당한 제약을 받는 사람

⑫ 간장애인(肝障碍人)

간의 만성적 기능부전과 그에 따른 합병증 등으로 인한 간기능의 장애로 일상생활에 상당한 제약을 받는 사람

⑬ 안면장애인(顔面障碍人)

안면 부위의 변형이나 기형으로 사회생활에 상당한 제약을 받는 사람

⑭ 장루·요루장애인(腸瘻·尿瘻障碍人)

배변기능이나 배뇨기능의 장애로 인하여 장루(腸瘻) 또는 요루(尿瘻)를 시술하여 일상생활에 상당한 제약을 받는 사람

⑮ 뇌전증장애인(腦電症障碍人)

뇌전증에 의한 뇌신경세포의 장애로 인하여 일상생활이나 사회생활에 상당한 제약을 받아 다른 사람의 도움이 필요한 사람

「장애인복지법」의 소분류에 의한 장애 분류의 세부 내용은 다음과 같다(표 6-10).

[표 6-10] 「장애인복지법」의 분류상 특성

대분류	중분류	소분류	세분류
신체적 장애	외부 신체 기능의 장애	지체장애	절단장애, 관절장애, 지체기능장애, 변형 등의 장애
		뇌병변장애	뇌의 손상으로 인한 복합적인 장애
		시각장애	시력장애, 시야결손장애
		청각장애	청력장애, 평형기능장애
		언어장애	언어장애, 음성장애, 구어장애
		안면장애	안면부의 추상, 함몰, 비후 등 변형으로 인한 장애
	내부 기관의 장애	신장장애	투석치료 중이거나 신장을 이식받은 경우
		심장장애	일상생활이 현저히 제한되는 심장 기능 이상
		간장애	일상생활이 현저히 제한되는 만성·중증의 간 기능 이상
		호흡기장애	일상생활이 현저히 제한되는 만성·중증의 호흡기 기능 이상
		장루·요루장애	일상생활이 현저히 제한되는 장루·요루
		뇌전증장애	일상생활이 현저히 제한되는 만성·중증의 뇌전증
정신적 장애	발달장애	지적장애	지능지수와 사회성숙지수가 70 이하인 경우
		자폐성장애	소아청소년 자폐 등 자폐성장애
	정신장애	정신장애	조현병, 조현정동장애, 양극성 정동장애, 재발성 우울장애, 뇌의 신경학적 손상으로 인한 기질성 정신장애, 강박장애, 투렛장애(Tourette's disorder), 기면증

3) 장애 등급제 폐지

1988년에 시범사업으로 도입된 장애 등급제는 확대된 장애 영역에 따라 15개 장애 분류에 의학적 기준을 적용하여 1~6등급으로 구분했다. 이 등급이 장애인 복지서비스 수준을 결정하는 유일하고 절대적인 기준이었다. 장애 등급제는 장애인 복지제도가 단계적으로 도입되고 확대되는 데 기여해왔다. 그러나 장애인의 낙인효과를 초래해왔으며, 사람에게 '등급'을 매기고 등급에 따른 장애인 내 차별을 조장했다는 지적이 있었다. 일례로 장애등급이라는 획일적 기준에 따라 제공되기에 이동이 어려운 휠체어 장애인 3급은 휠체어 리프트가 장착된 장애인 콜택시를 이용할 수 없었고 활동보조서비스도 원하는 수준의 지원을 받을 수 없었다.

장애인 복지의 패러다임 변화로 의학·재활 모델에서 사회적 모델로 변화함에 있어서 장애인의 자기결정권이 강조되었다. 이에 장애인계는 한 목소리로 장애 등급제에 따른 획일적 사회복지 서비스보다 장애인의 다양한 욕구와 사회환경적인 변화에 따라 장애인 복지 서비스가 개선·확대되어야 한다고 주장해왔다.

이러한 일련의 과정을 통해 보건복지부에서는 2019년 7월에 장애 등급제가 폐지되고, 장애 정도는 서비스 참고자료로 활용하여 종합조사표를 통한 상담으로 맞춤형 서비스를 지원한다고 발표했다. 그러나 장애인계는 새로운 '장애 정도' 시행에 대한 우려를 표명하고 있다. 이러한 주장은 첫째, '장애 정도' 또한 새로운 장애 등급제이며, 두 번째로, 종합조사표에 장애인의 요구가 수용되지 않았으며, 세 번째로, 예산의 확대 지원 없이 장애인의 복지서비스는 증대되지 않는다는 것이다. 이는 당연한 요구라고 생각된다. 장애인 복지서비스의 당사자인 장애인들은 자기결정권에 의하여 자신들의 권리를 주장할 수 있다고 생각된다.

장애 등급제의 시행은 장애인 복지서비스의 증대를 가져왔고, 사회환경적인 변화에 따라 개정되었다. 장애인 복지서비스의 개선은 현재진행형이며 이러한 과정을 통해 장애인 복지서비스 제도가 개선·발전하리라 예상된다.

2022년 9월 8일에 개정된 장애 정도에 따른 장애 분류의 세부 내용은 다음과 같다(표 6-11).

[표 6-11] 장애 정도에 따른 장애 분류

소분류	세분류	장애 정도	내용
지체 장애인	신체의 일부를 잃은 사람	심한 장애인	가) 두 손의 엄지손가락과 둘째손가락을 잃은 사람 나) 한 손의 모든 손가락을 잃은 사람 다) 두 다리를 가로발목뼈관절(Chopart's joint) 이상의 부위에서 잃은 사람 라) 한 다리를 무릎관절 이상의 부위에서 잃은 사람
		심하지 않은 장애인	가) 한 손의 엄지손가락을 잃은 사람 나) 한 손의 둘째손가락을 포함하여 두 손가락을 잃은 사람 다) 한 손의 셋째손가락, 넷째손가락 및 다섯째손가락을 모두 잃은 사람 라) 한 다리를 발목발허리관절(lisfranc joint) 이상의 부위에서 잃은 사람 마) 두 발의 발가락을 모두 잃은 사람
	관절 장애가 있는 사람	심한 장애인	가) 두 팔의 어깨관절, 팔꿈치관절, 손목관절 중 2개 관절기능에 상당한 장애가 있는 사람 나) 두 팔의 어깨관절, 팔꿈치관절, 손목관절 모두의 기능에 장애가 있는 사람 다) 두 손의 엄지손가락과 둘째손가락의 관절기능에 현저한 장애가 있는 사람 라) 한 손의 모든 손가락의 관절기능에 현저한 장애가 있는 사람

소분류	세분류	장애 정도	내용
지체 장애인	관절 장애가 있는 사람	심한 장애인	마) 한 팔의 어깨관절, 팔꿈치관절, 손목관절 중 2개 관절기능에 현저한 장애가 있는 사람 바) 한 팔의 어깨관절, 팔꿈치관절, 손목관절 모두의 기능에 상당한 장애가 있는 사람 사) 두 다리의 엉덩관절, 무릎관절, 발목관절 중 2개 관절기능에 현저한 장애가 있는 사람 아) 두 다리의 엉덩관절, 무릎관절, 발목관절 모두의 기능에 상당한 장애가 있는 사람 자) 한 다리의 엉덩관절, 무릎관절, 발목관절 모두의 기능에 현저한 장애가 있는 사람
		심하지 않은 장애인	가) 한 손의 둘째손가락을 포함하여 3개 손가락의 관절기능에 상당한 장애가 있는 사람 나) 한 손의 엄지손가락의 관절기능에 상당한 장애가 있는 사람 다) 한 손의 둘째손가락을 포함하여 2개 손가락의 관절기능에 현저한 장애가 있는 사람 라) 한 손의 셋째손가락, 넷째손가락, 다섯째손가락 모두의 관절기능에 현저한 장애가 있는 사람 마) 한 팔의 어깨관절, 팔꿈치관절, 손목관절 모두의 기능에 장애가 있는 사람 바) 한 팔의 어깨관절, 팔꿈치관절 또는 손목관절 중 하나의 기능에 상당한 장애가 있는 사람 사) 두 발의 모든 발가락의 관절기능에 현저한 장애가 있는 사람 아) 한 다리의 엉덩관절, 무릎관절, 발목관절 모두의 기능에 장애가 있는 사람 자) 한 다리의 엉덩관절 또는 무릎관절의 기능에 상당한 장애가 있는 사람 차) 한 다리의 발목관절의 기능에 현저한 장애가 있는 사람
	지체기능 장애가 있는 사람	심한 장애인	가) 두 팔의 기능에 상당한 장애가 있는 사람 나) 두 손의 엄지손가락 및 둘째손가락의 기능을 잃은 사람 다) 한 손의 모든 손가락의 기능을 잃은 사람 라) 한 팔의 기능에 현저한 장애가 있는 사람 마) 한 다리의 기능을 잃은 사람 바) 두 다리의 기능에 현저한 장애가 있는 사람
		심하지 않은 장애인	가) 한 팔의 기능에 상당한 장애가 있는 사람 나) 한 손의 둘째손가락을 포함하여 세 손가락의 기능에 상당한 장애가 있는 사람 다) 한 손의 엄지손가락의 기능에 상당한 장애가 있는 사람 라) 한 손의 둘째손가락을 포함하여 두 손가락의 기능을 잃은 사람 마) 한 손의 셋째손가락, 넷째손가락 및 다섯째손가락 모두의 기능을 잃은 사람 바) 두 발의 모든 발가락의 기능을 잃은 사람 사) 한 다리의 기능에 상당한 장애가 있는 사람

소분류	세분류	장애 정도	내용
지체 장애인	척추 장애가 있는 사람	심한 장애인	목뼈 또는 등·허리뼈의 기능을 잃은 사람
		심하지 않은 장애인	목뼈 또는 등·허리뼈의 기능이 저하된 사람
	신체 변형 등의 장애가 있는 사람	심하지 않은 장애인	가) 한 다리가 건강한 다리보다 5센티미터 이상 짧거나 건강한 다리 길이의 15분의 1 이상 짧은 사람 나) 척추옆굽음증(척추측만증)이 있으며, 굽은 각도가 40° 이상인 사람 다) 척추뒤굽음증(척추후만증)이 있으며, 굽은 각도가 60° 이상인 사람 라) 성장이 멈춘 만 18세 이상의 남성으로서 신장이 145센티미터 이하인 사람 마) 성장이 멈춘 만 16세 이상의 여성으로서 신장이 140센티미터 이하인 사람 바) 연골무형성증으로 왜소증에 대한 증상이 뚜렷한 사람
뇌병변 장애인		심한 장애인	가) 보행 또는 일상생활동작이 상당히 제한된 사람 나) 보행이 경미하게 제한되고 섬세한 일상생활동작이 현저히 제한된 사람
		심하지 않은 장애인	보행 시 절뚝거림을 보이거나 섬세한 일상생활동작이 경미하게 제한된 사람
시각 장애인		심한 장애인	가) 좋은 눈의 시력(공인된 시력표로 측정한 것을 말하며, 굴절이상이 있는 사람은 최대 교정시력을 기준으로 한다. 이하 같다)이 0.06 이하인 사람 나) 두 눈의 시야가 각각 모든 방향에서 5° 이하로 남은 사람
		심하지 않은 장애인	가) 좋은 눈의 시력이 0.2 이하인 사람 나) 두 눈의 시야가 각각 모든 방향에서 10° 이하로 남은 사람 다) 두 눈의 시야가 각각 정상시야의 50% 이상 감소한 사람 라) 나쁜 눈의 시력이 0.02 이하인 사람 마) 두 눈의 중심 시야에서 20° 이내에 겹보임(복시)이 있는 사람
청각 장애인	청력을 잃은 사람	심한 장애인	두 귀의 청력을 각각 80데시벨 이상 잃은 사람(귀에 입을 대고 큰 소리로 말을 해도 듣지 못하는 사람)
		심하지 않은 장애인	가) 두 귀에 들리는 보통 말소리의 최대의 명료도가 50% 이하인 사람 나) 두 귀의 청력을 각각 60데시벨 이상 잃은 사람(40센티미터 이상의 거리에서 발성된 말소리를 듣지 못하는 사람) 다) 한 귀의 청력을 80데시벨 이상 잃고, 다른 귀의 청력을 40데시벨 이상 잃은 사람
	평형기능에 장애가 있는 사람	심한 장애인	양측 평형기능의 소실로 두 눈을 뜨고 직선으로 10미터 이상을 지속적으로 걸을 수 없는 사람
		심하지 않은 장애인	평형기능의 감소로 두 눈을 뜨고 10미터 거리를 직선으로 걸을 때 중앙에서 60센티미터 이상 벗어나고, 복합적인 신체운동이 어려운 사람

소분류	세분류	장애 정도	내용
언어 장애인		심한 장애인	음성기능이나 언어기능을 잃은 사람
		심하지 않은 장애인	음성·언어만으로는 의사소통을 하기 곤란할 정도로 음성기능이나 언어기능에 현저한 장애가 있는 사람
지적 장애인		심한 장애인	지능지수가 70 이하인 사람으로서 교육을 통한 사회적·직업적 재활이 가능한 사람
자폐성 장애인		심한 장애인	제10차 국제질병사인분류(International Classification of Diseases, 10th Version)의 진단기준에 따른 전반성발달장애(자폐증)로 정상발달의 단계가 나타나지 않고, 기능 및 능력 장애로 일상생활이나 사회생활에 간헐적인 도움이 필요한 사람
정신 장애인		심한 장애인	가) 조현병으로 인한 망상, 환청, 사고장애 및 기괴한 행동 등의 양성증상이 있으나, 인격변화나 퇴행은 심하지 않은 경우로서 기능 및 능력 장애로 일상생활이나 사회생활에 간헐적으로 도움이 필요한 사람 나) 양극성 정동장애(情動障碍, 여러 현실 상황에서 부적절한 정서 반응을 보이는 장애)에 따른 기분·의욕·행동 및 사고의 장애증상이 현저하지는 않으나, 증상기가 지속되거나 자주 반복되는 경우로서 기능 및 능력 장애로 일상생활이나 사회생활에 간헐적으로 도움이 필요한 사람 다) 재발성 우울장애로 기분·의욕·행동 등에 대한 우울 증상기가 지속되거나 자주 반복되는 경우로서 기능 및 능력 장애로 일상생활이나 사회생활에 간헐적으로 도움이 필요한 사람 라) 조현정동장애(調絃情動障碍)로 가)부터 다)까지에 준하는 증상이 있는 사람
		심하지 않은 장애인	가) 조현병 또는 뇌의 신경학적 손상으로 인한 기질성 정신장애로 망상, 환청, 사고장애 및 기괴한 행동 등의 양성증상이 있으나, 인격변화나 퇴행은 심하지 않은 경우로서 기능 및 능력 장애로 일상생활이나 사회생활에 경미한 도움이 필요한 사람 나) 양극성 정동장애(情動障碍, 여러 현실 상황에서 부적절한 정서 반응을 보이는 장애)에 따른 기분·의욕·행동 및 사고의 장애증상이 심하지는 않으나, 증상기가 지속되거나 자주 반복되는 경우로서 기능 및 능력 장애로 일상생활이나 사회생활에 경미한 도움이 필요한 사람 다) 재발성 우울장애로 기분·의욕·행동 등에 대한 우울 증상기가 지속되거나 자주 반복되는 경우로서 기능 및 능력 장애로 일상생활이나 사회생활에 경미한 도움이 필요한 사람 라) 조현정동장애(調絃情動障碍)로 가)부터 다)까지에 준하는 증상이 있는 사람 마) 지속적인 치료에도 호전되지 않는 강박장애, 투렛장애(Tourette's disorder) 또는 기면증으로 기분·의욕·행동 및 사고의 장애증상이 심한 경우로서 일상생활이나 사회생활에 수시로 도움이 필요한 사람
신장 장애인		심한 장애인	만성신부전증으로 3개월 이상 혈액투석이나 복막투석을 받고 있는 사람
		심하지 않은 장애인	신장을 이식받은 사람

소분류	세분류	장애 정도	내용
심장 장애인		심한 장애인	심장기능의 장애가 지속되며, 가정에서 가벼운 활동은 할 수 있지만 그 이상의 활동을 하면 심부전증상이나 협심증증상 등이 나타나 정상적인 사회활동을 하기 어려운 사람
		심하지 않은 장애인	심장을 이식받은 사람
호흡기 장애인		심한 장애인	가) 만성호흡기 질환으로 기관절개관을 유지하고 24시간 인공호흡기로 생활하는 사람 나) 폐나 기관지 등 호흡기관의 만성적인 기능장애로 평지에서 보행해도 호흡곤란이 있고, 평상시의 폐환기 기능(1초간 강제날숨량) 또는 폐확산능(폐로 유입된 공기가 혈액내로 녹아드는 정도)이 정상예측치의 40% 이하이거나 안정 시 자연호흡 상태에서의 동맥혈 산소분압이 65밀리미터 수은주(mmHg) 이하인 사람
		심하지 않은 장애인	가) 폐를 이식받은 사람 나) 늑막루가 있는 사람
간 장애인		심한 장애인	가) 간경변증, 간세포암종 등 만성 간질환을 가진 것으로 진단받은 사람 중 잔여 간기능이 만성 간질환 평가척도(Child-Pugh score) 평가상 C등급인 사람 나) 간경변증, 간세포암종 등 만성 간질환을 가진 것으로 진단받은 사람 중 잔여 간기능이 만성 간질환 평가척도(Child-Pugh score) 평가상 B등급이면서 난치성 복수(腹水)가 있거나 간성뇌증 등의 합병증이 있는 사람
		심하지 않은 장애인	간을 이식받은 사람
안면 장애인		심한 장애인	가) 노출된 안면부의 75% 이상이 변형된 사람 나) 노출된 안면부의 50% 이상이 변형되고 코 형태의 3분의 2 이상이 없어진 사람
		심하지 않은 장애인	가) 코 형태의 3분의 1 이상이 없어진 사람 나) 노출된 안면부의 45% 이상에 백반증(白斑症)이 있는 사람 다) 노출된 안면부의 30% 이상이 변형된 사람
장루· 요루 장애인		심한 장애인	가) 배변을 위한 말단 공장루를 가지고 있는 사람 나) 장루와 함께 요루 또는 방광루를 가지고 있는 사람 다) 장루 또는 요루를 가지고 있으며, 합병증으로 장피누공 또는 배뇨기능장애가 있는 사람
		심하지 않은 장애인	가) 장루 또는 요루를 가진 사람 나) 방광루를 가진 사람
뇌전증 장애인	성인 뇌전증	심한 장애인	만성적인 뇌전증에 대한 적극적인 치료에도 불구하고 연 6회 이상의 발작(중증 발작은 월 5회 이상을 연 1회, 경증 발작은 월 10회 이상을 연 1회로 본다)이 있고, 발작으로 인한 호흡장애, 흡인성 폐렴, 심한 탈진, 두통, 구역질, 인지기능의 장애 등으로 요양관리가 필요하며, 일상생활 및 사회생활에서 보호와 관리가 수시로 필요한 사람

소분류	세분류	장애 정도	내용
뇌전증 장애인	성인 뇌전증	심하지 않은 장애인	만성적인 뇌전증에 대한 적극적인 치료에도 불구하고 연 3회 이상의 발작(중증 발작은 월 1회 이상을 연 1회, 경증 발작은 월 2회 이상을 연 1회로 본다)이 있고, 이에 따라 협조적인 대인관계가 곤란한 사람
	소아 청소년 뇌전증	심한 장애인	전신발작, 뇌전증성 뇌병증, 근간대(筋間代) 발작, 부분발작 등으로 요양관리가 필요하며, 일상생활 및 사회생활에서 보호와 관리가 수시로 필요한 사람
		심하지 않은 장애인	전신발작, 뇌전증성 뇌병증, 근간대(筋間代) 발작, 부분발작 등으로 일상생활 및 사회생활에서 보호와 관리가 필요한 사람

4) 「장애인 등에 대한 특수교육법」과 「장애인복지법」의 차이

위에서 언급한 바와 같이 장애인 관련 2대 기본법이라고 할 수 있는 「장애인 등에 대한 특수교육법」과 「장애인복지법」은 목적에 따른 차이를 가지고 있다. 첫 번째로, 장특법에는 정서·행동장애, 학습장애, 발달지체가 있는 반면에 장복법에는 없다. 두 번째로, 장복법에는 정신장애가 있는 반면에 장특법에는 없다. 세 번째로, 장특법에서는 의사소통장애, 장복법에서는 언어장애로 명명하고 있다. 네 번째로, 장특법에서는 학업을 지속할 수 없는 건강장애로, 장복법에서는 사회생활에 어려움을 겪는 건강장애로 7개의 소항목을 제시하고 있 다(표 6-12).

[표 6-12] 「장애인 등에 대한 특수교육법」과 「장애인복지법」의 차이

「장애인 등에 대한 특수교육법」	「장애인복지법」
시각장애	시각장애
청각장애	청각장애
지적장애	지적장애
지체장애	지체장애 뇌병변장애
정서·행동장애	(해당사항 없음)
자폐성장애 (이와 관련된 장애를 포함한다)	자폐성장애
의사소통장애	언어장애
학습장애	(해당사항 없음)

「장애인 등에 대한 특수교육법」	「장애인복지법」
건강장애	신장장애인 심장장애인 호흡기장애인 간장애인 안면장애인 장루장애인 및 요루장애인 뇌전증장애인
발달지체	발달장애
그 밖에 대통령령으로 정하는 장애	정신장애
11개 영역	15개 영역

시각장애 체험

시각장애(인)는 시력과 시야의 손상으로 인해 기능에 제한이 되는 장애다. 시각이 중요한 이유는 외부의 자극을 받아들이는 오감(시각, 미각, 청각, 촉각, 후각) 중에서 87%를 차지할 정도로 높기 때문이다. 이러한 이유에서 장애 체험 중에서 가장 많이 사용된다.
체험학습을 진행할 현장의 장소와 장비 등을 고려하여 프로그램을 작성하면 된다.

점자 시각장애 체험(연합뉴스)

준비물: 안대, 흰 지팡이, 저시력 안경, 점자책, 수저 세트, 콩, 음식물 등
예시) ① 체험하는 사람은 안대를 하고 안내를 받아서 이동 체험을 한다.
② 안대를 착용한 상태에서 흰 지팡이를 사용하여 이동 체험을 한다. 협소한 공간일 경우, 앉아서 진행하면 된다.
③ 점자책이 있는 경우, 안대를 착용하거나 저시력 안경을 착용하고 손가락으로 점자의 형태를 파악한다.
④ 안대를 하고 접시에 있는 콩을 옆의 접시로 옮긴다.
⑤ 안대를 한 상태에서 앞에 앉은 친구의 얼굴을 손으로 파악하여 이름을 알아맞힌다.

시각장애 보행 체험(강북신문)

다양한 형태로 운영이 가능하며 현장의 상황을 고려하여 프로그램을 구성한다. 프로그램을 시작하기 전에 시각장애인 보행, 식사 등에 대한 설명을 미리 해주는 것도 좋으나 설명하지 않고 먼저 체험을 해보는 것도 좋다. 체험 후에 서로 간에 느낀 점을 토론하게 해보는 것도 좋다.

주의할 점: 시각을 제한시킬 경우 안전사고의 위험이 높다. 따라서 이동 시 안전사고에 주의한다.

4 장애인과 같이 생활하기

염전노예, 청주 축사노예와 같이 연일 언론매체를 통해 장애에 대한 차별과 장애인 학대가 보도되고 있다. 장애인은 단지 장애가 있는 사람이다. 여기에서 중요한 점은 같은 사람이라는 것이다. 상부상조해서 살아가야 하는 이웃이라는 개념이 가장 중요하다. 그래서 장애 유무를 떠나 사람이 사람을 돕고 사는 것은 당연한 일로 개인의 정신적인 만족은 물론 사회를 유지하는 데 필요한 일이다.

일반적으로 현대인은 다른 사람 일에는 무관심하다. 그래서 도움을 주고자 하지 않는다. 장애인을 대할 때는 무관심도 문제이지만 과도한 관심 또한 문제가 될 수 있다. 기본적인 전제는 같은 사람이기에 때로는 도움이 필요 없을 수도 있다는 점이다. 비장애인이 편견으로 갖고 있는 장애인의 무능력이나 도움을 주어야 하는 대상이 아니라는 점이다. 일반적으로 많은 사람들이 이야기하는 '장애인 먼저'라는 슬로건은 무조건 도와주고 우선시하자는 것이 아니다. 그들이 도움을 필요로 하고 어려움에 처해 있을 때 편견을 버리고 배려해주는 것이 바로 '장애인 먼저' 운동이다.

장애인을 대할 때나 도움을 주고자 할 때는 도움을 받는 사람이 '그것을 원하는가의 여부'를 장애인 입장에서 생각하고 배려해서 문의하는 것이 좋다. 예를 들면 휠체어를 탄 장애인에게 비 오는 날 우산을 들어준다면 배려가 될 수 있지만, 화창한 날에 운동 삼아 휠체어를 밀고 가는데 뒤에서 아무런 말 없이 휠체어를 밀어준다면 이는 문제가 될 수 있다. 따라서 장애인을 만날 때는 일반적인 장애와 세부 장애의 특성을 인지하여 자연스럽게 대하고, 도움을 필요로 할 때 도움을 주는 것이 가장 좋다. 본인이 독단적으로 판단하고 하려는 행동은 장애인에게 도움이 되는 것이 아니라 쓸데없는 참견이 될 수 있다. 장애라는 것을 잊고 다른 사람들과 똑같이 대하는 것이 가장 중요하다.

1) 지체장애

일반적인 지체장애로 뇌병변장애를 포함하여 기술한다. 지체장애는 사지와 몸통의 문제가 있어 기능적인 과제를 수행하는 데 문제가 있을 수 있다. 장애 정도에 따라 기능적인 과제를 수행하는 데 개인차가 나타날 수 있다. 일반적으로 목발이나 휠체어 같은 보조 장비를 사용한다. 다른 장애도 동일하지만 지체장애인의 경우 보장구에 손을 대거나 도움을 주고자 할 때 문의하는 것이 좋다. 보장구를 신체의 일부로 생각할 수도 있기에 함부로 만지는 것은 대단한 실례가 될 수 있다. 가장 중요한 문제로, 뇌성마비 같은 경우 인지적인 문제가 없을 수 있기 때문에 눈에 보이는 장애로 인해 인지적인 수준까지 낮게 생각해서는 안 된다.

장애인을 대하는 방법

대전제: 장애인은 장애가 있는 사람이다. 장애가 전부가 아니라 일부분이며, 이를 제외하면 비장애인과 똑같다는 것을 인식해야 한다.

① 장애인에 대한 올바른 호칭은 대단히 중요하다. 사람들 간의 관계 시작은 올바른 호칭에서 시작된다. 장애에 대한 부적절한 호칭은 관계를 시작하기보다는 악화시킬 수 있다.
② 모든 장애인을 동일시하지 말고 각각 다른 개성을 가진 인격체로 인식한다. 일반 사람들도 생김새부터 인성, 태도 등이 전부 다르다. 장애인 또한 비장애인과 똑같다는 점을 인식해야 한다.
③ 장애인을 만날 때는 자연스럽게 대하는 것이 좋다. 유심히 볼 필요도 없고 과잉 친절도 불필요하다.
④ 장애인에게 도움을 주고자 할 때는 물어보고 도움을 주는 것이 좋다. 도움이 불필요한 경우 괜한 참견이 될 수 있다.
⑤ 장애인과 함께할 때는 그의 속도에 맞추는 것이 좋다. 보행, 대화, 식사 시에 장애로 인해 속도가 늦을 수 있다. 상대의 속도에 맞추어 천천히 하는 것이 중요하다.
⑥ 장애인과 의사소통 시에는 눈높이 대화로 천천히 대화하고 자세하게 이야기하는 것이 좋다.
⑦ 동정이나 자선을 베풀지 않는다. 장애인도 남을 위해 도울 수 있는 동등한 인간이다.
⑧ 장애인 전용주차장이나 장애인 전용화장실 등 장애인을 위한 시설은 절대로 사용하지 않는다.

① 휠체어로 이동할 때

휠체어 이동 시 도움이 필요한지 문의하고 도와준다. 혼자서 할 수 있는 장애인도 있다. 휠체어로 계단을 오를 때는 휠체어를 뒤로 뉘어 앞바퀴가 들리도록 하여 민다. 내려오는 경우에는 휠체어 사용자가 앞으로 혹은 뒤로 내려오는 것이 편한지 물어본 후에 휠체어를 조작한다. 휠체어의 앞바퀴가 들린 상태에서 휠체어 사용자가 몸을 휠체어 등받이에 붙이도록 한다. 휠체어를 잡은 손을 놓으면 휠체어 사용자에게 중대한 사고가 발생할 수 있다. 휠체어를 놓지 않도록 하며, 계단이 많은 경우에는 여러 사람과 함께 휠체어를 들고 가는 것도 방법이다.

② 보행 장애인과 보행할 때

언제나 처음에는 도움이 필요한지 문의하는 것이 중요하다. 혼자서 보행이 가능한 경우에는 옆에서 함께 이동하는 것이 좋다. 계단을 올라갈 때는 뒤에서, 내려갈 때는 앞에서 걸으며 만약의 안전사고를 대비하는 것이 필요하다. 가파른 계단을 이용할 경우에는 주의가 요구된다. 팔로 지지하는 경우와 허리를 지지하는 경우로 나눌 수 있다.

③ 식당에서 식사할 때

지체장애인의 식사 시에는 지체장애와 휠체어라는 특수성을 생각해야 한다. 휠체어의 특수성 때문에 좌석 배치를 고려해야 한다. 작은 탁자의 경우에는 두 명이 앉을 수 있는 자리에 한 명의 휠체어가 사용될 수도 있다. 지체장애 특성상 사람이 많은 곳에서 식사를 원하지 않을 수도 있다. 운동 기능상의 조절 문제로 숟가락 이용과 나이프와 포크 이용 시 불편할 수도 있다. 대중식당에서 식사를 원하는지 또는 식사 시에 필요한 도움 여부를 정확하게 문의하는 것이 중요하다.

④ 출입문과 엘리베이터를 사용할 때

지체장애인이 오면 문을 열어주거나 잡아준다. 지체장애 특성상 보조기구를 사용하는 경우가 많아서 문을 열어주는 것이 중요하다. 문을 빨리 닫거나 보조기구가 틈에 끼는 등의 안전사고에 주의한다.

2) 시각장애

시각장애란 눈의 기능이 저하되어 사물을 잘 볼 수 없는 상태를 말하는데, 장애의 기준은 시력 또는 시야의 이상 유무 또는 그 정도에 따라 결정된다. 2022년 보건복지부 자료에 의하면 시각장애인은 전체 장애인 인구의 9.5%에 해당한다. 이 중에서 전맹(total blindness)은 전체 시각장애인 중에서 5%도 되지 않는다. 따라서 시각장애인을 상대할 때는 앞이 전혀 안 보인다고 생각할 필요가 없다. 시각장애인의 상당수는 명암을 구분할 수 있는 광각이 있거나 희미하게나마 색을 구분할 수 있다. 그래도 시각상의 문제가 있어서 주변을 잘 볼 수 없기에 시각장애인을 만날 경우, 먼저 인사를 하고 말을 걸어주는 것이 좋은 분위기를 만들 수 있다. 일상생활 중에서 도보 시 흰 지팡이나 안내견의 도움을 받아서 다닐 수 있다. 시각장애인에게 안내견과 흰 지팡이는 삶의 일부분이라고 할 수 있을 정도로 중요하다.

> **Tip**
>
> **전맹(全盲, total blindness)**: 시력이 0으로 빛 지각을 하지 못하는 시각장애다. 즉, 앞이 전혀 보이지 않는 완전한 시각 상실 상태를 의미한다.

① 안내견과 보행할 때

안내견은 시각장애인의 안전한 보행을 돕기 위해 훈련된 개다. 이런 이유로 안내견은 언제 어디서든 그 주인인 시각장애인과 함께 동반할 수 있어야 한다. 안내견은 훈련이 잘되어 있다. 따라서 안내견이 본연의 임무를 잘 수행할 수 있도록 방해하면 안 된다. 큰 소리를 내고 다가서는 행위, 안내견을 만지는 행위, 안내견에게 먹을 것을 주는 행위, 사진을 찍는 행위 등은 안내견의 주의력을 떨어뜨려서 시각장애인과 안내견의 사고 위험을 증가시킬 수 있다. 이런 행위는 반드시 금해야 한다. 만약 시각장애인과 안내견이 쉬고 있고 친근함을 표시하기 위해 무언가를 하고 싶다면, 시각장애인에게 동의를 구하라. 언제나 강조하듯이 장애인과 함께하는 보조기구나 보조견 등은 신체의 일부분으로 간주될 수 있다. 언제나 동의를 구하고 행하는 것이 바람직하다.

② 흰 지팡이를 사용할 때

지팡이는 안내견과 마찬가지로 많은 기능을 할 수 있는 시각장애인을 위한 재활용구다. 팔의 연장으로, 지팡이의 끝으로 땅의 지면을 더듬으면서 장애물을 탐지한다. 시각장애인이 지팡이를 이용할 때는 도움을 요청하기 전까지 도움을 줄 필요가 없다. 천천히 느리지만 시각장애인 스스로 길을 찾고 이동 중이기 때문이다. 시각장애인이 지팡이를 사용하여 걸을 때는 지팡이의 반대편에 서서 팔을 내어주는 것이 좋다. 시각장애인에게 흰 지팡이는 팔의 연장이다. 따라서 시각장애인의 허락을 받기 전에는 지팡이를 만지지 않는 것이 좋다.

③ 길을 안내할 때

시각장애인에게 길을 가르쳐줄 때 가장 중요한 것은 길을 정확하게 설명할 수 있어야 한다. 정확한 길을 구체적으로 설명해야 시각장애인이 길을 찾아갈 수 있다. 설명할 때는 수량적으로 설명하는 것이 가장 좋다. 예를 들어 "이쪽으로 가시다가 저기서 오른쪽으로 도세요"라는 설명보다는 "지금 위치에서 출발하셔서 5m 앞으로 가시고, 오른쪽으로 돌아서 10m 앞으로 가세요"라고 설명하는 것이 적절하다. 장애물이나 도로 상태를 포함하여 가급적이면 구체적이고 자세하게 설명하는 것이 중요하다. 만일 시간이 허락된다면 위 그림과 같이 동의를 구한 후 옆 또는 반 발자국 앞에서 팔을 잡게 하고 걷는 것도 좋은 방법이다.

④ 식사할 때

대중음식점을 선택할 때는 비장애인에게 음식의 종류를 문의하는 것과 같이 중식, 한식, 양식 등을 선택할 수 있도록 문의한다. 시각장애인이 자리에 앉을 수 있도록 인도 및 배려한다. 메뉴 선정 시 가격과 종류를 설명해준다. 식탁 위의 장식물이나 수저통 등을 한쪽으로 정리해두고 그것에 대해 설명해준다. 음식이 나온 후에는 음식의 배치 상태와 수저 등의 위치를 알 수 있도록 설명을 해주거나 손으로 위치를 확인할 수 있도록 배려한다. 시각장애인의 요청에 따라 별도의 접시나 큰 접시에 음식을 따로 담아주는 것도 식사를 하는 데 도움이 된다.

3) 청각장애

청각장애는 외이로부터 대뇌에서 소리를 이해하기까지의 청각 경로에 장애를 입어 주로 듣기가 어려운 장애다. 일반적으로 청각장애는 이 같은 문제로 인해 일상적 의사소통 기능이 제한되는 장애를 지칭한다. 청각장애는 소리를 잘 듣지 못한다. 이러한 이유로 인해 대다수의 청각장애인은 언어장애를 갖게 된다. 청력이 떨어지는 경우에 청각장애인은 보청기를 사용하게 된다. 언어와 대화의 방법으로 구화, 수화, 필담 등으로 의사소통을 하게 된다. 청각장애인은 외형적으로 잘 드러나지 않기에 주의를 기울이지 않으면 모르는 경우가 많다. 청각장애인을 만나면 우선 수화법, 지화법, 필담 중 가장 좋은 의사소통 방법을 확인하는 것이 좋다. 비장애인인 경우는 필담을 사용하여 대화하는 것이 적절한 의사소통 방법이 될 수 있다.

> **Tip**
> **구화**: 말하는 사람의 입 모양을 보고 말을 이해하는 방법이다.
> **수화**: 손의 운동에 의해 표현되는 수화기호를 시각적으로 이해하는 방법이다.
> **지화**: 손가락으로 글자를 만들어 간단하게 의사소통을 하는 방법이다.
> **필담**: 음성이 아닌 문자로 글을 써서 대화하는 방법이다.

① 의사소통할 때

청각장애인의 경우 청각에 문제가 있어 시각에 의존을 많이 하게 된다. 따라서 말하는 사람의 표정이나 몸짓언어(body language)가 매우 중요하다. 색안경, 커다란 챙모자 등은 눈이나 얼굴을 가릴 수 있으므로 의사소통에 오해가 생길 수 있어서 벗는 것이 바람직하다. 상대방의 말을 완전히 이해할 때까지 듣고 의사소통하는 것이 중요하다.

구화가 가능한 경우에는 적당히 크고 일정한 소리로 약간 느린 속도로 분명하고 바른 입 모양으로 간략하게 말한다. 한 문장을 천천히 말하고 약간 쉰 후에 다음 문장을 말한다. 비장애인에게는 필담이 의사소통의 주된 방법으로 사용된다. 글자는 크게 똑바로 적을 수 있도록 필체에 유의해야 한다. 중요한 약품, 주소, 열차 시간 등은 재차 확인하는 것도 바람직하다.

의사소통의 기본은 상대와의 교감이다. 언제나 얼굴을 보면서 상대방이 이해하는지 확인하는 것도 대단히 중요하다. 또한 주변에 청각적인 돌발 상황이 발생하는 경우 이에 대해 이야기해주는 것도 의사소통을 편하게 이끌 수 있는 방법이다.

② 식사할 때

다른 비장애인과 똑같이 상대방의 의사를 물어 음식의 종류와 식당을 선정한다. 자리 선정은 구화로 의사소통할 경우는 조용한 좌석을, 필담으로 의사소통할 경우는 밝고 큰 탁자가 있는 좌석으로 선정한다.

4) 지적장애

지적장애는 18세 이전에 시작되는 발달장애로, 지적 기능과 개념적·사회적·실제적 적응기술로 표현되는 적응행동에 심각한 제한이 있는 상태다. 장애 정도에 따라 일상생활을 수행하기에 문제가 있을 수 있다. 일반적으로 언어 지연, 인지, 학습 기능의 발달 문제가 나타난다. 언어적이나 신체적인 도움이 주어진다면 일상과 사회생활을 영위할 수 있다. 전체 인구에서 2.5~3%의 출현율을 보이고 있다. 지적장애인 중 다운증후군과 같이 외형상 현저한 차이를 보이는 경우는 육안으로 비교가 가능하다. 그러나 다른 지적장애인들은 신체적으로 건강하여 비장애인과 외견상 차이가 없을 수도 있다. 일반적으로 체형이 작은 경우 나이가 많아도 어린아

> **Tip**
>
> **지적장애**: 「장애인복지법」 개정안 시행(2007.10.12)에 따라 '정신지체'에서 '지적장애'로 법정 명칭이 변경되었다.
>
> **다운증후군(Down Syndrome)**: 가장 흔한 염색체 질환으로, 21번 염색체가 2개가 아닌 3개인 경우 지적장애, 신체 기형, 전신 기능 이상, 성장장애 등을 일으키는 유전질환으로 외모적 특징은 다음과 같다.
> ① 코가 낮고 작다. ② 얼굴이 납작해 보인다. ② 눈의 가장자리가 올라가 있다. ④ 혀가 길어 입을 벌리고 있다.

이처럼 대하는 경우가 있는데, 이는 인격적으로 바람직하지 않다. 상대방을 배려하고 존중하는 마음가짐으로 대하는 것이 적절하다.

① 대화할 때

지적장애인은 사용하는 단어 선택이 미숙하고 대화 시 발음이 불분명하고 명확하지 않을 때가 많다. 지적장애인의 말을 끝까지 듣고 말하고자 하는 바를 정확히 파악해야 한다. 의사가 불분명할 경우 쉬운 단어를 사용하여 의사를 재확인하는 것도 하나의 방법이다. 일반적으로 대화 시 가장 흔히 범할 수 있는 실수는 지능지수가 낮다고 무조건 반말을 하거나 나이 어린 사람처럼 대하는 것이다. 생활연령에 맞게 존칭하고 배려하는 것이 필요하다.

② 돈 계산할 때

일상이나 사회생활을 포함하여 지적장애인의 가장 큰 어려움의 하나가 돈 계산이다. 지적장애인의 의사를 문의하여 도움이 필요한 경우는 대신 계산해주고, 반드시 영수증을 받아 보호자가 확인할 수 있도록 해야 한다.

③ 대중음식점에서 식사할 때

지적장애인이 메뉴를 읽지 못할 때는 메뉴를 읽어주는 것이 바람직하다. 가능하면 글씨로만 되어 있는 메뉴에서 음식을 선택하게 하기보다는 음식 그림을 보면서 선택할 수 있게 해주는 것이 더 좋을 수 있다.

닉 부이치치(Nick Vujicic, Nicholas James Vujicic)

"No arms. No legs. No worries!"
(팔이 없다. 다리가 없다. 걱정도 없다)

닉은 다양한 직업을 가지고 있다. 장애인 희망전도사, 베스트셀러 작가, 복음전도자, 'Life without limbs(사지 없는 삶)' 대표 등이 그것이다. 닉은 기형장애로 두 팔과 두 다리가 없고 두 개의 발가락이 있는 작은 발만 가지고 태어났다. 유년 시절에는 자신의 처지를 비관하여 세 번이나 자살을 시도하기도 했지만, 역경을 극복하고 비장애인이 다니는 중·고등학교를 다니며 학생회장을 지냈다. 대학에서 회계와 경영을 전공했으며 스케이트보드, 서핑 등 스포츠를 즐기고 드럼을 연주한다. 또한 자신의 이야기를 담은 몇 권의 책을 저술하기도 했다. 현재는 신체장애뿐 아니라 희망에 관한 다양한 주제로 전 세계를 돌아다니며 연설하고 있고, 2013년에는 우리나라를 방문하기도 했다.

닉은 장애를 극복하고 꿈을 이루고자 노력하는 삶의 태도로 많은 사람들에게 감명을 주었다. 그의 강연장은 언제나 울음바다였지만, 그는 강연을 듣는 사람들에게 희망의 카타르시스를 전달했다. 현재도 세계 각지를 돌며 장애인, 비장애인에게 삶의 희망을 전하고 있다.

사진출처: https://www.lifewithoutlimbs.org/about-nick/blog/

장애에 대한 이해를 돕는 웹사이트 소개

(1) 국립특수교육원 장애 이해 사이트

주소: http://edu1.nise.go.kr

장애유형에 대한 이해, 장애 이해를 위한 교육자료, 보조공학 활용하기, 장애인 편의시설 등 유익한 자료를 제공하기에 일반인이 장애와 장애인을 이해하기에 최상의 장애 이해 사이트다.

(2) 국립특수교육원

주소: http://www.nise.go.kr

국립특수교육원은 특수교육을 발전시키고, 장애인의 삶의 질 향상을 지원하기 위한 특수교육 연구, 관련 정책 개발, 교육과정 및 교과서 개발, 담당 교원의 연수, 특수교육 정보화 사업 등을 수행하고자 설립된 국가기관이다. 장애 학생을 지도하기 위해 필요한 교과서, 연수 자료 등 다양한 교육 자료를 접할 수 있는 유용한 사이트다. 또한 국립특수교육원 교수학습센터와 원격교육 연수원 또한 교수학습에 필요한 지도안, 교육 계획 등 다양한 교육 활동 자료가 있다. 재활승마를 위한 지도안 작성 시 참고할 수 있는 체육 교과 교육 활동 자료도 포함되어 있다.

(3) 대한장애인체육회

주소: http://www.koreanpc.kr

대한장애인체육회는 장애인의 건강증진과 건전한 여가생활 진작을 위한 생활과 전문 체육 육성을 목표로 설립된 공공기관으로, 대한민국 국가패럴림픽위원회의 역할을 수행한다. 장애인 스포츠 안내, 종목 소개, 국내외 행사 및 다양한 정보를 제공하고 있다. 장애인 체육 및 스포츠에 대한 자료가 필요할 시에 유용하다.

이 외에도 에듀에이블, 특수교육지원센터, 파라다이스복지재단, 한국장애인개발원, 한국장애인단체총연합회 등에서 장애에 대한 이해, 교육, 복지, 정책 등 다양한 정보를 접하고 배울 수 있다.

3장
신체적 장애

신체적 장애란 주요 외부 신체 기능의 장애와 내부기관의 장애로 이 둘을 중분류로 한다. 외부 신체 기능의 장애는 지체, 뇌병변, 시각, 청각, 언어, 안면의 6개 소분류로, 내부기관의 장애는 신장, 심장, 간, 호흡기, 장루·요루, 뇌전증의 6개 소분류로 구분된다.

[표 6-13] 신체적 장애의 분류

대분류	중분류	소분류	세분류
신체적 장애	외부 신체 기능의 장애	지체장애	절단장애, 관절장애, 지체기능장애, 변형 등의 장애
		뇌병변장애	뇌의 손상으로 인한 복합적인 장애
		시각장애	시력장애, 시야결손장애, 겹보임(복시)
		청각장애	청력장애, 평형기능장애
		언어장애	언어장애, 음성장애, 구어장애
		안면장애	안면부의 추상, 함몰, 비후 등 변형으로 인한 장애
	내부기관의 장애	신장장애	투석치료 중이거나 신장을 이식받은 경우
		심장장애	일상생활이 현저히 제한되는 심장 기능 이상
		간장애	일상생활이 현저히 제한되는 만성·중증의 간 기능 이상
		호흡기장애	일상생활이 현저히 제한되는 만성·중증의 호흡기 기능 이상
		장루·요루 장애	일상생활이 현저히 제한되는 장루·요루
		뇌전증장애	일상생활이 현저히 제한되는 만성·중증의 뇌전증

1 외부 신체 기능의 장애

외부 신체 기능의 장애는 지체, 뇌병변, 시각, 청각, 언어, 안면으로 구분하고 세부 분류는 〈표 6-14〉와 같다.

[표 6-14] 외부 신체 기능의 장애에 대한 세부 분류 및 판정

소분류	세분류
지체장애	절단장애, 관절장애, 지체기능장애, 변형 등의 장애
뇌병변장애	뇌의 손상으로 인한 복합적인 장애
시각장애	시력장애, 시야결손장애, 겹보임(복시)
청각장애	청력장애, 평형기능장애
언어장애	언어장애, 음성장애, 구어장애
안면장애	안면부의 추상, 함몰, 비후 등 변형으로 인한 장애

1) 지체장애

지체(肢體)는 지(肢, 사지 지)와 체(體, 몸 체)의 합성어로, 사지(四肢; 팔다리)와 체간(體幹; 몸통)을 의미한다. 사지(四肢, 두 팔과 두 다리)는 어깨관절에서 손가락 끝까지를 의미하는 상지(팔)와 엉덩관절에서 발가락 끝까지를 의미하는 하지(다리)로 구성되어 있다. 몸통은 사람을 기준으로 머리와 팔다리를 제외한 부분을 말하는데 척추를 중심으로 하는 가슴, 등, 배로 이루어진 인체의 가운데 또는 중심 부위를 말한다. 지체장애란 신체의 팔다리와 몸통이 적절하게 기능하지 못하는 경우를 의미한다. 하위 장애로 본다면 몸통과 팔, 다리 부분에 발생하는 절단, 관절, 지체기능장애, 변형 등의 장애가 포함된다. 지체장애는 '운동장애' 또는 '정형외과적 장애'라고도 불린다.「장애인 등에 대한 특수교육법」에서도 지체장애로 분류하고 있다. 지체장애인의 수는 2018년 기준 등록 장애인 2,585,876명 중에서 1,238,532명으로 전체 등록 장애인의 47.9%로 다른 등록 장애에 비해 출현율이 가장 높은 것으로 나타났다.

(1) 절단장애

절단장애는 단순 X-선 촬영으로 절단부위를 확인하며, 절단부위가 명확할 때는 이학적 검사로 결정할 수 있다. 절단은 외상에 의한 결손뿐만 아니라 선천적인 결손도 포함된다. 절단의 위치에 따른 구분으로 팔과 다리 절단장애로 구분한다. 또한 장애 발생 시점에 따른 구분

으로 선천적인 절단장애와 후천적인 절단장애로 구분한다. 여기에서 '선천적'과 '후천적'의 기준이 되는 시점은 출생 전후로 나눌 수 있다. 선천적 절단장애는 태어날 때부터 가지고 있는 장애를 의미한다. 후천적 절단장애는 출생 이후에 종양, 외상, 교통사고, 안전사고 등으로 인해 외과적 수술로 사지가 절단된 경우다. 재활 과정을 거치면서 의수와 의족 같은 보조기기를 사용하면 일상생활을 영위하는 데 문제가 없다. 중복장애를 제외한 절단 같은 장애 영역은 신경계의 문제가 없는 경우가 대부분으로 정상적인 사회생활을 영위할 수 있다.

[그림 6-33] 넙다리 절단

(2) 관절장애

관절장애는 관절의 강직, 근력의 약화 또는 관절의 불안정(동요 관절, 인공관절 치환술 후)이 있는 상태를 의미한다. 관절 강직은 관절이 한 위치에서 완전히 고정(완전 강직)되었거나 관절가동범위(Range of motion)가 감소된 것(부분 강직)을 말한다.

관절은 뼈와 뼈가 맞닿아 있는 구조로 경부조직인 뼈와 연부조직인 근육, 힘줄, 인대로 구성되어 있다. 뼈가 관절의 정적 안정성을, 근육, 힘줄, 인대가 동적 안정성을 제공한다. 관절장애는 이러한 연부조직과 안정성에 도움을 주는 관절낭 같은 주변 조직의 손상이나 약화에서 기인한다. 관절장애의 위치에 따라 팔과 다리 관절장애로 구분한다. 장애 정도는 팔과 다리의 3대 관절의 손상이나 운동범위 제약에 근거한다. 팔의 3대 관절은 어깨관절, 팔꿈관절, 손목관절이고 다리의 3대 관절은 엉덩관절, 무릎관절, 발목관절이다.

> **Tip**
>
> **선천성 vs 후천성 장애**: 선천성 및 출생 시 장애는 유전적 이상, 임신기간, 출생 시 발생한 장애를 의미한다. 후천적 장애는 출생 이후에 질병이나 외상에 의한 장애를 의미한다. 일반적으로 '후천적 중도장애'라는 표현도 동일하게 사용되고 있다.

(3) 지체기능장애와 척추장애

지체기능장애는 팔, 다리의 장애로 구분된다. 팔, 다리의 기능장애는 팔 또는 다리의 마비로 팔 또는 다리의 전체 기능, 즉 움직임에 장애가 있는 경우를 말한다. 마비에 의한 팔, 다리의 기능장애는 주로 척수 또는 말초신경계의 손상이나 근육병증 등 운동기능장애가 있는 경우로, 감각손실 또는 통증에 의한 장애는 포함하지 않는다. 팔, 다리의 기능장애판정은 근력 측정값을 판정 자료로 활용하여 판단한다.

척추장애는 강직 또는 운동범위가 감소되어 기능적인 움직임이 제한되는 경우를 말한다. 척추장애는 척수 손상, 강직성 척추염, 골유합, 질병과 수술 등에 의한 운동성 감소 등이 원인으로 발생한다. 척추의 운동범위는 장애 부위에 따라 목(경부, 목뼈)과 몸통(체간, 등뼈+허리뼈)으로 나누어 측정한다. 정상운동범위의 손상 정도로 장애 등급을 판단한다.

척수장애는 척수의 외상 또는 질환에 의해 척수가 손상된 경우를 대상으로 한다. 척수 손상 또는 장애가 중요한 이유로, 척수 손상은 일반적으로 완전 손상으로 분류되어 손상 부위 이

[그림 6-34] 척수장애의 예

> **Tip**
>
> **동요관절(動搖關節)**: 근육·인대·윤활 주머니 따위가 상해를 입어 정상적인 운동범위 이상으로 움직여 안정성이 없어져 기능을 잃은 관절. '이완관절'이라고도 함
>
> **관절가동범위(range of motion)**: 관절의 운동(움직일 수 있는) 범위

하는 신경 지배가 일어나지 않아 마비된다. 척수의 손상은 손상 정도에 따라 호흡, 식사, 소화, 성장, 배변, 운동 기능 등 인체에 다양한 영향을 미친다. 손상의 원인은 질병이나 선천적인 요인보다는 사고에 의한 후천적 장애가 대부분이다. 〈그림 6-34〉에서 보는 바와 같이 척수 손상은 손상의 정도에 따라 사지마비부터 하지마비의 정도를 결정한다. 또한 같은 사지마비에서도 손상 부위에 따라 경도와 중도로 나누어진다. 예를 들어, 목뼈 1~4번은 높은 수준의 사지마비 형태로 운동에 참여하거나 이동 시에 전동 휠체어를 사용해야 한다. 목뼈 5~7번은 낮은 수준의 사지마비 형태로 이동하거나 운동에 참여할 때 수동 휠체어를 사용할 수 있다. 손상이 더 낮은 부위, 즉 등뼈나 허리뼈인 경우라면 하지마비가 된다. 등뼈 6번 손상의 경우 독립적으로 앉기 균형을 유지하는 데 가장 높은 수준이므로 등뼈 7번 이하가 손상된 경우 다른 합병증이 없다면 승마를 고려할 수 있다.

(4) 변형 등의 장애

변형 등의 장애는 한 다리가 건강한 다리보다 짧은 사람, 척추굽음증, 140cm(여성)나 145cm(남성) 이하에서 성장이 멈추었거나, 연골무형성증으로 왜소증 증상이 뚜렷한 사람 등에 대해 장애로 판정하고 있다. 다른 지체장애와는 달리 '장애의 정도가 심하지 않은'으로만 판정하고 있다.

변형 등의 장애는 인간의 뼈 성장과 관계가 깊다. 인간은 배아기부터 성장을 시작하여 태어날 때 350여 개의 뼈로, 25세가 되면 일반적으로 206개의 뼈로 융합된다. 성장판에서 길이와 두께 성장이 이루어지고 뼈가 융합되기 때문이다. 성장기에 사고 등으로 성장판에 문제가 생기면 뼈가 성장하지 않기 때문에 반대쪽 신체에 비해 길이가 짧아진다. 정상으로 성장한 쪽과 성장판 손상 등의 문제로 인해 정상적인 성장 과정을 거치지 못한 쪽은 좌우 비대칭의 불균형이 발생한다. 한 다리가 건강한 다리보다 5㎝ 이상 또는 건강한 다리 길이의 15분의 1 이상 짧은 경우 장애로 인정된다. 다리 길이의 단축은 반드시 영상의학검사 소견에 의해 정상 측 길이와 비교하여 결정한다.

척추의 정상적인 발달 상태는 정면과 후면에서 보면 1자로 곧고, 옆에서 바라보면 S자 형태로 굽어(만곡되어) 있다. 이 상태가 비정상적으로 휘어지는 것을 '척추 변형'이라 하고 모양에 따라 척추전만증, 척추후만증, 척추측만증이 있다. 척추의 변형은 자세가 가장 중요한데, 가방을 한쪽 어깨에만 매거나 의자에 앉는 자세 등에 의해서도 문제가 될 수 있다. 이 외에도 근육신경이상, 사고, 원인 불명 등에 의해 발생할 수 있다.

척주굽이장애는 척추후만증과 척추측만증이 있다. 척추후만증은 등뼈 부분의 만곡 각도가

> **Tip**
> **강직성 척추염**: 척추에 염증이 생기고 움직임이 둔해지는 질환

[그림 6-35] 척추 정상, 후만, 전만, 측만

정상　　　후만　　　전만　　　측만

60° 이상인 비정상적인 경우다. 척추측만증은 정면에서 바라보았을 때 척추가 옆으로 휜 경우로, 만곡 각도가 40° 이상이다. 승마운동은 자세교정효과가 있어서 척추측만증 초기에는 매우 긍정적이지만 만곡이 심해지면 오히려 만곡을 가속시킬 수 있으니 유의해야 한다. 만곡이 20° 이내이면 진행 정도를 확인하면서 승마를 할 수 있다. 하지만 20°가 넘어가면 보조기를 착용하고 평보와 경속보 위주로 척추에 부담이 안되는 운동을 실시해야하며, 40°가 넘어가면 절대로 승마를 하면 안 된다.

연골무형성증은 성장판 연골이 뼈로 바뀌는 과정에 문제가 있어 뼈 길이가 길어지지 않는데, 이는 유전적인 문제로 발생한다. 비정상적으로 저신장을 일으키는 상염색체의 돌연변이로 나타나며, 성인이 되어도 140㎝를 넘지 못하게 된다. 연골무형성증은 지능지수가 정상이며 생식능력도 있지만 유전된다. 다른 신체에 비해 머리가 크고 이마 부분이 튀어나와 보이며 몸통도 커 보인다. 척주의 허리 부분 만곡이 커서 배가 나오고, 엉덩이 부분은 뒤쪽으로 튀어나와 어기적거리는 오리걸음을 걷게 된다. 팔과 다리의 분절 길이가 짧으면서 몸 쪽 분절의 길이가 더 짧다. 승마에 관계되는 특성이라고 하면, 중이의 감염이나 언어장애가 있을 수 있고 한쪽으로 기울어진 수두증, 엉덩이나 팔꿈치의 근육 경색, 느슨한 관절과 근육의 긴장 등이 나타날 수 있다. 미숙한 신체발달 때문에 행동이 미숙하고, 근력의 약화, 관절의 이탈 등도 발견될 수 있다. 폐와 호흡은 작은 신체구성 때문에 그 폭이 작아 심폐지구력이 낮을 수 있다. 물론 전혀 이상 없이 기계체조 운동 동작을 보이는 등 높은 수준의 신체 활동이 가능한 경우도 있다. 대부분은 외형적인 문제 이외에는 정상이다.

▶ 지체장애의 특성

㉠ 팔다리와 몸통에 외형적인 장애를 가지고 있으며, 이로 인해 동작 수행 시 불편함이 수반될 수 있다.
㉡ 근육이 뻣뻣하거나 불필요한 동작이 수반될 수도 있다.
㉢ 자가 보행도 가능하지만 휠체어 사용자도 많다.
㉣ 장애 진행 상태에 따라 진행성인 경우도 있다.
㉤ 후천적 지체장애인 경우 심리적·사회적 문제를 고려하여 프로그램이 작성되어야 한다.
㉥ 팔다리와 몸통에 장기적으로 보조기를 착용하는 경우가 많다.
㉦ 뼈, 관절, 근육, 인대, 건의 문제로 인해 한 자세를 오래 유지할 수 없는 경우가 많다.

▶ 지체장애의 재활승마 지도 전략

지체장애는 운동성 제한으로 인해 특수한 안장이나 승강기(lift)가 필요할 수 있다.

㉠ 과제 분석을 통한 개별화교육 프로그램(지도안) 작성이 필요하다.
㉡ 이동 시 안전사고에 유의해야 하며, 이동 동선을 고려하여 잡을 수 있는 곳이나 쉴 수 있는 곳이 필요하다.
㉢ 기승자의 재활승마 후 문제점을 파악하여 기능적 제한을 극복할 수 있는 재활승마의 적응이 필요하다(말 타는 공간 축소, 시간 단축, 활동량 감소, 사다리고삐와 쿠션 안장 같은 기구의 적용 등).
㉣ 재활승마지도사의 휠체어 및 보조기구에 대한 이해와 활용 능력이 필수적으로 요구된다.

▶ 지체장애의 재활승마 지도 시 고려사항

지체장애인의 경우 운동 기능의 제한이 있어서 언제나 안전사고에 유의해야 한다.

㉠ 체력이 저하되어 있는 경우가 많아서 신체활동량이 너무 많은 경우 제한이 필요하다.
㉡ 척수장애인의 경우: 장시간 지속적인 압박은 욕창이 발생할 가능성이 있으므로 안장에 양피나 젤 패드 등을 사용하여 기승자의 보호와 안전을 동시에 고려해야 한다. 기승자의 엉덩이에 붉은 반점이 발생하면 재활승마지도사에게 알려야 한다.
㉢ 변형 등의 장애에서 단순히 다리 길이가 차이가 나는 경우는 등자의 길이를 조절해주는 것과 같은 보조기기 사용으로 문제를 해결해야 한다.

> **Tip**
> 개별화교육계획(individualized education plan): 특수교육대상자 개인의 장애유형 및 장애 특성을 고려하여 교육 목표, 교육 방법, 교육 내용, 관련 서비스 등이 포함된 계획을 수립하여 실시하는 계획 또는 프로그램. 특수교육과 특수체육 교재 참조

ㄹ 연골무형성증 같은 경우 뼈(골) 형성이 불완전하거나 너무 약하여 부러지기 쉬우므로 주의해야 한다. 특히 성장기에 있는 연골무형성증 아동들에게는 '전경자세에서 속보'와 같이 관절에 압박을 가하는 동작은 하지 않도록 한다.

ㅁ 절단 등으로 신체 일부가 기능을 할 수 없거나 균형에 문제가 있는 경우는 기능을 대신하거나 균형을 맞춰줄 수 있는 맞춤형 마구나 기타 장비가 필요하다.

ㅂ 관절에 문제가 있는 경우는 당겨지거나 반대로 너무 압박하는 동작은 하지 않는다.

ㅅ 좋은 자세와 관절의 움직임을 격려한다.

척주 vs 척추 vs 척수

척추는 1개의 척추뼈(추골), 척주는 척추뼈로 구성된 기둥, 척수는 척주와 척추가 보호하는 신경다발

척추(vertebrae)는 척주를 이루는 하나하나의 개별 뼈로 '척추뼈' 또는 '추골'이라 불린다. 목척추뼈 7개, 등척추뼈 12개, 허리척추뼈 5개, 엉치뼈와 꼬리뼈가 있다.

척주(脊柱, Vertebral column)는 한자와 영어 모두 '기둥'이라는 표현으로, 몸통의 뒤쪽에서 몸을 지지하는 기둥 구조물을 말한다. 척주는 26개의 척추뼈(추골)로 구성된다. 척추뼈는 각각 척추원판(disc, 추간판, 디스크로 불림)에 의해 구분되는 구조다.

척수(spinal cord)는 척주(척추) 내에 위치하는 중추신경계의 일부분으로 '척수신경'이라고도 한다. 척수신경은 자율신경과 감각, 운동신경의 연결 통로로 뇌와 하위의 말초기관을 연결하는 통로다.

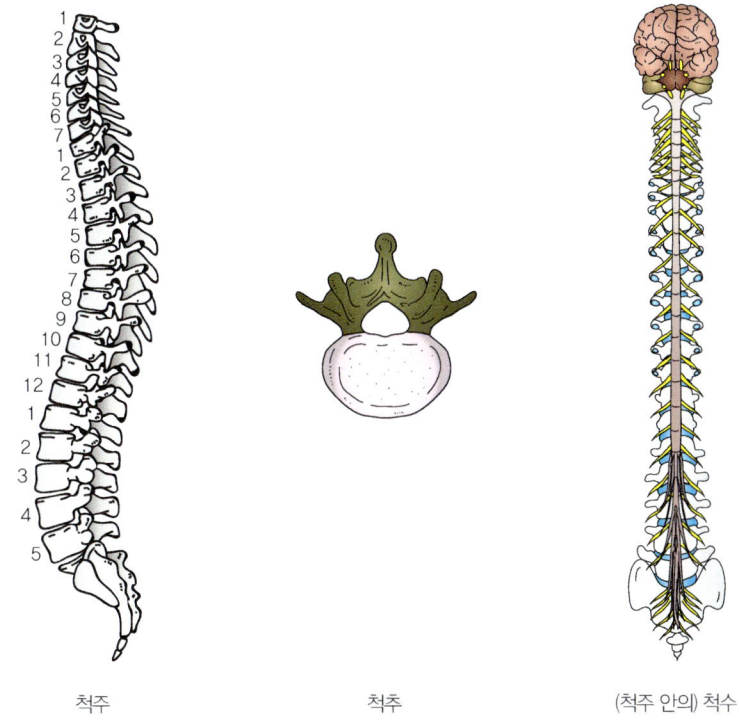

척주 / 척추 / (척주 안의) 척수

- ⓞ 척추가 휜 사람은 주의 및 금기 사항을 확인하고 필요시 의료진에게 상의한다.
- ㉣ 연골무형성증의 짧은 팔과 다리는 말 위에서 중심을 유지하기 어려워 변형된 마구를 사용할 필요가 있다.
- ㉤ 지체장애 중에서 근육의 긴장도가 떨어져 팔과 다리 근육이 약하고, 척추관협착증으로 탈출된 디스크가 있어 자세유지가 곤란하거나, 지면의 충격으로 통증이 발생하는 경우 승마를 금지한다.

2) 뇌병변장애

뇌는 중추신경계로 인체의 모든 움직임에 대한 통합과 조절 명령을 인체 말단으로 보낸다. 뇌손상이 발생하면 인체 부위나 기능에 장애가 유발될 수밖에 없다. 뇌의 손상 정도에 따라 장애의 정도 차이, 손상 부위에 따라 관장하는 영역의 장애가 발생한다. 따라서 뇌손상에 따라 복합적인 장애를 유발하게 되는데, 신체적인 장애 외에도 정신적 장애가 발생하여 중복장애가 될 수 있다. 다음 〈그림 6-36〉은 뇌의 부위별 기능이다. 뇌의 부위별 손상 정도에 따라 다양한 장애가 발생한다.

뇌병변장애는 뇌성마비, 외상성 뇌손상, 뇌졸중, 파킨슨병과 기타 뇌의 기질적 병변(병으로 인한 변화)으로 인한 경우다.

[그림 6-36] 뇌의 부위별 기능

(1) 뇌성마비

뇌성마비(cerebral palsy; CP)는 '뇌성'과 '마비'의 합성어다. 여기에서 '뇌성'은 '뇌의 이상에 의한' 혹은 '뇌에 원인이 있는'이라는 의미로 뇌의 손상을 의미한다. '마비'는 '근육의 조절이 잘 되지 않는 상태'로 근육조절 기능의 상실을 의미한다. 뇌성마비는 출생 전후 아직 뇌가 성숙하지 못한 상태에서 뇌에 손상이 생겨 발생하는 운동 기능 장애를 총칭한다. 한국뇌성마비복지회에서는 "뇌신경계의 손상으로 운동장애가 주로 나타나는 비진행성 증상군으로 신경학적 질환의 복합체"로 정의한다.

뇌성마비는 단일 질병이 원인이 아니라 여러 가지 원인에 의해 나타나는 것으로, 뇌손상의 위치와 정도에 따라 다양한 증상이 나타난다. 뇌의 손상으로 협응력, 근장력, 근력 등이 손실되어 관절이 구축된다. 뇌성마비는 성장하면서 사지와 체간이 변형되어 자세의 유지와 운동 수행을 정상적으로 할 수 없는 비진행성 장애다. 주 장애는 근육마비, 협응장애, 근력 약화 같은 운동장애다. 이에 동반되는 장애로 감각, 언어, 지적장애와 정서, 학습, 뇌전증이 중복장애로 나타날 수 있다. 뇌성마비는 장애 정도, 국소해부학적·임상적 분류에 따라 구분한다 (표 6-15).

[표 6-15] 뇌성마비의 전체적인 분류

구분	형태	세부 내용
장애 정도	경증	보조기 착용 없이 보행 가능, 일상생활 가능, 언어장애 없음
	중등도	보조기구 사용하여 어느 정도 보행 가능, 독립적이거나 약간의 도움으로 일상생활 가능, 언어장애 있음
	중증	보조기구를 사용해도 독립적인 보행과 일상생활이 불가능하여 다른 사람의 도움이 반드시 필요, 언어장애 있음
해부학적 분류	단마비	한쪽 팔 또는 다리가 침범되는 경우. 한쪽 팔이 마비되는 경우가 더 많음
	양지마비	두 다리 또는 두 팔의 마비, 두 다리가 양쪽 상지보다 더 빈번
	하지마비	양쪽 하지만 마비된 경우
	편마비	오른쪽이나 왼쪽 같이 인체의 한쪽 팔과 다리가 마비되는 경우. 이 경우에는 상지가 하지보다 심함

> **Tip**
> 삼지마비: 두 팔과 한쪽 다리가 마비
> 사지마비: 두 팔과 두 다리가 모두 마비

구분	형태	세부 내용
임상적 분류	경직형	· 강직형 하지마비, 강직형 사지마비, 강직형 편마비 등이 있고 가장 흔함. 뇌성마비의 70% 정도 · 사지의 근긴장 증가, 체간을 바로 세우기 어려움, 관절가동범위 감소, 구축, 변형 초래, 근력 감소, 가위보행과 교차보행 · 지적장애의 중복장애 비율이 높음
	불수의 운동형 (무정위형)	· 지능이 정상인 경우가 많고, 뇌성마비의 25%에 해당 · 과도한 불수의적 움직임으로 인한 관절의 변형, 호흡과 연하장애 · 머리를 신체 중앙에 유지하기 힘듦 · 경추 과운동성(hyper-mobility), 자세 유지가 어려움
	운동실조형	· 주로 소뇌 병변으로, 뇌성마비의 약 5~10% 정도 · 자세 유지능력이 떨어져 균형 유지가 어렵고 잘 넘어짐 · 등급(Grading movement) 운동의 어려움 · 겨냥 이상(dysmetria)으로 목표한 지점에 도달하기 어려움 · 실조성 보행이 나타남
	저긴장형	· 근 긴장도가 낮고 근력이 약하며 관절가동범위가 지나치게 넓음 · 관절의 유연성이 지나치게 큰 것은 저긴장성이 심한 것을 나타냄
	혼합형	· 둘 이상 형태가 혼합되어 나타남

① 뇌성마비의 국소해부학적 분류는 5가지 형태이며, 〈그림 6-37〉을 보면 이해하기 쉽다.
② 뇌성마비의 임상적 또는 운동기능적 분류는 경직형(spastic type), 불수의운동형(athetoid type), 운동실조형(ataxic type), 저긴장형(hypotonic type), 혼합형(mixed type)으로 구분된다.

[그림 6-37] 뇌성마비의 국소·해부학적 분류

단마비   편마비   양지마비   삼지마비   사지마비

Tip
구축(contracture): 수동적 관절운동이 비정상적으로 제한된 경우. 관절 주변의 건, 인대, 근육의 단축으로 인해 발생한다.

| 겨냥 이상(dysmetria): 운동측정장애 |

눈을 감은 채로 손끝을 코끝에 대거나(지비시험), 좌우의 집게손가락을 맞닿게(지지시험) 할 때 목표가 빗나가 정확히 댈 수 없게 되는 현상. 소뇌질환에서 출현하는 특징적 증상의 하나다.

(2) 외상성 뇌손상(traumatic brain injury)

외상성 뇌손상은 외상(trauma)에 의해 뇌손상이 발생한 경우다. 다시 말하면 뇌가 외부의 물리적 압력이나 충격에 의해 손상된 경우다. 손상된 뇌의 부위에 따라 언어, 운동, 인지, 감각, 정보처리과정 중 하나 또는 그 이상의 기능장애 등 다양한 장애를 유발한다. 외상성 뇌손상은 가볍게 뇌진탕부터 두개골 골절에까지 이르며, 이에 따른 출혈과 부종에 의해 손상이 가중된다. 외상성 뇌손상은 뇌성마비와 특성이 유사하다. 원인으로는 교통사고, 총기사고, 낙상, 운동 상해 등이 있다. 외부 활동이 많은 계절과 오후에 발병률이 높다.

손상 정도에 따라 가벼운 뇌진탕부터 심각한 장애까지 다양하다. 선천성 및 진행성 뇌손상은 포함되지 않는다. 학령기에 적절한 중재는 회복 가능성을 높일 수 있다.

(3) 뇌졸중(cerebral vascular disease)

뇌졸중은 뇌 기능의 부분적 또는 전체적으로 급속히 발생한 장애가 상당 기간 이상 지속되는 경우다. 뇌졸중은 뇌혈관이 막혀서 발생하는 뇌경색(허혈성 뇌졸중)과 뇌혈관의 파열로 인해 뇌 조직 내부로 혈액이 유출되어 발생하는 뇌출혈(출혈성 뇌졸중)로 구분된다. 이렇게 뇌의 혈관이 손상 받게 되면 혈액이 공급되지 않는 허혈성 손상과 출혈에 의한 손상을 입게 된다. 허혈된 부분은 혈액의 공급이 되지 않고 출혈된 부위는 혈액에 눌려 뇌의 손상을 야기하는데, 이는 뇌세포의 죽음을 의미한다.

허혈성 뇌졸중은 전체 뇌졸중의 80% 정도를 차지한다. 출혈성은 뇌혈관이 출혈 손상될 뿐 아니라 혈액이 뇌 속에 고이면서 뇌 조직을 압박하거나, 손상된 뇌혈관이 수축을 일으키면서 추가적인 뇌손상이 유발된다. 생존 시에는 반신마비, 전신마비, 감각이상 및 감각소실, 안면신경마비, 언어장애, 발음장애(구음장애), 연하장애, 운동실조, 시야/시력장애, 복시, 치매, 두통, 어지러움증 등의 증상을 보인다.

(4) 파킨슨병

파킨슨병은 1817년에 제임스 파킨슨(James Parkinson)이라는 영국 의사가 손 떨림, 근육

경직, 자세 불안정 등의 특징적 양상을 보이는 환자들에게 '떨림 마비'라는 이름을 붙이면서 처음 알려졌다. 파킨슨병은 대표적인 신경퇴행성 질환 중의 하나다. 신경퇴행성 질환이란 신경세포들이 어떤 원인에 의해 소멸하게 되어 이로 인해 뇌 기능의 이상을 일으키는 질병을 지칭하는 용어다. 대표적인 신경퇴행성 질환으로는 알츠하이머병이나 파킨슨병, 드물게는 루게릭병 등을 예로 들 수 있다.

파킨슨병의 주요 증상은 떨림으로 초기에는 편측에서 시작되어 병이 진행되면서 전체 혹은 혀 같은 국소부위로 확산된다. 근육의 긴장도가 증가되어 관절의 경직도 발생한다. 이 외에 흔히 발생하는 임상적 증상으로 자율신경계 증상, 신경정신과적 증상, 인지기능장애, 수면장애, 통증, 피로, 후각장애 등이 있다.

▶ 뇌병변장애의 특성

뇌병변장애의 특성 중에서 가장 중요한 점은 뇌의 손상 부위에 따라 그 부위가 관장하는 영역의 장애가 발생할 수 있다는 점이다. 또한 인지를 담당하는 부분에 손상이 없으면 인지는 정상적이라는 점에 주의를 기울여야 한다. 뇌병변장애의 특징 중에서 신체(지체)장애가 흔하게 발견될 수 있다.

뇌병변장애의 특성은 지체장애의 특성과 많은 부분에서 유사하다.

㉠ 뇌병변장애는 기질적 병변에 의해 복합적이고 중복장애를 유발한다. 감각, 정서, 지능 등에서 여러 뇌와 관련된 장애가 동반될 수 있다.

㉡ 뇌병변장애는 나이가 들수록 사지의 변형 같은 인체 기능의 장애가 심해질 수 있다.

㉢ 장애 정도에 따라 자가 보행과 신변처리부터 휠체어 이용과 의존적 신변처리까지 인체의 운동학적 기능, 일상생활 기능에 제약을 받을 수 있다.

㉣ 뇌병변장애는 후천적 장애의 비율이 높다. 후천적 장애는 심리적·사회적 문제를 고려하여 프로그램 작성이 필요하다.

㉤ 뇌병변장애 같은 후천적 장애는 사회적응에 어려움이 많다. 의사소통, 감정적·사회적 변화를 감당할 수 있도록 지속적인 격려가 필요하다.

㉥ 운동 기능과 관련되어 근육의 긴장도가 높거나 저긴장 또는 불수의적 움직임이 동반된다.

▶ 뇌병변장애의 재활승마 지도 전략

인지 기능에 손상이 있는 경우에는 말로 설명하기보다는 그림 같은 시각적 교육 도구를 사용하는 것이 이해를 높일 수 있다.

㉠ 과제 분석을 통한 개별화교육 프로그램(지도안) 작성이 필요하다.

ⓒ 이동 시 안전사고에 유의해야 하며, 이동 동선을 고려하여 잡을 수 있는 곳이나 쉴 수 있는 곳이 필요하다.

ⓒ 뇌성마비장애와 같이 치료가 필요한 장애인이면 치료와 재활승마 병행이 이상적이다.

ⓔ 재활승마지도사의 휠체어 및 보조기구에 대한 이해와 활용 능력이 필수적으로 요구된다.

ⓜ 기승자가 특정 자세에 과도한 힘을 주는 것은 장애를 가중시키거나 낙마할 수 있으므로 주의가 필요하다.

ⓗ 기승자의 재활승마 후 문제점을 파악하여 기능적 제한을 극복할 수 있는 재활승마에 대한 적응이 필요하다.

▶ 뇌병변장애의 재활승마 지도 시 고려사항

㉠ 뇌성마비가 있는 사람들을 위한 재활승마 프로그램을 계획하기 전에 평형성, 협응력, 균형, 동체 안정 등을 평가해야 한다.

㉡ 중증 사지마비의 경우 말 위에서 목과 몸통을 가눌 수 없고, 무릎이 서로 압박되거나 엉덩관절의 변형 등으로 재활승마가 적용되지 않을 수도 있다.

㉢ 대다수의 뇌병변장애는 복용하는 약물이 있을 수 있다. 이러한 약물에는 정서 및 운동기능에 영향을 미칠 수 있는 약물도 있으므로 복용하는 약물의 특성과 효과를 파악해야 한다.

㉣ 의도하지 않게 흔들리는 팔과 다리를 보완하고 고정하기 위해 고삐를 반드시 마방굴레에 연결하거나 고무줄을 이용해 등자를 복대에 고정할 필요가 있다.

㉤ 파킨슨병과 같이 균형(평형)감각에 문제가 있는 경우에는 낙마에 주의를 기울여야 한다.

㉥ 뇌성마비 장애인은 신경심리학적 측면에서 보면, 갑자기 어떠한 물체를 접하게 되면 몸의 경련과 경직이 순간적으로 발생하여 균형을 잃게 되는 경우가 있다.

㉦ 외상성 뇌손상 중에서 공격적인 성향, 화를 참지 못하고 충동적이고 주의력 결핍 등과 같이 사회성 결함을 보이는 경우가 있어 중재가 필요하다.

㉧ 조종능력과 집중력의 빈약을 보상하기 위해 기승자가 자신의 눈에 의존할 수 있다. 기승자가 잘 할 수 있을 때까지 한 번에 한 과제씩 가르친다.

㉨ 신체적인 도움에 의해 과제를 이해할 수 있도록 돕는다.

㉩ 균형과 체력을 위해 도움을 준다. 기승자를 부축하고 걷기를 할 때 인내심을 발휘하게 한다. 강습 시에도 과제 이행을 위한 시간을 충분히 준다. 게임보다는 말과 같이 움직일 수 있도록 기승자가 최대한으로 집중하게 한다.

㉪ 기승자가 어려워할 때 '둔하다'는 생각을 하지 않도록 하고, 걸음이 부드럽고 미리 예측할 수 있는 말을 이용한다.

3) 시각장애

시각은 오감 중에서 가장 중요하다. 시각은 외부의 정보를 받아들이는 데 있어서 70~80%를 차지하고 있다. 따라서 정상적인 인지적·심동적 발달에 대단히 중요하다.

외부의 시각적인 정보는 수정체를 통해 망막에 맺힌 상을 시신경을 통해 뇌의 시각중추에서 정보로 해석하고, 원심성 신경인 운동신경을 통해 움직임을 수행한다(그림 6-38).

신체활동 과정에서 시력은 자기 위치와 이동에 대한 정보를 제공하고, 다른 사람의 신체활동을 모방하며, 피드백 같은 중요한 역할을 한다. 다른 장애인들과 같이 시각장애인도 신체활동 참여의 기회가 제한될 뿐만 아니라 신체활동을 위한 학습에서도 시각 결손으로 어려움을 겪는다. 시력 손상으로 신체활동에 중요한 요소가 되는 자기 위치를 파악하고 이동을 위한 자료 획득의 어려움과 신체활동의 모방과 피드백에 대한 어려움을 겪게 되지만, 지속적인 신체활동은 자기 위치와 이동에 대한 자신감을 획득하고 건강과 사회성을 확보할 수 있다.

시각장애란 일상생활에서 장기간 또는 지속적으로 눈의 기능장애를 포괄적으로 나타내는 것을 말한다. 일반적으로 시각 기능은 시력(visual acuity)과 시야(visual field), 색각(color perception)으로 분류된다. 「장애인복지법」과 「장애인 등에 대한 특수교육법」에서 중요한 시각 기능은 시력과 시야로, 시각장애인은 시력장애와 시야결손장애로 구분한다.

시력은 눈으로 볼 수 있는 명료도 또는 선명도를 의미한다. 얼마나 멀리 볼 수 있는가 하는 정도이며, 정상인의 시거리(visual range)에 비해 시각장애인의 시거리는 1/10에 해당한다.

시야는 보이는 범위 또는 각도로 표기된다. 눈이 한 점을 주시하는 영점(null point)에서 그 눈이 볼 수 있는 범위를 말한다. 인간의 시야는 수평시야와 수직시야로 구분된다. 수평시야는 시선을 한 점에 고정한 경우 150°로, 수직시야는 눈썹에서 뺨까지 140°의 범위를 갖는다. 주시점에서 30°까지 범위인 중심시야가 손상될 경우 똑바로 보는 것이 어렵고 색을 지각하지 못한다.

장애를 갖게 된 시기를 기준으로 선천적인 시각장애와 후천적인 시각장애로 구분하며, 후천적인 시각장애는 '중도시각장애'라고도 한다. 인지적·심동적 발달에 있어 시각이 제한된 선천

[그림 6-38] 감각 정보를 통한 움직임

적인 장애가 중도시각장애에 비해 장애가 심하고 발달이 지체된 경우가 많다. 시각장애인이 재활승마를 할 경우 시각장애의 특성상 구부러진 자세가 만들어지기 쉬운데, 승마를 통해 이를 올바른 자세로 유도할 수 있다는 장점이 있다.

▶ 시각장애의 특성

시각장애의 가장 중요한 특성은 시각의 제한이다. 시각적인 외부 정보의 제한에 의해 전체적인 발달이 지연될 수밖에 없다.

㉠ 시각적인 제한이나 경험 부족이 인지 발달에 영향을 미칠 수도 있다.

㉡ 시각적 결함으로 인한 사회적 상호작용의 시작 및 유지에 어려움이 있다.

㉢ 시각능력의 한계로 인한 자신감 부족과 지나치게 의존하려는 경향이 있다.

㉣ 비장애 학생과 비교할 때 지능의 차이는 없으나 시각적인 제한으로 학업성취도가 낮다.

㉤ 활동의 제한으로 인해 전반적인 심동적 영역의 발달이 저하되어 있다.

㉥ 시각적인 장애로 인해 머리나 몸을 보호하기 위해 자세가 변형되어 있다(구부린 자세, 몸을 뒤쪽으로 기울이는 등).

㉦ 시각장애로 인해 시각장애인만의 상동행동(stereotyped behaviors)인 블라인디즘(blindism)이 고착화되어 있다.

▶ 시각장애의 재활승마 지도 전략

㉠ 재활승마지도사는 언어적인 피드백을 자세하고 명료하게 제시할 수 있어야 한다. 예를 들어 '여기', '저기', '거기' 등이 아닌 구체적으로 오른쪽 몇 ㎝(m), 위쪽으로 ㎝(m) 등으로 제시해야 한다.

㉡ 다른 장애 영역보다 교감 활동이 중요하다. 촉각을 사용하여 말에 대한 친밀감을 형성할 수 있도록 격려한다.

㉢ 저시력장애를 위해 큰 글씨를 활용하거나 주변 환경과 대조를 이루는 색을 사용하여 정보를 전달한다.

㉣ 승마 자세나 움직임에 대한 교육을 할 때 사이드워커에게 자세를 취하게 함으로써 시각장애인이 촉각(운동적)을 이용하여 습득하게 하는 것이 효과적이다.

▶ 시각장애의 재활승마 지도 시 고려사항

㉠ 시각적인 정보의 제한 대신에 청각적인 정보의 제공을 항상 염두에 두어야 한다.

㉡ 승마장에 대해 기승자가 정확히 숙지하고 있는 것이 중요하다. 탈의실, 화장실 등을 포함한 승마장 내의 모든 시설에 대해 공간 정향 능력이 만들어질 수 있도록 지속적으로 반복하여 숙지시킨다.

㉢ 저시력장애의 경우 말의 색과 대조적인 고삐를 사용하고, 마장의 경계나 내용물에 분명히 차이가 나도록 표시한다.

㉣ 언어적인 피드백이나 음향을 지속적으로 제공하는 것이 좋다. 옆이나 사각보다는 앞에서 제공하는 것이 바람직하다.

시각장애인을 위한 승마장의 환경적인 적응

오른쪽의 승마장 전면도에서 보는 바와 같이 시각장애인을 위해서는 마장의 주요 지점(사각마장인 경우 각 코너 부분이나 장애물 넘기를 하는 경우 장애물 옆 등 기승자와 사전 약속이 되어 있는 부분)에 벨을 들고 서 있는 고지자를 배치한다. 시각으로 획득할 수 없는 위치정보를 청각을 이용해 제공할 수 있다. 기승자, 지도사, 고지자는 서로 약속에 의해 기승자가 고지자의 일정 위치에 도달하면 사전에 약속된 벨을 울려주기 시작한다. 헬멧의 수신기가 있는 무전기로 청각 정보를 제공하는 것도 좋은 방법이다.

Tip

블라인디즘(blindism): 시각장애인만이 가지고 있는 독특한 상동행동으로, 시각 자극의 결여를 보상받기 위한 자기 자극 행동. 눈을 손으로 누르거나 몸을 흔드는 등의 행동. 다른 사람에게 부정적인 영향을 주어 사회적 통합이 어려움

4) 청각장애

청각은 외부의 음파가 외이도, 고막, 청소골, 달팽이관, 청세포, 청신경을 통해 대뇌에 신호로 전달된다(그림 6-39). 이러한 청각전도로에 손상이 발생하거나 손상에 따른 기능적인 제한이 발생할 때 청각장애가 된다. 청각장애는 구조적 손상에 따른 기능적인 손상을 야기한다. 청각에 관련된 기관은 인체 내부에 있고, 그 장애가 뚜렷이 밖으로 나타나지 않는 특성을 가지고 있다. 인간은 사회적 동물인데 청각장애가 발생하면 다른 사람과 함께 살아가는 환경에서 의사소통을 하는 데 제한적이 될 수밖에 없다.

청각장애란 청각기관의 어느 부위에 손상(impairment)을 입어 듣는 능력에 불능(disability)을 가져오게 한 다양한 정도를 포괄하여 말한다. 청각장애는 청력장애와 평형기능장애로 구분된다. 청력(auditory acuity)은 소리의 강도에 대한 청각의 감수성이다. 소리의 강도를 나타나는 데는 '데시벨(dB)'이라는 단위를 사용한다. 청력장애는 청력 손실로 인해 청각기관을 통해 음성언어 등과 같은 음을 수용하는 데 어려움을 겪게 된다. 따라서 정확한 음을 인지하는 데 제한적이고, 음성언어의 표현에도 제한적이 될 수밖에 없다.

평형기능이라 함은 공간 내에서 자세 및 방향감각을 유지하는 능력을 말하며 시각, 고유수용

[그림 6-39] 청각 정보의 전도

감각 및 전정기관에 의해 유지된다. 평형기능장애는 공간 내에서 자세 및 방향감각을 유지하는 능력에 제한적이 될 수밖에 없다. 평형기능장애는 전정기관의 손상에 의해 발생한다. 전정기관은 귀의 가장 안쪽에 있는 내이에 위치하며, 몸의 균형을 담당하는 평형기관이다. 전정기관은 세반고리관, 타원주머니, 둥근주머니로 구성된다. 이들 내부는 내림프액으로 채워져 있으며 다양한 크기의 이석이 중력과 회전, 가속 등의 운동 상태를 감지한다. 평형기능장애의 경우 전정기관 내 림프액이나 이석, 또는 신경세포나 전기적 자극 전달의 문제가 장애의 원인이 될 수도 있다. 평형기관에 문제가 있는 경우 어지럼증을 느끼면 종종 쓰러질 수도 있어서 정상적인 사회생활에 어려움을 겪을 수 있다.

▶ 청각장애의 특성

청각장애의 가장 중요한 특성은 청각의 제한이다. 청각을 활용한 외부 정보의 제한에 의해 전체적인 발달이 지연될 수밖에 없다.

㉠ 정상 지능지수를 갖고 있지만, 의사소통에 문제가 있어서 학업성취수준이 비장애인에 비해 낮다.
㉡ 청각장애가 원인이 되어 감각지각장애를 가질 수 있다.
㉢ 청각장애가 원인이 되어 원활한 의사소통에 문제가 될 수 있다.
㉣ 청각적인 정보의 수용이 어려워 안전사고의 위험성이 클 수 있다.
㉤ 신경계 손상으로 인한 청력 손상 시 회전 및 위치감각 손실 또는 평형감각 손실이 올 수 있다.
㉥ 비장애인에 비해 운동 발달이 평균 이하로 저하되어 있다.
㉦ 비장애인에 비해 체력적인 요인들의 저하되어 있다.
㉧ 다른 장애 영역에 비해 청각장애의 사회적인 유대감은 공고하다.

▶ 청각장애의 재활승마 지도 전략

재활승마 지도를 위해 기승자의 장애에 대한 이해는 필수다. 청각장애는 청각적인 정보가 제한되어 있는 만큼 청각을 대신할 수 있는 시각적인 정보를 제공할 수 있는 서비스, 훈련, 기구, 자료 또는 시설이 필요할 수 있다.

㉠ 신호나 사인 등을 빛 같은 시각적인 신호, 색 구별 등 다양한 정보 제공이나 지도가 가능하다. 예) 깃발, 발광 시스템, 문자 카드 등
㉡ 재활승마지도사는 청각장애인의 정면 위치에서 설명해야 한다. 구화가 가능한 학생들에게 정확한 입모양으로 느리고 정확하게 정보를 전달해야 한다.

ⓒ 시각적인 지도방법으로 시범(demonstration)을 활용하여 움직임을 설명하는 것이 효과를 높일 수 있다.

ⓔ 상향식(bottom-up) 방식으로 한 동작 한 동작 부분적인 움직임을 순서대로 하게 하여 그것이 전체적인 움직임으로 연결하는 것이 좋다.

ⓜ 모방(modeling), 피드백(feedback), 이해 확인이 중요하다.

▶ 청각장애의 재활승마 지도 시 고려사항

㉠ 청각장애인은 귀의 감염이나 문제가 있어 치료가 필요한 경우 재활승마와 치료를 병행해야 한다.

㉡ 응급 사항을 알리는 시각적인 사인에 대한 사전 약속이 되어 있어야 한다.

㉢ 구화가 가능한 경우라면 재활승마지도사가 지도하는 것이 가능하지만, 아닌 경우라면 수화 통역사가 필요할 수도 있다.

㉣ 수업하기 며칠 전에 미리 수업 계획을 제공하여 통역사나 기승자가 수업에 대해 이해할 수 있도록 한다. 특히 승마전문 용어 등 특수한 용어에 대해서는 목록 및 설명된 내용을 제공한다.

㉤ 평형기능장애의 경우, 대부분 어지럼증이나 평형 기능의 문제로 인해 기승할 수 없다.

5) 언어장애

인간은 생각과 의사소통의 도구로 언어를 사용한다. 언어는 생각이나 느낌을 나타내거나 전달하기 위해 사용하는 음성·문자·몸짓 등의 수단이다. 의사소통 과정은 뇌에서 전달하고자 하는 뜻이 구상되고 이를 표현하는 낱말과 말소리가 선택되면 특정 기관에서 말소리가 만들어져 의사를 전달하게 된다. 이때 뇌 조직이 관장하는 부분을 '언어(language)'라고 하며, 주변 기관에서 소리를 만드는 부분을 '말(speech)'이라고 한다.

언어는 형태, 내용과 사용으로 구분되어 있다. 형태는 소리를 의미 있는 기호와 연결시키는 언어적 요소다. 내용은 언어의 의미이며, 사용은 언어 활용을 규정하는 규칙이다. 말은 의사소통을 위해 호흡계, 후두(인두와 기관 사이에 있는 호흡 및 발성 기관), 구강(입에서 목구멍에 이르는 입안의 빈 곳) 등이 소리를 만드는 운동과정을 말한다. 즉 말을 만드는 과정은 가로막(횡격막)과 갈비사이근(늑간근), 배근육(복근), 목빗근(흉쇄유돌근)이 작용하는 호흡과정, 후두에서 소리를 만드는 발성과정, 그리고 혀와 턱 그리고 인두근의 움직임에 따른 조음과정으로 나눌 수 있다.

언어장애란 말이 다른 사람의 말과 달라서 말 자체에 주의를 끌게 하거나, 의사소통을 방해하거나, 말하는 사람이나 듣는 사람을 괴롭히는 원인이 될 때를 말한다. 언어장애는 음성장애와 언어장애로 구분된다. 음성장애는 단순한 발음(조음)장애 및 유창성장애(말더듬)을 포함하는 구어장애를 말한다. 언어장애는 언어중추 손상으로 인한 실어증과 발달기에 나타나는 발달성 언어장애를 포함한다.

의사소통을 위해 언어를 사용하고 이해함에 있어서의 결함으로, 다른 발달 영역(인지, 사회성, 운동)에 비해 언어 영역의 발달에 현저한 장애가 있는 것을 말한다. 한편, 언어발달지체란 정상적인 언어발달 단계를 거치지만 다른 아동들에 비해 발달 속도가 유난히 느린 경우를 지칭한다. 언어발달지체가 있는 아동에서 전반적인 발달지체를 보일 수 있으며, 발달장애와 중복될 수 있다.

▶ **언어장애인의 재활승마 지도 전략**

언어장애인의 경우 청각장애인의 지도 전략을 활용하는 것도 좋은 방법이 될 수 있다.

㉠ 일반적으로 언어장애는 의사소통 기술의 부족으로 인해 낮은 자존감을 보이거나 사회적 어려움을 겪을 수 있다. 따라서 심리적인 지원이 중요하다.

㉡ 중복장애가 아닌 유창성장애 같은 경우 운동 기능은 정상적일 수 있다. 의사소통에 대한 지원을 고려하고, 재활승마 지도는 정상적으로 지도할 수 있다.

㉢ 언어장애인과 의사소통 시에는 인내를 가져야 한다. 표현언어와 수용언어에 있어서 이해하지 못할 수도 있다. 또는 반응이 느릴 수 있음을 인지해야 한다. 따라서 시각적인 정보를 제공할 수 있는 그림, 시범 등을 제공해야 한다.

㉣ 문장은 간단하게 제시되어야 하고, 그에 대한 대답도 '예, 아니오'로 할 수 있도록 적절한 문장을 사용해야 한다. 몸짓언어의 사용도 적절하다.

㉤ 구화나 수화 사용이 가능한 경우, 앞에서 이야기하는 자세가 바람직하므로 환경적인 부분에서 조명은 밝게 하는 것이 좋다.

6) 안면장애

안면장애는 안면 부위의 변형 또는 기형으로 인해 사회생활을 하는 데 있어서 상당한 제한을 받는 것을 말한다. 선천성 기형, 후천적 사고 및 질환, 화상 등으로 인해 안면 부위의 색, 모양, 혹 등이 변형을 보여서 사회생활 활동에 상당한 지장이 있는 경우에 안면장애로 분류한다. 안

> **Tip**
> **유창성장애**: 입으로 주고받는 말의 정상적인 흐름이 방해를 받아 말하기의 시간 맞추기와 리듬이 부적당한 패턴이 되는 현상으로 말더듬증과 말빠름증(속화)이 있다.

면장애에는 눈에 띄는 면상 반흔, 색소침착, 모발 결손, 조직의 비후나 함몰, 결손이 포함된다. '반흔'은 흉터를 의미하며, 손상되었던 피부가 치유된 흔적이다. '함몰'은 인체 내부로 움푹 들어간 것을 말한다. '비후'는 조직이 불필요하게 커져 있는 상태를 의미한다.

유전 등의 선천적 원인과 화상이나 사고 등으로 발생한 후천적 원인으로 분류할 수 있다.

▶ 안면장애인의 재활승마 지도 전략

안면장애는 대분류상 신체적 장애로, 중분류상 외부 신체 기능 장애로 분류되어 있지만, 운동을 포함한 신체 기능에는 문제가 없는 경우가 대부분이다. 또한 안면장애의 특성상 대인기피증, 우울증, 사회적 적응에 문제가 있을 수 있다.

㉠ 심리적인 문제가 클 경우에는 기승술보다 교감활동 위주의 프로그램으로 진행하는 것이 좋다.

㉡ 화상 장애인의 경우, 화상에 의해 관절가동범위와 척주의 가동성에 제한이 있을 수 있다.

㉢ 화상 장애인의 경우, 오랜 기승으로 하지 등에 피부 발진 등의 문제가 있을 수 있다. 따라서 재활승마지도사의 세심한 주의가 필요하다.

독특한 요구와 적응

독특한 요구(unique needs)

모든 인간은 어떠한 일을 하고자 할 때 신체적·정신적·정서적 문제를 해결하기 위해 필요로 하는 사항들이 있을 수 있다. 사람에 따라서는 그 필요 정도가 다른 사람들보다 크거나 심하여 한계를 극복할 수 있도록 보완, 보충, 지원 등이 필요하다. 장애인은 비장애인에 비해 독특한 요구의 폭이 크고 다양할 수 있다.

적응(adaptation)

적응은 독특한 요구가 있는 모든 사람들이 적절하게 활동할 수 있도록 규칙, 방법, 도구를 수정하고 변형하는 것이다.

장애인이 재활승마를 하기 위해서는 지도방법, 기승과 하마 방법, 안장과 고리의 수정이 필요할 수도 있다. 성공적인 재활승마를 위해 재활승마지도사는 각 장애 영역에 맞추어 기승자의 독특한 요구를 파악하고 최적의 적응을 제공하는 것이 가장 중요하다.

왼쪽 사진은 재활승마를 위한 적응 안장이다. 안장 뒤쪽에 허리 받침과 벨트를 적용하여 체간의 움직임이 제한되어 있는 지체장애나 뇌병변장애를 위한 최적의 안장을 제공할 수 있다.

2 내부 기관의 장애

장애의 대분류에서 신체적 장애로 분류되고, 신체적 장애에서는 내부 기관의 장애로 중분류된다. 내부기관의 장애는 6개의 소분류로 구분되며, 그 내용은 신장, 심장, 간, 호흡기, 장루·요루, 뇌전증이다. 세부 분류에 관한 내용은 〈표 6-16〉과 같다.

[표 6-16] 내부 기관의 장애 세부 분류 및 판정

소분류	세분류
신장장애	투석치료 중이거나 신장을 이식받은 경우
심장장애	일상생활이 현저히 제한되는 심장 기능 이상
간장애	일상생활이 현저히 제한되는 만성·중증의 간 기능 이상
호흡기장애	일상생활이 현저히 제한되는 만성·중증의 호흡기 기능 이상
장루·요루장애	일상생활이 현저히 제한되는 장루·요루
뇌전증장애	일상생활이 현저히 제한되는 만성·중증의 뇌전증

1) 신장장애

신장(kidney, 콩팥)은 인체 내의 여과 장치로, 항상성(homeostasis)을 유지 및 조절하는 기관이다.

신장의 기능은 다음과 같다. 첫째, 대사산물 및 노폐물을 걸러서 소변으로 배출하는 배설 기능이다. 콩팥은 체내 대사과정의 노폐물 등 생체에 유독하고 불필요한 물질을 소변으로 배설한다. 또한 몸에 필요한 영양소는 신장에서 재흡수 과정을 거쳐 몸에서 재사용된다. 둘째, 체내 수분량과 전해질, 산성도 등을 좁은 범위 안에서 일정하게 유지하는 생체 항상성 유지 기능이다. 체내의 항상성을 유지하는 것은 수분대사 조절을 통해 세포외액량을 조절하거나 소듐과 포타슘 흡수 배설을 통해 전해질대사를 조절하기도 하고 산-염기의 균형(체내 산성도 유지)을 유지하는 일들로 이루어진다. 셋째, 혈압 유지, 빈혈 교정 및 칼슘과 인 대사에 중요한 여러 가지 호르몬을 생산하고 활성화시키는 내분

[그림 6-40] 신장의 위치
- 신장(kidney)
- 요관(ureter)
- 방광(bladder)
- 요도(urethra)

비 기능이다. 그중에서도 신장에서 생성하는 호르몬 및 관련 물질로는 레닌이 있는데, 이는 혈압 및 유효 혈장량을 유지하는 역할을 한다. 또한 콩팥은 프로스타글란딘의 일부를 생성하고 생성된 프로스타글란딘은 콩팥 혈관을 확장시켜 혈류량을 증가시킨다. 콩팥에서는 조혈 인자인 에리트로포이에틴의 작용으로 혈액성분을 생산하는 골수를 자극하여 주로 적혈구계통 세포의 생산을 증가시키기도 한다.

신장장애인은 만성신부전을 가진 환자로, 보존적인 치료(식사나 약물치료)만으로 생명을 유지하는 것이 위험하고 일상생활을 유지하기 어려운 상황에 이르러 투석(혈액투석, 복막투석)을 시행하는 사람 또는 콩팥이식을 한 사람을 말한다. 혈액투석은 몸의 피를 일부 뽑아 그 속의 대사산물과 노폐물을 걸러내고 깨끗한 피를 다시 몸 안에 넣어주는 것을 의미한다. 복막투석은 혈액투석을 대신하여 복막 내에 투석액을 주입하고 수분과 노폐물을 제거하는 방법이다.

이상에서와 같이 신장의 기능 이상이 발생하면 신장의 기능과 관련되어 다양한 질병이 발생할 수밖에 없다. 신장의 문제가 1차적이라면 2차적으로 당뇨, 고혈압, 빈혈, 신부전 등의 다양한 질병이 발생한다. 만성신부전증으로 진행되면 정상적으로 소변을 통해 배설되어야 할 노폐물들과 수분이 몸속에 축적되고 전해질의 균형이 깨지는 등의 변화가 일어난다. 증상으로는 피로감, 식욕부진, 구토증, 야뇨증, 수면장애, 소화장애 등의 요독증이 나타난다.

▶ 신장장애인의 재활승마 지도 전략

만성신부전 환자에게 있어서 운동은 신체적으로 심장 기능 강화, 혈액순환 향상, 합병증 예방 등의 효과가 있고 정신적·심리적으로도 효과가 있다. 신장장애를 가진 기승자를 지도하는 경우는 기승자가 운동을 할 수 있을 만큼 건강한지, 심장질환이나 고혈압 등 운동을 제한하는 다른 질환을 가지고 있는지 검토해야 한다.

㉠ 승마를 처음 시작하는 경우, 기승시간은 10분 내외로 짧게 정하고 신체의 적응력과 건강 상태에 따라 10분에서 15분으로 점차 늘려간다.

㉡ 혈압약 같은 경우는 필히 체크해야 한다. 기승활동 중 혈압의 변화가 발생할 수 있다.

㉢ 복막투석을 하는 경우는 투석하는 동안 허리에 통증을 유발할 수 있으므로 바른 자세를 유지하는 것에 초점을 맞추고 투석으로 인한 상처 부위가 영향을 받지 않도록 한다. 때로는 기승활동을 중단해야 할 수도 있다.

㉣ 너무 격렬한 운동이 되어 과다한 수분 섭취를 하게 되면 신장에 부담을 주게 되고 적절한 수분 섭취를 하지 않으면 근육경련 등이 올 수 있다.

㉤ 재활승마의 강도, 시간에 대해 인지해야 한다. 강도와 시간이 높은 경우에는 인체 내 혈당, 체액의 변화를 초래한다. 당뇨병과 체액의 변화로 인체 내 불편감을 호소할 수 있다.

㉥ 운동 중 심한 호흡곤란, 흉부 통증, 극심한 피로, 오심(가슴속이 불쾌하면서 토할 듯한 기분이 드는 증상) 등이 느껴지고 당뇨가 있는 경우는 저혈당 증상(배고픔, 식은땀, 두통, 떨림, 무기력, 가슴 두근거림 중 한두 가지 증상)이 느껴지면 승마활동을 마무리하고 하마한다.

㉦ 신장장애인은 장기간 투병으로 인해 대인기피증과 우울증, 불안 증세가 있을 수 있다. 따라서 심리적인 지원이 필요할 수도 있다.

2) 심장장애

심장은 인체에서 생명 유지를 위해 가장 중요한 기관 중의 하나다. 심장은 전기적 자극에 의해 심근의 수축과 이완을 통해 혈액을 온몸으로 순환시키는 펌프의 역할을 수행한다. 심장은

> **Tip**
>
> **항상성(恒常性, homeostasis)**: 생명을 유지하기 위해 인체 내 환경을 항상 일정하게 유지하려는 성질. 예: 체온, 혈압 등
>
> **혈액투석(hemodialysis)**: 인공 신장기를 이용하여 혈액 속 노폐물 제거, 신체 내 전해질 균형 유지, 과잉 수분을 제거하는 시술
>
> **복막투석(peritoneal dialysis)**: 환자의 몸 안에 있는 복막을 이용하는 투석 방법
>
> 폐순환을 소(小)순환, 체순환을 대(大)순환이라고도 한다.

가슴우리(흉곽) 안에 위치하고 있으며 총 무게는 250~350g 정도의 기관이다. 전기적 자극에 의해 움직이는 자동 펌프로 1분에 60~80회 심근이 수축한다. 심장은 크게 왼쪽 부분과 오른쪽 부분으로 나뉜다. 구체적으로 오른쪽과 왼쪽에는 각각 1개씩의 심방과 심실이 있고, 각 부분 사이에는 판막이 있다.

심장의 기능은 혈액의 지속적인 순환이며, 이를 통해 각 세포에 산소와 이산화탄소의 교환, 영양소와 대사산물의 교환이 이루어진다. 이를 '순환'이라고 하며, 폐순환과 체순환으로 구분한다. 폐순환은 온몸을 돌아 노폐물과 이산화탄소를 가지고 심장으로 돌아온 혈액을 폐로 보내 산소를 받아들이고 다시 심장으로 돌아온다. 체순환은 폐에서

[그림 6-41] 심장과 순환 모식도

심장으로 돌아온 혈액을 심장에서부터 폐를 제외한 온몸을 돌아 다시 심장으로 돌아온다(그림 6-41). 심장의 기능이 저하되면 온몸의 혈액 공급이 제한되어 순환에 대한 2차적인 문제들이 발생한다.

▶ **심장장애의 재활승마 지도 전략**

㉠ 심장장애로 인해 신체활동에 제한이 올 수 있다. 재활승마지도사는 기승자의 상태를 수시로 파악하여 운동량을 조절해야 한다. 운동 강도는 저강도, 기승시간은 짧은 시간(5~10분)에 평보 위주로 운동을 시작하고, 기승자의 상태를 고려하여 점증적으로 증가시켜야 한다.

㉡ 기승자가 심장에 대한 증상을 호소하거나 재활승마지도사가 증상을 발견할 경우 기승자를 즉시 하마시켜야 한다. 주요 증상으로 가슴 통증, 가슴 쓰림, 메스꺼움, 어깨 사이와 목에서 중복부 사이의 통증, 호흡 감소, 입술의 청색증, 어지러움, 사지의 청색증이 있다.

ⓒ 장애가 중증인 경우에는 재활승마가 제한된다.

ⓔ 모든 재활승마지도사는 심폐소생술 자격을 갖춘 사람이어야 한다. 또한 승마장 내에 자동심장충격기(자동제세동기)가 구비되어 있어야 한다.

3) 간장애

간은 우리 몸에서 가장 큰 장기(기관)로, '인체 내 화학공장'으로 지칭된다. 가로막 아래 배의 오른쪽 윗부분에 위치한 적갈색의 장기다. 반구형으로 융기된 윗부분은 오른쪽 가로막 밑에 밀접하게 부착되어 있으며, 간동맥 및 문맥으로부터 이중의 혈액 공급을 받는다. 간은 오른쪽엽과 왼쪽엽으로 구분되며, 미세한 소엽(간소엽)으로 이루어져 있다(그림 6-42).

[그림 6-42] 간의 구조

간의 기능은 다음과 같다. 첫째, 탄수화물 대사로 혈당을 유지하고 에너지를 생성한다.

둘째, 아미노산 및 단백질 대사 기능이다. 이외에도 지방 대사, 담즙산 및 빌리루빈 대사, 비타민 및 무기질 대사, 호르몬 대사, 해독 작용 및 살균 작용 등 다수의 대사 작용이 간에서 이루어진다.

간장애는 간 기능의 손상이나 이상으로 일상생활 활동이 어려워지는 장애를 말한다. 간경변증, 간세포 암종 같은 만성 간질환과 간성뇌증, 간 이식을 포함한다.

> **Tip**
>
> **문맥**: 문정맥의 줄임말. 척추동물의 위, 창자, 이자, 지라의 모세관을 돌고 온 정맥의 피를 모아서 간으로 나르는 굵은 정맥

▶ 간장애의 재활승마 지도 전략

㉠ 간장애 기승자를 위한 재활승마는 저강도, 기승시간은 10분, 주 3회에서 시작하는 것이 좋다. 준비 운동과 정리 운동 시간을 늘리고 기승은 평보나 빠른 평보가 적당하다. 간장애인의 상태에 따라 시간과 강도를 늘려나가는 것이 적합하다.

㉡ 간질환이 있던 사람에게 감염이나 변비, 위장관 출혈, 고단백 식사, 수면제 복용 등에 의해 간성뇌증이 발생할 수도 있다. 지나치게 졸려하거나 불면증, 불안 등이 보인다면 즉시 하마시켜야 한다.

㉢ 피로의 원인은 다양하지만, 간이 원인일 수도 있다. 기승자가 피로감을 표현한다면 기승을 중지하고 하마시켜야 한다.

㉣ 간장애인은 기승 후에 누운 자세로 쉬게 하여 간의 혈액 공급량을 늘려주는 것도 회복을 돕는 하나의 방법이다.

4) 호흡기장애

인간은 출생 후 자가 호흡을 시작하여 죽기 전까지 숨을 쉰다. 호흡은 산소를 들이마시고 이산화탄소를 내보내는 가스교환을 통해 산소를 공급받아 에너지를 만드는 작용을 의미한다. 호흡기계통(respiratory system)은 공기에서 대사에 필요한 산소를 얻고 에너지 대사의 결과로 생긴 이산화탄소의 방출에 관여하는 일련의 신체기관을 지칭한다. 호흡기계는 허파(폐), 기도, 호흡근, 가슴우리로 이루어진다. 허파는 가슴에 위치하고 있으며, 오른허파와 왼허파로 구분된다. 오른허파는 3개의 엽으로 나뉘고, 왼허파는 2개의 엽으로 나뉜다. 하위 구조는 허파소엽으로 이루어져 있으며, 말단에는 가스교환이 이루어지는 다수의 허파꽈리가 있다. 호흡근과 가슴우리는 호흡기계통의 매우 중요한 요소 중 하나이며, 호흡근육과 가슴우리의 운동으로 압력차를 발생시키고 이를 통해 공기가 기도를 통해 허파까지 이동하여 가스교환이 이루어진다.

허파나 기관지 등 호흡기관의 만성적인 기능부전으로 일상생활이 현저하게 제한되는 만성중증의 경우가 호흡기장애에 해당한다. 흡연, 세균감염 등 외부 원인에 장기적으로 노출되는 경우 발생할 수 있으며, 허파에 염증이나 병변이 지속되는 경우를 말한다(그림 6-43). 호흡기계통과 순환기계통은 밀접한 관계가 있으며 호흡기계통의 부전은 순환기계통의 부전을 가중시킬 수도 있다.

> **Tip**
>
> **간성뇌증**: 의식이 나빠지거나 행동에 변화가 생기는 증상으로 불면증, 성격의 변화, 졸림, 혼돈, 혼수, 발음 이상, 자세 불안정, 협조장애가 나타난다. 간성혼수는 간성뇌증이 가장 심한 단계이다. 간성뇌증은 간경변증의 말기에 나타나며, 간 기능의 현저한 저하가 근본 원인이고 변비, 위장관 출혈, 복막염 등의 각종 감염증, 수분과 전해질 불균형, 신기능 저하 등이 유발요인이다.

다음은 호흡기장애와 관련된 대표적인 질환들이다.

[그림 6-43] 정상과 만성폐쇄성폐질환의 비교

[표 6-17] 호흡기장애와 관련된 질환

질환명	세부 내용
폐렴	폐렴(pneumonia)은 폐 조직에 병원체가 침입하여 염증을 일으키는 질환이다.
천식	천식(asthma)은 알레르기 원인물질에 노출되어 발생한 염증반응으로 기관지가 좁아져 호흡 시 '쌔액쌔액' 하는 소리가 나는 천명과 호흡 곤란이 발작적으로 되풀이되다가 몇 시간 후에 가라앉았다가 다시 재발하는 질환이다.
폐결핵	결핵균이 폐에 만성 염증을 일으키는 병이다.
만성폐쇄성 폐질환	유해한 입자나 가스의 흡입에 의해 폐에 비정상적인 염증 반응이 일어나면서 이로 인해 점차 기류 제한이 진행되어 폐 기능이 저하되고 호흡곤란을 유발하게 되는 호흡기 질환이다.

▶ 호흡기장애의 재활승마 지도 전략

㉠ 호흡기장애의 경우, 재활승마지도사는 기승자의 약물 복용과 필요한 장비를 확인하는 과정이 필요하다.

㉡ 호흡기장애 기승자를 위한 재활승마는 저중강도, 기승시간은 10분, 주 3회에서 시작하는 것이 좋다. 특히 소아천식인 경우 재활승마가 호흡기계를 강화시켜 호흡의 효율성을 높일 수 있다. 준비 운동과 정리 운동 시간을 늘리고 기승은 평보가 적당하다. 상태에 따라 시간과 강도를 늘려나가는 것이 적합하다.

ⓒ 승마장의 특성상 호흡기장애가 있는 기승자에게 먼지, 동물의 털이나 비듬, 곰팡이 등이 호흡기 유해 자극 요인이 될 수 있다. 기승자 면담 단계에서 충분히 상황을 인지할 수 있도록 주의를 기울인다.

ⓓ 만성폐쇄성폐질환과 같이 손상된 폐의 구조는 회복되지 않을 수도 있다. 중증인 경우에는 재활승마를 금지한다.

ⓔ 호흡장애가 있는 기승자가 호흡곤란을 느끼거나 폐 질환자, 만성폐쇄성폐질환 환자나 급성호흡곤란증후군 환자는 산소포화도 측정이 필요할 수 있다. 산소포화도 측정기는 채혈을 하지 않고 환자의 동맥혈 중의 산소포화량을 측정하는 의료기기다.

5) 장루·요루장애

배변 기능 또는 배뇨 기능의 장애로 인해 장루(인공 항문) 또는 요루(인공 요로)를 시술한다. 장루장애의 경우 대장암이나 직장암 등의 악성종양이 원인이 되는 경우가 많으며, 요루장애의 경우 방광암이 원인이 되는 경우가 많다.

장루나 요루의 위치는 종양의 위치에 따라 달라지긴 하지만 배 주변에 위치하고 있고 노폐물 배출로 피부 손상, 장탈출, 출혈 등이 예상되므로 배 부분에 압력이 가해질 수 있는 기승활동은 적합하지 않다. 장애인 본인도 냄새, 배뇨주머니, 의지와 관계없이 분비물이 배출되는 등의 원인으로 대인기피증이 발생하고 사회생활에 어려움을 느끼기 때문에 주변의 이해와 지상훈련을 중심으로 심리적 안정감을 찾도록 재활승마 프로그램을 구성해야 한다.

6) 뇌전증장애

뇌전증은 뇌의 전기적인 자극 이상으로 인한 장애로 일상생활이 현저하게 제한되는 경우를 말한다. 우리의 뇌는 신경세포가 복잡하고 다양한 신경망을 이루어 연결되어 있다. 이러한 뇌의 신호는 전기적 자극에 의해 전달된다. 대뇌의 이상 또는 손상이 있을 경우에 이러한 뇌의 전기적 신호는 과흥분 상태로 전달된다. 이로 인해 경련, 발작, 의식 소실 등의 증세가 발생한다. 뇌전증이란 이러한 증세가 반복적으로 발생하는 질병을 의미한다. 뇌전증을 유발하는 원인은 다양할 수 있으며, 발작 양상도 여러 가지로 나타날 수 있다.

뇌전증이란 단일한 뇌전증 발작을 유발할 수 있는 원인 인자, 즉 전해질 불균형, 산-염기 이상, 요독증, 알코올 금단현상, 심한 수면박탈상태 등 발작을 초래할 수 있는 신체적 이상이 없음에도 불구하고 뇌전증 발작이 반복적으로(24시간 이상의 간격을 두고 2회 이상) 발생하여 만성화된 질환군을 의미한다. 뇌전증의 원인은 매우 다양하여 뇌의 질환은 모두 뇌전증의 원인이 될 수도 있다. 뇌전증은 유전질환이 아니다. 다른 유전질환으로 발생한 뇌손상으로 인해 2차적으로 뇌전증이 발병할 수 있다.

〈그림 6-44〉는 뇌전증에 대한 영상진단 사진이다.

뇌전증 발작은 여러 종류가 있는데, 크게 부분발작과 전신발작으로 구분한다. 부분발작은 발작을 일으키는 전기적 과흥분이 뇌의 한 부분에만 있을 때를 말하고, 발작을 일으키는 전기적 과흥분이 뇌 전체에서 발생할 때 전신발작이라고 한다. 발작이란 평소에 보이지 않던 이상한 느낌, 행동, 의식의 장애나 소실, 신체 일부나 전체가 경련을 일으키거나 뻣뻣해지는 것 등을 의미한다.

[그림 6-44] 뇌전증 영상진단

뇌 MRI사진

뇌 SPECT사진

출처: 국민건강정보포털

▶ **뇌전증장애의 재활승마 지도 전략**

㉠ 뇌전증장애인은 발작 때문에 자존감, 대인기피 등 사회적 부적응이 심할 수도 있다. 따라서 심리적인 지원도 함께하는 것이 중요하다.

㉡ 뇌전증장애인은 약물치료를 병행하는 경우가 많다. 약물은 복용하는 사람의 심리적·행동적인 면에서 다양한 반응을 만들어낼 수 있다. 재활승마지도사는 약물명, 복용량, 효과 등에 대해 인지하고 있어야 한다.

㉢ 재활승마지도사는 발작 전 감각 또는 행동, 발작 동안의 움직임, 발작시간 등 기승자의 상태를 명확히 파악하고 있어야 한다.

㉣ 강하고 조절되지 않는 움직임을 동반한 발작, 갑작스럽고 완전한 자세근육 긴장도의 소실로 인해 무기력하거나 이완된 발작이 있는 경우는 승마활동을 금한다. 또한 성인 기승자의 경우 몸무게로 인해 응급하마 시 사이드워커의 부상 등 2차적인 문제 발생이 예상될 때도 승마활동을 하면 안 된다.

Tip

간질 vs 뇌전증: 간질 자체가 잘못된 용어는 아니지만 사회적 편견이 심하고, 간질이라는 용어가 주는 사회적 낙인이 심하기 때문에 뇌전증이라는 용어로 변경

뇌전증 발작 후 회복자세(옆으로 누운 자세)

뇌전증 발작 후 응급처치로 회복자세는 대단히 중요하다. 회복자세는 기도가 열린 상태로 유지시켜 기도 폐쇄가 일어나지 않도록 하는 것이 중요하다. 회복자세는 옆으로 누운 자세다. 하늘을 보고 누운 자세에서 뇌전증 발작이 일어나면, 뇌전증장애인이 의식이 없는 경우에 내장의 신경계 지배가 원활하지 않아 위의 들문(분문, 식도 쪽의 문)이 열려 위에서 소화 중인 내용물이 식도로 역류하여 나온다. 또한 닫혀 있어야 할 후두덮개(기도)가 열려서 역류된 위의 내용물이 기도로 들어가게 되면 기도 폐쇄가 일어나 심한 경우에 사망할 수도 있다. 따라서 옆으로 누운 자세인 회복자세를 취하게 하면 위에서 역류가 일어나도 토사물이 자연스럽게 입 밖으로 흘러나가 기도가 개방된 상태를 유지할 수 있다.

회복자세 만들기
① 한쪽 팔을 만세 자세로 만든다.
② 다른 한 손을 만세한 쪽 얼굴 면에 갖다 댄다.
③ 얼굴에 대고 있는 손 쪽(만세한 쪽의 반대편)의 다리를 90° 정도 구부린 자세로 만든다.
④ 다리가 구부러져 있는 쪽의 무릎과 어깨를 잡아서 돌린다.
이러한 과정을 거쳐 회복자세를 취하게 되면 한 손으로 얼굴을 보조한 상태에서 옆으로 누운 자세가 만들어진다.

4장
정신적 장애

정신적 장애는 발달장애와 정신장애로 구분하고, 세부 분류 내용은 다음과 같다.

[표 6-18] 정신적 장애의 분류

중분류	소분류	세분류
발달장애	지적장애	지능지수와 사회성숙지수가 70 이하인 경우
	자폐성장애	소아청소년 자폐 등 자폐성장애
정신장애	정신장애	조현병, 분열형 정동장애, 양극성 정동장애, 재발성 우울장애, 뇌의 신경학적 손상으로 인한 기질성 정신장애, 강박장애, 투렛장애, 기면증

1 발달장애

발달장애란 어느 특정 질환 또는 장애를 지칭하는 것이 아니라 사회적인 관계, 의사소통, 인지발달의 지연과 이상을 특징으로 제 나이에 맞는 발달이 이뤄지지 않는 상태를 말한다. 발달검사에서 평균적인 정상 기대치보다 25% 정도 뒤처진 경우로, 대부분 저연령에 발견되며 사회성 문제가 진단에 가장 중요하다.

발달장애의 진단을 충족시키기 위해서는 적어도 주요 일상생활에서 7가지 가운데 3가지 이상의 기능에 명백한 제한이 나타나야 한다. 여기서 말하는 주요 7가지 일상생활 영역이란 자기관리, 수용언어 및 표현언어, 학습, 이동, 자기 지시, 독립생활 능력, 경제적 자족이다.

유전적인 원인, 뇌의 구조적인 문제, 환경호르몬, 중금속, 예방접종의 부작용 등 많은 원인이 발달장애를 유발하며 장애 분류에서는 지적장애와 자폐성장애로 구분한다.

1) 지적장애

인지 및 적응능력에 상당한 기능 저하를 갖고 있는 상태다. 정신발육이 지체되었다는 의미에서 '정신지체'라는 용어를 사용했으나, 부정적인 의미가 있으므로 지양하도록 한다. 지적 능력의 발달이 불충분하거나 불완전하여 자신의 일을 스스로 처리하지 못하며 사회생활 적응이 현저히 곤란해진 경우다. 지적인 기능이 평균 이하인 상태이며, 지능발달의 장애로 인해 학습이 불가능하거나 제한을 받고, 적응행동의 장애로 관습의 습득과 학습에 장애가 있는 상태를 말한다. 원인이 밝혀진 경우가 200여 종이지만 알 수 없는 경우가 더 많은데, 주요 원인을 시기별로 살펴보면 선천적인 이상, 임신 중의 이상, 분만 시의 이상, 후천적인 이상으로 볼 수 있다.

선천적인 이상으로는 다운증후군 등의 염색체 이상, 페닐케톤뇨증이나 선천갑상샘기능저하증 등의 대사 이상이 있다. 임신 중의 이상으로는 어머니의 매독, 풍진, 약물복용, 방사선 노출 등이 있으며, 분만 시의 이상으로는 저산소증 상태의 지속, 분만 중의 뇌손상 등이 있다. 후천적인 이상으로는 영유아기에 뇌염 또는 뇌막염을 앓거나 여러 가지 중독, 영양실조, 갑상선호르몬 결핍, 뇌손상 등이 있다.

뇌성마비, 전반적 발달장애, 뇌전증, 다운증후군, 기타 유전질환 등에서 다양한 임상적 특성과 함께 나타날 수도 있으며, 지적장애 단독으로 나타나기도 한다. 지적장애에 관한 증상으로는 언어발달 지연이 초기 증상일 수 있으며, 학교에 입학한 이후 학습 부진 및 적응능력의 현저한 저하를 보인다. 운동신경 증상으로는 저긴장증, 과다한 관절운동을 동반하는 경우가 흔하다.

지적장애는 웩슬러 지능검사 등 개인용 지능검사를 하여 얻은 지능지수(IQ)와 사회성숙도검사 등에 따라 판정하는데, 지능지수는 언어성 지능지수와 동작성 지능지수를 종합한 전체 검사 지능지수를 말한다.

- 경도 지적장애(IQ 50~69, 성인일 경우 정신연령 8~12세): 교육을 통한 사회적·직업적 재활이 가능한 사람
- 중등도 지적장애(IQ 35~49, 성인일 경우 정신연령 6~9세): 일상생활의 단순한 행동을 훈련시킬 수 있고, 어느 정도의 감독과 도움을 받으면 복잡하지 아니하고 특수기술을 요하지 아니하는 직업을 가질 수 있는 사람
- 고도 지적장애(IQ 20~34, 성인일 경우 정신연령 3~6세), 최고도 지적장애(IQ 20 미만, 성인일 경우 정신연령 3세 미만): 일상생활과 사회생활의 적응이 현저하게 곤란하여 일생 동안 타인의 보호가 필요한 사람

▶ 지적장애의 재활승마 지도 전략
· 기승자가 가진 능력수준 혹은 그 이상을 기준으로 지도하고, 능력 이하로 지도하지 않도록 한다.

- 기승자 자신이 무엇을 좋아하는지 말하게 하여 기승자의 수준을 이해하도록 한다. 모든 사람은 정도는 다르지만 모두 학습이 가능하다.
- 기승자가 더 복잡한 것을 할 수 있을 때까지 과제를 간단하게 한다. 기승자들이 다른 활동을 하기 전에 움직이는 말[馬]을 이해하기까지는 시간이 걸린다.
- 적절한 행동을 하기 위해 필요하다면 기승자를 엄격하게 지도한다.
- 기승자가 고삐 사용을 제대로 할 때까지 고삐를 주지 않도록 한다. 나쁜 습관을 고치는 것보다는 처음부터 좋은 습관을 길들이는 것이 현명하다. 고삐가 굴레에 연결되어 있어도 고삐를 당기는 것은 나쁜 버릇이 생기게 할 수 있다. 고삐를 거칠게 당기는 것은 말에게 해롭다는 것을 설명해준다. 기승자가 이를 이해하지 못하면 비슷한 수준의 게임을 시도한다.
- 기승자가 성공을 경험할 수 있게 한다.
- 기승자가 잘하면 칭찬을 많이 해준다.
- 잘못하는 것은 칭찬하지 않는다.
- 과제는 도전적이고 흥미롭게 한다.
- 기승자가 지도사의 의도를 알게 한다. 천천히 말하고 평범하고 짧은 어휘와 문장을 사용한다.

다운증후군은 염색체 이상에 의해 발생하는 질환으로, 처음으로 특징을 기술한 다운(Down)이라는 영국인 의사의 이름을 인용하여 명명했다. 정상인은 염색체가 2개의 쌍으로 이루어져 있지만 다운증후군은 21번 염색체가 3개인 염색체 이상으로, 특징적인 외모와 지적장애가 나타난다. 특징적인 외모는 납작한 얼굴에 눈꼬리가 올라가 있고, 눈가에 덧살이 있으며, 귀·코·입과 키가 작고, 손가락과 발가락이 짧다. 지능이 낮은 것은 일반적이지만 드물게 명문대학에 입학하는 경우도 보고된다. 선천성 심장질환이 나타날 수 있고, 호흡기 질환이나 소화기의 해부학적 이상과 백혈병 발병률도 높으며, 면역력이 저하되어 세균이나 바이러스에 감염이 잘된다. 호르몬 이상과 당분을 조절하는 내당 기능이 약해 비만이 되기 쉽고, 당뇨병의 발병 빈도가 높으며, 피부는 섬세하고 혈액순환이 나쁘기 때문에 겨울에 손발이 갈라지거나 동상에 쉽게 걸리며, 여름에는 습진에 걸리기 쉽다. 이러한 질병으로 평균수명이 50세 정도였는데, 최근 의학의 발달로 대부분이 치료 가능하며 관리만 잘해준다면 양호한 건강상태를 유지하며 평균수명이 연장되고 있다. 치과적·안과적·청력적 문제가 발생할 수 있고, 행동장애와 함께 70%에서 지능지수 20~40의 지능 저하가 있으나 다운증후군 아동을 위한 학령 전 조기교육의 확대로 최근 이들의 지능지수가 중등도와 경도의 수준으로 높아지고 있다. 다운증후군을 유발하는 염색체 이상을 정상으로 되돌리는 치료방법은 없지만 부모의 사랑과 지지, 교육의 기회 및 적절한 의학적 치료가 제공된다면 다운증후군 아동들도 사회에서 독립적이고 책임감 있는 사회인으로 적응할 수 있다. 이들은 고집은 세지만 인내심과 봉사정신이 투철하다는 특징이 있다.

다운증후군을 대상으로 승마를 지도할 경우는 사전에 반드시 의사의 확인이 필요하다. 목뼈 C1과 C2가 관절과 연결되는 부분에 목이 회전할 때 축이 되는 치아돌기가 있다. 다운증후군 아동의 약 10~20%는 치아돌기가 약하여(환축추 불안정) 첫 번째와 두 번째 목뼈의 탈구가 일어나기 쉬운데, 이런 경우 목 부분의 척수가 압박을 받아 사지마비, 호흡마비가 생길 수 있다. 기승 전 병원 진단으로 목뼈에 이상이 없는지 확인하고, 근육과 뼈가 약해 등이 너무 넓은 말에 기승하는 경우 엉덩관절 탈구 등이 발생할 수 있으므로 주의한다.

▶ **다운증후군 기승자의 재활승마 지도 전략**
- 근육의 긴장, 허약 그리고 처짐을 방지하는 지침을 따른다. 이와 같은 기승자를 다루는 방법을 치료사에게 문의한다.
- 허리가 약하고 균형감이 없으면 보조를 해준다. 근육의 발달과 형성을 위해 좋은 자세를 갖도록 한다.
- 처음 승마를 할 때 움직임이나 높이를 두려워할 수 있다. 말이 움직이기 전에 자리를 안정시킨다.
- 기승자의 다리를 너무 벌리게 하여 관절에 무리가 가지 않도록 한다. 아동의 경우 작은 말을 타게 한다.
- 근력과 인내심의 증진을 위해 승마시간을 점차적으로 연장시킨다.
- 필요한 대로 보조를 한다.
- 기승자가 자신의 머리와 몸을 고정시킬 수 있으면 속보를 실시한다.
- 동작의 조종, 정신적 훈련, 그리고 승마기술 습득을 함께 시도한다. 다운증후군 장애인은 정상에 가까운 지능이 있기 때문에 여러 가지 승마기술을 성공적으로 습득할 수 있다.
- 너무 지나친 도전은 삼가고, 과제를 항상 즐길 수 있도록 한다. 어떤 사람들은 아주 정교하기도 하므로 과제 이행의 범위를 정해준다.
- 이들 중 일부는 모든 부문의 시합과 마상체조도 잘할 수 있다.

2) 자폐성장애

　자폐증은 소아 1만 명당 5명 정도의 유병률을 나타내며, 대부분 36개월 이전에 나타나고, 여아보다 남아에서 3~5배 많이 발생한다. 자폐증은 자기 자신에게 비정상적으로 몰입한 상태로

> **Tip**
> 첫째목뼈(C1)와 둘째목뼈(C2)를 형태로 명명하여 각각 고리뼈(환추)와 중쇠뼈(축추)라고 한다. 중쇠뼈의 치아돌기가 위로 솟아 고리뼈와 관절을 형성하는데, '아니오'라고 말하며 고개를 가로저을 때 움직임이 이 관절에서 일어난다. 이 두 개의 뼈를 하나로 부를 때 고리중쇠뼈(환축추)라고 한다.

'자폐(自閉)'란 "자신의 세계에 갇혀 지내는 것 같은 상태"라 하여 붙여진 발달장애로, 다른 사람들과 관계를 맺고 유지하는 일에 어려움을 갖는 것을 의미한다.

자폐아동은 발달 전반에 문제를 보이기 때문에 정신지체, 언어장애, 학습장애, 뇌전증 등 다른 장애가 동반될 수 있다. 증상은 매우 다양한데 심한 경우는 기괴한 행동이나 공격성, 때로는 자해행위 등이 나타나며 가벼운 경우에는 학습장애로 보일 수도 있다.

자폐의 원인으로는 크게 선천적, 생화학적, 유전적, 뇌구조 및 기능의 이상으로 구분할 수 있다. 선천적인 요인으로는 대사장애 및 신체질환과 풍진, 헤르페스뇌염 등의 감염이 알려져 있으며 생화학적 요인으로는 주로 세로토닌, 노르에피네프린, 도파민 등 신경전달물질의 변화나 부신피질자극호르몬, 성선자극호르몬, 갑상선자극호르몬 등 내분비 기능의 이상과 관련이 있는 것으로 알려져 있다.

유전적 요인으로는 자폐아동의 형제자매들이 자폐장애가 생길 가능성이 일반인보다 50배가 넘는 것으로 알려져 있으며, 뇌구조 및 기능의 이상 요인으로는 뇌파검사의 이상소견, 뇌전산화단층촬영 시 뇌실의 확대, 뇌의 세부구조 중 세포 수가 감소되어 있다는 연구 결과가 있다. 자폐장애는 행동적 증후군으로 사회적 상호관계의 장애, 의사소통 및 언어장애, 행동장애 등이 특징이다.

자폐장애를 완치시킬 수 있는 치료방법이나 약물은 아직까지 없고, 일반적인 치료방법은 행동장애를 감소시키고 언어를 습득하며, 의사소통기술을 증진시키고 자립기술을 배우도록 하는 것이다. 따라서 다양한 프로그램이 포함된 포괄적 특수교육을 시행하고 행동치료, 정신치료를 통해 체계적으로 행동교정을 시행한다.

치료의 방향은 타인과의 관계 증진시키기, 과제 수행이나 해결 능력 키우기, 반복훈련을 통해 학습시키고 집중적으로 보상을 주는 행동 수정 방법인 좋은 행동 늘리기, 자해행위를 줄이고 과잉행동 등에 대해 약물치료를 병행하는 문제행동 줄이기 등이 있다. 이러한 방법들은 집중적인 상호작용과 부모의 역할을 강조하고 있는데, 언어치료, 놀이치료, 음악/미술치료, 감각통합치료, 특수교육, 약물치료 및 부모에 의한 문제행동 수정방법 등이 있다.

자폐증은 뇌의 발달장애로 의사소통과 타인과의 사회적 교류에 문제가 발생하게 되면 행동, 관심, 활동에서 특이한 패턴을 보이는데, DSM-V에 따르면 자폐스펙트럼장애는 아래 1, 2, 3의 진단기준을 충족해야 한다.

① **임상적으로 유의미하면서 지속적인 사회적 의사소통과 상호작용의 결함을 보이고 다음 모두에 해당된다.**
   a. 사회적 상호작용을 위하여 사용되는 비언어적 및 언어적 의사소통의 현저한 결함
   b. 사회적으로 서로 반응을 주고받는 상호 교류의 결여
   c. 발달수준에 적합한 또래 관계의 형성 및 유지 실패

[표 6-19] 자폐성장애의 특징

구분	내용
사회적 상호관계 장애	· 유아기 때 사회적 미소반응이 거의 없고 사람들과 눈 접촉을 피하며 신체적 접촉을 싫어하고 혼자 지내려 한다. · 사람이 아닌 대상(장난감 등)에 관심이 많다. · 말을 걸어도 반응이 없다. · 부모가 안아주려고 하면 꼭 안기려고 하지 않고 버둥거리는 등 부모에 대한 애착행동이 별로 없다. · 학령기가 되어도 친구가 없고 성인이 되어도 대인관계나 이성관계를 맺지 않는다. · 자신만의 세계 안에서 사는 것처럼 보인다. · 매우 극단적인 기쁨, 분노, 고통의 경우를 제외하고는 얼굴에 감정 표현이 없다.
의사소통 및 언어장애	· 말할 때가 지났는데도 전혀 말이 없거나 괴상한 소리를 지른다. · 유아기 때 옹알이를 하지 않고 언어발달이 비적상적이거나 늦다. · 반향언어를 보인다(남이 말한 단어를 따라 하기). · 말소리의 크기 조절이 안 되어 너무 크게 이야기하거나 너무 조용하게 말한다. · 언어적 결함을 몸짓, 가리키기, 눈맞춤 또는 표정 등과 같은 대안적인 의사소통 방식으로 극복하려고 시도하지 않는다.
행동장애의 특징	· 손이나 몸 흔들기, 머리 부딪히기, 손톱 물어뜯기, 자신의 몸 물기/때리기 등의 행동이 마치 강박증처럼 반복적으로 되풀이하는 상동적 행동을 보인다. · 발가락 끝으로 걷거나 몸을 흔든다. · 주위환경의 변화에 저항하고 똑같은 것만 고집한다. · 한 가지 질문을 반복적으로 한다. · 산만하고 가만히 있지를 못한다. · 머리를 부딪치거나 자신의 피부에 손상을 주고 머리카락을 뽑는 등의 자해행동을 한다. · 장난감이나 사물에 병적으로 집착한다. · 숫자나 순서에 집착한다.
놀이와 상상과 관련된 증상의 특징	· 상상놀이도 상동적이고 반복적이며 비사회적이다. · 어떤 형태의 놀이도 제한적이어서 물건을 줄지어 늘어놓거나 자동차의 바퀴를 돌리거나 물건 전체를 돌리는 등의 제한적인 행동만 한다. · 일정한 규칙대로만 놀고 이를 방해받는 것을 상당히 싫어한다.
지능 및 인지적 결손	· 자폐아동의 70~80%에서는 정신지체가 동반된다. 지적 능력이 낮은 아동이 사회적 발달에서 더 심한 손상을 보이고 일탈된 행동을 더 많이 보인다.

② 행동, 관심 및 활동에 대해 제한적이고 반복적인 형태를 보인다. 다음 항목들 가운데 적어도 2개 항목에 해당한다.

   a. 상동적인 행동이나 언어 또는 특이한 감각적 행동

  b. 특이하고 비효율적인 틀에 박힌 일이나 의식에 지나치게 매달림
  c. 제한적이고 고착화된 관심사항

③ 증상은 초기 아동기에 나타난다(그러나 사회적인 요구가 제한된 능력을 능가할 때까지 증상은 충분하게 발현되지 않을 수 있다).

기존의 자폐성장애 범주의 새로운 명칭인 자폐스팩트럼장애는 고전적 자폐(자폐증, 고기능성 자폐증), 아스퍼거 증후군, 아동기 붕괴성 장애, 비전형 발달장애를 포함한다. 자폐스펙트럼은 전형적으로 2~3세가 되기 전에 증상이 나타나지만, 부모가 깨닫지 못하는 경우가 많다. 증상은 경한 정도부터 심한 정도까지 다양하게 나타난다.

① 자폐증(카너 증후군)

의사소통과 상호작용에 대한 이해, 감각지각 및 감각통합능력 등에 장애가 있는 자폐성장애. 좁은 의미의 '자폐증'으로 지적장애 수준의 지능을 갖는다.

② 고기능 자폐증

자폐증 중에서 지적장애가 없는 경우로 IQ 80 전후나 그 이상인 경우가 이에 해당된다.

③ 아스퍼거 증후군(Asperger's disorder)

아스퍼거장애는 자폐와 유사하여 사회적 교류의 장애를 보이지만, 지능이 정상이고 언어장애가 없으나 유전적 연구 결과 자폐장애와 매우 관련이 있는 것으로 알려져 있다.
증상은 질적인 사회성 장애, 즉 비언어성 의사소통과 제스처 장애가 뚜렷하게 나타나고, 친구 관계를 유지하지 못하며, 다른 사람과의 사회적 또는 정서적 상호 교환이 결여되어 있다. 또한 타인에 대한 관심과 행동이 한정적이며, 타인의 행복을 기뻐해주는 표현능력이 없다. 특정한 주제에 흥미가 생기면 몰두하는 경향이 있기 때문에 특정 분야에서 뛰어난 재능이 나

> **Tip**
>
> 동물복지 분야에 큰 업적을 남긴 동물학자 템플 그랜딘은 자폐를 극복하고 성공적인 삶을 살고 있다. 현재 미국 콜로라도대학 교수이며 2010년 「타임」지 선정 세계에서 가장 영향력 있는 100인에 선정되기도 했다.
>
> **DSM(Diagnostic and Statistical Manual of Mental Disorders, 정신질환 진단 및 통계 편람)** : 미국정신의학회(APA:American Psychiatric Association)에서 정신질환과 관련된 모든 정보를 지속적으로 수집·정리하여 각종 정신질환의 정의 및 증상을 판단할 수 있는 기준들을 제시하는 서적. 전 세계적으로 정신질환의 판단기준으로 사용되는데 DSM-I이 1952년에 최초로 발행되었으며 II, III, IV를 거쳐 2013년에는 DSM-5가 발표되었다.

타나는 사람도 있다.

④ 아동기 붕괴성 장애(CDD, Childhood Disintegrative Disorder)

2~3세까지 제대로 발달하다가 그 뒤 정신 발달이 멈추는 증상으로 고전적 자폐증에 비해 운동, 언어, 사회기술의 손상이 더 심한 상태다.

⑤ 비전형 발달장애(PDD-NOS, Pervasive Developmental disorder not otherwise specified)

전반적 발달장애이지만 다른 질병에 맞지 않는 경우. '기타 전반적 발달장애'라고도 부르며 비정형 자폐증(非定型自閉症, Atypical autism)도 포함된다. 지능지수가 정상범주이며 가벼운 발달장애의 경우에는 아스퍼거 증후군과 혼동되는 경우도 있다. 넓은 의미의 자폐증에 포함한다.

레트 증후군

X염색체 이상으로 발병하는 유전으로 여자아이에게만 나타난다. 남자아이는 출산과 동시에 사망한다. 레트 증후군은 DSM-4까지는 자폐스펙트럼장애로 보고 있었으나, 유전병임이 명백해졌고 다른 자폐스펙트럼과는 증상이 이질적이기 때문에 DSM-5부터는 자폐스펙트럼에서 빠졌다.

재활승마 프로그램을 운영할 때 자폐성장애가 있는 기승자를 지도하는 경우 지도사의 관심이나 대화 시도에 기승자가 반응이 없고 자신만의 세계에 빠져 있더라도 지도사의 말과 의도를 이해한다고 생각하고 친절하게 대한다.

눈의 접촉을 포함하는 어떠한 의사소통을 시도하거나 상호작용을 강요하거나 기대하지 말고 지식 제공과 칭찬에 대한 모든 노력을 아끼지 않는다. 지도사의 말에 기승자가 반응하지 않는 것은 이해하지 못해서가 아니지만 무엇을 하는지를 지도사가 행동으로 보여줄 필요도 있다. 기승자의 마음에 다가갈 때는 천천히 접근하고 겉으로 드러나는 반응을 확인하며, 새로운 과제나 기술의 습득은 기승자의 능력에 따라 천천히 더해가고 성취하면 칭찬을 자주 한다. 기승자는 겉으로 표현하지 않거나 할 수 없지만, 스스로 자신의 상황에 대해 인식하고 이미 엄청난 스트레스를 경험하고 있을 수 있다. 가능하면 지도사는 물론 말과 봉사자들이 교육시간마다 바뀌는 것을 피하여 기승자가 스트레스를 받지 않도록 한다. 기승자는 명백한 이유 없이 스트레스에 대해 쉽게 반응하고 비정상적인 행동을 보이거나 짜증을 내며 말에서 뛰어내리려고 할 수 있으므로 지도사는 이에 대비한다. 그러나 말이나 봉사자 등을 공격하는 등 부적절한 행동을 하는 경우는 침착하고 단호하게 대처한다.

기술이 한 번 수행되었다 할지라도 다음 시도에서는 될 수 없는 것처럼 승마를 비롯한 여러 가지 측면에서 기승자의 기능은 매 시간 또는 나날이 다양해질 수 있다. 특정한 기술에서는 매우 뛰어날 수도 있기 때문에 뛰어난 점은 물론 잘하려고 시도하는 것만으로도 격려하고 칭찬한다. 기승자가 반응이 없더라도 지도사는 독립기승을 하기 위해 습득해야 할 승마기술들을 마치 장애를 가지고 있지 않은 기승자에게 가르치는 것처럼 지도한다. 기승자가 교육에 대한 참여의지를 보이지 않더라도 지도사는 평정심을 잃지 말고 자원봉사자의 도움을 받아 기승자의 참여를 유도한다. 매우 더디지만 기승자는 매일매일 변화한다. 나중에는 혼자서 말을 돌보고 계속 반복되는 일들은 혼자서 충분히 할 수 있는데, 상당한 수준의 독립기승도 가능하다.

일반적인 안장을 사용하기보다 맨등담요(bareback pad)를 사용하면 기승자가 말의 체온을 흡수하여 근육의 이완을 돕고, 말의 움직임을 더 강하게 느낄 수 있다. 이는 산만해지기 쉬운 기승자의 주의를 승마에 집중시킬 수 있어 권장된다.

2　정신장애

지속적인 양극성 정동장애, 조현병, 조현정동장애, 재발성 우울장애 및 지속적인 치료에도 호전되지 않는 강박장애, 뇌의 신경학적 손상으로 인한 기질성 정신장애, 투렛장애, 기면증 등에 의한 기능 및 능력 장애를 말한다.

사회적 기능이 떨어지고 발병하게 되면 대인관계를 유지해나가기 힘들고 직장과 사회생활 또는 자기관리에서도 어려움이 많다. 또한 이를 다른 기분장애나 감정장애, 성격장애와 구분하기 위해서는 정확한 진료와 전문적인 진단이 필요하다.

조현병의 증상은 종종 대안적 생각, 실제에서 잘못된 생각, 기이한 행동 등을 보이고 적절하지 못한 반응, 기분, 예측 불가능한 행동들을 보일 수 있다. 조현병의 발병은 서서히 진행하여 주된 증상은 환청, 망상, 이상행동, 횡설수설 등의 증상과 감정이 메마르고 말수가 적어지며 흥미나 의욕이 없고 대인관계가 없어지는 등의 증상이 나타나는 경우가 있다.

> **Tip**
>
> '정신분열'이라는 명칭이 주는 부정적인 의미를 개선하고자 '조현병'으로 명칭을 개정했다. '조현'이란 현악기의 줄을 조정하는 것을 말하는데, 신경계나 정신의 조정이 잘 안 된 상태를 치료할 수 있다는 희망을 가진 명칭이다.
>
> 조현병의 범죄율은 학자들에 따라 비장애인들보다 낮다고 하기도 하고 반대로 통계적 착시로 낮아 보인다고도 한다.
>
> 학자들의 주장은 대략 두 가지로 압축된다. 모든 조현병 장애인들이 같지 않기 때문에 선입견을 가지면 안 된다는 것과 그들에게 관심을 가져야 한다는 것이다.

분열형 정동장애는 정신분열과 정동(기분)장애를 모두 가지고 있는 경우다. 정동장애는 기분의 극적인 변화가 특징인 정신질환으로 여러 현실 상황에서 적당하지 않은 정서반응을 보이는 장애로 '기분장애'라고도 한다.
　양극성 정동장애는 외적 자극이나 여건과 관계없이 자신의 내적인 요인에 의해 상당한 기간 우울하거나 반대로 들뜨는 기분이 되는 정신장애를 말한다. 기분이 저조하며 우울한 상태를 '울증'이라고 하고 들뜨고 몹시 좋은 상태를 '조증'이라고 하는데, 이 두 가지를 모두 가지고 있어 '조울증'이라고도 한다.
　재발성 우울장애는 우울증 증상이 반복되는 것으로 2주간 지속되는데, 우울증 장애는 극도의 슬픔, 거부 느낌, 낮은 자신감, 계속되는 실패의 느낌, 부정적 태도, 실망, 죄책감 등으로 야기된다. 우울한 느낌을 가지고 있는 사람은 대체로 조용하고, 소극적·내성적이다. 기승자는 지도사에게 말 타기를 원하지 않는다고 말할 수도 있고, 실제로 말을 타고 있어도 수업을 즐기지 않을 수 있다.
　승마활동을 하는 경우 지도사는 이들의 상태를 이해하는 것이 중요하다. 예를 들면, 행동장애를 가진 기승자는 단 하나의 장애유형이 아니라 다양한 장애유형이 섞인 형태로 나타난다. 지도사의 지시에 반항하고 통제를 따르지 않더라도 기승자의 의지와는 다르다는 것을 이해해야 한다. 병원치료를 받는 경우 정신장애를 가지고 있는 많은 기승자들은 자신들의 행동을 통제하기 위해 약을 먹고 있으며 심각한 행동 문제를 가진 사람도 승마활동에 완전히 정상적으로 참여할 수 있다. 하지만 의약의 복용이 분노나 나태함, 집중력 결핍, 주의산만, 무의식적인 움직임, 균형감 상실 등을 초래할 수도 있다. 이들을 다룰 때는 될 수 있으면 비장애인들처럼 다루는 것이 좋다. 또 지도를 위해서는 매주 안전과 일관성을 유지하고 이들의 행동을 예견하며 따뜻한 마음으로 대한다. 행동 규칙을 확실히 하고, 지도 내용도 이들이 자신의 능력 범위에서 기대할 수 있는 것이어야 한다. 기승자의 상황을 이해하고 친절하고 따뜻하게 대하지만 규칙을 정하고, 다른 사람이나 말을 위험에 빠뜨리면 강습을 중단한다.

5장
정서와 행동 문제들

1 정서·행동 문제

1) 개요

정서·행동 문제는 정서 및 행동이 또래집단의 규준에서 심각하게 벗어나 일반적인 환경하에서 사회적 관계, 감정 조절, 활동 수준, 주의 집중력 등의 곤란으로 자신 및 타인의 기능을 방해하며, 학업, 대인관계, 일상생활에 부정적인 영향을 미치는 상태다.

우리나라의 「장애인 등에 대한 특수교육법」에서는 정서·행동 문제군에 속하는 학생들을 다음과 같이 소개하고 있다.

> **정서 · 행동 문제를 지닌 특수교육대상자**
>
> 장기간에 걸쳐 다음 각 목의 어느 하나에 해당하여 특별한 교육적 조치가 필요한 사람
>
> 가. 지적·감각적·건강상의 이유로 설명할 수 없는 학습상의 어려움을 지닌 사람
> 나. 또래나 교사와의 대인관계에 어려움이 있어 학습에 어려움을 겪는 사람
> 다. 일반적인 상황에서 부적절한 행동이나 감정을 나타내어 학습에 어려움이 있는 사람
> 라. 전반적인 불행감이나 우울증을 나타내어 학습에 어려움이 있는 사람
> 마. 학교나 개인 문제에 관련된 신체적인 통증이나 공포를 나타내어 학습에 어려움이 있는 사람
>
> 출처: 「장애인 등에 대한 특수교육법」(2008)

2) 정서·행동 문제와 재활승마

승마를 대체적인 재활 수단으로 사용하는 것은 지체장애나 발달장애 등과 같은 의학적으로 진단된 장애에만 국한되는 것은 아니다. 신체와 정서 기능의 향상을 필요로 하는 모든 사람들,

즉 장애인부터 일상생활 적응에 주관적 불편함을 호소하는 경미한 심리적 문제를 가진 사람까지 말과 함께하는 경험을 통해 신체적·정서적 혜택을 누릴 수 있다.

'말매개서비스(Equine Assisted Service)'는 적절한 자격을 가진 전문가인 서비스 제공자(Service Provider)가 서비스 이용자(Service User)의 신체적·심리적 기능 개선을 위해 고안된 프로그램을 운영하는 다양한 종류의 서비스를 지칭한다. 예를 들어 충동성 문제로 대인관계에서 어려움을 겪고 있는 사람의 경우, 타인을 존중하는 능력의 향상을 위해 말을 관계적 도구로 사용할 수 있다. 또 기업체 같은 조직의 경우, 말이 매개가 되는 그룹 활동을 통해 리더십, 팀워크, 의사소통의 개선을 시도해볼 수 있다.

말을 사용하는 활동이나 치료가 심리적 효과를 나타낼 수 있는 것은 말이 가진 생리적·심리적 특징 때문이다. 말은 다양한 정서를 느끼고 기억하며 반응하는데, 사람이 의식적 또는 무의식적으로 보이는 작고 미묘한 신호 자극에 반응하면서 의미 있는 상호작용을 만들어갈 수 있다. 말과 함께하는 관계적 맥락 속에서 사람은 자신의 행동이 말에게 미치는 영향을 말의 즉각적이고 가식 없는 반응을 통해 지각하게 되고, 이것은 자신에 대한 성찰과 변화를 향한 동기로 이어지게 된다.

EAS는 목적, 활동내용, 서비스 제공자에 따라 다양한 유형이 있는데, 정서·행동 문제에 사용되고 있는 유형들은 〈표 6-20〉과 같다.

정서·행동 문제를 가진 아동들을 대상으로 시행된 재활승마(EAS) 연구에 의하면, EAL 프로그램 수행 후 외현화 장애를 가진 아동들의 파괴적 행동, 분노, 불안 수준이 감소되었으며, 정서 행동장애 아동들의 문제행동 관리 능력과 의사소통 능력이 향상되었다. 또 다른 연구에서 EAP(Equine Assisted Psychotherapy)에 참여한 내재화 장애 아동들은 외로움, 초조감, 사회적 스트레스 수준이 낮아졌고, 자존감과 문제해결능력이 향상되었다. 외현화 장애 아동의 경우 언어적·신체적 공격성이 감소하고, 친사회적 행동이 증가했으며, 부모와의 관계도 호전되는 효과가 나타났다.

그러나 심각한 정서·행동 문제로 진단받고 대안학교에 재학 중인 아동들을 대상으로 한 연구에서 EFL(Equine Facilitated Learning)은 아동들의 정서사회성 개선에 유의한 영향을 주지 못하는 것으로 나타났다. 이것은 기존 연구 결과와 일치하지 않는데, 이에 대해 저자들은 장애의 심각한 정도, 아동이 속한 환경의 위험요인, 측정방법들이 영향을 미쳤을 것으로 논의했다.

> **Tip**
> **외현화(外現化)**: 본능적 충동, 갈등, 감정, 태도 따위를 포함한 자기 개성의 외적 대상 요소를 외부 세계에서 감지하는 경향
> **내재화(內在化)**: 어떤 현상이나 성질 따위가 내부나 일정한 범위 안에 있게 됨

[표 6-20] 정서·행동 문제에 사용되고 있는 EAS

유형	정의
EAA(Equine-Assisted Activity, 말매개 활동)	말을 활용한 특정 활동들. 예 재활승마, 기승 또는 지상 활동, 말 손질과 마방관리 등
EAL(Equine-Assisted Learning, 말매개 학습)	말이 매개가 되는 실험적 성격의 학습적 접근. 예 일상생활 기술 습득
EFP(Equine-Facilitated Psychotherapy, 말촉진 심리치료)	심리적 문제의 치유를 위해 면허를 소지한 정신건강 전문가나 공인된 EAS 말 전문가가 시행하는 말을 활용한 심리치료

출처: PATH International 웹사이트

향후 EAS 연구에서는 장애의 유형과 심각도, 아동 주변의 가정과 또래 요인의 고려, 다각적인 측정방법에 대한 검토가 필요할 것이다.

EAS는 북미를 중심으로 빠르게 증가하고 있는데, 조사에 의하면 EAL 서비스를 제공하는 센터들은 2008년 140개에서 2013년에는 303개로 늘어났고, EFP 서비스를 제공하는 센터는 2008년 77개에서 2013년 129개로 증가했다(Path International, 2013).

우리나라의 경우 최근 들어 ADHD, 인터넷중독 아동을 대상으로 승마 프로그램들이 시도되고 있으며, 프로그램의 효과를 검증한 연구들도 발표되고 있다. 그러나 아직 시작 단계이며 향후 지속적인 연구와 현장에서의 실천을 통해 한국형 EAS로 발전시켜야 할 것이다.

이 장에서는 아동청소년 시기의 대표적인 정서·행동 문제인 ADHD, 우울, 반항장애, 품행장애, 인터넷중독의 개념과 특성, 재활승마 적용 시의 유의점 등을 중심으로 살펴보도록 하겠다.

2 주의력결핍 과잉행동장애(ADHD)

1) ADHD 개요

주의력결핍 과잉행동장애(attention-deficit/hyperactivity disorder: 이하 ADHD)는 주의산만, 과잉행동, 충동성을 특징으로 하며, 아동의 일상생활, 즉 가정, 학교, 사회 등에서의 적응에 지장을 초래하는 아동기의 주요 정신장애 중 하나다. 미국정신의학회(American Psychiatric Association)가 제작한 정신질환 분류체계인 DSM-5(Diagnostic and Statistical

Manual of Mental Disorders – 5th edition, 정신질환 진단 및 통계 편람)에서 제시하는 ADHD의 주요 증상은 다음과 같다.

① 주의산만 증상
- 학업, 일, 기타 활동 중 세심한 주의를 기울이지 못하거나 부주의한 실수를 자주 한다.
- 과제 수행이나 놀이 중 주의집중을 지속하는 데 어려움을 자주 겪는다.
- 아동을 향해 이야기하는데도 듣지 않는 것처럼 보일 때가 자주 있다.
- 지시를 이행하지 않거나 학업, 심부름, 업무를 끝내지 못하는 경우가 자주 있다.
- 과제나 활동을 조직적으로 하는 것에 곤란을 자주 겪는다.
- 지속적으로 정신을 집중해야 하는 일을 피하거나, 싫어하거나, 거부하는 일이 자주 있다.
- 과제나 활동에 필요한 것을 자주 잃어버린다(예: 숙제, 연필, 책 등).
- 외부 자극에 의해 쉽게 주의가 산만해진다.
- 일상적인 일을 자주 잊어버린다.

② 과잉행동 증상
- 손발을 가만두지 않거나 자리에서 꼬무락거린다.
- 가만히 앉아 있어야 하는 상황에서 자주 자리를 뜬다.
- 적절하지 않은 상황에서 지나치게 달리거나 기어오른다.
- 조용하게 놀거나 레저 활동을 하지 못하는 경우가 자주 있다.
- 쉴 사이 없이 활동하거나 마치 '모터가 달린 것 같이' 행동하는 경우가 자주 있다.
- 지나치게 말을 많이 하는 경우가 자주 있다.

③ 충동성 증상
- 질문이 끝나기 전에 대답해버리는 경우가 자주 있다.
- 차례를 기다리는 것을 자주 어려워한다.
- 다른 사람이 하는 것을 중단시키거나 무턱대고 끼어드는 경우가 자주 있다.

ADHD 장애 아동들은 위의 증상들이 12세 이전에 나타나고, 적어도 두 군데 이상의 환경(예: 학교와 가정)에서 존재하며, 증상들로 인해 사회활동, 학업, 직업 기능이 방해받거나 명백한 질적 저하가 나타난다.

2) ADHD 아동에게 재활승마 지도하기

(1) 지도 목표

일반적인 심리치료 장면에서 ADHD 아동의 주의력, 과잉행동, 충동성 개선을 위해 다음과 같은 목표를 설정할 수 있다.

- 오랜 시간 동안 꾸준히 주의와 집중을 유지한다.
- 주어진 과제를 하는 행동을 증가시킨다.
- 충동통제의 뚜렷한 진전을 보인다.
- 자신감을 향상시킨다.
- 대인관계를 발달시킬 수 있도록 사회성 기술을 습득한다.

재활승마지도사는 ADHD 아동의 기승술 등의 신체 기능 향상을 위한 목표와 함께 집중력, 자기조절, 자신감, 정서, 사회성 향상 등의 정서사회성 개선을 위한 목표를 수립할 수 있어야 한다.

ADHD 아동을 위한 재활승마 강습 목표를 수립하기 위해 다음의 Riding for the Disabled Association(RDA)가 제시하는 지침을 참고할 수 있다.

- 현실적으로 달성 가능한 목표 수립하기
- 기승자 중심의 목표 만들기
- 기다리는 동안 인내하기
- 명확하고 지속적이며 긍정적인 지도 필요
- 기승자가 최종적으로 과업을 완수할 수 있도록 하기 위해 단계별로 강습계획 세우기
- 아동의 행동이 말과 주변 환경에 영향을 미친다는 연관성 알려주기
- 아동의 장점, 재능, 바람직한 행동 격려하기

(2) ADHD 아동 지도 시 유의점

가. 교수 전략과 관련된 유의사항

㉠ 본격적인 활동을 시작하기 전에 그 활동에서 중요하다고 기대되는 행동을 학생들에게 상기시킨다.

ⓒ 강습의 규칙을 시각 자료물(포스터 등)로 만들어 눈에 잘 띄는 곳에 게시한다. 규칙 내용은 행동에 바로 적용할 수 있을 만큼 구체적이어야 한다.

  ⓒ 강습의 전체적인 스케줄에 대해 명확히 자주 이야기하며, 강습 진행 중 활동을 바꿀 때 미리 예고한다. ADHD 장애를 가지고 있을 경우, 과제를 시작하기도 어렵지만 과제를 바꾸기도 어렵기 때문이다(예: "이번 활동은 앞으로 5분 후에 마무리하고, 새로운 활동으로 진행합니다").

  ⓔ 강습의 이론적 교수 부분은 짧게, 활동은 박진감 있고 주도적으로 전개하고, 강습의 마무리는 재미있고 기분전환이 될 수 있도록 한다.

  ⓜ 보상과 처벌 규칙을 사용한다.
- 아동이 수행한 중요한 활동의 결과에 대해 즉각적인 보상이나 처벌을 제시한다.
- 아동의 특성을 미리 파악하여 강습 시 1회 정도는 아동이 성공할 수 있는 과제를 제시하고, 성공할 때는 특권을 부여한다.
- 처벌 사용 시 주의할 점은 강습 중간에 하마하게 되면, 그 시간에 배워야 할 내용을 배우지 못하게 되어 아동의 기능 향상에 영향을 미치게 된다. 또한 단체 강습 과정에서 처벌을 받을 경우, 아동은 자존감 저하와 사회적 고립을 경험하게 되므로 새로운 정서적 문제가 발생할 수 있다. 그러므로 가능한 한 강습 초기 오리엔테이션 과정에서 규칙을 준수하지 않을 경우 최후의 규칙은 강습 중단임을 사전 고지하여 아동이 선택하는 순간 최선의 결정을 할 수 있도록 미리 조치해두어야 한다. 그럼에도 아동이 단체의 안전을 위협하는 행동이 일어날 경우, 하마 조치가 내려질 수 있다.
- 하마한 아동은 충동적인 행동을 하거나 마장 시설을 배회하며 안전사고를 당할 수 있으므로 절대로 혼자 마장 안에 머물게 하지 않으며, 반드시 보호자가 동행하여 교실 등의 실내 공간으로 이동하여 강습 종료 시까지 대기한다. 지도사는 전체 강습을

아동이 지시에 순응하지 않을 때

아동이 지도사가 제시한 지시를 따르지 않을 경우, 아동이 행동을 선택할 수 있는 복수의 선택지를 제시할 수 있다. 예를 들어, 기승 중 지도사의 설명에 집중하지 않고 친구에게 계속해서 말을 걸며 강습을 방해하는 아동이 있다면, 지도사는 아동에게 "너는 이야기를 중단하고 기승한 상태로 설명을 듣거나, 아니면 이야기를 계속할 경우 하마해서 스탠드에 앉아 설명을 들을 수 있다"는 두 가지 제안을 할 수 있다. 아동의 부적절한 행동에 즉각적인 처벌을 하지 않고 선택지를 제공하는 것은 아동의 자율성을 존중해줌으로써 불필요한 감정적 대치를 피하고, 선택지의 내용을 통해 자신의 행동을 스스로 점검하고 바람직한 행동을 선택할 기회를 주기 위해서다.
지도사는 비순응적 아동과의 갈등을 효과적으로 다룰 수 있는 방법에 대해 고민해야 하며, 그룹 강습의 경우 다른 아동들에게 미치는 간접적인 학습 효과까지 고려하여 최적의 방법을 신속히 적용해야 한다.

마무리한 후 아동과 간단한 면담시간을 가지며, 아동에게 자신이 받은 벌칙의 이유를 다시 한번 설명하고, 아동이 다음 강습에 새로운 마음으로 참여할 수 있도록 격려한다.

나. 주의력 향상을 위한 지도방법

㉠ 지도를 시작하기 전 아동의 주의가 충분히 지도사를 향하고 있는지 확인하기
- 주의가 분산되어 있는 경우 이름 부르기, 다가가서 말하기, 시선 마주치기 등과 같은 방법으로 주의를 환기시킨다.

㉡ 천천히 명확하게 말하고 기승자가 명령을 이해했는지 물어보기
- 아동 스스로 무엇을 해야 하는지 충분히 인지할 정도로 이해했는지 확인한다. 주요 활동 전에 아동이 자기 언어로 표현하게 한다.

㉢ 강습 중 지시를 짧고 명확하게 되풀이하기

㉣ 진행 중인 활동에 집중하도록 아동의 주의를 지속적으로 환기시키기

㉤ 특정인에게 지시하는 동안에도 개개인의 관심을 유지시키기
- 한 명의 기승자를 지도하고 있는 동안 다른 기승자들의 주의를 유지하기 위해 비언어적 단서나 신호를 사용한다.

다. 충동성 조절을 위한 지도방법

㉠ 아동이 활동에 참여하는 동안 지켜야 할 행동들을 내적 언어(생각)를 활용하여 자신에게 지시하는 것이 가능하도록 가르치기

㉡ 활동을 빨리 달성하는 것보다 수행내용의 정확성에 관심을 가지고 정확하게 완수했을 때 이를 지목하여 칭찬하기
- ADHD 아동들은 활동을 가장 먼저 달성하려고 하는 성향이 있으나, 지도사의 피드백을 통해 자신의 행동을 점검할 수 있도록 한다.

㉢ 기승과 하마 시 충동적인 행동은 안전사고로 이어지기 쉽다. 기승과 하마 전 매번 안전에 대해 확실하게 주의를 다짐한 후 실시하도록 한다. 처음 기승 시 안장 위에 기승자의 손을 올리게 한 후, 지도사가 아동의 손을 잡아 과도한 움직임 제한하기

㉣ 경직, 경련, 긴장 같은 스트레스의 조짐 관찰하기

㉤ 증상이 심한 경우에는 말에서 뛰어내리거나 돌발적인 행동을 할 수 있으므로 기승 전 약물 복용 확인하기

(3) ADHD 아동을 위한 재활승마 환경

① 말
- 걸음이 부드럽고 차분한 말
- 갑작스런 상황에서 쉽게 다급해하지 않는 반응이 느린 말
- 약물을 복용하지 않은 경우에는 양측의 보조가 수월한 포니만한 키의 말을 선택하는 것이 좋음. 포니 이용 시 기승자의 체중 고려 필요

② 장비
- 무지개고삐, 잉글리시(english) 안장, 테라피(therapy) 패드 등을 사용
- 기승과 하마: 기승경사로와 기승대 모두 가능

③ 마장 환경
- 주의를 분산시키는 방해물이 없도록 승마장 환경을 가능한 한 강습을 위해 구조화
- 마장 내 규칙을 상시 확인할 수 있도록 규칙 보드를 눈에 잘 띄는 곳에 배치

(4) ADHD 아동을 위한 이상적인 재활승마지도사

재활승마지도사로서 갖춰야 할 일반적인 자질에 덧붙여 다음과 같은 요건이 ADHD 아동을 지도하는 재활승마지도사에게 필요하다. 아래의 항목들은 ADHD 아동들과 작업하는 심리치료사(Kaduson & Schaefer, 2010)와 교사(Dupaul & Stone, 2016)에게 필요한 자질을 재활승마지도사에게 응용하여 적용한 것이다.

㉠ 규칙과 제한에 대해 굳건하면서도 항상 침착하고 긍정적인 태도를 내면화할 수 있다.
㉡ 아동의 개별적인 특성에 맞게 중재 전략을 계획할 수 있어야 한다. ADHD 장애가 있는 모든 아동이 동일한 요구를 가지고 있다는 획일적인 접근은 피해야 한다.
㉢ 강습 시 발생하는 아동의 장애로 인한 문제 상황에서 강습전략을 수정하는 융통성이 있다.
㉣ 아동의 성향을 파악하여 관심 있는 과제와 관심이 적은 과제를 섞어 제시할 수 있다.
㉤ 아동의 좌절수준이 최고에 달할 때 물러날 줄 안다.
㉥ 지도사가 최고도의 좌절을 경험할 때 물러날 줄 안다.
㉦ 간단하고 이해할 수 있는 문장으로 명확히 말한다.

◎ 사소한 행동 문제는 무시할 수 있어야 하고, 언제 문제를 다루어야 하는지를 판단할 수 있는 능력이 있다.

㉣ 유머와 정서적 여유가 있다.

3 우울장애

1) 우울장애 개요

우울은 심리적으로 우울한 정서, 무가치한 느낌, 죄책감, 흥미 상실, 인지적 능력의 감소, 자살사고 등의 증상과 신체적으로 식욕, 체중, 수면의 변화 등의 증상을 수반하는 정신병리다.

과거 전통적인 정신분석 입장에서는 아동기 우울장애를 인정하지 않았다. 아동기에는 초자아의 발달이 이루어지지 않아 죄책감을 느끼지 못하므로 우울감을 느끼지 못한다고 보았기 때문이다. 그러나 이후 아동기 우울장애의 존재 여부에 대한 학자들 간의 논란이 지속되어오다가 1970년대에 이르러 아동기나 청소년기에도 우울장애가 나타날 수 있다는 것을 인정하게 되었다.

미국정신의학회가 제작한 DSM-5에서 제시하는 주요 우울장애(major depressive disorder)의 증상은 다음과 같다. 이러한 증상들은 사회적·직업적 및 다른 중요한 기능 영역에서 임상적으로 심각한 고통이나 손상을 초래한다.

▶ **주요 우울장애 증상**

① 하루의 대부분, 그리고 거의 매일 지속되는 우울한 기분이 주관적 보고(예: 슬프거나 공허하게 느낀다)나 객관적인 관찰(예: 울 것처럼 보인다)에서 드러난다.

② 모든 또는 거의 모든 일상 활동에 대한 흥미나 즐거움이 하루의 대부분 또는 거의 매일같이 뚜렷하게 저하되어 있을 경우

③ 체중조절을 하고 있지 않은 상태에서 현저하고 의미 있는 체중 감소나 체중 증가, 거의 매일 나타나는 식욕 감소나 증가가 있을 때(*주의: 아동의 경우, 체중 증가가 기대치에 미달되는 경우)

④ 거의 매일 나타나는 불면이나 과다 수면

⑤ 거의 매일 나타나는 정신운동성 초조나 지체

⑥ 거의 매일 나타나는 피로나 활력 상실

⑦ 거의 매일 무가치함 또는 과도하거나 부적절한 죄책감을 느낌

⑧ 거의 매일 나타나는 사고력이나 집중력의 감소, 또는 우유부단함

⑨ 반복되는 죽음에 대한 생각, 특정한 계획 없이 반복되는 자살 생각 또는 자살 기도나 자살 수행에 대한 특정 계획

아동청소년기에 나타나는 우울장애는 많은 부분에서 성인 우울장애와 비슷하나, 발달 단계의 특성상 다른 점도 있다. 주요 우울장애의 증상 중 ②~⑨번 항목은 아동기, 청소년기 및 성인기에 공통적으로 나타난다. 하지만 증상 ①의 경우 성인은 주로 우울하고 무기력한 기분을 경험하지만, 아동청소년은 주로 초조한 기분을 느낀다.

아동기 우울장애의 특성에 대해 홍강의(2014)는 "흔하게 관찰되는 증상은 슬픈 모습, 신체적 초조, 정신운동 초조, 분리불안과 공포감이며 연령이 높아질수록 무쾌감증, 절망감, 망상 및 정신운동 지연의 발현 빈도가 증가된다"고 했다. 또한 우울감, 집중력 부족, 불면, 자살사고는 모든 연령군에서 동일한 빈도로 나타나며, 명확한 우울감이나 생리적 증상은 보이지 않은 채 과민한 기분이나 과다행동, 비행, 공격성, 신체적 호소로 위장되어 나타나는 가면성 우울증이 흔하므로 적대적 반항장애나 품행장애와 구별해야 한다고 보았다.

우울한 아동들에게서 나타나는 발달 영역별 증상은 다음과 같다.

[표 6-21] 아동기 우울장애의 발달 영역별 특성

발달 영역	일반 특성
정서	· 전반적으로 우울한 기분이나 초조감을 느낀다. · 거의 모든 활동에 즐거움을 상실한다. · 지나치게 슬퍼하거나 외로워한다. · 주어지는 자극에 무감각하다. · 상황에 맞지 않게 쉽게 울고 지나치게 운다. · 긍정적인 정서가 결여되어 있다. · 분노를 적절하게 표현하지 못한다.
인지	· 모든 실패를 자신의 탓으로 돌리며 자기혐오와 자기비난에 몰두한다. · 부적절한 죄책감, 무기치함, 절망감 등을 가지고 있다. · 부정적 자기평가로 자아존중감이 낮다. · 주의집중이 어렵고 사고력과 의사결정능력을 상실한다. · 비관적 사고가 지배적이다. · 수행해야 할 과제를 잊거나 과제를 시도해도 실패한다. · 다른 사람의 말을 부정적으로 해석하는 경향이 있다.

발달 영역	일반 특성
동기	· 학업에 관심이 없다. · 힘든 과제나 사회적 경험을 회피한다. · 교사나 또래와의 사회적 관계 형성이 어렵다. · 고조된 자의식으로 집단활동에 참여하기 어렵다. · 일상생활에 무관심하다. · 특별한 후속 결과가 주어져도 학습이나 행동이 동기화되지 않는다. · 자살을 관념화하고 자살에 대한 반복적인 생각을 한다.
신체	· 급격한 식욕변화로 체중이 증가하거나 감소한다. · 불면증이나 과다수면 등의 수면 문제를 나타낸다. · 에너지 수준이 낮고 만성적으로 피곤해한다. · 심리운동적으로 지나치게 흥분되어 있거나 억제되어 있다.

출처: 이성봉·방명애·김은경·박지연(2014)

2) 우울장애 아동에게 재활승마 지도하기

우울장애 아동청소년을 대상으로 한 연구에 의하면 Equine Assisted Psychotherapy(EAP)는 문제행동 관리 능력과 대인관계 의사소통 능력 향상에 기여하며, 우울과 불안 수준을 감소시키는 것으로 보고되었다. 이와 같은 결과는 EAP가 우울장애 치료를 위한 심리적 중재영역 중 인지치료, 자기조절, 사회성 영역에서 효과를 나타내고 있음을 시사한다.

(1) 지도 목표

우울장애 아동청소년을 위한 일반적인 심리치료의 목표는 다음과 같다.

· 우울한 정서를 인식하고, 언어적·비언어적 방법으로 표현하여 정서를 해소할 수 있다.
· 가족, 친구와 우호적이고 즐거운 관계를 형성할 수 있다.
· 사회적 활동 참여의 질과 양을 향상시킨다.
· 삶에 대한 즐거움과 흥미를 표현할 수 있다.

재활승마지도사는 우울장애 아동의 신체 기능향상을 위한 목표와 함께 다음과 같은 정서사회성 향상을 위한 강습 목표를 세워볼 수 있다.

- 재활승마 강습을 통해 즐거움, 활력 등의 긍정적인 정서를 경험하고, 우울, 무가치함 등의 부정적 정서를 해소할 수 있다.
- 활동 중에 아동이 경험하는 내적 정서를 외부로 표현할 수 있다.
- 생명을 가진 사람과 동물의 가치를 소중히 여기며, 자신과 남을 존중하는 태도를 습득할 수 있다.
- 재활승마 강습에 참여하는 구성원들과 친밀하고 상호 지지적인 관계를 형성할 수 있다.

(2) 우울장애 아동에게 재활승마 강습 시 유의사항

① 강습 초기에 아동은 대체로 무표정하거나 우울한 표정이며, 힘이 없고 활동에 대한 흥미수준이 낮아 움직이는 것조차 상당히 귀찮아할 수 있다. 활동에 참여하더라도 매우 제한적이며, 지도사의 지시에 반응하지 않을 수 있다. 지도사는 아동의 행동을 이해하고 수용, 공감적인 반응을 해주어 초기 관계를 신뢰감 있게 형성해야 한다.

② 강습 초기에는 자극이나 활동 수준이 낮은 지상 레슨, 말 관찰하기, 승마장 거닐기 등의 프로그램을 제공하여 아동이 활동에 접근하는 것을 용이하게 한다.

③ 우울한 아동들은 자신에 대한 열등감, 무가치함을 자주 경험해왔을 가능성이 높다. 지도사는 아동이 승마활동에서 수행한 것에 대한 자기확인이 가능하도록 아동이 노력한 부분을 알려준다. 이때 중요한 것은 수행의 결과보다 과정이다.

④ 지도사는 승마 강습 중 아동이 다른 기승자, 지도사, 말과의 관계 속에서 경험하는 다양한 정서, 즉 즐거움, 두려움, 분노, 성취감 등을 아동 스스로 인식하고 표현할 수 있도록 돕는다.

⑤ 아동의 심리적 회복을 위해 아동의 정서적 변화 상황에 맞추어 적절한 수준의 도전적인 과제를 제시할 수 있어야 한다. 이때 아동이 선호하는 활동을 강습에 적절히 반영하는 것이 필요하다.

(3) 우울장애 아동을 위한 재활승마 환경

① 말
- 우울장애 아동은 심리적으로 매우 위축된 상태이므로 강습 시작 단계에서는 성격이 유순한 말을 사용하여 말에 대한 거부감을 느끼지 않도록 한다.
- 아동의 에너지 수준이 낮다면 바로 마장 강습을 시작하기보다 미니어처말 등의 관상용 말을 이용하여 관찰이나 말 손질 등을 가르칠 수 있다.

② 장비
- 무지개고삐, 잉글리시 안장, 테라피 패드 등을 사용
- 기승과 하마: 기승경사로와 기승대 모두 가능

4 적대적 반항장애

적대적 반항장애와 품행장애는 감정과 행동 조절의 어려움을 공통적으로 나타내는데, 연속성을 가진 연관된 장애라고 보고되고 있다. 이들 장애는 위험요인과 치료에서 상당 부분 공통된 특징을 가지고 있으며, 적대적 반항장애의 일부는 품행장애로 발달한다. 두 장애 모두 DSM-5의 '파괴적 행동장애·충동조절장애·품행장애'의 하위 장애로 분류되고 있다.

1) 적대적 반항장애 개요

적대적 반항장애(oppositional defiant disorder)는 아동이 부모를 포함한 권위자에게 반항적이고 적대적인 행동을 지속적으로 보이며, 그 행동이 사회적 또는 학업에 중대한 지장을 초래하는 정서·행동 문제다.

미국정신의학회가 제작한 DSM-5에서 제시하는 적대적 반항장애의 주요 증상은 다음과 같다.

① 분노와 과민한 기분, 논쟁적이고 반항적인 태도 또는 보복적인 태도를 보이는 양상
- 분노/과민한 기분
  - 자주 흥분
  - 자주 과민하며 쉽게 짜증을 냄
  - 자주 화를 내고 분개
- 논쟁적/반항적 행동
  - 권위자 또는 성인과 잦은 논쟁
  - 자주 적극적으로 권위자의 요구나 규칙을 무시하거나 거절
  - 자주 고의적으로 타인을 귀찮게 함
  - 자신의 실수나 비행을 남의 탓으로 돌림
- 보복성
  - 악의에 차 있거나 앙심을 품음

② 행동장애는 자신이나 가까운 사회관계(가족, 또래집단)의 타인에게 고통을 주며, 사회생활, 교육, 직장 또는 다른 중요한 기능에 임상적으로 부정적인 영향을 미친다.

잘못된 행동을 교정하는 방법(심리사회적 중재)

- **무시하기:** 아이의 존재 자체를 무시하는 게 아니라 아이가 잘못된 행동을 하는 것에만 반응하지 않는 것
- **타임아웃:** '생각하는 의자'와 같이 즐거움과 자극이 제거된 조용하고 재미없는 곳으로 보내 마음을 진정하고 생각할 시간을 주는 것
- **권리박탈:** 문제행동을 나타낼 때 평소 아동이 즐기는 권리를 제한하는 방법. 예) 게임활동에서 배제
- **토큰강화법:** 토큰(또는 스티커)을 얻을 수 있는 행동과 잃게 되는 행동을 아동에게 공지하고, 토큰이 일정 기간 누적된 후 보상품과 바꾸어주는 것

2) 적대적 반항장애 아동에게 재활승마 지도하기

(1) 지도 목표

적대적 반항장애를 가진 아동의 증상 개선을 위해 다음과 같은 심리치료 목표를 설정해볼 수 있다.

- 적대적이고 반항적인 행동의 강도와 빈도를 현저히 줄인다.
- 분노폭발을 조절하고 지시에 차분한 태도로 따른다.
- 상호 존중하는 태도로 상대방과 지속적으로 상호작용한다.
- 적대적이고 도전적인 행동을 사회적으로 수용될 수 있는 행동으로 바꾼다.
- 분노, 적대감, 도전의 저변에 깔려 있는 갈등을 해결한다.
- 긴장 수준을 감소시키고 만족감을 증가시키면서 가족 외 다른 성인들과의 긍정적인 상호작용을 늘려간다.

재활승마지도사는 적대적 반항장애 아동의 신체 기능향상을 위한 목표와 함께 다음과 같은 정서사회성 향상을 위한 강습 목표를 세워볼 수 있다.

- 지도사와 상호 존중하는 관계를 형성하고, 지도사의 지시를 따를 수 있다.
- 제시된 규칙을 준수하며 과업을 완수하는 과정을 통해 효능감을 경험할 수 있다.
- 강습 중 분노가 유발되는 상황에서 즉각적인 행동으로 화를 표현하지 않고 자신의 감정을 언어로 표현할 수 있다.
- 기승활동 중 즐거움을 느끼며 화, 짜증, 반항심 등의 부정적인 정서를 해소할 수 있다.

- 함께 기승하는 아동들과 말을 존중하는 태도로 대하고, 활동에 즐겁게 참여할 수 있다.

(2) 적대적 반항장애 아동에게 재활승마 강습 시 유의사항

① 분명한 규칙과 제한 범위, 기대되는 행동을 언어로 반복적으로 알려준다.
② 아동의 문제행동에 제한을 설정하는 단계: 문제행동이 발생했을 때, 아동의 행동 또는 아동 자체를 지적하거나 비난하는 것은 더욱 적대적이고 반항적인 행동으로 이어질 위험이 있다. 그 대신 다음의 제한하기 과정을 단계별로 적용해볼 수 있다.
- 1단계: 감정 반영하기. 예) "지금 화가 많이 났구나."
- 2단계: 제한 전달하기. 예) "하지만 승마장에서 소리를 지르거나 물건을 던지는 것은 모두를 위험하게 할 수 있어."
- 3단계: 대안 제시하기. 예) "소리 지르는 대신 네가 화가 난 이유를 나(지도사)에게 말해보렴. 내가 너를 도울 거야."

③ 적절한 타이밍에 타임아웃, 무시하기, 권리박탈 벌칙 등과 같은 제한 기법을 사용한다. 제한하기를 사용할 때, 아동이 자신의 잘못을 이해하는 것이 우선해야 한다. 자신이 부당한 대우를 받고 있다고 생각할 경우 더 심각한 반항이 나타날 수 있다.
④ 지도사는 아동의 문제행동에 대해서는 일관되고 단호한 태도를 취해야 하나, 아동 개인을 향해서는 기본적으로 온정적인 마음을 가지고 있어야 한다.
⑤ 집단 강습의 경우, 지도사는 아동이 다른 기승자들과 상호작용하는 모습을 주의 깊게 관찰하고 갈등이 발생할 경우 악화되기 전에 적절한 중재를 취할 수 있어야 한다.

(3) 적대적 반항장애 아동을 위한 재활승마 환경

① 말
- 적대적 반항장애 아동들은 쉽게 자극을 받는 경향이 있으므로 성품이 온순하고 반응이 느린 말이 좋다.
- 아동의 증세가 완화되면 좀 더 활발한 말로 교체하여 도전적인 자극에 적응할 수 있는 기회를 제공하는 것도 좋다.

② 장비
- 무지개고삐, 잉글리시 안장, 테라피 패드 등을 사용
- 기승과 하마: 기승경사로와 기승대 모두 가능

③ 마장 환경
- 마장 내 규칙을 상시 확인할 수 있도록 눈에 잘 띄는 곳에 규칙 보드를 배치할 수 있다.

5 품행장애

1) 품행장애 개요

품행장애(conduct disorder)는 공격행동, 절도, 공공시설 파괴, 방화, 거짓말, 무단결석, 가출 등과 같은 반사회적 행동을 보이며 타인의 기본 권리를 침해하고 연령에 적합한 사회적 규범을 위반하는 정신병리다. 정서 및 행동 조절에 문제를 보이는 대표적인 외현화 장애이기도 하다.

미국정신의학회가 제작한 DSM-5에서 제시하는 품행장애의 주요 증상은 다음과 같다.

① 사람과 동물에 대한 공격성
- 자주 다른 사람을 괴롭히거나 위협하거나 협박한다.
- 자주 신체적인 싸움을 먼저 건다.
- 다른 사람에게 심각한 신체적 손상을 입힐 수 있는 무기(예: 방망이, 벽돌, 깨진 병, 칼, 총 등)를 사용한다.
- 사람에 대해 신체적으로 잔인한 행동을 한다.
- 동물에 대해 신체적으로 잔인한 행동을 한다.
- 피해자가 보는 앞에서 도둑질을 한다(예: 노상강도, 소매치기, 강탈, 무장강도).
- 다른 사람에게 성적 활동을 강요한다.

② 재산/기물 파괴
- 심각한 손상을 입히고자 의도적으로 방화를 한다.
- 다른 사람의 재산을 의도적으로 파괴한다(방화로 인한 것은 제외).

③ 사기 또는 절도
- 다른 사람의 집, 건물, 차에 무단으로 침입한다.
- 어떤 물건을 얻거나 환심을 사기 위해 또는 의무를 피하기 위해 자주 거짓말을 한다.
- 피해자가 없는 상황에서 물건을 훔친다.

④ 심각한 규칙 위반
- 부모의 금지에도 불구하고 자주 밤늦게까지 집에 들어오지 않는다. 이러한 행동이 13세 이전부터 시작되었다.
- 부모와 함께 사는 동안에 적어도 2회 이상 밤늦게까지 들어오지 않고 가출한다(또는 장기간 집에 돌아오지 않는 가출을 1회 이상 한다).
- 13세 이전에 학교에 무단결석을 자주 한다.

2) 품행장애 아동에게 재활승마 지도하기

정서·행동 문제를 가진 아동들을 대상으로 한 연구에 의하면 Equine Assisted Learning(EAL)은 파괴적 행동을 감소시킨다고 보고되었으며(Hanson & Pargeter, 2014), 전통적인 정신치료와 Equine Assisted Psychotherapy(EAP)를 비교한 연구에 의하면 EAP가 행동장애 아동들의 언어적·신체적 공격 감소와 친사회적 행동 증가에 전통적인 치료법보다 더 효과적인 것으로 나타났다(Whittlesey-Jerome et al., 2016). 이와 같은 결과는 말을 이용한 활동과 치료가 품행장애의 주요 증상인 공격성과 반사회성 완화에 효과가 있음을 보여주는 것이다.

(1) 지도 목표

말과 함께하는 활동을 통해 긍정적인 정서를 경험하고 누적된 분노, 우울감 등의 부정적 정서를 해소할 수 있다.
- 기승술, 승마장 안전수칙 등 활동에 사용되는 규칙을 이해하고 잘 지킬 수 있다.
- 자신의 안전과 참여자, 말의 안전을 위해 공격적인 행동을 억제할 수 있다.
- 자신의 생각과 감정을 위협적인 말이나 행동이 아닌 사회적으로 수용되는 방식으로 전달할 수 있다.
- 자신의 입장뿐만 아니라 다른 참여자들의 입장을 이해하고 존중할 수 있다.
- 규칙 준수와 과제 완수의 경험을 통해 효능감을 향상시킨다.
- 사람과 동물의 생명을 소중히 여기는 마음을 가질 수 있다.

(2) 품행장애 아동에게 재활승마 강습 시 유의사항

가. 교수 전략과 관련된 유의사항

① 프로그램 오리엔테이션 단계에서 승마활동에 필요한 규칙 및 안전수칙을 공지하고, 참가자들의 이해 여부를 확인할 필요가 있다(필요 시 규칙 준수를 위한 서면 계약을 할 수도 있음). 또한 규칙 준수 여부에 따라 주어지는 상벌을 공표한다. 규칙은 전체 프로그램이 진행되는

동안 강습 초반에 반복적으로 제시한다.

② 참여자들이 규칙을 준수하는 행동의 빈도수를 모니터링하고, 참여가 저조한 구성원에게는 개별적인 상담을 통해 문제를 해결한다.

③ 지도사는 강습 시작 전에 참여자들이 프로그램의 안전을 침해할 수 있는 소지품을 지참했는지 확인한다. 품행장애 아동청소년들의 보호자나 보호시설 관계자의 도움을 구하는 것도 좋다.

④ 강습 진행 중 참여자들의 행동적 수행뿐만 아니라 정서 변화도 민감하게 관찰해야 하며, 필요시 즉각적인 중재를 제공한다.

⑤ 기승자가 규칙을 수용하고 지키는 행동을 면밀히 관찰하고, 바람직한 행동이 나타날 때 이를 묵인하지 말고 인정하는 표현 또는 보상을 제공한다.

⑥ 다른 강습자들을 위협하는 행위뿐만 아니라 말을 괴롭히는 행동이 나타나지 않는지 지속적으로 모니터링해야 한다. 괴롭히는 행동은 눈에 띄게 나타날 수도 있고, 은밀한 방법으로 이루어질 수도 있다.

⑦ 기승자의 공격적인 행동이 완화될 때까지 사이드워커를 배치하여 가까운 곳에서 관찰하는 것도 고려할 수 있다. 사이드워커 배치 시 기승자의 특성에 대한 사전 교육을 하여 사이드워커의 안전을 보호하고 강습 중 적절한 조력이 가능하도록 한다.

⑧ 그룹 강습 중 분노 표출이나 신체 공격 행동이 발생할 가능성이 있으므로 강습 초기에는 2명 이상의 지도사가 함께 강습을 진행한다. 문제행동 발생 시 한 명의 지도사가 중재하고, 다른 한 명의 지도사는 이후의 강습 운영과 다른 기승자들의 안전을 담당한다.

⑨ 문제 상황이 강습 현장에서 해결되지 않으면, 강습을 방해하지 않는 분리된 공간으로 이동시키고 감독자와 함께 있도록 한다. 책임 지도사는 각 역할을 담당할 사람을 명확히 지정해 줌으로써 모두의 안전을 도모할 수 있다.

반항적이고 공격적인 아이들 이해하기(Oaklander, 1988)

- 반항적이고 공격성이 높은 아이들은 분노를 쉽게 표현한다. 그러나 이들은 분노를 제대로 표현했다기보다 공격 행동을 통해 오히려 진정한 분노감정을 회피해버리는 경우가 많다. 이들은 내면에 깊은 분노감정과 버림받고 상처받은 느낌, 자신에 대해 혼란스러운 감정을 갖고 있지만, 자기 자신에 대해 잘 알지 못하며 자신이 느끼는 감정을 표현하는 것을 두려워한다. 이런 아동은 살아남기 위해 공격적인 행동을 해야 한다고 생각하는데, 자신을 화나게 하는 외부의 자극에 대해 적절하게 대처하는 능력이 부족하다.
- 대부분의 공격적인 아동들은 오랜 좌절 경험의 학습으로서 공격행동을 하게 된다. 이러한 아동들도 처음에는 자신의 욕구를 조용히 표현하지만, 성인이 그것을 무시하게 되면 결국 극단적인 방법으로 욕구를 표현하게 된다. 어른들이 '반사회적'이라고 부르는 공격적인 행동은 아동이 사회적으로 연결되기 위한 역설적인 시도로, 자기의 감정을 외부에 알리기 위해 사용하는 방식, 즉 공격적이고 반사회적인 방식 이외의 다른 방법을 알지 못한다.

나. 공격적인 행동에 대처하는 방법

① 강습 운영자들은 수용 불가능한 적대적이고 공격적인 행동에 대한 벌칙과 불이익을 사전에 분명히 공지하고, 자주 환기시키며, 가능한 한 모든 상황에서 일관되게 지킨다.
② 규칙을 위반하는 행동이 나타나면 즉시 그리고 지속적으로 제재한다. 이때, 시행되는 제재방법은 청소년 입장에서 적대적으로 느껴지지 않아야 하며, 신체적인 가해는 어떠한 형식이더라도 사용될 수 없다.

6 인터넷 게임 사용장애

1) 인터넷 게임장애(인터넷중독) 개요

(1) 정의

인터넷중독이란 게임, 채팅, 검색, 음란물 등 인터넷 사용에 있어서 금단과 내성을 지니게 되며, 이로 인해 일상생활에 장애가 유발되는 상태다.

인터넷중독을 정신질환으로 분류할지에 대해서는 최근까지 논란이 이어져오고 있다. 미국 정신의학회가 발간한 DSM-5(2013)에서는 인터넷중독을 질환으로 여기기에는 아직 연구가 부족하지만, 새로운 현상의 하나로 '인터넷 게임장애(Internet Gaming Disorder)'로 분류하고 있다. 우리나라에서는 일반적으로 인터넷중독이라고 하면 주로 인터넷 게임중독을 일컫는다.

(2) 증상

① 의학적 진단 기준에서 제시하는 증상

미국정신의학회가 제작한 정신질환 분류체계인 DSM-5에서 제시하는 인터넷 게임장애의 주요 증상은 다음과 같다.

· 게임을 위해 인터넷을 지속적이고 반복적으로 사용하는 것이 임상적으로 유의한 손상이나 고통을 가져옴
· 주요 증상
  − 인터넷 게임에 몰두(예전 게임을 떠올리고 다음번 게임 생각하기. 인터넷 게임이 하루 생활에서 지배적인 활동이 됨)

- 인터넷 게임을 하지 못하게 되면 금단 증상을 보임
- 내성. 인터넷 게임에 사용되는 시간이 더 증가됨
- 인터넷 게임 참여를 통제하려고 시도하지만 성공하지 못함
- 예전의 취미나 오락에 대한 흥미를 잃음
- 심리사회적 문제가 있다는 것을 알고 있지만 과도한 사용을 지속함
- 인터넷 게임을 한 시간에 대해 가족, 치료자, 다른 사람을 속임
- 인터넷 게임은 불쾌한 정서(무력감, 죄책감, 불안 등)로부터 도피하거나 완화하기 위한 방법임
- 중요한 관계, 직업, 교육 및 경력상의 기회를 위태롭게 하거나 상실함

② 신체적 증상(홍강의, 2006)

- **수면장애:** 게임 중 노출된 자극적인 영상의 이미지가 오래 남아 악몽을 유발하거나 수면 중 잠이 깨는 등 수면의 질에 부정적인 영향을 미친다.
- **안질환:** 장시간 컴퓨터 화면을 보기 때문에 눈이 건조해지거나 충혈되기도 하며, 심할 경우 근시가 나타나기도 한다.
- **척추와 경추 이상:** 모니터의 위치와 사용자의 자세가 부적절할 경우 척추에 부담이 가고 거북목증후군이나 목 디스크가 나타날 수 있다.
- **그 밖에 영양결핍증, 체력 저하, 긴장성 두통, 근육경질, 관절염, 기억력 감퇴, 손목 결림, 팔꿈치 과사용 증후군, 위장장애 등이 있다.**

③ 공존 병리

인터넷 게임장애 증상은 ADHD, 우울, 강박 등의 정신병리와 공존하는 경향이 있다.

- **ADHD:** ADHD가 있는 아동은 주의집중시간이 짧고 주의력 전환이 빠른데, 이러한 인지적 특성은 게임 상황에서의 적응을 유리하게 한다. 평소 부정적인 피드백을 주로 받아오던 ADHD 아동은 게임을 통해 성공을 경험할 수 있고 주변으로부터 긍정적인 반응을 얻을 수 있기 때문에 게임에 더욱 집착할 수 있다.
- **우울:** 일상생활에서 슬픔, 허무감, 죄책감 등의 부정적인 정서를 주로 경험하고, 자신에 대해 무가치함과 열등감을 느끼게 되는데, 이러한 감정에서 도피하기 위해 인터넷 게임을 추구하는 경향이 있다.
- **강박:** 강박장애는 원하지 않는 생각과 행동을 반복하는 것인데, 인터넷 게임을 계속하면 해로운 결과가 있으리라는 것을 알면서도 게임을 멈추지 못하며, 심지어 스스로 원하지 않는 경우에도 과도하게 게임을 할 수밖에 없다.

2) 인터넷 게임장애 아동에게 재활승마 지도하기

인터넷 게임장애 치료의 목표는 사용시간의 감소에 제한되지 않고 궁극적으로는 자기통제력의 증가를 목표로 한다. 선행 연구에 의하면 말을 매개로 하는 활동은 아동청소년들의 자기조절능력 향상에 효과가 있는 것으로 나타났다.

또한 '인터넷 게임 과몰입 청소년에 대한 승마프로그램 효과 연구'에 의하면 승마 프로그램은 인터넷중독 정도 완화에 긍정적인 영향을 미치며, 인터넷 게임장애의 공병 중 하나인 우울을 감소시키고, 학교생활 적응을 향상시키는 데도 효과를 나타냈다.

(1) 지도 목표

재활승마지도사는 인터넷 게임장애 아동에게 정서적·신체적 향상을 위해 다음과 같은 강습 목표를 세워볼 수 있다.
- 말과 함께하는 활동을 통해 스트레스를 건강하게 해소하는 대안적인 방법을 배울 수 있다.
- 강습 중 제시되는 과제 완수와 성취 경험을 통해 효능감을 향상시킬 수 있다.
- 강습 규칙을 준수하고 기승술을 학습하는 경험을 통해 자기조절 능력을 향상시킬 수 있다.
- 사람들과의 사회적 상호작용의 양과 질을 향상시킬 수 있다.
- 승마운동을 통해 인터넷중독으로 인해 생긴 신체적 질환을 완화할 수 있다.

(2) 인터넷 게임장애 아동 지도 시 유의점

다음은 인터넷 게임장애 아동의 재활을 돕는 상담가들에게 요구되는 태도다(박승민 외, 2011). 재활승마 현장에서 인터넷중독 문제가 있는 아동들을 대할 때 재활승마지도사가 염두에 두어야 할 기본적인 지침으로 참고할 수 있을 것이다.

① 아동의 인터넷 사용에 대해 중립적이고 일관된 태도를 유지할 수 있어야 한다.

요즘 시대의 아동들은 태어날 때부터 컴퓨터, 핸드폰, 게임기기를 학습과 놀이도구로 접하며 성장해왔다. 이들은 이러한 기기와 콘텐츠들을 학습 수단으로 활용하거나 자신만의 독특한 문화로 만들어 자신의 정체성을 표현하는 특성이 있다. 인터넷의 부정적인 영향이 있는 것도 사실이지만, 긍정적인 영향이 있다는 점을 간과해서는 안 된다.

② 아동에게 공감할 수 있어야 한다.

인터넷 게임장애 아동들은 자발적으로 중재 프로그램에 참여하기보다 대개 부모나 교사에 의해 강제적으로 프로그램에 배치되는 경우가 많다. 이들은 억울하게 끌려왔다는 생각 때문에 활동에 쉽게 참여하려 하지 않으며, 재활승마지도사도 다른 어른들과 마찬가지로 자신을 이해하지 못하는 기성세대라는 선입견을 가지고 있을 가능성이 크다. 따라서 중재자는 아동의 억울하고 소외된 마음을 충분히 공감하고, 이를 적절한 방법으로 전달할 필요가 있다.

③ **아동을 존중한다.**

인터넷중독 문제로 치료기관을 방문하는 아동들은 가정과 학교에서 문제아로 낙인찍혀 있는 경우가 많다. 또한 아동 스스로도 '나는 어쩔 수 없는 아이'라는 부정적인 자기개념이 강하다. 재활승마지도사는 아동이 비록 현재 문제 요소를 가지고 있고 적응의 어려움을 보이지만, 아동의 존재 자체는 긍정적으로 변화할 가능성이 있음을 인정하고 아동을 지지해줄 수 있어야 한다.

④ **인내심이 있어야 한다.**

인터넷 게임중독의 궁극적인 치료 목표는 게임 사용을 조절할 수 있는 자기통제력의 증가다. 아동이 자기통제력을 증가시켜가는 과정은 끊임없는 자신과의 싸움으로 매우 힘든 과정이기 때문에 단번에 좋은 결과가 나타나지는 않는다. 아동은 수없는 시행착오와 재발과정을 서서히 이겨내면서 자신을 통제하는 쪽으로 변화해간다. 재활승마지도사는 변화 과정에서 나타나는 일시적인 재발이나 시행착오도 변화 과정의 일부임을 받아들이며 인내할 수 있어야 한다.

(3) 인터넷 게임장애 아동을 위한 재활승마 환경

① **말**

아동마다 공존 증상이 다를 수 있다. 예를 들어 우울한 성향이 강하거나, 충동성이 강한 아동이 있을 수 있다. 기승자의 특성을 파악해 말을 배정하도록 한다.

② **장비**
- 무지개고삐, 일반고삐, 잉글리시 안장, 테라피 패드 등을 사용
- 기승과 하마: 기승경사로와 기승대 모두 가능

③ **마장 환경**

마장 내 규칙을 상시 확인할 수 있도록 규칙 보드를 눈에 잘 띄는 곳에 배치할 수 있다.

6장
기승활동의 주의 및 금기 사항

재활승마지도사는 재활승마에 참가하는 대상자에 대한 관리와 그들에게 필요한 강습계획에서부터 강습 운영에 이르기까지 치밀하면서도 매우 세밀한 사항까지 준비해야 한다.

재활승마를 통한 효과를 극대화시키기 위해서는 대상자에 대한 자세한 정보와 평가 절차의 적절성, 평가방법 등이 포함된 종합계획과 평가결과가 중요하다. 이는 재활승마 강습에 참여하고자 하는 대상자에게 적합한 지도방법이나 목표를 설정하는 데 매우 중요한 사항이다. 특히, 잘 구성된 강습계획은 재활승마 프로그램에 반드시 필요하다. 지도사가 무엇을 어떻게 가르쳐야 지도사나 대상자 모두가 원하는 만큼의 목표수준에 도달하는지에 대한 명확한 기준을 제시한다.

[표 6-22] 주의 및 금기 사항

장애의 종류	주의 및 금기 사항
뇌성마비	· 주의사항 ① 다리와 몸통이 침범된 강직형 뇌성마비는 말 안장에 걸터앉는 것이 어렵고, 고관절 정렬이 흐트러질 수 있다. ② 근 긴장도로 인해 머리와 목 조절에 문제가 있을 수 있다. ③ 시각·청각·언어·지적장애로 인한 의사소통장애가 발생할 수 있다. · 금기사항 ① 재활승마 강습 시 과도한 머리 움직임을 조절할 수 없는 경우 ② 안전모를 쓰고 중력에 대항해 머리를 유지할 수 없는 경우 ③ 기승활동을 하기에 관절가동범위가 충분하지 않거나 통증이 심한 경우 ④ 교정되지 않는 척추, 골반, 하지의 정렬이 있는 경우 ⑤ 의사가 재활승마 강습을 허락하지 않는 경우

장애의 종류	주의 및 금기 사항
뇌졸중	· 주의사항 ① 고혈압 ② 손상된 감각 ③ 뇌전증(간질) ④ 혈전용해제, 혈압, 뇌전증(간질) 약물 등의 사용 여부 ⑤ 언어 및 인지기능장애, 심한 편측 무시 · 금기사항 ① 조절되지 않는 뇌전증, 동맥류, 혈관종
절단	· 주의사항 ① 피부 손상/압력과 통증의 가능성과 관련해 적절하게 자세를 취한다. ② 한쪽 골반이 절단된 기승자는 안장/앉는 면에 조정이 필요하다.
관절염	· 주의사항 ① 활동시간 후 지속되는 관절의 통증, 부종 또는 염증 ② 침범된 관절에 적절한 지지를 하고 염좌를 최소화하는 자세 · 금기사항 ① 통증, 염증의 증가를 동반한 상태의 악화 ② 수술 후나 악화 상태 후 의사의 지시 없이 승마활동에 복귀 ③ 기능적 능력을 방해하는 통증이나 염증
관절구축증, 관절뒤틀림	· 주의사항 ① 말 위에서 자세를 잡는 관절의 가동범위에 제한이 있는 경우 · 금기사항 ① 구축으로 참가자가 말 위에서 안전하게 자세를 잡지 못하는 경우 ② 활동이 심각하거나 지속적인 통증을 유발하는 경우 ③ 수술을 했고, 의사가 참가자에게 허락하지 않은 경우
외상성 뇌손상	· 주의사항 ① 고혈압 ② 손상된 감각 ③ 뇌전증(간질) ④ 혈전용해제, 혈압, 뇌전증(간질) 약물 등의 사용 여부 ⑤ 언어 및 인지기능장애, 심한 편측 무시 · 금기사항 ① 조절되지 않는 뇌전증(간질), 동맥류, 혈관종

장애의 종류	주의 및 금기 사항
척수 손상	· 주의사항 ① 통증을 포함한 감각 소실, 기승 후 15~20분 동안 지속되는 붉은 부위의 피부 체크 ② 체온조절 장애 ③ 수술로 고정한 척추 ④ 몸통의 안정성이 부족하거나 호흡이 약한 경우 ⑤ 손상 수준 아래 관절의 불안정성 · 금기사항 ① 말의 움직임에 방해되지 않으면서 빨리 풀 수 있는 척수 손상 기승자들을 위한 특수마구가 없는 제6흉추 이상의 완전 척수 손상
당뇨	· 주의사항 ① 감각이 없거나 피부가 손상된 경우 · 금기사항 ① 조절되지 않은 당뇨 또는 당뇨와 관련된 의학적으로 불안정한 상태
폭식	· 금기사항 ① 전해질 수준이 심각하게 균형에서 벗어나 있는 경우 ② 참가자를 적절히 감독할 수 없는 경우
비만	· 주의사항 ① 호흡의 어려움 또는 순환계 문제로 인한 지구력 저하 ② 피부 마찰 또는 낌(피부 손상) · 금기사항 ① 사이드워커가 응급하마 같은 상황에서 기승자를 안전하게 관리할 수 없고 자신이나 기승자를 위험하게 할 수 있는 경우 ② 승마활동 동안 말의 안전 또는 편안함이 위협받아 사람에게 위해를 가할 가능성이 있는 경우
뇌전증 (간질)	· 주의사항 ① 자세 긴장도의 변화, 운동 조절의 소실, 의식변화로 인해 말, 대상자, 자원봉사자가 다칠 가능성이 있는 경우 ② 항경련제 투약을 처음 시작했거나 용량을 갑자기 늘린 경우(대상자가 졸음, 비협조적인 태도, 현기증, 메스꺼움을 호소할 수 있으며, 약물의 부작용으로 공격성, 광과민성 증가, 행동장애 등이 발생할 수 있다. 광과민성 반응을 예방하기 위해 재활승마 강습 시 햇빛 차단제와 보호용 옷을 입도록 한다.) ③ 발작행동에 대해 말의 민감성을 고려해야 한다. · 금기사항 ① 강하고 조절되지 않는 움직임을 동반한 최근의 발작행동 또는 갑작스럽고 완전한 자세근육 긴장도의 소실로 인한 무기력하거나 이완된 발작 ② 의료진에 의해 상태가 평가되기 전에 발작 빈도나 종류가 변화한 경우 ③ 발작이 일어나 응급하마가 어렵거나 대상자를 관리할 수 없는 경우

장애의 종류	주의 및 금기 사항
시각장애	· 주의사항 ① 강습장 환경에 적응할 수 있도록 미리 안내한다. ② 보완 및 대체 의사소통방법을 찾아 원활한 강습이 이뤄질 수 있도록 한다.
청각장애	· 주의사항 ① 대상자가 볼 수 있도록 강습장 중간에 머물면서 시각적인 신호를 줘야 한다. ② 보완 및 대체 의사소통방법을 찾아 원활한 강습이 이뤄질 수 있도록 한다.
언어장애	· 주의사항 ① 강습에 필요한 단어를 정해 반복해서 활용할 수 있도록 하며 얼굴을 마주 보고 말한다. ② 보완 및 대체 의사소통방법을 찾아 원활한 강습이 이뤄질 수 있도록 한다.
의사소통장애	· 주의사항 ① 참가자가 불편/통증, 욕구를 표현하지 못하는 서투른 표현성 언어 ② 참가자가 듣거나 읽은 것을 이해하는 데 어려움을 가진 서투른 수용성 언어 ③ 보완/대체 의사소통 장치의 이용이 필요한 경우 ④ 언어 기술이 좋지 않은 참가자들은 느낌, 욕망, 필요, 욕구를 표현하기 위한 행동을 자주 한다. 승마하는 동안 몸부림치고 소리를 지를 수 있는데, 화장실에 가야 하는 느낌을 표현한 것일 수 있다.
연골무형성증	· 주의사항 ① 짧은 사지로 말 위에서 자세 유지가 어려울 경우 재활 마구 활용을 고려한다. ② 사지 약화, 소변 조절 문제가 척추관협착증이나 탈출된 디스크와 관련이 있을 수 있으므로 신경학적 증상의 변화에 주의해야 한다. ③ 통증을 참아야 하는 경우 · 금기사항 ① 기승활동 중 발생하는 급성 통증 ② 무딘 감각 또는 사지의 약화, 근 긴장도의 변화나 대소변 조절의 변화 같은 신경학적 증상의 발생
지적장애	· 주의사항 ① 대상자의 수준 및 학습 스타일(시각, 청각, 행동)을 고려하여 설명하고, 설명을 인지할 시간을 충분히 주며 이해했는지 다시 확인한다. ② 늘어져 있는 사지의 안정을 위해 지지가 필요하다. ③ 관절 탈구에 주의해야 한다. · 금기사항 ① 안전모를 쓰고 중력에 대항해 머리를 똑바로 유지할 수 없는 경우 ② 재활승마 강습 시 과도한 머리 움직임에 대해 대상자 스스로 조절할 수 없는 경우

장애의 종류	주의 및 금기 사항
장비착용에 따른 영향	· 금기사항 ① 짧은 시간에 장비가 없거나 오작동하는 경우 참가자의 안전이 위험 ② 말이나 지도사 등이 익숙하지 않은 장비 ③ 유치도뇨관(소변줄, foley cathe)을 한 경우
피로와 지구력 저하	· 주의사항 ① 참가 전에 참가자의 활동 수준을 알고, 강습 동안 피로 징후에 대해 지켜본다. 지나친 노력(무리)을 피하기 위해 휴식이나 활동의 변화를 이용한다. ② 열과 습기를 포함한 날씨 상태를 점검한다. · 금기사항 ① 승마 강습 이후 피로가 지속되는 경우 ② 피로가 생활 기능이나 행동을 방해하는 경우 ③ 무리함으로 인해 질병 진행이 빨라지는 경우
자폐증/자폐 스펙트럼	· 주의사항 ① 공격성과 충동적으로 행동할 가능성을 인지하고 주의해야 한다. ② 의사소통장애 시 보완 및 대체 의사소통 장치를 이용한다.
학습장애	· 주의사항 ① 짧은 주의집중 시간과 쉽게 피로함을 느낄 수도 있으니 주의한다.
다운증후군	· 주의사항 ① 환축추 불안정 유무를 확인해야 하며, 강습 중에도 매년 주기적으로 검진을 통해 신경학적 증상 및 징후 발생 여부를 확인해야 한다. ② 척수 압박으로 인한 신경학적 증상(목 통증, 사지 위약감, 보행의 변화, 근 긴장도 증가 등) 유무를 항상 체크하며, 증상이 나타나면 의료진이 상기 증상을 확인할 때까지 강습을 중단한다. · 금기사항 ① 2세 이하의 아동 ② 환축추 불안정성으로 인한 신경학적 증상이 나타난 경우 ③ 의사에 의해 양성의 신경학적 임상 징후가 확인된 경우 ④ 의사에 의해 결정된 의미 있는 환축추 불안정 측정 ⑤ 안전모가 있든 없든 머리와 목에 과도한 불안정성이 보이는 경우
주의력결핍 과잉행동장애	· 주의사항 ① 예상하지 못한 과잉행동 ② 주의력 증진제의 부작용으로 경련을 일으킬 수도 있으므로 면밀한 관찰이 필요하다. · 금기사항 ① 재활승마 강습에 참여하기 어려운 과격하고 충동적인 행동 ② 응급상황에 대처하기 힘들 정도로 신체가 큰 사람

장애의 종류	주의 및 금기 사항
적대적 반항장애	· 주의사항 ① 때리기, 물기, 차기 또는 달리기 같은 신체적으로 위험한 행동 ② 동물학대, 방화 또는 신체적, 성적 또는 정서적 학대를 저지른 부적응 행동 또는 직접행동의 병력 · 금기사항 ① 섬망, 치매, 분열, 정신이상 또는 심한 정신착란을 포함한 정신상태의 심각한 변화 ② 방화, 자기학대, 동물학대, 성학대, 자살 생각 또는 정신건강 전문가의 직접적인 지지가 없는 공격성 행동을 보이는 상태 ③ 불안해하거나 조절되지 않는 행동 표출
알레르기	· 주의사항 ① 알고 있는 알레르기를 유발하는 물질(알레르겐)을 상세히 기록한다. ② 알레르기 반응이 일어난다면 대처방법에 대해 안다. · 금기사항 ① 승마 환경의 알레르기 반응이 집이나 직장 같은 다른 환경에서 기능소실이나 불편함을 일으킬 정도로 심각한 경우 ② 심한 알레르기가 있고, 인근의 응급시설을 이용할 수 없는 경우
머리/목 조절	· 주의사항 ① 말의 움직임이 참가자의 머리나 목 조절에 미치는 영향을 고려한다. ② 가장 가벼운 안전모를 사용한다. ③ 피로는 활동하는 동안 머리나 목 조절 능력을 잃게 할 수 있다. · 금기사항 ① 승마활동을 하는 동안 과도한 머리 움직임에 대해 조절할 수 없는 경우 ② 참가자가 움직임 없이/정적으로 앉아 있는 동안 안전모를 쓰고 중력에 대항해 머리를 유지할 수 없는 경우 ③ 안전모의 사용이 목근육의 심각한 염좌를 일으키고 머리 조절을 손상시키는 경우 ④ 신경학적 증상이 없어도 환축추 불안정이 양성인 경우

> **Tip**
>
> **섬망**: 의식장애(意識障碍)의 하나. 급성 외인성(外因性) 반응 증상으로 나타나며, 사고 장애, 양해나 예측의 장애, 환각이나 착각, 망상적인 착상이 있고, 때로는 심한 불안을 수반한다. 알코올이나 모르핀 중독, 노인 치매(老人癡呆), 정신질환, 고열, 독혈증, 대사장애(代謝障碍) 등에서 나타난다.

장애의 종류	주의 및 금기 사항
호흡장애	· 주의사항 ① 이용 가능한 약물 사용 ② 센터의 환경에 익숙해지도록 대화하기 ③ 보충용 산소가 사용되면 장비 사용 시기와 사용법을 알아둔다. · 금기사항 ① 신체적인 노력 또는 환경이 활동하는 동안이나 활동 후 호흡을 어렵게 하는 경우 ② 날씨나 환경 상태가 호흡하는 데 과도한 문제를 일으킨 경우
심장질환	· 주의사항 ① 심폐소생술 인증을 받은 지도사가 강습 동안에 있어야 함 · 금기사항 ① 심박동률과 혈압이 의사가 지정한 범위를 유지하지 못하는 경우 ② 승마활동을 하는 동안 지도사가 맥박 또는 혈압을 확인해줄 수 없는 경우
천식	· 주의사항 ① 승마 환경에는 이전에 확인되지 않은 천식 유발 자극이 있을 수 있다. · 금기사항 ① 응급의료시설에 대한 접근성이 낮음

참고문헌

American Psychiatric Association(APA), DSM-5 정신질환의 진단 및 통계 편람(권준수·김재진·남궁기 옮김), 학지사(원서출판 2013), 2015.

Anderson, M. K., Friend, T. H., Evans, J. W., Bushong, D. M. Behavioural assessment of horses in therapeutic riding programs. Appl. Anim. Behav. Sci. 63(1), 11-24. 1999.

Barbara T. E., Margaret L. G., Mary P. B. The Horse, The Handicapped, and The Riding Team In a Therapeutic Riding Program(A Training Manual for Volunteers), Barbara Engel Therapy Services. 2006.

Barkley, R. A. Attention-deficit hyperactivity disorder: A handbook for diagnosis and treatment(2nd ed.). New York: Guildford Press, 1997.

Beck. A., 우울증의 인지치료(원호택 옮김), 서울: 학지사(원서출판 1979), 1996.

Bertoti D. Effect of therapeutic horseback riding on posture in children with cerebral palsy. Phys Ther. 68(10), 1505-1512. 1988.

Bitter I., Angyalosi A., Czobor P. Pharmacological treatment of adult ADHD. Curr Opin Psychiatry. 25(6), 529-534. 2012.

Castellanos F. X., Giedd J. N., Berquin P. C., Walter J. M., Sharp W., Tran T., Vaituzis A. C., Blumenthal J. D., Nelson J., Bastain T. M., Zijdenbos A., Evans A. C., Rapoport, J. L. Quantitative brain magnetic resonance imaging in girls with attention-deficit/ hyperactivity disorder. Arch Gen Psychiatry. 58, 289-295. 2001.

Dalsgaard S. Attention-deficit/hyperactivity disorder (ADHD). Eur Child Adolesc Psychiatry. 22(1), 43-48. 2013.

Dorothy Henderson Pinch, 최명진, 알기 쉬운 승마이야기, 도요, 2012.

Dupaul, G. J., Stoner, G., ADHD 학교상담(김동일 옮김), 서울: 학지사(원서출판 2014), 2016.

Edenburg, N. Perceptions and attitudes towards horses in European societies. Equine Vet. J. (Suppl.) 28, 38-41. 1999.

Fleck C. A. Hippothrapy; Mechanics of human walking and horseback riding. In: Teichmann Engel B. T., editor Rehabilitation with the aid of horse: A collection of studies Durango, co: Barbara Engel Therapy Services. 1997.

G. L. 마틴, J. A. 럼스던, 코칭론: 효과적인 행동적 접근(김귀봉·손천택 옮김), 보경문화사, 1993.

HETI. www.frdi.net/index.html, 검색일: 2017.11.15.

High Hope. Therapeutic Riding Instructor Training Course 교재. 2009.

Kiphard, E. J. Psychomotorik in Praxis und Theorie. Gutersloh. 1989.

Megan Ellis. Promoting independence progressing at riding Levels, STRIDES. 23(3): 16-21. 2017.

Modesto-Lowe V., Meyer A., Soovajian V. A. clinician's guide to adult attention-deficit hyperactivity disorder. Conn Med. 76(9), 517-523. 2012.

Nichols. Therapy Horses. Bearport Publishing, New York. 2005.

Path International, PATH 공식홈페이지, http://www.pathintl.org, 검색일: 2016.7.16.

PATH intl. Successful Curriculum Development: Enhance your center' programs. 2017.

PATH Intl. www.pathintl.org, 검색일: 2017.10.20.

Posthuma D., Polderman T. J. What have we learned from recent twin studies about the etiology of neurodevelopmental disorders? Curr Opin Neurol. 26(2), 111-121. 2013.

RAINER MARTENS, 코칭과학(김병준·김설향·문익수 옮김), 대한미디어, 2007.

RDANSW. RDANSW Coaching Manual. Gunnedah, NSW: WriteRignt Media. 2011.

Scassellati C., Bonvicini C., Faraone S. V., Gennarelli M. Biomarkers and attention-deficit/hyperactivity disorder: a systematic review and meta-analyses. J Am Acad Child Adolesc Psychiatry. 51(10), 1003-1019. 2012.

Shaw M., Hodgkins P., Caci H., Young S., Kahle J., Woods A. G., Arnold L. E. A systematic review and analysis of long-term outcomes in attention deficit hyperactivity disorder: effects of treatment and non-treatment. BMC Med. 4, 10: 99. 2012.

Shaw P., Rabin C. New insights into attention-deficit/hyperactivity disorder using structural neuroimaging. Curr Psychiatry Rep. 2009 Oct, 11(5), 393-398. 2009.

Sprague, J., & Walker, H. Early identification and intervention for youth with antisocial and violent behavior. Exceptional Children, 66(3), 367-379. 2000.

Susan E. Harris. Horse Gaits, Balance and Movement, François LeMaire De Ruffieu. 2008.

Tania Cassidy, Robyn L. Jones, Paul Potrac, 스포츠 지도의 이해: 다학문적 접근을 통한 스포츠 지도의 새로운 탐구(김진희·김복희·김선희·김승재·김애랑·임현주·조미혜·최진희 옮김), 대한미디어, 2006.

Taurines R., Schwenck C., Westerwald E., Sachse M., Siniatchkin M., Freitag C. ADHD and autism: differential diagnosis or overlapping traits? A selective review. Atten Defic Hyperact Disord. 4(3), 115-139. 2012.

Tervo R. C., Azuma S., Fogas B. Fiechtner H. Children with ADHD and motor dysfunction compared with children with ADHD only, Dev Med Child Neurol. 44, 383-390. 2002.

Tetreault, A. Horses that heal: The effectiveness of Equine Assisted Growth and Learning on the behavior of students diagnosed with Emotional Disorder. IL: Governors State University. 2006.

Trotter, K. S., Chandler, C. K., Goodwin-Bond, D., & Casey, J. (2008). A comparative study of the efficacy of group equine assisted counseling with at-risk children and adolescents. Journal of Creativity in Mental Health, 3(3), 254-284.

Turnbull, R., Turnbull, A., Shank, M., & Smith, S. J. Exceptional lives: Special education in today's schools(4th ed., p.139). Upper Saddle River, NJ: Pearson. 2004.

Webber, J., Plotts, C. A. Margaret Cecil Coleman, 정서행동장애: 이론과 실제(방명애·이효신 옮김), 시그마프레스(원서출판 2007). 2013.

Whittlesey-Jerome, W. K., Schultz, P. N., Tomaka, J.. Adding Equine Assisted Psychotherapy to Conventional Treatment: A Case Study of Adolescent Resilience among Charter High School Students. Pediatrics & Therapeutics, 6(1), 280-290. 2006.

Young, K. S. Internet addiction: symptoms, evaluation and treatment. Innovations in clinical practice: A source book, 17, 19-31. 1999.

국립청소년 인터넷 드림마을, 인터넷 드림마을 홈페이지 캠프 후기 게시판, http://nyid.kyci.or.kr/userSite2/index.asp, 검색일: 2016.8.20.

국립특수교육원, 특수교육학 용어사전, 하우, 2009.

김붕년·정동선·황준원·김재원·조수철, 서울시 소아청소년 정신건강문제 역학조사 보고서, 서울시소아청소년정신건강센터, 2006.

김영준, 스포츠지도론, 형설출판사, 2001.

김원경·조홍중·허승준·추연구·윤치연·박중휘·이필상·김일명·문장원·서은정·유은정·김자경·이근민·김미숙·김종인, 최신특수교육학, 학지사, 2008.

김태경·김용미, 반려동물매개활동 프로그램이 유아의 정서지능에 미치는 영향, 청소년학연구, 23(2), 321-344, 2016.

네이버 지식백과, http://terms.naver.com, 검색일: 2016.9.23.

농촌진흥청, 말 길들이기와 재활승용마 평가 매뉴얼, 국립축산과학원, 2010.

농촌진흥청, 말, 표준영농교본, 2003.

대한승마협회, EQUESTRIAN 승마, 사단법인 대한승마협회, 2017.

대한승마협회, http://kef.sports.or.kr, 검색일: 2017.10.20.

대한신경정신의학회. 신경정신의학. 중앙문화사. 2005.

대한적십자사, http://www.redcross.or.kr, 검색일: 2016.9.15.

대한청소년정신의학회. 청소년정신의학. 시그마프레스. 2012.

박승민·조영미·김동민, 청소년 인터넷 중독의 이해와 상담. 학지사, 2011.

방희정·조아미, 가족기능과 청소년의 인터넷 게임 행동 간의 관계, 한국심리학회지: 발달, 16(1), 1-22. 2002.

배진아. ADHD 하위 유형간 심리운동집단프로그램의 효과 비교: ADHD 특성과 자아존중감 및 사회기술향상에 미치는 효과. 미간행 석사학위논문. 덕성여자대학교 대학원, 서울. 2013.

백승민, 동물매개치료 프로그램이 치매노인의 인지기능, 정서상태, 일상생활수행 능력 및 문제행동에 미치는 효과, 가톨릭대학교 대학원 미간행 박사학위논문, 2016.

백승익·김영은·김선철, 고등학교 재활승마의 이해, 용운고등학교, 2015.

사회서비스 전자바우처. www.socialservice.or.kr 검색일: 2017.11.13.

송치연. 재활승마프로그램이 특수아동의 우울감과 사회성에 미치는 효과, 광운대학교 정보복지대학원 석사학위논문. 2009.

안진용, 스쿼시 지도자의 지도철학 연구 연구, 경성대학교 교육대학원 석사학위논문, 2009.

양통일, 태권도 품새지도에 관한 지도철학 연구, 한국체육대학교 대학원 박사학위논문, 2007.

염숙경, 아동의 증상과 특성별 놀이치료, 학지사, 2009.

영국RDA. www.rda.org.uk, 검색일: 2017.10.21.

용인대학교, 청소년 승마운동 효과측정 및 적정 프로그램 설계연구, 한국마사회, 2010.

용인대학교 특수체육연구소, 인터넷게임 과몰입 청소년에 대한 승마프로그램 효과 연구, 한국마사회, 2011.

윤점룡·이상훈·문현미·서은정·김민동·문장원·이효신·윤치연·김미경·정대영·조재규·박계신, 정서 및 행동장애아 교육. 학지사, 2013.

윤효순. 주의력결핍/과잉행동장애 동물모델 소뇌에서 운동이 퍼킨지세포의 소실과 아교세포 반응에 미치는 효과. 미간행 박사학위논문, 대구한의대학교 대학원. 2012.

이미숙·구산실·노진아·박경옥·서선진, 예비 교사를 위한 특수교육학 개론, 학지사, 2014.

이성봉·박명애·김은경·박지연, 정서 및 행동장애(2판), 학지사, 2014.

이종구·정태운·조효구·한덕현. 재활승마프로그램이 ADHD 아동의 심리에 미치는 영향, 한국특수체육학회지, 23(4): 141-152. 2015.

이종구·조효구·김태수·이유미·정태운. 6주간의 재활승마프로그램이 ADHD아동의 평형성에 미치는 영향. 한국체육과학회지, 26(4): 1191-1201. 2017.

임상호, 태권도 지도자의 지도내용에 관한 사례분석 연구, 용인대학교 교육대학원 석사학위논문, 2002.

임은경, 동물매개중재 프로그램이 중학생들의 정서지능, 사회성 및 우울에 미치는 효과, 원광대학교 대학원, 미간행 석사학위논문, 2016.

임재영. 초등학교 아동의 태권도 참여가 운동 가치와 태도에 미치는 영향. 한신대학교 스포츠재활과학대학원 석사학위논문. 2010.

장애인 등에 대한 특수교육법, 법률 제15234호 2017.12.19., http://www.law.go.kr에서 인출.

장애인복지법, 법률 제15270호 2017.12.19., http://www.law.go.kr에서 인출.

장애인·노인·임산부 등의 편의증진 보장에 관한 법률.

장애인등에대한특수교육법시행령 기준법령, 대통령령 제28211호 2017.07.26., http://www.law.go.kr에서 인출.

장애인복지법 시행규칙, 보건복지부령 제534호 2017.11.23., http://www.law.go.kr에서 인출.

장애인복지법 시행령, 대통령령 제28410호 2017.10.31., http://www.law.go.kr에서 인출.

전국승마협회, 승마지도자 지침서, 2009.

전재식·송상욱·최준상·채준. 승마 배워 봅시다, 대한미디어. 2012.

정승환·정태운·조효구. 승마가 뇌성마비아동의 평형성 및 척추자세에 미치는 영향, 한국특수체육학회지, 19(2), 79-90. 2011.

정유숙·김연희·권정이·이지영·신혜연·장병수·송지혜·김지원·박보영·김선우·류승형·정범석. ADHD에 대한 재활승마의 효과 연구. 한국마사회, 서울삼성병원. 2013.

정재분, 동물을 주제로 한 매체교육활동이 유아의 정서지능 및 친사회적 행동에 미치는 효과, 대구가톨릭대학교 대학원 미간행 박사학위논문, 2014.

정태운, 2009 장애인스포츠지도자연수교재(장애인승마론), 경기도장애인체육회, 2009.

정태운. 우리아이 심리지원 서비스를 위한 재활승마 교육 매뉴얼, 도서출판 에이원. 2013.

정태운. 장애인스포츠지도자연수교재(장애인승마론), 경기도장애인체육회. 2009.

정태운 외, 우리아이 심리지원 서비스를 위한 재활승마 교육 매뉴얼, 도서출판 에이원, 2013.

정태운·조효구, 장애인 재활승마를 위한 자원봉사자 매뉴얼, 고려사, 2011.

제인 홀더니스 로댐, 승마교과서(김수현 옮김), 보누스. 2012.

조영희·최문정·김옥자. 10주간 승마운동이 발달장애아동의 체력, 신체상인지, 부모 만족도에 미치는 영향. 한국특수체육학회지, 22(4). 87-99. 2014.

조효구·정태운·김희경. 장애인생활체육프로그램(승마) 책자 및 CD, 대한장애인체육회. 2009.

채규만·박중규, 인터넷 중독 상담 전략, 한국정보문화센터, 2002.

체육시설의 설치·이용에 관한 법률(문화체육관광부)

최승권·강문주·강병일·강유석·김권일·김상두·김유한·박기용·박병도·서연태·양한나·이범진·이인경·한동기. 지적 장애 체육, 레인보우북스. 2012.

최승권·강유석·김권일·노형규·박병도·양한나·오광진·이용호·이재원·정이루리·한동기, 특수체육론, 레이보우북스, 2016.

하이케바움, 산만한 아이의 집중력을 키우는 법(서천석 옮김), 한울림, 2004.

한국마사회, 말산업분야 NCS, 2015.

한국마사회, 재활승마 말산업국가자격시험교재. 대한미디어, 2012.

한국마사회. 재활승마 말산업국가자격시험교재. 대한미디어. 2016.

한국마사회. 청소년 승마운동 효과측정 및 적정 프로그램 설계연구. 2010.

한국마사회 말산업연구소. 국내 재활승마 표준모델 정립에 관한 연구. 2015.

한국장애인재활협회, 재활의 총체적 접근, 2005.

한국정보화진흥원, 2013년 인터넷 중독 실태조사, 2014.

한동기, 특수체육의 이론과 실제, 레인보우북스, 2008.

호주재활승마협회. www.rda.org.au, 검색일: 2017.11.4.

홍강의, DSM-5에 준하여 새롭게 쓴 소아정신의학, 학지사, 2014.

홍강의, 심각한 인터넷 중독의 치료·재활 기반 조성·모델 개발, 청소년 인터넷 중독 전문 상담사 2차 교육, 국가청소년위원회, 중앙대교육문제연구소, 한국청소년상담원(공편), 2006.

홍강의. 한국 소아정신의학의 발달 신경정신의학 21:183-193. 1982.

홍양자. 장애인을 위한 특수체육. 서울: 도서출판 21세기교육사. 2000.

말산업 국가자격시험 교재

재활승마 이론

개정판 집필자
정태운, 김태수, 박영재, 박금란, 이인경, 신정순, 윤각현, 고유빈, 백승익, 심다혜

개정판 검토자
윤각현, 정광연, 한덕현

초판 집필자
김연희, 권정이, 장원혁, 박금란, 박영재, 정태운

초판 검토자
윤각현, 신정순, 김수현, 정광연, 이인경, 윤재량, 남일호, 김두현

※ 판권 및 모든 저작권은 한국마사회에 귀속됩니다.